Marion Kobelt-Groch, Astrid von Schlachta (Hg.)

MENNONITEN IN DER NS-ZEIT

Stimmen, Lebenssituationen, Erfahrungen

Bolanden-Weierhof, 2017

Mennonitischer Geschichtsverein e.V. Bolanden Weierhof

Schriftenreihe des Mennonitischen Geschichtsvereins, 10

Bibliografische Information der Deutschen Nationalbibliothek

Die Deutsche Nationalbibliothek verzeichnet diese Publikation in der Deutschen Nationalbibliografie, detaillierte bibliografische Daten sind im Internet über http://dnb.d-nb.de aubrufbar.

ISBN: 978-3-921 881-02-6

An dieser Stelle danken wir allen, die uns freundlicherweise Texte und Bilder zur Verfügung gestellt haben.

Printed in Germany.
Layout und Satz: Benji Wiebe, Linkenheim-Hochstetten
Druck und Bindung: Edition Wortschatz, Schwarzenfeld

Inhalt

I. Historische Perspektiven. Rückblicke

II. Mennoniten in der NS-Zeit. Aufsätze

Biografisches

Anhang

Einleitung

1936 fand bei der Werft Blohm & Voss in Hamburg ein großes Fest statt. Das Schulschiff „Horst Wessel“ wurde zu Wasser gelassen. Selbst Adolf Hitler war anwesend. Es gibt ein Bild dieses Ereignisses. Darauf ist zu erkennen, wie die versammelte Menge die Arme zum Hitler-Gruß hebt, bis auf einen Mann – nachträglich wurde er als der „unbekannte Hitler-Gruß-Verweigerer“ bekannt. Ein Bild, das gerne als Beispiel für praktizierten Widerstand angeführt wird. Doch, die Frage scheint berechtigt, handelt es sich hier wirklich um Widerstand? Denn eigentlich wissen wir, wenn wir nur das Bild betrachten, zunächst einmal gar nicht, warum der abgebildete Mann den Arm nicht hob. Widerstand, Unachtsamkeit, Lustlosigkeit oder Gleichgültigkeit? Wie auch immer. Im Nachhinein jedenfalls wurde der Mann zum Widerständler erklärt, und es entwickelte sich eine Debatte darüber, welche Familie den als unbekannten Hitler-Gruß-Verweigerer Gefeierten in ihre Ahnenreihe aufnehmen dürfte. Entweder sollte es August Landmesser sein, der seine jüdische Verlobte nicht heiraten durfte, oder Gustav Wegert, der ein gläubiger Christ war und den Hitler-Gruß deshalb verweigerte.[1]

Die Interpretation des Bildes verdeutlicht, dass es gar nicht so einfach ist, eine Zeit zu beurteilen, die gerne schwarz-weiß gemalt wird, dies aber oft gar nicht war. Der vor kurzem verstorbene Altbundespräsident Richard von Weizsäcker sagte 1996 in einem Interview über seine Erfahrungen in der Wehrmacht in der NS-Zeit, dass es eine „schwere Erfahrung“ gewesen sei, „über die man schon deshalb nicht gerne spricht, weil man Menschen, die nicht dabei waren, gar nicht verständlich machen kann, worum es ging“. Die allermeisten Soldaten hätten „guten Glaubens ihren Dienst getan“; sie hätten ihr Land geliebt wie viele andere auch.[2]

Der Umgang mit der Geschichte der NS-Zeit ist kein leichtes Unterfangen. Nachträgliche Beurteilung mutiert leicht zur Verurteilung, und in der Zeit selbst liegen Opfer und Täter, Schuld und Opportunismus nah beieinander. Im Nachhinein erscheint es oft sehr leicht darüber zu urteilen, warum jemand 1933 nicht gleich erkannt hat, welch vereinnahmende, gleichschaltende und mörderische Ideologie der Nationalsozialismus war. Doch ist ein solches Urteil zu einfach. Wer einen Blick in die mennonitischen Zeitschriften der Jahre ab 1932 wirft, wird bemerken, wie einzelne Mitarbeiter zunächst einmal damit beschäftigt waren, sich angesichts unterschiedlicher Meinungen, die zu vernehmen waren und über die verschiedenen Medien verbreitet wurden, zu positionieren. Ein Prozess, der dauerte, denn leider war es den Zeitgenossen unmöglich, ihre eigene Zeit im Rückblick zu sehen.

1 Vgl. hierzu die Informationen auf: http://www.focus.de/politik/deutschland/ein-bild-eine-ausnahme-die-tragische-geschichte-des-mannes-der-dem-fuehrer-den-hitler-gruss-verweigerte_id_4794118.html [Zugriff am 24.2.2017] sowie: http://wegert-familie.de/home/Deutsch.html [Zugriff am 24.2.2017].

2 Richard von Weizsäcker im Gespräch mit Ingo Hermann, in: Zeugen des Jahrhunderts, gesendet im ZDF am 8.5.1996.

Und letztendlich schien Adolf Hitler mit seiner Erneuerung der deutschen Volksgemeinschaft von innen heraus und mit der Betonung von Werten und Ordnung doch ganz wunderbar zu den Mennoniten, ihrem Glauben und ihrer Geschichte zu passen. Wie häufig zitierten die „Mennonitischen Blätter" nicht die Aussagen Hitlers, er respektiere alle Landeskirchen und alle anderen konfessionellen Gemeinschaften. Viel zitiert war auch das NSDAP-Parteiprogramm von 1920, in dem es in § 24 heißt: „Wir fordern die Freiheit aller religiösen Bekenntnisse im Staat, soweit sie nicht dessen Bestand gefährden oder gegen das Sittlichkeits- und Moralgefühl der germanischen Rasse verstoßen. Die Partei als solche vertritt den Standpunkt eines positiven Christentums, ohne sich konfessionell an ein bestimmtes Bekenntnis zu binden. Sie bekämpft den jüdisch-materialistischen Geist in und außer uns und ist überzeugt, daß eine dauernde Genesung unseres Volkes nur erfolgen kann von innen heraus auf der Grundlage: Gemeinnutz vor Eigennutz."[3] Letzteres klang geradezu täuferisch!

Dass Hitler ein von Grund auf gläubiger und christlich gesinnter Mensch war, galt als weit verbreitete Meinung. Deshalb verstanden viele Mennoniten ihre Unterstützung von „Führer" und Partei auch als Beitrag, um die christliche Basis des NS-Staates zu stärken. So reflektiert beispielsweise Erich Göttner 1939 in den „Mennonitischen Blättern" über Apostelgeschichte 17, 26 und 27, wo Paulus auf dem Areopag spricht, es sei Aufgabe der Mennoniten, „unsere Volksgenossen hinzuweisen auf Gottes Wirklichkeit und Macht". Denn schließlich stünde Gott über allem Irdischen und allen irdischen Gemeinschaften; er sei der „Herr und Schöpfer", der die „Zugehörigkeit zu unserm Volke" ebenso gab wie „die Prägung, die unser Leben und Wesen durch Bluts- und Heimatverbundenheit, durch Sprache, Sitte und Kultur unsers Volkes erhalten hat". Jedem „Volk" sei mit „seinen rassischen Anlagen und geistigen Gaben" von Gott auch ein „besonderer Auftrag in der Völkerwelt" gegeben. Göttner fügte ein Zitat Adolf Hitlers hinzu, der 1934 in München den Wiederaufstieg Deutschlands folgendermaßen erklärt hatte: „Es zeigt, daß der Allmächtige unser Volk nicht verlassen hat, daß er es in dem Augenblick in Gnaden aufnahm, in dem es sich selbst wiederfand."[4]

Doch greift es zu kurz, die Einstellung der Mennoniten in der NS-Zeit nur auf Äußerungen wie jene Erich Göttners beschränken zu wollen. Zu vielschichtig waren die Erfahrungen und zu divers die kundgetanen Meinungen. Es gab eben nicht „den" „NS-Befürworter" und „den" „NS-Verweigerer". Ebenfalls würde es der Geschichte nicht gerecht, die mennonitischen Äußerungen zur nationalsozialistischen Ideologie an sich oder zu einzelnen Aspekten der Ideologie nur mit den Entwicklungen seit 1933 zu erklären. Vielmehr gilt es, die NS-Zeit in den Kontext der Entwicklungen seit dem 19. Jahrhundert einzuordnen. Viele Mennoniten in Deutschland waren schon im 19. Jahrhundert aus der Absonderung herausgekommen. Im Krieg zu kämpfen war kein Tabu mehr; den Eid zu leisten, belastete das Gewissen auch nicht mehr besonders. Nationalismus und Kaisertreue ließen sich mit dem Glauben vereinbaren, und oftmals wurden gerade Kai-

3 Gottfried Federer: Das Programm der N.S.D.A.P. und seine weltanschaulichen Grundgedanken, München 1933, S. 22.

4 Erich Göttner: Unsere Stellung zum Volke im Lichte des Evangeliums, in: MB 86 (1939), S. 57.

ser und Nation als Garanten für eine geordnete Gesellschaft gesehen. Die „Weimarer Republik" hatte nach Auffassung vieler Zeitgenossen die „gute, alte geregelte Ordnung" durcheinandergewirbelt, und so stiegen nun Hindenburg und Hitler zu festen, stabilen Größen im gesellschaftlichen Gefüge auf. Von ihnen erwartete man die Rückkehr zur alten Ordnung. Der Nationalsozialismus bot den Mennoniten die Chance, toleriert und gesellschaftlich anerkannt zu werden: heraus aus der „Eigenbrötelei", „Sonderart" und „Engherzigkeit", die die Mennoniten in ihrer Geschichte stets so sorgsam gepflegt hatten – wie Erich Göttner 1939 bemerkte.[5] Emil Händiges betonte 1937, von offizieller Seite des Deutschen Reichs sei stets klar, „daß im Dritten Reich kein Deutscher, auch kein Mennonit, wegen seiner Konfession benachteiligt werden soll". Dies habe „auch die Praxis bisher durchaus bestätigt". Er verwies auf die „programmatische Rede" von Adolf Hitler am 23. März 1933, in der dieser hervorgehoben hatte, dass „neben den beiden großen christlichen Kirchen" die NS-Regierung auch „allen anderen Konfessionen in objektiver Gerechtigkeit gegenübertreten wird".[6]

Nicht nur die zeitliche Komponente muss für die Einschätzung der mennonitischen Situation in der NS-Zeit berücksichtigt werden, sondern auch die regionale; es gilt, den Blick auch nach Russland und auf die weltweite Verbreitung der Mennoniten zu richten. Die Not der russischen Glaubensgeschwister hatte die deutschen Mennoniten sensibilisiert für eine antirussische und antibolschewistische Politik. Das Anliegen der Mennoniten, den auslandsdeutschen Brüdern und Schwestern zu helfen und diese in die Volksgemeinschaft einzubeziehen, ließ sich mit den nationalsozialistischen Anliegen gut in Einklang bringen. Aufgrund ihrer weltweiten Siedlungen waren die Mennoniten nicht nur prädestiniert für Hitlers „Volksgemeinschaft", wie Frank H. Epp dies ausgedrückt hat,[7] sondern sie hießen mit allen territorialen Expansionen und „Befreiungen", die Adolf Hitler vornahm, Glaubensgenossen und eben nicht „nur" Volksgenossen im Reich willkommen.

Zudem gab es weder während der nationalsozialistischen noch sonst einer Zeit in der Geschichte „die" Mennoniten. Die Gemeinden und Verbände waren keineswegs homogen. Politiker wie Benjamin Unruh standen in einigen Aspekten eher auf Distanz gehenden Personen wie Christian Neff gegenüber. Zwischentöne werden selbst in den Biografien einzelner Akteure sichtbar, wie der vorliegende Band zeigt. Oftmals ist es für uns im Nachhinein gar nicht mehr nachvollziehbar, warum ein Zeitgenosse sich auf die eine oder andere Art artikulierte. Wir haben zwar die Äußerung, doch die Motive bleiben oftmals im Unklaren. Was ist Anpassung? Was ist Mitläufertum? Was ist Opportunismus? Welche Zustimmung zum NS-Staat war lediglich der Wunsch, als Gemeinde oder als Einzelperson überleben zu wollen? Vielleicht lassen sich manche Äußerungen gar nicht mehr ergründen,

---

5 Erich Göttner: Der Ruf der Stunde an unsere Gemeinden, in: Gemeindeblatt der Mennoniten 70 (1939), S. 7.

6 Emil Händiges: Grundsätzliches über die deutschen Mennoniten, über ihre Stellung zu Wehrpflicht und Eid und ihr Verhältnis zum Dritten Reich, in: MB 84 (1937), S.73.

7 Frank H. Epp, An Analysis of Germanism and National Socialism in the Immigrant Newspaper of a Canadian Minority Group, the Mennonites, in the 1930s, PH. D. Thesis, University of Minnesota 1965, S. 227.

und wir müssen sie stehen lassen, auch wenn wir sie von unserem heutigen Blick aus nicht gutheißen. Oft ist man geneigt, Akteuren eine Handlung zu unterstellen, die quellenmäßig gar nicht zu belegen ist. Historisch zu arbeiten, bedeutet jedoch, sich davor zu hüten, Aussagen zu generalisieren, Urteile zu fällen und zu verurteilen. Grundsätzlich sollte Quellen nur so viel Aussagekraft zugesprochen werden, wie sie wirklich hergeben. Es gilt, die Zwischentöne und die Nuancen wahrzunehmen – es ist eben nichts schwarz-weiß.

Der vorliegende Band soll eine vertiefte Annäherung an und einen neuen Einstieg in die Geschichte der Mennoniten in der NS-Zeit bieten. Zwar ist es immer wichtig, Ereignisse zu rekonstruieren, doch viel notwendiger erscheint es, danach zu fragen, welche Mechanismen in einer religiösen Gruppe wie den Mennoniten in den 1930er Jahren dafür verantwortlich waren, dass so mancher sich von historischen Mustern der Absonderung und Distanz zum Politischen löste, sich nicht auf das eigene Gewissen zurückzog und Widerstand leistete, sondern, wenigstens der offiziellen Meinung nach, in Adolf Hitler den Heilsbringer sah.

Der Band vereint wissenschaftliche Aufsätze, Selbstzeugnisse, zeitgenössische Dokumente sowie Illustrationen und Bilder. Das Anliegen ist es, die Zeit des Nationalsozialismus in ihrer ganzen Breite und Tiefe zu erfassen, vom Alltag in der Heimat über das Leben an der Front bis hin zu politischen Verhandlungen, Positionierungen und schließlich der Flucht. Die Selbstzeugnisse, die eigene Erfahrungen und Eindrücke wiedergeben, haben wir sprachlich belassen, um den Duktus der Erinnerungen zu erhalten. Mit den Aufsätzen von Hans-Jürgen Goertz und Diether Götz Lichdi werden eingangs noch einmal jene beiden Beiträge publiziert, die in der zweiten Hälfte des 20. Jahrhunderts den Auftakt für eine Auseinandersetzung mit der Geschichte der Mennoniten in der NS-Zeit bildeten. Beide Beiträge werden durch Reflexionen der Autoren nach fast 40 Jahren ergänzt.

Unser Dank gilt zunächst einmal all jenen, die die Konferenz in Münster (25. bis 27. September 2015) durch Vorträge und Stellungnahmen mitgestaltet und dadurch gezeigt haben, dass eine weitere Beschäftigung mit der mennonitischen Geschichte im Nationalsozialismus dringend notwendig und geboten ist. Die Vergangenheit liegt noch nicht so weit zurück, dass Emotionen keine Rolle mehr spielen. Deshalb danken wir auch besonders all jenen, die über ihren Schatten gesprungen sind und manch gut gehütetes Familiengeheimnis preisgegeben oder ein längst in Vergessenheit geratenes Dokument aus der NS-Zeit zur Verfügung gestellt und einer Veröffentlichung zugestimmt haben. All das verpflichtet dazu, nachträglich nicht leichtfertig zu verurteilen. Es enthebt jedoch niemanden der Verantwortung, Unrecht zu erkennen und Lehren aus der Vergangenheit zu ziehen.

Weierhof im Februar 2017

Astrid von Schlachta und Marion Kobelt-Groch

I. Historische Perspektiven. Rückblicke

Hans-Jürgen Goertz

Nationale Erhebung und religiöser Niedergang

Mißglückte Aneignung des täuferischen Leitbildes im Dritten Reich (1977)*

Hans Rothfels, der den verschiedenen Formen der deutschen Opposition gegen Hitler nachgegangen ist, vermerkt, daß es den Kirchen zunächst nicht leicht gefallen sei, „Zögern und Neigung zum Kompromiß zu überkommen". Und er fährt fort: „Nur Sekten wie die Quäker und die Mennoniten oder die ‚Ernsten Bibelforscher' blieben von Schwankungen verschont Sie haben unausgesetzt passiven Widerstand geleistet, aber ihre Zahl war gering."[1] Wer die Verhältnisse in den deutschen Mennonitengemeinden während des Dritten Reiches noch aus eigener Anschauung kennt oder nachträglich auch nur einen flüchtigen Blick in die mennonitischen Zeitschriften jener Jahre wirft, kann dieser ehrenvollen Einordnung der Mennoniten in den Widerstand gegen das nationalsozialistische Regime nicht zustimmen. Richtig scheint es dagegen zu sein, wenn Friedrich Zipfel den folgenden Bericht des Sicherheitshauptamtes aus dem Jahre 1938 besonders auf die Mennoniten bezieht: „Während der bedeutsamen politischen Ereignisse des Jahres zeigten die Sekten zumeist eine aus Furcht um ihren Bestand erwachsene neutrale oder sogar auffallend loyale Haltung, teilweise waren sie ängstlich bemüht, bei jeder Gelegenheit ihre nationalsozialistische Einstellung unter Beweis zu stellen."[2] Dieser Drang zur Loyalität, ja zur Anbiederung, steht in einem merkwürdigen Gegensatz zur Einschätzung der Mennoniten durch Reinhard Heydrich, den Chef des Sicherheitsdienstes: „Die Ablehnung des nationalsozialistischen Rassegedankens und die Hervorhebung der Gemeinschaft des Evangeliums gegenüber der Volksgemeinschaft haben die Mennoniten mit den christlichen Kirchen gemeinsam. Darüber hinaus steht diese Sekte jedoch durch ihre pazifistische und eidesgegnerische Einstellung in bewußtem Gegensatz zum Nationalsozialismus. Nach hiesiger Einsicht können daher Anhänger dieser

---

* Der Aufsatz erschien erstmals in den „Mennonitischen Geschichtsblättern" 31 (1974), S. 61-90; hier abgedruckt nach: Hans-Jürgen Goertz (Hg.): Umstrittenes Täufertum 1525-1975. Neue Forschungen, Göttingen ²1977, S. 259-289. Die Zitier- und Schreibweise entspricht jener des Aufsatzes von 1977.

1 Hans Rothfels, Die deutsche Opposition gegen Hitler, Frankfurt und Hamburg 1962, S. 44.

2 Friedrich Zipfel, Kirchenkampf in Deutschland 1933-1945. Religionsverfolgung und Selbstbehauptung der Kirche in der nationalsozialistischen Zeit, Berlin 1965, S. 482 f. (Dokumentenanhang).

Sekte [260] nicht gleichzeitig Angehörige der SS-Sippengemeinschaft sein."[3] Wie ist diese kontroverse Beurteilung zu verstehen? Weist sie auf eine untergründige, nur taktisch kaschierte Tendenz zum Widerstand oder läßt sie lediglich einen Rückschluß auf das elitäre Bewußtsein der SS zu, die sich nicht mit Personen unsicherer Herkunft belasten wollte? Friedrich Zipfel ist beizupflichten, wenn er in dieser Äußerung Heydrichs nichts anderes als Vorsicht hinsichtlich einer Mitgliedschaft von Mennoniten in der SS vermutet (der Gedanke der biologischen Rassereinheit wurde unter ihnen im allgemeinen nicht vertreten), ansonsten aber feststellt, die Anpassung der Mennoniten sei in der Praxis „bereits soweit vollzogen, daß wichtige Glaubensgrundsätze von den Mitgliedern einfach nicht mehr beachtet wurden"[4]. Er denkt vor allem an die offizielle Preisgabe der Wehrdienstverweigerung (1934) und den durch Eidesleistung vollzogenen Eintritt vieler Gemeindeglieder in die nationalsozialistische Partei. Und daß Mennoniten doch in die SS aufgenommen wurden, wie sich vielfach belegen läßt, dürfte ein Indiz dafür sein, daß die Realität in den Gemeinden die Skepsis der SS schließlich überwunden hat.

Die Geschichte der Mennoniten im Dritten Reich wurde noch nicht geschrieben. Ein erster Anlauf, das in der Übersetzung von Abraham Esau ausgelassene Kapitel über diese Periode in dem Geschichtsbuch von C. Henry Smith, gibt nur einen recht flüchtigen Einblick in die Stellung der deutschen Mennoniten zum Nationalsozialismus.[5] Dieser [261] Einblick ist wenig schmeichelhaft und verlangt nach einer gewissenhaften Überprüfung an den Quellen. Verwunderlich ist, daß sich bisher niemand dieser Aufgabe unterzogen hat.

---

3 Ebd. S. 206, (1938).

4 Ebd. S. 207. Vgl. allerdings die Bemerkung in MB 1934, H. 11, S. 92, daß die Kirche „auch für das Streben nach rassischer Reinerhaltung des Volkes offen sein" müsse. – Zu Zipfels Behandlung der Mennoniten im Dritten Reich vgl. die Buchbesprechung von Peter Siebert in: Der Mennonit 1, 1966, S. 15. Argwohn gegenüber den Mennoniten, teilweise aus Unverständnis gegenüber Geschichte und Eigenart erwachsen, ist gelegentlich bei Berichterstattern für das NS-Regime zu beobachten. Vgl. z. B. den Bericht von Dr. Herbert Wilhelmy, der 1936/37 die Mennoniten im Chaco bereiste, in: Manfred Kossok, Die Mennoniten-Siedlungen Paraguays in den Jahren 1935-1939 (Zur politischen Rolle der Auslandsdeutschen in Südamerika), in: Zeitschrift für Geschichtswissenschaft 2, 1960, S. 368 ff. „Die erniedrigende Kollaborationsbereitschaft der wohlhabenderen und politisch bestimmenden Mennoniten wertete Wilhelmy lediglich als Fassade, ‚kalte Überlegung unter dem Gesichtspunkt der Nützlichkeit und des größtmöglichen Gewinns für die Kolonie ... So blühen in dem theokratischen Mennostaat Pharisäertum und innere Unehrlichkeit. Begrüßungstelegramme an den Führer, Erdnußsendungen an den Ministerpräsidenten Göring und den VDA stehen in krassem Gegensatz zur tatsächlichen politischen und völkischen Haltung der Mennoniten'" (S. 369). Vf. referiert auch die Stellungnahme gegen diesen negativen Expeditionsbericht von F. Kliewer und B. H. Unruh. Haben sie allen Anlaß, Mißverständnisse auszuräumen, so machen sie andererseits keinen Hehl aus ihrer völkischen Gesinnung. Das wird man aus den angeführten Zitaten heraus sagen müssen, auch wenn die Miszelle Kossoks nicht in allem ein ausgewogenes Urteil aufweist.

5 C. Henry Smith, The Story of the Mennonites, 2. Aufl. Berne, Ind. 1945, S. 341-345. Das ausgelassene Kapitel ist übersetzt in: Der Mennonit 7, 1965, S. 108 f. Das mennonitische Geschichtsbuch „Weltweite Bruderschaft" (1955) von Horst Penner hat die Geschichte der Mennoniten im Dritten Reich ganz und gar verdrängt. Der Grund dafür ist nicht nur die übliche Zurückhaltung des Historikers gegenüber der Zeitgeschichte, denn die Nachkriegsgeschichte kommt verhältnismäßig breit zur Darstellung. Vgl. aber erfreulicherweise die Voranzeige des Vf.s über „Die Mennoniten Altpreußen", in: MGBl 20, 1968, S. 46 f.

Wer diese Aufgabe in Angriff nehmen will, muß über historisches und theologisches Rüstzeug verfügen, schriftliche und mündliche Quellen aufspüren, sammeln und mit sicherem Gefühl für die Legitimationsbedürfnisse einer religiösen Minderheit darstellen, wie sich einst das Verhältnis zu den verschiedenen Gliederungen des Nationalsozialismus in dem mehrschichtigen Leben des Mennonitentums (Familie, Gemeinde, übergemeindliche Organisationen, internationale Beziehungen) gestaltet hat. Hier wird nur das offizielle Mennonitentum, hauptsächlich im Einzugsbereich der „Vereinigung der Deutschen Mennonitengemeinden", in Blick genommen. Eine „Geschichte der Mennoniten im Dritten Reich" müßte sich außerdem den einzelnen Gemeindegliedern zuwenden, die mutig genug waren, sich gegen den neuen Staat zu stellen und Nachteil und Leiden, die ihnen daraus erwuchsen, auf sich zu nehmen. Sie müßte auch registrieren, daß es durchaus sehr unterschiedliche Tonlagen pronazistischer Äußerungen gab. Dieser Aufgabe kann sich der folgende Beitrag ebenfalls nicht zuwenden. Er verfolgt das weitaus bescheidenere Ziel, nur ein wenig Licht in die komplizierte Entscheidungssituation zu bringen, in die das Mennonitentum unmittelbar nach der Machtergreifung Hitlers gestellt wurde. Dabei spielt die Beobachtung eine Rolle, daß gerade in den frühen Jahren des Dritten Reichs Impulse zu einer religiösen Erneuerung von der „nationalen Erhebung" erwartet wurden, die weite Teile des Volkes ergriffen hatte. Die Mennoniten, wie die übrigen Freikirchen auch, wurden genötigt, die konfessionelle Identität im Kontext dieser Erhebung neu zu bestimmen, die eine bewußt konfessionsüberschreitende Orientierung verlangte. Für eine Freikirche, die es bisher gewohnt war, für sich zu leben, war es eine besondere Herausforderung, auf einmal einen religiösen Beitrag für die Volksgemeinschaft leisten zu müssen. Fast von selbst stellt sich hier die Frage, ob die Neubestimmung der konfessionellen Identität, die sich im Mennonitentum unter Rückgriff auf den konfessionellen Ursprung vollzog, nicht Ursache für die Anpassung an den nationalsozialistischen Staat gewesen sein könnte. Zu erwarten war das keineswegs. Hätte der Ursprung dieser Kirche, der durchlittene Protest der Täu- [262] fer gegen einen religiös begründeten Totalitätsanspruch der Obrigkeit, nicht vielmehr gerade eine Distanzierung nahegelegt? Offensichtlich wurde Rothfels von einer ähnlichen Frage irritiert und durch die Meldung vom hilfreichen Einsatz der Quäker und Mennoniten in den Niederlanden für die verfolgten Juden[6] veranlaßt, auch das deutsche Mennonitentum in dieser Widerstandstradition zu sehen. Im Zentrum unserer Untersuchung steht also eine doppelte Frage: Welches Bild machten sich die deutschen Mennoniten von den Glaubensvätern der Reformationszeit; und welche Funktion wurde diesem Bild im Neuorientierungsprozeß zu Beginn des Dritten Reichs zugewiesen?

1. Die Wirkung eines Zauberwortes

Das Krisenbewußtsein der ausgehenden Weimarer Republik hatte auch die Mennonitengemeinden erfaßt. „Mitten in all der Unklarheit und Ungewißheit, die über dem heutigen wirtschaftlichen, politischen, gesellschaftlichen Leben liegt",

6 F. Zipfel, a.a.O. S. 219.

schrieb Erich Göttner (Danzig) zu Beginn des Jahres 1929, „mitten in dem Gewirr der Meinungen, die auf geistlichem, sittlichem, religiösem Gebiete miteinander ringen, gehen wir in das neue Jahr hinein." Es wurde das Jahr der Weltwirtschaftskrise. Die Zukunft war verstellt, die Sehnsucht nach „einer Kraft, die uns durch alle Zeiten trägt" groß. Welche Kraft er meinte, sprach er deutlich aus: „Gewißheit, festen Grund für unser Leben finden wir nur bei dem ewigen Gott, der über allem Wandel irdischer Formen, allem Wechsel menschlicher Anschauungen steht." Damit schien ein Kriterium benannt, das helfen sollte, in Zukunft zu bestehen: „Ihn müssen wir um Weg und Ziel für das neue Jahr bitten in dieser oft so weg- und ziellosen Zeit, in der wir bald diesem, bald jenem Lichte nachzulaufen in Gefahr sind, das uns einen Weg aus der Not zu verheißen scheint, sei es ein neues Wirtschafts- oder Erziehungsprogramm, sei es eine neu auftauchende Weltanschauungsbewegung."[7]

Bald aber setzte die Partei Hitlers zum Todesstoß gegen Demokratie und Parlamentarismus an und inszenierte die „nationale Erhebung". Auf dem Hintergrund wirtschaftlicher Depression und abgrundtiefer Meinungsverschiedenheiten zwischen den politischen Parteien gewann das Versprechen, eine geschlossene Volksgemeinschaft heraufzuführen, einen starken Überzeugungsdruck, dem viele nachgaben. Von der „nationalen Erhebung", Karl Dietrich Bracher nann- [263] te sie ein „Zauberwort"[8], ging eine Faszination aus, der sich auch die Mennoniten nicht entzogen. Die stärkste Resonanz fand dieses Wort in einer Grußdepesche vom 10. September 1933 an den Reichskanzler Adolf Hitler: „Die heute zu Tiegenhagen im Freistaate Danzig tagende Konferenz der Ost- und Westpreußischen Mennoniten empfindet mit tiefer Dankbarkeit die gewaltige Erhebung, die Gott durch Ihre Tatkraft unserm Volk geschenkt hat und gelobt auch ihrerseits freudige Mitarbeit am Aufbau unseres Vaterlandes aus den Kräften des Evangeliums heraus, getreu dem Wahlspruch unserer Väter: Einen andern Grund kann niemand legen außer dem, der gelegt ist, welcher ist Jesus Christus."[9]

Diese Grußdepesche steht in einem Gegensatz zu Göttners Empfehlungen für das Jahr der Weltwirtschaftskrise. Hatte sich die theologische Grundorientierung inzwischen verschoben oder nur das politische Gefüge? Vermutlich hat der recht, der einen theologischen Umschwung ausschließt und lediglich annimmt, daß ein und dieselbe Grundhaltung in unterschiedlichen Erfahrungshorizonten politischer Entwicklung zu jeweils anderen Ergebnissen führen konnte. Hatte der Glaube, wie Göttner ihn in orientierungsschwieriger Zeit formulierte, eine reservierte Haltung gegenüber politischen und weltanschaulichen Bewegungen empfohlen, und das schloß offensichtlich auch die Selbsterhaltungsprobleme einer parlamentarischen Demokratie ein, so konnte derselbe Glaube bei zunehmender Festigung der Staatsmacht ganz entschieden für eine bestimmte Richtung der Staatsführung optieren. In beiden Fällen blieb gewahrt, daß Gott die „letzte Macht" im Volks- und Völkerleben sei, wie Göttner zu Jahresbeginn 1933 schrieb, sich aber „vor seinem untrüglichen Blick" selber „in dem für uns rätselhaften

7 MB 1929, H. 1, S. 1.

8 Karl Dietrich Bracher, Deutschland zwischen Demokratie und Diktatur, Bern und München 1964, S. 168.

9 MB 1933, H. 10, S. 101.

Gähren und Ringen ein neues Werden" enthüllte[10]. Von der Wahrnehmung dieses neuen Werdens, das man nur auf die nationalsozialistische Erhebung beziehen kann, ist der Weg nicht mehr weit, den Göttner selber auf der außerordentlichen Zusammenkunft der Vorstände der Ost- und Westpreußischen und Freistaat-Danziger Mennonitengemeinden in Kalthof am 25. August 1933 gegangen ist: Die nationale Erhebung hätte vor den Kirchen nicht Halt machen können, erklärte er in einem Grundsatzreferat, da „der heutige Staat sich zum Christentum als einer geistigen Macht bekennt, die grundlegend ist für das Volksleben und das Bestehen des Staates"[11]. In der neuen Führung wurde, wie sie sich gern selber präsentierte, eine göttliche Fügung gesehen. Eine Theologie, die [264] ihren Gottesglauben so gestaltete, daß er direkt mit politischer Erfahrung korrespondierte (das eine Mal mit Orientierungslosigkeit und Machtverfall der Republik, das andere Mal mit Neuorientierung und Machtzuwachs der Staatsführung), hatte nicht viel Mühe, die psychologische Faszination des Zauberwortes argumentativ zu unterstützen. Ist damit nicht der theologische Rahmen abgesteckt, der den christologischen Wahlspruch Menno Simons – Hitler in der Grußdepesche mitgeteilt – so einengen sollte, daß sein Widerstandsgeist gegen jeden totalen Anspruch, woher er sich auch erhob, gedämpft wurde? Denn daß die nationale Erhebung auf einen „totalen" Staat zusteuerte, sah man sehr genau[12], auch wenn man nicht bereit war, die physische und psychische Gewalttätigkeit zu sehen, mit der die Machtergreifung Hitlers sich allenthalben vollzog, vielmehr den Einsatz von SA und „Stahlhelm" gegen den „staatsvernichtenden gottlosen Kommunismus" gelegentlich sogar in einem Atemzug mit der Ehrung der Kriegsopfer als Heldentat feierte[13]. Aber ein „totaler" Staat, genauso wie ein „autoritärer"[14], schien angesichts der Misere der Weimarer Republik in dem abgesteckten Rahmen den Widerspruch des Evangeliums nicht mehr herauszufordern. So erklärt sich schon hier, wie es dazu kommen konnte, daß dieselbe christologische Konzentration bei den Mennoniten die Anpassung an das nationalsozialistische Regime nicht verhinderte, während sie in den Kreisen der evangelischen Landeskirchen, aus denen später die Bekennende Kirche erwachsen sollte, den Widerstand vorbereitete. Der Unterschied lag nicht in der Betonung des christologischen Fundaments, sondern in dem Rahmen, in den dieses Fundament eingespannt wurde. Dabei ist allerdings nicht zu übersehen, daß auch in der Bekennenden Kirche die christologische Eindeutigkeit der „Barmer Erklärung" (1934) im politischen

10 MB 1933, H. 1, S. 1.

11 MB 1933, H. 9, S. 87. Vgl. dazu das Programm der NSDAP § 24.

12 MB 1933, H. 10, S. 99.

13 Vgl. den Bericht aus der Gemeinde Rosenort, in: MB 1933, H. 6, S. 68. In Hamburg wurde unter ausdrücklicher Billigung des Kirchenrates vom Organisten eine musikalische Feierstunde für die SA eingerichtet; in Obersülzen und Monsheim wurden Gottesdienste für die nationalsozialistisch eingestellte Bevölkerung zur Eröffnung des neuen Reichstages und zur Feier des 1. Mai abgehalten (MB 1933, H. 12, S. 114).

14 MB 1933, H. 7/8, S. 73: „Wir wurden von der Bildung des autoritären Staates überrascht. Unsere Regierung hat sich zu den christlichen Grundlagen unseres Volkstums bekannt. Das ist ein Fortschritt gegenüber Weimar. Wir haben in den verflossenen Jahren erlebt, daß Volks- und Freikirchen dem Einbruch der auflösenden Kräfte im Volks- und Wirtschaftsleben auch deshalb nicht gewachsen waren, weil der Staat auf jegliche Begründung seiner Arbeit glaubte verzichten zu können." Immerhin wird in diesem Beitrag die Gefahr gesehen, die mit der „Inanspruchnahme des ganzen Menschen und der Einordnung des ganzen Lebens in das Ziel des Staates" droht. Diese Beobachtung bleibt aber recht formal.

Tageskampf längst nicht immer erreicht wurde. Das zu [265] verkennen, hieße einen zu hohen Maßstab an das Mennonitentum anzulegen.

Bereits hier stellt sich die Frage, ob die angeführten Beobachtungen so verallgemeinert werden dürfen, daß sie mit der ganzen Schwere theologischer Konsequenz auf das gesamte Mennonitentum übertragen werden können. Die Antwort wird aus folgenden Gründen positiv ausfallen: 1. sind diese Beobachtungen aus der offiziellen Zeitschrift der „Vereinigung der Mennonitengemeinden im Deutschen Reich" entnommen worden; ein Widerspruch aus dem Leserkreis ist nicht erfolgt. 2. könnten die Beobachtungen, die sich auf die Einschätzung der „nationalen Erhebung" beziehen, mühelos für verschiedene Teile des Mennonitentums aus veröffentlichten Äußerungen angereichert werden[15]. Und 3. sind die Übereinkünfte der erwähnten Konferenzen von Kalthof und Tiegenhagen wegweisend für die Entscheidungen auf überregionaler Ebene gewesen. Sie greifen zwar die Probleme auf, vor die sich die „Vereinigung der Mennonitengemeinden im Deutschen Reich" auf ihrer Sitzung im April 1933 gestellt sah, trieben ihre Klärung aber soweit voran, daß im November 1933 eine außerordentliche Kuratoriumssitzung der „Vereinigung" mit dem erklärten Ziel zustande kommen konnte, eine feste organisatorische Einigung des gesamten Mennonitentums auf der Grundlage einer neuen Verfassung zu erreichen, um mit Regierung und Reichskirche über die Fragen geschlossen verhandeln zu können, die sich aus der „nationalen Erhebung" für den Bestand der Gemeinden ergaben. Eingeleitet wurde diese Sitzung von dem Vorsitzenden, Pastor lic. theol. Emil Händiges, mit der Versicherung: „Das deutsche Mennonitentum stellt sich freudig hinter die Regierung, den Reichspräsidenten, den Reichskanzler und seine Mitarbeiter. Es freut sich über die große Einigung im deutschen Volke, die in der Abstimmung und Reichstagswahl vom 12. November zum Ausdruck gekommen ist."[16] Im April hatte sich Händiges – zumindest nach dem veröffentlichten Protokoll – noch zurückhaltender geäußert. Diese Versicherung, die der Obrigkeit mehr als nur den schuldigen Respekt von Röm. 13 zollte, schien einhellige Meinung des Kuratoriums zu sein, jedenfalls wurde sie nicht diskutiert, geschweige denn auch nur von einem einzigen Mitglied in Zweifel gezogen. [266]

Und hier stellt sich die andere Frage, ob die freudige Begrüßung des Nationalsozialismus denn ein besonderes Kennzeichen des Mennonitentums gewesen sei oder nicht doch eine Erscheinung im deutschen Protestantismus insgesamt, unter den „Deutschen Christen" und den Freikirchen genauso wie in den Kreisen, die später zum Kirchenkampf übergingen. Es ist allgemein bekannt, daß die evangelische Kirche sich in der Weimarer Zeit deutsch-national orientiert hatte. Und dasselbe galt auch für das Mennonitentum. In den bäuerlichen und kaufmännisch-bürgerlichen Schichten, die in den Mennonitengemeinden tonangebend waren, fanden weder die politischen Leitideen der Zentrumspartei noch die Forderungen

15 Auch Auslandsmennoniten haben die „nationale Erhebung" freudig begrüßt. Vgl. Anm. 4; vgl. auch F. H. Epp, Mennonite Exodus, Altona, Manitoba 1962, S. 192 ff. Vgl. aber vereinzelt eine besorgte Stimme: „Ich trage nur Sorge, ob die deutschen Christen nicht innerlich Schaden leiden werden durch zu große Anpassung an die heutigen Strömungen im Lande." Brief von Peter Klassen (Brasilien) an E. Händiges, in: MB 1933, H. 7/8, S. 79.

16 MB 1933, H. 12, S. 113.

der SPD Aufnahme. Man wählte in der Regel konservativ, d. h. deutsch-national. Besonders ausgeprägt war das in den Gemeinden des Ostens, deren politische Erfahrung kaum eine andere Wahl nahezulegen schien. Hier unterschied sich eine kleine, aus der gewollten Trennung von Kirche und Staat entstandene Freikirche nicht von den evangelischen Landeskirchen, die den Schmerz um den Verlust ihrer staatskirchlichen Verfassung in einer politisch konservativen und innerlich noch monarchistischen Haltung zum Ausdruck brachten. Darauf hat Ernst Wolf die allgemeine Anfälligkeit dieser Kirchen für den Nationalsozialismus zurückgeführt. Allerdings setzt er sich für eine differenzierte Beurteilung dieser Anfälligkeit ein. „Es besteht doch ein gewisser Unterschied der Gewichtigkeit zwischen mehr oder minder offiziellen und offiziösen Zustimmungsäußerungen kirchenleitender Stellen und dem programmatischen Einbau der Ideologie des Nationalsozialismus in die Verkündigung wie etwa bei den Deutschen Christen auf der einen Seite, und andererseits mehr oder minder allgemein gehaltenen Begrüßungen des Nationalsozialismus in den durchschnittlichen Predigten der damaligen Zeit." Wolf fährt fort: „Viele Pfarrer, die 1933 oder auch noch 1934 so predigten, haben sehr bald durch ihren persönlichen Einsatz im beginnenden Kirchenkampf ausgeglichen, was sie aus der allgemeinen Stimmung heraus, zum Teil auch unterstützt durch die Äußerungen ihrer theologischen Lehrer bis hin zu A. Schlatter und K. Heim und ihrer kirchlichen Behörden zunächst meinten sagen zu sollen."[17] Angesichts dieser Feststellung wird es umso dringlicher zu untersuchen, welche besondere Antwort das deutsche Mennonitentum auf die „nationale Erhebung" über die allgemeine Begrüßung hinaus gefunden hat. Hat es durch zunehmende [267] Besinnung auf den Widerstandsgeist des Wahlspruchs seiner Väter ausgeglichen, was in erster Begeisterung, wohl noch gepaart mit Unsicherheit und Wunschvorstellung, leichtfertig begrüßt wurde, oder hat es endgültig die Weichen für den Weg der Anpassung gestellt?

2. Die Bedrohung des konfessionellen Bestands

Das Programm der „nationalen Erhebung", dem sich das Mennonitentum aufgrund seiner nationalen Gesinnung schnell und freudig öffnete, stellte abgesehen von dem starken Gefühl völkischer Zusammengehörigkeit auch eine Herausforderung an seinen konfessionellen Bestand dar. Welcher Art diese Herausforderung war *und* wie man ihr begegnete, muß jetzt beschrieben werden. Denn nur wer Begeisterung und Bedrohung, die vom nationalsozialistischen Aufbruch auf das Mennonitentum einwirkten, richtig einschätzt, wird die Gesichtspunkte erkennen, die sein Verhältnis zum neuen Regime fortan bestimmen sollten.

Adolf Hitler hatte in seiner Regierungserklärung im März 1933 vor dem Reichstag versichert, er werde das deutsche Volk zu einer neuen Gemeinschaft auf der Grundlage eines „positiven Christentums" führen. Völkische Erneuerung schien

17 Ernst Wolf, Die evangelische Kirche und der Staat im Dritten Reich, in: Theologische Studien 74, Zürich 1963, S. 7. (Daß Schlatter und Heim übrigens auch ins Mennonitentum hineingewirkt haben, vor allem über die jüngeren Theologen, die kurz vor der Machtergreifung ihren Dienst in den Gemeinden antraten, sei nur am Rande vermerkt.)

ihm schon aus taktischen Gründen nicht realisierbar zu sein, ohne sich der Mitarbeit der Kirchen an diesem Erziehungsprogramm zu versichern. Damit wurde staatlicherseits die Neutralität zwischen Kirche und Staat aufgegeben, zu der die Weimarer Verfassung sich durchgerungen hatte, und das Christentum in seinen unterschiedlichen konfessionellen Ausprägungen bewußt den Zielen völkischer Erneuerung dienend eingeordnet. Wie hoch die neue Regierung die meinungsbildende Kraft der Kirchen einschätzte, zeigt sich daran, daß Hitler gleich zu Beginn die Beziehungen zur katholischen Kirche in einem Reichskonkordat regelte und die Kräfte in den evangelischen Kirchen unterstützte, die für eine geschlossene evangelische „Reichskirche" eintraten. Von diesem Prozeß kirchlicher Neuordnung wurde auch das Mennonitentum erfaßt.

Diese Situation stellte das Mennonitentum vor die Aufgabe, sich organisatorisch neu zu ordnen, d. h. es mußte versuchen, die kongregationalistisch verfaßten Gemeinden, die in der „Vereinigung der Mennonitengemeinden im Deutschen Reich" nur lose zusammengeschlossen waren, zu einer einheitlichen, möglichst bekenntnisgebundenen Gemeinschaft zusammenzufassen. „Es war die unwiderstehliche einigende Macht der nationalsozialistischen Bewegung in unserem Volke, die auch die Mennonitengemeinden noch einmal aufs ernsteste [268] vor die Frage stellte, ob sie sich nicht endlich alle zusammenschließen wollten."[18] Angestrebt wurde die Kirchwerdung der Mennoniten. Diese Tendenz kam mit wünschenswerter Klarheit in dem Stichwort „zur Kirchenfrage der Mennoniten" und der neuen Selbstbezeichnung zum Ausdruck, die während der Verfassungsdiskussionen vorgeschlagen wurde: „Deutsche Mennonitische Gemeindekirche."[19] Diese Kirche auf die Grundlage eines Bekenntnisses zu stellen, entsprach eindeutig kirchenpolitischen Notwendigkeiten und nicht so sehr der theologischen Überzeugung, daß eine Gemeinschaft, die sich auf Jesus Christus beruft, Zusammenhalt und Aufgabe allein in einem Bekenntnis zu ihrem Herrn finden kann. „Im Bekenntnis muß enthalten sein, wozu wir uns mit der allgemeinen Christenheit bekennen, d. h. zur Grundlage des Evangeliums, und dann unsere mennonitischen Besonderheiten. Gegenüber Unkenntnis anderer Kreise über das Wesen des Mennonitentums ist ein Bekenntnis auch für die anders eingestellten Gemeinden ein Schutzdach. Wir können dadurch zeigen, wir sind eine ordentliche, altevangelische, kleine Kirche. Gegenüber der Regierung ist heute keine Vertretung ohne Bekenntnis möglich."[20] Die Spitze des Bekenntnisses wird deutlich: Demonstration eigener Kirchlichkeit, denn nur so meinte man, den Staat von der Notwendigkeit des konfessionellen Weiterbestehens überzeugen zu können.

Die Tendenz, einen Weg zur „Gemeindekirche" auf der Grundlage eines Bekenntnisses zu suchen, führt ein fremdes Element in das hergebrachte konfessionelle Selbstverständnis ein. Man könnte es ein großkirchliches nennen. Und der Hinweis, daß im Begriff der „Gemeindekirche" sowohl die kongregationalistische

---

18 Bericht über die Tagung der Vorstände der ostfriesischen und münsterländischen Mennonitengemeinden am 4. Januar 1934 in Emden (Separatdruck).

19 MB 1933, H. 12, S. 115.

20 Ebd. S. 116.

Betonung der Einzelgemeinde als auch ihr Anspruch, Kirche Jesu Christi und keine sektiererische Gemeinschaft zu sein, miteinander verbunden seien[21], kann nicht darüber hinwegtäuschen, wie stark diese Tendenz zur [269] Kirche staatspolitischen Forderungen folgt. Alle Motive, die bisher erwähnt wurden, finden in dem folgenden Diskussionsbeitrag eine vielsagende Zusammenfassung: „Die Notwendigkeit des Zusammenschlusses der deutschen Mennoniten, so führte Bruder Unruh aus, drängt sich von außen auf. Wohl brauchen wir keine Angst zu haben um unser weiteres Bestehen, denn die Mennoniten genießen einen guten Ruf bei Staat und Kirche, nicht zum wenigsten durch das Hilfswerk ‚Brüder in Not' und unsere Beziehungen zum Auslandsdeutschtum. Aber das Streben nach Konzentration aller Kräfte ist grundlegend für den nationalsozialistischen Staat. Es greift auf alle Gebiete über. Wir können uns nicht gegeneinander abschließen. Andererseits ist der Zusammenschluß innerlich notwendig, um dem Zerfall zu steuern. Das Empfinden der Minderwertigkeit gegenüber den großen Bekenntniskirchen, das leicht aufkommt, läßt sich nur bekämpfen, wenn wir durch Zusammenschluß zeigen: Wir sind keine Winkelsekte, sondern wir nehmen die heutige Lage ernst."[22] Könnte der politische Charakter kirchlicher Bekenntnisbildung prägnanter ausgedrückt werden? Und wo eine Freikirche sich ihres Bestandes durch den guten Ruf beim Staat meint sicher sein zu können, wird sie alles tun, sich diesen Ruf auch weiterhin zu erhalten. Damit war die politische Gleichschaltung des Mennonitentums innerlich bereits vollzogen, bevor es überhaupt zur Einigung auf ein Bekenntnis kam.

Diese Verfassungsdiskussion traf das deutsche Mennonitentum nicht unvorbereitet. Sie begann bereits in den zwanziger Jahren im Zuge der Rechtsunsicherheit, die für die Mennonitengemeinden durch die Weimarer Verfassung entstanden war und die durch den mühevollen Prozeß, die öffentlichen Körperschaftsrechte zu erlangen, beseitigt werden sollte[23]. Mit anderen Worten: Die Verfassungsdiskussion wurde bereits vor dem Dritten Reich aus der Besorgnis heraus geführt, dem Mennonitentum könnte die staatliche Anerkennung als religiöse Gemeinschaft versagt bleiben und ihr konfessioneller Bestand in Gefahr geraten. Und so wird verständlich, daß die Verständigung unter den Mennoniten, einschließlich der Gemeinden, die bisher noch nicht zur „Vereinigung" gehörten, in der Frage der Verfassungsstruktur umso drängender wurde, je intensiver sich der Staat um eine Kontrolle des kirchlichen Lebens bemühte.

---

21 Vgl. Mennonitische Gemeindekirche! Ein Beitrag der Jugend zum Neubau des deutschen Mennonitentums, in: MJW 1934, H. 1, S. 4 ff.: „Es wäre hier vor allem zu betonen, daß der Gemeinde-Gedanke nichts und wieder nichts mit Sektengeist zu tun hat; denn die Christus-Gemeinde und die Christus-Kirche gehören zusammen wie die SA und die Partei: Jede Kirche muß eine Gemeinde in sich haben und jede Gemeinde eine ‚Kirche' um sich." Das Selbstverständnis einer „Gemeindekirche" wurde auch in Kreisen der Bekennenden Kirche intendiert, allerdings hier mit der umgekehrten Stoßrichtung. Man wollte das Element der Gemeinde gegenüber den oft gleichgeschalteten Kirchenleitungen als einzige Basis kirchlicher Existenz herausstellen. Die Bekennende Kirche verfolgte, wenn auch nicht kirchenordnungsmäßig, so doch theologisch, streckenweise ein freikirchliches, das Mennonitentum ein großkirchliches Ziel.

22 MB 1933, H. 12, S. 115.

23 Erich Göttner, Bericht über die Tätigkeit der Vereinigung der Mennoniten-Gemeinden im Deutschen Reich für die Jahre 1919-1932, Elbing 1932, S. 24.

Die „nationale Erhebung“ verstärkte also das Verlangen der Mennoniten, sich um staatliche Anerkennung zu bemühen und entfachte in ihnen den Wunsch, die Erneuerungsimpulse des völkischen und religiös-weltanschaulichen Aufbruchs auch in der eigenen Konfession [270] aufzufangen, um sich für den Dienst am Volke zu rüsten. „Wir wollen mit unsern Kräften und Mitteln Volk und Staat dienen und auch in unsern Reihen um eine innere Erneuerung als Grundlage neuer Volksgemeinschaft ringen.“[24] Das eine hing mit dem andern zusammen: Auf Anerkennung konnte nur rechnen – und daran mußte einer konfessionellen Minderheit besonders gelegen sein – , wer sich in diesen Dienst einfügte. Für das Mennonitentum bedeutete die Aufforderung zum Dienst am Volk ein neues, sich an der Volkskirche orientierendes Selbstverständnis. Diese Neuorientierung wurde auf zweierlei Weise propagiert: Einmal mit dem Hinweis auf die bekenntnisgebundene Einigung der Deutschen Evangelischen Kirche als Vorbild für die eigene Einigung[25] und zum andern mit Kritik am Täufertum, das sich dem staatlichen Aufbau verweigert hatte[26]. [271]

Nach längeren Verhandlungen wurde schließlich eine neue Verfassung verabschiedet, die mit der Namensänderung „Vereinigung der Deutschen Mennonitengemeinden“ auch den Gemeinden im Freistaat Danzig und im Korridor, die ja damals nicht zum Reich gehörten, den Beitritt ermöglichte. Es kam aber nicht zur Gründung einer „Gemeindekirche“; die „Vereinigung“ blieb ein Zweckverband, wurde sich allerdings ihrer kirchlichen Vertretungsfunktion gegenüber dem Staat bewußter als zuvor. Daß das Konzept einer „Gemeindekirche“ scheiterte, ist aber nicht als ein Zeichen dafür zu werten, daß die Mehrheit der Gemein-

24 MB 1933, H. 9 S. 88. Unter den Gründen, die gegen die Empfehlung zur Selbstauflösung der Mennonitengemeinden angeführt werden, sind auch folgende Äußerungen erwähnenswert: „Bei allen Schwächen unseres Gemeindelebens sind unsere Gemeinden doch Zellen gemeinschaftlichen Lebens und damit der gegenseitigen Verbundenheit im Volke. Bei völliger Auflösung würde diese Kraft verschwinden, wir würden Splitterchen in einer großen Masse sein und dadurch auch an gemeinschaftsbildender Fähigkeit für Volk und Staat verlieren.“ „Das deutsche Mennonitentum bildet die Brücke zu den Mennoniten in andern Ländern. Hört diese Verbindung mit einer etwaigen Auflösung auf, so verlieren die russischen Mennoniten und die mennonitischen Kolonien in Übersee einen wichtigen Rückhalt. Wir haben mit unserem Dasein eine Verpflichtung auch gegenüber unseren Glaubensbrüdern draußen. Durch die Verbindung mit unseren Glaubensbrüdern stärken wir das Auslandsdeutschtum und tun damit durch die lebendigen persönlichen Beziehungen zu ihm auch unserm Volk einen Dienst.“ Vgl. auch die offizielle Erklärung der „Vereinigung“: „Willig dienen wir deshalb, unserer alten und großen Überlieferung gemäß, der inneren und äußeren Wohlfahrt von Volk und Vaterland und dazu insbesondere einer Verbindung der Heimat mit den vielen Tausend Auslandsdeutschen mennonitischen Glaubens“ (MB 1933, H. 7/8, S. 76).

25 E. Händiges weist darauf hin, „daß sich überall Scheidungen und Entscheidungen in dieser Zeit vollziehen, wie es ein neuer Erlaß des Ev. Reichsbischofs zeigt. Dieser Erlaß hebt hervor, daß die innere Einigung der Deutschen Evangelischen Kirche nur von Bibel und Bekenntnis aus geschehen könne, und verlangt, alle kirchlichen Vereine und Organisationen sollen ihre Mitglieder ausdrücklich auf die Heilige Schrift und das Bekenntnis der Kirche verpflichten.“ Er betont, „eine klare christliche Bekenntnisgrundlage sei auch für die Vereinigung notwendig, sonst sei ihr Bestehen sinnlos“ (MB 1933, H. 12, S. 115).

26 MB 1933, H. 7/8, S. 72 f.: „In den Bekenntnissen unserer Väter zeigt die Ablehnung der Annahme obrigkeitlicher Ämter und des Schwertes eine negative Haltung an, die im Neuen Testament nicht begründet werden kann.“ Und in bezug auf den Militärdienst heißt es: „Auch hier muß für unsere deutschen Verhältnisse erklärt werden, daß die Schicksalsverbundenheit mit dem deutschen Vaterland im Weltkrieg und durch die nationale Revolution dem Gedanken keinen Raum mehr läßt, als Gemeinde den Standort der Väter noch beizubehalten. Wir können das auch nicht bedauern, weil uns vom Neuen Testament her dazu die Freiheit gegeben ist. Wir haben im Einsatz für Volk und Vaterland mit Leib und Leben die Bewährung der größten Liebe zu sehen, die wir unserem Volke schulden. Das darf auch durch die Fassung des Bekenntnisses nicht mehr verdunkelt werden.“

den sich den politischen Forderungen des Dritten Reichs versagt hätte. Bereits im Vorspann zeigten sich die Mennoniten auffallend willfährig, wenn sie die „Christenpflicht, ihrem Volk und Staat gewissenhaft zu dienen" betont herausstrichen[27]. Der Grund für dieses Scheitern lag vielmehr in den unterschiedlichen Frömmigkeitsströmungen innerhalb des Mennonitentums. Gegen eine Bekenntnisbindung sträubten sich die „freisinnigen" Gemeinden im Nordwesten und gegen eine kompromißlerische Aufweichung des Bekenntnisses die pietistischen Gemeinden im Süden. Freisinnigkeit und Pietismus waren aber in gleicher Weise für die politischen Gleichschaltungsparolen des neuen Regimes empfänglich. Sie öffneten sich der stereotypen, eine verwandte Saite anschlagenden Propaganda, wonach sich die nationalsozialistische Bewegung „an das Innerlichste im Menschen" wende. Wenn die Mehrheit der für ein Bekenntnis sich einsetzenden Gemeinden es nicht fertigbrachte, die dagegenstehende Minorität auszuschließen (Ansätze dazu waren durchaus vorhanden), dann ist das auf die Bedenken zurückzuführen, die gegen eine Neugründung der „Vereinigung" laut wurden. Denn nur eine Neugründung hätte zu diesem Ziel führen können; sie hätte aber mit Sicherheit auch die öffentlichen Körperschaftsrechte der alten „Vereinigung" verwirkt. Das wäre jedoch einer Schwächung des Mennonitentums gegenüber den Forderungen der Stunde gleichgekommen, die man unter allen Umständen vermeiden wollte[28]. Die Verfassungsdiskussion führte zu dem Ergebnis, daß der politische Überzeugungsdruck, nicht das theologische Gespräch, eine Einigung des deutschen Mennonitentums herbeiführte. Das war zwar keine ekklesiologische Einigung, wie sie mit dem Konzept einer „Gemeindekirche" angestrebt wurde, aber diese Einigung erübrigte sich auch in dem Mo- [272] ment, in dem der politischen Forderung Genüge getan war. Und daß die Verfassungsdiskussion sich bei diesem Ergebnis beruhigte, dürfte nachträglich enthüllen, wie intensiv die Bestandssicherung der eigenen Konfession von vornherein schon keinem anderen als nur dem politischen Zwang folgte. Von diesem Zwang wurde das Fundament, auf das der Wahlspruch Menno Simons verwies, umklammert und verlor auf diese Weise die systemsprengende Kraft, die ihm einst innewohnte. An diesem Wahlspruch festzuhalten, war erklärte Absicht der Verfassungsdiskussion, aber man tat es, indem man einen Frieden zwischen politischer Bestandssicherung und theologischer Bestandsbegründung herbeiführte. Und da die Sicherung allemal die unmittelbareren Konsequenzen im Leben zu haben scheint, blieb die Begründung, die nach biblischer Einsicht allein auch die Sicherung einer Kirche ist, auf der Strecke.

Die Bestandssicherung zielte nicht nur auf staatliche Anerkennung des Mennonitentums, sie versuchte auch, der Abwanderung der Jugend aus den Gemeinden in einem möglichst frühen Stadium nationalsozialistischer Reizentfaltung zuvorzukommen. Daß die „nationale Erhebung" hier eine Flanke aufriß, die nicht schnell genug repariert werden konnte, belegt die drohend-beschwörende Äußerung des mennonitischen Landrats O. Andres – Tiegenhof (später stellvertreten-

27 MB 1934, H. 7/8, Sonderdruck S. 3.

28 Aktenvermerk über eine Zusammenkunft der Vertreter des Gemeindeverbands, der pfälz.-hess. Konferenz, der westpr. Konferenz u. a. auf dem Thomashof am 21. und 22. Februar 1934, S. 3.

der Gauleiter von Danzig-Westpreußen) auf der erwähnten Zusammenkunft in Kalthof im August 1933: „in einem Punkte freilich glaube er nicht", notiert das Protokoll, das übrigens nicht darauf verzichtet, die Uniform des Landrats „mit den Chargen der NSDAP" zu erwähnen, „daß man behördlicherseits auf Verständnis rechnen könne: in der Frage der Wehrlosigkeit, wie sie noch von einem Teil der Mitglieder vertreten wird. Das Eine jedenfalls glaube er aufgrund seiner Kenntnis der Verhältnisse sagen zu müssen: Unsere mennonitische Jugend selbst, die von der nationalsozialistischen Bewegung tiefinnerlich ergriffen ist, hat dafür heute kein Verständnis mehr. Sie hat sich in großer Zahl unseren nationalen Verbänden angeschlossen und trägt mit Stolz das braune Kleid als Symbol ihrer Verbundenheit mit der Scholle. Für diese heimische Scholle mit Gut und Blut einzustehen und sie auch gegebenenfalls mit der Waffe zu verteidigen, ist ihr eine selbstverständliche Ehrenpflicht"[29]. Es gehörte nicht viel dazu, die Gefahr zu erkennen, die dem Mennonitentum hier drohte: Würde es nicht jeden Konfliktstoff zwischen Kirche und Staat aus der Welt schaffen, müßte es die Jugend in einen Loyalitätskonflikt stürzen, der eindeutig zu seinem Nachteil entschieden werden würde. Es müß- [273] te sich von einem großen Teil der Mitglieder trennen und um seinen Bestand ernsthaft besorgt sein.

Stärker als vom nationalsozialistischen Weltanschauungsstaat und dem angekündigten Auszug jüngerer Kräfte aus den Gemeinden fühlte das Mennonitentum sich aber – vor allem im Osten – von der „Glaubensbewegung Deutsche Christen" bedroht. Diese Bewegung trat als Träger germanisch-christlichen Gedankenguts auf und entfaltete eine starke volksmissionarische Tätigkeit. Sie brach auch in die Mennonitengemeinden ein und wirkte dort für die Selbstauflösung dieser Gemeinden zugunsten einer einheitlichen evangelischen Christenheit im Deutschen Reich oder sogar einer Deutschen Nationalkirche.

Die Reaktion auf diese Bewegung war im deutschen Mennonitentum unterschiedlich. B. H. Unruh vertrat die Meinung, hier „breche manches auf, was unsere Väter im 16. Jahrhundert vertreten hätten", und wertete das als ein „Symptom eines neuen Aufbruchs der evangelischen Kirche". Die Verwandtschaft zwischen den Glaubensvätern und den Deutschen Christen sah er offensichtlich in der „Regelung aller Fragen des Lebens vom Evangelium aus"[30]. Diese arglos-wohlwollende Haltung ist nur aus der bereits beobachteten politischen Umklammerung des Evangeliums erklärlich. Eine tatsächlich erneuernde Kraft der evangelischen Kirche ging nicht von den Deutschen Christen, sondern von der Bekennenden Kirche aus, die in dieser Zeit langsam entstand. W. Fellmann berichtete, daß die Deutschen Christen, abgesehen von dem eiligen Beitritt einzelner Mennoniten, im Süden nicht die Absicht zeigten, in die Mennonitengemeinden einzudringen und für ihre Auflösung zu wirken[31]. A. Fast betonte, daß die Bewegung der Deutschen Christen nach anfänglicher „Lebendigkeit und Gegenwartsbezogenheit" in

29 MB 1933, H. 9, S. 91. Vgl. auch MB 1937, H. 10, S. 72: „Unsere mennonitische Jugend strömte sofort nach der Machtübernahme spontan in die Formationen der NSDAP."

30 MB 1933, H. 12, S. 114.

31 Ebd. S. 114.

Emden allmählich abflaue und nur wenig Rückhalt im Volke fände[32], seine eigene Tätigkeit aber lief, zumal „solche Bestrebungen, die das Christentum an die deutsche Geistesart anpassen wollen, besonders von den nordwestdeutschen Mennonitengemeinden immer bejaht und gefördert worden sind“, auf eine selbstverständliche „Eingliederung unserer kleinen Gemeinde mit ihrer altüberlieferten Eigenart in den Neubau einer lebendigen volkskirchlichen Gesamtorganisation im Deutschen Reich“ hinaus[33]. [274]

Eine kritische, ja heftig abweisende Haltung nahmen die westpreußischen Mennoniten gegenüber den Deutschen Christen ein. Sie fühlten sich durch deutschchristliche Einbrüche in ihre Gemeinden besonders stark bedroht und mußten den kirchenpolitischen Initiativen des landeskirchlichen Konsistoriums in Danzig zuvorkommen, die auf eine Eingliederung der Mennonitengemeinden in die evangelische Kirche, die hier bereits unter deutschchristlicher Führung stand, noch vor einer Regelung der kirchlichen Verhältnisse im Deutschen Reich hinausliefen[34]. Man betrachtete diese Glaubensbewegung als eine innerkirchliche Bewegung und sah keinerlei Grund, sich von ihr den kirchenpolitischen Willen aufdrängen zu lassen. Die Bedrohung durch diese Bewegung war offensichtlich so heftig, daß man sich nicht scheute, ins veröffentlichte Protokoll der Zusammenkunft von Kalthof gesperrt setzen zu lassen: „Hände weg vom Deutschen Freikirchentum! Hände weg vom Deutschen Mennonitentum“[35], und sich jede weitere Agitation dieser Bewegung in den eigenen Gemeinden zu verbitten. „Wir altevangelischen Taufgesinnten oder Mennoniten weisen jedenfalls alle Versuche unverantwortlicher Stellen, die den Bestand unserer Religionsgemeinschaft im Dritten Reich antasten wollen, mit ganzer Entschiedenheit zurück.“[36] Vorbereitet und begründet wurde diese abweisende Haltung durch eine Reihe kenntnisreicher und in diesem frühen Stadium für den gesamten Protestantismus vorbildlicher Beiträge von Erich Göttner in den „Mennonitischen Blättern“, die allen germanisch-christlichen Bewegungen ein Abweichen vom biblischen Christentum nachwiesen und eine deutliche Abfuhr erteilten[37]. Die Kritik an den Deut-

32 Ebd. S. 114.

33 MB 1933, H. 6, S. 68 (Aus einer Entschließung der Gemeindeversammlung, von A. Fast vorgelegt): „Wenn nun in diesen Wochen nationaler und sozialer Selbstbesinnung ein mächtiger Wille unseres Volkes alle unwesentlichen Schranken zwischen den konfessionellen und theologischen Richtungen überwinden und die gottgewollte Volksgemeinschaft im Staate herstellen will, so möchten wir auch hierin einen Durchbruch des Geistes und einen Fortschritt religiöser Entwicklung sehen, den wir freudig begrüßen. Unser Wunsch ist, daß die Umgestaltung der äußeren kirchlichen Verhältnisse getragen werde von einer Wiedergeburt der deutschen Seele aus der Tiefe des Gottesbewußtseins heraus und aus der Ehrfurcht vor dem leiblichen und geistigen Erbgut unseres Volkes.“ Dazu gehört der Hinweis, daß der Taufunterricht „schon seit vielen Jahren mit dem Glauben der germanischen Vorfahren“ beginnt und „mit dem Glauben unserer großen deutschen Denker und Dichter“ schließt. Angesichts der zunehmenden Richtungskämpfe in der evangelischen Kirche und der intensivierten innermennonitischen Gespräche wird ein Jahr später die Eingliederungsabsicht aufgegeben und festgestellt, „daß wir unserer Sonderstellung als Mennoniten besonders froh und unseren Vätern dankbar sein können“ (Separatdruck, s. Anm. 18). Vgl. auch Ger van Roon, Protestants Nederland en Duitsland 1933-1945, Utrecht 1974, S. 23.

34 MB 1933, H. 12, S. 114.

35 MB 1933, H. 9, S. 86.

36 Ebd. S. 86.

37 Erich Göttner, Die völkische Religiosität der Gegenwart, in: MB 1932, H. 11 ff. Vgl. auch 1934, H. 11, S. 90 ff.

schen Christen nahm regelrecht Züge von kirchlichem Widerstand an: „Nach einer solchen [275] Einheitskirche, die den Grund der Apostel und Propheten verläßt, verlangt uns nicht. Darauf sollte auch die Kirche der Reformation nur die eine Antwort haben ‚Das Wort sie sollen lassen stahn!'"[38] Die Initiativen für eine Nationalkirche, die sämtliche Konfessionen in Deutschland absorbieren und die Bindung an das Alte Testament auflösen sollte, wurden unumwunden häretisch genannt. Daraus hätte leicht ein Widerstand gegen den nationalsozialistischen Staat ganz allgemein entstehen können, wenn man nicht darauf verfallen wäre, den Protest gegen die Übergriffe der Deutschen Christen mit der Versicherung Hitlers zu begründen, daß nicht nur den Großkirchen, sondern auch „allen anderen Konfessionen in objektiver Gerechtigkeit gegenübergetreten wird"[39]. Man rief den Führer als Schutzherrn für die eigene Konfession an und setzte trotzig-beschwörend hinzu: „Ein Kanzlerwort kann nicht gebrochen werden." Außerdem bestritt man den Deutschen Christen die Identifizierung ihrer Bewegung mit dem Nationalsozialismus schlechthin[40]. Erkennt man, wie stark dieser Widerstand der Sicherheit politischer Anpassung an den nationalsozialistischen Staat entsprang, muß der konfessionsspezifische Vorwurf, die Deutschen Christen hätten politische Gesichtspunkte in Gemeinde- und Glaubensfragen hineingetragen, während die eigene Gemeinschaft „seit jeher für die reinliche Scheidung von Glaubensfragen und politischen Strömungen" gewesen sei[41], mehr als fragwürdig erscheinen.

Der Widerstand gegen die Deutschen Christen nährte in den westpreußischen Mennoniten offensichtlich die Illusion, dem Erbe der Väter, der Trennung von Kirche und Staat, auch unter den Bedingungen des nationalsozialistischen Regimes treu bleiben zu können, ohne mit diesem zu kollidieren. Der Pflicht zum Widerstand, die irgendwie auch mit dem väterlichen Erbe in Verbindung gebracht wurde, war man ja nachgekommen, und sie berührte nicht den Staat. Wie anders wäre es sonst zu verstehen, daß auf der einen Seite der geschichtlich gewordene Bestand der eigenen Konfession so eifrig bewacht, und auf der anderen Seite so freiherzig begrüßt wurde, „wenn unsere Mitglieder sich führend an der nationalsozialistischen Bewegung beteiligten"[42]? [276]

---

38 MB 1933, H. 9, S. 86. Das hindert nicht, „viel Wertvolles" in dieser Bewegung zu sehen: Wille zu einer lebendigen Zusammenarbeit zwischen Kirche und Staat, die Erkenntnis der Notwendigkeit einer inneren Erneuerung des deutschen Volkes, das Kämpfen um ein neues Werden in der Kirche, die Beseitigung des Parlamentarismus in der Kirche, die Betonung der lebendigen Mitarbeit aller in der Kirche. Hinzugefügt wird aber: „Vieles haben wir in unseren Gemeinden seit jeher verfolgt, es ist darum nichts Neues für uns" (S. 89 f.).

39 Ebd. S. 86.

40 Ebd. S. 90. Vgl. auch MB 934, H. 12, S. 98.

41 MB 1933, H. 9, S. 90.

42 Ebd. S. 90.

3. Die Politisierung des konfessionellen Rückbezugs

Ein wichtiger Rückbezug auf das Erbe der Glaubensväter war der Hinweis auf den Wahlspruch Menno Simons. Das Schicksal politischer Umklammerung und Entkräftigung, das ihn im mennonitischen Meinungsbildungsprozeß zu Beginn des Dritten Reichs ereilte, ist bereits besprochen worden. Sein Widerstandsgeist wurde auf die Agitation der Deutschen Christen fixiert, erlosch aber an dem Totalitätsanspruch des Staates. Der Grund für diese Abschwächung des Widerstands ist ganz offensichtlich in einem gruppenegoistischen Motiv zu suchen. Ging es zuerst und vor allem darum, den Bestand der eigenen Konfession zu sichern, mußte jeder Tendenz, diesen Bestand zu verändern oder gar aufzulösen, widerstanden, jede Hilfe hingegen, die sich anbot, diesen Bestand zu garantieren, konnte freudig begrüßt werden. Als solche Hilfe wurde zweifellos die nationalsozialistische Bewegung, personalisiert in dem Führer, verstanden. Wie hätte man ihr widerstehen sollen? Hätte man sich damit nicht das eigene Grab geschaufelt? Dem Führer wurde die Rolle des Schutzpatrons zugewiesen. Hatte früher der König oder der Landesherr den Vorfahren Privilegien garantiert, die sie als religiöse Minderheit unbehelligt ihres Glaubens leben ließen, so garantierte jetzt nach der unsicheren Zeit der Weimarer Republik der Führer zwar keine Privilegien (die Wehrdienstverweigerung mußte offiziell aufgegeben, um die Eidesverweigerung zäh gerungen werden), aber doch den Bestand der eigenen Glaubensgemeinschaft. Die Einsicht jedoch blieb dem Mennonitentum versagt, den privilegierten Mennoniten der Vergangenheit wie den nationalsozialistisch angepaßten der damaligen Gegenwart, daß der Wahlspruch Menno Simons, ebenso wie der oft beschworene Nachfolgegedanke des Täufertums, nur seine Kraft behält, wenn er von den Worten Jesu selber stets aufs Neue aktualisiert wird: „Will mir jemand nachfolgen, der verleugne sich selbst und nehme sein Kreuz auf sich und folge mir. Denn wer sein Leben erhalten will, der wird's verlieren; wer aber sein Leben verliert um meinetwillen, der wird's finden" (Matth. 16, 24 f.).

Daß der Wahlspruch Menno Simons nicht nur zum Widerstand gegen die Deutschen Christen, sondern, wenn nicht zum Widerstand, dann wenigstens zur Distanz gegenüber dem neuen Staat und den eigenen Gefühlen, die er weckte, aufforderte, haben die Mennoniten nicht erkannt. Sie haben das nicht erkennen können, weil sie genau das tun wollten, was ihre Väter früher taten, nachdem sie ihr missionarisches Sendungsbewußtsein aufgegeben hatten: Frieden schließen mit dem Staat, der ihnen einst als Exponent der Christenverfolgung galt. Zum Ursprung ihrer Väter, dem Täufertum in der Reformati- [277] onszeit und dem Wirken Menno Simons, sind sie nicht vorgedrungen. Lag das unter dem politischen Überzeugungsdruck der nationalsozialistischen Bewegung nicht im Rahmen der Möglichkeiten? Hätte man von den Mennoniten Unmögliches verlangt, wenn man die Ursprünglichkeit ihres konfessionellen Rückbezugs erwartet hätte? Der Pfarrernotbund, aus dem die Bekennende Kirche entstand, ist auf seine Weise sehr früh schon an die Quelle reformatorisch-täuferischen Protests vorgedrungen. Von ihm hätte das Mennonitentum lernen können. Es fehlte auch nicht der Hinweis auf diesen Bund während einer Kuratoriumssitzung der „Vereinigung der Mennonitengemeinden im Deutschen Reich"[43]. Aber genauso wie man die Glaubensbewegung der Deutschen Christen als eine innerevangelische Angelegenheit betrachtete, genauso beurteilte man die heraufziehende Gegenbewegung, ohne freilich wahrzunehmen, daß diese Gegenbewegung viel stärkere Affinitäten zum konfessionellen Erbe aufwies als die Glaubensbewegung. (F. H. Littell schreibt: „Wie einst die täuferischen Väter die Forderungen ihrer Verfolger zurückwiesen und jede Verführung durch die Schwärmer wie Umstürzler [...] abwehrten, so haben auch die Männer von Barmen dem Druck des Nationalsozialismus und einer schwärmerischen Anpassung in Loyalität gegenüber dem Herrn der Kirche widerstanden.")[44] Ist es Zufall, daß im „Mennonitischen Lexikon" 1941 unter dem Stichwort „Nachfolge" zwar die zunehmende Bedeutung des Nachfolgegedankens in der evangelischen Kirche vermerkt, nicht aber das Buch Dietrich Bonhoeffers über die „Nachfolge" (1937) erwähnt wurde?[45] Gerade dieses Buch war es, das in den vierziger Jahren den Amerikaner H. S. Bender bestätigte, die Nachfolge als die „Anabaptist Vision" pointiert herauszuarbeiten[46]. Im Mennonitischen Lexikon heißt es: „Praktisches Christentum, ein Christentum der Tat, das im Leben und Wandel sich bezeugt nach dem Vorbild Christi, das ist, was man in den Kreisen des Täufertums bis heute erstrebt und zu verwirklichen sucht."[47] Diese Formulierung entsprach der allgemeinen Überzeugung in den Gemeinden. An der Aktualisierung der Nachfolge in der Bekennenden Kirche wird aber besonders deutlich, wie stark die Mennoniten den Nachfolgebegriff formalisierten, so daß in ihn neue [278] Inhalte einfließen konnten. Haben die Täufer die praktische Bewährung in der Verfolgung als Zeugnis für Jesus Christus verstanden, so sahen die Mennoniten darin im wesentlichen einen Einsatz für die neue Volksgemeinschaft. Ein Christentum *dieser* Tat war das vom Führer geforderte „positive Christentum". Das gilt zumindest für den gesellschaftspolitischen Bereich ganz ohne Einschränkung, den die Nachfolge berührt. So wird diese Deutung beispielsweise von der Entscheidung der pfälzisch-hessischen Vorsteher- und Predigerkonferenz bestätigt, Kinder aus einer mennonitisch-jüdischen Familie „im Interesse der Allgemeinheit" nicht in die Gemeinden aufzunehmen. „Bisher galt jeder Mennonit ohne weiteres als arisch. Ein Fall würde unseren Ruf verderben."[48]

Wie der Wahlspruch, so wurde auch die Nachfolge politisiert. Als später viele Bekenntnischristen in die Gefängnisse eingeliefert wurden, hatten sich die Mennoniten mit dem nationalsozialistischen Staat bereits so stark identifiziert, daß sie in den Leidenden und Märtyrern nicht mehr die späten Brüder ihrer täuferi-

---

43 MB 1933, H. 12, S. 114.

44 F. H. Littell, Der täuferische Kirchenbegriff, in: F. G. Hershberger (Hg.), Das Täufertum. Erbe und Verpflichtung, Stuttgart 1963, S. 125. Offen spricht Littell vom Versagen der Freikirchen und davon, daß sie „nicht in der Lage waren, ein klares und gewinnendes Zeugnis im Geiste der Täufer abzulegen" (S. 126).

45 ML III, S, 195 f.

46 William Klassen, Die Gestalt des Glaubens in der Nachfolge, in: H.-J. Goertz (Hg.), Die Mennoniten, Stuttgart 1971, S. 42.

47 ML III, S. 195.

48 Protokollbuch II der pfälz.-hess. Vorsteher- und Predigerkonferenz, S. 43 (19. 1. 1936).

schen Väter erkannten[49]. Ger van Roon hat gut beobachtet, wie weit der Einfluß der deutschen Mennoniten oder doch die Rücksicht auf sie reichte, wenn es auf der Mennonitischen Weltkonferenz 1936 in Amsterdam wohl zu einer Solidaritätserklärung für die verfolgten Glaubensbrüder in der Sowjetunion, nicht aber für die Verfolgten in Deutschland kam[50]. Wie schwierig es war, gegen die Verfolgungen im eigenen Lande zu protestieren, zeigt die zaghafte Zurückhaltung der Bekennenden Kirche, die es offiziell kaum zu einem Protest gegen die Verfolgung von Juden, Sozialdemokraten und Kommunisten durch das Nazi-Regime brachte. Aber in Amsterdam wurde ausdrücklich vorgeführt, wie intensiv sich mennonitische Erfahrung und Lehre mit der allgemeinen Kommunistenfurcht verbanden, die ein bedeutsamer Faktor für den Erfolg nationalsozialistischer Propaganda war[51]. Nicht taktisch begründete Zurückhaltung, um den politischen Affront gegen die eigene Kirche nicht zu provozieren, sondern Zurückhaltung aus Überzeu- [279] gung motivierte das Verhalten. Die leidvolle Erfahrung der eigenen Glaubensbrüder und das Mitgefühl für sie, das in der Hilfsorganisation „Brüder in Not" tätig wurde, überzeugte die Mennoniten davon, daß die politisch geschürte Kommunistenfurcht nicht aus der Luft gegriffen war. Und die Lehre von der Nachfolge verwandelte sich unter diesem Überzeugungsdruck unbemerkt zum Instrument politischen Willens. Wie anders wäre zu erklären, daß die deutschen Mennoniten sich nicht für die Angehörigen des Rhönbruderhofs einsetzten, die sich 1930 den Hutterern angeschlossen hatten und denen nun die Ausweisung drohte? Schließlich fanden diese mit Unterstützung der holländischen Mennoniten den Weg in den Westen. Die deutschen Mennoniten rechtfertigten ihre Zurückhaltung mit dem Hinweis, die Hutterer seien eigentlich keine Mennoniten, und empfanden es ratsam, sich „auch aus kirchlich-theologischen Gründen" von ihnen zu distanzieren. Man löste sogar diese Verschlüsselung auf und sagte es unumwunden: Sie seien Antinationalsozialisten[52]. Hier wurde das

49 Klingt es nicht im Nachhinein recht eigenartig, wenn gesagt wurde: „Der Märtyrerbegriff ist unserer Zeit wieder nahe gekommen, lebendig geworden, weil wir den Begriff des Opfers wieder erlebt haben. Derjenige wird wieder hochgehalten, der für eine Sache sich überzeugungstreu unter allen Umständen ganz einsetzt... Unsere Väter waren keine Gesinnungslumpen." B. H. Unruh, Das Wesen des ev. Täufertums und Mennonitentums, in: MJW 1937, H. 1, S. 13. Dieses Märtyrerverständnis wurde direkt aus dem täuferischen Martyrium abgeleitet!

50 Ger van Roon, a.a.O. S. 24.

51 MB 1933, H. 6, S. 68, finden wir Dank gegen Gott, der „uns heute eine Regierung geschenkt hat, die den Willen und auch den Mut hat, sich ganz bewußt gegen die rote gottlose Flut zu stellen".

52 Vgl. MB 1937, H. 12, S. 86 f. Protokollbuch I der pfälz.-hess. Vorsteher- und Predigerkonferenz, S. 73 (15. 1. 1934). MB 1940, H. 2, S. 12: „Kann man es uns da verübeln, wenn wir annehmen, daß man nur deshalb über Hutterer und nichtarische Christen schreibt (in der holländ. Zeitschrift „Zondagsbode"), weil sie Antinationalsozialisten sind, und nur deshalb über die Leiden unserer deutschen Glaubensbrüder im Osten schweigt, weil sie sich von ganzem Herzen als Nationalsozialisten bekennen und in Adolf Hitler ihren Befreier sahen?" – Im übrigen wurde die Haltung der deutschen Mennoniten in dieser Angelegenheit damit gerechtfertigt, daß der Bruderhof angeblich allein wegen finanzieller Verschuldung aufgelöst worden sei (vgl. Michael Horsch, Die Auflösung des Eingetragenen Vereins „Neuwerk Bruderhof", o. J.). Diese Broschüre führt interessanterweise niederländische Äußerungen an, die die deutsche Haltung in Frage stellen, nicht aber Äußerungen von Bruderhöfern selbst. Außerdem geht Horsch nicht auf die früheren, nicht wirtschaftlich motivierten Eingriffe der Gestapo ein. H. Frhr. von Gagern, einst Landrat von Fulda, schreibt: „Die nationalsozialistische Revolution hat auch das Werk Eberhard Arnolds auf dem Rhönbruderhof zerstört" (in: Eberhard Arnold. Aus seinem Leben und Schrifttum. Ein Zeugnis für völlige Gemeinschaft, Woodcrest, Rifton, New York 1964, S. 42).

Gleichnis vom Barmherzigen Samariter außer Kraft gesetzt. Die Bruderhöfer haben sich als Nachfahren der Täufer verstanden und eine Reihe täuferischer Grundsätze aktualisiert. Dadurch aber sind sie mit den staatlichen Behörden in Konflikt geraten. Sie können als täuferisches Kontrastmodell für die Mennoniten angesehen werden, „nach der theologischen Zensurenskala sehr bedenklich, noch mehr politisch anstößig, beides fiel und fällt meist zusammen."[53]

Dieselbe Formalisierung, in die ein politischer Inhalt einfließen konnte, läßt sich an der Eidesverweigerung beobachten. Auch sie ist täuferisches Erbgut, „ein einigendes Band, das uns fest umschließen [280] soll in Gegenwart und Zukunft treu dem Verbote unseres Herren Jesu Christi"[54]. Ein ernsthaftes Problem wurde die Eidesverweigerung allerdings erst 1937/38, als der Eintritt in die NSDAP nur noch mit einem Eid vollzogen werden konnte und nicht wie vorher mit einem Gelöbnis. Damit wird der Zeitraum unserer Analyse zwar überschritten, was allerdings das Ergebnis nicht verfälschen dürfte, da die Eidesproblematik bereits im frühen Meinungsbildungsprozeß angelegt war. Heinold Fast hat darauf hingewiesen, daß „das Anliegen der Eidesverweigerung nurmehr ein Austauschen von Worten ist"; statt „ich schwöre" wollte man gern „ich gelobe" einsetzen.[55] Das ist den Mennoniten bereits 1935 für den Fahneneid ausdrücklich vom Reichskriegsminister konzediert worden: „Ich gelobe, daß ich dem Führer des Deutschen Reiches und Volkes Adolf Hitler, dem obersten Befehlshaber der Wehrmacht, unbedingten Gehorsam leisten und als tapferer Soldat bereit sein will, jederzeit für dieses Gelöbnis mein Leben einzusetzen." Auf diese Regelung hatte man sich auch in der Eingabe an die NSDAP 1939 berufen und mit einer Energie sondergleichen Belege für die Zuverlässigkeit der Mennoniten als Volksgenossen über die Jahrhunderte hinweg beigebracht. Ergänzt wurden sie durch Parteigerichtsentscheide, die zugunsten von Mennoniten ausgefallen waren[56]. H. Fast hat sehr pointiert ein Urteil über die Eidesverweigerung gefällt, das unseren Verdacht der Politisierung des konfessionellen Erbes auch an diesem Punkt bestätigt: „Es klingt wie – sicher unbeabsichtigte – Ironie, wenn man in diesem Zusammenhang den Antrag stellte, die Anrufung Gottes im Gelöbnis weglassen zu dürfen. Tatsächlich ließ man damit Gott selber aus dem Spiel. Statt die Hand zum Schwur zu erheben, was immerhin noch eine Erinnerung an den Dreieinigen Gott hätte sein können, wollte man die Hand zum deutschen Gruß heben. Indem man sich im Schlußsatz auf die Freiheit des Gewissens berief, beantragte man, das eigene Gewissen an den Führer binden zu dürfen. Hier war die Eidesverweigerung zur Farce geworden."[57] Die Mennoniten konnten soviel Energie für die Verhandlungen um die Beibehaltung des Rechts auf Eidesverweigerung aufwenden, ohne in den Verdacht des Widerstandes zu geraten, weil ihnen sichergestellt zu sein schien, daß ihre Motive nicht politischer, sondern religiöser Natur waren. Ihre

53 Karl Kupisch, Eberhard Arnold. Aus der Personalakte eines Schwärmers, in: Zeichen der Zeit 11, 1965, S. 425.

54 Christian Neff, Das einigende Band des Mennonitentums, in: MB 1938, H. 12, S. 83.

55 Heinold Fast, Die Eidesverweigerung bei den Mennoniten, in: H. Bethke (Hg.), Eid, Gewissen, Treuepflicht, Frankfurt 1965, S. 145 ff.

56 Eingabe an die NSDAP 1939: Mennoniten und der Eid (Vervielfältigung).

57 H. Fast, a.a.O. S. 147 f.

Motive tangierten nicht die Motive des Staates[58]. Daß der Schein hinsichtlich ihrer Motive trog, ja zum [281] Einfallstor für die Politisierung eines religiösen Anliegens wurde, haben sie nicht erkannt.

Der wichtigste Rückbezug auf das Täufertum, in dem sich alle Aspekte vereinen, die bisher aufgeführt wurden, war der Hinweis auf die Trennung von Kirche und Staat. Dieser Grundsatz speiste die Kritik an den Deutschen Christen. Die Täufer wandten sich mit ihrem Grundsatz in der ganzen Tiefe ihrer Einsichten und auf der ganzen Linie ihrer Agitationen gegen einen religiös-obrigkeitlichen Totalitätsanspruch und kollidierten aufs Gefährlichste mit der Obrigkeit. Ihre Nachfahren wiederholten diesen Grundsatz, ohne mit dem Staat zu kollidieren. War der Staat toleranter geworden oder waren die Mennoniten dem Staat bereits soweit entgegengekommen, daß er diesen Grundsatz nicht mehr als einen Affront zu werten brauchte? Sicherlich wird niemand behaupten wollen, der Totalitätsanspruch des Dritten Reichs, der auf die Gleichschaltung des politischen Verhaltens abzielte, sei geringer gewesen als der obrigkeitlicher Politik zur Zeit der Reformation. Die aufgeworfene Frage läßt sich also nur zuungunsten der Mennoniten beantworten. Man kann aber noch einen Schritt weitergehen. Im Grunde trafen die Mennoniten sich mit der politischen Grundüberzeugung der nationalsozialistischen Partei. Hitler hat in einer geheimgehaltenen Rede die Trennung von Kirche und Staat auf die Formel einer Trennung von Jenseits und Diesseits gebracht: „Über den deutschen Menschen im Jenseits mögen die Kirchen verfügen, über den deutschen Menschen im Diesseits verfügt die deutsche Nation durch ihre Führer. Nur bei einer solchen klaren und sauberen Trennung ist ein erträgliches Leben in einer Zeit des Umbruchs möglich."[59] Dieses Konzept stand ihm von Anfang an fest. Hätten die Mennoniten ihr Trennungskonzept so vertreten wie die Täufer einst, wären sie mit diesem weltanschaulich-politischen Konzept kollidiert. Sie hätten sich in Widerstand und Martyrium gefunden. Daß sie beidem entgingen, verdankten sie der Tatsache, daß sie im Grunde dem Konzept Hitlers entsprachen. Sie räumten dem Füh- [282] rer Verfügungsrecht über „Leib und Leben" ein[60]. Hitler versah seinen politischen Anspruch mit weltanschaulich-religiöser Totalität, während das Mennonitentum bereit war, den religiösen Totalitätsanspruch, der sich im täuferischen Trennungskonzept aussprach, dem politischen Anspruch zu opfern. Der täuferische Totalitätsanspruch wurde gespalten. Er bezog sich nur noch auf die Frömmigkeit, nicht mehr auf die Daseinsgestaltung. So konnte das Verhältnis zwischen Mennonitentum und Staat im Dritten Reich konfliktfrei geregelt werden.

58 Vgl. MJW 1935, H. 2, S. 37 f.: „Die einzige religiöse Handlung, die heute der Staat wieder mit neuer Energie fordert, ist der Eid. Wir halten an der Ablehnung jeglicher Eidesleistung fest. Vielleicht müssen wir aber nach einer anderen Begründung suchen als die Väter. Daß nach der Lehre Jesu der Eid ebensowenig in der Gemeinde eine Stätte hat wie das Schwert, ist offenbar. Wie können wir aber den Eid beim Staat verweigern, wenn wir die Wehrpflicht unseren Gemeindegliedern freigeben? Antwort: Nach 1. Mose 9 (noachitische Gebote) und 1. Mose 11 (Volkwerdung) ist der Staat eine Gottesordnung für Leib und Leben. Darauf beschränkt sich seine Vollmacht und sein göttliches Recht. Am geistlichen Leben, an der Welt des Glaubens entsteht die Grenze des Staates. Der Glaube kann die religiöse Begründung des Staates geben aus der Welt der Bibel. Der Staat muß auf eine religiöse Begründung seines Rechts verzichten, wenn er seine gottgesetzten Grenzen innehalten will."

59 Zit. nach F. Zipfel, a.a.O. S. 9.

60 S. Anm. 51.

Zwei Beispiele, das Problem der Wehrdienstverweigerung und die Zuordnung von Kirche und Volk, sollen das belegen. Ein besonders auffälliges Symptom für die Radikalität von Kirche und Obrigkeit war für die Täufer die Wehrlosigkeit. Die Mennoniten gaben die Wehrdienstverweigerung aber 1934 noch vor der Einführung der allgemeinen Wehrpflicht als offiziellen Grundsatz auf. Nun muß man freilich sehen, daß diese Preisgabe sich seit dem 19. Jahrhundert allmählich anbahnte und eigentlich schon im Ersten Weltkrieg in einigen Teilen des deutschen Mennonitentums mehr oder weniger zu einem Abschluß gekommen war. Unter dem nationalsozialistischen Regime hätte sich aber besonders deutlich noch einmal zeigen können, daß gerade in der Wehrdienstverweigerung eine Spitze gegen einen totalitären Staat steckte. Am Überdenken der Entwicklung seit dem letzten Jahrhundert hätte die ursprüngliche Vitalität dieses Grundsatzes wieder aufbrechen können[61]; es kam aber nicht zu diesem grundsätzlichen Überdenken, sondern nur zu einem Weiterdenken, das die Kritik an dem Privileg der Wehrdienstverweigerung aus demokratischem Verantwortungsgefühl für die Gesellschaft heraus zu einer Kritik aus nationalsozialistischer Gesinnung umformte: „Auch hier muß für unsere deutschen Verhältnisse erklärt werden, daß die Schicksalsverbundenheit mit dem deutschen Vaterland im Weltkrieg und durch die nationale Revolution dem Gedanken keinen Raum mehr läßt, als Gemeinde den Standort der Väter noch beizubehalten."[62] Die Preisgabe der Wehrdienstverweigerung ist ein Sym- [283] ptom dafür, daß die täuferische Radikalität der Trennung von Kirche und Staat grundsätzlich preisgegeben wurde. Daß Gewaltlosigkeit stärker als Gewalt sei, tat man als idealistisches Mißverständnis der Bergpredigt ab[63]. Die „Einrede der Christen gegen widersinnige Rüstungen" und ihr „Kampf gegen nationalistische und chauvinistische Einstellungen der nationalen Idee" wurden nicht mehr aus dem täuferischen Trennungskonzept gespeist. Sie blieben Postulate, ebenso der Satz, daß „die christliche Gemeinschaft standhaft" bleiben müsse, „wenn der Staat Verwerfliches fordert"[64]. Die Eroberungsfeldzüge Hitlers wurden später in den „Mennonitischen Blättern" stets begeistert gefeiert, und zu den Verwerflichkeiten der Staatsführung wurde permanent geschwiegen. Es dient jedoch der Klarheit konfessioneller Selbstbestimmung, daß diese Position – vereinzelt jedenfalls – in offener Kritik an den Täufern begründet wurde. Problematischer war es dagegen, wenn man sich für diese Position weiterhin auf die Täufer berief, und das dürfte für das Mennonitentum die Regel gewesen sein: „Die Ablehnung der Staatsämter ging Hand in Hand mit der Ablehnung des Eides und des Kriegsdienstes. Wenn wir heute Staatsamt und Krieg bejahen, so bleibt die Frage: was haben wir noch für einen Auftrag?

61 Auf die niederländische Einladung zu einer Friedenskonferenz hin, getragen von einer Arbeitsgemeinschaft gegen den Kriegsdienst, wurde vermerkt, „daß von einer offiziellen Beschickung nicht die Rede sein kann. Wir werden von einer Teilnahme aus innenpolitischen Gründen (!) überhaupt absehen müssen" (Protokollbuch II der pfälz.-hess. Vorsteher- und Predigerkonferenz, 1936, S. 56).

62 MB 1933, H. 7/8, S. 73. Die Lösung, die Wehrlosigkeit nicht ganz und gar abzulehnen, sondern sie dem Gewissen des einzelnen zu überlassen, ist zwar ein Kompromiß genannt worden, in Wahrheit aber entläßt sie die Wehrlosigkeit aus dem Verantwortungsbereich der Gemeinde, ist also doch als eine Preisgabe zu verstehen. Vgl. ML IV, S. 482.

63 MJW 1937, H. 6, S. 123.

64 MB 1933, H. 7/8, S. 73.

Es ist eine Grundwahrheit, die wir zu betonen haben: Das Auseinanderhalten von politischen und religiösen Fragen bei den Täufern hat sich als richtig erwiesen."[65] Es wurde wohl erkannt, daß der Staat verstärkt weltanschaulich-religiöse Initiativen entfaltete (fast entschuldigend wurde vermerkt, die allgemeine Glaubenslosigkeit mache den Prozeß zur Erstellung einer weltanschaulich-religiösen Volksbasis notwendig), aber selbst bei eventuellen Komplikationen gälte der von den Täufern stets geforderte Gehorsam gegenüber der Obrigkeit. Aufschlußreich ist folgender Zusatz: „Die politischen Erfolge Deutschlands machen es zudem jedem Deutschen leicht, diesen Gehorsam freudig zu üben. Außerdem stehen die großen nationalen Anliegen abseits von weltanschaulichen Gesichtspunkten: Abschüttelung der Ketten des Versailler Vertrags, militärische Sicherheit zu Lande, auf dem Wasser und in der Luft und Selbständigkeit der Ernährung. Hier dem Staate zu geben, was des Staates ist, und Gott, [284] was Gottes ist, ist schlichte biblische Forderung und wird von den Mennoniten heute geübt, zum Nutzen des Staates und ohne Schaden für den Glauben. Wir Mennoniten haben nie eine ungebührlich große Macht im Staate besessen, wir saßen nie neben oder gar über dem Herrscherthron, darum können wir auch nie in den Hintergrund gedrängt werden, weil wir schon immer die staatliche Sphäre und das Gebiet des Glaubens als zwei Dinge ansahen, die voneinander getrennt werden müssen."[66] Diese Sätze bestätigen, wie es deutlicher kaum geht, die Politisierung des Trennungskonzepts, letzlich seine Preisgabe.

Das andere Beispiel, das in dieselbe Richtung weist, ist die Verhältnisbestimmung von Kirche und Volk. Die Täufer haben zwischen dem Gottesvolk („in der Vollkommenheit Christi") und dem Volk als nationaler Gemeinschaft („außerhalb der Vollkommenheit Christi") getrennt. Mit dieser Einsicht haben sie ihre missionarische Tätigkeit begründet, was allgemein als Affront gegen die christliche Gesellschaftsordnung empfunden wurde. Die Mennoniten im Dritten Reich hingegen sahen keine Rechtfertigung mehr für eine solche Trennung und begründeten gerade mit dem Zusammenhang von Kirche und Volk ihre Selbstkritik am Verlust missionarischer Kraft im Laufe der letzten Jahrhunderte. „Liebe zum Volk muß sich als Werkzeug um die Seele des Volkes beweisen, als unsere Evangelisationspflicht."[67] Sie zielte letztlich auf die „Überwindung der gottfeindlichen Mächte in unserem Volke", auf die seelische Substanz des Volkes, die es zum Wohle der Gemeinschaft aufzubauen galt. Diese Argumentationsweise bewegt sich sehr deutlich im Umkreis volkskirchlicher Definitionen im Anschluß an eine völkische Ideologie. Die Evangelisationspflicht, von der hier gesprochen wurde, konnte wohl dem Volke dienen, aber nicht die gesellschaftspolitischen Kreise der Staatsführung, die konkrete Gestaltung der Volksgemeinschaft, stören. So waren die Mennoniten auch unab-

---

65 MJW 1937, H. 5, S. 106. Zur Einschätzung des Krieges konnte man 1928 gelegentlich noch anderes lesen: „Vielleicht sind die Mennoniten von Gott dazu ausersehen, in allen Weltteilen durch ihr Prinzip der Wehrlosigkeit für dieses Ziel einzutreten, so daß es einstens doch einen Völkerfrieden gibt. Der Völkerfrieden wäre dann mit deutschem Geist geschaffen, und diese Waffe ist stärker denn ein zweischneidiges Schwert (MB 1928, H. 9, S. 83). Vgl. auch die negative Beurteilung des Krieges allgemein bei Christian Neff im Gemeindeblatt der Mennoniten 1941, H. 1, S. 1 f.

66 Ebd. S. 107.

67 MB 1933, H. 7/8, S. 72.

lässig damit beschäftigt, der Öffentlichkeit den völkischen und kulturellen Wert ihrer Vorfahren, religiös motiviert, vor Augen zu führen[68] und zu versichern, diese kleine Konfession werde sich für die religiöse Erneuerung des Volkes einsetzen, wie sie selber auch eine Keimzelle für den völkischen Aufbau sei. Wer über Jahrhunderte hin besonders intensiv den Gedanken der Gemeinschaft pflegte, mußte, so empfand man, ein willkommenes [285] Glied in der neuen Volksgemeinschaft sein. Gelegentlich wurde sogar die Spannung zwischen Glaubens- und Volksgemeinschaft sehr scharf gesehen, das geschah aber nur mit dem Ziel, ein konfliktfreies Miteinander von Kirche und Volk im nationalsozialistischen Staat umso überzeugender propagieren zu können. „Blut, Boden und Glaube sind Grundpfeiler der neuen deutschen Volksgemeinschaft, in die uns die Geschichte gestellt hat und die uns mit totalem Anspruch umfängt. Wer wollte sie nicht freudig von ganzem Herzen bejahen?“[69] Wenn der Anspruch Gottes dagegen gesetzt wurde, mußte dieser nicht auf eine Ebene ausweichen, die jenseits jeder daseinsgestaltenden Konkretion lag? Nur so war bei der massiven Durchsetzung des völkischen Anspruchs ein konfliktfreies Miteinander denkbar. Die täuferische Distanz zwischen Kirche und Volk mußte schon deshalb aufgegeben werden, weil nicht Distanz, sondern weitgehende Identität zwischen Kirche und Volk der nationalsozialistischen Ideologie entsprochen hätte. Nicht umsonst hat der Fahneneid den Soldaten für den Dienst an Staat und Volk gebunden.

Ein Echo auf diese Identität ist die Bemerkung eines jungen mennonitischen Pfarrers, „wie sehr er sich bis zur deutschen Revolution als Emigrant gefühlt hätte und erst jetzt als Deutscher erlebte“[70]. Wenn in dem Beitrag über „Kirche, Volk und Staat in mennonitischer Sicht“, aus dem bereits zitiert wurde, die täuferische Distanz gegenüber einer Identifizierung von Glaubens- und Sippengemeinschaft bejaht wurde, darf daraus nicht die grundsätzliche Distanz zwischen Kirche und Volk herausgelesen werden. Ganz offensichtlich wurde suggeriert, das belegt die Gedankenführung sehr genau, die täuferische Haltung vertrüge sich mit der völkischen Verpflichtung der Mennoniten[71]. Hätte das Mennonitentum ernsthaft die Trennung von Kirche und Staat gedacht, hätte es auch die Trennung von Kirche und Volk in dem Moment denken müssen, in dem das Volk von Staats wegen ideologisiert wurde. Wie das eine, so unterblieb auch das andere. Auf der Weltkirchenkonferenz in Oxford 1937, die sich mit „Kirche, Staat und Volk“ befaßte, waren die deutschen Mennoniten nicht vertreten, „was bei der aufsehenerregenden Stellungnahme zu der Lage der Deutschen evangelischen Kirche und ihrer Folgeerscheinungen nicht zu bedauern ist“, wurde vielsagend protokolliert[72]. Es handelte sich dabei um eine Stellungnahme zugunsten der Bekennenden Kirche. [286]

---

68 Vgl. O. Schowalters Zustimmung zu dem Satz aus dem Buch von Colin Roß, Unser Amerika, Leipzig 1936: „Sehr beachtenswert für die Ideologie mancher Überrealisten von heute ist die Beobachtung des Verfassers, daß „eine in fremdes Volkstum eingesprengte Minderheit ihre völkische Eigenart wie ihre Sprache im allgemeinen nur dann bewahrt, wenn sie von starker Religiosität ist“ (MJW 1937, H. 1, S. 16).

69 MB 1934, H. 6, S. 51.

70 MJW 1934, H. 3, S. 71.

71 MJW 1937, H. 5, S. 109.

72 Protokollbuch II der pfälz.-hess. Vorsteher- und Predigerkonferenz, S. 91.

4. Kein Sinn für den eigenen Ursprungsnonkonformismus

Das Ergebnis dieser Untersuchung läuft auf folgende Zusammenfassung hinaus:

1. Die Mennoniten regelten ihr Verhältnis zum Dritten Reich unter ausdrücklicher Berufung auf den konfessionellen Ursprung bei den Täufern und Menno Simons. Ihr wurde eine maßgebende Legitimationsfunktion zugewiesen. Das Bild, das die Mennoniten sich von ihren Vorfahren machten, gab ihnen das gute Gewissen, sich dem Führer und seinem Regime voll anzuvertrauen. Die Gewißheit, in Übereinstimmung mit dem eigenen Ursprung zu handeln, hatte in einer stark innengeleiteten Minderheitenkonfession die besondere Kraft entfaltet, sich in einem politischen und gesellschaftlichen Umbruch zu behaupten.

2. Der konfessionelle Rückbezug wurde allerdings nicht nur unter Nötigung, sondern auch unter dem Einfluß des politischen Überzeugungsdrucks, der von der „nationalen Erhebung" ausging, vorgenommen. Er ist von vornherein politisiert worden und hat den eigenen Ursprung verfälscht. Täuferische Grundüberzeugungen wurden ihres theologischen Inhalts entleert und mit politisch opportunen Inhalten wieder gefüllt. So entstand das Gefühl, mit den Vorfahren *und* dem neuen Staat übereinstimmen. Der konfessionelle Rückbezug ist ein gutes Beispiel für den „allgemeinen" Ideologiebegriff Karl Mannheims, wonach „kein menschlicher Gedanke (...) immun ist gegen die ideologisierenden Einflüsse des gesellschaftlichen Gebildes, zu dem er gehört"[73]. Selbst wenn es niemandem gelingen kann, sich diesen Einflüssen gänzlich zu entziehen, hat das offizielle Mennonitentum doch nicht einmal den Versuch unternommen, sich diesen Einflüssen wenigstens zu widersetzen. Es hat sie freilich, das muß gesehen werden, in unterschiedlicher Intensität zum Ausdruck gebracht. Die Ideologisierung des eigenen Ursprungs hat es höchstwahrscheinlich aber überhaupt nicht wahrgenommen.

3. Der konfessionelle Rückbezug konzentrierte sich auf einige schlagwortartige Argumente. Das Mennonitentum nahm also an der Reduktion biblischer Botschaft auf konfessionelle Unterscheidungsmerkmale bzw. Besonderheiten teil, die bereits im Täufertum zu beobachten ist, und verstärkte die evangeliumsbehindernde Kraft dieser Reduktion durch deren Politisierung auf unerträgliche Weise. Andererseits waren auch Tendenzen wirksam, diese Reduktion zu weiten, z. B. durch den Versuch, die lutherischen Obrigkeits- und Ständeleh- [287] re in die täuferische Ethik zu integrieren (s. Anm. 74). Allerdings unterlagen auch diese Tendenzen der erwähnten Politisierung und sind ohne Gegenwirkung geblieben.

4. In den konfessionellen Rückbezug mischten sich gesellschaftskritische Elemente aus dem frühen Täufertum und gesellschaftskonforme Elemente aus dem privilegierten Mennonitentum. Genaugenommen haben aber nicht erst die Mennoniten im Dritten Reich, sondern bereits ihre privilegierten Vorfahren den Widerstandsgeist der Täufer lahmgelegt: Loyalität gegenüber dem Staat, der den konfessionellen Bestand garantierte, und Wahrung der konfessionellen Identität wurden miteinander ausgeglichen. Die Mennoniten im Dritten Reich dachten

73 Peter Berger und Thomas Luckmann, Die gesellschaftliche Konstruktion der Wirklichkeit. Eine Theorie der Wissenssoziologie, Frankfurt 1969, S. 10 f.

in den vorgezeichneten Bahnen ihrer privilegierten und nicht ihrer täuferischen Vorfahren. Hatte das privilegierte Mennonitentum gelegentlich noch in Erinnerung an seinen grundsätzlichen Ursprungsnonkonformismus die Kraft zur Auswanderung aufgebracht, wenn seine Privilegien eingeschränkt oder aufgekündigt wurden, so fehlte den angepaßten Mennoniten nicht nur diese Kraft, sondern auch der Sinn dafür. Die nationalsozialistische Politisierung des konfessionellen Rückbezugs war die konsequente Fortsetzung mennonitischen Freiheitsverfalls in Wort und Tat.

5. Nicht fehlgehen wird, wer diesen Verfall als Ergebnis eines jahrhundertelangen gesellschaftlich-wirtschaftlichen Anpassungs- und Bewährungsprozesses wertet. Dieser Prozeß hat sich im Dritten Reich besonders intensiv und tiefgreifend vollzogen, da er Hand in Hand ging mit einem umwälzenden Integrationsprozeß aller Bevölkerungsschichten in eine ideologisch überspannte Volksgemeinschaft. Die „nationale Erhebung" kam den Bedürfnissen und Anstrengungen der Mennoniten, nach langer Fremdexistenz endlich auch gesellschaftlich voll integriert zu werden, ohne die konfessionelle Sonderexistenz aufgeben zu müssen, stark entgegen. So kann man ohne weiteres sagen, daß die Politisierung des konfessionellen Rückbezugs einem gesellschaftlichen und wirtschaftlichen Impuls gefolgt ist, der die Färbung der faschistischen Ideologie angenommen hatte. Der konfessionelle Rückbezug diente dazu, letztlich mehr die bürgerliche als die religiöse Existenz zu sichern. Er spiegelte deshalb auch die gesellschaftspolitische Realität wider, wie sie in den Gemeinden vorherrschte und sich im übrigen nicht von dem allgemeinen Zustand der Gesellschaft unterschied. Das kirchliche Selbstverständnis der Mennoniten wurde über den konfessionellen Rückbezug zwar theologisch zum Ausdruck gebracht, regulativ aber war nicht die Theologie des Ursprungs, wie sich in Krisenzeiten gewöhnlich nahelegt, sondern das gesellschaftspolitische Sicherungsbedürfnis. Daß sich dieses Bedürfnis in dem konfessionellen Rückbezug eine Legitimation suchte, ist eine entfernte [288] Erinnerung an die täuferische Einsicht in die Einheit von Religion und Leben. Unter dem gesellschaftspolitischen Einfluß des Dritten Reichs aber verwandelte sich diese Einheit in eine Trennung. Der täuferische Ansatz wurde in sein Gegenteil verkehrt. Wo die Täufer für Trennung eintraten, im gesellschaftspolitischen Bereich, – so pauschal wurden das Täufertum und Menno Simons mit Ausnahme von Hubmaier allgemein eingeschätzt – dachten die Mennoniten an Einheit; wo die Täufer für Einheit eintraten, im individualethischen Bereich, wählten die Mennoniten Trennung: So konnten die Mennoniten gravierende Entscheidungen wie die Wehrdienstverweigerung zum Beispiel dem Gewissen des einzelnen Gemeindegliedes überlassen, während die Täufer hier unbedingt auf den verpflichtenden Konsens der Gemeinschaft bauten.

Der konfessionelle Rückbezug legte sich den Mennoniten – was freilich so kaum wahrgenommen wurde – nicht ganz zufällig nahe. Mennoniten und Täufer standen in einer vergleichbar bedrohten Situation: Beide mußten sich angesichts eines unnachgiebig weltanschaulich-politischen Totalitätsanspruchs bewähren. Die Mennoniten entschieden sich aber – ebenfalls ohne es recht wahrzunehmen[74] – anders als die Täufer. Die Täufer nahmen die Verfolgung als Konsequenz aus ihrer biblischen Einsicht in die Freiheit der Kirche bewußt auf sich, während die Mennoniten der Verfolgung als Konsequenz aus ihrer politischen Überzeugung aus dem Wege gingen und ihre Kirche in die Unfreiheit führten. Konnte die Berufung auf die konfessionellen Anfänge einst als Beruhigung, so muß sie jetzt als Gericht über das politisch angepaßte Gewissen der Mennoniten gewertet werden. Damit wird kein unzeitgemäßes Kriterium eingeführt. B. H. Unruh schrieb 1937: „Und darum haben unsere Väter immer alles das in allen Zeiten verstanden, was nach Gott, nach Christus hungert und haben es abgewiesen, wenn man an die Stelle dieses Heiligen Gottes irgend eine Verhaftung an vorletzte, seien es fromme, seien es unfromme Dinge, zu stellen trachtete."[75] Die Politisierung des konfessionellen Ursprungs war eine Verhaftung an Vorletztes. Diese Verhaftung hat den Mennoniten die Augen für den zunehmend widergöttlichen Totalitätsanspruch des Staates verschlossen. Das geschah so tiefgreifend, daß sich in diesem Zusammenhang die Frage danach erübrigt, ob die täuferischen Grundeinstellungen [289] denn genaugenommen überhaupt in der Lage gewesen wären, das Verhältnis zwischen Kirche und Staat zu regeln. Bereits die systemgegnerischen Absichten der Täufer, nicht erst ihre theologische Begründung, hätten in faschistischer Umwelt evangeliumsgemäßes Verhalten freigesetzt. Hätten die Mennoniten den faschistischen Staatscharakter durchschaut, wären ihre Argumente, die sich sonst wohltuend von der Ideologie der Deutschen Christen unterschieden, zielstrebig in den Widerstand gelaufen. Denn die täuferische Verweigerung am staatlichen Aufbau wurde zwar kritisiert, „bei einem völlig entarteten Staat mit gänzlich verdorbenem Recht" doch nicht in ihrer Berechtigung bestritten[76]. Ein solcher Staat schien ihnen allerdings nicht das Dritte Reich zu sein. Noch 1940 hieß es in einem westpreußischen Konferenzbericht: „Die Konferenz wird nichts unternehmen, das den Anschein eines Hauches gegen die Politik unseres Führers trägt."[77] Die Politisierung der frühen Jahre war gewachsen und täuschte die Mennoniten über die wahre Natur ihres Staates hinweg. Die „nationale Erhebung" brachte ihnen nicht religiöse Erneuerung, wie sie im Eifer des Aufbruchs hofften, sondern religiösen Niedergang[78].

---

74 Eine seltene Stimme kritischer Distanz zum Täufertum vgl. MJW 1935, H. 2, S. 31 ff. Die Kritik wird mit dem Hinweis auf das Evangelium begründet, eine durchaus sachgemäße Weise, mit dem konfessionellen Rückbezug umzugehen, wenn nicht auch dieses Kriterium so eingeführt worden wäre, daß es die Anpassung an den Staat von Grund auf förderte.

75 MJW 1937, H. 9, S. 9.

76 MJW 1935, H. 2, S. 36.

77 Protokoll der Konferenz der westpreußischen Mennonitengemeinden vom Juni 1940, aufbewahrt im Archiv der Mennonitengemeinde von Montevideo, Uruguay (mitgeteilt von H. Fast). Vgl. auch MB 1940, H. 4, S. 25: „Wenn man in den heutigen geschichtlichen Ereignissen von einem Wunder sprechen muß, dann so, daß unser ehedem so zerrissenes und zerschlagenes Volk in einem Mann eine Kraft gefunden hat wie nie zuvor und daß unser Volk in dieser Kraft Geschichte größeren Ausmaßes verwirklichen darf. Das ist von Gott geschehen und ist ein Wunder vor unsern Augen!"

78 Ein Vorabdruck dieses Aufsatzes ist erschienen in: MGB1 1974, S. 61-90. Für die Veröffentlichung in diesem Band ist er auf der Grundlage weiteren Quellenmaterials (Protokolle und Korrespondenzen) überprüft und überarbeitet worden.

Hans-Jürgen Goertz

40 Jahre später – Stellungnahme des Autors

Unter den Mennoniten in Deutschland wurde erst spät damit begonnen, die Jahre im Dritten Reich „aufzuarbeiten“ und zu „bewältigen“. Versuche junger Studenten in den fünfziger Jahren des letzten Jahrhunderts, mit Ältesten, Predigern und Gemeindemitgliedern über ihre Erfahrungen unter dem nationalsozialistischen Regime miteinander zu reden, verliefen im Sande. Kritische Fragen, oft zu ungestüm und nicht gerade verständnisvoll vorgetragen, wurden abgewiesen: Da die Jüngeren nicht dabei gewesen seien, könnten sie nicht mitreden, schon gar nicht die Verantwortlichen in Gemeinden und Konferenzen während jener Zeit zur Rechenschaft ziehen. Um 1960 war die Zeit offensichtlich noch nicht reif, das Schweigen über das Verhältnis der Mennoniten zum totalitären Staat zu brechen. Symptomatisch war, dass in der deutschen Fassung der „Geschichte der Mennoniten“ (1964), die C. Henry Smith, Historiker am mennonitischen College in Bluffton (Ohio), bereits 1941 auf Englisch veröffentlicht hatte, das Kapitel über die deutschen Mennoniten im Dritten Reich fehlte. Die Übersetzung wurde von Abraham Esau, einem renommierten Physiker an der Universität Jena, mit Unterstützung des Mennonite Central Committee angefertigt, während er wegen seiner nationalsozialistischen „Vergangenheit“ von 1945 bis 1949 in niederländischer Haft war. Daraus erwuchs schließlich die Absicht, „Das ausgelassene Kapitel“ zu übersetzen und in „Der Mennonit“ (1965) zu veröffentlichen. Auf jeden Fall ist die von Krahn besorgte dritte Auflage des „Story of the Mennonites“ (1950) ohne das fragliche Kapitel erschienen. Der Vorabdruck der deutschen Fassung erschien 1951 in der kanadischen Zeitschrift „Der Bote“. Auch hier schon fehlte das Kapitel über die Mennoniten im Dritten Reich. Ob Abraham Esau dafür gesorgt hatte, die Abschnitte über die deutschen Mennoniten im Dritten Reich zu übergehen, oder Cornelius Krahn, der 1936 in Heidelberg promovierte Biograf von Menno Simons und Historiker am Bethel College in Kansas, bleibt ungeklärt.

In dieser Zeit, die uns mit dem allgemeinen gesellschaftlichen Aufbruch nach den Jahren des so genannten Wirtschaftswunders und der Öffnung zum Dialog mit dem Osten auch den politisch-ideologischen Charakter der Kirchen immer deutlicher vor Augen führte, begannen sich die Jüngeren, über die Verstrickung der deutschen Mennoniten in die politischen Verhältnisse während des Dritten Reiches zu informieren und vor allem in den mennonitischen Zeitschriften, den Konferenzprotokollen und den „Rundbriefen“ nachzulesen, wie junge Mennoniten versuchten, sich in der Zeit „nationaler Erhebung“ zu orientieren. Unübersehbar war für mich die Zustimmung, mit der führende Vertreter der Mennonitengemeinden den „Führer“ und den neuen Staat, bald auch den Wehrwillen des Volkes und die ersten kriegerischen Erfolge als Wunder göttlicher Führung begrüßten. Das täuferische Proprium der Wehrlosigkeit, das bereits seit dem 19. Jahrhundert in eine Krise geraten war, wurde aufgegeben und die Blut- und Boden-Propaganda des nationalsozialistischen Regimes unterstützt. Was mich bestürzte, war die Arglosigkeit, mit der behauptet wurde, sich den Geist der Täufer bewahrt oder ihn in einer neuen Zeit zum Zuge gebracht zu haben.

Schließlich hat mich die Biografie Dietrich Bonhoeffers, die Eberhard Bethge 1967 veröffentlichte, stark beeindruckt und veranlasst, mich in die Forschungsliteratur zum Kirchenkampf im Dritten Reich einzulesen und das Verhältnis der Mennoniten zum Nationalsozialismus in einem ersten Anlauf zu erörtern. Bewusst habe ich mich auf die begrenzte Fragestellung konzentriert, ob die Aneignung des täuferischen Leitbildes in den ersten Jahren nach der Machtergreifung Adolf Hitlers tatsächlich gelungen, wie oft behauptet wurde, oder nicht doch missglückt sei. Die Berufung auf das frühe Täufertum, dessen „reine" Gestalt damals in den friedlichen Zürcher Täufern verwirklicht schien, spielte in den Diskussionen der Mennoniten stets eine wichtige Rolle, und hier wollte ich – vor allem unter dem Eindruck einer aufblühenden Täuferforschung nach dem Zweiten Weltkrieg – alle beim Wort nehmen, die sich im Dritten Reich auf die Täufer beriefen. So entstand der Aufsatz „Nationale Erhebung und religiöser Niedergang", der gegen manche Widerstände in einer ersten Fassung 1974 in den „Mennonitischen Geschichtsblättern" veröffentlicht wurde. Er ging dann in einer verbesserten Form in das „Umstrittene Täufertum" (1975) ein und fand schließlich in der zweiten Auflage (1977) dieses Sammelbandes zum 450-jährigen Täuferjubiläum seine endgültige Gestalt. Inzwischen ist vergessen, dass der Göttinger Verlag Vandenhoeck und Ruprecht damals massiv unter Druck gesetzt worden war, diesen Aufsatz aus der geplanten Neuauflage zu entfernen.

Mit diesem Aufsatz habe ich bewusst eine thematisch und zeitlich begrenzte, wenngleich durchaus pointierte Absicht verfolgt. Ich wollte dazu anregen, endlich mit der Aufarbeitung der belastenden NS-Vergangenheit unter Mennoniten in größerem Stil zu beginnen. Dass es hierfür nicht ausreichte, nur die Zeitschriften und offiziellen Dokumente kurz nach der Machtübernahme Adolf Hitlers zu berücksichtigen, sondern es vielmehr galt, auch verborgene Stimmen zu vernehmen, zumal die politische Gleichschaltung nicht überall so gelungen war, wie die Organe des Staates es sich erhofft hatten, war mir von Anfang an klar. Bis dahin war diese Gesamtproblematik noch nicht hinreichend ins Blickfeld geraten. Diese umfassende Diskussion, so apologetisch sie von manchen geführt wurde, habe ich begrüßt und in diesem Zusammenhang mit Diether Götz Lichdi das Gespräch gesucht. Mit seiner „Dokumentation und Deutung" hatte er sich auf den Weg begeben, die „Mennoniten im Dritten Reich" (1977) auf einer breiteren Quellenbasis zu untersuchen und in einem milderen Licht zu betrachten. Im Verlauf der Diskussion kam es nach einem kritischen Schlagabtausch in den „Mennonitischen Blättern" (7/8, 1978) zu einer „Gemeinsamen Erklärung", die 1978 ebenfalls in den „Mennonitischen Blättern" und in „Gemeinde unterwegs" veröffentlicht wurde. Wir waren uns einig, auf überspitzte, aggressiv provozierende und auf apologetisch beschwichtigende Urteile zu verzichten und gemeinsam nach Wegen zu suchen, auf verständnisvolle Weise, aber auch mit klaren Urteilen zu benennen, was einst in den Gemeinden geschah. Einige haben sich getraut, Juden zu verstecken und zur Flucht zu verhelfen, verfolgte Sozialdemokraten in Schutz zu nehmen oder Zwangsarbeiter freundlich zu behandeln. Nach solchen riskanten Einsätzen wurde fortan gesucht. Doch die Beispiele waren selten. Viele haben zugeschaut, wie Unangepasste deportiert und Juden in Konzentrationslager verschleppt wurden. Erschreckend war, was beispielsweise in mennonitischen Dörfern nahe des Konzentrationslagers Stutthof bei Danzig und in der Ukraine geschah, wie es der nordamerikanische Historiker Gerhard Rempel später eingehend beschrieben hat (s. Mennonitische Geschichtsblätter 2010, S. 87-133). Menno Simons hätte bestimmt den „Brüdern in Not" geholfen, aber wäre er auch im Salonwagen Heinrich Himmlers, des Reichsführers SS, mitgefahren, um über die Rücksiedlung von Russlanddeutschen in die Ukraine zu beraten? Menno Simons hätte sich wohl eher, wie C. Henry Smith meinte, in einem Konzentrationslager wiedergefunden als unter den Gleichgeschalteten einer faschistischen Diktatur.

Inzwischen stehen sich Bestürzung über das Fehlverhalten vieler auf der einen Seite und Empörung über Vorwürfe und Anklagen auf der anderen Seite nicht mehr so schroff gegenüber wie noch in den sechziger und siebziger Jahren. Verschiedene wissenschaftliche Betrachtungsweisen werden akzeptiert, ohne auf Skepsis oder Ablehnung zu stoßen. Der Abstand zu den Ereignissen ist größer geworden und die Einsicht in die Arglosigkeit und das Fehlverhalten der leitenden Akteure und folgsamen Gemeindeglieder ist gewachsen. Theologie- und geistesgeschichtliche, sozial- und wirtschaftsgeschichtliche, wissenssoziologische, alltagsgeschichtliche und psychohistorische Methoden lassen sich zu Erklärungsmodellen kombinieren und vermögen immer mehr Licht in die schwierigen Zeiten zu bringen, die eine ursprünglich nonkonformistische Glaubensgemeinschaft in einem totalitären Staat durchlaufen musste. So werden sich vielleicht Wege öffnen, zwischen Euphorie und zögerlicher Zustimmung, zwischen Willfährigkeit und „innerer Emigration" genauer zu unterscheiden als bisher. Vielleicht lässt sich auch die Frage beantworten, wie sich die ausdrucksstarke Volkstumsideologie („ein Führer – ein Volk") auf das religiös bestimmte Gemeinschaftsbewusstsein der Mennoniten auswirkte: Hat sie den Gemeinschaftscharakter gefestigt oder nicht doch allmählich zerrüttet und aufgelöst? Das gilt auch für den Antisemitismus, der sich seit Längerem in den Gemeinden eingenistet hatte: War er hausgemacht oder eine unbedachte Adaption des Judenhasses in der Mehrheitsgesellschaft? Was bisher nur holzschnittartig dargestellt wurde, verlangt jetzt nach filigraner Analyse.

Das neu erwachte Interesse an einer wissenschaftlich orientierten Aufarbeitung einer leidvollen Vergangenheit hat die Erwartungen, die ich vor mehr als vierzig Jahren mit dem Anstoß zur Erforschung eines der dunkelsten Kapitel in der Geschichte der Mennoniten verband, auf ungeahnte Weise übertroffen und die Hoffnung gestärkt, dass auch die Gemeinden der Mennoniten „eines neuen Himmels und einer neuen Erde" erwarten (2. Petr. 3, 13).

Diether Götz Lichdi

Römer 13 und das Staatsverständnis der Mennoniten um 1933 (1980)*

Dieser Beitrag befaßt sich weder mit der Haltung einzelner Mennoniten noch mit dem Verhalten von Gruppen wie der Vereinigung der Mennonitengemeinden im Deutschen Reich oder dem Badisch-württembergisch-bayerischen Gemeindeverband im Dritten Reich.[1] Nicht was tatsächlich war in Tun und Lassen, sondern was zu einem aktuellen Thema von einigen gedacht und geschrieben wurde, ist Gegenstand dieser Untersuchung. Sie beschäftigt sich mit Auffassungen, die in mennonitischen Publikationen wie den Mennonitischen Blättern (MBl), der Mennonitischen Jugendwarte (MJW) und in den Äußerungen der Rundbrief-Gemeinschaft (RB) zum Ausdruck kamen. Dabei hoffe ich deutlich machen zu können, wie sehr überkommene, allgemein anerkannte Interpretationsmuster das aktuelle Urteil beeinflußten. Mit anderen Worten: Die Stellungnahme zum Staat an sich, der durch das Dritte Reich verkörpert wurde, erwuchs nicht nur aus der weltlichen Begeisterung für ein starkes Deutschland, sondern gründete sich vor allem auch auf ein bestimmtes Verständnis vom Bild des Staates in biblischer Sicht. Dies war schon lange vorher entstanden und von den meisten Mennoniten unbewußt übernommen worden. Hätte man 1933 eine andere Meinung bei den Mennoniten erwarten wollen, hätte das mennonitische Staatsverständnis schon im 19. Jahrhundert anders ausgesehen haben müssen.

I. Wandlungen im Staatsverständnis der Täufer und Mennoniten

Das Täufertum entstand im Zusammenhang und im Gegensatz zur offiziellen Reformation. Das Verhalten der einzelnen Täufergruppen gegenüber dem Staat war unterschiedlich und reichte von der Bestreitung der obrigkeitlichen Autorität in Glaubensfragen (Zürich) über die Absonderung von der Welt (Schleitheim) hin zur Gewinnung der Herrschenden für die eigene Sache (Nikolsburg) und zur Übernahme obrigkeitlicher Gewalt (Münster). Grundsätzlich haben die Schweizer Brüder die jeweilige Ordnung als von Gott verordnet angesehen. Deren Verfügungsgewalt aber wollten sie auf den weltlichen Bereich begrenzt sehen, nur dort fühlten sie sich zu Gehorsam verpflichtet. In Glaubensfragen billigten sie der Obrigkeit keine Entscheidungsgewalt zu. Hier war das Gewissen des einzelnen gefragt, und niemand konnte ihm die Entscheidung abnehmen. Aus freiem Willen mußte [75] der einzelne für ein Leben in der Nachfolge Christi Stellung

* Der Aufsatz erschien erstmals in den MGB 37 (1980), S. 74-95. Die Zitier- und Schreibweise entspricht jener des Aufsatzes von 1980. Im Original sin die Anmerkungen Endnotenb.

1 Siehe dazu H.-J. Goertz, Nationale Erhebung und religiöser Niedergang. Mißglückte Aneignung des täuferischen Leitbildes im Dritten Reich, in: H.-J. Goertz (Hg.), Umstrittenes Täufertum 1525-1975, Neue Forschungen, Göttingen 1975, 1977 (2) und die frühere Fassung, in: MGB 1974; D. G. Lichdi, Mennoniten im Dritten Reich, Dokumentation und Deutung, Weierhof 1977; H.-J. Goertz/D.G. Lichdi, Gemeinsame Erklärung, Gemeinde unterwegs 12/78 und MBl. 12/78.

nehmen. Die Orientierung am Bibelwort und dessen wörtliches Verständnis ließen in den meisten Fällen die zeitgenössische Auffassung vom mittelalterlichen Corpus christianum, aber auch die lutherische Lehre vom geistlichen und weltlichen Reich zweifelhaft erscheinen. Selbstverständliche und überkommene Forderungen des Staates an seine Bürger erschienen vielen Täufern als Grenzüberschreitungen, die sie nicht weiter ertragen konnten. Zu diesen Forderungen gehörte der Bürgereid und die Kindertaufe. Die Gleichsetzung von Bürgerpflicht und Christengehorsam stieß auf Widerspruch. Die meisten Täufer wollten wohl ordentliche Bürger sein, sie lehnten aber religiösen Zwang ab und setzten sich für eine Freiwilligkeitskirche ein. Neben Eid und Kindertaufe lehnten sie auch die Übernahme obrigkeitlicher Ämter ab.[2]

Das täuferische Obrigkeitsverständnis wurde nicht allein durch diese eher theologischen Überlegungen, die sich z. B. im Schleitheimer Bekenntnis niedergeschlagen haben, geformt, sondern vor allem durch die Verfolgungen, die zahlreichen Martyrien und die Vertreibungen aus der Heimat. Die negativen Erfahrungen mit den Obrigkeiten setzten sich auch nach der Zeit physischen Drucks in der Diskriminierung von Mennoniten als religiöse und völkische Minderheit fort. Dissent, Verfolgung und Diskriminierung brachten ein gebrochenes Verhältnis zur jeweiligen Obrigkeit mit sich, gegenüber der Obrigkeit, die sich oft genug christlich gebärdete und ihre mennonitischen Untertanen zwang, gegen ihr christliches Gewissen zu handeln. Die einschlägigen Bibelworte wurden von den Mennoniten so verstanden, daß ein Christ sich einer solchen Obrigkeit, die religiös verbrämte Forderungen stellte, zwar fügen müsse, sich aber nicht in ihren Herrschaftsbereich einfügen dürfe, daß ein Christ Abstand halten solle, um nicht der allgemeinen Sünde und der weltlichen Greuel teilhaftig zu werden, daß er sich entziehen müsse, daß er bereit sein müsse, zu widerstehen und ins Martyrium zu gehen, wenn die Obrigkeit das apokalyptische Gesicht des Tieres aus dem Abgrund angenommen hatte. Nach den Jahren des Aufbruchs und Zusammenbruchs zwischen 1525 und 1535 haben sich die Führer, die die verstreuten Gruppen wieder zusammenführten, überwiegend in die innere Emigration zurückgezogen und auf aktive Weltgestaltung verzichtet. Ihre Forderung an die Obrigkeiten war jetzt nicht mehr, dass sie die Reformation sich frei entwickeln lassen oder sich gar zu täuferischen Prinzipien bekennen sollten. Die wenigen, die den Aufbruch überlebt hatten, büßten ihren missionarischen Eifer im Feuer der Scheiterhaufen ein und flehten um Toleranz, um Ruhe zu einem christlichen Leben, das niemand stören sollte. Aus den beunruhigenden Täufern wurden Stille im Lande. [76]

Im 19. Jahrhundert wurde aus der Bitte um Schonung der Gewissen der Ruf nach der Trennung von Kirche und Staat, eine Forderung, die auch von Atheisten und Liberalen unterschiedlicher Denkweise erhoben wurde. Die Mennoniten lebten jetzt nicht mehr in der ideellen und politischen Absonderung. In unterschiedli-

2 Davon ausgenommen sind die kommunalen Ämter, die Mennoniten schon zu Ausgang des 16. Jahrhunderts in Westpreußen und in Norddeutschland übernommen haben. Die Übernahme staatlicher Ämter durch Bestellung oder Wahl geriet wohl erst mit der Konstitutionalisierung der europäischen Staaten im 19. Jahrhundert in den Blick.

chem Maße und zu verschiedenen Zeiten waren sie zu Ansehen als tüchtige Landwirte und als unternehmerische Kaufleute gekommen. Sie begannen sich zu verwahren, wenn ihre Loyalität gegenüber dem Staat und der Gesellschaft in Frage gestellt wurde.[3] Bürgerliche Respektabilität war ihnen trotz ihrer konfessionellen Ausprägung zugewachsen. Weil ein jeder das Wort Gottes anders liest und sich diese Lesart im Laufe der Zeit ändert, mag einleuchten, daß während des 18. Jahrhunderts die apokalyptischen Züge in der biblischen Betrachtung zurücktraten und Texte, die den Staat als Gottes gute Schöpfung „dir zugut" betonten, eher auf fruchtbaren Boden fielen als Sätze, die den Staat relativierten oder gar dämonisierten. Die theologische Überlegung unter den Mennoniten näherte sich dem allgemein-protestantischen Denken. Es wird üblich, Röm. 13 als Maßstab der Untertanentreue und Loyalität zu zitieren, freilich wird dem in der Regel, wie auch schon bei Luther, die sogenannte clausula Petri aus Apostelgeschichte 5, 29 beigesellt. Es wird allerdings nicht deutlich, daß dies im allgemeinen mehr ist als eine theoretische Einschränkung.

Die Diskussionen um 1933 hatten ihre Vorläufer. Zu Beginn der zwanziger Jahre unseres Jahrhunderts befaßten sich zwei Aufsätze mit dem Ende des landesherrlichen Kirchenregiments und der von der Weimarer Verfassung veranlaßten Trennung von Kirche und Staat. Die Tendenz dieser Aussagen ist einheitlich auf Triumph gestimmt: „Die Staatskirche ist gefallen!"[4] Eine alte Forderung war in Erfüllung gegangen. Die politische Entwicklung hatte die Mennoniten bestätigt und gerechtfertigt: „Der Staat soll nicht einen Glauben, sondern die Glaubensfreiheit schützen."[5] Was diese Trennung von Kirche und Staat bedeutete, wurde den Mennoniten durch den Kirchenprozeß in Marienwerder vor Augen geführt. Hier hatte die Gemeinde Heubuden vor Gericht siegreich darum gestritten, daß sie nicht mehr zur baulichen Unterhaltung der evangelischen Kirchengebäude in ihrem Sprengel herangezogen werden konnte. Schon 1920 hatte Christian Neff vor dem Hintergrund der soeben erfolgten Trennung von Kirche und Staat vor einer neuerlichen „Verquickung von Kirche und Staat" gewarnt und an die „Kompetenzüberschreitungen der Vergangenheit" erinnert.[6] Trotz seiner Feststellung, daß der obrigkeitliche Gehorsam für die Christen höchstes Gesetz und heiligste Verpflichtung"[7] sei, ist er um die alte mennonitische Distanzierung bemüht: „wir sind vor allem Bürger des Himmelreichs ..., [77] das muss unser Leitstern und Triebfeder unseres Handelns sein", deshalb soll sich die christliche Gemeinde nicht in „politische Dinge" und die „soziale Frage" einmischen. Das sei Sache des Staates.[8]

3 Christian Neff im Mennonitischen Lexikon (fortan: ML), III, S. 289, Artikel „Obrigkeit": „Möchte endlich das alte Vorurteil schwinden und die Mennoniten allgemein von dem Verdacht staatsfeindlicher Gesinnung befreit werden".

4 Christian Neff, MJW 1920/ 1, 24.

5 Otto Hege, MJW 1922/3, 98.

6 MJW 1921/1, 24.

7 ML III, 289.

8 MJW 1920/1, 24; MJW 1935/5, 109 (nahezu wortgleich).

II. Die Erörterung um 1933

1. Intensive Diskussion von Römer 13

Kein Text, kein Thema wurde um 1933 so häufig und auch breit, wenngleich wenig kontrovers, abgehandelt. Das zeigen die Zeitschriftenartikel und die fast ständige Erörterung in den Heften der RB-Gemeinschaft.[9] Anlaß ist der Machtwechsel von 1933 und die Aussicht auf die deutsche Wiederbewaffnung bzw. die Einführung der allgemeinen Wehrpflicht. Gerade die Diskussion innerhalb der RB-Gemeinschaft zeigt, wie sehr die Diskussion von Röm. 13 mit der Frage, ob denn der Kriegsdienst sich biblisch begründen lasse, verbunden wird. Merkwürdigerweise wird das Eidproblem[10] nicht mit Röm. 13 und der „gottgewollten Schöpfungsordnung"[11] verbunden. Neben Röm. 13 und seinem Pendant Apg. 5, 29 werden die anderen einschlägigen Texte kaum herangezogen. Mehrfach wird dagegen 2. Thess. 2, 7 f. zitiert, ohne daß dieser Text jedoch ausgelegt wird. Die apokalyptischen Texte vom Tier aus dem Abgrund (Offb. 13) werden nie erwogen und kaum zitiert, ebensowenig werden die Beispiele aus dem Neuen Testament studiert. Bei der Überlegung des Problems „*Christ und Staat*" sind die Mennoniten erstaunlich einseitig auf den Zweiklang von Röm. 13 und Apg. 5, 29 fixiert. Andere Möglichkeiten kommen nicht oder nur ansatzweise in den Blick. Das Schwergewicht der öffentlichen Diskussion über das Verhältnis von Staat und Kirche liegt in den Jahren der Machtergreifung und der Einführung der allgemeinen Wehrpflicht 1935. Die Begriffe Staat und Kirche werden ergänzt durch Volk und Staat, sie werden schematisch und verallgemeinernd gebraucht. Obwohl das Thema ständig erörtert wird, bezieht sich die Diskussion nicht auf aktuelle Ereignisse, sie scheint ohne Wirklichkeit und eher akademisch. Röm. 13 wird auch nicht mit der nationalsozialistischen Machtergreifung zusammengebracht. Konkretion gewinnt die Debatte im Blick auf die Wehrpflicht. Während die Darlegungen den RB nicht so breit sind, begegnen wir sehr ausführlichen und vertieften Darlegungen in den MBl und vor allem in der MJW. Die jungen Prediger Walter Fellmann (34 Jahre), Gerhard Hein (28 Jahre), Ernst Fellmann (30 Jahre), Dirk Cattepol (21 Jahre), Horst Quiring (21 Jahre) und Otto Schowalter (33 Jahre) zeichnen sich dabei aus. Diese entstammen der [78] Nachkriegsgeneration, haben zumeist an Universitäten studiert, vornehmlich in Tübingen, und treten in diesen Jahren in den festen Dienst einer Gemeinde. Sie waren von der Auflösung der Weimarer Republik und vom strahlenden Aufgang des Dritten Reiches beeindruckt und versuchten dieses Geschehen theologisch zu verarbeiten. Sie haben das Dritte Reich nicht gerechtfertigt, aber sie sind auch zunächst nicht zu

9 MBl 11 Artikel; MJW 11 mal; Gemeindeblatt (fortan: Gbl) 7 mal; RB 11 mal. Die umfangreichsten Arbeiten sind in der von W. Fellmann redigierten MJW nachzulesen.

10 Hier wird konventionell mit Mt. 5, 33 f. argumentiert. Nicht zurückgegriffen wird auf K. Barth, der 1934 den auf Hitler bezogenen Beamteneid wegen seines Absolutheitsanspruchs abgelehnt hat, d. h. wegen „der religiösen Bedeutung des Namens Hitler", in: K. Barth – R. Bultmann, Briefwechsel 1922-1966, Zürich 1971, S. 276.

11 Der Begriff „Schöpfungsordnung" wird durch Zusätze aller Art, vor allem unter Anziehung Gottes verstärkt. So spricht B. H. Unruh von der gottgesetzten Ordnungsgewalt in einer Welt, die stets vom Chaos bedroht ist.

einer Distanzierung oder gar Ablehnung gekommen. Die Anwendung von Maßstäben, mit denen das Ansinnen eines Weltanschauungsstaates gemessen werden konnte, deutete sich bei ihnen an, allerdings nicht mit derselben Klarheit wie bei einigen RB-Schreibern, deren Blick nicht nur durch die Schöpfungstheologie und die Zwei-Reiche-Lehre vorgeprägt war. Der Staat, der die „Volksgenossen" staatlich organisieren und weltanschaulich führen wollte, trat in Konkurrenz zum Christentum und forderte so das Denken der Interessierten und Engagierten heraus. Manche waren versucht, eine theologische Begründung für das Neue, für die übergreifenden Ansprüche dieses Staates zu finden, damit Christen ihn guten Gewissens mittragen konnten.

2. *Einflüsse aus dem landeskirchlichen Bereich*

Die vorliegenden Äußerungen sind nicht sonderlich eigenständig; sie lesen sich auch nicht genuin täuferisch. Sie sind weder am Schleitheimer Bekenntnis noch an Menno Simons' „Fundamentbuch" orientiert. Es finden sich auch keine Hinweise, daß die Meinung amerikanischer oder holländischer Mennoniten befragt worden wäre. Dagegen ist der Einfluß der gemeinchristlichen Schöpfungslehre vorherrschend. Die Luther-Renaissance der zwanziger Jahre hat die Zwei-Reiche-Lehre wieder ins Blickfeld gerückt.[12] So ist es nicht verwunderlich, daß G. Hein zum Teil wörtlich[13] sowie W. Fellmann[14] und H. Quiring[15] sich darauf beziehen. Dagegen scheint es mir bis auf wenige Anklänge fraglich, ob die Relativierung des Staates durch die „dialektische Theologie"[16] die mennonitischen Prediger je beeindruckt hat. Eher scheint Einfluß Adolf Schlatters,[17] der bei vielen Mennoniten hochgeschätzt war, vorhanden zu sein. Die Barmer Erklärung der Bekennenden Kirche vom Mai 1934[18] wird nirgends erwähnt oder zitiert. Höchstens

12 Die Zwei-Reiche-Lehre hat Luther zum erstenmal in seiner Schrift „Von weltlicher Oberkeit" 1523 (WA 11, 271-281) entfaltet. In Anlehnung an die zwei Schwerter von Papst und Kaiser (entwickelt aus Lk. 22, 38) spricht Luther vom Gegensatz der beiden Reiche Gottes. In dem einen herrscht Christus aus Gnade und ohne Gesetz, im anderen herrscht der Kaiser mit Gesetz und Schwert. Das irdische Reich soll dem geistlichen Reich dienen; es soll für Frieden sorgen, damit das Wort verkündigt werden kann. Luther spricht vom Gehorsam gegenüber den weltlichen Fürsten, den er durch Apg. 5, 29 begrenzt.

13 „Man muß die Regimente mit Fleiß scheiden und beide bestehen lassen: eins, das fromm macht, und das Zweite, das äußerlich Frieden schafft und bösen Werken wehrt" (MJW 1933/5, 108).

14 W. Fellmann, MJW 1935/2, 34.

15 H. Quiring, MJW 1937/5, 107.

16 K. Barth, Der Römerbrief, 8. Aufl. München 1947 (erstmals 1919, wichtig aber die 2. Aufl. von 1922), in: „Die große negative Möglichkeit": „Nicht an den Ordnungen der Menschen sind wir interessiert und nicht an diesen Ordnungen gegenüber zu betätigendem Handeln der Menschen, sondern daran, daß der Mensch diese Ordnungen nicht zerbreche, also an seinem Nichthandeln ihnen gegenüber . . . Nur Anlaß geben können etwaige Mängel des Bestehenden zu der Erkenntnis, daß das Bestehende als solches das Böse ist ... Gott will erkannt sein als der Sieger über das Unrecht des Bestehenden."

17 A. Schlatter bezeichnet den Staat als „Obrigkeit durch Gottes Ordnung", die „über uns gesetzt" ist. Er spricht aber auch von der „Verirrung der Obrigkeit". A. Schlatter, Kommentar zum Römerbrief, Stuttgart 1948, S. 216 f.

18 „Wir verwerfen die falsche Lehre, als könne und solle der Staat über seinen (nicht definierten) besonderen Auftrag hinaus die einzige und totale Ordnung des menschlichen Lebens werden und also auch die Bestimmung der Kirche erfüllen". „Wir verwerfen die falsche Lehre, als könne und solle sich die Kirche über ihren

Anklänge daran könnten sich in einigen mennonitischen Äußerungen feststellen lassen.

Die herkömmliche und vorherrschende Interpretation lutherischer und katholischer Prägung versteht unter „Obrigkeit" den Staat schlechthin.[19] Sie begreift Röm. 13 so, als ob dort eine Lehre vom Staat vorläge, auch vom modernen Staat, der doch so ganz anders ist als die Obrigkeit des 16. oder [79] gar das römische Reich des 1. Jahrhunderts. Der Staat an sich, ob er nun autoritär, monarchisch oder demokratisch verfaßt ist, wird als Gottes Schöpfung „dir zugut" verstanden. Diese ist als Ordnung Gottes den Menschen übergeordnet. So erklärt sich die Neigung, den Text als Grundlage für eine Staatsmetaphysik einzusetzen. Der Staat wird zur schöpfungsmäßigen und naturrechtlichen Ordnung in einem. Der Christ schuldet dem Staat nicht nur Gehorsam oder das „Untertan-sein", sondern (neben einer Reihe sachlicher Leistungen) auch Ehrfurcht. Als Regulativ wird dazu die clausula Petri zitiert, aber nicht definiert. Es bleibt in der Regel unklar, wo, wann und warum der Christ dem Staat nicht mehr gehorchen kann, weil Gottes Auftrag gefährdet ist. Auch das „wie" eines möglichen Widerstandes bleibt unerörtert. Die Theologen konnten sich nicht vorstellen, daß staatliche Anordnungen in Konflikt mit Gottes Willen kommen könnten. Der Text des Paulus aus Röm. 13 war zur Staatsideologie geworden und wurde immer häufiger zitiert, wenn vom Bürger Ruhe und Ordnung gefordert wurde. Der Staat bekam ein Übergewicht, gegen das sich die Barmer Erklärung verwahrte. Bezeichnend ist, daß in dieser „Schöpfungstheologie" immer von einer Legalität nach innen und außen ausgegangen wird. Die Folge ist der Rechtsstaat und damit die Bewahrung des „gottgegebenen Gesetzes". Das positive Recht wird der Schöpfungsordnung inkorporiert und subordiniert, es ermöglicht eine scheinbare Kongruenz mit dem Naturrecht.

Gegen diese akzeptierte und erprobte Deutung des Staates hat die Theologie K. Barths und seiner Schüler zwei Einwände geltend gemacht: Einmal wird auf den Zusammenhang von Röm. 13 mit der Paränese des 12. und 13. Kapitels verwiesen. Um das deutlich zu machen, hat Barth Röm. 12, 21 zu der Obrigkeits-Perikope gezogen.[20] Das grundsätzliche Verhalten der Christen soll Gottesdienst in der Welt sein und steht unter der Überschrift von Röm. 12, 1. 2. Das Verhalten gegenüber dem Staat steht unter der Grundauffassung, welches „der gute, wohlgefällige und vollkommene Gotteswille" in einer bestimmten Situation sei. Der Staat muß sich also prüfen lassen, ob seine Maßnahmen sich mit Röm. 12, 1. 2. vereinbaren lassen. Die allgemeine christliche Nächstenliebe soll auch das Verhalten gegenüber dem Staat leiten. Diese Auffassung geht davon aus, daß Röm. 13 kein isolierter Text innerhalb der paulinischen Paränese ist, sondern in deren Zusammenhang steht; weiter: daß er keine dogmatischen Aussagen über den

---

Auftrag hinaus staatliche Art, staatliche Aufgaben und staatliche Würde aneignen und damit selbst zu einem Organ des Staates werden."

19 E. Käsemann, Römer 13, 1-7 in unserer Generation, in: Zeitschrift für Theologie und Kirche 56, 1959, S. 316 f.; ders., Grundsätzliches zur Interpretation von Röm. 13, in: „Unter der Herrschaft Christi", München 1961.

20 K. Barth, Der Römerbrief, 1947, S. 459 f.

Staat an sich enthält, sondern lediglich zum Verhältnis der Christen gegenüber der Obrigkeit, was immer das sei, Stellung nimmt. Eine ähnliche Überlegung verweist auf den eschatologischen Charakter der paulinischen Paränese, der hier besonders deutlich sei, da Röm. 13 kurz vor Röm. 13, 11-14 steht. Da- [80] durch sei klargestellt, daß der Staat eine vorletzte, zeitlich begrenzte Ordnung sei, der der Christ gehorche, wenn dadurch Gottes Wille beeinträchtigt werde. Diese Auffassung kommt den Vorstellungen des Schleitheimer Bekenntnisses recht nahe.

Zum andern wird eine eigenwillige Auffassung von der Erwägung geleitet, daß „Obrigkeiten“ (exousiai = Mächte) mit Engel-Dämonen gleichzusetzen seien.[21] Von dort her ließe sich dann leicht eine Brücke zu Offb. 13 und dem Tier aus dem Abgrund schlagen. Eine solche Erklärung hatte den Vorteil, daß der Begriff des Staates sich personalisieren, also auf Hitler, Himmler oder Goebbels beziehen ließ (dasselbe war mit Nero, dem Papst, Wallenstein, Napoleon und Stalin geschehen). Außerdem spendete der apokalyptische Rahmen Trost: so wie in Offb. 13 das Tier aus dem Meer besiegt wurde, so würde auch der Herr die Seinen bewahren und die Staatsdämonen, überhaupt alle bösen Geister, schlagen und in den Abgrund stürzen. Anders als bei der eschatologischen Interpretation, die die Zukünftigkeit der Überwindung des Staates betont, gehen diese Interpreten von der immanenten Königsherrschaft Christi aus, die sich schon jetzt manifestiere. Es liegt auf der Hand, daß dies Verständnis sich eher für eine verfolgte Kirche eignet als das schöpfungstheologische, das mehr der ekklesia triumphans zuzuordnen ist.

In der Diskussion um den Staat wurde in der Regel übersehen, das Verhalten der Jünger, der Apostel und der ersten Christen gegenüber ihrer jeweiligen Obrigkeit zu untersuchen. Dabei hätte man entdecken können, daß die Situation komplexer war als die Schöpfungstheologie oder die aus der dialektischen Theologie hervorgegangene Auffassung sie uns erklärt. Wenn man nur die Apostelgeschichte heranzieht, kann man vielfältiges Verhalten feststellen: Stephanus erduldet das Martyrium bereitwillig; Paulus nimmt die Auspeitschung in Philippi hin und flieht trotz einer Möglichkeit dazu nicht aus dem Gefängnis, Petrus flieht aus dem Jerusalemer Gefängnis; Paulus beschreitet den Rechtsweg und beruft sich trotzig auf den Kaiser; Petrus protestiert mit der zitierten clausula vor der Obrigkeit. Zöge man das Verhalten der nachapostolischen Tradition heran, würde der Beobachter auf Material stoßen, das Ergebenheit ebenso wie Widerstand gegenüber der Obrigkeit erkennen ließe. Jesus selbst war nicht bereit, Anordnungen von geistlichen und weltlichen Autoritäten hinzunehmen, und hat mit der Tempelreinigung gegen Herkommen und Obrigkeit tatkräftigen Protest eingelegt. Er war jedoch bereit, das Todesurteil einer fragwürdigen Obrigkeit ohne Gegenwehr zu akzeptieren und am Kreuz einen qualvollen Tod zu sterben. [81]

21 G. Dehn, Engel und Obrigkeit? Ein Beitrag zum Verständnis von Röm. 13, 1-7, Theologischer Aufsatz Karl Barth zum 50. Geburtstag, 1936.

3. Umformung der biblischen Aussagen durch Ideologie

Die am meisten verwendeten Begriffe in den Auslegungen von Röm. 13 sind „Volk und Staat“ als Doppelbegriff, der auch so in der Satzung der Vereinigung der Mennonitengemeinden im Deutschen Reich von 1934 auftaucht[22], dann „Volksgemeinschaft“, meistens verbunden mit dem Possesiv-Pronomen oder ausschmückenden Adjektiven wie „neu“ und „deutsch“ und dem überkommenen Begriff der „Ordnung“, präzisiert als „Schöpfungsordnung“ und verziert mit Zusätzen wie „gottgewollt“. Keiner dieser Begriffe ist dem Vokabular des Textes Röm. 13 entnommen[23], keiner entstammt der Bibel. Sie alle sind zeitgebundene Ableitungen der Vorstellung vom Staat an sich, wie Christen sich ihn vorstellten. Diese Begrifflichkeit setzt stillschweigend voraus, daß Röm. 13 und die parallelen Stellen eine Lehre vom Staat aus biblischer Sicht entfaltet. Mit „Ordnung“ sollte eine Brücke zu den modernen Schlagworten geschlagen werden, zur „Volksgemeinschaft“, bei der wohl an genossenschaftlich-germanische Vorstellungen gedacht wurde, und zur Doppelung „Volk und Staat“, die wohl eher biologische als biblische Zusammenhänge herausstellte. Bedeutsam ist, daß „Volk“ dem „Staat“ vorangestellt wird und dem an sich neutralen Begriff eine eindeutige Qualität gibt. Wenn vom „völkischen Staat“ gesprochen wird, soll ausgedrückt werden, daß die Rasse den modernen Staat ausmacht und ihn bestimmen sollte. Das „Volk“ wird als naturhafte, übergreifende Einheit verstanden, ihr wird der Staat unterstellt und ausgeliefert. „Volk“ und „Staat“ werden identifiziert und biologisch-mystisch ideologisiert: „Du bist nichts, dein Volk ist alles.“ Der Appell an den Gemeinsinn: „Gemeinnutz geht vor Eigennutz“, an die Volksverbrüderung, und die Politisierung selbst der privaten Lebensbezüge zu Beginn des Dritten Reiches beeinflussten auch die Mennoniten. Interessant ist die Gewichtung in H. Quirings „Grundworte des Glaubens“.[24] Dort sind 153 Zeilen dem „Volk“, aber nur 51 dem „Staat“ gewidmet. Dies kann sicherlich nur als formales Indiz gewertet werden. Der Begriff „Volk“ taucht in der mennonitischen Diskussion jetzt erstmals auf, ohne daß er überwiegend mit nationalsozialistischen Inhalten gefüllt wäre, vielmehr schwingt bei H. Quiring der Begriff vom „Volk Gottes“ mit. „Volk“ wird aber mißverständlich gebraucht und wie sonst überall als gängige Münze gehandelt. Nur selten blinkt ein christlicher Vorbehalt durch, daß „die Wirklichkeit des Volkes nie Reich Gottes werden“ kann, „sondern sie ist ein Teil der „Gestalt dieser Welt“, die vergeht“.[25] Die täuferische Relativierung der Obrigkeit, der paränetisch-eschatologische Vorbehalt, der den Staat geradezu herausfordern müßte, ist trotz aller histo- [82] rischen Rückbesinnung nicht mehr im Blickfeld. Dagegen wird mehrfach von mennonitischen Theologen bedauert, daß die Mennoniten „kein eigentliches Staatsdenken“[26] hervorgebracht hätten, und

22 „Die weltliche Obrigkeit und jede menschliche Ordnung nach apostolischem Vorbild ehrend hält sie (Vg) für Christenpflicht, ihrem Volk und Staat gewissenhaft zu dienen!“

23 Die „diatage tou theou“ ist nicht eine Ordnung Gottes, sondern seine Anordnung in einem bestimmten Fall.

24 H. Quiring, Grundworte des Glaubens, Berlin 1938.

25 Ebd., 222.

26 H. Quiring, MJW 1937/5, 107.

angemahnt, daß „ihre Ablehnung des obrigkeitlichen Amtes und Schwerts der Belehrung Luthers hätte offen stehen müssen".[27] Der Staat wird von Röm. 13 her als eine absolute Größe begriffen, obwohl die Mennoniten sich darüber klar sind, daß der Staat verschieden verfaßt sein kann, *„ob Monarchie, Republik, Demokratie oder Diktatur, Gott ruft die Menschen auf verschiedene Weise in seinen und in ihren Dienst an der Welt"*.[28]

Als wichtigste Aufgabe des Staates wird die Rechtspflege angesehen und zwar als Schutz der Bürger und zur Bestrafung des Verbrechers. Diese Auffassung wurde durch die liberale Staatsauffassung des 19. Jahrhunderts verstärkt mit ihrer Meinung, daß die wirtschaftlichen und sozialen Fragen im freien Spiel der Kräfte sich ausbalancieren würden. Als weitere Aufgabe wird die Erhaltung des Friedens nach innen und außen erwähnt.[29] Alles, was mit Politik „und dazu gehört auch die soziale Frage" zu tun hat, muß vom Staat gehandhabt werden. An der Lösung dieser Probleme „ist die christliche Gemeinde nicht direkt beteiligt".[30] Schließlich wird vom Staat noch die Abwehr – gegebenenfalls mit Waffengewalt – der Gottlosenbewegung und des Marxismus erwartet.[31]

4. Staat und Gehorsam

Obwohl viele Mennoniten rasch erkannten, daß das Dritte Reich als totaler Staat konzipiert war, wird es nirgends mit dem Sowjetstaat oder dem Faschismus in Italien verglichen. Diese werden völlig zutreffend analysiert, das Ergebnis wird aber nicht mit den deutschen Verhältnissen in Beziehung gesetzt. Der Bolschewismus habe „dämonische Gewalten" entfesselt, er sei der Inbegriff des „Antichrist".[32] Unter Hinweis auf Dan. 7 und Offb. 13 wird vom Sowjetstaat gesagt, daß „er alles, was noch Ordnung, Zucht, Recht und Sitte heißt, zusammenreißt".[33] Dem Schreiber ist zugute zu halten, daß im Sommer 1933 niemand erkennen konnte, daß der Nationalsozialismus die dem Bolschewismus zugeschriebene Zerstörungskraft noch zeigen würde, obwohl die einschlägigen Maßnahmen von den Machthabern schon ergriffen worden waren. Der Bolschewismus war für die Mennoniten besonders dadurch verabscheuenswürdig, weil seine Politik zur Zerstörung der mennonitischen Gemeinden in Rußland und zum Exodus von 30 000 Mennoniten geführt hatte, eine Katastrophe, die die deutschen Mennoniten [83] vielfältig betroffen hatte. Als Maßstab des antichristlichen Staa-

27 W. Fellmann, MJW 1935/2, 34.

28 Ch. Neff, Gbl 1939/3+4, 11.

29 G. Hein, MJW 1933/5, 108.

30 Ch. Neff, MJW 1935/5, 109, siehe auch ähnlich in: Gbl 1939/3+4, 11.

31 A. Braun, Die Gottlosenbewegung und ihre Bekämpfung, in: MJW 1932/3, 77: „Ein Staat kann nicht stillschweigend zusehen, wenn er durch allerlei unlautere Umtriebe erdrosselt werden soll. Die Obrigkeit trägt das Schwert nicht umsonst. Als Gottes Dienerin soll sie solchen Schutz handhaben". Vergleiche auch A. Fast, De Mennonieten in het nieuwe Duitsland, in: De Zondagsbode, 28. 1, 1934 f.

32 Gbl 1933/7, 34, + 9, 43.

33 Ebd.

tes wurde der Ruin des Rechtswesens und der Verfall der öffentlichen Ordnung und die Auflösung der gewohnten ethischen Normen verstanden. Daß mit dem Reichstagsbrand, dem Ermächtigungsgesetz, dem Arierparagraphen und den Gleichschaltungsgesetzen die Rechtsstaatlichkeit gestört war, wurde nicht erkannt. Das „Streben nach der Totalität des Staates"[34] allerdings wird als Problem empfunden, denn der Weltanschauungsanspruch des Staates ist der Anlaß von nicht näher erläuterten „Spannungen".[35]

Gleichzeitig wird aber dieser Anspruch erzieherisch verstanden und begründet, weil ein „großer Teil des Volkes die innere Beziehung zu seinem Glauben verloren hat ... Die weltanschauliche Basis sei eine Notwendigkeit, weil sonst das Reich keinen dauernden Bestand hat".[36] Ähnlich wie die Barmer Erklärung ein Jahr später stellt W. Fellmann fest, daß der „totale Staat den Menschen ganz in Anspruch nimmt und das ganze Leben in die Ziele des Staates" einordnen will.[37] Wo aber in Barmen mit Fanfaren verkündet wurde: „Wir verwerfen die falsche Lehre ...", wird hier nur festgestellt und leise gewarnt. Gerade beim Verständnis von Röm. 13 wird der Gehorsam mehr betont, als daß ein Widerstand aufgrund von Apg. 5, 29 ins Auge gefaßt würde. Während der Gehorsam ausführlich besprochen wird, fehlt für eine Widerstandspflicht die Konkretion.

Aus der Lektüre von Röm. 13 wird Gehorsam und willige „Einordnung in das große Ganze" gefolgert. Dieser Gehorsam „ist so selbstverständlich wie der Gehorsam gegen Gott"[38] und wird überwiegend mit Begeisterung geleistet. Dabei handelt es sich nicht nur um weltlich-bürgerlichen Gehorsam, er wird transzendiert und erhält eine metaphysische Qualität: „Untertan sein ... heißt gehorchen und dienen bis zum Schluß", deshalb „darf und soll unsere höchste Sorge die Obrigkeit sein".[39] Wenn so oft von der Einordnung in das Ganze des Staates gesprochen wird, dann mag dabei die Erinnerung an Zeiten mitschwingen, in denen die Mennoniten sich vom „Ganzen des Staates" fernhielten und auch von ihm ausgeschlossen waren.[40] So war es ganz selbstverständlich, daß „neben der Erfüllung unserer politischen Pflichten im Sinne von Röm. 13" zum Gebet für den Staat (– emotional: das Vaterland) aufgefordert wurde.[41] Der Gehorsam ist unabhängig von der Art des Staates. Er muß auch dann geleistet werden, wenn die Obrigkeit nicht gefällt, denn „Gott hat die Obrigkeit in der Hand und läßt sie tun, was er will".[42]

---

34 H. Quiring: MJW 1937/5, 107.

35 Ebd.

36 Ebd.

37 W. Fellmann, MBl 1933/7+8, 72.

38 H. Quiring, MJW 1937/5, 107.

39 G. Hein, MJW 1933/5, 108.

40 In diesem Zusammenhang soll daran erinnert werden, welcher Kampf gegen den Begriff „Sekte" geführt wurde und welche Mühe die Vereinigung hatte, um in den 30er Jahren der Öffentlichkeit klar zu machen, daß die Mennoniten heute keineswegs mehr den Wehrdienst verweigerten, sondern sich schon im Ersten Weltkrieg als wehrfreudige Patrioten erzeigt hätten.

41 Gbl 1933/9, 45: „Neben der Erfüllung unserer politischen Pflichten im Sinne von Römer 13, 1f. wollen wir unserem Vaterlande den besten Dienst tun, den wir tun können: wir wollen für es beten!"

42 Gbl 1937/15, 69.

Viele haben gemerkt, daß dieser nationalsozialistische Staat eine andere Qualität hatte als die Republik von Weimar oder das Kaiserreich. Aber [84] Einwänden und Zweifeln gegen den „Umbruch“ wurde mit den „grundlegenden Worten des Apostels Paulus über die Stellung des Christen zum Staat in Röm. 13“ begegnet.[43] Diesem Fazit, das der methodistische Bischof Melle zog, schlossen sich die Mennoniten gerne an. Röm. 13 wurde dahin verstanden, daß man sich nicht nur einordnen müsse, sondern daß man dem Staat und dem ihn beherrschenden Regime bedingungslosen Gehorsam, als von Gott geboten, schuldig sei. Der Obrigkeit müsse der Christ nicht nur gehorchen, sondern auch für sie beten. Röm. 13 diente vielen, die sich bereitwillig dem Regime angeschlossen hatten, als Rechtfertigung. Heute mag das ein Indiz dafür sein, daß kritisches Nachdenken abgeblendet wurde. Die clausula Petri hat darüber hinaus noch andere Skrupel beruhigt.

5. Der Totalitarismus weckt einzelne Vorbehalte

Die Aussagen zur „gottgewollten Schöpfungsordnung“ von „Volk und Staat“ wurden immer unter dem Vorbehalt der clausula Petri und unter dem Hinweis auf die Endlichkeit des Staates gemacht.[44] Aber diese Einwendungen sind so allgemein und formelhaft gehalten, daß sie den Charakter stehender Redewendungen annahmen; sie ließen nur selten einen aktuellen Bezug zum nationalsozialistischen Staat erkennen. Andererseits legt die häufige Behandlung von Röm. 13 in den mennonitischen Publikationen auch den Schluß nahe, daß das Thema Christ und Staat die Gemüter doch beunruhigte und daß daher eine theologische Begründung für die allgemeine Begeisterung und für die Angemessenheit des neuen Regimes gesucht werden mußte. Während der lutherische Begriff der „Oberkeit“ zu „Volk und Staat“ weiterentwickelt und breit variiert wurde, unterblieb eine Konkretisierung und Aktualisierung der als Maßstab von Röm. 13 immer beigefügten clausula Petri.

Dabei hätte es nahe liegen können, nachdem die Prediger nicht mehr nur aus den genuinen Täuferquellen schöpften, sondern auch von den Universitäten kirchlich-lutherisch beeinflußt waren, die Relativierung des Staates eines Karl Barth aufzunehmen[45] oder die Widerstandsfanfaren der Barmer Erklärung zu bedenken, die sich gegen die Inanspruchnahme des ganzen Lebens durch den totalen Staat wandte und eine Begrenzung der staatlichen Macht forderte. Christian Neff, der anfänglich den Machtwechsel begrüßt hat, warnt schon bald vor „einer Übersteigerung des Nationalgefühls“ und vor der „Idee des Totalstaates“, weil dieser „sich alle höheren Interessen, [85] auch die religiösen und geistlichen, unterordne“. Neff fährt in seiner Predigt fort: „Es ist der schlimmste Götzendienst, wo die irdische Ordnung sich an Gottes Stelle setzt und sich gebärdet,

43 Gbl 1937/18, 85.

44 G. Hein, MJW 1933/5, 108; W. Fellmann, MJW 1927/4, 137; O. Lichti, MJW 1934/1, 8; H. Quiring, Grundworte, 190; Ch. Neff: Gbl 1939/3+4, 11.

45 K. Barth, Der Römerbrief, 1922.

als sei Gott von seinem Thron gestürzt und sie selbst darauf gesetzt". In prophetischem Weitblick kündigt er als Konsequenz dieser Grenzüberschreitungen die „völlige Auflösung aller Ordnung" an. In derselben Predigt bezeichnet er es als bedauerliche Verirrung, „wenn man in Marnheim bei einem Gottesdienst das Bild des Reichskanzlers auf den Altar gestellt hat".[46] Obwohl der nationalsozialistische Staat bald als totaler Gesinnungsstaat entlarvt worden war, taten sich die meisten damit schwer, die Gefahren zu erkennen und ihnen Rechnung zu tragen. Aber die Nachdenklichkeit machte der Begeisterung Platz: „Im Grunde wissen wir nicht, ... wie wir handeln sollen. Gott muß uns lehren, wie wir es machen sollen ... Es ist wohl ein Ausdruck unserer abgrundtiefen Verlorenheit, unserer bedenkenlosen Verstricktheit in Sünde und Not, daß es keine direkten göttlichen Befehle gibt".[47] Auch wenn betont wird, daß wir „vor der Obrigkeit die ewige, unumschränkte Königsherrschaft Gottes bekennen"[48], so wird das eher allgemein verstanden, ohne zu einer Distanzierung zu kommen. Angesichts der weltanschaulichen Propaganda des nationalsozialistischen Staates werden manche müde und ziehen sich aus der Diskussion zurück und betonen: „unter dem Schutz unserer Obrigkeit durften wir unseres Glaubens leben und dem Werk unsrer Hände nachgehen".[49]

Daß der Staat den Christen bedrängen kann, ist Geschichte, die nicht mehr weh tat. Christian Neff warnt 1919 im Blick auf die Vergangenheit vor „Kompetenzüberschreitungen" des Staates, ohne zu erläutern, was er damit meint.[50] Auch schon vor 1933 hat E. Göttner vor der „Vergötterung des Volks" und vor der „Überschätzung von Volkstum und Staat", der der religiösen Gemeinschaft „übergeordnet" werde, gewarnt.[51] Diesen allgemeinen Warnungen schließen sich später, als das Unheil angefangen hatte, andere an: „Die Kirche darf nicht in die innere Abhängigkeit vom Staat geraten".[52] Derselbe hält es zwei Jahre später für möglich, daß der Staat „Verwerfliches"[53] fordern und das Recht beugen könnte. Dabei wird aber nicht deutlich, ob dies nur für theoretisch gehalten wird oder ob im Hintergrund die „Schaffung" der Deutschen Evangelischen Kirche, der Röhmputsch oder die Konzentrationslager in Dachau und Oranienburg standen und diese gedankliche Befürchtung beeinflußten. Das traditionelle Verständnis des Gehorsams, den man dem Staat schulde, war mit der Erwartung verbunden, daß dieser Staat für Recht sorge. Die Rechtsstaatlichkeit band und verband Bürger und Staat gegenseitig. Trotz der geäußerten Befürch- [86] tungen bleibt als Grundtenor die Aufforderung zum Gehorsam, die Pflicht zum Widerstand nach

46 Chr. Neff, Predigt zu Mt. 22, 15-22; handschriftliches Manuskript, undatiert, vermutlich November 1933; die vorausgehenden Zitate aus dieser Predigt.

47 W. Fellmann, MJW 1936/2, 30.

48 Gbl 1937/15, 69.

49 Der Vorsitzende der Vereinigung der Mennonitengemeinden im Deutschen Reich E. Händiges: MBl 1936/1, 1.

50 MJW 1920/1, 24.

51 MBl 1927/7+8, 54+70.

52 W. Fellmann, MBl 1933/7+8,72.

53 Ders., MBl 1935/5, 42 hier wird von der Möglichkeit eines „völlig entarteten Staates mit gänzlich verdorbenem Recht" gesprochen. Diese Erkenntnis bleibt jedoch ohne Konsequenz.

Apg. 5, 29 wird ihr nicht zur Seite gestellt. Die allgemeinen Vorbehalte, Warnungen und Einwände wurden letzten Endes als nicht so schwerwiegend empfunden, als daß sie eine grundsätzliche Neuorientierung dem Staat gegenüber notwendig gemacht hätten. Die rechtliche und wirtschaftliche Diskriminierung der Juden, das Verschwinden der Geisteskranken und die partielle Aufhebung der Rechtsstaatlichkeit spiegelt sich in keiner der zitierten Stellungnahmen wieder. Zwar wird proklamiert: „Maßgebend sind die Richtlinien des Wortes Gottes".[54] Dies Wort Gottes aber wird so verstanden, daß trotz der konstatierten Spannung zwischen „Einordnung und Dienst im Ganzen des Staates" und „aller Vergöttlichung des Staates" (vor der vom Evangelium her gewarnt wird) die Vereinigung den vermuteten Forderungen des neuen Regimes mit dem Angebot des Verzichts auf den immer gesetzlich verankerten Dienst ohne Waffen vorab und ungezwungen entsprechen wollte.[55]

Vor dem Hintergrund der täuferischen Verfolgung und der mennonitischen Diskriminierung predigt Christian Neff mit Blick auf den totalen NS-Staat: „Es gibt ein Gebiet, wo aller irdischer Zwang zum Unrecht wird". Er meint damit die Glaubens- und Gewissensfreiheit, die er bedroht sieht. Als Beleg für sein Unbehagen spricht er von „verschiedenen evangelischen Pfarrern", die abgesetzt worden seien, „weil sie der herrschenden Richtung mißliebig sind" (Damit spielt er auf den innerkirchlichen Machtkampf mit den Deutschen Christen an, der im November 1933 seinen Höhepunkt erreicht). Das Wort Gottes predige *nicht „blinde Unterwerfung unter die weltliche Macht*, welche die Menschen zu willenlosen Sklaven" mache. Neff betont die Vorläufigkeit aller staatlicher Macht – „da hat es dann ein Ende mit den Obersten dieser Welt" – wobei er sich auf 1. Kor. 15, 24 f. und Offb. 11, 15 bezieht.[56] Als Kritik an täuferischem Verhalten ist W. Fellmanns Hinweis aufzufassen, daß das christliche Verhalten gegenüber dem Staat nicht nur unter der Regel des Gehorsams, sondern eben auch der Liebe zu sehen sei. Damit ist die Gemeinde zur Aktivität bei der Gestaltung der Verhältnisse aufgefordert. Sie kann sich nicht durch Passivität, Hinnehmen oder Geschehenlassen bestimmen lassen. Sie sollte vielmehr „prinzipiell ... Kräfte zum Aufbau des Staates ... freimachen ... Es darf unsere Bitte sein, ... in Freiheit dem Staat zu geben, was des Staates ist".[57] In die gleiche Richtung weist H. Quiring, der die „Liebe" als „Norm des Gewissens" maßgebend für das Verhalten des Christen zum Staat sein läßt: „Die Verantwortung vor seinem Gewissen, das sich von Gottes Wort leiten läßt, bestimmt das Tun des Christen".[58] [87]

54 Kuratorium der Vereinigung der Mennonitengemeinden im Deutschen Reich: MBl 1933/6, 62.

55 Ebd.

56 Ch. Neff, Predigt zu Mt. 22, 15-22 (s. Anm. 46).

57 W. Fellmann, MBl 1933/7+8, 72.

58 H. Quiring, Grundworte, 101.

6. Die Rundbrief-Gemeinschaft bemüht sich um Konkretion

Nicht bei allen Mennoniten vertrugen sich Röm. 13 und Apg. 5, 29 reibungslos, wie ein oberflächlicher Beobachter glauben mag. Die RBler,[59] deren teilweise Einziehung zum Wehrdienst anstand, haben sich kritisch mit dem „Untertan-sein" und dem Recht auf Widerstand beschäftigt: „So hätten wir uns also einen Weg zu suchen, der hindurchführt zwischen Röm. 13 und Apg. 5, 29".[60] Die Jugend suchte nach einer „klaren Linie". Sie fand sie freilich nicht und erhielt auch wenig offizielle Hilfe. Die Führung der Mennoniten ging kaum auf die Problematik ein. Sie stellte vielmehr in ihrer Satzung vom 11. 6. 1934 klar: „Die weltliche Obrigkeit und jede menschliche Ordnung nach apostolischem Vorbild ehrend, hält sie für Christenpflicht, ihrem Volk und Staat gewissenhaft zu dienen".[61] Dass mit dieser „Christenpflicht" der Wehrdienst gemeint ist, geht aus dem Zusammenhang von Satzungstext und späterer Diskussion hervor. Später wurde sogar behauptet, der Vorsitzende der Vereinigung habe sich dessen gerühmt, daß die Wehrpflicht in der Satzung verankert werden sei.[62]

Die Schreiber schlagen deutlichere Töne an, wenn eine junge Mennonitin das Reich Gottes im Gegensatz zum Staat sieht und betont: „Es gibt keinen christlichen Staat".[63] Da geht es nicht mehr um eine Gleichsetzung des Gehorsams gegen Gott und den Staat. Von einer Zusammenarbeit von Kirche und Staat ist keine Rede. Vor dem Hintergrund des Gegensatzes von Staat und Reich Gottes bekennen diese RBler, daß wir „wohl alle noch nicht Schmach um Christi willen auf uns genommen haben, wohl aber Schmach auf ihn geladen haben durch Verrat".[64] Es ist nicht deutlich, was mit „Verrat" gemeint ist, vielleicht belasteten die Stellung zur Wehrpflicht, vielleicht auch die allgemeine Kompromißsucht die Gewissen. Die Qualität des Dritten Reiches wird relativiert mit der Feststellung, daß die Paränese des Paulus in Röm. 13 „gut ist, solange die Obrigkeit sich selbst unter Gottes Gebot stellt".[65] Hier werden Recht und Pflicht der Christen gefordert, der Obrigkeit nicht in allen Dingen zu gehorchen, sondern den Gehorsam von einer Prüfung abhängig zu machen, ob sich nämlich die Anordnungen des Staates, der keinerlei religiöse Qualität mehr hat, mit dem biblischen Befund im konkreten Falle vertrage.[66]

---

59 Rundbrief-Gemeinschaft = RBler; siehe auch Theo Glück, Die Auseinandersetzung der mennonitischen Rundbrief-Freundeskreise mit dem Nationalsozialismus, in: Lichdi, Mennoniten im Dritten Reich, Weierhof, 1977, und ders., Was wollte die Rundbrief-Gemeinschaft 1928-1940? in: Menn. Jahrbuch 1978, 58-63. Die Rundbriefe waren für einen kleinen Freundeskreis bestimmt. Die Schreiber haben weder an eine mögliche Zensur noch an eine spätere Offenlegung gedacht. So sind viele Äußerungen ungeschützt und unausgeglichen.

60 O. Lichti, MJW 1934/1, 8.

61 MBl 1934/7+ 8, 63.

62 „Die Mitteilungen zur weltanschaulichen Lage", ein Informationsdienst für NS-Parteikader, hrsg. von A. Rosenberg. In der Satzung steht nur: „wir überlassen es dem Gewissen des einzelnen, einer Wehrpflicht zu genügen".

63 G. Schowalter, RB 10/1936.

64 Ebd.

65 G. Franz. RB 12/1937.

66 G. Franz, RB 12/1937: „Seid untertan der Obrigkeit . . . ist gut, solange die Obrigkeit sich selbst unter Gottes Gebot stellt. Aber in der gefallenen Welt gibt es auch gefallene Obrigkeiten, (z. B. die Sowjets). Solange

Die RB-Gemeinschaft hält es für möglich, daß der Staat seine Grenzen überschreitet, und sucht nach Kriterien für ein sicheres Urteil. Viele unter den RBlern fürchten, daß die nationalsozialistische Ideologie die dem Staat zugemessenen Grenzen sprengt: „Will der Staat die Gewissen zwingen, so müssen wir darauf aufmerksam machen".[67] Das war der klassische Bestim- [88] mungsort, der den Mennoniten aus ihrer Geschichte zuwuchs. Der Zwang, den das Regime auf Christen 1934 ausübte, lag in der Einführung des Führerprinzips auch bei den Kirchen und im Versuch der Gleichschaltung aller Jugendgruppen unter das Dach der Hitler-Jugend.[68] Beide Einmischungen in die kirchlichen Strukturen hatten sich zwischen Juni 1933 und Dezember 1933 vollzogen; der Röhmputsch und die Ermordung katholischer Jugend-Funktionäre stand noch bevor. Auf dem Ostertreffen der RB-Gemeinschaft auf dem Weierhof wird das Thema „Christ und Staat" eingehend abgehandelt. Zuvor hatten sich in der zweiten Hälfte 1933 einige RB-Kreise mit dieser Frage schon beschäftigt. Ohne daß die RBler nun den nationalsozialistischen Staat abschaffen wollen – sie sind im Gegenteil um sein Fortbestehen besorgt[69] –, kommen sie doch in der Diskussion zu bemerkenswerten Einwänden. Im Weltanschauungsanspruch wird der Versuch gesehen, daß sich der Führer Adolf Hitler an die Stelle Gottes setzt. Daß die Jugend auf den Nationalsozialismus ideologisch ausgerichtet werden soll, wird als Grenzüberschreitung verstanden. Die Berichterstatterin verwahrt sich dagegen, daß der Nationalsozialismus „die Lebensordnung", zu deren Schutz er von Gott eingesetzt ist, „nun selber bestimmen" will, daß sich das Geschöpf nun an die Stelle des Schöpfers setzen will. Der Referent R. Funk habe betont, daß „die Kirche sich schuldig gemacht habe, weil sie Gottes Recht an den Staat ausgeliefert habe".[70] Als Begründung dafür nennt er „die Nachlässigkeit in der Lehre"[71] und trifft damit den Nagel auf den Kopf. In seinem Weierhöfer Vortrag bemüht sich R. Funk, die clausula Petri zu konkretisieren, indem er die Grenzüberschreitung des Staates an der Gesetzgebung des abgelaufenen Jahres deutlich macht.

---

die Arbeit, die sie von uns verlangen, gut ist, können wir sie tun. Aber in den Dienst einer schlechten Sache dürfen wir uns nicht stellen" (unter Bezug auf Apg. 5, 29 + Mt. 6, 24).

67 M. Dyck, MJW 1934/3, 68: Bericht über das Treffen der RBler.

68 Ebd. „Gerade im Führerprinzip liegt die Gefahr, daß der Staat sich selbst setzt, sich verabsolutiert ... Der Staat, der zum Schutz der Lebensordnung eingesetzt ist, will sie selbst bestimmen. Es soll keine andere Weltanschauung gelten als die des Nationalsozialismus. In diesem Sinne soll die Jugend erzogen werden." Ähnlich berichtet H. Schmutz in: Unser Rundbrieftreffen Ostern 1934 auf dem Weierhof; Rundschreiben, hektographiert: in einem Bericht über D. Cattepoels Referat: Der Kampf des Evangeliums ... veröffentlicht in MJW 1934/4, 84. Die zitierten Sätze sind dort so nicht zu finden. Sie gehen wohl auf H. Schmutz zurück: „Wenn aber der Staat die ihm von Gott gesteckten Grenzen seines Machtbereichs überschreitet und mit seinen Machtmitteln in kirchliche und göttliche Fragen eingreift, so müssen wir ihn auf seine Pflicht aufmerksam machen (1. Sam. 15; 2. Sam. 12). Bei dem heute herrschenden Führerprinzip liegt es ganz besonders nahe, daß der Staat sich selbst verabsolutiert, sich selbst zum Gott macht. Zum Schutze der Lebensordnung ist er eingesetzt und hat kein Recht, diese nach eigener Willkür zu bestimmen."

69 H. Funk, RB 6/1934: „wir Mennoniten lehnen aber jede staatliche Einmischung in Glaubenssachen ab" (unter Bezug auf die Entstehung der Deutschen Evangelischen Kirche). „Wir sind dankbar für den politischen Umschwung in unserem Vaterlande und wir unterstützen unsere Regierung tatkräftig, sofern sie nichts von uns verlangt, was gegen Gottes Wort und unser Gewissen geht." (Ähnliche Formulierungen werden mehrfach gebraucht und haben wohl eine Abwehrfunktion gegenüber dem Nationalsozialismus, als sie auch eine Beruhigung aufgestörter Gewissen sein konnten).

70 M. Dyck, ebd.

71 M. Dyck, ebd.

In seiner Argumentation ist er, wie auch Otto Schowalter, in deutlicher Nähe zur Barmer Erklärung vom Mai 1934. Schowalter, der Hamburger Pastor, versucht später, Wesen und Funktion des Staates zu beschreiben. Er weist auf dessen Eigengesetzlichkeit hin, darauf, daß er sich von seinem „ihm von Gott gegebenen Auftrag" entfernt habe, um in „alle Lebensgebiete" einzugreifen. Deshalb „müssen wir also unterscheiden Anspruch und Auftrag des Staates, Totalität und Gehorsam".[72] Schowalter ruft zu kritischem Gehorsam auf. Man könne dem Staat nur dann „recht dienen", wenn sicher sei, damit auch Gott zu dienen. Die Gehorsamspflicht gegenüber dem Staat wird durch dessen Totalitätsanspruch begrenzt. Dieser Anspruch spiegelt sich im Führerprinzip, in der Einmischung in kirchliche Strukturen durch das Gleichschaltungsgesetz und in die Jugendarbeit. Der Wille zur Grenzüberschreitung durch den nationalsozialistischen Staat wird deutlich im Weltanschauungsanspruch des Nationalsozialismus. Für manche hat der Staat unter dem [89] Regime Hitlers seine ursprüngliche Qualität verändert und Züge einer widerchristlichen Macht angenommen.

III. War die biblische Fundierung ausreichend?

Weder vor 1933 noch danach haben sich Mennoniten so häufig mit dem Verständnis von Röm. 13 und seinem Verhältnis zu Apg. 5, 29 befaßt. Die Ideologisierung und die drohende Wehrpflicht lösten die Beschäftigung mit diesen Texten aus. Die Einstellung zu einem sich nach den Unsicherheiten von Weimar neu und anders formierenden Staat bedurfte einer theologischen Erörterung. Diese bewegte sich in konventionellen Bahnen. Die Auffassung, daß Röm. 13 eine Lehre vom Staat als Schöpfungsordnung entwickle, wurde nach allen Seiten ohne Einschränkung vertreten. Angesichts des mennonitischen Integrationsprozesses in Staat und Gesellschaft darf uns das nicht wundern. Diese Haltung wurde von den Predigern, die überwiegend an lutherischen Fakultäten studiert hatten, abgestützt. Sie haben bewußt oder unbewußt die national übliche und theologisch erprobte Meinung vertreten. Der Zusammenklang von völkischer Begeisterung 1933 mit der allgemein-christlichen Staatsauffassung war verlokkend, die kirchliche Tradition stützte den Aufbruch des Volkes theologisch ab; der nationale Umbruch machte die verloren geglaubte Ordnung nach innen und außen wieder wirksam. Dieses Doppelargument, gewoben aus Begeisterung und überkommener Überzeugung, war unwiderstehlich. Es hätte größerer Unabhängigkeit bedurft, um dieses Knäuel von Argumenten aus dem theologischen Denken und Emotionen aus dem politischen Bereich zu entwirren und die angeblich biblisch gebotene Transzendierung des Staates zu verwerfen und in Konsequenz die Ablehnung der nationalsozialistischen Weltanschauung aus der Bibel zu begründen. Die RB-Gemeinschaft schien auf diesem Weg zu sein, vielleicht wäre sie ans Ziel gekommen, wenn der kritische Gedankenaustausch nicht nach 1937

72 O. Schowalter RB 12/1937 (letzter Bericht über die RB und die verarbeitete Thematik): „Wir leben heute in einer Zeit der Übersteigerung der Staatsidee. Der Staat erfüllt nicht mehr nur den ihm von Gott gegebenen Auftrag, sondern er erhebt von sich aus Anspruch auf alle Lebensgebiete und den Menschen persönlich. Dieser Anspruch eines Staates hat mit dem göttlichen Auftrag nichts mehr zu tun ... Dem Staat können wir nur recht dienen, wenn wir wissen, daß wir damit auch Gott dienen ..."

zum Erliegen gekommen wäre. Allgemein hat die Gläubigkeit an Wesen und Allmacht des Staates eine sachliche Stellungnahme erschwert. Begeisterung wurde nicht mit Nüchternheit ausgeglichen. Ungute Kompromisse waren die Folge. Die Versuchung, die Bibel so zu lesen, daß ihre Paränese sich mit den „Forderungen der Zeit" vereinbaren ließ, war groß. Es wurden zwar die richtigen Texte gelesen und zitiert, ihr Verständnis wurde aber vom kirchlichen und politischen Zeitgeist geprägt. Der mögliche Gegensatz von Röm. 13 und Apg. 5, 29 wurde harmonisiert und beunruhigte nur noch wenige.

Man mag sich wundern, dass das Aufsehen, dass Karl Barth und seine Ver- [90]
bündeten mit ihrer Theologie in dieser Zeit erregten, sich nicht stärker in den untersuchten Texten wiederspiegelt. Auf den Römerbrief-Kommentar Barths wird ebenso wenig Bezug genommen wie auf die Barmer Erklärung. Zwar gibt es bei manchen eine ähnliche Grundstimmung und verwandte Argumente, aber diese haben auf die Haltung der Vereinigung zunächst nur wenig Einfluß gehabt. Auch die sensationelle Eidesverweigerung Barths hat sich auf die mennonitische Argumentation nicht ausgewirkt.

Die Wächterfunktion der clausula Petri wurde häufig zitiert. Unklar blieb jedoch vielfach, wo die Grenze zu Röm. 13 zu ziehen sei. Bei aller grundsätzlichen Aufforderung zum Gehorsam wurde aber doch erkannt, daß der Weltanschauungsanspruch die Grenzen der „gottgegebenen" Aufgaben überschritt. Diese allgemeine Erkenntnis löste aber keine Konsequenzen, beispielsweise in der Interpretation von Röm. 13, aus. Konkreter wird die Diskussion in den RB, sie schlägt sich auch teilweise in den mennonitischen Zeitschriften nieder. Die meist jungen Teilnehmer sind durch die nahende Wehrpflicht motiviert. Sie arbeiten drei „Grenzüberschreitungen" des Nationalsozialismus heraus: der Weltanschauungsanspruch, das Führerprinzip; daneben werden Zweifel an der Rechtsstaatlichkeit geäußert (ohne konkrete Hinweise). Dieser Ansatz zur Eingrenzung des damaligen Staates hat sich angesichts der Kompromißlosigkeit des Regimes nicht in die Realität umsetzen lassen, und nonkonformistische Meinungen haben sich nicht zu einem tatsächlichen Widerstand verdichtet. Entsprechend einer mennonitischen Übung zogen sich viele auf sich selbst zurück und verzichteten auf eine aktive Weltgestaltung. Die kritischen Äußerungen 1933/34 führen in die Absonderung und Abgrenzung, aber nicht zu einer politischen oder christlich begründeten Ablehnung des nationalsozialistischen Staates. Die anfängliche Begeisterung war der Gleichgültigkeit, besser einer Haltung gewichen, die das Geschehen ernüchtert und mit Abstand, vielleicht auch mit Widerwillen hinnahm. Das Verhältnis des Christen zu Staat und Röm. 13 wird danach kaum noch traktiert. Die Christen waren im totalen Staat nicht mehr gefragt.

Es zeigt sich, wie ausschlaggebend für das theologische Nachdenken Unabhängigkeit des Denkens und eigene vertiefte exegetische Arbeit sind. Hätten sich die mennonitischen Prediger im 19./20. Jahrhundert von landeskirchlichen Einflüssen bzw. der vorherrschenden lutherischen Lehrmeinung freigehalten, wären wohl andere Beurteilungen von Röm. 13 möglich gewesen. Hätten sie sich unabhängig und fundiert mit Bibelarbeit beschäftigt, wären wohl unterschiedliche Ergebnisse erarbeitet worden, die aber, zumindest teilweise, die Übereinstimmung von Theologie und Politik gestört hät- [91] ten. Das theologische Denken war einseitig und schon lange vorher festgelegt; es schloß sich neuem Denken gegenüber nicht auf und hat die anliegenden Fragen nach dem Christsein im totalitären Staat eher oberflächlich als tiefschürfend bearbeitet. Die Rezeption von Röm. 13 um 1933 zeigt, wie wichtig eine gründliche theologische Reflexion zur Beurteilung der Zeitprobleme aus der Sicht des Evangeliums ist.

Diether Götz Lichdi

37 Jahre später – Stellungnahme des Autors

In meinem Aufsatz über „Römer 13 und das Staatsverständnis der Mennoniten um 1933" habe ich anhand von Zeitschriftenartikeln und Briefen der Rundbrief-Gemeinschaft gezeigt, wie junge, häufig an den theologischen Fakultäten der Universitäten ausgebildete mennonitische Prediger zusammen mit engagierten Jugendlichen aus unterschiedlichen Gemeinden zwischen 1933 und 1935 die Frage nach Anspruch und Grenzen des Staates vor dem Hintergrund einer intensiven Auseinandersetzung mit Röm. 13 diskutiert hatten. Es ging mir in den 1970er Jahren vor allem darum, die Fakten, soweit sie Mennoniten in Deutschland betrafen, zu sammeln und vorzustellen. Meine Fallstudie sollte dazu dienen, das Denken von Predigern zu verstehen, die Röm. 13 in den ersten Jahren des „Dritten Reiches" auffällig oft als Ausgangspunkt für Predigten und Aufsätze genommen hatten. Das Ziel bestand also darin, einen mentalitätsgeschichtlichen Beitrag über Mennoniten im Dritten Reich zu verfassen.

Deutlich wurde, dass sich das Denken der jungen Prediger in konventionellen Bahnen bewegt hatte und ihre Interpretation von Röm. 13 einseitig und zeitgebunden war. Die Auseinandersetzung mit dem NS-Staat hatten sie weitgehend den jugendlichen, argwöhnisch beobachteten Teilnehmern der Rundbrief-Gemeinschaft überlassen. Seinerzeit beklagte ich, dass die Auseinandersetzung um eine angemessene Staatslehre, die sich 1933 bis 1935 vor allem an der Frage des Kriegsdienstes und der Wehrpflicht entzündet hatte, damals in die „Absonderung und Abgrenzung" und nicht „zu einer politischen oder christlich begründeten Ablehnung des nationalsozialistischen Staates" geführt hatte, wie z. B. durch die Barmer Theologische Erklärung von 1934. Ein wesentlicher Grund für dieses Versagen schien mir darin zu liegen, dass der Zeitgeist die Bibellektüre maßgeblich mitbestimmt hatte und auch der Einfluss der landeskirchlichen lutherisch geprägten Theologie stärker gewesen war als der der mennonitischen Theologie. Ich habe deutlich gemacht, dass die „Unabhängigkeit des Denkens [...] ausschlaggebend für das theologische Nachdenken" sein müsse.

Damals, als ich meinen Aufsatz schrieb (1980), hatte die Erörterung der NS-Vergangenheit eine andere Bedeutung als heute. Die Söhne wollten 35 Jahre nach Kriegsende von ihren Vätern wissen, wo sie damals gestanden und was sie im Kriege getan hatten. Anlass waren zum einen die Strafprozesse gegen KZ-Wächter, Dokumentationen wie die US-Fernsehserie „Holocaust" und Mitteilungen über die Verbrechen der Wehrmacht und zum anderen der Umstand, dass in der Nachkriegszeit viele ehemalige Nazis wichtige Positionen in Politik, Verwaltung und Wirtschaft, vor allem aber auch in der Justiz erlangten.

Drei Jahre zuvor hatte ich in einer breiter angelegten Publikation (Mennoniten im Dritten Reich, Dokumentation und Deutung, Weierhof 1977) versucht, nicht nur das Denken, sondern auch das Verhalten von Mennoniten in den Blick zu nehmen. Die Veröffentlichungen von Material über Mennoniten in der Zeit des Nationalsozialismus lösten lebhafte Diskussionen aus. Ein Reflex dieser Debatte war die „Gemeinsame Erklärung“[1] von Hans-Jürgen Goertz und mir, die im Dezember 1978 in den mennonitischen Zeitschriften veröffentlicht wurde. Eine Auseinandersetzung, die auch kanadische und amerikanische Mennoniten verfolgten.

Die hohe Teilnehmerzahl an der Münsteraner Tagung 2015 verrät, dass das NS-Thema heute wieder auf Interesse stößt. Aber es ist anders geartet. War es damals die persönliche Betroffenheit von Kindern und Enkeln, so sind es heute eher die historischen und psychologischen Hintergründe („Täterforschung“), die das Interesse hervorrufen. Damals, 1977 und 1980, ging es vor allem um die Erhebung der Fakten und deren Interpretation.

Heute sollte vor allem nach Wegen gesucht werden, wie mit diesem wenig ruhmreichen Kapitel unserer Vergangenheit zu verfahren ist. Nicht die Zuweisung von Schuld und Versagen, wie damals, sind wichtig, sondern die Auseinandersetzung über die Ursachen und die Frage nach unserem Umgang mit diesem Versagen. Unsere Verantwortung kann sich heute nicht nur auf die historisch korrekte Gestaltung einer Erinnerungskultur erstrecken, sondern sollte auch dazu beitragen, unser Denken und Handeln vor dem Hintergrund dieses Versagens neu zu akzentuieren. Wenn wir über die Vergangenheit reden, dann geht es immer auch um unsere Gegenwart. Insofern darf die NS-Vergangenheit nicht vergessen oder verdrängt werden. Dieser Prozess, in dem es um unsere heutige Verantwortung geht, ist nach wie vor schmerzhaft.

Die gegenwärtigen Beziehungen zwischen den Mennoniten und dem Staat sind anders geartet als zur Zeit des Nationalsozialismus. Damals fanden Mennoniten Gefallen am NS-Verständnis von „Volk und Staat“, heute unterstützen sie die „freiheitlich-demokratische Grundordnung“ in Deutschland und nehmen die Großzügigkeit des Wohlfahrtsstaates gerne in Anspruch. An der Schnittstelle zwischen den Ansprüchen des Staates einerseits und mennonitischen Überzeugungen andererseits befindet sich das Friedenszeugnis, das in unseren Gemeinden erst wieder nach den Erfahrungen des Zweiten Weltkrieges ins Zentrum mennonitischen Glaubens und Lebens gerückt ist. Das schon 1933 dargestellte Interesse an der Gestaltung der Beziehungen zwischen mennonitischen Gemeinden und den staatlichen Autoritäten ist uns also in der Form des Friedenszeugnisses geblieben. Was früher undenkbar gewesen wäre – eine Zusammenarbeit zwischen Gemeinden und Staat – geschieht heute vereinzelt durch die finanzielle Unterstützung von Jugendfreizeiten und anderen (diakonischen) Projekten.

Um das Friedenszeugnis war es in den 1970er Jahren ruhig geworden. Dies könnte mit der Kriegsdienstverweigerung zusammenhängen. Die Wehrpflicht traf nicht mehr jeden, weshalb es leichter wurde, sich ihr zu entziehen. Heute wird zu Recht betont, dass das Engagement für den Frieden umfassend ist und sich nicht nur auf die Kriegsdienstverweigerung beschränken darf. Wir müssen deshalb auch die strukturellen Ursachen und die personellen Anlässe für den Unfrieden erforschen und bearbeiten.

1 Vgl. S. 60 in diesem Band.

Aus der mennonitischen Literatur der letzten Jahre ist mir keine Auseinandersetzung mit Röm. 13 bekannt. Der Text scheint nicht mehr die Brisanz wie um 1933 zu haben. Daraus kann geschlossen werden, dass die Ansprüche des Staates die mennonitischen Bürger nicht mehr so bedrängen wie vor über 80 Jahren, als ein totalitäres System errichtet wurde. Die Aufgabe aber, den eigenen Standpunkt im Verhältnis zwischen Gemeinde und Gesellschaft, zwischen Kirche und Staat zu finden und durchzusetzen, ist den Mennoniten geblieben. Um dieser Aufgabe gerecht zu werden, bedarf es der gemeinsamen Lektüre einschlägiger biblischer Texte sowie deren Interpretation und Diskussion. Die Fragestellungen, die uns heute beschäftigen und die wir an die biblischen Texte herantragen, sind heute andere als 1933. Aber auch heute bedarf es der selbstkritischen Distanz zum Zeitgeist. Wir sollten dem Evangelium die Chance einräumen, uns in unserer Verhaftung in den Zeitläuften zu stören und zu korrigieren.

Zeitdokument I

Gemeinsame Erklärung

zur Kontroverse um die Mennoniten im Dritten Reich

In den letzten Jahren ist das Verhältnis der Mennoniten zum Dritten Reich untersucht und diskutiert worden. Dieser Prozeß ist noch nicht abgeschlossen. Die Kontroverse, die inzwischen darüber entbrannt ist, hat viele Gemeindeglieder an unliebsame Ereignisse in der Vergangenheit erinnert; und manche Wunden sind wieder aufgerissen, die längst vernarbt zu sein schienen. Die einen haben das bedauert, die anderen jedoch begrüßt. Zustimmung und Kritik haben sowohl der Aufsatz »Nationale Erhebung und religiöser Niedergang. Mißglückte Aneignung des täuferischen Leitbildes im Dritten Reich« (Mennonitische Geschichtsblätter 1974; Umstrittenes Täufertum 1975 und 1977) als auch das Buch »Mennoniten im Dritten Reich. Dokumentation und Deutung« (1977) erfahren. Für beides sind wir den Lesern sehr dankbar. Wir wissen allerdings auch, daß manche Leser sich durch Formulierungen, Argumentationen und Schlußfolgerungen verletzt oder falsch verstanden fühlen. Das gilt sowohl für die bitteren Erkenntnisse als auch für die milderen und positiven Beurteilungen. Es gibt Gemeindeglieder, die in schneidender Schärfe, auch wenn sie wehtut, ihre Kirchengeschichte bewältigen müssen, und es gibt Gemeindeglieder, die behutsam abwägend und schonend auf die Vergangenheit zurückblicken können. Die einen neigen daher mehr zur einen, die anderen mehr zur anderen Seite der Kontroverse. Uns liegt jedoch nichts an Frontbildungen. Uns geht es vielmehr darum, die Bereitschaft in den Gemeinden zu fördern, die angedeutete Kontroverse in einem **gemeinsamen** Gespräch fruchtbringend für das Leben unserer Gemeinden zu verarbeiten. Da unsere Kontroverse in einigen Punkten diese Bereitschaft eher behindert als fördert, möchten wir mit dieser Erklärung gern einige Hindernisse aus dem Weg räumen.

1. Es soll in Zukunft nicht mehr von dem »religiösen Niedergang« der Mennoniten gesprochen werden, es soll auch nicht mehr behauptet werden, daß die Mennoniten »ihre Eigenart«, d. h. ihren ursprünglichen reformatorischen und konfessionellen Ausdruck, »bewahrt« hätten. Es wird wohl richtig sein, den Weg der Mennoniten durch das Dritte Reich als eine schwere Identitätskrise zu beschreiben. Das Wort vom Niedergang hat im Blick auf den radikalen Anspruch des Evangeliums und die hohen Maßstäbe der frühen Täufer, auf die man sich im Dritten Reich berief, eine gewisse Berechtigung. Das gilt vor allem für das offizielle, tonangebende Mennonitentum. Der Hinweis darauf, daß die Mennoniten ihre Eigenart bewahrt hätten, »weil sie sich vor Gott gestellt sahen und weil sie das Wort der Schrift als Maßstab ihres Lebens begriffen oder doch zu begreifen suchten«, hat auch eine gewisse Berechtigung, wenn man den Blick auf das Beispiel Vieler und die vielen Äußerungen sehr inoffizieller Art lenkt. Beide Urteile verlieren aber diese Berechtigung, sobald sie auf das Mennonitentum in allen seinen Erscheinungsformen verallgemeinert und gegeneinander ausgespielt werden. Um dieser Tendenz in den Diskussionen entgegenzuwirken, sollen beide Äußerungen in Zukunft durch den Begriff der Identitätskrise ersetzt werden. In einer Krise befand sich in der Tat das Mennonitentum insgesamt.
2. Wir sind uns dessen bewußt, daß die Erforschung unserer Geschichte im Dritten Reich historisch-wissenschaftlichen und geistlichen Forderungen genügen muß. Die historische Rückfrage wird sich nach den Regeln der Geschichtswissenschaft richten und Raum für unterschiedliche, gelegentlich auch kontroverse Analysen und Schlußfolgerungen lassen. Auf diesem Gebiet anderer Meinung zu sein, wird uns nicht anfechten, im Gegenteil, das wird uns anregen, in kritischer Weiterarbeit zu neuen Erkenntnissen vorzustoßen. Einigkeit besteht unter uns hinsichtlich der geistlichen Ziele dieser historischen Rückfrage für die Gemeinden. Es geht uns darum, die Gemeinden auf die Abhängigkeiten hinzuweisen, die sie — gewollt oder ungewollt — eingegangen sind und immer noch eingehen, so daß sie sich fragen müssen, ob ihr Bekenntnis zu Jesus Christus als dem Herrn der Gemeinde dadurch beeinträchtigt wird. Dieses geistliche Ziel wollen wir uns durch die möglichen Meinungsverschiedenheiten im Historischen nicht verstellen lassen. Es soll auch nicht durch teilweise recht emotionale Reaktionen in den Gemeinden verdunkelt werden.
3. In den Diskussionen ist einerseits der Ruf nach gemeinsamer Buße laut geworden, andererseits ist dieser Ruf nach einem kollektiven Schuldbekenntnis auch zurückgewiesen worden. Wir wissen, wie problematisch es ist, nach über dreißig Jahren so zu einem gemeinsamen Schuldbekenntnis zu finden, wie es für die evangelischen Landeskirchen im Oktober 1945 in Stuttgart formuliert worden ist. Vielleicht ist heute aber die Möglichkeit, daß in unseren Gemeinden engagiert und gelassen, schonungslos und verständnisvoll über das Verhältnis unserer Gemeinden zum nationalsozialistischen Regime gesprochen werden kann, ohne einander gegenseitig unlautere Absichten zu unterstellen, bereits ein erster Schritt zu gemeinsamer Buße und Vergebung. Es bedarf dann nicht mehr eines nachträglichen offiziellen Schuldbekenntnisses.

Mit dieser Erklärung wollen wir nicht die Unterschiede in der historischen Arbeit verwischen, wir wollen nur eine Basis dafür schaffen, daß unterschiedliche Urteile mit großer Selbstverständlichkeit genutzt werden, um über eines der dunkelsten Kapitel unserer Geschichte Klarheit zu erlangen.

Diether Götz Lichdi
Hans-Jürgen Goertz

■

Diether Götz Lichdi/Hans-Jürgen Goertz: Gemeinsame Erklärung, in: MB 5 (1978), S. 189.

II. Mennoniten in der NS-Zeit. Aufsätze

John D. Thiesen

Menno im KZ oder die Wiederbelebung von Münster

Mennoniten und der Nationalsozialismus – Geschichtsschreibung und offene Fragen*

In neueren Studien zum Nationalsozialismus wurden häufig die Tagebücher von Victor Klemperer herangezogen, weil sie als aufschlussreiche Kommentare eines Regimegegners jene Zeit verdeutlichen können. Der Eintrag am 14. Juli 1934 dokumentiert seine Reaktion und die seiner Frau auf eine aktuelle Hitler-Rede nach dem Röhm-Putsch: „Die Stimme eines fanatischen Predigers. Eva sagt: ‚Jan van Leyden'."[1] Tatsächlich widmete der deutsche Schriftsteller Friedrich Reck-Malleczewen der Hitler-Münster-Analogie einen ganzen Roman: „Bockelson. Geschichte eines Massenwahns".[2] Allein dies würde schon genügend Material bieten, um über das Thema Mennoniten und Nationalsozialismus zu reflektieren. Trotzdem werde ich dazu mehr sagen. Zunächst möchte ich kurz den gegenwärtigen Stand der Geschichtsforschung zum Nationalsozialismus skizzieren. Es wird notwendigerweise ein unvollständiger Überblick sein, da in diesem Bereich nach einer Berechnung mindestens rund 2.500 Artikel im Jahr veröffentlicht werden, also sechs bis sieben pro Tag.[3] Dazu kommen gesonderte Untersuchungen zu Spezialgebieten wie der Kunstgeschichte, Filmwissenschaft, Theater- und Musikgeschichte. Zweitens möchte ich noch ein wenig genauer beschreiben, wie die mennonitische Diskussion über die NS-Zeit verlief. Drittens möchte ich darauf eingehen, wie sich diese beiden Forschungslinien kreuzen und welche offenen Fragen sich zur Interaktionen zwischen Mennonitentum und Nationalsozialismus ergeben.

---

* Der Aufsatz ist die Übersetzung von John D. Thiesen: Menno in the KZ or Münster Resurrected. Mennonites and National Socialism – Historiography and Open Questions, in: Mark Jantzen/Mary S. Sprunger/John D. Thiesen (Hg.), European Mennonites and the Challenge of Modernity over Five Centuries: Contributors, Detractors, and Adapters, North Newton 2016, S. 313-328. Wir danken Helmut Foth für die Übersetzung ins Deutsche.

1 Victor Klemperer: Ich will Zeugnis ablegen bis zum letzten. Tagebücher 1933-1944, Berlin [4]1995, S. 121.

2 Friedrich Reck-Malleczewen: Bockelson. Geschichte eines Massenwahns. Die Geschichte der Wiedertäufer von Münster, Berlin 1937.

3 Richard J. Evans: The Coming of the Third Reich, New York (2004), S. XVI.

Die aktuelle Geschichtsschreibung

Die gegenwärtige geschichtswissenschaftliche Debatte ist durch die zentrale Vorstellung geprägt, dass der Nationalsozialismus eine Rassenherrschaft war. Dies wird durch den Titel eines 1991 erschienenen Buches symbolisiert, das den Titel trägt „The Racial State. Germany, 1933-1945".[4] Jeder Aspekt der Politik und des Alltagslebens war behaftet mit Ideen der Rassenreinheit, die nicht nur den offenkundigen Antisemitismus zum Ausdruck brachte, sondern auch den Wunsch, die Anwesenheit anderer, angeblich minderwertiger Rassenelemente und schadhafter Eigenschaften wie geistige und körperliche Behinderungen und „asoziale" Verhaltensweisen zu beseitigen. Darüber hinaus gab es die verschiedensten Versuche, die Merkmale der überlegenen Rasse durch diverse soziale oder eugenische Programme zu stärken. Dabei müssen wir natürlich im Auge behalten, dass diese Vorstellung von „Rasse" ein reines Konstrukt war und keine biologische Realität darstellt.

Streng genommen hat die Erforschung des Holocaust in den letzten 20 Jahren eine viel größere Intensität erlebt als je zuvor. Zwei wichtige Ergebnisse der gegenwärtigen Forschung bestehen darin, dass im gesamten Verlauf des Holocausts der Einfluss Hitlers entscheidend war – im Gegensatz zum früheren „funktionalistischen" Interpretationsansatz – und dass das Wissen vom Holocaust in der deutschen Öffentlichkeit sehr verbreitet war, wenn dies auch nicht so sehr spezifische Einzelheiten betrifft.[5]

In der Forschungsdiskussion scheint man sich auch über einen differenzierteren Blick auf die Funktionsweise des NS-Regimes geeinigt zu haben. Weder das Bild einer effektiven Diktatur mit Hitler an der Spitze, der alle Befehle von oben gibt – wie es in der populären Ansicht immer noch vertreten wird – noch die „polykratische" Sicht des funktionalistischen Forschungsansatzes, nach dem Hitler über den Aktionen der verschiedenen Untergebenen schwebt, hat sich als überzeugend erwiesen. Das aktuelle Forschungsbild versteht Hitler – die Quintessenz undisziplinierter Anti-Bürokratie – als Quelle großer dystopischer Visionen, Erleuchtungen und wichtiger strategischer Entscheidungen, die jedoch bei der Umsetzung auf niedrigerer Entscheidungsebene viel Raum lässt für innovatives Handeln, unternehmerische Aktivität und Willkür. Ian Kershaw benutzt den Begriff „Systemlosigkeit", der mir als sehr passend erscheint.[6]

Der gegenwärtige Diskurs hat seine Aufmerksamkeit im Gegensatz zu früher viel stärker auf Osteuropa konzentriert. Die Gründe liegen darin, dass für dieses Gebiet seit 1990 der Zugang zu Archiven leichter möglich ist und sich in diesem geographischen Raum ein Großteil des Holocaust abspielte.[7] Wirtschaft und Handel sind ebenfalls zu einem wichtigen Gegenstand der Forschung geworden. Etli-

---

4 Michael Burleigh/Wolfgang Wippermann: The Racial State. Germany, 1933-1945, New York 1991.

5 Eine gute Zusammenfassung der neuesten Forschungen zum Holocaust bietet Peter Fritzsche: The Holocaust and the Knowledge of Mass Murder, in: Journal of Modern History 80 (2008), S. 545-613.

6 Ian Kershaw: Hitler, the Germans, and the Final Solution, Jerusalem/New Haven 2008.

7 Omer Bartov: Eastern Europe as the Site of Genocide, in: Journal of Modern History 80 (2008), S. 557-593.

che Firmengeschichten großer Konzerne sind geschrieben worden, die detailliert schildern, wie in Unternehmen Sklavenarbeiter, die ihnen aus besetzten Gebieten vermittelt worden waren, ausgebeutet wurden. Vor diesem Hintergrund muss auch das gegenwärtig gestiegene Interesse zu Fragen der Wiedergutmachung gesehen werden.[8] Studien zur Sozialgeschichte, zur Populärkultur und zur Sexualität waren schon der aktuellen Forschungsdiskussion vorausgegangen, bleiben aber nach wie vor ein wichtiges Interessensgebiet. Ein Teilbereich der Sozialgeschichte, in dem bislang keine umfangreiche Forschungsliteratur vorliegt, ist die Genealogie. Der rassistische Staat hat beinahe jeden Bürger erfasst, um zu beurteilen, ob er rassisch wünschenswert sei. Eric Ehrenreichs Buch „The Nazi Ancestral Proof. Genealogy, Racial Science, and the Final Solution“[9] beschreibt den „Abstammungsnachweis“ oder „Ahnenpass“, den jeder haben musste, um seine arische Abstammung nachzuweisen. In letzter Zeit ist ein weiteres großes Forschungsgebiet dazugekommen. Es betrifft das Ende des Naziregimes und die Nachkriegszeit. Studien zur Erinnerungsliteratur – wie die Nazivergangenheit erinnert, verdrängt oder vergessen worden ist – haben eine Flut von Büchern hervorgebracht. Vor kurzem wurde das Tabuthema, die Deutschen als Opfer zu sehen, wesentlich offener angegangen, vielleicht am besten symbolisiert durch zwei nichtakademische Werke, nämlich den „Krebsgang“ von Günter Grass und Jörg Friedrichs „Brand“.[10]

Der gegenwärtige Stand der historiografischen Diskussion kann auch als eine Zeit der Synthese gesehen werden. Mehrere gigantische Werke versuchen, eine kohärente Darstellung der jüngsten Forschungsergebnisse vorzulegen. Dazu gehören u. a. Michael Burleighs „The Third Reich. A New History“ mit 812 Seiten, Richard Evans dreibändige Reihe, mit jeweils 400-500 Seiten pro Band, und die zweibändige Hitler-Biografie von Ian Kershaw mit 500-600 Seiten pro Band.[11] Diese Arbeiten unterscheiden sich erheblich im Stil oder auch in ihrer Sprache, aber stimmen generell mit dem aktuellen Stand der Forschung überein. Zum Stand des gegenwärtigen Diskurses sollte auch gesagt werden, dass neuerdings Forderungen laut werden, den Nationalsozialismus über das Paradigma des „Rassestaates“ hinausgehend verstehen zu wollen.[12] Keiner der Autoren schreibt – was nicht überraschend ist – über die Mennoniten. Und was ist nun mit den Mennoniten in dieser Zeit?

---

8 Siehe dazu z. B. Stephan Lindner: Inside IG Farben. Hoechst during the Third Reich, New York, 2005; Peter Hayes: From Cooperation to Complicity. Degussa in the Third Reich, New York 2005; und das kontrovers diskutierte Buch von Götz Aly: Hitlers Volksstaat. Raub, Rassenkrieg und nationaler Sozialismus, Frankfurt a. M. 2005.

9 Eric Ehrenreich: The Nazi Ancestral Proof. Genealogy, Racial Science, and the Final Solution, Bloomington 2007.

10 Günter Grass: Im Krebsgang, Göttingen 2002; Jörg Friedrich: Der Brand. Deutschland im Bombenkrieg 1940-1945, München 2002.

11 Michael Burleigh: The Third Reich. A New History. New York 2000; Richard J. Evans: The Coming of the Third Reich, New York 2004; The Third Reich in Power, New York, 2005: The Third Reich at War, New York 2009; Ian Kershaw: Hitler 1889-1936. Hybris, New York 1999; Ders., Hitler 1936-1945. Nemesis, New York 2000.

12 Diesen Titel „Beyond the Racial State“ trug eine Konferenz, die 2009 stattfand: Patrick Gilner: Beyond the Racial State. Rethinking Nazi Germany, in: Bulletin of the German Historical Institut 46 (2010), S. 163-170.

Mennonitische Debatten

Die früheste und vielleicht schärfste historiografische Äußerung zum Thema Mennoniten und Nazismus stammt eigentlich aus der Zeit vor dem Krieg. C. Henry Smith, den man kaum als weltabgewandten mennonitischen Traditionalisten oder Fundamentalisten bezeichnen kann, schrieb zwischen Oktober 1938 (Einverleibung des Sudetenlandes in das Deutsche Reich) und März 1939 (die deutsche Besetzung der Rest-Tschechoslowakei) mehrere Beiträge, die in der 1941 und 1945 erschienen Auflage seiner „Story of the Mennonites" publiziert worden waren. Nach der Beschreibung des Niedergangs der Wehrlosigkeit unter den europäischen Mennoniten schob er einen Abschnitt mit dem Titel „Nazi-Unterstützer" ein. Er beschrieb, mit Anspielungen auf die Bekennende Kirche, einige der Beifallsbekundungen der deutschen Mennoniten für die Naziregierung, und schloss mit den Worten: „Ist es eine unfaire Frage, sich zu erkundigen, warum die Mennoniten denn keine Schwierigkeiten mit dem Staat haben und ob sie seine Gunst nicht um einen zu hohen Preis erkauft haben? Etwa, weil sie ihr Gewissen verloren haben, das in den alten mennonitischen Grundsätzen gegründet war? Diesem Gewissen war Krieg, religiöse Unterdrückung und ein Totalitarismus unerträglich, der die Loyalität gegen den Staat über die Loyalität gegen Gott stellte. Säen sie nicht da Wind, den ihre Kinder möglicherweise in kommenden Generationen als Sturm ernten werden, wenn sie die Erziehung dieser ihrer Kinder zu Nationalsozialisten bedingungslos dem Staat überlassen? Menno Simons würde sich zweifellos unwohl fühlen unter den Trägern seines Namens, kehrte er heute an die vertrauten Plätze um die Ostsee herum zurück; mit großer Wahrscheinlichkeit würde er sich in einem Konzentrationslager wiederfinden."[13]

Diese Abschnitte über den Niedergang der Wehrlosigkeit und den Nationalsozialismus wurden in der nächsten Ausgabe der nach dem Tod von Smith 1950 erschienenen „Story of the Mennonites" vom Herausgeber Cornelius Krahn ausgelassen.[14] Er fehlte auch in der deutschen Übersetzung, die 1964 erschien.[15] Im Juli 1965 veröffentlichte Hans-Jürgen Goertz als Schriftleiter der Zeitschrift „Der Mennonit" eine deutsche Übersetzung dieser ausgelassenen Abschnitte anlässlich des 20. Jahrestages des Kriegsendes.[16] Die erste substantielle Behandlung eines Aspekts des Themas Mennoniten und der Nationalsozialismus erfolgte jedoch mit Frank H. Epps nie veröffentlichter Dissertation an der Universität von Minnesota im Jahre 1965.[17] Das Projekt von Epp bestand in einer inhaltlichen Auswertung von „Deutschtum" und Nationalsozialismus in der kanadi-

---

13 C. Henry Smith: The Story of the Mennonites, Berne 1941, S. 345.

14 Ders.: The Story of the Mennonites, bearbeitet und erweitert von Cornelius Krahn, Newton 31950. Der fehlende Textabschnitt hätte auf S. 342 gestanden.

15 Ders.: Die Geschichte der Mennoniten Europas, übersetzt von Abraham Esau, herausgegeben von Cornelius Krahn, Newton 1964. Der ausgelassene Abschnitt hätte auf S. 260 stehen müssen.

16 „Das ausgelassene Kapitel. Ein Amerikaner urteilte vor zwanzig Jahren", in: Der Mennonit 18 (Juli 1965), S. 108-109.

17 Frank Henry Epp: An Analysis of Germanism and National Socialism in the Immigrant Newspapers of a Canadian Minority Group, the Mennonites, in the 1930s, Ph. D. dissertation, University of Minnesota, 1965.

schen mennonitischen Zeitschrift „Der Bote", mit begrenzter vergleichender Sicht auf andere kanadisch-mennonitische und deutschsprachige Zeitungen. Epp präsentierte seine Studie als eine Propagandaanalyse. Sie enthält umfangreiche quantitative Messungen, wie viel Platz den verschiedenen kulturellen und politischen Aspekten in deutschsprachigen Debatten eingeräumt wurde. Epp hatte das Thema bereits kurz in seinem 1962 erschienenen Buch „Mennonite Exodus"[18] angeschnitten, in dem es um die gesellschaftliche Anpassung der russisch-mennonitischen Flüchtlinge im Kanada der 1930er Jahre ging.

Es gibt zwei wegweisende Texte, die das Thema Mennoniten und Nationalsozialismus diskutieren und erst in den 1970er Jahren veröffentlicht wurden, fast 30 Jahre nach dem Krieg. Der erste erschien 1974 in den „Mennonitischen Geschichtsblättern". Es handelt sich um den Aufsatz „Nationale Erhebung und religiöser Niedergang. Mißglückte Aneignung des täuferischen Leitbildes im Dritten Reich" von Hans-Jürgen Goertz.[19] Wie bereits dem Titel zu entnehmen, fiel die Kritik von Goertz scharf aus. Er begann mit einem Zitat aus dem Jahr 1962 von Hans Rothfels, einem konservativen deutschen Historiker, das besagt, dass Sekten wie Mennoniten, Quäker und Zeugen Jehovas die einzigen religiösen Gruppen gewesen wären, die konsequent passiven Widerstand gegenüber dem Nationalsozialismus geboten hätten.[20] Goertz entgegnete: „Wer die Verhältnisse in den deutschen Mennonitengemeinden während des Dritten Reiches noch aus eigener Anschauung kennt oder nachträglich auch nur einen flüchtigen Blick in die mennonitischen Zeitschriften jener Jahre wirft, kann dieser ehrenvollen Einordnung der Mennoniten in den Widerstand gegen das nationalsozialistische Regime nicht zustimmen."[21]

Goertz konzentrierte sich hauptsächlich auf die ersten Jahre 1933-1934 und auf die mennonitischen Stellungnahmen zum neuen Regime. Er versuchte nicht, das Verhalten der leitenden Mennoniten in den folgenden Jahren oder den Kontext der vorangegangenen Weimarer Zeit detailliert in den Blick zu nehmen, obwohl er viele der bedeutendsten Ereignisse und Themen – die Versuche zur Vereinigung der Mennonitengemeinden, ihren Widerstand gegen die Bewegung der Deutschen Christen, die Eidfrage, die Jugendarbeit, die Vertreibung der Neu-Hutterer im Jahr 1937 – ansprach. Da er ein Experte für das 16. Jahrhunderts ist, lenkte er seine Aufmerksamkeit besonders auf die Rhetorik jener Jahre, die sich auf täuferische Leitbilder berief, wie schon der Untertitel andeutet. Goertz argumentierte, dass die Rückgriffe auf die täuferische Vergangenheit eine Möglich-

18 Ders.: Mennonite Exodus. The Rescue and Resettlement of Russian Mennonites since the Communist Revolution, Altona 1962, S. 320-325.

19 Hans-Jürgen Goertz: Nationale Erhebung und religiöser Niedergang. Mißglückte Aneignung des täuferischen Leitbildes im Dritten Reich, in: MGB 31 (1974), S. 61-90. Im selben Heft erschien Frank H. Epps Aufsatz über kanadische Mennoniten und das Dritte Reich, eine Übersetzung der entsprechenden Seiten aus seinem Buch „Mennonite Exodus": Kanadische Mennoniten, das Dritte Reich und der Zweite Weltkrieg, in: MGB 31 (1974), S. 91-102.

20 Hans Rothfels: The German Opposition to Hitler, Hinsdale 1948. Das Buch erschien zuerst auf Englisch, nicht auf Deutsch. Das Zitat bei Goertz bezieht sich auf S. 40 der englischen Ausgabe: „It was only sectarians such as Quakers and Mennonites, or ‚Ernste Bibelforscher', who never wavered. They consistently practiced passive restistance, but were small in numbers."

21 Goertz (wie Anm. 19), S. 61.

keit waren, die mennonitische Antwort auf den Nationalsozialismus zu legitimieren. Für ihn fand allerdings diese Berufung auf die Täufer von Anfang bis zum Ende unter politischem Druck statt und führte zu einer „Verfälschung" der mennonitischen Vergangenheit. Das Erbe sei auf Schlagwörter und freikirchliche Sondermerkmale reduziert worden. Goertz weist darauf hin, dass die Mennoniten trotz ihrer Inanspruchnahme von Menno damit das Ende eines jahrhundertelangen Assimilierungsprozesses zum Ausdruck brachten und vom Wunsch getragen waren, sich durch ihre politische Konformität eine dauerhafte Existenz in der Volksgemeinschaft einzuhandeln. Hitler erfüllte aus ihrer Sicht die Rolle früherer Könige, die ihren Vorfahren besondere Privilegien gewährten.

Dieter Götz Lichdis „Mennoniten im Dritten Reich. Dokumentation und Deutung" erschien 1977 in der Schriftenreihe des Mennonitischen Geschichtsvereins. Lichdis Buch war eine bewusste Antwort auf den Aufsatz von Hans-Jürgen Goertz. „Die dort abgegebenen Urteile sind von den beteiligten Überlebenden nicht übernommen worden. Die Auswahl aus wenigen Quellen ohne Berücksichtigung der Vorgeschichte, des Lebens der Gemeinden, der Jugendarbeit, ohne Anhörung der Augenzeugen hat ein begrenztes Bild der Jahre 1933/34 ergeben, das durch eine differenzierte, verlässliche Schau der ganzen Zeit ergänzt bzw. ersetzt werden sollte."[22] Lichdi hat sich jedoch auch ganz bewusst bestimmte Grenzen gesetzt. Er konzentrierte sich auf Aussagen oder Meinungen, die größtenteils in Zeitschriften oder Interviews von deutschen Mennoniten geäußert worden waren. Er betrachtete sowohl die internationalen Beziehungen der Mennoniten, die Geschichte ihrer aus Russland geflohenen Brüder und Schwestern, den Versuch, die deutschen Mennoniten als Vereinigung zu organisieren als auch die Diskussion um die Ablehnung des Eides und die Kriegsdienstverweigerung nur am Rande. Er beschäftigte sich mit der verworrenen Fragestellung, wer eigentlich als Mennonit gilt und richtete seinen Blick nur auf die, die aktive Gemeindemitglieder waren.[23] In der Einleitung wird schon Lichdis grundsätzliche Einstellung deutlich: „Die Mennoniten wurden vom Dritten Reich ebenso überrollt wie andere Gruppen damals auch. Das Minderheiten-Bewusstsein war im Lauf der letzten 100 Jahre geschwunden; vom durchschnittlichen Verhalten abweichende Einstellungen gegenüber dem Weltanschauungsstaat kamen aus der Neubesinnung auf das mennonitische Erbe. Sie haben aber keine Widerstandskämpfer und keine Wehrdienstverweigerer, wie auch keine Kriegsverbrecher zu verzeichnen."[24]

Lichdis Buch ist mehr oder weniger thematisch organisiert, obwohl er im zeitlichen Ablauf unterschiedliche Verhaltensmuster entdeckte, von anfänglichem Enthusiasmus, gefolgt von stetig zunehmender Unsicherheit bis hin zur Ablehnung. Er skizziert die Geschichte der deutschen Mennoniten von der Mitte des 19. Jahrhunderts bis 1933, beschreibt die „Bejahung und Zurückhaltung" gegenüber der nationalsozialistischen Machtübernahme 1933. Im Kapitel „Reagieren und

22 Diether Götz Lichdi: Mennoniten im Dritten Reich. Dokumentation und Deutung, Weierhof/Pfalz 1977, S. 9.

23 Ebd., S. 10 f.

24 Ebd., S. 12.

Besinnen“ geht er auf verschiedene Themen der 1930er Jahre ein: Vereinigung der Mennonitengemeinden, Jugendarbeit, Bewegung der Deutschen Christen, Bekennende Kirche, Eidfrage, die Neu-Hutterer mit ihrem Rhönbruderhof. Ein Kapitel über „Abkehr vom Zeitgeist“ behandelt vieles aus dem inneren Leben der Gemeinden wie Predigten, die zunehmende Trostsuche in der Endzeiterwartung und die fortdauernde Normalität des Gemeindelebens. Ein Kapitel bezieht sich auf die „Reste der alten Wehrlosigkeit“, in einem anderen Kapitel wird „Das Verhältnis zu den Juden“ behandelt. Ein kurzes Kapitel umfasst den „Blick zurück in Reue und Buße“. Zwei weitere Autoren trugen wichtige Abschnitte zu dem Buch bei, die von Rezensenten weitgehend ignoriert wurden. Theo Glück beschrieb die lebhafte Debatte unter der mennonitischen Jugend, die in den so genannten „Rundbriefen“ über politische Fragen geführt wurde. An ihr beteiligten sich in den 1930er Jahren viele Jugendliche und junge Erwachsene der weit verstreut lebenden deutschen Mennoniten mit theologischen und politischen Themen. Horst Gerlach bot einige Informationen von zweifelhaftem Wert über mennonitische Verbindungen zum Konzentrationslager Stutthof bei Danzig.

Lichdis Buch löste eine lebhafte, manchmal scharfe Diskussion in den deutschsprachigen mennonitischen Zeitschriften aus. Ab Mai 1977 veröffentlichten die süddeutsche „Gemeinde Unterwegs“ und die norddeutschen „Mennonitischen Blätter“ mindestens zwei Jahre lang kritische Zuschriften, Briefe und Artikel über das Buch und sein Thema, darunter mehrere Beiträge von Goertz und Lichdi. Ein beträchtlicher Teil der Diskussion konzentrierte sich auf das von Goertz angesprochene Thema „religiöser Niedergang“. Mit Leidenschaft argumentierte Lichdi, dass die mennonitische Kirche in einer ziemlich normalen oder ungestörten Weise weiterlebte, man sich zu Gottesdiensten traf, neue Mitglieder getauft, Abendmahl gefeiert wurde und Trauungen und Beerdigungen stattfanden – geschützt von schmeichelhaften Floskeln in Richtung der nationalsozialistischen Machthaber. Goertz hingegen sah in dieser gewissermaßen vorhandenen Normalität genau den religiösen Untergang, den er behauptet hatte. Die Kirchen hätten sich in den Binnenraum des Privaten zurückgezogen und jede öffentliche ethische Verantwortung aufgegeben. Es ist nicht klar, ob Lichdi hier das Argument von Goertz überhaupt verstanden hatte.

In dieser Auseinandersetzung spielten noch andere Konflikte eine unterschwellige Rolle. Es war der zwischen einem akademischen Historiker (Goertz) und einem Laien (Lichdi). Lichdi betonte dies einmal ausdrücklich, indem er sagte, dass er als Laienhistoriker „von Vorbehalten befreit und keinen akademischen Modeströmungen ausgesetzt war“.[25] Das scheint bei Lichdi zu einer eher unkritischen Verwendung seiner Quellen geführt zu haben. Dies ist vor allem seinen Interviews anzumerken, bei denen er sich als Interviewer vermutlich nicht immer der Neigung seiner Befragten bewusst war, ihre eigenen Versäumnisse zu minimieren und vielleicht die anderer aufzubauschen.

In der Diskussion wurde wiederholt die Frage gestellt, in welcher Weise die historische Aufarbeitung der Erfahrungen in der Zeit des Nationalsozialismus deut-

---

25 Diether Götz Lichdi: Um das mennonitische Bewußtsein heute, in: MB 5 (1978), S. 123.

schen Mennoniten bei aktuellen Fragestellungen helfen könnte. Dies geschah genau in jener Zeit, als die amerikanische TV-Serie „Holocaust" im Fernsehen lief (1979) und die Nazizeit wieder größere Aufmerksamkeit fand. Es war in Deutschland die Zeit des Terrors der Roten Armee Fraktion. Heftige Kontroversen entbrannten, als Johannes Harder, der sich gelegentlich an Diskussionen über den Nationalsozialismus beteiligt hatte, bei der Beerdigung von Elisabeth von Dyck, einer Frau mit mennonitischem Hintergrund, die von der Polizei als Verdächtige im Zusammenhang mit der Roten Armee getötet worden war, die Predigt hielt. Harders Predigt wurde in den „Mennonitischen Blättern" veröffentlicht.[26] Auf diese Weise war die Auseinandersetzung über die NS-Vergangenheit Gegenstand der mennonitischen Diskussionen im Deutschland der späten 1970er Jahre.

In den letzten 30 Jahren ist nicht wirklich etwas erschienen, was sich mit den beiden wegweisenden Veröffentlichungen, dem Essay von Goertz und dem Buch von Lichdi, hätte messen können. Ein neues, interessantes Buch hat die Debatte jedoch bereichert: James Irvin Lichtis „Houses on the Sand",[27] in dem der Autor die Kirchenzeitschriften der Mennoniten, Quäker und Siebenten-Tags-Adventisten näher untersucht. Sein vergleichender Ansatz ermöglicht ihm Einblicke in die damalige mennonitische Situation, die auf der Linie der von Goertz vorgetragenen Kritik liegen. Während er anerkennt, dass alle Veröffentlichungen einer Zensur und einer vorangehenden Selbstzensur unterlagen, kommt er zu dem Ergebnis, dass „Der Quäker" vormachte, was eine christliche Zeitschrift „nicht zu sagen hatte",[28] im Gegensatz zum viel positiveren Ton der mennonitischen Zeitschriften. Insgesamt dienten die kirchlichen Zeitschriften als „Heiligtum der Normalität",[29] was die Akzeptanz des Nationalsozialismus erleichterte.

Die Leser „konnten sich darauf verlassen, dass ihre persönliche Rettung nicht bedroht war durch ihr Angezogensein von der Naziideologie, da genau neben den Kolumnen, in denen sie die Bestätigung dieser Ideologie lesen konnten, die pathetischsten christlichen Gedanken abgedruckt waren".[30] Darüber hinaus weist Lichti darauf hin, dass es auch im Bereich des Wehrdienstes Alternativen gegeben hatte. Den Fröhlichianern, einer Gruppe mit entfernten mennonitischen Verbindungen, gelang es zu verhindern, dass alle ihre wehrpflichtigen Männer in Kampfeinheiten dienen mussten.[31]

Einige Historiker haben bei der Frage, wie Mennoniten auf den Nationalsozialismus reagierten, ihren Fokus außerhalb Deutschlands gesetzt. Wir haben dies schon bei der Dissertation von Frank H. Epp aus dem Jahr 1965 gesehen, der seinen Blick auf Kanada wirft. Die wahrscheinlich interessanteste Gruppe

26 Johannes Harder: Zwischen Spießbürgertum und Gewalt: Ansprache beim Begräbnis von Elisabeth von Dyck in Enkenbach am 10. Mai 1979, in: MB 6 (1979), S. 88 f. Für Leser, die sich für genealogische Verbindungen interessieren: Elisabeth von Dyck (1950-1979) ist die Nr. 861860 der Genealogical Registry an Database of Mennonite Ancestry (GRANDMA).

27 James Irvin Lichti: Houses on the Sand? Pacifist Denominations in Nazi Germany, New York 2008.

28 Ebd., S. 55.

29 Ebd., S. 250.

30 Ebd., S. 252.

31 Ebd., S. 34.

könnten die Mennoniten in oder aus Russland/Sowjetunion gewesen sein. D. G. Lichdi scheint die zahlreichen aus Russland stammenden Mennoniten, die in der Nazizeit in Deutschland lebten, völlig ignoriert zu haben. Sie zeigten offensichtlich viel mehr Begeisterung als die alteingesessenen Mennoniten. Dies ist wahrscheinlich der schwerwiegendste Fehler in Lichdis Buch. B. H. Unruh war der prominenteste dieser russischen Mennoniten. Eine kürzlich erschiene Biographie seines Sohnes gibt eine grundlegende Darstellung seines Lebens, zeigt aber für die NS-Zeit stärke Schwächen.[32]

Ein israelischer Gelehrter, Meir Buchsweiler, wollte in seinem 1984 erschienenen Buch „Volksdeutsche in der Ukraine am Vorabend und Beginn des Zweiten Weltkriegs – ein Fall doppelter Loyalität?"[33] die Mennoniten als Testgruppe nutzen, um zu verstehen, wie ethnische Deutsche in der Sowjetunion auf den Nationalsozialismus reagiert haben. Seine Ergebnisse scheinen angesichts des Unterschiedes zwischen Mennoniten und anderen deutschen Volksgruppen nicht zu überzeugen. Bei näherem Hinsehen enthält die Arbeit von Buchsweiler außerdem zahlreiche Fehler, zumindest wenn es um die Mennoniten geht. Erstaunlicherweise scheinen sich jüngere Arbeiten wie die Wendy Lowers, die sich mit der Nazi-Besatzung der Ukraine befassen, nicht mit den Mennoniten oder anderen deutschen Volksgruppen auseinanderzusetzen.[34]

Ein aktueller Forschungsbeitrag stammt von Gerhard Rempel, einem emeritierten Historiker des Western New England College, der selbst noch in der Sowjetunion geboren wurde, mit russlandmennonitischen Erfahrungen vertraut und Autor von „Hitler's Children. The Hitler Youth and the SS"[35] ist. Sein Artikel in „The Mennonite Quarterly Review" vom Oktober 2010 konzentriert sich auf zwei Aspekte des Gesamtthemas, das KZ Stutthof und die Beteiligung russischer Mennoniten in den SS-Einheiten in Russland.[36] Rempel übt scharfe Kritik an Gerlachs Beschreibung von Stutthof im Anhang des Lichdi-Buches und sieht eine wesentlich größere Einbindung von Mennoniten in dieses Konzentrationslager. Berichtet wird zudem von zwei gut dokumentierten Fällen, bei denen Personen mit russisch-mennonitischem Hintergrund Holocaust-Täter in Russland waren. Der Artikel von Rempel wirft wieder die Frage auf, wer als Mennonit anzusehen ist. Sein Ansatz, der sich ausschließlich auf Familiennamen stützt, scheint dem

32 Heinrich B. Unruh: Fügung und Führungen: Benjamin Heinrich Unruh, 1881-1959. Ein Leben im Geiste christlicher Humanität und im Dienste der Nächstenliebe, Detmold 2009.

33 Meir Buchsweiler: Volksdeutsche in der Ukraine am Vorabend und Beginn des Zweiten Weltkriegs – ein Fall doppelter Loyalität?, Gerlingen 1984.

34 Wendy Lower: Nazi Empire-Building and the Holocaust in Ukraine, Chapel Hill 2005.

35 Gerhard Rempel: Hitler's Children. The Hitler Youth and the SS, Chapel Hill 1989.

36 Gerhard Rempel: Mennonites and the Holocaust: From Collaboration to Perpetuation, in: MQR 84 (2010), S. 507-549. Dieser Aufsatz ist auch auf Deutsch erschienen: Mennoniten und der Holocaust. Von der Kollaboration zur Beteiligung an Verbrechen, in: MGB 67 (2010), S. 87-134. Rempel hat außerdem eine Reihe von unveröffentlichten Aufsätzen, speziell über Mennoniten in oder aus der Sowjetunion, geschrieben, aber wenn es um die Beziehung zwischen Mennoniten und dem Nationalsozialismus geht, scheint das sprichwörtliche Schweigen im Walde vorzuherrschen. Siehe hierzu: Gerhard Rempel: Himmlers Pacifists: German Ethnic Policy and the Russian Mennonites 1939-1945 (2005?). Kopie in meinem Besitz. Mennonite Letters from the Third Reich and Aftermath: An Acute and Acerbic View by Hans Harder (2004). Kopie in meinem Besitz.

von Lichdi völlig entgegengesetzt zu sein: „Sie waren Mennoniten aufgrund des ethnischen Erbes und der Erziehung."[37] Ist es aber stichhaltig, jemanden als Mennoniten zu bezeichnen, der, nachdem er in der sowjetischen Ära aufgewachsen war, wahrscheinlich nur die rudimentärsten Kenntnisse vom ethnischen Erbe und keine wesentlichen Erfahrungen mit mennonitisch-religiösem Leben hatte? Rempel behauptet viel über eine seiner Hauptfiguren und bezeichnet sie als ein „Kind der Kollektivierung".[38]

Die Niederlande sind ein anderer Ort, außer der Sowjetunion, wo wir, ganz im Gegensatz zu D. G. Lichdis Argumentation, einen deutlichen Hinweis auf Kriegsverbrecher haben. Das einzige große Werk zum Thema niederländische Mennoniten und Nationalsozialismus ist, obwohl es nur 65 Seiten mit Anmerkungen enthält, eine Dissertation von Elisabeth I. T. Brussee-van der Zee.[39] In meinem eigenen Buch gibt es einen kurzen Überblick über niederländische Mennoniten, die unmittelbar nach dem Krieg nach Südamerika geflohen sind, um sich als Kriegsverbrecher der Strafverfolgung zu entziehen.[40]

Für die westliche Hemisphäre wurde bereits die grundlegende Arbeit über Kanada, Frank Epps Dissertation, erwähnt. Ich selbst habe einen Artikel über die US-mennonitische Debatte über den Nationalsozialismus publiziert.[41] Zudem liegt mein Buch aus dem Jahr 1999 „Mennonite and Nazi?" vor, das die Auseinandersetzung unter den Mennoniten in Mexiko, Brasilien und Paraguay betrachtet. Darüber hinaus gibt es die auf Deutsch erschienene Darstellung von Peter P. Klassen über diesen Zeitabschnitt der paraguayischen Geschichte: „Die deutsch-völkische Zeit in der Kolonie Fernheim, Chaco, Paraguay, 1933-1945".[42] Man könnte versucht sein, zu behaupten, dass es im Falle Amerikas nicht so viel zu berichten gibt. Alles, was Mennoniten dort tun konnten, war miteinander zu diskutieren und mit begrenzten Möglichkeiten ihrer Überzeugung gemäß zu handeln.

Offene Fragen

Wo könnten sich die Mennoniten in den aktuellen Diskurs über die Geschichte des Nationalsozialismus einbringen? Mikrogeschichte und Fallstudien sind und bleiben weiterhin die Basis der Geschichtsschreibung. Mennoniten bieten eine interessante Gelegenheit für eine oder mehrere mikrohistorische Untersuchungen, gerade weil ihre Geschichte geografisch nicht begrenzt ist, wie es gewöhnlich

37 Ebd., S. 517.

38 Ebd., S. 538.

39 Doopsgezinde Broederschap en het Nationaal-Socialisme in de Jaren 1933-1945, (Ph. D. dissertation), 1985.

40 John D. Thiesen: Mennonite and Nazi? Attitudes among Mennonite Colonists in Latin America, 1933-1945, Kitchener, (1999) S. 206-207.

41 John D. Thiesen: The American Mennonite Encounter with National Socialism, in: Yearbook of German American Studies 27 (1992), S. 127-158.

42 Peter P. Klassen: Die deutsch-völkische Zeit in der Kolonie Fernheim, Chaco, Paraguay, 1933-1945. Ein Beitrag zur Geschichte der auslandsdeutschen Mennoniten während des Dritten Reiches, Bolanden-Weierhof 1990.

der Fall ist, sondern weil sie durch ein Netzwerk religiöser, kultureller, sozialer und sogar biologischer Verbindungen miteinander verknüpft sind.

Es bedarf eines guten Grundwissens als Grundlage, um die Erfahrungen der deutschen Mennoniten mit dem Nationalsozialismus noch besser zu verstehen. Für den Zeitraum von der Mitte des 19. Jahrhunderts bis zum Jahr 1933 fehlt es uns an einer detaillierten Geschichte der deutschen Mennoniten. Für das Verständnis der NS-Zeit könnten sich ihre Erfahrungen mit den Veränderungen in dieser Epoche als nützlich erweisen. Es bedarf eines großen Datenbestands, wie er vor einiger Zeit zur allgemeinen Historiographie des Nationalsozialismus erstellt wurde: Wie war die wirtschaftliche Zusammensetzung und Verteilung der deutschen Mennoniten?[43] Lassen sich bei politischen Wahlentscheidungen irgendwelche mennonitischen Verhaltensmuster in Gebieten entdecken, in denen die Mennoniten einen hohen Bevölkerungsanteil hatten? Wie viele Mennoniten waren Parteimitglieder? Welche militärischen Positionen haben Mennoniten eingenommen (Offiziere versus Wehrpflichtige, Soldaten in Kampfeinheiten versus waffenlose Dienste etc.)? Wie haben sich diese Verhaltensweisen im Laufe der Zeit verändert? Zeigen diese Muster oder Statistiken im Falle der Mennoniten ein anderes Ergebnis als für die übrigen Deutschen?

Eine Quelle würde für diese Art von Grundlagenforschung interessante Möglichkeiten bieten: Das „Mennonitische Adreßbuch" von 1936 listet Namen, Adressen und Beschäftigungen bzw. Berufe der meisten deutschen Mennoniten auf, einschließlich ihrer ungetauften Kinder.[44] Beispiele für mögliche Erkenntnisse sind Folgende: Ich verglich die Liste der Mitglieder der Danziger Gemeinde mit einer veröffentlichten Mitgliederliste der Nazi-Partei und fand nur zwei von 1 043 Mennoniten, deren Namen in der Danziger Parteiliste erschienen.[45] Auf Seite 152 des „Adreßbuches" finden wir einen Daniel Dettweiler, geboren 1875. Er war langjähriger Vorsitzender der Münchner Mennonitengemeinde und offizielles Mitglied des Kali-Syndikats.[46] Er gehört auch der NSDAP an mit der Mitgliedsnummer 1.967, nachdem er am 7. September 1920, etwa ein Jahr nach Hitler in die Partei eingetreten war.[47] (Hitlers Parteieintritt war in der zweiten Septemberhälfte

43 Da die Mennoniten höchstwahrscheinlich ländlicher geprägt waren als der Durchschnitt der übrigen Bevölkerung, wären mögliche Zusammenhänge mit der nationalsozialistischen Agrarpolitik und Ideologisierung des Bauernstands ein interessantes Forschungsgebiet.

44 Mennonitisches Adreßbuch 1936, Karlsruhe 1936. Unglücklicherweise fehlen einige Gemeinden, darunter einige der großen, etwa die beiden Gemeinden in Elbing sowie jene in Ingolstadt, Königsberg, Krefeld und Neuwied.

45 Genannt werden Ernst Klaassen, Hofbesitzer in Grebinerfeld und Gustav Wiebe, Senatsangestellter in Zoppot. Nazi Party Membership, Submitted by the War Department to the Subcommittee on War Mobilization of the Committee on Military Affairs, United States Senate, December 1946, Part 3. Senate, 79th Cong., 2nd sess., Subcommittee Print (Washington, DC; United States Government Printing Office, 1946), S. 157-180. Diese veröffentlichte Liste ist mit Sicherheit beschädigt. Sie enthält zehn Seiten mit dem Anfangsbuchstaben Z und nur zwei mit dem Buchstaben S. Abgesehen von diesen schwerwiegenden Einschränkungen ist sie jedoch ein Beispiel für ein mögliches Forschungsfeld.

46 Hermann Dettweiler: Stammfolge Dettweiler, Haftelhofener Hauptstamm (bayr. Linie), Oberpfaffenhofen-Weßling 1963.

47 NSDAP Hauptarchiv 1919-1945, Stanford (CA), (Hoover Institution on War, Revolution, and Peace, n.d.), microfilm reel 2a, folder 230.

1919; er trug die Mitgliedsnummer 555[48]). Dettweiler ist auf einem Dokument mit dem Titel „Adolf Hitlers Mitkämpfer 1919-1921" abgebildet. Anscheinend wurde es in jener Zeit bei einer Ausstellung verwendet.[49] Dettweiler war für das Ende der „Rundbriefe" verantwortlich, nachdem er im September 1937 in einem äußerst drohenden Schreiben mennonitischen Pfarrern mitgeteilt hatte, dass das Münchner Parteigericht die „Rundbriefe" nicht gerade positiv beurteile.[50]

Die Mitgliederangaben für Danzig könnten darauf hindeuten, dass Mennoniten in der Partei unterrepräsentiert waren, also eine Art Widerstand gegen den Nationalsozialismus ausdrückten, während Dettweilers niedrige Parteinummer andererseits vermuten lassen könnte, dass Mennoniten überrepräsentiert gewesen sind, also eine besondere Affinität für den Nationalsozialismus zeigten. Um zu zuverlässigen Ergebnissen zu kommen, sind offensichtlich weitere Untersuchungen nötig. Auch prosopografische oder biografische Arbeiten sind notwendig, um die Lebenssituationen vieler Personen, die in den kirchlichen Zeitschriften und Rundbriefen genannt worden sind, genauer zu bestimmen. Angesichts der Mittäterschaft in der Wehrmacht könnten biografische Studien über Mennoniten, die in bewaffneten Einheiten dienten, besonders interessant sein.

Die „Rundbrief"-Kreise der mennonitischen Jugend bieten eine besonders gute Möglichkeit für Fallstudien. Bislang haben sie wenig Aufmerksamkeit erfahren. Zu verweisen ist in diesem Zusammenhang auf Theo Glücks Aufsatz in Diether Götz Lichdis Buch und auf eine Seminararbeit am Bethel College sowie auf einige neue Aufsätze von Imanuel Baumann.[51] Hier haben wir eine Anzahl junger Leute, die sich verständlich ausdrückten, alle namentlich bekannt waren und eine umfangreiche Sammlung schriftlichen Materials aus den ersten Jahren der nationalsozialistischen Herrschaft hinterließen. Nicht nur Mennoniten, die innerhalb Deutschlands aufgewachsen waren, gehörten dazu, sondern auch russisch-mennonitische Flüchtlinge (wie Cornelius Krahn) und mennonitische Rückkehrer aus Südamerika (wie Fritz Kliewer). Eventuell gab es noch andere Teilnehmergruppen. Damit ist eine große Chance geboten, diese ausgedehnte, unsystematische Auseinandersetzung zwischen Anhängern und Gegnern des Regimes zu analysieren.

Dieser Meinungsaustausch unter der Jugend verweist auf einen der wichtigsten Aspekte bei der Frage, wie Mennoniten mit den Herausforderungen des Nationalsozialismus umgingen: den Blick nach Osteuropa. Es gab zahlreiche russisch-mennonitische Flüchtlinge, die in Deutschland und dem von den Nationalsozialisten besetzten Europa umherwanderten. Sie wurden in der mennonitischen Geschichtsschreibung weitgehend ignoriert. Lichdi vernachlässigt sie völlig. B. H. Unruh ist das augenfälligste Beispiel in dieser Gruppe, aber es gibt

48 Kershaw (wie Anm. 11), S. 127.

49 NSDAP Hauptarchiv 1919-1945, microfilm reel 2a, folder 230.

50 Mennonite Library and Archives, Bethel College, SA.II.1274. Dettweiler im Brief vom 3. Sept. 1937 an Christian Neff und neun andere. Siehe dazu auch Lichdi (wie Anm. 22), S. 233.

51 Eric Jantzen: A Call to Questioning: The Mennonite Youth and Their Response to Questions of the Day as Found in the Rundbrief Gemeinschaft, 1930-1938 (Seminararbeit, Bethel-College), 1996. Einen Aufsatz von Imanuel Baumann zum Thema enthält der vorliegende Band.

andere sehr bekannte Namen, wie Johannes Harder, Walter Quiring oder Heinrich Schroeder.[52] Andere sind weniger bekannt wie die Gruppe um den Missionsbund „Licht im Osten" in Werningerode, wo Harder für eine Zeit lebte. Leider ist diesen Menschen schwerer nachzugehen, da sie nicht in den gewöhnlichen Gemeindelisten verzeichnet sind. Vor allem diejenigen, die vom Krieg erfasst wurden – Personen, die durch den Einmarsch der deutschen Truppen in die Sowjetunion kamen und dann dort lebten – sind schwer zu finden.

Das damit zusammenhängende weitergehende Thema betrifft das internationale mennonitische Netzwerk. Es ist zum Beispiel weitgehend vergessen, dass das amerikanische „Mennonite Central Comittee" (MCC) auf verschiedene Weise 1940 im von den Deutschen besetzten Polen humanitäre Hilfe geleistet hat. Welche Geschichte verbirgt sich hinter diesen Ereignissen? Andererseits haben die Erfahrungen von Mennoniten in Holland, Frankreich und der Schweiz in dieser Zeit relativ wenig Aufmerksamkeit erhalten. Es scheint so, dass die Mennoniten mehr internationale Kontakte hatten, als der durchschnittliche Deutsche mit ähnlichem wirtschaftlichen Status. In der Tat haben die meisten gründlichen Untersuchungen zum Thema Mennoniten und Nationalsozialismus Mennoniten außerhalb Europas betrachtet. In welcher Weise hat dieses internationale Netzwerk die Wechselbeziehung von Mennoniten und Nationalsozialismus beeinflusst?

Natürlich lauert hinter all diesen Fragen das Thema „Rasse". Man könnte danach fragen, welche Alltagsbeziehungen Mennoniten mit Juden pflegten – ganz abgesehen davon, was Mennoniten dazu in ihren Kirchenzeitschriften geschrieben haben. Wurden Mennoniten von ihren Nachbarn durch die „rassische" Brille gesehen (einige haben sich dahingehend geäußert, dass Mennoniten als gutes Beispiel für Rassereinheit dienten)? Wie wurden Mennoniten von Parteifunktionären betrachtet, soweit man ihnen überhaupt Aufmerksamkeit schenkte? Dies alles steht auch in Verbindung mit dem Thema Familienforschung. Mennoniten gaben in dieser Zeit mehrere genealogische Zeitschriften heraus, was in anderen Freikirchen nicht der Fall war. Es ist verblüffend zu sehen, dass diese Zeitschriften während des Krieges weiter veröffentlicht werden konnten, während andere Kirchenzeitschriften, angeblich wegen Papiermangels, eingestellt wurden. Obwohl die Wurzeln dieser genealogischen Aktivitäten in die Zeit vor dem Nationalsozialismus zurückreichen, bleibt zu hinterfragen, was diese familiengeschichtlichen und andere historische Projekte wie das „Mennonitische Lexikon" uns über Veränderungen der mennonitischen Identität mitteilen können?[53]

Über Genealogie nachzudenken könnte uns wieder zur Frage zurückführen: Wer soll als Mennonit gelten? Lichdi wollte eine genaue Definition und entschied sich:

52 Unruh, Harder und Quiring waren – was vielleicht überraschend ist – keine Parteimitglieder, gehörten aber parteinahen Organisationen an. Siehe dazu meinen unveröffentlichten Essay „Fishing for Mennonites in the Berlin Document Center", zu finden unter https://thiesmisc.wordpress.com/2013/11/30/fishing-for-mennonites-in-the-berlin-document-center/.

53 Eine andere kritische Sicht auf das genealogische Thema bieten Eric Schmaltz und Samuel D. Sinner: The Nazi Ethnographic Research of Georg Leibbrandt and Karl Stumpp in Ukraine, and Its North American Legacy, in: Holocaust and Genocide Studies 14 (2000), S. 28-64.

Die Mitglieder einer Mennonitengemeinde. Aber dieses Theoriekonzept, das mit präzisen mathematischen Regeln nach einer Lösung sucht, wird nicht funktionieren. Es ist einfach Tatsache, dass all diese Kategorien viel zu verschwommen sind. Es gibt Menschen, die auf eine bestimmte Weise „Mennoniten" sind und in anderer Hinsicht eben nicht. Andererseits ist Gerhard Rempels sehr breit gefächerter Ansatz, jeden mit einem „mennonitischen" Familiennamen (d. h. mit Namen, die unter den europäischen Mennoniten statistisch überrepräsentiert sind) dazuzuzählen, nicht hilfreich, um die Wechselwirkung zwischen mennonitischer Identität und Nazismus zu verstehen, weil er zu viele Menschen enthält, die wir zufällig als Mennoniten bezeichnen könnten – Menschen, deren Mennonitentum allein aus einer retrospektiven Klassifizierungen auf der Basis von Familiennamen besteht. Eine effektivere heuristische Methode könnte darin bestehen, die Personen als mennonitisch anzusehen, die sich selbst irgendwann in ihrem Leben als Mennonit oder Mennonitin bezeichnet haben oder so von ihren unmittelbaren Zeitgenossen bezeichnet wurden.

Die weit verbreite Anhäufung von Themen, die sich auf Fragen der Nachkriegszeit und der Erinnerungsliteratur beziehen, nehmen im mennonitischen Kontext einen unübersehbaren Raum ein. Dieser Aufsatz selbst könnte als ein kleiner Beitrag dazu betrachtet werden. Diether Götz Lichdi hat vor einigen Jahren einen grundlegenden Artikel zu diesem Thema verfasst.[54] Die Art und Weise, wie die Flüchtlingsgeschichten das Bild der unmittelbaren mennonitischen Nachkriegserfahrung dominiert haben, könnte ein fruchtbares Thema für eine Studie sein.[55] Man könnte sagen, dass es den Mennoniten gelang, sich in einer Weise als Opfer zu sehen, die in der allgemeinen Geschichtsschreibung über den Nationalsozialismus nicht mehr als angemessen betrachtet wurde.

Einige Themen, die eine weitere Untersuchung verdienen, beziehen sich mehr auf die innermennonitische Geschichte, als auf die allgemeine Geschichtsschreibung. Wir brauchen ein besseres Gespür dafür, wie sich die deutsch-mennonitische Erfahrung im Laufe der Zeit von der späten Weimarer Zeit zur frühen Nachkriegszeit entwickelt hat. Das liefert die Lichdi-Studie nicht. Wir müssen noch besser verstehen lernen, warum so viel Mühe in die Durchsetzung von mennonitischen Privilegien im Zusammenhang mit der Eidfrage angewandt wurde. Es wäre von Vorteil, wenn deutlich werden würde, ob es bei Stellungnahmen Unterschiede zwischen den Mennoniten aus dem Südwesten, dem Nordwesten und aus dem Nordosten Deutschlands gegeben hat. Es könnte auch möglich sein, mehr über die zu Tage getretenen Identitätskonflikte zu lernen, wie z. B. im Falle der Neo-Hutterer oder der niederländischen Mennoniten.

Über die Wechselbeziehung von Mennoniten und Nationalsozialismus gibt es auf der Grundlage der Fragestellungen, die im aktuellen historischen Diskurs außerhalb der mennonitischen Fachwelt gefunden wurden, offenbar noch viel mehr zu entdecken. Fundierte mennonitische Antworten auf solche Fragen könnten wie-

---

54 Diether Götz Lichdi: Vergangenheitsbewältigung und Schuldbekenntnisse der Mennoniten nach 1945, in: MGB 64 (2007), S. 39-54.

55 Siehe dazu z. B. Steven Schroeder: Mennonite-Nazi Collaboration and Coming to Terms with the Past. European Mennonites and the MCC, 1945-1950, in: Conrad Grebel Review 21:2 (2003), S. 6-16.

derum Licht in die breitere Diskussion bringen. Für die deutschen Mennoniten scheint es zumindest so gewesen zu sein, dass sie mit ihren Anschauungen dem Mainstream angehörten und sich für Jahrzehnte auch keine Änderung wünschten. Gleichwohl fürchteten sie immer noch unangenehme Folgen, sollten sie in der Ära des Nationalsozialismus gesellschaftlich an den Rand gedrängt werden.

Benjamin W. Goossen

Das Völklein und das Volk

Mennoniten und Nationalismus in Deutschland vor 1933[1]

Einführung

Kurz nach Hitlers „Machtergreifung" im Jahr 1933 begann die „Vereinigung der Mennonitengemeinden im deutschen Reich" sich neu zu organisieren. Ähnlich wie Vertreter anderer Religions- und Kulturgruppen in Deutschland wollten mennonitische Führungspersonen ihre Haltung gegenüber der neuen Reichsregierung klären. In den kommenden Monaten setzten sich mennonitische Älteste, Diakone, Prediger und interessierte Laien insbesondere mit zwei Fragen auseinander: „Was charakterisiert die Eigenart der Mennoniten?" sowie „Was verbindet sie mit Millionen von anderen Deutschen?"[2]

Im vorliegenden Beitrag soll nun geklärt werden, wie diese beiden Fragen in den Jahrzehnten vor 1933 in einen Zusammenhang gebracht wurden. Zwei Konzepte, die hier als mennonitisches „Völklein" und deutsches „Volk" bezeichnet werden sollen, werden miteinander verbunden. Die Begriffe „Völklein" und „Volk" werden als Konstrukte verwendet, die Vorstellungen von sozialen Gruppierungen – Mennoniten und Deutsche – bezeichnen. Das zeitgenössisch erkennbarere und noch heute häufiger benutzte Wort „Volk" stellte in der Zeit des Dritten Reichs auch einen wichtigen Teil der NS-Ideologie dar. In jener Zeit verstanden viele völkische Schriftsteller „Volk" als wesentliches rassisches Konzept. „Das deutsche Volk ist wie jedes andere entstanden aus einer Mischung verschiedenen, aber artverwandten Blutes," schrieb 1938 Horst Quiring, Pas der Berliner Mennonitengemeinde. „Diese geschichtliche Rasse ist der Blutzusammenhang, den wir heute als die wichtigste Grundlage für das Bestehen eines Volkes ansehen."[3] Die Beziehung zwischen diesem übergreifenden deutschen „Volk" und dem zumin-

1 Der Autor dankt Rachel Waltner Goossen, Marion Kobelt-Groch und Astrid von Schlachta für ihre Rückmeldung zu diesem Aufsatz sowie Joel Driedger für die Redigierung des deutschen Textes. Die Quellen für diesen Aufsatz wurden im Rahmen der Forschungen für folgendes Buch gesammelt: Benjamin W. Goossen: Chosen Nation. Mennonites and Germany in a Global Era, Princeton 2017.

2 Dieser Prozess ist durch die Aufsatzserie „Zur Kirchenfrage der Mennoniten" von Benjamin Unruh gut dokumentiert. Vgl. MFSt, Nachlass Benjamin H. Unruh, Kasten 2, Ordner 8. Zu Mennoniten im Dritten Reich vgl. Diether Götz Lichdi: Mennoniten im Dritten Reich, Weierhof 1977; James Irvin Lichti: Houses on the Sand? Pacifist Denominations in Nazi Germany, New York 2008; Hans Jürgen Goertz: Nationale Erhebung und religöser Niedergang. Mißglückte Aneignung des täuferischen Leitbildes im Dritten Reich, in: MGB 31 (1974), S. 61-90; Astrid von Schlachta: „in unbedingter Treue" ... „keine Verfechter der Wehrlosigkeit". Volksgemeinschaft, Staatstreue und das Bild, das von den Mennoniten herrschen sollte, in: MGB 72 (2015), S. 117-132. Vgl. auch John D. Thiesen: Mennonite and Nazi? Attitudes Among Mennonite Colonists in Latin America, 1933-1945, Kitchener 1999.

3 Horst Quiring: Grundworte des Glaubens. Achtzig wichtige biblische Begriffe für den Menschen der Gegenwart, Berlin 1938, S. 221.

dest teilweise darunterfallenden mennonitischen „Völklein", oft als Religions- und Rassengemeinschaft konzeptualisiert, war eine zentrale Frage für Mennoniten wie Quiring – nicht zuletzt, weil diese Beziehung ständig in Bewegung war, weil Begriffe wie „Volk", „Rasse" und selbst „Mennoniten" mit den Jahren ihre Bedeutung veränderten. Manchmal wurden Ideen miteinander verbunden, zu anderen Zeiten in Kontrast zueinander gesetzt. Mennoniten in Deutschland und anderswo verwendeten im späten 19. Jahrhundert das Wort „Völklein", aber auch Begriffe wie „Mennonitenvolk", „Völkchen", „kleines Mennonitenvolk", „Stamm", „Gemeinschaft", „Konfession" oder „Sippe", um Mennoniten von anderen Deutschen beziehungsweise vom „Deutschtum" zu distanzieren.[4]

Es ist entscheidend, diese Vorgeschichte darzustellen, um die späteren Reaktionen der Mennoniten auf den Aufstieg des Nationalsozialismus zu verstehen. Im Folgenden werde ich den Begriff „Nationalismus" verwenden. Damit verbindet sich die Vorstellung, dass es eine relativ große Gruppe von Menschen mit gemeinsamen Eigenschaften gibt (wie Sprache, Kultur, Religion und Phänotyp). Dieser Interpretation zufolge steht Nationalismus als Begriff auch für den Versuch, die Leute, die als Mitglieder einer bestimmten Nation kategorisiert wurden, zusammenzubringen. In den Jahren vor 1933 versuchten deutsche Nationalisten und mennonitische Führungspersonen – genau wie andere Aktivisten mit unterschiedlichen Überzeugungen in ganz Europa und der Welt – ihre eigenen Bevölkerungen zu „nationalisieren".[5]

Es ist aus mehreren Gründen sachdienlich, die Beziehung zwischen dem Mennonitentum und dem Deutschtum durch die Linse des Nationalismus zu betrachten.[6] Zunächst wird dadurch ermöglicht, Mennonitentum und Deutschtum gedanklich zusammenzubringen – nicht als zwei getrennte Objekte, sondern als konkurrierende, überlappende und sich gegenseitig konstituierende Ideen, die in gleicher Weise an einer zusammenhängenden Reihe von Diskursen und Verhaltensweisen teilhaben. Zweitens wird es dadurch möglich, beide Kategorien jeweils ganzheitlich zu untersuchen. Wie Mennoniten vor und im Dritten Reich ihre kollektive Identität gestalteten, hängt von einer ganzen Reihe von Faktoren ab: u. a. Religion, Ethnizität, Theologie, Genealogie, Kultur und Sprache. Im Folgenden werden möglichst viele Faktoren in die Betrachtung einbezogen. Schließlich hilft uns die skizzierte Methodik, die Mennoniten als historisch Handelnde zu beschreiben. Sie waren nicht nur „Verführte", die sich einem größeren deutschen

---

4 Zum zeitgenössischen Konzept eines eigenen mennonitischen „Völkleins", vgl. Abraham Friesen: In Defense of Privilege: Russian Mennonites and the State Before and during World War I, Winnipeg 2006, S. 303-326. Der Band stand Pate für den Titel des vorliegenden Aufsatzes. Obwohl diese Vorstellung am häufigsten von Mennoniten im Russischen Reich verwendet wurde, taucht sie auch bei Mennoniten in Deutschland auf. Zum Beispiel: Hinrich van der Smissen: Zur Mennofeier, in: MB, 1. November 1892, S. 162.

5 Werke, die Nationalismus in diesem Sinn benutzen sind Eric J. Hobsbawm/Terence O. Ranger (Hg.): The Invention of Tradition, Cambridge 1992; Eric J. Hobsbawm: Nations and Nationalism Since 1780. Myth, Reality, New York 1992; John Breuilly, Nationalism and the State, Chicago 1994; Ernest Gellner: Nations and Nationalism, Oxford 1983; Benedict Anderson: Imagined Communities, London 2006.

6 In diesem Zusammenhang: Mark Jantzen: Mennonite German Soldiers. Nation, Religion, and Family in the Prussian East, 1772-1880, Notre Dame 2010; John D. Thiesen: First Duty of the Citizen. Mennonite Identity and Military Exemption in Prussia. 1848-1877, in: MQR 72 (1998), S. 161-187.

Nationalismus anschlossen, oder „Machtlose“, die von monumentalen Kräften außerhalb ihrer Kontrolle „überrollt“ wurden. Mennoniten versuchten damals, die allgemeinen Ansichten über Mennoniten- und Deutschtum zu beeinflussen, und gestalteten das Verhältnis beider Vorstellungswelten aktiv mit. Zweifellos waren ihre Wirkungskreise oft beschränkt, etwa durch die Lebensumstände, in denen einzelne Mennoniten sich befanden, dennoch bestanden grundsätzlich mehrere Wahlmöglichkeiten.

Der Aufstieg des Nationalismus im 19. Jahrhundert

Wann und wie hat Deutschland angefangen? Diese Frage diskutieren Historiker seit Jahren.[7] Waren bestimmte Bevölkerungsgruppen – wie die deutschsprachigen Mennoniten – schon seit Jahrhunderten „deutsch“? Oder haben sie möglicherweise erst viel später einen Prozess des Deutschwerdens durchlaufen? Wie in der historiografischen Diskussion bereits herausgearbeitet, hatte der Begriff „Deutschtum“ in verschiedenen Zeitaltern ganz unterschiedliche Bedeutungen.[8] Es ist äußerst schwierig, eine einzige Linie „deutscher Identität“ durch die Jahrhunderte zurück zu verfolgen. Dennoch werde ich im Folgenden die Entwicklung der ersten Nationalstaaten im 19. Jahrhundert grob skizzieren und die Beteiligung der Mennoniten an diesem Prozess beleuchten.[9]

Zu Beginn des 19. Jahrhunderts gab es keinen vereinigten deutschen Staat. Mennoniten lebten verstreut in verschiedenen deutschen Ländern. Ungefähr 58 Prozent wohnten in Ost- und Westpreußen, zwölf Prozent in nordwestdeutschen Regionen (in Gegenden wie Hamburg, Holstein, Ostfriesland und dem Rheinland) und 30 Prozent in süddeutschen Staaten (wie Baden, Hessen und Bayern).[10] 1854 schrieb Jakob Mannhardt, Pastor der Danziger Gemeinde, dass „unsere verschiedenen Gemeinden in Deutschland [...] so getrennt von einander, ohne nähere Bekanntschaft und Verbindung und ohne Gefühl ihrer Zusammengehörigkeit ständen.“[11] Obwohl es einige Kontakte zwischen diesen drei Siedlungsregionen gab, sahen nur wenige Mennoniten sich als Mitglieder einer einzigen deutschen Mennonitenschaft. Wenn es doch gemeinsame Aktivitäten mit anderen Mennoniten gab, so überwiegend mit Glaubensgenossen aus dem nicht deut-

---

7 Vgl. den klassischen Aufsatz von: James Sheehan: What is German History? Reflections on the Role of the Nation in German History and Historiography, in: Journal of Modern History 53 (1981), S. 1-23. Zur neueren Debatte s. H. Glenn Penny: German Polycentrism and the Writing of History, in: German History 30 (2012), S. 265-282.

8 Vgl. zum Beispiel: Alon Confino: The Nation as a Local Metaphor. Wurttemberg, Imperial Germany, and National Memory, 1871-1918, Chapel Hill 1997; Krista O'Donnell/Renate Bridenthal/Nancy Reagin (Hg.): The Heimat Abroad. The Boundaries of Germanness, Ann Arbor 2005.

9 Zu Mennoniten in deutschsprachigen Ländern vgl. Jantzen (wie Anm. 6); James Jakob Fehr/Diether Götz Lichdi: Mennonites in Germany, in: Hanspeter Jecker/Alle G. Hoekema (Hg.): Testing Faith and Tradition. A Global Mennonite History, Intercourse 2006, S. 97-152.

10 Diese Zahlen folgen H[ermann] G[ottlieb] Mannhardt: Jahrbuch der Altevangelischen Taufgesinnten oder Mennoniten-Gemeinden, Danzig 1888, S. 1-37.

11 Jakob Mannhardt: Vorwort, in: MB, Januar 1854, S. 2. Zu Mannhardt, vgl. Jacob Mannhardt, in: MB, Juni 1885, S. 47-48.

schen „Ausland“ – zum Beispiel aus den Niederlanden, der Schweiz, Frankreich oder dem Russischen Reich.[12]

Die Wichtigkeit regionaler Identitäten galt für die deutschen Staaten im Allgemeinen, nicht nur für Mennoniten.[13] Erst mit der Zeit wurden die Stimmen der deutschen Nationalisten lauter, die forderten, dass alle deutschen Länder zu einem einzigen Reich vereinigt werden sollten. Die Modalitäten waren jedoch keineswegs klar. Die deutsche Nationalbewegung spaltete sich beispielsweise an der Frage, ob das „katholische“ Österreich eingeschlossen werden sollte oder nicht. Im 19. Jahrhundert gab es einige erfolglose Versuche – am bekanntesten im Jahr 1848 – einen vereinigten deutschen Staat zu gründen. Aber noch bevor diese Anstrengungen endlich im Jahr 1871 Erfolg hatten, begannen nationalistische Aktivisten, die Vorstellung einer deutschen Nation – ein Volk, das durch gemeinsame Sprache und Kultur vereinigt wird, wenn schon nicht durch gemeinsame territoriale Grenzen – zu entwickeln und zu verbreiten.[14]

Zwischen dem Ende der Napoleonischen Kriege, d. h. nach 1815, und den ersten Jahrzehnten des Kaiserreichs Ende des 19. Jahrhunderts begannen einige Mennoniten in deutschen Ländern, von einer deutschen mennonitischen Bevölkerung zu sprechen. Um ihre Glaubensgenossen in den nordwestlichen, nordöstlichen und südlichen deutschen Staaten zusammen zu bringen, versuchten sie, konfessionelle Verbindungen auf einer spezifisch nationalen Basis zu knüpfen. Diese Anstrengungen führten zu verschiedenen Initiativen: Ab den 1850er Jahren kooperierten Mennoniten aus allen Landesteilen, um Missionsarbeit in Übersee durchzuführen. Verzeichnisse mennonitischer Gemeinden, die früher nur Mitgliedsgemeinden in begrenzten Gebieten einschlossen, listeten jetzt alle mennonitschen Gemeinden Deutschlands auf. Und von 1886 an existierte mit der Vereinigung der Mennonitengemeinden im Deutschen Reich eine zentrale Organisation, die sich für gemeinsame Interessen aller Mennoniten in Deutschland einsetzen wollte. Frühe Arbeitszweige der Vereinigung waren die pastorale Betreuung von verstreut lebenden Mennonitenfamilien, die Gründung einer Hilfskasse für Prediger und Witwen und die Ausbildung mennonitischer Prediger.[15]

Im 19. Jahrhundert entwickelten sich neben dem Aufstieg des Nationalismus auch neue Formen des Bürgertums. Während ältere Regierungssysteme Minder-

---

12 Zu europäischen Mennoniten in der Frühen Neuzeit vgl. John D. Roth/James M. Stayer (Hg.): A Companion to Anabaptism and Spiritualism, 1521-1700, Leiden/Boston 2007; Michael Driedger: Obedient Heretics. Mennonite Identities in Lutheran Hamburg and Altona during the Confessional Age, Aldershot 2002; Alastair Hamilton/Sjouke Voolstra/Piet Visser (Hg.): From Martyr to Muppy. A Historical Introduction to Cultural Assimilation Processes of a Religious Minority in the Netherlands, Amsterdam 1994; James Urry: None but Saints. The Transformation of Mennonite Life in Russia 1789-1889, Winnipeg 1989.

13 Vgl. Confino (wie Anm. 8); Celia Applegate: A Nation of Provincials. The German Idea of Heimat, Berkeley 1990.

14 Zu den deutschen Ländern im 19. Jahrhundert vgl. David Blackbourn: The Long Nineteenth Century. A History of Germany 1780-1918, New York 2003; Jürgen Kocka: Das lange 19. Jahrhundert. Arbeit, Nation und bürgerliche Gesellschaft, Stuttgart 2001.

15 Vgl. Goossen (wie Anm. 1), Kapitel 1-3.

heitengruppen wie den Mennoniten besondere Privilegien angeboten hatten, basierten die neuen Nationalstaaten Europas auf der bürgerlichen Gleichheit vor dem Gesetz. Diese Veränderungen nahmen in verschiedenen Staaten zu unterschiedlichen Zeitpunkten Gestalt an. Beispielsweise wurden die meisten Mennoniten in süddeutschen Staaten bereits während der Napoleonischen Kriege, also schon vor 1815, „emanzipiert". Zu diesem Zeitpunkt wurde ihre Wehrfreiheit offiziell aufgehoben. Wehrfähige Mennoniten in diesen Gebieten durften zwar noch einen Vertreter bezahlen, dennoch war das alte System der kollektiven Privilegien überwiegend vorbei. Dafür mussten Mennoniten in diesen Staaten keine kollektive Steuer mehr entrichten und alte Beschränkungen für den Erwerb und Besitz von Eigentum wurden ebenfalls aufgehoben.[16]

Dagegen behielten Mennoniten in anderen deutschen Staaten ihren privilegierten Status viel länger. In Preußen verloren sie ihre Wehrfreiheit erst im Jahr 1867. Zusammen mit der Aufhebung vieler Sondersteuern und Beschränkungen wurden Mennoniten im ganzen Kaiserreich ab 1874 offiziell emanzipiert. Dennoch erhielten sich einige Teile des alten Systems der kollektiven Rechte. Zum Beispiel waren fast alle Mennoniten Deutschlands davon befreit, Eide zu schwören. Da das Wehrlosigkeitsprinzip unter den Mennoniten in Preußen und Baden stark ausgeprägt war – teilweise wurde mit kollektiver Auswanderung nach Russland oder Nordamerika gedroht – gaben die Regierungen dieser Staaten ihren mennonitischen Wehrpflichtigen das Recht, ohne Waffe zu dienen, entweder als Sanitäter, Schreiber, Handwerker oder Fuhrknecht.[17]

Für viele Mennoniten in deutschen Ländern war der Verlust von gemeinsamen Privilegien wie speziell der vollen Wehrfreiheit äußerst erschütternd. Tausende zogen, zumindest teilweise aus diesen Gründen, ins Ausland. Im 18. und 19. Jahrhundert wanderten rund 9.000 Mennoniten aus deutschen Ländern nach Nordamerika aus, und ungefähr dieselbe Zahl zog in das Russische Reich. Diese 18.000 Auswanderer repräsentierten ungefähr 45 Prozent der gesamten mennonitischen Bevölkerung in den deutschen Staaten.[18]

Nach 1871 lebten rund 22.000 Mennoniten im Deutschen Reich, die ihr Verhältnis gegenüber dem Staat klären mussten. Für einige hieß das, an der Treue zur deutschen Nation und zum Staat festzuhalten und gleichzeitig die mennoniti-

---

16 Zum Verhältnis von Täufern und dem Staat, vgl. Michael Driedger: Anabaptists and the Early Modern State: A Long-Term View, in: Roth/Stayer (wie Anm. 12), S. 507-544; James Urry: Mennonites, Politics, and Peoplehood. Europe – Russia – Canada, 1525 to 1980, Winnipeg 2006.

17 Zu Mennoniten und neuen bürgerlichen Freiheiten vgl. Jantzen (wie Anm. 6); Mark Jantzen: Equal and Conscripted. Liberal Rights Confront Mennonite Conceptions of Freedom in Nineteenth-Century Germany, in: JMS 32 (2014), S. 65-80; Mark Jantzen: Vistula Delta Mennonites Encounter Modern German Nationalism, 1813-1820, in: MQR 78 (2004), S. 185-212; Thiesen (wie Anm. 6); Diether Götz Lichdi: Zum Staatsverständnis der deutschen Mennoniten im 19. Jahrhundert. Von der Diskriminierung zur Gleichberechtigung, in: MGB 68 (2011), S. 37-58; Wilhelm Mannhardt: The Military Service Exemption of the Mennonites of Provincial Prussia, North Newton 2013.

18 Diese Zahl beinhaltet Auswanderungen aus der Schweiz und Elsass-Lothringen. Zur mennonitischen Migration nach Nordamerika, vgl. Royden Loewen/Steven M. Nolt: Seeking Places of Peace. A Global Mennonite History, Intercourse 2012, S. 19. Für das russische Reich, vgl. Benjamin H. Unruh: Die niederländisch-niederdeutschen Hintergründe der mennonitischen Ostwanderungen im 17., 18. und 19. Jahrhundert, Karlsruhe 1955, S. 231; Urry (wie Anm. 12), S. 285-289.

schen Eigenarten zu bewahren. Im Jahr 1888 verfasste das Curatorium der neu gegründeten Vereinigung eine „Öffentliche Erklärung", in der es feststellte: „Die Liebe zum Vaterlande ist uns ein ebenso heiliges Gefühl wie irgend einem anderen Deutschen."[19] Obwohl das Curatorium die Treue der Mennoniten zum deutschen Staat betonte, einschließlich der Bereitschaft, den Militärdienst anzutreten, verteidigte es auch das Mennonitentum als eine alte und werte Glaubensform, die noch weiter im Zeitalter des Nationalismus bestehen könnte und sollte. Die Diskussionen über ihre Stellung im deutschen „Volk" ermutigte mennonitische Intellektuelle, den Begriff eines einzigartigen mennonitschen „Völkleins" im Kontext eines deutschen Nationalismus zu stellen sowie ihn weiter zu entwickeln.

Hervorzuheben ist: In den letzten Jahrzehnten des 19. Jahrhunderts begannen mennonitische Vertreter in Deutschland, von den Mennoniten als einer spezifisch „deutschen" Religionsgemeinschaft zu sprechen. In der Vorstellung dieser Menschen – die oft mit der wachsenden Vereinigung verbunden wurden – sei die große Mehrheit der Mennoniten in der Welt deutschsprachig und habe ihre Wurzeln in deutschen Staaten; vereinigt seien alle Mennoniten durch ein gemeinsames deutsches Wesen. „Aus diesen ihren Heimatländern", schrieb Pastor Hermann Mannhardt aus Danzig über seine weltweit zerstreuten Glaubensgenossen, „sind sie erst später durch Vertreibung oder Auswanderung auch nach Rußland, Polen, Galizien und Amerika gekommen, wo sie ihren deutschen Charakter indessen überall fast vollständig bewahrt haben."[20] Obwohl Mannhardt und andere Befürworter dieser Auffassung weiterhin davon ausgingen, dass die ersten und größten Täuferbewegungen in der Schweiz und in den Niederlanden entstanden waren, sahen sie sich und ihre Glaubensgenossen als Glieder einer globalen deutsch-mennonitischen Diasporagemeinde.

Der Erste Weltkrieg und mennonitischer Internationalismus

Der Erste Weltkrieg war ein Wendepunkt für die Beziehung zwischen Mennonitentum und deutschem Nationalismus. Der Krieg verursachte eine Wandlung unter Deutschlands Mennoniten von einem hauptsächlich national-liberalen oder national-konservativen Verständnis zu einem eher völkischen und antikommunistischen. In den ersten Tagen des Konflikts blieben mennonitische Führungspersonen bei Formen des Patriotismus, die das Wohl des Kaisers und des Vaterlands betonten. Als sie im September und Oktober 1914 ihre Treue zum Staat erklärten, versuchten nationalistisch gesinnte Mennoniten wie Hermann Mannhardt ihre Gemeinschaft endlich von der alten Idee der Wehrlosigkeit zu

19 Das Curatorium der Vereinigung der Mennoniten Gemeinden im Deutschen Reich, Öffentliche Erklärung, in: Tägliche Rundschau, Berlin, 23. August 1888. Zum Kaiserreich vgl. James Retallack: Imperial Germany, 1871-1918, Oxford 2008.

20 Mannhardt (wie Anm. 10), S. 1. Zur Beziehung zwischen deutschem Nationalismus und Diasporadenken, vgl. Stefan Manz: Constructing a German Diaspora. The „Greater German Empire", 1871-1914, New York 2014; Bradley D. Naranch: Inventing the Auslandsdeutsche. Emigration, Colonial Fantasy, and German National Identity, 1848-71, in: Eric Ames/Marcia Klotz/Lora Wildenthal (Hg.), Germany's Colonial Pasts, Lincoln 2005, S. 21-40.

lösen.[21] Doch die Wehrlosigkeit war unter den Mennoniten Deutschlands noch lebendig. Unter den rund 2.000 mennonitischen Soldaten, die im August 1914 zum deutschen Heer gehörten, diente ein Drittel ohne Waffe. Es gibt einzelne Berichte, dass eine bescheidende Anzahl im Laufe des Krieges an dieser Position festgehalten habe.[22] Allerdings muss gesagt werden, dass Mennoniten, die ihr staatlich gewährtes Recht wählten und ohne Waffen dienten, oft nicht gegen den Krieg selbst waren. Ihnen ging es eher darum, nicht zu töten, um nicht schuldig zu werden.[23]

Mennonitische Kirchenleiter wie Hinrich van der Smissen, Vorsitzender der Vereinigung, sahen im Militärdienst die Gelegenheit, ihre Gemeinden mit dem deutschen Volk zu vereinen. Weil seit Jahren von einigen strengen nicht mennonitischen Nationalisten behauptet wurde, dass Mennoniten wegen ihrer historischen Wehrlosigkeit nicht zur Nation gehören durften, galt Wehrdienst angeblich als Beweis mennonitisches Deutschseins. Die Bereitschaft vieler Mennoniten für Deutschland zu kämpfen, warf allerdings ein fragwürdiges Licht auf ihre Beziehungen zu den Glaubensgeschwistern außerhalb deutscher Grenzen. Einige Mennoniten aus Frankreich, Nordamerika und dem Russischen Reich dienten in den alliierten Heeren gegen die Mittelmächte. Die meisten Mennoniten weltweit blieben jedoch wehrlos und die Chance, dass je zwei Mennoniten auf dem Schlachtfeld aufeinander schießen würden, erschien recht gering.[24] Umstritten war eher die Tatsache, dass Mennoniten in Deutschland überhaupt kämpften – für viele wehrlose Mennoniten im Ausland war dies theologisch sehr zweifelhaft.[25]

Nationalistische Mennonitenführer in Deutschland begegneten der Kritik von außen, indem sie den deutschen Kriegseinsatz als eine Art mennonitischen „Heiligen Krieg" darstellten.[26] Nach ihrer Meinung waren mennonitische Gemeinden

21 Walter Klaassen/Harry Loewen/James Urry: German Nationalism and the First World War. Hermann G. Mannhardt's Heroic Deeds and Heroes, in: MQR 88 (2014), S. 517-536; Helmut Foth: Mennonitischer Patriotismus im Ersten Weltkrieg und die Kriegsrede des Danziger Predigers Hermann G. Mannhardt, in: MGB 72 (2015), S. 47-74. Zu Deutschland und dem Ersten Weltkrieg, vgl. Roger Chickering: Imperial Germany and the Great War, 1914-1918, Cambridge 1998.

22 Zur Statistik mennonitischer Soldaten in Deutschland, vgl. Unsere Brüder im Felde, in: MB, September 1914, S. 67; Es ist erreicht?, in: MB, November 1914, S. 84; H. G. Mannhardt an das Kuratorium der Vereinigung, 13. März 1916, MFSt, Vereinigung, Karton 1, Ordner Briefe 1913-1918; Mennoniten, die im Weltkrieg blieben nach den Gemeindekalendern für 1916-20 und 1922, Politisches Archiv des Auswärtigen Amts, Berlin, R 127518.

23 Christliche Wehrlosigkeit unterscheidet sich fast komplett vom säkularen Pazifismus; im frühen 19. Jahrhundert gab es keine mennonitische Unterstützung für die pazifistische Bewegung; beschrieben in Roger Chickering: Imperial Germany and a World without War. The Peace Movement and German Society, 1892-1914, Princeton 1975.

24 Hinrich van der Smissen: Unsere Brüder im Ausland, in: MB, September 1914, S. 70.

25 Zu Mennoniten in den Vereinigten Staaten im Ersten Weltkrieg vgl. Gerlof D. Homan: American Mennonites and the Great War, 1914-1918, Scottdale 1994; James C. Juhnke: Vision, Doctrine, War. Mennonite Identity and Organization in America, 1890-1930, Scottdale 1989. Zu Mennoniten in Kanada, vgl. Frank H. EPP: Mennonites in Canada, 1786-1920. The History of a Separate People, Toronto 1974. Zu Mennoniten in Russland, vgl. Jacob Dick: Mennonite Alternative Service in Russia. The Story of Abram Dück and His Colleagues 1911-1917, Kitchener 2002.

26 Zum Beispiel, H.G. Mannhardt: Der Krieg und wir, in: MB, Oktober 1914, S. 74. Zum Ersten Weltkrieg als religiösem Konflikt, vgl. Philip Jenkins: The Great and Holy War. How World War I Became a Religious

in Deutschland, Österreich und anderswo durch den Krieg direkt bedroht. Nur ein von Gott begleiteter deutscher Sieg, sagten sie, könne die Sicherheit dieser Gemeinden garantieren. Solche Aussagen wurden ab 1915 immer häufiger, als das Russische Reich Gesetze gegen Deutschsprachige verabschiedete, darunter rund 100.000 Mennoniten. Für die restliche Dauer des Konflikts behaupteten Leiter der Vereinigung sowie andere mennonitische Sprecher in Deutschland, wie der süddeutsche Pastor und Geschichtsforscher Christian Neff, dass ihre Glaubensgenossen in Russland systematisch unterdrückt würden und dass sie in ein expandiertes Deutschland „zurückwandern“ sollten.[27]

Trotz der Niederlage der Mittelmächte im Jahr 1918 hielten deutsche Mennoniten an ihren Hilfsleistungen in das ehemalige Russische Reich fest. Nach zwei Revolutionen im Jahr 1917 war dort ein Bürgerkrieg in vollem Gange. Durch Briefe und Augenzeugenberichte wurden Mennoniten in der ganzen Welt über die schreckliche Lage in Osteuropa informiert. Besonders in der Ukraine erfuhr die mennonitische Bevölkerung massive Gewalt durch staatliche und paramilitärische Truppen. Viele Mennoniten griffen selbst zu den Waffen und nahmen an den gewalttätigen Auseinandersetzungen teil. Hungersnöte erschütterten das Land und brachten Leid und Tod. Nach dem Sieg der Bolschewisten befand sich die größte mennonitische Volksgruppe Europas in einem offiziell atheistischen Staat.[28]

Zusammen mit mennonitischen Vertretern aus Kanada, den Vereinigten Staaten, den Niederlanden, der Schweiz, Frankreich und auch aus der Sowjetunion, versuchten Deutschlands führende mennonitische Hilfsorganisationen – Mennonitische Flüchtlingsfürsorge, später Deutsche Mennoniten-Hilfe, und Mennonitisches Hilfswerk Christenpflicht – das Leiden ihrer Glaubensgenossen in der UdSSR zu lindern. Es wurden Bibeln, Essen, Traktoren, Kleider und andere Güter geschickt sowie Essensausgaben in sowjetischen Gebieten eingerichtet.[29] Außerdem wurde mennonitischen Flüchtlingen geholfen. Viele Mennoniten hatten gegen die Bolschewisten gekämpft, entweder als mennonitische Selbstschutz-Truppen oder in der Weißen Armee. Viele dieser Soldaten flohen mit ihren Familien aus der Sowjetunion.[30] Ab 1923 begannen die internationalen

---

Crusade, New York 2014; John A. Moses: Justifying War as the Will of God. German Theology on the Eve of the First World War, in: Colloquium 31 (1999), S. 3-20.

27 Vgl. Friesen (wie Anm. 4); David G. Rempel: The Expropriation of the German Colonies in South Russia during the Great War, in: Journal of Modern History 4 (1932), S. 49-67; Eric Lohr Nationalizing the Russian Empire. The Campaign against Enemy Aliens during World War I, Cambridge 2003.

28 Vgl. John B. Toews, Czars, Soviets and Mennonites, Newton 1982; Harvey L. Dyck/John R. Staples/John B. Toews: Nestor Makhno and the Eichenfeld Massacre. A Civil War Tragedy in a Ukrainian Mennonite Village, Kitchener 2004; Peter Letkemann: Mennonite Victims of Revolution, Anarchy, Civil War, Disease and Famine, 1917-1923, in: Mennonite Historian 24 (1998), S. 1 f., 9.

29 Zu diesen Organisationen und ihren Aktivitäten, Peter Letkemann: The Refugee Effort in Lager Lechfeld, 1921-1926. Beating Swords into Plowshares?, in: MQR 90 (2016), S. 277-306; Deutsche Mennoniten-Hilfe. Ihre Entstehung und Arbeitsgebeite, Oberursel 1924; P. C. Hiebert: Feeding the Hungry. Russia Famine, 1919-1925, Scottdale 1929.

30 S. Lawrence Klippenstein: The Selbstschutz. A Mennonite Army in Ukraine, 1918-1919, in: Mary Raber/Peter F. Penner (Hg.): History and Mission in Europe. Continuing the Conversation, Schwarzenfeld 2011, S. 49-82; John B. Toews, The Origins and Activities of the Mennonite Selbstschutz in Ukraine (1918-1919), in: MQR 46 (1972), S. 5-39.

mennonitischen Hilfsorganisationen, eine Völkerwanderung zu organisieren. In den folgenden vier Jahren wanderten etwa 20.000 Mennoniten, ein Fünftel aller Mennoniten in der UdSSR, nach Kanada aus.[31]

Obwohl mennonitische Kirchenleiter in Deutschland immer noch mit Hilfsaktionen in Russland halfen, wurden ihre Anstrengungen wegen der politischen Lage der Nachkriegszeit stark behindert. Der im Jahr 1919 geschlossene Versailler Vertrag reduzierte die Grenzen Deutschlands drastisch. Da die Mennoniten in Grenzregionen wohnten, wurden sie übermäßig getroffen. Obwohl rund 12.500 von ihnen in der Zeit der Weimarer Republik in Deutschland blieben, fanden sich 2.300 im neuen polnischen Staat, 6.500 in der Freien Stadt Danzig und 3.000 in Frankreich wieder.[32] Außerdem setzten die schlechte wirtschaftliche Lage und die galoppierende Inflation wichtigen mennonitischen Organisationen im Land erheblich zu. „Heute herrscht ein Friede, der keinen wirklichen Friedenszustand geschaffen hat", klagte Hermann Mannhardt. „Und alle Friedensarbeit ist unendlich erschwert durch die traurigen politischen Verhältnisse, in denen wir leben."[33] Es ist nicht überraschend, dass die Weimarer Republik von den Mennoniten nur wenig geliebt wurde.

Trotz schlechter Zustände in Deutschland bezeichneten mennonitische Sprecher weiterhin ihr Land als Heimatland der Mennoniten. Nach den Statuten der Mennonitischen Flüchtlingsfürsorge beispielsweise, die unter der Leitung von Christian Neff stand, könne die internationale Hilfe in der Sowjetunion „ohne Deutschland und Mithilfe der deutschen Mennoniten nicht durchgeführt werden". Dies gelte wegen der geografischen Nähe Deutschlands, und vor allem weil es „die Heimat der russischen Mennoniten [ist], die sie vor 100 Jahren verlassen haben, mit der sie aber durch unzerreißbare Bande der Geschichte, der Sprache, des Glaubens, der Kultur, der persönlichen Verwandtschaft und Bekanntschaft verbunden sind".[34] In der Zwischenkriegszeit entwickelten führende Mennoniten in Deutschland ein klares politisches Programm, das nationalistisch, antikommunistisch ausgerichtet war und das internationale Hilfsarbeit hochhielt.[35]

---

31 Frank H. Epp: Mennonite Exodus, Altona 1962; John B. Toews/Paul Toews (Hg.): Union of Citizens of Dutch Lineage in Ukraine (1922-1927). Mennonite and Soviet Documents, Fresno 2011; John B. Toews: Lost Fatherland. The Story of the Mennonite Emigration from Soviet Russia, 1921-1927, Scottdale 1967.

32 Diese Zahlen folgen Christian Hege: Die Verbreitung der Mennoniten in der Welt, in: Christian Neff (Hg.), Gedenkschrift zum 400-jährigen Jubiläum der Mennoniten oder Taufgesinnten, 1525-1925, Ludwigshafen am Rhein 1925, S. 282-287.

33 H. G. Mannhardt: Jahresbericht der Vereinigung der Mennonitengemeinden im Deutschen Reich über ihre Tätigkeit in den Jahren 1918 und 1919, in: MB, November 1920, S. 84 f.

34 Mennonitische Flüchtlingsfürsorge, in: MB, Januar 1921, S. 4.

35 Vgl. Jonas J. Driedger: „Wohin wir blicken, sehen wir Feinde". Wie sich preußische Mennoniten von 1913 bis 1933 als Teil einer christlich-antibolschewistischen Volksgemeinschaft neu erfanden, in: MGB 71 (2014), S. 71-102; Harry Loewen (Hg.): Shepherds, Servants and Prophets. Leadership among the Russian Mennonites (ca. 1880-1960), Kitchener 2003, bes. S. 247-264, 265-278, 313-336, 401-426; James Casteel: The Politics of Diaspora. Russian German Émigré Activists in Interwar Germany, in: Mathias Schulze/James M. Skidmore/David G. John/Grit Liebscher/Sebastian Siebel-Achenbach (Hg.), German Diasporic Experiences. Identity, Migration, and Loss, Waterloo 2008, S. 117-129.

Nationalsozialismus in der Zeit der Weimarer Republik

Beim Thema „Mennoniten in der NS-Zeit" muss daran erinnert werden, dass die NS-Zeit nicht erst im Jahr 1933 anfing.[36] Die Hitlerbewegung entstand schon 1919 mit der Gründung der Deutschen Arbeiterpartei, die im folgenden Jahr als Nationalsozialistische Deutsche Arbeiterpartei reorganisiert wurde. Historiker wissen leider sehr wenig über das Verhältnis zwischen Mennoniten und der NSDAP vor 1933. Doch gerade das ist eine entscheidende Phase. Vieles von dem, was Hitler nach seiner „Machtergreifung" umsetzte, war schon vorher festgelegt. Wie sich Mennoniten und andere Gruppen vor 1933 gegenüber den Nationalsozialisten verhielten, beeinflusste die Behandlung dieser Gemeinschaften in den folgenden Jahren.[37]

Da gerade dieser Zusammenhang noch wenig erforscht ist, soll es hier bei einigen Bemerkungen und Forschungsimpulsen bleiben. Zunächst ist festzuhalten, dass einige Mennoniten – möglicherweise auch eine größere Anzahl – schon vor 1933 in die NSDAP eintraten oder anderweitig die Hitlerbewegung unterstützten. Mindestens ein Mennonit, Daniel Dettweiler, wurde schon im Jahr 1920 Parteimitglied. Er trug die Mitgliedsnummer 1967.[38] Als Münchner Bürger und langjähriger Vorsitzender der Münchner Mennonitengemeinde war Dettweiler wohl Teil des konservativ-militaristischen Milieus, das aktiv an der Zerschlagung der Bayerischen Räterepublik im Jahr 1919 beteiligt war. Ob andere Mennoniten in Süddeutschland ebenfalls früh Mitglied in der NSDAP wurden, ist unklar. Einzelberichte deuten darauf hin, dass die mennonitische Mitgliedschaft innerhalb der Partei in Ostpreußen und der Freien Stadt Danzig am schnellsten anwuchs. Aus diesem Grund verwies der prominente mennonitische Flüchtlingsarbeiter Benjamin Unruh auf „die nordöstliche Ecke" Deutschlands, „wo so viele mennonitische Parteigenossen sich befinden".[39]

Am einfachsten lassen sich Information über nationalsozialistische Mennoniten finden, wenn diese als Beamte oder Politiker arbeiteten. In der Zeit des Dritten Reichs gab es folgende mennonitische oder ehemals mennonitische Politiker: die Landräte Walter Neufeldt aus Marienburg, Artur Franz von Stuhm aus Ostpreußen und Otto Andres aus dem Großen Werder in der Freien Stadt Danzig, der später Stellvertreter des Gauleiters von Danzig-Westpreußen wurde; außerdem Ernst Penner, der die NSDAP 1932 im preußischen Landtag vertrat und spä-

---

36 Zu Anfängen und Struktur des europäischen Faschismus vgl. Robert Paxton: The Anatomy of Fascism, New York 2007.

37 Zum Ende der Weimarer Republik und dem Aufstieg des Dritten Reichs vgl. Richard Evans: The Coming of the Third Reich, New York 2004; Hans Mommsen; The Rise and Fall of Weimar Democracy, Chapel Hill 1996; Detlev Peukert: The Weimar Republic, New York 1993.

38 John D. Thiesen: Menno in the KZ or Münster Resurrected. Mennonites and National Socialism – Historiography and Open Questions, in: Mark Jantzen/Mary S. Sprunger/John D. Thiesen (Hg.), European Mennonites and the Challenge of Modernity over Five Centuries. Contributors, Detractors, and Adapters, North Newton 2016, S. 313-328.

39 Benjamin H. Unruh an D. Dettweiler, 9. Februar 1939, MFSt, Nachlass Benjamin H. Unruh, Karton 4, Ordner 19. Zu Unruh vgl. Heinrich B. Unruh: Fügungen und Führungen. Benjamin Heinrich Unruh, 1881-1959, Detmold 2009, S. 460-464; Jakob Warkentin: Benjamin Heinrich Unruh. Lehrer, Forscher, Staatsmann, in: Jahrbuch für Geschichte und Kultur der Mennoniten in Paraguay 6 (2005), S. 9-32.

ter als Gauschatzmeister Ostpreußens diente.[40] Offensichtlich bestanden keine strengen kulturellen oder administrativen Hindernisse für Mennoniten, die sich der NSDAP anschließen wollten. In den späten 30er Jahren setzten sich mennonitische Führungspersönlichkeiten dafür ein, dass man Mitglied werden konnte, ohne einen Treueid schwören zu müssen. Alle Mennoniten, die vor 1933 Mitglied wurden, haben diesen Eid offensichtlich geschworen.[41]

Zusätzlich zu der bescheidenen Anzahl an recht hochrangigen Politikern wäre es interessant, die Gesamtzahl mennonitischer NSDAP-Mitglieder zu wissen. Einige Quellen – wieder Berichte von Einzelnen – deuten an, dass es ziemlich viele waren. Harold Bender, Dekan des Goshen College in den USA und Beigeordneter des Nordamerikanischen Mennonitischen Zentralkomitees, berichtete 1939: „In gewissen Gebieten Deutschlands sind Mennoniten sehr aktive Mitglieder der Nationalsozialistischen Partei geworden. Es ist mir in der Tat erzählt worden, dass die Partei in Ostpreußen erst durch die Beteiligung der Mennoniten so einflussreich wurde."[42] Obwohl diese Einschätzung mit hoher Wahrscheinlichkeit übertrieben ist, zeigt sie doch, dass einige Mennoniten in Deutschland begeistert den Beitrag ihrer Gemeinschaft zum Nationalsozialismus hervorhoben. Bender nennt seine Quellen leider nicht, aber einige bekannte mennonitische Kirchenleiter in Deutschland gaben ähnliche Sätze von sich. Im Juli 1933 schrieb der in Russland geborene Benjamin Unruh, offizieller Vertreter der russischen Gemeinden und späterer europäischer Repräsentant der nordamerikanischen Hilfsorganisationen: „Unsere politische Loyalität ist ja über jeden Zweifel erhaben. Dazu kommt, daß der überwiegende Teil der deutschen Mennoniten immer national eingestellt war und auch von ganzem Herzen das Werk Hitlers begrüßt hat."[43] Ganz ähnlich schrieb Emil Händiges, seit 1927 Herausgeber der „Mennonitischen Blätter" und seit 1933 Vorsitzender der Vereinigung: „Von Anbeginn der national-sozialistischen Bewegung stehen Mennoniten in großer Zahl, darunter alte und älteste Kämpfer, tatkräftig und opferbereit in vorderster Front. Sehr viele bekleiden innerhalb der Partei verantwortungsvolle Ämter."[44]

---

40 Zu diesen Männern, vgl. Horst Gerlach: The Final Years of Mennonites in East and West Prussia, 1943-45, in: MQR 66 (1992), S. 236-242; Trauerfeier für Ernst Penner, in: Mitteilungen des Sippenverbandes der Danziger Mennoniten-Familien, Februar 1941, S. 1-7. Weitere Informationen über Mennoniten und die NSDAP bei Gerhard Rempel: Heinrich Hajo Schroeder. The Allure of Race and Space in Hitler's Empire, in: JMS 29 (2011), S. 227-254; Horst Penner: Die ost- und westpreußischen Mennoniten in ihrem religiösen und sozialen Leben, in ihren kulturellen und wirtschaftlichen Leistungen, Teile II von 1772 bis zur Gegenwart, Kirchheimbolanden 1987, S. 122-126; Christiana Epp Duschinsky: Mennonite Responses to Nazi Human Rights Abuses. A Family in Prussia/Danzig, in: JMS 32 (2014), S. 81-96.

41 Zu Mennoniten und dem Eid im Dritten Reich, vgl. Lichdi (wie Anm. 2), S. 87-91.

42 Eigene Übersetzung aus dem Englischen. Harold S. Bender, Church and State in Mennonite History, in: MQR 13 (1939), S. 91.

43 Benjamin H. Unruh an D. Hege, 28. Juli 1933, MFSt, Nachlass Benjamin H. Unruh, Karton 2, Ordner 8.

44 Emil Händiges: Grundsätzliches über die deutschen Mennoniten, über ihre Stellung zu Wehrpflicht und Eid und ihr Verhältnis zum Dritten Reich, Elbing 1937, S. 3. Auch: Diether Götz Lichdi: Römer 13 und das Staatsverständnis der Mennoniten um 1933, in: MGB 32 (1980), S. 74-95. Zur Entwicklung völkischer Denkweisen unter Mennoniten in Deutschland s. Helmut Foth, „Wie die Mennoniten in die deutsche Volksgemeinschaft hineinwuchsen". Die Mennonitischen Geschichtsblätter im Dritten Reich, in: MGB 68 (2011), S. 59-88; Benjamin W. Goossen: Mennoniten als Volksdeutsche. Die Rolle des Mennonitentums in der nationalsozialistischen Propaganda, in: MGB 71 (2014), S. 54-70; Benjamin W. Goossen: From Aryanism to Anabaptism. Nazi Race Science and the Language of Mennonite Ethnicity, in: MQR 90 (2016),

Selbst wenn Historiker genaue Zahlen hätten, würden sie auf dieser Grundlage nicht alles über das Verhältnis zwischen Mennoniten und Nationalsozialismus erklären können. Beispielsweise waren einige „mennonitische" Parteimitglieder nie Mitglieder einer Mennonitengemeinde oder sind ausgetreten – diese Tatsache wirft die Frage auf, wer überhaupt als Mennonit oder Mennonitin zählt? Es wäre außerdem spannend zu erfahren, ob und wie die Meinungen über die NSDAP unter Männern und Frauen, bei Personen unterschiedlichen Alters, bei Kirchenleitern und Laien auseinander gingen. Wir wissen, dass Führungspersönlichkeiten wie Händiges und Unruh sich über die NSDAP in öffentlichen und privaten Schriften ehrerbietig äußerten. Es scheint deshalb unwahrscheinlich, dass religiöse Gründe gegen die Parteimitgliedschaft gesprochen haben könnten. Nach Unruhs Angaben waren mindestens fünf mennonitische Älteste in der Danziger Gegend NSDAP-Mitglieder.[45]

Natürlich bietet sich nicht nur die Parteimitgliedschaft in der NSDAP an, um die mennonitische Teilhabe an der Hitlerbewegung zu messen. Besonders wertvoll wäre eine Statistik über mennonitische Mitgliedschaft in Organisationen wie der SA, gegründet im Jahr 1920, der SS, etabliert 1923, und der NS-Frauenschaft, seit 1931. Es wäre außerdem hilfreich, das Abstimmungsverhalten für die Gebiete, in denen viele Mennoniten wohnten, bei den Wahlen vor 1933 zu analysieren. Mennoniten standen politisch den anderen Protestanten nahe – und die gehörten zu dem Teil der Bevölkerung, der die NSDAP in hohem Maße wählte.[46] Unter Umständen waren Mennoniten in den 1920er und 30er Jahren noch rechtsgerichteter als die „Durschnittsprotestanten", denn sie litten proportional noch mehr unter den sogenannten „Amputationen" des Versailler Vertrages. Die meisten Mennoniten in Deutschland waren auch außergewöhnlich gut über das Leiden ihrer Glaubensgenossen und anderer Deutschsprachiger in der UdSSR informiert – dieses Wissen machte sie möglicherweise besonders empfänglich für die antikommunistische Position der NSDAP.[47]

Ein weiteres Forschungsfeld, das nach Aufmerksamkeit verlangt, ist die Rolle des Antisemitismus unter Mennoniten vor 1933. Im 19. und 20. Jahrhundert war Antisemitismus in mennonitischen Familien in den deutschen Ländern wahr-

---

S. 135-163; Benjamin W. Goossen: Measuring Mennonitism. Racial Categorization in Nazi Germany and Beyond, in: JMS 34 (2016), S. 225-246.

45 Benjamin Unruh: Zur Frage der Rücksiedlung russlanddeutscher Mennonitenfamilien aus Übersee, speziell aus Brazilien und Paraguay, 13. September 1940, in: Politisches Archiv des Auswärtigen Amts, Berlin, R 127518.

46 Vgl. Richard Steigmann-Gall: Apostasy or Religiosity? The Cultural Meaning of the Protestant Vote for Hitler, in: Social History 25 (2000), S. 267-284.

47 Mennonitisches Leiden in der UdSSR wurde besonders bekannt nach der Einwanderung 4.000 mennonitischer Flüchtlinge aus der Sowjetunion über Deutschland nach Nord- und Südamerika in den Jahren 1929 und 1930. Vgl. James Castell: The Russian Germans in the Interwar German National Imaginary, in: Central European History 40 (2007), S. 429-466; Terry Martin: The Affirmative Action Empire. Nations and Nationalism in the Soviet Union, 1923-1939, Ithaca 2001, S. 319-321; John Eicher: Diaspora Hermeneutics. Mennonite Refugee Narratives Between the World Wars, in: Connie Rapoo/Maria Luisa Coelho/ Zahira Sarwar (Hg.), New Perspectives in Diasporic Experience, Oxford 2014.

scheinlich an der Tagesordnung.[48] Es gibt einige bekannte Ausnahmen, wie etwa die Rede aus dem Jahr 1847, in der sich Hermann von Beckerath, ein mennonitischer Politiker aus Krefeld, für die Judenemanzipierung einsetzt.[49] Typischer war vermutlich die Meinung des mennonitischen Ältesten und Verlegers Ulrich Hege aus Baden, der im Jahr 1871 Juden mit „Heiden" gleichsetzte.[50] Besonders nach der bolschewistischen Revolution glaubten viele Mennoniten an eine enge Verbindung zwischen Judentum und Kommunismus.[51] Für manche Mennoniten war Antibolschewismus ein Wegweiser zum Nationalsozialismus und gleichzeitig eine Brücke zu virulenten Formen des Antisemitismus.

Abschließende Bemerkungen

Als die Leiter der Vereinigung im Jahr 1933 anfingen, neue Statuten zu schreiben, offenbarte sich ein schon lange vorher etabliertes Verhaltensmuster. Bereits seit Mitte des 19. Jahrhunderts versuchten mennonitische Führungspersonen in deutschen Ländern, ihre Treue gegenüber dem deutschen Volk zu zeigen und gleichzeitig die Eigenart ihres mennonitischen Völkleins zu bewahren. Nach den neuen Statuten der Vereinigung war es für ihre Mitglieder eine „Christenpflicht, Volk und Staat gewissenhaft zu dienen". Doch wurde die Reformulierung und Reorganisation der Statuten auch deshalb durchgeführt, damit das Mennonitentum als Religionsgemeinschaft unter der neuen Regierung anerkannt werden würde, ohne sich an einer Staatskirche anschließen zu müssen.[52] Benjamin Unruh – einer der Verfasser – notierte, die Zukunft der mennonitischen Gemeinschaft verlange nach einem „Zusammenschluss zu einer mennonitischen Reichsvereinigung [...], die vom deutschen Staat anerkannt wird".[53] Die Betonung der kirchlichen Selbstständigkeit, die in dieser Aussage deutlich wird, sollten wir allerdings nicht als Widerstand gegen Nationalsozialismus oder deutschen

48 Zur Beziehung zwischen Mennoniten und Juden in den deutschen Staaten vor und während des Dritten Reichs vgl. Helmut Foth: Juden, Täufer, Mennoniten. Ein Überblick über ihre 500 Jahre währende Beziehungsgeschichte, in: Mennonitischer Geschichtsblätter 70 (2013), S. 23-54; Steffen Wagner: „Aus weltanschaulichen Gründen besonders bekämpft und gehasst"? Die Weierhöfer Schule und ihre Umwandlung in eine NS-Eliteanstalt im Jahr 1936, in: MGB 68 (2011), S. 110-113; Diether Götz Lichdi: Minderheiten, die sich lange fremd bleiben. Mennoniten und Juden in der Zeit des Nationalsozialismus, in: Daniel Heinz (Hg.), Freikirchen und Juden im „Dritten Reich", Göttingen 2011, S. 65-76; Gerhard Rempel: Mennonites and the Holocaust. From Collaboration to Perpetuation, in: MQR 84 (2010), S. 507-549; in deutscher Übersetzung: Mennoniten und der Holocaust. Von der Kollaboration zur Beteiligung an Verbrechen, in: MGB 67 (2010), S. 87-133.

49 Alwin Müller: „So lange die Juden nicht frei sind, sind wir selbst nicht frei". Die Diskussion um die Judenemanzipation auf den preußischen Provinzialtagen nach dem ersten Vereinigten preußischen Landtag, in: Geschichte in Köln 17 (1985), S. 39-74.

50 Ulrich Hege: Nachträgliches zu dem Artikel. Die christliche Gemeindezucht, in: Nr. 4. und 5. dieses Blatts, in: Gemeindeblatt, 1871, S. 30 f.

51 Solche Meinungen sind in den Schriften mennonitischer Autoren aus der Sowjetunion und anderswo ab den frühen 20er Jahren zu lesen. Zum Beispiel, Friesen (wie Anm. 4), S. 319. Zur Beziehung zwischen Antibolschewismus und Antisemitismus vgl. Lorna L. Waddington: The Anti-Komintern and Nazi Anti-Bolshevik Propaganda in the 1930s, in: Journal of Contemporary History 42 (2007), S. 573-594.

52 Vereinigung der Deutschen Mennonitengemeinden. Verfassung vom 11. Juni 1934, Elbing 1936, S. 3.

53 Benjamin H. Unruh: Aufsätze, Oktober 1933, in: MFSt, Nachlass Benjamin H. Unruh, Karton 2, Ordner 8.

Nationalismus im Allgemeinen betrachten. Wie bei früheren Herrschaftswechseln ging es den mennonitischen Verantwortlichen gleichermaßen um die Förderung des Deutschtums und des Mennonitentums.

Vor 1933 waren viele mennonitische Führungspersonen in Deutschland anfällig für den Nationalsozialismus. Ihr Widerstand gegenüber der Sowjetunion, ihr Glaube, dass das Mennonitentum eine rassemäßig deutsche Religion sei, und ihr Wunsch, die Glaubensgenossen in anderen Teilen der Welt zu unterstützen, korrespondierten mit politischen Eckpunkten der NSDAP: Antibolschewismus, Rassismus und das Interesse am Auslandsdeutschtum. Institutionell gesehen waren Mennonitentum und Nationalsozialismus schon vor 1933 partiell verflochten: eine unbekannte Zahl von Individuen dürfte gleichzeitig Mitglied in einer Mennonitengemeinde und in der NSDAP gewesen sein. Noch wichtiger jedoch ist der Blick auf die historisch geprägte Entwicklung zwischen Deutschtum und Mennonitentum. Durch den wechselseitigen Austausch mit deutsch-nationalistischen Aktivisten und Organisationen entwickelten mennonitische Leiter die Vorstellung einer zusammenhängenden mennonitischen Bevölkerung. Auf diese Weise entstand ein „Völklein“, das mit dem Deutschtum in Verbindung gebracht werden konnte. Anders ausgedrückt: das „Volk“ und das „Völklein“ wurden wechselseitig gebildet.

Imanuel Baumann

Die „Mennonitische Jugend-Rundbrief-Gemeinschaft" und die nationalsozialistische „Machtergreifung"[1]

Anfänge

Im Dezember 1928 erschien in der Mennonitischen Jugendwarte ein kurzer Artikel eines 18-jährigen Gymnasiasten, versehen mit der Überschrift „Offene Aussprache über Heidelberg". Dass der Beitrag mit „Heil!" unterzeichnet war, ließ eine Nähe des Autors zur Jugendbewegung erkennen.[2] Es war Theo Glück, der in diesen Zeilen den Mangel an einer innigeren Gemeinschaft zwischen jungen Mennoniten beklagte. Auf dem Heidelberger Jugendtag im Juni 1928 habe es zu viele Redebeiträge gegeben, aber keine Zeit für die Diskussion des Gehörten in kleineren Kreisen. Aber auch mit dem Organ, in dem sein Beitrag erschien, also mit der „Mennonitischen Jugendwarte", ging er hart ins Gericht. Schließlich schrieb er kess: „In unserer Jugend ist ein a u f r i c h t i g e s Suchen – ein Suchen nach Gemeinschaft –, das merke ich immer wieder, und jeder wird es merken, wenn er sich der Jugend nur nicht im Pastorenhut und schwarzen Frack nähert."[3] Vor diesem Hintergrund entstand unter seinem maßgeblichen Mitwirken die stetig wachsende Rundbrief-Gemeinschaft der mennonitischen Jugend.

Als sich fünf Jahre später Dr. Ernst Crous, der im Jahr 1882 geborene Vorsitzende der Berliner Mennonitengemeinde, bei Glück nach der Rundbrief-Bewegung und ihren Schriften erkundigte, erläuterte dieser in einem Brief vom 6. November 1933: „Wir waren 5 junge Mennoniten und standen alle mehr oder weniger der christlichen Jugendbewegung nahe; ich selber gehörte dem Bund deutscher Bibelkreise (B-K) an. Dort war unsere geistige Heimat, weil die Enge unserer heimischen Mennonitengemeinde uns nicht genügte und befriedigte. Da wir trotzdem grosse Liebe zu unseren Gemeinden und unserer mennonitischen Mitjugend hatten, aber zu regelmäßigem Gedankenaustausch infolge zerstreu-

1 Diese Überlegungen stehen im Zusammenhang mit meinen Forschungen an der Martin-Luther-Universität Halle-Wittenberg zur „Täuferischen Tradition" und Staatsgewalt in Deutschland im 20. Jahrhundert. Zu großem Dank verpflichtet bin ich Jochen Schowalter, der mich auf den Quellenkorpus („Rundbriefe") aufmerksam und ihn mir im Archiv der Mennonitischen Forschungsstelle Weierhof zugänglich gemacht hat sowie Gary Waltner M.A., dem damaligen Leiter der Forschungsstelle, für die wunderbaren Arbeitsbedingungen an diesem Ort. Größter Dank gebührt ebenfalls meinem Vater Helmut Baumann, der mit meinem Bruder Dr. Thomas Baumann die zum Teil nur schwer leserlichen, handschriftlichen Quellen transkribiert und mir dadurch den Weg zur inhaltlichen Analyse erst gebahnt hat. Aus Gründen des Persönlichkeitsschutzes beziehungsweise des Schutzes von Belangen Dritter, also den Nachkommen, verzichte ich bei Zitaten aus Rundbriefen in der Regel auf die Nennung der Namen.

2 Vgl. Helmut Henne: Jugend und ihre Sprache. Darstellung, Material, Kritik, Berlin u.a. 1986, S. 24; Cornelia Schmitz-Berning: Vokabular des Nationalsozialismus, Berlin 1998, S. 300.

3 Vgl. den Ausschnitt des Artikels: MFSt, C.11, Nachlass Theo Glück, Karton 2, Ordner „Korrespondenz Rundbriefe Treffen u. a. 1932-1928". Im Januar 1933 findet sich die Grußformel „Mit frohem Heilgruß!" am Ende seines Beitrags in den „Mitteilungen für die Freunde des mennonitischen Jugend-Rund-Briefes" Nr. 4. Sie taucht aber nach der NS-Machtergreifung dort nicht mehr auf. Vgl. das Exemplar in der MFSt, C.11, Nachlass Theo Glück, Karton 2, Ordner „Rundbrief-Mitteilungen 1932-1936".

ten Wohnens nicht zusammenkommen konnten, kamen wir auf die Idee des schriftlichen Austausches. Dabei hatten wir zunächst gar keine weiteren Absichten, als miteinander Gemeinschaft zu pflegen und in Offenheit und Vertrauen uns auszusprechen über allerlei Fragen wie sie das Leben uns eben gerade bringt. Den letzten Anstoß zur Verwirklichung des geplanten Rundbriefes gab unser Zusammensein beim Heidelberger Jugendtag im Juni 1928."[4]

Bei den fünf jungen Mennoniten handelte es sich neben Theo Glück um Johannes (Hans) Harder, Hermann Funck, Jakob Hirschler und Hilde Funk.[5] Harder war damals, 1928, mit 25 Jahren der Älteste, Theo Glück mit 18 Jahren der Jüngste dieser Gruppe. Im September 1933 war sie bereits zu einer Gemeinschaft von 100 Akteuren angewachsen, zwischen 1928 und 1940 waren schließlich insgesamt über 250 junge Männer und Frauen einbezogen.[6]

Dabei verständigten sich jeweils etwa zehn Teilnehmende über ein vom Leiter beziehungsweise der Leiterin eines sogenannten Kreises vorgeschlagenes Thema. Hierfür zirkulierte ein Schulheft unter den Teilnehmern und Teilnehmerinnen, in dem sie jeweils einen ein- bis mehrseitigen Text verfassten, der sich auf das zuvor Formulierte bezog. Auf diese Weise tauschte man sich über Fragen des Glaubens, aber auch über gesellschaftliche und politische Themen aus. Ein Mitglied des „Kreises" fasste die Diskussion dann für die ganze Gemeinschaft in einem Bericht zusammen, der in einem maschinenschriftlich verfassten Mitteilungsblatt vervielfältigt wurde. So entstanden einzigartige Textzeugnisse, die in Teilen bis heute erhalten geblieben sind. Diese Zeugnisse erlauben Aussagen über eine Gruppe zu treffen, die innerhalb der gesamten mennonitischen Gemeinschaft den Anspruch erhob, die „Stimme der Jugend" zu sein.[7]

Es ist nun aus zwei Gründen erhellend, sich gerade der Haltung von Akteurinnen und Akteuren der Rundbrief-Gemeinschaft zur nationalsozialistischen Machtübernahme zu widmen: Erstens ist es notwendig, durch Tiefenbohrungen ein noch präziseres Bild von Mennoniten im Nationalsozialismus zu zeichnen, das insbesondere über ihre wie auch immer motivierte Haltung zum NS-Staat Auskunft gibt. Für eine solche Untersuchung bietet sich zweitens die mennonitische „Stimme der Jugend" besonders an: der Nationalsozialismus hat bekannterma-

4 Theo Glück an Ernst Crous, 6. November 1933: MFSt, C.11, Nachlass Theo Glück, Karton 2, Ordner „Korrespondenz Rundbriefe Treffen u. a. 1932-1928"; vgl. auch: „Entstehung und Aufgabe des Rundbriefes", in: Mitteilungen der Freunde des mennonitischen Jugend-Rundbriefes Nr. 5, September 1933, in: Ebd., Ordner „Rundbrief-Mitteilungen 1932-1936".

5 Theo Glück: Die Auseinandersetzung der mennonitischen Rundbrief-Freundeskreise mit dem Nationalsozialismus, in: Diether Götz Lichdi, Mennoniten im Dritten Reich. Dokumentation und Deutung, Heilbronn 1977, S. 199-236, hier S. 199.

6 Auswertung Theo Glück „RB-Teilnehmer 1928-1940": MFSt, C.11, Nachlass Theo Glück, Karton 2.

7 Vgl. etwa den thetischen Beitrag der Rundbrief-Gemeinschaft „Mennonitische Gemeindekirche! Ein Beitrag der Jugend zum Neubau des deutschen Mennonitentums", abgedruckt in den Mennonitischen Blättern 81 (1934), S. 3 f., unterzeichnet von Theo Glück, Ernst Fellmann, Hermann Funck und Hilde Funk. Mit einem eindringlichen Appell erhob die Gruppe als „mennonitische Jugend" Anfang 1934 mit einem offenen Brief ihre Stimme: Offener Brief an die Vertreter in den Verhandlungen zur Einigung des deutschen Mennonitentums, in: MB 81 (1934), S. 41; unterzeichnet von Teilnehmerinnen und Teilnehmern des Treffens aus Baden, Württemberg, Bayern, der Pfalz, Rheinhessen, dem Freistaat Danzig, Westpreußen, Berlin, der Provinz Sachsen und dem Rheinland.

ßen ein besonderes Augenmerk auf die Jugend gerichtet, ihr eine Option zur politischen Teilhabe eröffnet und übte gerade auf junge Menschen eine starke Anziehungskraft aus. Für eine Fokussierung auf die Jahre um 1933 gibt es, drittens, neben arbeitspraktischen Gründen auch inhaltliche Argumente: Die Phase der Etablierung von neuen Gesellschafts- und Staatssystemen brachten jeweils besondere Herausforderungen mit sich, auf die Christen reagierten. Es soll in diesem Beitrag im Wesentlichen also um die Analyse der internen Auseinandersetzung mit dieser neuen Situation gehen.

Auch wenn davon auszugehen ist, dass die hier ausgebreiteten Quellen tatsächlich die „Stimme der mennonitischen Jugend" repräsentieren, seien dennoch kurz die Grenzen der Aussagekraft unserer Quelle markiert: Unberücksichtigt bleiben die Zeugnisse jener jungen Mennoniten, die ungefähr im ersten Jahrzehnt geboren worden sind, aber nicht der Rundbrief-Gemeinschaft angehört haben (und natürlich auch solche, die überhaupt keine schriftliche Überlieferung hinterließen). Zudem: Wenn ich von der Rundbriefgeneration spreche, beziehe ich mich auf junge Menschen, die am Anfang des „Dritten Reiches" zwischen 20 und 35 Jahre alt waren. Davon zu unterscheiden wären aber jene, die den Nationalsozialismus tatsächlich als Jugendliche erlebt haben, also etwa zwischen 12 und 21 Jahre alt waren. Und schließlich wären diejenigen zu erwähnen, die den Nationalsozialismus, den Zweiten Weltkrieg sowie Flucht und Vertreibung nur als Kinder erlebt haben, also etwa zwischen 1930 und 1948 geboren worden sind. Alle drei generationellen Zusammenhänge sind in der zeithistorischen Forschung, gerade auch der jüngsten Jahre, intensiver untersucht worden.[8] Die beiden letztgenannten Generationen werden in diesem Beitrag jedoch nicht berücksichtigt. Dabei wäre es für die Geschichte der Mennoniten im Dritten Reich durchaus wichtig, alle drei Generationen in den Blick zu nehmen, um ein differenziertes Bild von Jugend und Kindheit im Dritten Reich zu erhalten.

Die Ergebnisse meiner Analyse werden im Folgenden in drei Schritten präsentiert. Zunächst geht es um die Fragen: Wer war die „Generation der Rundbrief-Gemeinschaft"? Was kennzeichnet sie, welche Einflüsse waren prägend? Anschließend bleibt zu klären, wie sich die Gruppe zur NS-„Machtergreifung" verhielt. Drittens möchte ich erläutern, wie die Rundbriefteilnehmenden ihre Teilhabe am NS-Staat begründet haben. Nach diesen drei Schritten folgen abschließend einige Überlegungen zur historiografischen Einordnung der Gruppe insgesamt.

8 Vgl. zur Generationenfolge unter zeithistorischen Gesichtspunkten: Ulrich Herbert: Drei politische Generationen im 20. Jahrhundert, in: Jürgen Reulecke (Hg.): Generationalität und Lebensgeschichte im 20. Jahrhundert, München 2003, S. 95-115; Norbert Frei: Deutsche Lernprozesse, in: Ders.: 1945 und wir. Das Dritte Reich im Bewusstsein der Deutschen, München 2009, S. 38-55, sowie zu den in den zwanziger Jahren Geborenen: Dirk Moses: Die 45er. Eine Generation zwischen Faschismus und Demokratie, in: Neue Sammlung 40 (2002), S. 233-263; oder zu den „Kriegskindern": Barbara Stambolis: Krieg und Nachkriegszeit im Generationengedächtnis, in: Dies./Volker Jakob (Hg.), Kriegskinder. Zwischen Hitlerjugend und Nachkriegsalltag. Fotografien von Walter Nies, Münster 2006, S. 23-27; Sabine Bode: Die vergessene Generation. Die Kriegskinder brechen ihr Schweigen, Stuttgart ^{4}2004.

Die „Generation der Rundbrief-Gemeinschaft"

Bei den Teilnehmenden der Rundbrief-Gemeinschaft handelt es sich, wie eingangs erwähnt, in der Regel nicht um Jugendliche, sondern um junge Erwachsene. Die Älteren unter ihnen waren um oder nach 1900 geboren worden (1899: Walter Fellmann, Erich Göttner, Grete [Margarete] Dyck; 1902: Cornelius Krahn; 1903: Hans Harder, Ernst Fellmann; 1905: Gerhard Hein), die Jüngeren um oder nach 1910 (1910: Theo Glück, Rudolf Funk; 1911: Ernst Dettweiler; 1912: Paul Schowalter, Horst Quiring, Dirk Cattepoel) – also etwa im ersten Jahrzehnt des 20. Jahrhunderts. Die Selbstbezeichnung „Mitteilungen des mennonitischen Jugend-Rund-Briefes" war insofern irreführend, wie in der zweiten Hälfte der dreißiger Jahre auch innerhalb der Leitung der Rundbrief-Gemeinschaft selbst festgestellt wurde.

Wenn Theo Glück die Gründungsgeneration in den Zusammenhang der christlichen Jugendbewegung einordnete, so war das keine Selbststilisierung. Formen und Sichtweisen der in dieser Phase zum Teil stark bündisch orientierten Bibelkreise lassen sich bei der Rundbrief-Gemeinschaft als prägende Einflüsse bis Mitte der dreißiger Jahre nachweisen. Im Gemeinschaftserleben und dem Naturbezug, als Erfahrung von Gottes Schöpfung, sind solche Spuren deutlich erkennbar. Sie kamen auch in den Ausdrucksformen, explizit im Liedgut, zur Geltung. So berichtet Herbert Schmutz von einer Diskussion auf dem Rundbrieftreffen im Jahr 1934, bei der es um die Frage ging, warum eine Einigung der Mennoniten, also die Vereinigung der unterschiedlichen Mennonitenkonferenzen zu einer Gesamtorganisation nicht zustande komme; im Rahmen der Rundbrief-Gemeinschaft sei die Einheit doch möglich: „Gehören doch auch wir Junge zusammen und sind einig [...]. Wir Jungen wollen in den Gemeinden selbst dazu mithelfen." Der anwesende Bruder Christian Neff sei über diese Haltung sehr erfreut gewesen und habe eindringlich gemahnt, „treu in dem eingeschlagenen Wege zu bleiben". Weiter heißt es in dem Bericht: „Bewegt schlagen wir die Hände ein und geloben einander und Gott die Treue mit dem Liede: ‚Es klingt ein Ruf in deutschen Gauen. Wer will ein Streiter Christi sein?! [...] Trifft uns auch Spott, treu unserm Gott!' ". Bei diesem Lied, und darauf kommt es hier an, handelte es sich um das Bundeslied der Schülerbibelkreise, also jener eingangs erwähnten Strömung aus der evangelischen Jugendbewegung.[9]

Vor dem Hintergrund der starken Orientierung an Einheit und Gemeinschaft ist ein Blick auf das Konzept der „Vergemeinschaftung" hilfreich. Max Weber bezeichnet damit „eine soziale Beziehung", bei der „die Einstellung des sozialen Handelns" „auf subjektiv g e f ü h l t e r (affektueller oder traditionaler) Z u s a m m e n g e h ö r i g k e i t der Beteiligten beruht".[10] Betrachten wir die soziale Interaktion innerhalb der Rundbrief-Gemeinschaft, lässt sich ein eben solcher Prozess

9 Hermann Schultz: Hermann Ehlers, Johannes Rau, in: Barbara Stambolis (Hg.), Jugendbewegt geprägt. Essays zu autobiographischen Texten von Werner Heisenberg, Robert Jungk und vielen anderen, Göttingen 2013, S. 223-241, hier S. 228.

10 Max Weber: Wirtschaft und Gesellschaft. Grundriss der verstehenden Soziologie. Fünfte, revidierte Auflage, besorgt von Johannes Winckelmann, Tübingen 1972, S. 21. Vgl. David Reinicke/Kathrin Stern/Gunnar Zamzow: Auf der Suche nach dem ‚besonderen Band' – Perspektiven für eine historische Gemein-

– „Vergemeinschaftung“ – beschreiben: Die Rundbriefakteure erfuhren Gemeinschaft, wenn sie das Heft mit einem eigenen Eintrag versahen und weitersandten, unter Umständen zusätzlich private Briefe an Mitglieder des eigenen Kreises schrieben, füreinander beteten und sich einmal im Jahr zu einem Rundbrieftreffen zusammenfanden, für das wiederum unterschiedliche Gemeinschaftsformen kennzeichnend war.

Allerdings muss in Rechnung gestellt werden, dass nicht alle Teilnehmenden der insgesamt doch eher heterogenen Rundbrief-Gemeinschaft überhaupt oder in gleicher Weise von Strömungen der Jugendbewegung geprägt waren. Es ist daher geboten, nur von einem eindeutig beschreibbaren Einfluss innerhalb der Gruppe zu sprechen.

Hinzu kommt: Bereits bei der Jugendbewegung handelte es sich ja um ein heterogenes Konglomerat verschiedenartiger Strömungen. In der Literatur wird die Bibelkreisbewegung (BK) gar von der Jugendbewegung geschieden: Die Tradition der Bibelkreisbewegung sei älter, setzte bereits in den 1880er Jahren ein und führte neupietistische und erweckliche Traditionen fort. In ihrer ersten Generation ließe sich somit eher eine Nähe zur Wandervogelbewegung, als zur Jugendbewegung seit dem Jugendtag auf dem Hohen Meißner im Jahr 1913 feststellen.[11] In der seit Anfang der zwanziger Jahre aktiven BK-Generation lassen sich jedoch durchaus stark bündische Tendenzen erkennen; diese Generation las sich, wie bei Theo Glück zu sehen ist, auch bewusst selbst in den Zusammenhang der Jugendbewegung ein.

Und schließlich können wir im Blick auf diejenigen innerhalb der Rundbrief-Gemeinschaft, die in irgendeiner Weise Prägungen der Jugendbewegung aufweisen, zwischen den Jüngeren, wie Theo Glück um 1910 Geborenen, und den Älteren, um die Jahrhundertwende zur Welt Gekommenen, unterscheiden. Diese haben den Krieg bewusst sowie die Jahre der Weimarer Republik bereits als Erwachsene erlebt (statt als Kinder und Jugendliche). Während zum Beispiel Theo Glück von der bündischen BK-Bewegung geprägt worden war, waren manche der Älteren innerhalb der Rundbrief-Gemeinschaft als junge Erwachsene von lebensreformerischen Projekten wie der von Emmy und Eberhard Arnold gegründeten Lebensgemeinschaft, dem späteren Bruderhof, angezogen worden (namentlich Hans Harder, Erich Göttner und Grete Dyck).

Ein einigendes Element aber war der Bezug auf die Gemeinschaft als dominierender Begriff und bestimmendes Konzept. Neben diesem Integrationsbegriff, auf den sich alle Teilnehmenden der Rundbrief-Gemeinschaft bezogen, waren Begriffe wie „Volk“, „Treue“, „Tat“, „Kampf“, „Kampfesgemeinschaft“ oder „Opfer“ verbreitet, die einerseits den Geist der bündischen Jugend atmeten, und andererseits an nationalsozialistische Sprache gemahnen. An dieser Stelle setzt meine

schaftsforschung, in: Dies./Kerstin Thieler (Hg.), Gemeinschaft als Erfahrung. Kulturelle Inszenierung und soziale Praxis 1930-1960, Paderborn 2014, S. 201-221, hier S. 203 f.

11 Tilmann Eysholdt: Evangelische Jugendarbeit zwischen „Jugendpflege“ und „Jugendarbeit“. Die deutschen Schülerbibelkreise (BK) von 1919 bis 1934, Köln 1997; Klaus Fitschen: Die Kirchen in der Weimarer Republik [Sammelrezension], in: Theologische Rundschau 73 (2008), S. 119-149, hier S. 145.

Argumentation an: Bei der Analyse der Rundbriefbewegung der Jahre um 1933 ist es notwendig, Prägungen und Einflüsse mit längeren Traditionen aufzuspüren, um bestimmte Begriffe, Vorstellungen oder Konzepte nicht zu schnell als spezifisch nationalsozialistisch zu identifizieren. Bekanntlich nutzte der Nationalsozialismus Vergemeinschaftungsformen (Jugendbünde/HJ), Konzepte (Eugenik/Rassenhygiene) oder Begriffe (Volksgemeinschaft), die über eine längere Tradition, mindestens bis zur Jahrhundertwende verfügten, füllte sie zum Teil aber inhaltlich neu, oder deutete sie in eine andere, spezifische Richtung. Haben die Akteurinnen und Akteure der Rundbrief-Gemeinschaft die Deutungsverschiebungen wahrgenommen und reflektiert?

Das eben skizzierte Problem sei kurz anhand eines Beispiels erläutert: In der Dezemberausgabe des Jahres 1933 der Mennonitischen Jugendwarte berichtete der 21-jährige Theologiestudent und nicht erkennbar jugendbewegte Rundbriefler Horst Quiring über seine Zeit beim Freiwilligen Arbeitsdienst (FAD), also jener sozialpolitischen Maßnahme, die aus der Zeit der Weimarer Republik – 1931 unter der Regierung Brüning geschaffen – in die NS-Diktatur hinüberragte: „Obwohl ich wegen der bedrohlichen Nähe des Examens wenig Zeit übrig hatte, meldete ich mich in den Semesterferien für ein Lager, weil ich eingesehen hatte, daß hier für den Studenten, insbesondere auch für den Theologen, große Aufgaben liegen im Rahmen der Verwirklichung echter Volksgemeinschaft. [...] Es ist eigentlich höchst sonderbar, daß man nach einem so gewaltigen, aufrüttelnden Ereignis, wie es der Weltkrieg war, im vergangenen Jahrzehnt dahinlebte, als wenn nichts geschehen wäre. Man trieb Parteipolitik, man tanzte und freute sich des Lebens, ohne zu spüren, daß das Volk einem Chaos entgegenging. Währenddessen wuchs eine Generation heran, die mit diesem Lebensstil nichts anzufangen wußte und eine neue Zeit herbeisehnte, – die sich heute anzubahnen beginnt." Und er machte deutlich, „erst heute knüpfen wir als Ganzes an das Fronterlebnis der Generation 1914-18 an und beginnen die damals nur kurze Zeit währende Volksgemeinschaft im Sinne der Achtung vor jedem Volksgenossen, auch dem schlichtesten, zu verwirklichen."[12]

Zweierlei geht aus diesem Zitat hervor. Zum einen begreift sich Horst Quiring, 1912 geboren, einer Generation zugehörig, die von den Nachwirkungen des Ersten Weltkrieges intensiv geprägt worden war. Zum anderen, und dieser Aspekt verlangt besondere Aufmerksamkeit, bezieht er sich auf die Idealvorstellung einer „Volksgemeinschaft". Dieser Begriff war zeitgenössisch, im Ersten Weltkrieg und zur Zeit der Weimarer Republik, über Parteiengrenzen hinweg gebräuchlich, wurde aber unterschiedlich akzentuiert. Der Historiker Michael Wildt spricht von einer semantischen Pluralität.[13] Er umfasste inkludierende Bedeutungen, die auf eine Überwindung der „Klassenschranken" bezogen waren, wie exkludie-

---

12 Horst Quiring: Student im Arbeitsdienstlager, in: Mennonitische Jugendwarte 14 (1933), S. 148-151, hier: S. 148 f.

13 Michael Wildt: „Volksgemeinschaft", Version: 1.0, in: Docupedia-Zeitgeschichte, 3.6.2014, URL: http://docupedia.de/zg/Volksgemeinschaft?oldid=90588 [Zugriff: 13. April 2015]. Vgl. dazu: Michael Wildt: Die Ungleichheit des Volkes. „Volksgemeinschaft" in der politischen Kommunikation der Weimarer Republik, in: Ders./Frank Bajohr (Hg.), Volksgemeinschaft. Neue Forschungen zur Gesellschaft des Nationalsozialismus, Frankfurt a. M. 2009, S. 24-40.

rende Vorstellungen, bei denen es, wie bei der politischen Rechten, um die Frage ging, wer „nicht" dazu gehörte.

Bei Quiring können wir erkennen, dass das Augenmerk auf einem integrativen Aspekt lag; er erhoffte sich eine „Volksgemeinschaft", in der Menschen unterschiedlicher gesellschaftlicher Schichten zusammenrücken. Eine solche gesellschaftliche Ordnung glaubte er im nationalsozialistischen Staat verwirklicht zu sehen. Daraus ergibt sich eine zweifache Frage: Wie verhielten sich die Rundbriefakteure aber zu dem Kern des „nationalsozialistischen" Verständnisses von Volksgemeinschaft, nämlich dem „rassisch" definierten Volkskörper und wie zur konkreten rassistischen Politik der Ausgrenzung gegenüber solchen „Volksgenossen" oder „Gemeinschaftsfremden", die aus der Volksgemeinschaft ausgeschlossen werden sollten?

Die Haltung zur NS-„Machtergreifung"

Zunächst können wir feststellen, dass die Machtübernahme der Nationalsozialisten sowie die Person und Funktion Hitlers als „Führer" von den Akteurinnen und Akteuren des Rundbriefes grundsätzlich positiv aufgenommen worden sind. Bekundungen von Dankbarkeit finden sich vielfach. Sie wurde auch von jenen gezollt, die der nationalsozialistischen Weltanschauung durchaus differenziert und in Teilen nicht unkritisch gegenüberstanden. Eine solche differenzierte Fühlungnahme ist öfter anzutreffen als eine vollkommen unkritische Identifikation. Zunächst sei jedoch ein Beispiel für eine eher „untypische" Form der undifferenzierten Identifikation zitiert:

„Liebe Freunde! Der harte aus der Gewissensnot geborene Kampf der letzten Jahre um die Seele des deutschen Volkes fand einen gewissen Abschluss in der eindrucksgewaltigen nationalen Revolution, in der Machtergreifung im Staate durch Adolf Hitler. Voll innerer Ergriffenheit und Begeisterung erlebten wir im Durchbruch der Volkheit, der völkischen Ganzheit die Geburtsstunde des verjüngten, nationalbewußten Staates. Das deutsche Volk ist zu einem Volksbewußtsein und Nationalstolz erwacht und hat sich aus eigener, urwüchsiger Kraft, aus den lebendigen schöpferischen Kräften des Volkstums heraus als Nation erhoben. Doch ist das Ringen und Kämpfen in unserem deutschen Vaterlande noch nicht beendet. Immer noch gilt unser Kampfruf: ‚Zum Ganzen hin!' Doch gilt dies weniger mehr auf politischem Gebiet. Wir haben ‚dem Kaiser gegeben, was des Kaisers ist.' Jetzt gilt es: ‚Gib Gott, was Gottes ist!' Eine starke einige Kämpferschar für Gottes Reich ist unser Ziel. Als Elite der Kampftruppe wollen wir Mennoniten hervorleuchten. Doch da heißt es vor allen Dingen Einigkeit in den eigenen Reihen. [...] Mit deutschem Gruß."[14]

Der offensichtlich vom Nationalsozialismus begeisterte Autor dieser Zeilen (er war 1912 geboren, wurde 1933 also 21 Jahre alt) gehörte zu diesem Zeitpunkt bereits der NSDAP an, er hatte sich der Partei schon vor deren Machtübernahme,

14 Rundbrief Kreis 9 Heft 4; Eintrag, 6. Dezember 1933, in: MFSt, C.11, Nachlass Theo Glück, Karton 3.

nämlich am 1. Dezember 1932, angeschlossen. Seit dem 1. Januar 1935 wurde er zudem in der Sturmabteilung der Partei als Mitglied im Range eines SA-Scharführers geführt.[15]

Dagegen finden wir häufiger die Position der differenzierten Fühlungnahme. Dieser Aspekt soll deshalb etwas ausführlicher erläutert werden. In einem Hefteintrag vom Juli 1933 setzte sich Hermann Funck, der sich nicht uneingeschränkt mit der NS-„Machtergreifung" identifizierte, zunächst kritisch mit den „Deutschen Christen" auseinander und führte dann aus: „Ähnlich ist's auch um unsere Stellung zum Staate bestellt! Gewiß, wir alle, auch die[,] die früher politisch in der ‚Mitte' standen, sind dankbar für die Wendung in unserem Volk. Ich z. B. stehe heute fester [und] aufrichtiger hinter unserer Regierung, als mir dies in den vergangenen Jahren der Zentrumsherrschaft [und] ihrer verschiedenen Anhängsel möglich war. – Ich beteure[?] dies auch in all den privaten Briefen in der letzten Zeit, in denen ich um meine Stellung zum Dritten Reich gebeten wurde, ausdrücklich, daß wir uns hinter die Regierung stellen müssen [und] zwar tatkräftig, solang sie nichts von uns verlangt was gegen Gottes Gebot [und] unser Gewissen geht. – Die nationale Regierung hat den geplanten Einzug des Bolschewismus abgeschlagen, wenigsten vorläufig. Dafür sind wir dankbar. Und wenn unsere Regierung heute Verordnungen erlässt, die den Einzelnen hart treffen, aber um des Volkes willen notwendig sind, so muß der Einzelne dieses Opfer um der anderen willen bringen. Gemeinnutz geht vor Eigennutz."[16]

Drei wesentliche Aspekte kommen in dieser Passage zum Ausdruck. Erstens repräsentiert sie eine weitverbreitete Argumentation im Blick auf den Staat: Ihm gebühre grundsätzlich Loyalität. An anderer Stelle bezogen sich in diesem Zusammenhang mennonitische Akteure (wie freikirchliche insgesamt) auf die Bibelstellen in Römer 13 und Apostelgeschichte 5, 29 – um beides, Loyalität und Verweigerung, wenn es gegen Gottes Gebote gehe, biblisch zu begründen. Diether Götz Lichdi hat in einem wichtigen Aufsatz schon 1980 argumentiert, dass die Verklammerung dieser beiden Stellen eher die Funktion eines stehenden Begriffs, einer allgemeinen Redewendung einnahm; sie wurde auch in der Folge nicht konkretisiert und entfaltete offenbar kaum praktische Wirkung.[17] Neben der theologisch begründeten Argumentation ist zweitens die Identifikation des Autors mit Teilbereichen der nationalsozialistischen Weltanschauung („Gemeinnutz geht vor Eigennutz") aufschlussreich, weil hier kein blind begeisterter Akteur in Erscheinung tritt – zumindest in der Selbstpräsentation. Damit verbunden war aber eine legitimierende Haltung gegenüber der Verfolgung von Gegnern des Nationalsozialismus („Verordnungen", „die den Einzelnen hart treffen"). Drittens benennt der Schreiber einen für Christen, besonders aus der mennonitischen Gemeinschaft, wichtigen Grund, weshalb der NS-Staat auch

15 BArch (ehem. BDC), NSLB-Datei [anonymisiert, vollständiger Name und Geburtsdatum liegen dem Autor vor].

16 Rundbrief Kreis 1 Heft 15, in: MFSt, C.11, Nachlass Theo Glück, Karton 1. Die Nennung des Namens erfolgt in Absprache mit Lenemarie Funck-Späth.

17 Diether Götz Lichdi: Römer 13 und das Staatsverständnis der Mennoniten um 1933, in: MGB 37 (1980), S. 74-95, hier S. 84.

von eher distanzierteren Akteuren mit Dankbarkeit begrüßt worden ist: Ein tiefer verwurzelter Antibolschewismus bildete nämlich die Brücke dafür, sich mit dem NS-Staat identifizieren zu können. Der antibolschewistische Speicher hatte sich bereits in den zwanziger Jahren durch die Nachrichten über verfolgte Mennoniten in der Sowjetunion gefüllt. Hierüber hat Jonas Driedger unlängst gearbeitet.[18] Das eben Skizzierte mag innerhalb der mennonitischen Gemeinden stark ausgeprägt gewesen sein, war aber kein Spezifikum dieser Denomination; es erstreckte sich vielmehr auf den gesamten Protestantismus und findet sich in ausgeprägter Weise beispielweise auch bei den Baptisten.[19]

Womöglich liegt ein Erklärungsansatz für die Tatsache, dass das rassistische Verständnis der Nationalsozialisten von Volk und Volksgemeinschaft zumindest nicht grundsätzlich verworfen worden ist, in der auch innerhalb der Rundbrief-Gemeinschaft verwurzelten Überzeugung, dass ein Volk als „rassische" Einheit von Gott so geschaffen oder geformt worden sei.[20] Es handelt sich bei dieser Ansicht jedoch nicht um ein originäres Element mennonitischer Theologie. Diese Sichtweise war weiter verbreitet und fand ihre theologische Fundierung im jüngeren Nationalprotestantismus, genauer in einer Ordnungstheologie, wie sie exemplarisch der Erlanger Theologieprofessor Paul Althaus entwickelt und vertreten hat.[21] Vielleicht konnte die Vorstellung – Volk als Schöpfung Gottes – für manche Mennoniten und Mennonitinnen eine Brücke zum nationalsozialistischen Volks- und Volksgemeinschaftsbegriff bilden, politische Partizipation legitimieren und in der Phase der „Machtergreifung" dazu beitragen, den Blick auf exkludierende Unrechtsmaßnahmen des NS-Staates zu verdunkeln. Dieser Ansatz trägt allerdings nur bedingt. Denn wie das Beispiel des Bruderhof-Gründers Eberhard Arnold zeigt, hat nicht jeder, der mit dem Konzept der Schöpfungsordnung argumentierte und dieses bejahte, zwangsläufig auch der rassistischen Weltanschauung der Nationalsozialisten zugestimmt.[22] Wie groß aber innerhalb der Rundbrief-Gemeinschaft die Akzeptanz für ein völkisches Verständnis von Gesellschaft war, lässt sich an den Reaktionen auf konkrete Maßnahmen und Gesetze nationalsozialistischer Politik ablesen, dies gilt auch für die antijüdische Gesetzgebung.

Die Haltung gegenüber Juden war innerhalb der Rundbrief-Gemeinschaft zwar uneinheitlich, so dass es eine unzulässige Verallgemeinerung wäre, sie auf wenige Aussagen zu reduzieren. Festgestellt werden kann jedoch, dass einerseits eine

18 Jonas J. Driedger: „Wohin wir blicken, sehen wir Feinde". Wie sich preußische Mennoniten von 1913 bis 1933 als Teil einer christlich-antibolschewistischen Volksgemeinschaft neu erfanden, in: MGB 71 (2014), S. 71-102.

19 Günther Kösling: Die deutschen Baptisten 1933/1934. Ihr Denken und Handeln zu Beginn des Dritten Reiches, Siegen (Diss.) 1980, S. 13 f.; Andrea Strübind: Die unfreie Freikirche. Der Bund der Baptistengemeinden im ‚Dritten Reich', Neukirchen-Vluyn 1991, S. 58 f.

20 Vgl. zur Rezeption der Theologie der „Schöpfungsordnungen" im Mennonitentum die äußerst aufschlussreichen und instruktiven Ausführungen bei James Irvin Lichti: Houses on the Sand? Pacifist Denominations in Nazi Germany, New York 2008, S. 76-81.

21 Vgl. dazu Martin Honecker: Nationale Identität und kollektive Verantwortung, in: Ders., Evangelische Christenheit in Politik, Gesellschaft und Staat. Orientierungsversuche, Berlin/New York 1998, S. 149-171.

22 Vgl. dazu Emmy Barth: Botschaftsbelagerung. Die Geschichte einer christlichen Gemeinschaft im Nationalsozialismus, Rifton 2015, S. 97.

in Glaubensüberzeugungen begründete Haltung begegnet, nach der antisemitischen und rassistischen Positionen gegenüber Juden zumindest im Bereich der Gemeinde und Kirche entgegengetreten wurde. Das ist die eine Seite. Auf der anderen Seite wurde die nationalsozialistische Politik gegenüber Jüdinnen und Juden in den Jahre 1933 bis etwa 1936 aber nicht grundsätzlich kritisiert, womöglich deshalb, weil sie als im Kern berechtigt wahrgenommen worden ist.

Aufschlussreich sind hier die Ausführungen eines Missionsschülers und vormaligen Landwirtes, bei dem sich eine kritische Distanz zu den totalen Ansprüchen des NS-Staates beobachten lässt; sein Kommentar ist gerade aus diesem Grund besonders bemerkenswert. Er schrieb am 9. Januar 1934: „Doch wie stellen wir uns zu der gegenwärtigen Rassenfrage? Daß jedes Volk sein besonderes ‚Volksempfinden' hat, ist ja sicher. Ich möchte daher es nicht so ohne weiteres verwerfen, daß jeder Staatsbeamter ein Arier sein soll. Aber immer wird es ein Unrecht bleiben, wenn diese Forderung sich auf alle Gebiete ausdehnt. Die Brandmarkung der Nicht-Arier im privaten Leben ist nicht recht und in kirchlicher Hinsicht ein volles Unrecht. Der Arierparagraph ist und bleibt für die betr. Landeskirchen eine Schande, und die ist umso größer als der in Frage kommende Mann jüdischer Abstammung ist. Wie Friedchen schon erwähnt hat, ist das jüdische Volk der Träger der göttlichen Verheißung. Daß es jetzt unter dem Fluch steht, kommt ganz gewiß nicht daher, weil das arische Blut besonders ‚hochgezüchtet' wäre. Wir haben ganz und gar kein Recht, uns über die Juden verächtlich zu machen. Nein, Friedchen, Dein Ausdruck ist zu schwach, ‚mit dem Germanentum würde ein richtiger Kult getrieben'. Das Germanentum wird vergöttert, und das arische Blut ist der oberste Gott."[23]

Bei diesem Hefteintrag fällt auf, mit welcher Klarheit der Verfasser einer rassistisch begründeten Judenfeindschaft entgegentritt. Zu einer ebenso klaren Ablehnung der antijüdischen Gesetzgebung insgesamt kann er sich jedoch nicht durchringen.

Zur Begründung der Teilhabe am NS-Staat

Es ist mir nicht möglich, die Anzahl der Rundbriefakteure zu bestimmen, die sich in der Phase der „Machtergreifung" 1933 und 1934 in einer der Gliederungen der NSDAP engagierten. Als Beleg dafür, dass ein Engagement in der „Hitlerjugend" (HJ), dem „Bund Deutscher Mädel" (BDM) und der „Sturmabteilung" (SA) auch für Akteurinnen und Akteuren der Rundbrief-Gemeinschaft attraktiv war, lassen sich die mahnenden Worte Hilde Funks in ihrem Leitartikel der Mitteilungen im Sommer 1934 lesen: „Brüder und Schwestern, die ihr in S.A., H.J. oder B.D.M. steht und glaubt, dort dienen zu müssen, wisset: Euer Dienst hat vor Christus keinen Bestand, wenn ihm nicht das Bekenntnis zugestellt wird: Jesus Christus der Herr! – und das Gelöbnis in Wort und Tat: daß ich s e i n eigen sei!"[24] Beim

23 MFSt, C.11, Nachlass Theo Glück, Karton 1, RB-Kreis 12 (Kopien) 1. Runde Heft 1 und 2.

24 Hilde Funk: [Leitartikel], in: Mitteilungen des mennonitischen Jugend-Rund-Briefes Nr. 7 (Sommer 1934), in: MFSt, C.11, Nachlass Theo Glück, Karton 2, Ordner „Rundbrief-Mitteilungen 1932-1936".

Rundbrieftreffen auf dem Weierhof Ostern 1934 war – wie es in einem Bericht heißt – über folgende Fragen diskutiert worden: „S.A.-Dienst und Wort Gottes, sind's zwei Dinge, die sich unbedingt ausschließen müssen? Kann der SA-Mann oder der HJ-Junge wirklich nicht unter das Wort Gottes kommen? Doch, denn die Möglichkeit hierzu ist da und bei ernstem Willen wird sie gefunden, wie uns S.A.-Männer bezeugen. Jedoch ist der Einzelne ganz auf sich selbst angewiesen. Wird er aber den Mut zur Entscheidung haben? Es muß nach Wegen gesucht werden, um dem aktiven SA-Mann den Kirchgang zu ermöglichen. Nicht passiv danebenstehen, sondern mitarbeiten wird empfohlen und durch persönliche Haltung erzieherisch wirken. Vor allem solle man Führerstellen, besonders in der HJ., wenn sie uns angeboten werden und wir die Befähigung dazu haben, annehmen."[25]

Wie wurde die Mitarbeit im NS-Staat inhaltlich begründet? Hier lassen sich für die Phase der „Machtergreifung" mehrere Argumentationslinien unterscheiden. Eine davon repräsentierte der Theologiestudent Dirk Cattepoel in seinem Vortrag auf dem Weierhofer Rundbrieftreffen Ostern 1934. Er unterschied dort zwischen der nationalsozialistischen Politik auf der einen Seite, für die man sich engagieren solle, und einem davon klar zu trennenden deutsch-religiösen Überbau, den er aufs Schärfste verurteilte. Der Nationalsozialismus aber – so führte er in dem Vortrag aus – sei keine Weltanschauung und stelle deshalb – so könnte man hinzufügen – kein konkurrierendes Glaubensangebot dar. Cattepoel führte aus: „Wir Christen bejahen den Nationalsozialismus durch und durch. Wir sind Nationalsozialisten, wir können das mit reinem Herzen und Gewissen sagen. Wir sind Mitkämpfer des nationalsozialistischen Kampfes. Wir sind keine Reaktion!"[26] Wie die Diskussion im Anschluss an seinen Vortrag zeigte, konnte seine Argumentation der Trennung beider Bereiche allerdings nicht alle Anwesenden überzeugen. Doch wurden seine Überlegungen später in der „Mennonitischen Jugendwarte" abgedruckt, was zum einen darauf verweist, dass sie einerseits als wichtiger Diskussionsbeitrag ernst genommen und andererseits über die engere Rundbrief-Gemeinschaft hinaus verbreitet worden sind.

Ernst Fellmann dagegen repräsentierte eine andere Argumentationslinie. Typisch für ihn war eine dialektische Beweisführung: Er argumentierte, dass sowohl der NS-Staat als auch das Evangelium den Anspruch auf den ganzen Menschen erheben. Und in beiden Fällen, so Ernst Fellmann, sei dieser Anspruch berechtigt. Er verschloss dabei nicht die Augen vor Widersprüchen zwischen beiden Bereichen. Im Dezember 1933 hatte er auf einem Treffen der Rundbrief-Kreisleiter im Blick auf den Nationalsozialismus sogar vor der Formulierung „antichristliche Züge" nicht zurückgeschreckt.[27]

(Hervorhebung im Original).

25 Bericht „Unser R-B-Treffen Ostern 1934 auf dem Weierhof Pfalz": MFSt, C.11, Nachlass Theo Glück, Karton 2, Ordner „Rundbrief-Mitteilungen 1932-1936".

26 Dirk Cattepoel: Der Kampf des Evangeliums mit der neuen deutsch-religiösen Weltanschauung, in: MJW 14 (1934) 4, S. 80-91, Zitat: S. 82.

27 Maschinenschriftlicher Aufsatz von Ernst Fellmann: „Stellung und Aufgabe des Rundbriefes in der politischen und kirchlichen Umwälzung unserer Zeit. Einleitung beim Kreisleitertreffen in Durlach vom 30.-31.12.33": MFSt, C.11, Nachlass Theo Glück, Karton 2, Ordner „Jugendarbeit, Rundbriefe, 1937-1928".

Die aus seiner Sicht dennoch erforderliche Hingabe des Einzelnen an das deutsche Volk ist mehr als die Bürgerpflicht, die spätestens im 19. Jahrhundert innerhalb der mennonitischen Gemeinschaft erwacht war. Es ist bereits beschrieben worden, wie Mennoniten in dieser Zeit aus der Ecke der nur Geduldeten in die Sphäre der bürgerlichen Freiheit getreten waren.[28] Vor dem Hintergrund eines wachsenden Nationalismus wurde aus patriotischer Verpflichtung heraus die Wehrfreiheit mehr und mehr aufgegeben.[29] Die Hingabe an das Volk, wie exemplarisch bei Ernst Fellmann zu erkennen, war jedoch – so meine These – von anderer Qualität, weil sie auf ein biologistisches Modell bezogen war: Die Option der Emigration (die ja noch im 19. Jahrhundert von einem Teil der westpreußischen Mennoniten im Kontext der Wehrfrage genutzt worden war) war darin sachlogisch ausgeschlossen. In seinem Bericht über das Rundbrieftreffen 1934 referiert Herbert Schmutz den Vortrag von Ernst Fellmann „Die Gemeinschaft des Evangeliums und die neue deutsche Volksgemeinschaft" wie folgt: „Die neue deutsche Volksgemeinschaft will bewußt nicht die Erörterung des ‚Ich', sondern will es einklammern in das ‚Wir'. Mit dieser Entwicklung stehen wir mitten in der neuen Volksgemeinschaft, in der es heißt: Ein Volk, ein Reich, ein Führer! Dieses Neue ist uns gegeben wie ein Geschenk und wir haben teil an ihm. Es verlangt von uns den ganzen Menschen, denn Gemeinschaft ist mehr als bloße Teilhaberschaft, sie ist Hingabe mit dem ganzen Sein. Fliehen können wir diese Gemeinschaft nicht, denn das hieße[,] dem eigenen Blut und Boden entsagen."[30] Vor diesem Hintergrund lässt sich das konkrete Engagement in Formationen der NSDAP wie der SA interpretieren, nämlich als christlich motivierter Dienst.

Auf dem Rundbrieftreffen an Ostern 1934 wurde vor allem darüber gesprochen, inwieweit sich ein Engagement in der SA ganz praktisch mit dem Kirchgang vertrug; es ging offenbar nicht um inhaltliche und politische Aspekte, ob ein Christ sich etwa mit den Zielen der SA identifizieren könne und an deren Praktiken mitwirken dürfe. Das irritiert insofern, als die SA gerade in den ersten Monaten der „Machtergreifung" an Unrechtsmaßnahmen und Verbrechen des Regimes federführend beteiligt gewesen war. Man denke an die Errichtung sogenannter wilder Konzentrationslager und an die äußerst brutale Verfolgung politischer Gegner bis hin zu Folter und Mord.[31] Neben politischen Gegnern standen auch Juden im Fokus der Übergriffe: beim Boykott jüdischer Gewerbetreibender am 1. April 1933 kam der SA eine tragende Rolle zu. Weshalb Rundbriefakteure diese Partei-

28 Vgl. Diether Götz Lichdi: Die Mennoniten in Geschichte und Gegenwart. Von der Täuferbewegung zur weltweiten Freikirche, Großburgwedel ²2004, S. 177 f.; Ders.: Zum Staatsverständnis der deutschen Mennoniten im 19. Jahrhundert. Von der Diskriminierung zur Gleichberechtigung, in: MGB 68 (2011), S. 37-58. Vgl. zu diesen Komplex: Mark Jantzen: Mennonite German Soldiers. Nation, Religion, and Family in the Prussian East, 1772-1880, Notre Dame 2010.

29 Eine andere Sichtweise vertritt Christoph Wiebe: Die Krefelder Mennoniten und die Wehrlosigkeit. Eine symbolische Abgrenzung im Wandel der Zeit, in: MGB 65 (2008), S. 114-146.

30 Bericht „Unser R-B-Treffen Ostern 1934 auf dem Weierhof Pfalz": MFSt, C.11, Nachlass Theo Glück, Karton 2, Ordner „Rundbrief-Mitteilungen 1932-1936".

31 Peter Longerich: Die braunen Bataillone. Geschichte der SA, München 1989, S. 165 f.; Richard Bessel: Anfänge des Terrorregimes: Zur Rolle der Gewalt der SA beim Aufstieg des Nationalsozialismus, in: Nikolaus Wachsmann/Sybille Steinbacher (Hg.), Die Linke im Visier. Zur Errichtung der Konzentrationslager 1933. (Dachauer Symposien zur Zeitgeschichte 14), Göttingen 2014, S. 52-69, hier S. 52.

truppe spätestens seit der zweiten Jahreshälfte 1933 aus eben diesen Gründen nicht gemieden haben stellt eine noch unbeantwortete Frage dar.

Ausblick und abschließende Bemerkungen

Erstens: Nach 1945 wurde die Rundbrief-Gemeinschaft als eine Gruppe gedeutet, deren Angehörige sich zunächst für Hitler und den Nationalsozialismus begeistert hätten, allmählich aber ernüchtert worden seien. Aus der Ernüchterung sei eine Art innerer Widerstand gegen nationalsozialistische Auffassungen erwachsen: Die antichristliche Gefahr des Nationalsozialismus sei erkannt und davor gewarnt worden. Es war Theo Glück, der diese Deutung 1977 in dem Band von Diether Götz Lichdi, „Mennoniten im Dritten Reich. Dokumentation und Deutung", vortrug.[32]

Betrachtet man seine Belege und Befunde wird aber deutlich, wie wenig eindeutig doch das Bild ist: Im Blick auf die Haltung zum NS-Staat wird sowohl die überaus bemerkenswerte, kritische Stimme Otto Schowalters (Januar 1937) zitiert, der offen davon sprach, der Staat erfülle „nicht mehr nur den ihm von Gott gegebenen Auftrag, sondern er erhebt von sich aus Anspruch auf alle Lebensgebiete und auf den Menschen persönlich. Dieser Anspruch eines Staates hat mit einem göttlichen Auftrag nichts mehr zu tun."[33] Andererseits berichtete Gertrud Franz, von Theo Glück zitiert, in der gleichen Ausgabe der Mitteilungen aus Kreis 6: „Aus allen Beiträgen sprach die Liebe zum Vaterland und die Anerkennung dessen, was die Regierung des Dritten Reiches schon geleistet hat: wir leben in einem geordneten Staat (das müssen wir besonders dankbar erkennen im Blick auf Russland und Spanien), für Arbeit wird gesorgt, bis jetzt können wir noch ungestört unseres Glaubens leben, wenn uns auch die Stellung des Staates zum Christentum nicht ganz in Ruhe läßt."[34] Es finden sich also Belege, die tendenziell sowohl in eine systemkonforme und -stabilisierende als auch in eine NS-kritische Richtung weisen.

Dass sich führende Akteure der Rundbrief-Gemeinschaft zudem erst im Laufe der dreißiger Jahre der NSDAP oder ihrer Gliederungen angeschlossen haben, spricht ebenso gegen die These, die Haltung der Akteure zum Nationalsozialismus habe sich „linear" in Richtung „innerer Widerstand" entwickelt. Ein wesentlicher Vertreter der Rundbrief-Gemeinschaft engagierte sich seit Sommer 1935 in der Hitlerjugend als „Fähnleinschulungsleiter" und „Standortführer des Deutschen Jungvolks"; mindestens zwei andere einflussreiche Akteure haben erst im Jahr 1937 die Parteimitgliedschaft begehrt, wobei einer von ihnen, Paul Schowalter, mit der streng vertraulichen Begründung nicht in die NSDAP aufgenommen worden war, er habe als Beruf „Vikar" angegeben.[35]

32 Glück (wie Anmerkung 5), S. 201 und 204.

33 Zitat ebd., S. 216.

34 Ebd. S. 218.

35 BArch (ehem. BDC), PK, Schowalter, Paul (geb.17.07.1912). Der Name wird im Konsens mit Jochen und Rolf Schowalter genannt.

Es geht nicht darum in Abrede zu stellen, dass es solche Entwicklungslinien von einer Begeisterung für den Nationalsozialismus hin zur Ablehnung tatsächlich gegeben hat; zu bezweifeln ist allerdings, dass sie schon in der Zeit vor den Novemberpogromen im Jahr 1938 oder den Kriegserfahrungen seit 1939 in größerem Ausmaß erkennbar gewesen waren. Wahrscheinlicher erscheint es, dass solche Tendenzen vielfach vor allem erst in den letzten Kriegsjahren (seit 1942) verstärkt hervortraten. Von einer kritischen Distanz zum Führerkult berichtet beispielsweise Hermann Funcks Tochter Lenemarie, die 1942 eingeschult worden war: Sie habe als junges Mädchen in der Schule ein Hitlerbild für gute Leistungen erhalten; als sie es zu Hause stolz vorzeigte, habe es ihr der Vater wortlos abgenommen und zerrissen.[36] Am Anfang der NS-Diktatur hatte Funck, exemplarisch für die Rundbrieflerinnen und Rundbriefler insgesamt, noch geäußert: „Wir sind dankbar [und] froh, daß uns Hitler als Staatsmann [...] geschenkt wurde."[37] Allerdings gehörte Funck schon damals nicht zu den Euphorisierten, sondern zu jenen, die dem Nationalsozialismus abwartend und kritisch gegenüberstanden. So hatte er in eben diesem Hefteintrag (vom 22. März 1934) im Blick auf eine Zugehörigkeit zu Gliederungen der NSDAP wie der SA und SS geschrieben: „Denn sobald ich die Uniform trage bekenne ich mich dazu. Und das Braunhemd tragen [und] das Programm der NSDAP nicht anerkennen, geht doch nicht. Das wäre ja die Wahrhaftigkeit verhöhnt! Ich bin bis jetzt noch in keiner Formation, weil ich eben nicht überzeugt bin. –" Es ginge meines Erachtens aber in die falsche Richtung, wollte man solche Entwicklungen auf alle Akteurinnen und Akteure beziehen bzw. als eine unumkehrbare Entwicklung beschreiben, die bereits unmittelbar nach der „Machtergreifung" eingesetzt habe. Bleibt bei einem solchen Denkmuster doch unberücksichtigt, dass sich ablehnende „und" zustimmende Haltungen nicht immer scharf voneinander trennen lassen, sondern mitunter eng verbunden sein können – und zwar in nahezu jeder Phase des Regimes, dynamisch unterschiedlich proportioniert.

Zweitens: Genauer betrachtet werden muss das Argument, dass es Ende der dreißiger Jahre eine Warnung aus dem Braunen Haus, der NSDAP-Parteizentrale in München, gegeben habe, was als Beleg für die staatskritische Einstellung innerhalb der Gruppe gewertet werden könne. 1937 war die Rundbrief-Gemeinschaft tatsächlich in große Bedrängnis geraten. Eine entscheidende Rolle spielte hierbei Daniel Dettweiler aus der Mennonitengemeinde München (nicht Vater des Rundbrief-Akteurs Ernst Dettweiler). Er äußerte im Sommer 1937 gegenüber führenden Vertretern des Mennonitentums, dass die Rundbriefe eine Gefahr für die mennonitischen Gemeinden darstellten. In einem u. a. an Händiges, Unruh und Neff gerichteten Brief, berichtet er von einem Treffen mit Dr. Krenn vom obersten Parteigericht, der ihm, auf eine Akte zu Mennoniten Bezug nehmend, Hinweise auf kritikwürdiges mennonitisches Verhalten gegeben habe: „Sehr übel vermerkt wurden die Rundbriefe der Jugend. Die Gemeinschaft des Evangeliums steht höher als die Gemeinschaft des Volkes heisst es da in einem solchen Schrei-

36 In einem Schreiben an den Mennonitischen Geschichtsverein (Weierhof-Bolanden) vom 11. Dezember 2014 und im Gespräch mit dem Verfasser am 27. September 2015.

37 MFSt, C.11, Nachlass Theo Glück, Karton 1, Heft: Kreis 1, Heft 17 (März 34). (Hervorhebung im Original).

ben. Und weiter: der menn. Jugendbund ist aufgelöst, die Arbeit und der Dienst aber gehen weiter u.s.w. Ich muss hierzu schon bemerken, dass ein derartiges Verhalten von uns Mennoniten allgemein verurteilt werden wird, da es vor allem nicht offen u. aufrichtig ist. Auch zeugt es nicht davon: ‚Gebt dem Kaiser, was des Kaisers bzw. des Staates ist.' Kreise, die so verfahren, stellen sich m. E. damit ausserhalb unserer Gemeinschaft. Sie sollten dies dann aber auch offen bekennen, um uns dadurch keine Schwierigkeiten zu machen. Mir waren immer schon geheime Konventikel ein Greuel u. das sind die ‚Rundbriefe', was endlich einmal offen ausgesprochen werden muss." Dettweiler monierte noch andere Dinge und beendete seinen Brief wie folgt: „Es liegt nun an uns all das abzustellen, was heute nach dieser Richtung nun einmal nicht mehr geduldet wird und geduldet werden kann. Unsere Zentralstelle wird das erforderliche zu veranlassen haben. Heil Hitler."[38]

Nun gilt es zu bedenken, dass Ökonomierat Daniel Dettweiler (1875–1941) sprichwörtlich ein Nationalsozialist der ersten Stunde war: Der Agrarfachmann hatte sich der NSDAP bereits am 7. September 1920 angeschlossen; die Partei hatte erst im Februar jenes Jahres, seinerzeit noch als Deutsche Arbeiterpartei DAP, ein Programm vorgestellt. Bedenkt man, dass die Zählung der Mitglieder mit der Ziffer 500 einsetzte, um als Partei nicht allzu klein zu wirken,[39] so gehörte Parteigenosse Dettweiler mit der Mitgliedsnummer 1.967 zu den ersten 1.500 Mitgliedern der völkisch-antisemitischen Splitterpartei, die sie in jenen Jahren ja noch war. Er sei, so berichtet Dettweiler, in dem von ihm verfassten Papier „Grundsätze der Mennoniten", selbst „gleich von Anfang an in die Versammlungen der NSDAP" gekommen „und zwar zu einer Zeit als es noch kaum 25 Leute um Anton Drechsler waren. Überall vertrat ich bei meinen vielen Dienstreisen Hitlers Gedanken und hielt schon in den Jahren 1920-21 Vorträge über den Nationalsozialismus, so z. B. an die Bauern in Geroda, Rhön, welcher Ort, wie auch die Umgegend ziemlich verjudet war und wohl noch ist."[40] Nach dem Verbot der Partei – als Folge des Putschversuches vom November 1923 – schloss er sich der NSDAP nach deren Neugründung im Jahre 1925 zunächst nicht an, sondern trat ihr nach der „Machtergreifung" am 1. Mai 1933 bei (Mitgliedsnummer: 2.000.840).[41] Dettweiler verfügte also tatsächlich über gute Kontakte zum Braunen Haus, was seinen Worten gegenüber den mennonitischen Ältesten offenbar Gewicht verlieh. Die Intervention gegenüber der Rundbrief-Gemeinschaft wurde also, und darauf kommt es hier an, von einem nationalsozialistischen Mennoniten mit- und vorgetragen.

Um welche inkriminierten Rundbriefe es sich handelte, wissen wir nicht. Es könnte sich aber beispielweise um den Bericht „Unser R-B-Treffen Ostern 1934

38 Schreiben gez. Daniel Dettweiler [Abschrift] an Christian Neff, H. v. Delden, Benjamin Unruh, Ernst Crous, Emil Händiges, Braun, Reimer, Regehr, Horsch, Schnebele vom 3. September 1937: MFSt, C.11, Nachlass Theo Glück, Karton 2, Ordner: „Korrespondenz Rundbriefe, Treffen u. a. 1932-1938".

39 John Toland: Adolf Hitler, New York 1977, S. 131.

40 Daniel Dettweiler: Grundsätze der Mennoniten [undatiert]: MFSt Weierhof, Handakte Jochen Schowalter (NS-Tagung) [aus dem Nachlass von Abraham Braun].

41 BArch (ehem. BDC), PK, Dettweiler, Daniel (geb. 15.01.1875).

auf dem Weierhof Pfalz“ gehandelt haben. Denn über ihn verfügte auch der „Sicherheitsdienst des Reichsführers SS“ (SD), was aus einem internen Schreiben hervorgeht.[42] Dort wird nämlich aus eben diesem Bericht zitiert und auf die Vorträge von Dirk Cattepoel und Ernst Fellmann eingegangen. Diese hatten sich, wie wir gesehen haben, zwar äußerst aufgeschlossen gegenüber dem Nationalsozialismus gezeigt. Der SD stieß sich aber an Aussagen wie derjenigen von Ernst Fellmann: „Was steht nun höher, Gemeinschaft des Evangeliums oder die Volksgemeinschaft? Die Antwort war klar und mußte sie sein: Das Evangelium steht höher.“[43]

Auf diese Aussage hatte sich auch Daniel Dettweiler bezogen, als er in seinem Schreiben an mennonitische Führer intern die Aussage kritisierte: „Die Gemeinschaft des Evangeliums steht höher als die Gemeinschaft des Volkes“.[44] Die „Ältesten- und Predigerversammlung des Badisch-Württembergisch-Bayerischen Gemeindeverbandes“ hatte auf das Dettweiler-Monitum unmittelbar und, gegenüber den Rundbriefakteuren aus ihrem Verband, scharf reagiert. Sie legte ihnen mit offiziellem Beschluss nahe, aus der Rundbrief-Gemeinschaft auszuscheiden.[45] Solches als Rundbriefleitung von ihren Akteuren zu verlangen, erschien der Gruppe um Theo Glück aber nicht akzeptabel. Als Zeichen der Konzilianz gegenüber dem Gemeindeverband wurde in einer Sitzung der Kreiswarte – bezeichnenderweise von einer mennonitischen Autorität, Benjamin Unruh, mitgeleitet – aber vereinbart, eine drei- bis sechsmonatige Pause einzulegen, um in dieser Zeit die Genehmigung bei staatlichen Stellen einzuholen. Dies erschien den führenden Rundbriefakteuren zu Beginn des Jahres 1938 jedoch, als die Rundbriefaktivitäten wieder aufgenommen wurden, nicht mehr notwendig. Allerdings verzichtete man auf den Druck der zusammenfassenden „Mitteilungen“, für deren Erscheinen, so hatte man sich informiert, eine Meldepflicht bestanden hätte. Einige Rundbriefakteure hatten sich aufgrund der ablehnenden Haltung des Gemeindeverbandes aus der Rundbrief-Gemeinschaft zurückgezogen, andere, wie Hermann Funck, Ernst Fellmann und Theo Glück, traten von ihrer Funktion als „Kreiswart“ zurück; zumindest Theo Glück schrieb aber weiterhin mit.

Drittens: Als der Austausch der Rundbriefe wieder aufgenommen wurde, erging eine Mahnung an die Teilnehmenden, sich jeglicher politischer Äußerungen zu enthalten: „Allerdings müssen wir ganz entschieden darauf hinweisen, daß in den Rundbriefen nichts behandelt wird, das in das Politische hineingreift, Mißverständnisse hervorrufen oder Beanstandungen im Gefolge haben kann.“[46] Und

42 Beglaubigte Abschrift des Schreibens des SS-Oberführers Albert an das Rasse- und Siedlungshauptamt vom 9. April 1938: BArch R 187/267a.

43 Zitiert nach ebd. (Hervorhebung im Original).

44 Schreiben gez. Daniel Dettweiler [Abschrift] an Christian Neff, H. v. Delden, Benjamin Unruh, Ernst Crous, Emil Händiges, Braun, Reimer, Regehr, Horsch, Schnebele vom 3. September 1937: MFSt, C.11, Nachlass Theo Glück, Karton 2, Ordner „Korrespondenz Rundbriefe, Treffen u. a. 1932-1938“.

45 Vgl. das Protokoll der Kreiswart-Tagung vom 3. Oktober 1937 auf dem Thomashof: MFSt, C.11, Theo Glück Karton 2, Ordner: 1998-1937 Jugendarbeit, Rundbriefe.

46 Undatiertes Rundschreiben, in dem den Rundbriefakteuren die Ergebnisse der Kreiswart-Sitzung auf dem Thomashof vom 30. Januar 1938 mitgeteilt wurden: MFSt, C.11, Nachlass Theo Glück, Karton 2, Ordner:

bereits Ende 1937, Anfang 1938, also inmitten der Krise, hatte Paul Schowalter an Theo Glück geschrieben: „Ich habe schon früher ausgeführt, dass unser Verhältnis zum Staat allerdings sauber und unanfechtbar sein muss, soweit wir das als Christen irgendwie verantworten können. Hier dürfen wir uns nicht, wie es leider gelegentlich der Fall zu sein schien, auf unsachliche Kritik etc. einlassen."[47] Die Motive der Akteure lassen erkennen, dass widerständiges und nonkonformes Verhalten keinesfalls intendiert war. Statt von innerem Widerstand zu sprechen, der auf Motive und Intentionen rekurriert, oder das Deutungsmuster von Resistenz heranzuziehen, das sich auf die Wirkung des Verhaltens bezieht[48], schlage ich vor, die Beteiligung an der Rundbrief-Gemeinschaft nicht als Konkurrenz zur Teilhabe am Nationalsozialismus zu deuten, sondern als Versuch loyaler Selbstbehauptung zu lesen. Folgende Beobachtung verdient in diesem Zusammenhang besondere Beachtung: Noch gegen Ende der dreißiger Jahre sangen Rundbrieflerinnen und Rundbriefler Lieder des Bundes deutscher Bibelkreise, der seine Jungmannschaften im Jahr 1934 angesichts der drohenden Gleichschaltung mit der Hitlerjugend aufgelöst hatte, und sie hielten am Liedgut der Deutschen Christlichen Studentenvereinigung (DCSV) fest, die im Jahr 1938 verboten wurde. Auf einem von Theo Glück und Herbert Schmutz unterzeichneten Merkblatt, das der Einladung zum Rundbrieftreffen Ostern 1937 als Anlage beigefügt worden war, hatte es geheißen: „Hast du ein BK- oder DCSV-Liederbuch zu Hause? Bring es mit!"[49]

Viertens: Waren nach 1945 die autobiografischen Reflexionen von dem Bemühen gekennzeichnet, die Rundbrief-Gemeinschaft tendenziell als eine Gruppe des inneren Widerstandes zu kennzeichnen, so tauchte Ende der achtziger Jahre das öffentliche Zeugnis eines ehemaligen Rundbriefakteurs auf, der auf eine solche Selbstzuschreibung verzichtete. 1988 publizierte nämlich Ernst Dettweiler im „Mennonitischen Jahrbuch" einen Beitrag, in dem er offen bekennt: „In manchen heißen Gesprächen erörterten wir unsere ‚Standpünkter', vor allem in den Rundbriefen der 30er Jahre, als sich junge Mennoniten vom Elsaß und der Schweiz bis West- und Ostpreußen zusammenfanden, um ihre Fragen an das Leben zu stellen und womöglich zu klären. Da kam Hitler, und die nationale Welle riß mich fort. Ich konnte jene Glaubensgeschwister nicht verstehen, die im Nationalsozialismus ein Haar in der Suppe fanden".[50] Dettweiler beschreibt weiter, wie er sich freiwillig zur Luftwaffe meldete und in mehreren Situationen davor bewahrt blieb, auch „mit der Waffe in der Hand" in Tötungshandlungen einbezogen zu werden. Einmal sei seine Einheit damit beauftragt worden, „das Erschießungskommando für Deserteure und Juden zu stellen"; er sollte „es als

1998-1937 Jugendarbeit, Rundbriefe.

47 Schreiben Paul Schowalter an Theo Glück, undatiert [verm. Januar 1938]: MFSt, C.11, Nachlass Theo Glück, Karton 2, Ordner: 1998-1937 Jugendarbeit, Rundbriefe.

48 Vgl. dazu etwa Ian Kershaw: Der NS-Staat. Geschichtsinterpretationen und Kontroversen im Überblick, Reinbeck bei Hamburg ^{5}2015, insb. S. 308-314.

49 [Merkblatt:] „Besonders zu beachten ist" [Anlage zur Einladung, Ostertreffen 27. bis 30 März 1937]: MFSt, C.11, Nachlass Theo Glück, Karton 2, Ordner: Jugendarbeit, Rundbriefe 1937-1928.

50 Ernst Dettweiler: Wie ich das Friedenszeugnis der Glaubensväter erneut verstehen lernte, in: Mennonitisches Jahrbuch 88 (1988), S. 47-49, S. 47.

Offizier befehligen". Schließlich wurde jedoch nicht er, sondern ein anderer für diese Aufgabe eingeteilt. Er sei während des Krieges nachdenklich geworden, doch erst nach Kriegsende, so schreibt er, „hatte Gott mich endlich eingeholt". Seine Haltung wandelte sich, in der Bundesrepublik bekannte er sich zur Wehrlosigkeit und stand anderen Christen beratend zur Seite. Eine solche Offenheit im Blick auf die eigene Biografie bringt, wie ich meine, nicht nur bemerkenswerte Zeitdokumente hervor; sie übt vielleicht auch auf die Betroffenen selbst eine befreiende Wirkung aus.

Rolf Schowalter

Paul Schowalter im Spiegel seiner Korrespondenz

Zwischen Anpassung und Skepsis

Paul Schowalter (1912-1984), aus bäuerlichen Verhältnissen der Vorderpfalz stammend, studierte Theologie in Tübingen, Greifswald und Erlangen und bildete zusammen mit Walter Fellmann, Otto Schowalter und Gerhard Hein die Gruppe der akademisch ausgebildeten Theologen, die in der Nachkriegszeit die Geschicke des süddeutschen Mennonitentums maßgeblich geprägt haben[1].

Alle genannten Personen waren zu Beginn des Dritten Reiches erwachsen und man kann wohl davon ausgehen, dass sie in der Lage waren, die politischen Verhältnisse beurteilen zu können. Alle haben sich mehr oder weniger mit den neuen Verhältnissen arrangiert, keiner hat das Land verlassen wie einige weitsichtige Schriftsteller oder ist in den Widerstand abgetaucht.

In diesem Beitrag soll nun die Haltung Paul Schowalters in einer Zeit untersucht werden, die zu den dunkelsten Kapiteln der deutschen Geschichte zählt. Paul Schowalter war ab 1936 Vikar auf dem Weierhof, wurde im Februar 1939 ordiniert und damit Nachfolger von Christian Neff als Prediger der Gemeinde Weierhof. Am 24.8.1939, nur wenige Tage vor dem offiziellen Beginn des Zweiten Weltkrieges, fand die Heirat mit Gertrud statt, geb. Hege, vom Mückenhäuserhof bei Rheindürkheim/Worms.

Die Quellen, anhand derer die Haltung Paul Schowalters zum Nationalsozialismus herausgearbeitet werden soll, sind Briefe, die er von 1938 an bis 1945 an seine Frau geschrieben hat, zum Teil zwei- bis dreimal pro Woche. Weiterhin existieren Briefe, die er von seinen Verwandten erhalten hat, von Gemeindemitgliedern, von Kollegen, darunter auch einige von Christian Neff. Außerdem liegt eine Sammlung von Briefen aus den Jahren 1932-1939 vor, die aus der Feder Siegfried Zimmermanns stammen, einem Verwandten aus Regentsweiler am Bodensee, später Berghof/Wettersdorf. Die gesamte Korrespondenz befindet sich im Besitz der Mennonitischen Forschungsstelle auf dem Weierhof.

Manche Sachverhalte werden in den Briefen nur angedeutet. Subjektive Beurteilungen und Wertungen ergeben sich gelegentlich aus dem Vergleich mit Äußerungen anderer Personen, die sich in ihren Briefen zu einem ähnlichen Sachverhalt äußerten. Auslassungen deuten darauf hin, dass an dieser Stelle etwas übergangen oder verschwiegen wird. Warum dies im Einzelfall geschah, lässt sich allenfalls vermuten oder erahnen. Rückschlüsse lassen sich deshalb bei aller Sorgfalt nur unter Vorbehalt ziehen, ohne den Anspruch auf endgültige Wahrheit zu erheben.

---

1 S. zu diesen Personen die einschlägigen Artikel in MennLex, Teil 1 [Zugriff: 28.2.2017].

Zunächst ein kurzer Überblick über die biografischen Hintergründe der Korrespondenz.

Neben einigen Briefen aus der Verlobungszeit existieren unzählige Feldpostbriefe von verschiedenen Kriegsschauplätzen in Frankreich, Polen, Weißrussland sowie aus deutschen Kasernen während der Heimataufenthalte (v. a. Baumholder, Heidelberg). Paul Schowalter wurde im Februar 1940 als Rekrut eingezogen. Seine militärische Grundausbildung erhielt er in Posen, im sog. Warthelager, einem der bedeutendsten und größten Truppenübungsplätze seit dem Kaiserreich in der vormals preußischen Provinz Posen. Im Juni 1940 erfolgte die Verlegung nach Frankreich kurz vor der Kapitulation des dortigen Kriegsgegners, so dass zu Paul Schowalters Bedauern[2] in die Kampfhandlungen nicht mehr eingegriffen zu werden brauchte. Nach einer Zwischenstation ab Januar 1941 in Baumholder und später Bad Kreuznach erfolgte nach der Kriegserklärung an Russland im Juni 1941 die Verlegung an die Ostfront, was Paul Schowalter sehr begrüßte.[3] Er wurde vorwiegend als sog. „Krankenträger" eingesetzt. Seine positive Einstellung zum Krieg änderte sich allerdings nach einer Verwundung infolge einer Granatexplosion Anfang September 1941, die nach einem Lazarettaufenthalt in Wien zu einem anschließenden längeren Aufenthalt in Heidelberg und dort zur Ausbildung als Rechnungsführer führte. Weitere Stationen: ab Juni 1942 kurzer Aufenthalt bei der Besatzungsarmee in Frankreich, im Oktober 1942 Verlegung an die Ostfront im östlichen Weißrussland. Paul Schowalter ist jetzt für Rechnungsführung und für logistische Aufgaben zuständig. Ein Urlaub im Juni 1944 rettet ihm vermutlich das Leben, denn während der Urlaubszeit wird seine Kompanie in heftige Kämpfe verwickelt, die nur wenige seiner Kameraden überlebten. Er wird anschließend einer anderen Abteilung zugeteilt. Die Briefe enden im März 1945 mit der Gefangenschaft, aus der er Ende August 1945 entlassen wird.

Begeisterung für den Krieg

Wie bereits angedeutet, fällt Paul Schowalters positive und begeisterte Haltung zum Krieg ins Auge, die so gar nicht zu der von den Täufern propagierten Friedfertigkeit bzw. Wehrlosigkeit zu passen scheint, von der sich das süddeutsche Mennonitentum allerdings auf Betreiben von Emil Händiges schon 1933 definitiv verabschiedet hatte.[4] So schreibt er am 4.11.1939 nach allgemeinen Äußerun-

2 Er schreibt in einem Brief an seine Ehefrau am 20.6.1940: „Die Armee Frankreichs scheint geschlagen…", wozu seine Truppe nichts mehr beitragen kann (15.2.1944: „Aber wir kamen nur noch zu den Nachwehen des Feldzuges zurecht."), und er beklagt sich: „Unser Dienst ist jetzt oft so kleinlich, gar nicht, wie ich es mir oft vorgestellt habe." Dabei hatte er sich so auf seinen Einsatz gefreut. Er schreibt dazu rückblickend am 15.2.1944: „Es entbrannte schließlich der Kampf im Westen. Kaum konnten wir erwarten, bis auch wir dazu gerufen wurden. Endlich kam die Stunde." Bei allen Zitaten werden Orthografie und Zeichensetzung des Originals beibehalten. Wenn nicht anders angegeben, handelt es sich bei den in diesem Artikel wiedergegebenen Äußerungen von Paul Schowalter um solche aus Briefen an die Ehefrau.

3 Noch in Frankreich schreibt er am 28.7.1940: „So ein wenig hat jeder schon seine kühnste Hoffnung mal verwirklicht gesehen, daß er nach dem Osten gehen würde."

4 Corinna Schmidt: Emil Händiges, in: MennLex, Teil 1, [Zugriff am 3.9.2016]. Im Brief vom 2.10.1940 deutet Paul Schowalter ohne weitere Erläuterung auf einen tiefgreifenden Konflikt zwischen Jutta Händiges

gen über das Soldatsein an ein Gemeindemitglied namens Günther: „Hoffentlich kommt die Zeit, da ich darüber einmal weniger theoretisieren muß." Während der Ausbildung im Warthelager sehnt er den Kriegseinsatz herbei. Am 28.4.1940 schreibt er: „Unser Hauptmann meinte gestern wieder, daß wir in der bevorstehenden Woche wohl von hier wegkämen [nach Frankreich]. Ob ich dabei sein darf, ob es endlich wahr wird?" Und an seinen „Goldjungen", das „Bübchen", den 2 ¾-jährigen Jochen, schickt er am 9.3.1943 eine Karte aus Weißrussland mit dem martialischen Bild eines Soldaten und den Sätzen: „Dafür bekommst Du diesmal einen richtigen Soldaten. Willst Du auch mal einer werden?" Ich kann mich persönlich daran erinnern, dass im Schlafzimmmer meiner Eltern bis etwa Anfang der sechziger Jahre ein Bild von meinem stolzen Vater in Uniform neben einer strahlenden Ehefrau hing. Auf die Ernennung zum Unteroffizier war er dann auch mächtig stolz und berichtet davon in einem Brief vom 25.12.1942.

Soldat- und Mennonitsein ist für Paul Schowalter kein unüberwindbarer Widerspruch. Seiner Meinung nach besteht zwischen beidem nicht einmal ein Spannungsverhältnis. Soldatsein kann sogar positive Auswirkungen auf den Glauben haben und ihn stärken. So schreibt er in dem schon zitierten Brief vom 4.11.1939 an jenen Günther: „Wachet, steht im Glauben, seid männlich und stark. Wenn der Soldat wirklich vorne steht, weiß er vielleicht noch besser, was das heißt." Die täuferische Wehrlosigkeit war ja vermutlich schon im 19. Jahrhundert mit dem Durchbruch des Nationalismus, spätestens nach 1870/71 weitgehend zur Disposition gestellt worden[5]. Eine Haltung, die durch die Erfahrungen des Versailler Vertrages und der Weimarer Republik nur noch verstärkt wurde. Gerhard Hein hat in einem in Mennonitenkreisen heftig diskutierten Artikel in der „Jugendwarte" im Oktober 1933 unter der Überschrift „Friedensgesinnung und Wehrhaftigkeit", der täuferischen Grundhaltung eine Absage erteilt und dies auch theologisch zu begründen versucht.[6]

---

und Hans Unruh mit ihren jeweiligen Vätern hin, wobei Anlass, Inhalt und Umfang der Auseinandersetzung offen bleiben.

5 Ben Goossen hat dies in einem Vortrag „Das Völklein und das Volk: Mennoniten und Nationalismus in Deutschland vor 1933" auf der Tagung „Mennoniten in der NS-Zeit" am 25.9.2015 überzeugend dargelegt. S. auch seinen Beitrag im vorliegenden Band.

6 Den Hinweis verdanke ich einem Brief von Siegfried Zimmermann an Paul Schowalter vom 25.10.1933, in dem er schreibt: „Am Sonntagabend hatten wir im Familienkreis eine lebhafte Debatte über die Wehrlosigkeit und unsere Stellung zum neuen Staat im allgemeinen und den ‚Deutschen Christen' im Besonderen. Ich denke, Du hast sicher auch in der Jugendwarte das Referat von Gerhard Hein: ‚Friedensgesinnung und Wehrhaftigkeit' gelesen. Es würde mich interessieren, was Deine Meinung zu diesem Vortrag ist. Unserer Ansicht nach ist er doch etwas einseitig gehalten, weil die Stellen, die besonders für die Wehrlosigkeit sprechen, kaum herangezogen werden, z. B. aus der Bergpredigt, das Gebot der Feindesliebe u.s.w." Der Artikel von Gerhard Hein in der Jugendwarte (13. Jg., H. 5, Oktober 1933, S. 104-113) basiert auf einem Vortrag, gehalten am 9. Juli 1933 in Rüdesheim. Während in der jüngeren Generation noch diskutiert wurde, stand für viele Vertreter der älteren Generation die Wehrlosigkeit nicht mehr zur Debatte. Erwin Göbel gratuliert Paul Schowalter zur Geburt des Stammhalters und schreibt am 12.9.1940: „Uns alte Feldzugssoldaten befällt – das darf ich wohl sagen – gar manchmal ein gewisser sehnender Neid gegenüber euch draußen, die ihr mit Hand anlegen dürft an der Befreiung unseres Vaterlandes von überheblicher Bevormundung, an der äußeren und inneren Reinigung des alten Europa."

Identifikation mit den außenpolitischen Zielen der Nationalsozialisten

Aus der Sicht der Nachgeborenen ist die Identifikation von Paul Schowalter, und hierin entspricht er genau der Grundhaltung der damaligen Bevölkerung, mit den außenpolitischen Zielen der Nationalsozialisten, frappierend: Selbstverständlich wird der Kampf gegen Frankreich, „den bösen Erzfeind“, begeistert gefeiert. Noch im Rückblick auf vier Jahre Militärdienst schreibt Paul Schowalter am 15.2.1944 über die Anfangsphase des Krieges:

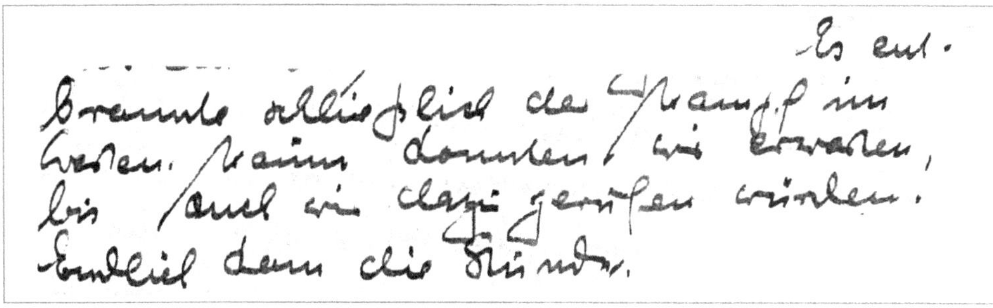
Es ent-
brannte schließlich der Kampf im
Westen. Kaum konnten wir erwarten,
bis auch wir dazu gerufen würden.
Endlich kam die Stunde.

„Es entbrannte schließlich der Kampf im Westen. Kaum konnten wir erwarten, bis auch wir dazu gerufen wurden. Endlich kam die Stunde.“ Dass im französischen Elsass Verwandte leben, wird nicht als Problem gesehen, da die Kriegsschauplätze ohnehin nicht dort waren und man möglicherweise davon ausging, dass das Elsass eigentlich sowieso zum Deutschen Reich gehört. Dass man unter Umständen auf Verwandte hätte schießen müssen, wurde ausgeblendet.[7]

Rückblickend heißt es im selben Brief weiter: „Nach einem Sprung ein rascher Zugriff nach England und der Krieg schien seinem Ende entgegen zu gehen.“ Von Skrupeln oder Unrechtsbewusstsein bei der Führung eines Angriffskrieges ist nichts zu spüren. Zu tief sitzt offensichtlich die Demütigung durch den Versailler Vertrag, die sich nachhaltig in das kollektive Gedächtnis der Deutschen eingeprägt hatte und von Hitler in ungenierter Weise für seine Zwecke instrumentalisiert worden war. Nahezu ohne Atempause werden in dem Brief dann weitere Eroberungen ins Auge gefasst: „Schon sprach man von dem Durchmarsch durch Rußland nach dem Iran, um von 2 Seiten die letzte Ecke des Mittelmeeres, den Suezkanal in Besitz zu bringen.“ Das vermag einem heutigen Leser den Atem verschlagen. Im Brief selber werden derartige Erwartungen angesichts eigener Erfahrungen in Russland bis zum Jahr 1944 rückblickend relativiert, indem von den furchtbaren Auseinandersetzungen im Osten gesprochen bzw. geschrieben wird, die man sich 1940 noch nicht hatte vorstellen können.

Andererseits war der Kampf gegen Russland mittelfristig als unausweichlich gesehen worden. So schreibt Paul Schowalter am 26.6.1941, d. h. vier Tage nach dem Beginn des Krieges gegen Russland: „Es wäre wohl früher oder später zu einem

7 Für Siegfried Zimmermann wäre dies allerdings ein Problem. Im schon zitierten Brief vom 25.10.1933 schreibt er: „Oder wenn z. B. ein Krieg ausbräche und der Zufall wollte es, daß ich mit einem meiner ‚französischen‘ Verwandten aus dem Elsaß zusammenträfe, und wir müßten nun aufeinander schießen, wäre das nicht furchtbar?“ Er zweifelt überhaupt aus christlicher Sicht die Rechtmäßigkeit von Kriegen an.

Kampf mit Rußland gekommen. Am Ende ist es gut, daß dieser Streit jetzt schon ausgefochten wird, daß nicht ein paar Jahre nach diesem Krieg die Brandfackel aufs Neue entzündet wird." Der Begriff „Streit" ist in diesem Zusammenhang eine Verharmlosung. Es geht um den Kampf zweier Weltanschauungen bzw. den Kampf gegen eine als bösartig eingestufte Ideologie, die in ihrer praktischen politischen Ausgestaltung das Leben der westlichen Bevölkerung und deren Freiheit bedroht. Ja, der Kampf gegen den Bolschewismus wird als Kampf für die Freiheit gedeutet. Paul Schowalter schreibt am 26.6.1941 im bereits zitierten Brief aus mennonitischer Sicht: „Vielleicht daß jetzt für unsere armen Brüder und Schwestern deutschen Blutes und mennonitischen Glaubens die Stunde der Freiheit anbricht und daß wir dazu mithelfen dürfen." Von einer Einschränkung der Freiheit im eigenen Land durch den Faschismus und die NS-Diktatur ist keine Rede, jegliches Problembewusstsein scheint gänzlich zu fehlen.

Zu erklären ist dieser doch recht merkwürdige Sachverhalt nur dadurch, dass das russische System als Bolschewismus mit allen Folgeerscheinungen nach der Russischen Revolution von 1917 als sehr große Bedrohung für Deutschland angesehen wird, die unbedingt abgewendet werden muss.[8] Ganz in diesem Sinne berichtet Paul Schowalter am 5.8.1942 vom Besuch einer Filmvorführung. Er schreibt, im Film sei es um „eine Darstellung des Kampfes gegen den Bolschewismus in Spanien 1936" gegangen. Keine Rede davon, dass hier eine demokratisch gewählte Regierung durch einen Putsch unter General Franco beseitigt und das demokratische System in einem lang anhaltenden Bürgerkrieg mit Hilfe deutscher und italienischer Faschisten eliminiert wurde. Nein, die linksgerichtete Regierung wird pauschal als Bolschewismus deklariert und muss mit allen Mitteln bekämpft werden. Ein tieferes Verständnis für das Phänomen Demokratie scheint in Deutschland nach den Wirren der Weimarer Republik, nach neun Jahren Diktatur und gleichgeschalteten Medien nicht vorhanden zu sein. Doch zurück zu dem Zitat über die Befreiung der Mennoniten auf russischem Gebiet: Wenn Paul Schowalter hier von den „armen Brüder[n] und Schwestern deutschen Blutes und mennonitischen Glaubens" spricht, dann hat sich hier unter dem Postulat der Freiheit unüberhörbar „Nazi-Jargon" eingeschlichen („deutsches Blut").

Und dieser „Nazi-Jargon" scheint auch in manchen mennonitischen Kreisen nicht ganz unüblich gewesen und sogar ungeniert verwendet worden zu sein. So wirft Ernst Dettweiler in einem Rundbrief vom 30.7.1937 den Mennoniten vor, sie hätten „in völkischer Hinsicht" zu wenig getan und sich nicht ausreichend um die auslandsdeutschen Mennoniten, besonders die in Kongresspolen, gekümmert.[9] Er setze sich in diesem Brief bewusst „für eine völkische Mission" ein und

8 Der Bolschewismus äußerte sich in Russland zunächst im blutigen Bürgerkrieg, dann unter Stalin in brutaler Zwangskollektivierung, in Enteignung, Umsiedlung, Verfolgung Andersdenkender etc. 1918 hatte die Gefahr bestanden, dass diese Revolution auf Deutschland übergreift. Latent war diese Gefahr sogar auch noch in den Augen der bürgerlichen Mitte in der Weimarer Zeit immer präsent. In den 80er Jahren hat der renommierte Historiker Ernst Nolte in einem Artikel vom 6. Juni 1986 in der Frankfurter Allgemeinen Zeitung („Vergangenheit, die nicht vergehen will") den Faschismus als Antwort auf den Bolschewismus und als notwendiges Mittel zu dessen Eindämmung zu erklären und zu verharmlosen bzw. zu relativieren versucht. So ähnlich hatte man das auch schon in den 30er Jahren gesehen.

9 Der Rundbrief liegt der Korrespondenz in maschinenschriftlicher Abschrift bei.

bitte dringend darum, „das Deutschtum" trotz möglicher Vorbehalte hoch zu halten. „Nazi-Jargon" und „Nazi-Denkweise" gehen hier Hand in Hand.

Mitgliedschaft in NS-Organisationen

Unter den Briefen an und von Paul Schowalter finden sich zwei „Heimatbriefe", herausgegeben von der Kreisleitung der NSDAP Kirchheimbolanden, vom 1.12.1943 und 1.3.1944, die als Feldpost zugeschickt worden waren (Poststempel 20.12.1943 bzw. 27.3.1944). Diese „Heimatbriefe" waren zusammen mit den Briefen der Ehefrau in die Heimat zurückgeschickt worden und galten offensichtlich aus irgendwelchen inhaltlichen Gründen (Nachrichten aus dem Wohnort bzw. dem Nachbarort Marnheim) als aufbewahrenswert.

Zweimal berichtet Paul Schowalter von Päckchen, die er von der NSV Bolanden (Nationale Volkswohlfahrt) erhalten habe (20.1.1941 und 26.1.1941[10]), einmal von einem Brief des Gauleiters Bürckl (20.1.1941) und von einem Schreiben eines Sonderführers Beringer (Brief vom 9.1.1942). Das waren Personen aus der Parteihierarchie. War Paul Schowalter also NSDAP-Mitglied? Diese Sendungen sprechen zunächst dafür, dass es sich wohl um Überbleibsel mehrerer regelmäßiger Sendungen an die NSDAP-Mitglieder handelt. Oder aber alle Soldaten haben diese Sendungen unabhängig von einer Parteimitgliedschaft erhalten. Inzwischen ist die Frage der NSDAP-Mitgliedschaft geklärt. Imanuel Baumann hat während seiner Recherchen im Bundesarchiv einen eindeutigen Hinweis entdeckt und mir freundlicherweise diese Information zukommen lassen.[11] Demnach wollte Paul Schowalter 1937 in die Partei eintreten, was ihm mit Hinblick auf den Beruf „Vikar", er war damals schon auf dem Weierhof, verwehrt wurde. Er war also kein Parteimitglied der ersten Stunde, wäre aber im Alter von 25 Jahren und im Zuge der innenpolitischen „Erfolge" der nationalsozialistischen „Bewegung" und der zunehmenden außenpolitischen Bedeutung des Deutschen Reiches gerne eines geworden. Der Beruf war für ihn selbst kein Hindernis, die Partei sah dies aber anders.

Paul Schowalter war jedoch zeitweise Mitglied der SA. Dies geht eindeutig aus einem der Verlobungsbriefe hervor. Am 5.7.1939 schreibt er:

10 Möglicherweise handelt es sich um eine einzige Sendung, die jeweils in zwei kurz hintereinander abgefassten Briefen erwähnt wird. Die NVS schickte Gebäck, Rauchwaren, Früchte, Brot, Rasierklingen. Der Hinweis auf das beigelegte Schreiben von Gauleiter Bürkl erfolgt bereits in der ersten Erwähnung.

11 Imanuel Baumann in einer E-Mail vom 30.9.2015: „1937, also zu einem recht späten Zeitpunkt, begehrte Paul Schowalter die Mitgliedschaft in der NSDAP; diese wurde ihm verwehrt, mit dem internen, streng vertraulichen Verweis, er habe als Beruf ‚Vikar' angegeben. Er war somit kein NSDAP-Mitglied. Quelle: BArch (ehem. BDC), PK, Schowalter, Paul (geb.17.7.1912)."

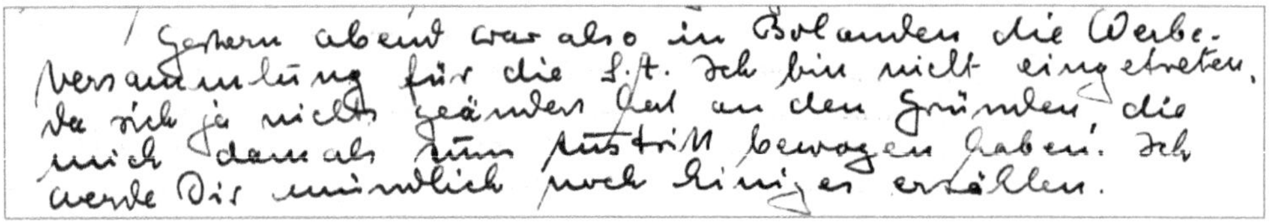

„Gestern abend war also in Bolanden die Werbeversammlung für die S.A. Ich bin nicht eingetreten, da sich ja nichts geändert hat an den Gründen, die mich damals zum Austritt bewogen haben. Ich werde Dir mündlich noch Einiges erzählen."

Was da mitgeteilt worden ist, wissen wir nicht, darüber gibt es leider keinerlei Informationen. Offensichtlich aber ist der Austritt, wenn man der Formulierung Glauben schenken darf und es sich nicht um eine Schutzbehauptung handelt, willentlich und aus persönlichen Motiven erfolgt. Näheres ist dazu nicht bekannt. Es wäre wichtig zu wissen, zu welchem Zeitpunkt der Eintritt erfolgt ist, ob vor der Machtergreifung und der anschließenden Phase der Gleichschaltung oder danach. Denn auf dem Weg zur und während der Machtergreifung bzw. Machtsicherung trat die SA brutal und mit größter Härte in Erscheinung. Die SA war in den 20er und Anfang der 30er Jahre die Parteiarmee der NSDAP, die die Kundgebungen der Partei auf den Straßen absicherte und die NS-Ideologie sehr handfest und brutal umsetzte, jenseits aller damals noch gültigen Gesetze. Wenn also Paul Schowalter Mitglied der SA gewesen ist, dann ist der Zeitpunkt des Eintritts von entscheidender Bedeutung. Hat ihm das Draufgängerische imponiert, das Recht des Stärkeren? Warum ist er ausgetreten? Warum hat er sich die Werbeveranstaltung in Bolanden im Juli 1939 als bereits fest installierter Pfarrer der Mennonitengemeinde Weierhof angetan? Aus Neugier oder mit der Option eines Wiedereintritts? Es gibt zumindest für das Eintrittsdatum einen Hinweis.

In den Briefen von Siegfried Zimmermann, einem Verwandten, mit dem er zwischen 1932 bis 1939 korrespondierte, finden sich im Zusammenhang mit dem Eintritt einige aufschlussreiche Bemerkungen: Siegfried Zimmermann, er ist noch Schüler, schreibt am 25.10.1933 davon, dass in der Schule inzwischen fast alle in die HJ, das Jungvolk (für die 10- bis 14-Jährigen) oder die SA eingetreten sind, und er selber trage sich auch mit dem Gedanken, einer der Gruppierungen beizutreten. Schließlich meldet er fünf Monate später, am 2.4.1934, Vollzug: „Ich wollte Dir nicht eher schreiben, als bis ich in die HJ eingetreten war." Eine SA-Mitgliedschaft, so schreibt er am 7.11.1934, wäre zu aufwändig und zeitraubend gewesen, das habe er sich nicht leisten können. Aber HJ, das gehe. Der Hinweis auf eine mögliche SA-Mitgliedschaft als Schüler (!) scheint mir in diesem Zusammenhang nicht ganz unbedeutend zu sein. Wenn Siegfried Zimmermann dies begründend ablehnt, dann könnte zuvor ein solcher Beitritt als Option von Paul Schowalter angesprochen worden sein, dessen Briefe allerdings nicht erhalten sind. Allein aus diesem Hinweis lässt sich aber eine zeitgleiche SA- Mitgliedschaft von Paul Schowalter kaum überzeugend ableiten.

Inzwischen konnte zumindest das Eintrittsdatum geklärt werden. Imanuel Baumann hat in den Rundbriefen eine Äußerung Paul Schowalters gefunden und mir diese zukommen lassen. Paul Schowalter schreibt dort am 27.1.1934.[12] „Übrigens bin ich seit Nov. nun auch in die SA. eingetreten. Der Dienst macht recht viel Freude, wenn er auch oft zeitraubend ist. Auch die SA. kann zur Schule der Nächstenliebe u. zum Dienst am Bruder werden." Der letzte Satz erstaunt doch sehr, wenn man die oben angeführte Tätigkeit der SA bedenkt. Die Widersprüche lösen sich aber auf. Der „Dienst" ist zwar tatsächlich zeitraubend, da er etwa 24 Stunden pro Woche umfasst. Aber er beinhaltet[13] anderes als das bisher Angenommene: nämlich Exerzieren im Freien, Geländesport, Instruktionen über Luftschutz etc. und politische Schulungen. Es geht also tatsächlich um Wehrsport als Vorbereitung oder Ersatz einer militärischen Grundausbildung, die dem Deutschen Reich durch den Versailler Vertrag offiziell verwehrt war und durch diese Maßnahmen unterlaufen wurde, bevor dann 1935 gegen die Auflagen des Versailler Vertrags, die allgemeine Wehrpflicht eingeführt wurde. Paul Schowalter schreibt den Rundbrief aus Erlangen, wohin er sich nach einem zweisemestrigen Studium in Tübingen und einem Semester in Greifswald im Wintersemester 1933/34 begeben hatte, vermutlich um die angesehenen Erlanger Theologen Werner Elert und Paul Althaus[14] zu hören. Erlangen zeichnete sich dadurch aus, dass hier die Studentenschaft schon sehr früh in die Hände des NSDStB, des Nationalsozialistischen Deutschen Studentenbundes, gelangt war. Dieser erhielt bereits 1929 bei den AStA-Wahlen die absolute Mehrheit[15], am 10. Mai 1933 wurde die verfasste Studentenschaft abgeschafft und nach dem Führerprinzip von oben her komplett durch bewährte Parteianhänger ersetzt.[16] Am Abend des 12. Mai 1933 fand eine öffentliche Verbrennung von ca. 1.500 Büchern statt.[17] Abgesehen von nur wenigen Ausnahmen hatten die Professoren die neue politische Entwicklung schon im Vorfeld fast einhellig begrüßt.[18] Im Wintersemester 1933/34 sind durch das neu eingeführte SA-Hochschulamt alle Studenten des zweiten und dritten Semesters zu den oben angeführten Wehrsportübungen verpflichtet worden.[19] Die anderen hoffte man nach und nach zu erfassen. Nun befand sich Paul Schowalter bereits im vierten Semester.

Der Eintritt in die Sonderform der Hochschul-SA war also nicht zwangsläufig, sondern erfolgte entweder aus Überzeugung oder aus Opportunismus. Sich dem herrschenden politischen Klima an der Universität Erlangen zu entziehen,

---

12 Imanuel Baumann gibt als Fundort an: MFSt, C.11, Nachlass Theo Glück, Karton 1, Heft: Kreis 1, Heft 16.

13 Manfred Franze: Die Erlanger Studentenschaft 1918 – 1945, Würzburg 1972, S. 215 f. [zugl. Diss., Erlangen 1971].

14 Dazu ausführlich: Karl Beyschlag: Die Erlanger Theologie, in: Henning Kössler (Hg.), 250 Jahre Friedrich-Alexander-Universität Erlangen-Nürnberg. Festschrift, Erlangen 1993, S. 205-269, besonders S. 255-269.

15 Franze (wie Anm. 13), S. 116 f.

16 Ebd., S. 195.

17 Ebd., S. 189-193.

18 Ebd., S. 179-185.

19 Ebd., S. 215: „Ob in Erlangen sämtliche von dieser Regelung betroffenen Studenten wirklich zum SA-Dienst eingezogen wurden, läßt sich aus den vorhandenen Unterlagen nicht feststellen. Sicher ist nur, daß im Wintersemester 1933/34 und im Sommersemster 1934 alle an der Universität Erlangen für das 2. und 3. Semester eingeschriebenen Studenten vom SA-Hochschulamt zu Dienstleistungen verpflichtet wurden."

dürfte schwergefallen sein, zumal die Macht und der Einfluss der NS-Ideologie sich von allen Seiten her verstärkten. Paul Schowalter ist (s. Rundbriefzitat) vom „Dienst“ angenehm überrascht und findet daran viele positive Seiten, die sicher in der Korrespondenz mit Siegfried Zimmermann ihren Niederschlag gefunden haben. Die Bemerkung im Rundbrief, dass man den Dienst zur Praktizierung der Nächstenliebe nutzen könne, klingt nicht nur nach Selbstschutz, sondern auch wie eine Verteidigung gegenüber Zweiflern. Über den Austritt aus der SA finden wir keine Hinweise. Möglicherweise ist er mit dem Wechsel des Studienorts verbunden. Im Wintersemester 1934/35 befindet sich Paul Schowalter wieder in Tübingen, unterschreibt „eine Entschließung, die sich gegen den Reichsbischof Ludwig Müller wandte und sich für die Württembergische Kirchenregierung Theophil Wurms aussprach (15.11.1934)“ und nimmt „mit 450 Tübinger Studenten an einer Demonstration für Landesbischof Wurm in Stuttgart teil.“[20] Dies lässt sich mit der ideologischen Ausrichtung der SA nicht mehr so ohne Weiteres verbinden. Paul Schowalter ist und bleibt Mitglied in der Deutschen Christlichen Studentenvereinigung, die in Erlangen schon im Sommer 1933 absolut gleichgeschaltet war.[21] Ob sie sich in Tübingen 1934/35 noch Freiheiten hatte bewahren können, bleibt zweifelhaft. Fest steht aber, wie oben ausgeführt: 1937 wollte Paul Schowalter unbedingt der NSDAP beitreten! Nur Opportunitätsgründe allein könnten eigentlich einen solchen Schritt nicht bewirkt haben. Er dürfte wohl auch in einer starken Sympathie und Identifikation mit weiten Teilen der NS-Ideologie begründet gewesen sein. Auffallend ist zudem, dass er sich als Pfarrer oft und eifrig mit „arische[n] Geschichte[n]“ (Brief vom 29.3.1939) befasst, d. h. mit der Ausstellung von Ahnenpässen, die erforderlich sind, um uneingeschränkt als deutscher Staatsbürger anerkannt zu sein (Briefe u. a. vom 18.1., 8.2., 8.3.1939). Eine amtliche Tätigkeit dieser Art scheint seinem genealogischen Interesse entgegengekommen zu sein.

Mennonitischer Enthusiasmus für das „Faszinosum“

Siegfried Zimmermann setzt sich in seinen Briefen intensiv mit der neuen „Bewegung“ auseinander und beurteilt sie durchaus positiv. Er schreibt kurz nach der entscheidenden Reichstagswahl im Juli 1932, bei der die NSDAP die Abgeordnetenzahl von 107 auf 230 steigerte und damit stärkste Fraktion im Reichstag wurde:[22]

---

20 Jochen Schowalter: Paul Schowalter in: MennLex, Teil 1 [Zugriff am 20.2.2016].

21 Franze (wie Anm. 3), S. 196 und Anm. 15, außerdem S. 194-198.

22 Der Brief ist undatiert, nur mit einem kryptischen Kürzel versehen, das eine mathematische Verschlüsselung darstellen soll. Es könnte auf August oder Anfang September 1932 hindeuten. Es gibt im Text einen terminus post quem: das Ergebnis der Reichstagswahlen wird genannt. Siegfried Zimmermann spricht von den 13,5 Millionen Stimmen, die für die NSDAP abgegeben worden seien: das bezieht sich auf die Wahl am 31.7.1932. Da erhielt die NSDAP 13,8 Millionen Wählerstimmen. Da die Auszählung sehr lange dauerte, dürften die Ergebnisse kaum vor dem 12.8. bekannt gegeben worden sein. Am 13.8. verlangt Hitler die Kanzlerschaft, wird aber abschlägig beschieden. Die nächste Reichstagswahl mit vorübergehend schlechterem Ergebnis für die NSDAP fand am 6. November 1932 statt. Die beiden zeitlich am nächsten liegenden Briefe von Siegfried Zimmermann sind auf den 21.6.1932 und auf den 25.9.1932 datiert, so dass es sich wohl bei dem fraglichen Briefdatum um Ende August handeln dürfte.

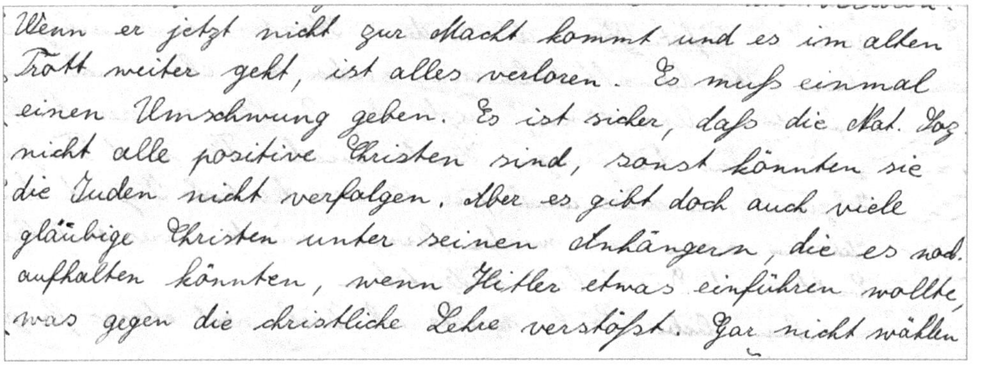
Wenn er jetzt nicht zur Macht kommt und es im alten
Trott weiter geht, ist alles verloren. Es muß einmal
einen Umschwung geben. Es ist sicher, daß die Nat. Soz
nicht alle positive Christen sind, sonst könnten sie
die Juden nicht verfolgen. Aber es gibt doch auch viele
gläubige Christen unter seinen Anhängern, die es noch
aufhalten könnten, wenn Hitler etwas einführen wollte
was gegen die christliche Lehre verstößt. Gar nicht wählen

„Wenn er [Hitler] jetzt nicht zur Macht kommt und es im alten Trott weiter geht, ist alles verloren. Es muß einmal einen Umschwung geben. Es ist sicher, daß die Nat.-Soz. nicht alle positive Christen sind, sonst könnten sie die Juden nicht verfolgen. Aber es gibt doch auch viele gläubige Christen unter seinen Anhängern, die es noch aufhalten könnten, wenn Hitler etwas einführen wollte, was gegen die christliche Lehre verstößt."

Es handelt sich bei diesen Worten um eine völlige Verkennung der nationalsozialistischen Ideologie, um eine Unterschätzung und eine Verharmlosung. Das Ganze wird ausschließlich positiv gesehen. So berichtet auch Siegfried Zimmermann schon im Brief vom 21.1.1932 vom „Onkel Schnebele", der „meinte, es sei Hitler und seinen Leuten wirklich von Gott bestimmt, daß sie Deutschland noch einmal retten."

Der deutsche Faschismus war ein Faszinosum. Nicht umsonst hat Hans-Ulrich Thamer sein Werk über das Dritte Reich „Verführung und Gewalt" betitelt.[23] Dieser Verführung konnten und wollten sich viele Mennoniten nicht entziehen. Am 7.11.1939 hatte Paul Schowalter von Ernst Krehbiel, einem Gemeindemitglied, einen Brief erhalten, der mit dem Gruß „Heil Hitler" unterschrieben war. Das hat Paul Schowalter nie gemacht, auch alle anderen, deren Briefe ich gelesen habe, verzichteten darauf. Allerdings zeigt sich die Nähe von Mennoniten zu den Nationalsozialisten gelegentlich in anderer Hinsicht. In den von den süddeutschen mennonitischen Gemeinden verfassten Soldatenbriefen, die Paul Schowalter an der Front erhalten hat, werden Mennoniten als Angehörige der SS, der Nachfolgestruppe der SA, erwähnt.

Im Soldatenbrief vom Juni 1943 enthält die Liste der Gefallen unter der Rangbezeichung SS einen Helmut Dettweiler aus Aresing, Gemeinde Ingolstadt, und der Soldatenbrief vom April 1944 führt den SS-Oberscharführer Heinrich Wolgemut aus Albisheim, Gemeinde Weierhof, an.

Bei der SS war Paul Schowalter nie, aber dem Faszinosum des Faschismus scheint er anfangs erlegen zu sein. Dies deutet sich in den Briefen von Siegfried Zimmermann an. Aber es scheint andererseits auch so zu sein, als habe er sich als Soldat mit fortschreitender Entwicklung der kriegerischen Auseinandersetzungen

23 Hans-Ulrich Thamer: Verführung und Gewalt. Deutschland 1933-1945, Berlin 1986.

immer mehr von der vorherrschenden Ideologie entfernt. Das zeigt sich in vielen kleinen, unscheinbaren Formulierungen.

Gelöbnis statt Eid

Mit einer gewissen Genugtuung berichtet Paul Schowalter am 2.4.1940 zunächst vom Gelöbnis, das er statt des Eides ablegen durfte. Dieses Zugeständnis an die Mennoniten hatte offensichtlich Benjamin H. Unruh[24] erwirkt, und die Mennoniten waren stolz darauf. Hatte sich doch gezeigt, dass die neuen Machthaber mit sich reden ließen.[25] Aus der Perspektive der Machthaber ergibt sich jedoch ein ganz anderes Bild. Der von den Soldaten zu leistende Eid, der nicht auf eine Verfassung oder auf das Land, sondern ausschließlich auf die Person Hitlers abzulegen war, diente den Machthabern lediglich als Mittel zum Zweck im Sinne von Disziplinierung und Herrschaftssicherung. Hitler selbst hielt sich nie an Verpflichtungen dieser Art. Er brach Verträge, wenn es ihm zum Vorteil gereichte und setzte sich über alle Vereinbarungen hinweg, rechnete aber selbst damit, dass andere sich an die Absprachen hielten. Das war sein Kalkül.[26] Zudem war für die Nazis der Unterschied zwischen Eid und Gelöbnis völlig belanglos. Warum also mit den Mennoniten einen Eklat riskieren und Schwierigkeiten heraufbeschwören, wenn man sich doch durch das harmlose Zugeständnis Gelöbnis statt Eid eine treue Gefolgschaft sichern konnte.

Radio und Führerrede

Es gab viele Maßnahmen zur Herrschaftssicherung, eine davon war der Einsatz des modernen medialen Instrumentariums. Neben den Schallplatten diente das Radio zur ideologischen Manipulation der Masse. Immer wieder taucht es auch in Paul Schowalters Briefen im Zusammenhang mit Führerreden auf. Bemerkenswert ist allerdings, dass jedesmal, wenn eine Rede erwähnt wird, dies nur nebenbei erfolgt, ohne Enthusiasmus, ohne jeglichen Kommentar, ohne Auseinandersetzung mit dem Inhalt und ohne einen Eindruck zu hinterlassen.

---

24 Peter Letkemann: Unruh, Benjamin Heinrich in: MennLex, Teil 1. [Zugriff am 20.2.2016].

25 Benjamin H. Unruh berichtete auf dem Thomashof von seinen Besuchen beim SS-Reichsführer Himmler und der freundlichen Aufnahme, die ihm von prominenten Personen zuteil wurde. In Mennonitenkreisen fand dies großen Anklang, wie Christian Neff in einem Brief an Paul Schowalter vom 22.1.1943 andeutet. Christian Neff selbst hörte den Vortrag etwas später und fand ihn „sehr interessant" (Brief vom 12.2.1943), woran sich allerdings auch leichte Skepsis anschließt: „Nun bleibt die große Wirkung, die er erhofft, abzuwarten."

26 Hatte Hitler noch am Vorabend des Zweiten Weltkrieges einen Pakt mit der UdSSR geschlossen (Hitler-Stalin-Pakt), um den Rücken frei zu haben für die Unterwerfung Polens und die Eroberung der europäischen Länder im Westen, Norden und Südosten, so setzte er sich am 22.6.1941 skrupellos über den gültigen Pakt hinweg und überfiel die Sowjetunion ohne Vorwarnung, um „Lebensraum" im Osten zu sichern. In ähnlicher Weise hatte er sich im Frühjahr 1939 über die mühsam mit den Großmächten ausgehandelten Kompromisse der Münchener Konferenz von 30.9.1938 bezüglich der CSR hinweggesetzt, indem er den Vertrag einseitig für ungültig erklärte, um die „Rest-Tschechei" einnehmen zu können.

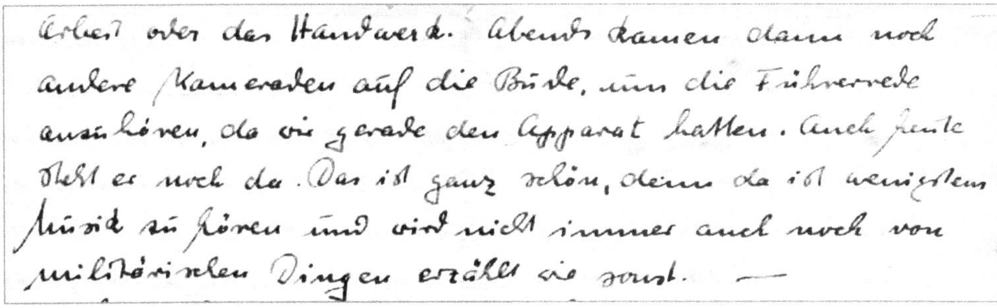
Arbeit oder das Handwerk. Abends kamen dann noch andere Kameraden auf die Bude, um die Führerrede anzuhören, da wir gerade den Apparat hatten. Auch heute steht er noch da. Das ist ganz schön, denn da ist wenigstens Musik zu hören und wird nicht immer auch noch von militärischen Dingen erzählt wie sonst. —

„Abends kamen dann noch andere Kameraden auf die Bude, um die Führerrede anzuhören, da wir gerade den Apparat hatten. Auch heute steht er noch da. Das ist ganz schön, denn da ist wenigstens Musik zu hören und wird nicht immer auch noch von militärischen Dingen erzählt wie sonst." (Brief vom 25.2.1940) In diesem Fall steht also ein anderer Zweck als der vom System intendierte im Mittelpunkt der Radionutzung.

10.11.1940: „Die Hitlerrede konnten wir in der Baracke hören. Man hatte für diesen Tag aus dem Dorfe einen Apparat leihweise geholt. Heute ist er wieder verschwunden."

24.2.1941: „Am Abend hörten wir gemeinsam in einer Wirtschaft die Führerrede. Morgen haben wir wieder etwas besonderes vor." Eine sachliche Notiz, keine Bewertung, keine Begeisterung.

11.12.1941 – nach dem japanischen Angriff auf Pearl Harbour, dem Eintritt der USA in den Krieg und ein gutes Jahr vor dem Fall von Stalingrad: „Hast Du die Führerrede heute Mittag auch gehört? Hier war Gemeinschaftsempfang, aber wir blieben auf dem Dienstzimmer. Wir haben jetzt ja den alten Radioapparat von der Schreibstube hier." Begeisterung für eine Rede hört sich anders an.[27] Der Radioapparat ist wichtiger als die Rede selbst. Ernüchternd und desillusioniert folgt letztlich doch noch eine Bemerkung zum Inhalt der Rede bzw. ein Resümee: „ – So ist der Krieg jetzt wieder ein richtiger Weltkrieg, fast noch gewaltiger als der letzte. Wie lange wird das nun noch gehen, bis das Feuer wieder gelöscht ist? Es ist fast nicht abzusehen." Vom Optimismus eines schnellen Sieges über Russland ist hier nichts mehr zu spüren, die Ideologie hat ihre Wirkung verloren. Das ist kein „Nazi-Jargon" mehr.

Das Radio wird nicht zum Instrument der politischen Disziplinierung und Unterwerfung, sondern dient vorwiegend der Unterhaltung. „Und da steht nach langer Pause wieder ein Radio auf dem Geschäftszimmer. So wird es mir nicht langweilig. Es ist ganz gute Musik", schreibt Paul Schowalter am 23.2.1943.

27 Ein Kriegskamerad Herbert schreibt an Paul Schowalter am 23.7.1940: „Was sagst Du zu der großen Führerrede? Jetzt wird auch England bald ins Gras beißen müssen." Das klingt schon eher nach Bewunderung und Begeisterung.

Wahl der Lektüre als Weg zur Inneren Emigration

Paul Schowalter bestätigt in seinen Briefen immer wieder, dass es ihm gut gehe, dass seine Frau sich keine Sorgen machen müsse, er bedankt sich für die Päckchen, in denen u. a. auch Nahrungsmittel, Süßigkeiten etc. geschickt werden, und berichtet von seinen Kochkünsten. Er schaut sich Filme an, die aber meistens oberflächlich sind, besucht Theateraufführungen, Konzerte und verlangt manchmal nach Büchern, um nicht geistig zu verflachen. Über die kulturellen Erlebnisse und die Lektüre berichtet er seiner Ehefrau.

So kauft er in Frankreich ein 1937 erschienenes Buch mit dem „zeitgemäßen" Titel „Schafft anständige Kerle" von Erich Kühn und nennt es „eine Kritik mancher Zeiterscheinungen in ziemlich humorvoller Art" (Brief vom 2.7.1942). Am 9.2.1943 berichtet er von der Lektüre eines Buches des deutschen Journalisten und Schriftstellers Alfons Paquet (1881-1944). Der Autor ist Pazifist und seit 1933 Quäker. Die Hauptperson des Romans werde „in allerlei revolutionäre Bewegungen mit hineingerissen." Die Handlung spiele vor dem Krieg in Paris. Solche halb politischen Romane, so schreibt Schowalter, gefielen ihm allerdings nicht. Er wendet sich anderen Autoren zu, die er ein Jahr zuvor schon gelesen hatte: Es sind Ernst Wiechert (1887-1950) und vor allem Werner Bergengruen (1892-1964), d. h. Autoren der „inneren Emigration". Am 23.5.1943 berichtet er von Werner Bergengruens Werk „Der große Alkahest", das er gelesen habe, mit dem erklärenden Zusatz: Bergengruen, „der dem Eckartkreis angehört". Einen Hinweis auf diesen Begriff, der damals wohl den Insidern bekannt gewesen sein dürfte, findet sich in einem Brief vom 29.1.1943, in dem er seine Ehefrau bittet, für ihn die Zeitschrift „Eckart" zu bestellen. „Es ist eine Zeitschrift über und mit neuerer Dichtkunst auf evangelischer Grundlage", die übrigens auch schon „Onkel Neff" bezogen habe (Brief vom 11.11.1940).

Die Recherche ergibt Folgendes. Der „Eckart" ist eine Literaturzeitschrift aus dem Eckart-Verlag, begründet und geleitet von Kurt Ihlenfeld in den Jahren 1933-1943.[28] Der Verlag bietet als Eckart-Kreis eine Plattform für den Widerstand junger und christlicher Autoren, darunter Bergengruen, Ricarda Huch (1864-1947) und Jochen Klepper (1903-1942). Bergengruen[29] war ein sehr beliebter Autor,

28 Informationen zu Kurt Ihlenfeld, dem Eckart-Kreis und der Zeitschrift Eckart: https://de.wikipedia.org/wiki/Kurt_Ihlenfeld (aufgerufen am 24.2.2016). Die Wahl des Titelnamens „Eckart" für die Zeitschrift war wohlbedacht, denn einerseits gab es einen Dietrich Eckart. Er war Mitbegründer der NSDAP und ab 1921 bis zu seinem Tod 1923 Chefredakteur des Völkischen Beobachters. Als Parteidichter genoss er einen gewissen Ruf (https://de.wikipedia.org/wiki/Dietrich_Eckart, aufgerufen am 24.2.2016). Nach ihm wurde im Dritten Reich der umfunktionierte und entwertete Lessingpreis benannt (Wilhelm Haefs [Hg.]: Nationalsozialismus und Exil. 1933-1945, München, Wien 2009, S. 71) und im Rahmenprogramm zu den Olympischen Spielen 1936 wurde eine nach ihm benannte Bühne eingeweiht (ebd., S. 368). Andererseits gab es eine streng auf Kurs befindliche rechtsradikale Zeitschrift „Der getreue Eckart" (1923-1955) (https://de.wikipedia.org/wiki/Der_Eckart, aufgerufen am 24.02.2016). Schließlich wurde Meister Eckhart, der spätmittelalterliche Mystiker, von Alfred Rosenberg, dem Chefideologen der Nationalsozialisten, als Begründer einer genuin germanisch-deutschen Religion für die eigene Sache vereinnahmt. Siegfried Zimmermann setzt sich in seinem Brief vom 7.11.1934 sehr dezidiert mit Rosenbergs Thesen auseinander. Insofern ist also der Begriff „Eckart" im Sinne der Nationalsozialisten positiv besetzt und unverfänglich.

29 Die folgenden Informationen zu Werner Bergengruen sind entnommen: (https://de.wikipedia.org/wiki/Werner_Bergengruen; Zugriff am 24.2.2016).

der sich jedoch, wie übrigens auch Ernst Wiechert, der kurzzeitig im KZ interniert war,[30] vom NS-Regime distanzierte. Bergengruen verweigerte mit seiner ganzen Familie den Hitlergruß – eine unerhörte Geste! Dem „Normalbürger" wäre das als aktiver Widerstand ausgelegt und entsprechend geahndet worden. Hitlergruß in der Öffentlichkeit, Spenden für das Winterhilfswerk, Beflaggung bei offiziellen Anlässen, Ahnenpass, das waren Anforderungen, die an alle „Volksgenossen" gestellt wurden. Mitglied in der NSDAP musste man nicht sein. Bergengruen war übrigens in keiner der zahlreichen NSDAP-Organisationen Mitglied. Er erhielt seiner Beliebtheit wegen erst 1940 ein eingeschränktes Publikations- sowie ein Rundfunk- und Vortragsverbot. Noch 1936 wurde Bergengruens „Großtyrann und das Gericht" (1926 erschienen) vom Völkischen Beobachter irrtümlich als „Führerroman" gelobt. Auch über diese Lektüre berichtet Paul Schowalter ausführlich in einem früheren Brief (wahrscheinlich vom Februar 1942[31]) an seine Frau. Er sieht im Verhalten des Großtyrannen allerdings im Gegensatz zur regimetreuen Interpretation ein Beispiel für eine biblische Grundhaltung, weil der Großtyrann sich wie David seine Verfehlungen von einem Propheten vorhalten lässt. Erst beim erneuten Lesen habe er, wie er schreibt, den christlichen Gehalt erkannt. In einem Brief vom 6.6.1943 berichtet er über die Lektüre von Ernst Wiecherts Buch „Das einfache Leben", nachdem er schon ein Jahr zuvor dessen Lebensgeschichte „Wälder und Menschen" gelesen hatte. Mitte 1943 kehrt er also nach einigen Irrwegen zu den Autoren der Inneren Emigration zurück, deren Lektüre er schon 1942 begonnen hatte. Nachdem Furche- und Eckart-Verlag 1944 verboten worden waren (s. Brief vom 24.9.1944; er verwendet darin die Schreibweise „Eckehard"), wünscht er sich im selben Brief christliche Lektüre.

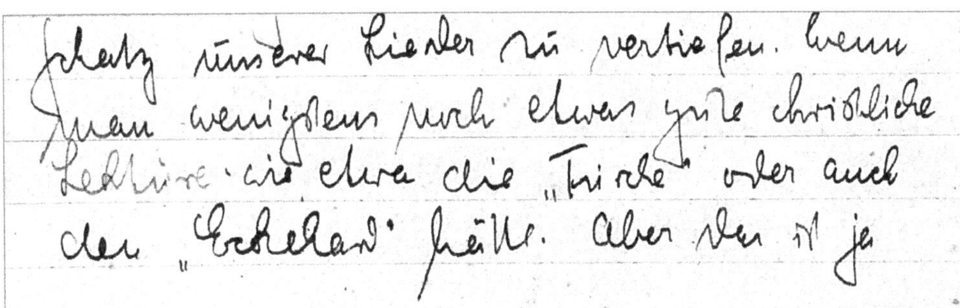
schatz unserer Lieder zu vertiefen. Wenn
man wenigstens noch etwas gute christliche
Lektüre wie etwa die „Furche" oder auch
den „Eckehard" hätte. Aber der ist ja

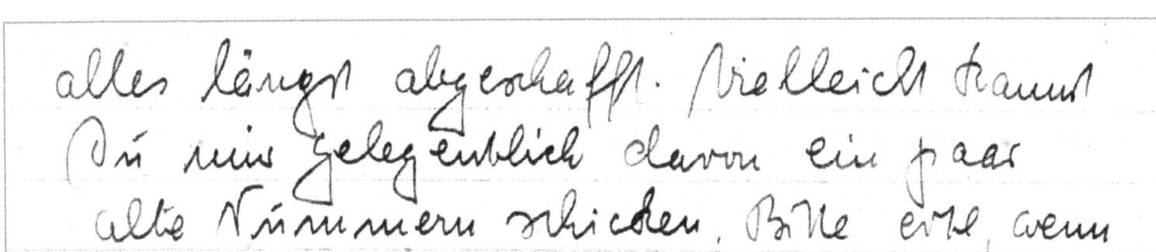
alles längst abgeschafft. Vielleicht kannst
Du mir gelegentlich davon ein paar
alte Nummern schicken. Bitte erst, wenn

30 Gero von Wilpert: Deutsches Dichterlexikon. Biographisch-bibliographisches Handwörterbuch zur deutschen Literaturgeschichte, Stuttgart 1963, S. 632.

31 Der Brief ist undatiert, aber zwischen dem 23.2. und 25.2.1942 einzuordnen.

Die Tendenz zur inneren Emigration und zur christlichen Innerlichkeit verfestigt sich.

Ein Kuriosum am Rande: Paul Schowalters Lektüre unterliegt der Zensur. Im Frühjahr 1943 muss er ein Buch „zur Vernichtung abgeben, da der Verfasser ein Jude sein soll",[32] der, wie die Recherche ergibt, es aber gar nicht ist. Paul Schowalter akzeptiert diesen Befehl ohne Widerspruch bzw. versucht ihn mit dem Hinweis auf die ohnehin fehlende literarische Qualität zu kaschieren.

Einzelne nonkonforme Handlungen

Lektüre ist in der Regel ein sehr privater Vorgang, wenn auch, wie das letzte Beispiel zeigt, die Buchauswahl durchaus in einem allgemeineren, die Individualität übergreifenden Kontext gesehen werden kann. Während in Paul Schowalters Lektüreauswahl eine nicht ganz systemkonforme Einstellung konstatiert werden kann, finden sich in seinem Verhalten und Handeln nur wenige derartige Anhaltspunkte. Es gibt aber dennoch zwei Beispiele für nonkonformes Handeln zu nennen, wobei das erste mit Paul Schowalters Tätigkeit als „Krankenträger", d. h. als Sanitäter bzw. Sanitätsgehilfe, zu tun hat. Am 15.8.1941 berichtet er seiner Ehefrau von einer akuten Gefahrensituation. Eine Granate ist neben ihm explodiert, die ihn aber so gut wie nicht verletzt hat. Nachdem der erste Schrecken überwunden ist, wurde „ich von einer ruhigen Sicherheit erfüllt, mit der ich meines oft so schmerzlichen Amtes walten konnte. Ich konnte viele Kameraden verbinden und ihren Rücktransport veranlassen. Danach, als die Russen gewichen waren und unsere Leute versorgt, habe ich auch einige Russen verbunden. Ich konnte mich ihren Hilferufen nicht verschließen. Andere denken anders darüber."

Am 25.12.1943 beschreibt er detailliert den Ablauf einer Weihnachtsfeier: „Von einer rein germanischen Weihnacht etwa will die große Menge nichts wissen. Dann las ich eine Weihnachtsgeschichte aus dem Jahr 1916 vor. Es spricht noch einigermaßen etwas von dem inneren Gehalt der Weihnacht daraus. Am liebsten hätte ich eine andere Erzählung: Titel ‚Feindesliebe' vorgelesen, wo einer unter dem Eindruck der Friedensbotschaft der Christnacht einem verwundeten Feind die Hilfe bringt. Dort würde schön gezeigt, wie Christus allen Streit der Welt überwindet und wirklichen Frieden schafft – Das war aber nicht genehm. Ich war dann immerhin froh das andere noch bringen zu können, nachdem mir allerdings erklärt worden war, daß man eigentlich etwas anderes erwartet hätte. Aber das andere hatte ich eben nicht gefunden."

---

32 Brief vom 14.3.1943: „Denke, das Buch ‚Laikan. Der Roman eines Lachses', das ich angefangen hatte zu lesen, musste ich gestern zur Vernichtung abgeben, da der Verfasser ein Jude sein soll. So überaus fesselnd war es ja nicht geschrieben. Aber sonst war es abgesehen von der Herkunft des Verfassers bestimmt nicht anrüchig." Der Autor Josef Wenter war keineswegs ein Jude, er stammte aus einer alten katholischen Südtiroler Gutsbesitzerfamilie und war sogar Mitglied der NSDAP (https://de.wikipedia.org/wiki/Josef_Wenter; Zugriff am 13.3.2016).

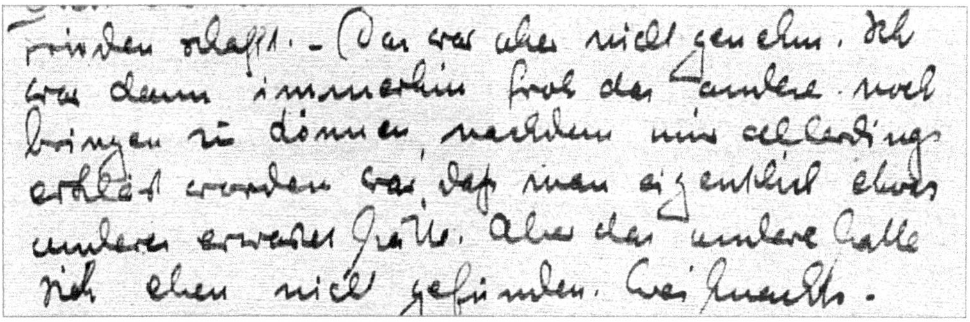
finden schafft. – Das war aber nicht genehm. Ich war dann immerhin froh das andere noch bringen zu können, nachdem mir allerdings erklärt worden war, daß man eigentlich etwas anderes erwartet hätte. Aber das andere hatte sich eben nicht gefunden. Weihnachts.

Nach der Ansprache des Hauptmanns wird noch das Deutschlandlied in der damals üblichen Form (also: „Deutschland, Deutschland über alles, über alles in der Welt, ... von der Maas bis an die Memel, von der Etsch bis an den Belt ...“) und dann das Horst-Wessel-Lied gesungen, die Hymne der Nationalsozialisten. Immerhin hat Paul Schowalter hier in dem nationalsozialistisch geprägten Umfeld die Erwartungen unterlaufen.

Abbau von Vorurteilen

Ganz im Sinne der nationalsozialistischen Ideologie geht auch Paul Schowalter davon aus, dass Polen und Russen eigentlich „unzivilisierte Untermenschen“ sind. Diese Einstellung zeigt sich beispielsweise in der Beurteilung der Wohnverhältnisse. Am 27.6.1943 schreibt er über die Häuser, in denen die Russenfrauen, „die bei uns arbeiten, wohnen. Was ist das doch auch hier eine Dürftigkeit und Armut ...“ Und am 25.10.1944: „Zuerst mussten wir kräftig ausmisten. So einen polnischen Haushalt habe ich lange nicht gesehen. Entsetzlich, was sich da alles unter Bettdecken, in Schränkchen usw. angesammelt hatte.“ Die Soldaten sollen als Besatzer dort einziehen, nachdem sie die Bewohner vertrieben haben.

Vor diesem Hintergrund erscheint auch der folgende Briefauszug nicht ungewöhnlich.

Am 1. Advent 1942 schreibt Paul Schowalter: „Ich habe vorhin ein wenig in den Losungen geblättert. ‚Brich dem Hungrigen dein Brot‘. Es gibt in diesem Kriege da und dort schon wieder Hunger.“ Hunger gibt es allerdings nicht bei den Soldaten und zu diesem Zeitpunkt auch noch nicht in der Heimat. Aber im Lager schon, denn da finden sich noch andere Personen: „Wie gierig sind die Gefangenen nach einem Stück Brot. Wie dankbar sind sie oft schon um ein paar übrig gebliebene Kartoffeln oder einen Suppenrest. Ich habe da schon so meine Beobachtungen gemacht bei denen, die auch hier im Lager arbeiten.“ Der Zwiespalt zwischen Losung, dem folgerichtigen Handeln und der Zusatzbemerkung scheint ihm nicht aufzufallen. Aber dann ändert sich die Einstellung doch allmählich. Zum Beispiel zollt er den musikalischen Fähigkeiten der „Untermenschen“ Beifall. Am 14.12.1942 hört er im Lager ein Adventskonzert: „Die Künstler waren Russen, ganz tüchtige Kerle!“ bemerkt er anerkennend. Und am 24.1.1943 anlässlich eines Konzertes in der Kommandantur: „Die Russen haben ganz schöne Stimmen, auch eine tiefe seelische Empfindsamkeit." Dann kommt doch noch ein kleiner Vorbehalt: „Es fehlt nur nach unserem Empfinden die richtige Ruhe und Stetigkeit."

Am 3.6.1943 nötigen ihm die russischen Frauen, die im Lager als Putzfrauen eingesetzt sind, Respekt ab. Zunächst geschieht etwas Unerfreuliches, sie streiken. Auf die Frage nach ihren Motiven stellt sich heraus, dass sie der Meinung sind, dass „sie Feiertag hätten". Es ist nämlich Christi Himmelfahrt. „Da war ich doch etwas beschämt, ich hatte doch garnicht daran gedacht."

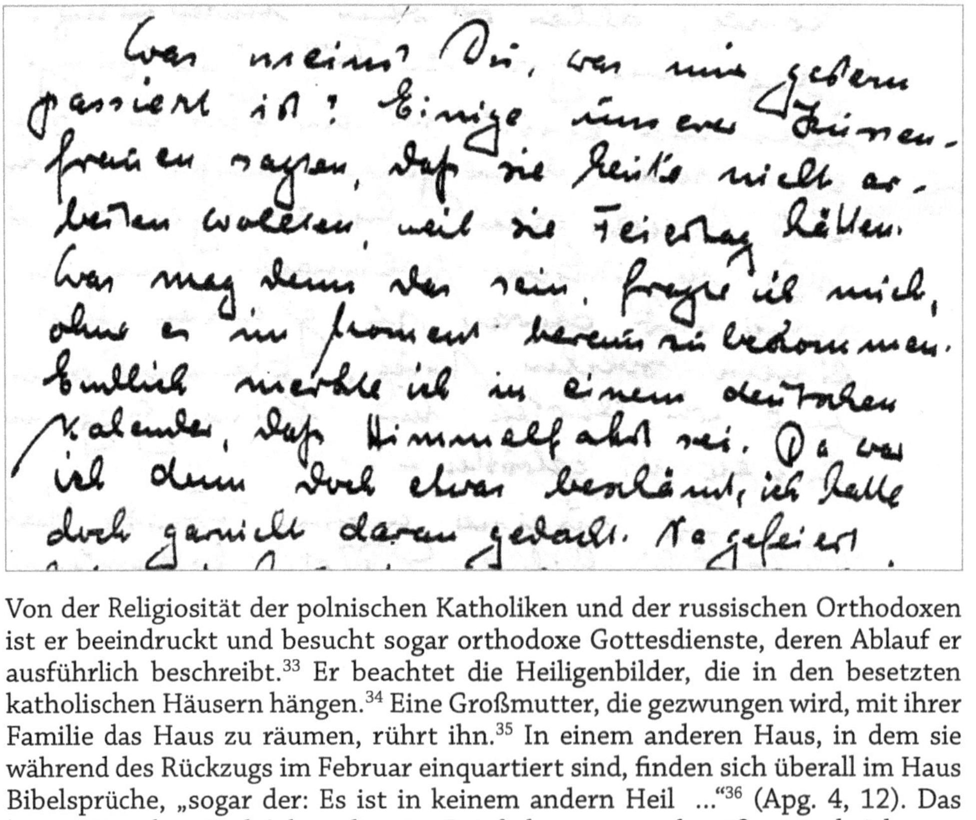
Was meinst Du, was mir gestern
passiert ist? Einige unserer Zimmer-
frauen sagen, daß sie heute nicht arbeiten wollten, weil sie Feiertag hätten.
Was mag denn das sein, frage ich mich,
ohne es im Moment heraus zu bekommen.
Endlich merkte ich in einem deutschen
Kalender, daß Himmelfahrt sei. Da war
ich denn doch etwas beschämt, ich hatte
doch garnicht daran gedacht. Na gefeiert

Von der Religiosität der polnischen Katholiken und der russischen Orthodoxen ist er beeindruckt und besucht sogar orthodoxe Gottesdienste, deren Ablauf er ausführlich beschreibt.[33] Er beachtet die Heiligenbilder, die in den besetzten katholischen Häusern hängen.[34] Eine Großmutter, die gezwungen wird, mit ihrer Familie das Haus zu räumen, rührt ihn.[35] In einem anderen Haus, in dem sie während des Rückzugs im Februar einquartiert sind, finden sich überall im Haus Bibelsprüche, „sogar der: Es ist in keinem andern Heil ..."[36] (Apg. 4, 12). Das letzte Wort hat Paul Schowalter im Brief abgesetzt und größer geschrieben in Analogie zu und gleichzeitig in Abgrenzung von der üblichen Unterschrift: Heil Hitler.

33 Brief vom 30.1.1944.

34 Brief vom 13.8.1944. Im Brief vom 21.2.1945 heißt es: „Aber etwas ist mir geradewegs als typisch aufgefallen: Der katholische Glaube formt die Menschen viel stärker als der evangelische. Die Wohnungen waren dort voll von Heiligenbildern, Kreuzen etc. Es herrschte aber ein sittlich religiöser Ernst, der dem entsprach, was hier zum Ausdruck kam."

35 Brief vom 25.10.1944.

36 Brief vom 21.2.1945, S. 3.

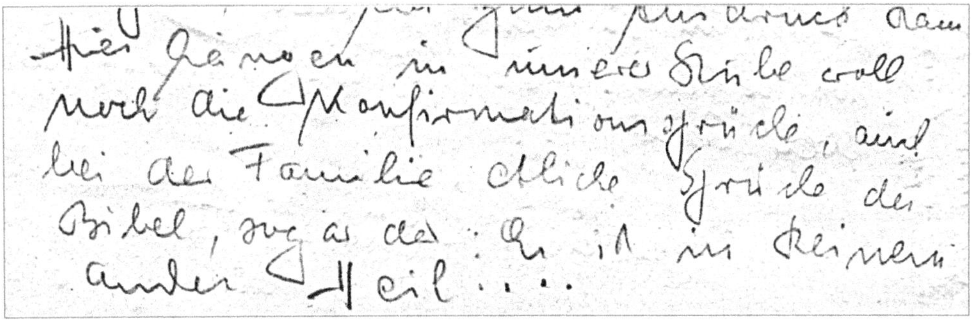

hier hängen in unserer Stube wohl noch die Konfirmationssprüche, auch bei der Familie Ulrich Sprüche der Bibel, wie z. B. der: Es ist in keinem andern Heil . . .

Damit hat er der Familie Respekt erwiesen und seine innere Distanz zum Hitlergruß betont.

Gespräche mit einigen nicht mehr ganz linientreuen Soldatenkollegen

In der Endphase des Krieges, am 7.1.1945, berichtet er bewundernd von der Bekanntschaft mit einem Kameraden, der in religiöser Hinsicht nicht gleichgeschaltet ist, sondern sich seine Eigenständigkeit bewahrt hat. Er schreibt: „Ein sehr tüchtiger O. Fw., sonst Kompanietruppführer, vertritt z. Zeit den Spieß. Er ist Ofenbauer u. Plattenleger von Beruf. Aber ein Prachtkerl, der sich schon hohe Auszeichnungen erworben hat (deutsches Kreuz in Gold). Übrigens aktiv für die bekennende Kirche tätig gewesen. Ich verstehe mich prima mit ihm."

Von einer Zugehörigkeit Paul Schowalters zur Bekennenden Kirche ist mir nichts bekannt, aber zum angegebenen Zeitpunkt scheint er sich jedenfalls von der ursprünglich linientreuen Haltung eines Benjamin H. Unruh oder eines Ernst Dettweiler weit entfernt zu haben. Aufschlussreich ist auch ein Gespräch mit dem Zahlmeister, seinem Vorgesetzten in der Funktion als Rechnungsführer, einem ehemals sehr überzeugten SA-Mann, der aufgrund von Schicksalsschlägen ins Grübeln geraten sei. „Er war begeisterter SA Mann! Sturmführer. Nun kommen solche Stürme über ihn. Er hält sich noch aufrecht, aber alle Begeisterung ist dahin. Ich habe ihm angedeutet, wie wenig da menschliche Gedanken trösten u. helfen, wie dieser Krieg überhaupt die Augen öffnen könnte über den Zustand dieser Welt." (Brief vom 8.10.1944)

In diesen Überlegungen scheint sich die eigene Situation widerzuspiegeln. Auch Paul Schowalter hatte Schlimmes erlebt, mehrmals war er in Lebensgefahr geraten. Zweimal ist er durch Aufenthalte in der Heimat (Lazarett und Urlaub)[37] heftigen Kämpfen an der Front entgangen, im ersten Fall ist seine Kompanie dezimiert, im zweiten Fall nahezu komplett aufgerieben worden. All das scheint zum

37 Nach einer Verwundung am 2.9.1941 Rückverlegung mit Lazarettaufenthalt in Wien, anschließend längere Zeit Aufenthalt in Heidelberg. Noch Ende September (s. Brief vom 23.9.1941) erhält er die Nachricht, dass seine Kompanie in heftige Kämpfe verwickelt gewesen und zusammengeschmolzen sei. Im Juni 1944 befindet er sich auf Heimaturlaub. Anschließend kann er nicht mehr zur Kompanie zurück, denn der Weg dorthin ist abgeschnitten. Am 2.8.1944 schreibt er: „[...] es ist von unseren Kameraden nicht viel mehr zu erhoffen. Einzelne haben sich durchgeschlagen. Ob ich noch jemals etwas von ihnen erfahre? Mit erneuter dankbarer Demut erkenne ich wieder meinen damaligen Urlaub als wunderbare Errettung."

Überdenken der eigenen Position geführt zu haben. Zudem finden sich immer wieder und zunehmend verstärkt religiös motivierte Äußerungen, die insgesamt nur im Sinne einer zunehmenden Distanzierung und Verurteilung der früheren politischen Standpunkte zu sehen sind.

Religiös begründete Distanzierung vom Regime

In dem zuletzt zitierten Brief vom 8.10.1944 gibt Paul Schowalter ein allgemein formuliertes Statement ab: „Über diese verlorene Welt ist die Erlösung hereingebrochen [...] Dieser Krieg sollte uns endlich die Augen öffnen über die Abgründe menschlicher Schuld und selbstherrlicher Verwirrung." Hier wird von einem übergeordneten religiösen Standpunkt aus über den Krieg geurteilt. Und die Formulierung „selbstherrliche(r) Verwirrung" bezieht sich allem Augenschein nach ziemlich eindeutig auf die Hybris nationalsozialistischer Weltherrschaftspläne oder dergleichen.

Zunächst aber wurde Gott noch für die eigene Position in Beschlag genommen und sollte gegen den Feind behilflich sein. Am 13.4.1942 (d. h. zweieinhalb Jahre vorher) berichtet Paul Schowalter von einer Ansprache des von ihm sehr geschätzten Hauptmanns Liemann, der mit einer Art „adhortatio", einer Ermunterungs- und Anspornrede in schwerer Zeit, die Soldaten ermutigen und Zuversicht verbreiten will. In einer Stagnationsphase an der Ostfront, die ein halbes Jahr später völlig zusammenbricht, appelliert er an das Durchhaltevermögen sowohl derer, die in der Heimat sind, als auch jener, die sich an der Front befinden. Dies alles wird in einen religiösen Kontext gebettet. Hauptmann Liemanns Rede wird wie folgt wiedergegeben: „Wenn auch noch so viel finstere Mächte in einem solchen Krieg ihr Werk treiben, dennoch läßt Gott die Zügel nicht aus der Hand und muß alles seinem Plane und Willen unterstellt und eingeordnet werden." Mit den finsteren Mächten sind in dieser Situation nur die Feinde des des Deutschen Reiches gemeint.

Anderthalb Jahre später, am 12.12.1943 (Stalingrad ist längst gefallen, die Armee befindet sich auf dem Rückzug), hört sich das ganz anders an: „O würden doch alle Völker Gott die Ehre geben, o würden doch alle ihn, den Heiland der Welt aufnehmen, dann bräuchte nicht ein Volk das andere zu belehren, dann bräuchten nicht die unzähligen schweren Opfer gebracht zu werden." Gott ist hier nicht mehr nur der Gott der Aggressoren. Wiederum ein halbes Jahr später (kurz vor der Invasion der Alliierten in der Normandie, die die Niederlage der deutschen Wehrmacht endgültig besiegelt), am 26.5.1944, heißt es: „Wie viel Irrgeister und Wirrgeister, Geister des Hasses und des Vernichtungswillens ziehen durch die Welt. Gottes guter Heiliger Geist führe uns auf rechter Bahn."

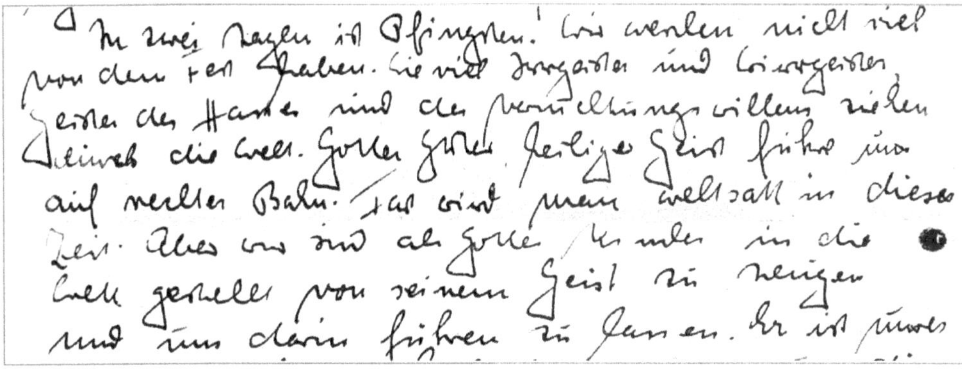
In zwei Tagen ist Pfingsten! Wir werden nicht viel
von dem Fest haben. Die viel Irrgeister und Wirrgeister,
Geister des Hasses und des Vernichtungswillens ziehen
durch die Welt. Gottes guter heiliger Geist führe uns
auf rechter Bahn. Das wird man weltsatt in dieser
Zeit. Aber wir sind als Gottes Kinder in die
Welt gestellt von seinem Geist zu zeugen
und uns darin führen zu lassen. Er ist unser

Mit den Irr- und Wirrgeistern, den Geistern des Hasses und des Vernichtungswillens sind alle gleichermaßen, auch die eigenen Leute, gemeint. Wenn in den nächsten Wochen immer noch die vage irdische Hoffnung besteht, dass der Feind am Westwall, das ist die befestigte Grenze gegenüber Frankreich, zum Stehen kommt,[38] so wird doch die Errettung aus der ziemlich aussichtslosen Situation nur noch in der Transzendenz gesehen. Paul Schowalter schreibt am 3.12.1944: „Wie anders soll diese aufgepeitschte Welt einmal genesen als in Christus, ihrem Herrn, ihrem König, ihrem Heiland u. Retter."

Resümee und Ausblick

In einer längeren persönlichen Auseinandersetzung mit meinem Vater, die sich über mehrere Tage erstreckte (nach meiner Erinnerung in den Jahren 1969 oder 1970), hat Paul Schowalter eine Verstrickung in das Unrechtssystem zugestanden und erklärt, auf der Basis des Stuttgarter Schuldbekenntnisses[39] eine neue Grundlage gefunden zu haben, die eine Weiterexistenz ermöglicht hat. Damit einher geht auch eine Absage an Emotionalität und Gefühlsseligkeit pietistischer Provenienz und eine Hinwendung zu möglichst großer Sachlichkeit. Ein Phänomen, das wir auch beim Neuanfang der Nachkriegsliteratur beobachten, wenn z.

38 Brief vom 1.12.1944: „Mit Spannung verfolge ich täglich den Wehrmachtsbericht. Im Westen ist ja mal wieder allerhand Bewegung. Am Westwall wird der Feind vielleicht nochmals zum Stehen kommen. Ich hoffe zuversichtlich darauf." Und am 8.12.1944 schreibt er: „Der Feind ist an der Saar zum Stehen gebracht, hörte ich heute in den Nachrichten. So schnell wird er auf altem deutschen Boden nicht mehr vordringen können. Das hat das Beispiel von Aachen erwiesen. Standhalten und ausharren ist in der Tat die einzig erfolgversprechende Haltung unseres Volkes."

39 „Mit dem Stuttgarter Schuldbekenntnis (auch „Schulderklärung der evangelischen Christenheit Deutschlands") bekannte die nach dem Zweiten Weltkrieg gebildete ‚Evangelische Kirche in Deutschland' (EKD) erstmals eine Mitschuld evangelischer Christen an den Verbrechen des Nationalsozialismus". Der Ökumenische Rat der Kirche ÖKR verlangte dies als Voraussetzung, um die EKD wieder aufzunehmen. Verfasst wurde das Dokument von Mitgliedern der Bekennenden Kirche. Auszug aus dem Text: „Durch uns ist unendliches Leid über viele Völker und Länder gebracht worden. Was wir unseren Gemeinden oft bezeugt haben, das sprechen wir jetzt im Namen der ganzen Kirche aus: Wohl haben wir lange Jahre hindurch im Namen Jesu Christi gegen den Geist gekämpft, der im nationalsozialistischen Gewaltregiment seinen furchtbaren Ausdruck gefunden hat; aber wir klagen uns an, daß wir nicht mutiger bekannt, nicht treuer gebetet, nicht fröhlicher geglaubt und nicht brennender geliebt haben." (https://de.wikipedia.org/wiki/Stuttgarter_Schuldbekenntnis) [Zugriff am 5.9.2016].

B. Günter Eich im Gedicht „Inventur“[40] nur die Dinge aufzählt, die ihm geblieben sind, ohne Wertung, fast ohne jegliche Gefühlsäußerung, denn die gab es in der Weimarer Zeit und im Dritten Reich im Übermaß und das Spiel mit den Gefühlen gehörte zum Instrumentarium der Manipulation und ist insofern ab 1945 obsolet. Paul Schowalter schreibt am 23.2.1944, nachdem er den „badischen Rundbrief“[41] von „Bruder Hege, Durlach“, bekommen hat: „Ich lese das gerne, wenn auch unsere Leseeindrücke einen gesunden, nicht schwärmerischen gediegenen Dienst tun. So möchte ich auch allezeit sein: klar und nüchtern, besonnen voll Geistes, Irdisches und Himmlisches in rechter Art verbindend.“ So hat Paul Schowalter versucht, in den Nachkriegsjahren wieder Fuß zu fassen und sich neu auszurichten.

40 Günter Eich (1945): „Inventur. Dies ist meine Mütze, dies ist mein Mantel, hier mein Rasierzeug im Beutel aus Leinen. Konservenbüchse: Mein Teller, mein Becher, ich hab in das Weißblech den Namen geritzt. Geritzt hier mit diesem kostbaren Nagel, den vor begehrlichen Augen ich berge ….“; zit. nach: Walter Urbanek (Hg.): lyrische signaturen. zeichen und zeiten im deutschen gedicht, Bamberg 1976, S. 355 f.

41 Es scheint einer der Gemeindebriefe mit exegetischem Teil gewesen zu sein, die in Anlehnung an die früheren ganz anders gearteten tatsächlichen Rundbriefe nur den Namen übernommen haben. Es gibt in Paul Schowalters Brief keine weiteren Erklärungen.

Zeitdokument II

Der Nationalsozialismus und ich

Im Sommer 1933 studierte ich in Greifswald. Dort war der sogenannte Wehrsport Pflicht für alle Studenten. Er geschah ohne Uniform . Im Semester 1933/34 und 1934 studierte ich in Er lan gen. Hier wurde eines Tages durch Aushang bekannge-macht gemacht,daß alle Studenten on eine der NS Formationen einzutreten hätten, wenn sie nicht ihren Studienplatz verie. ren wollten. Ich e ntschied mi chzum Eintritt in die SA. Nun wurden Samstgs die Hörsäle gesschlossen. Dafür tummelten wir uns auf einem Exerzierplatz unter Einsatz Anleitum von Reidhswehrsoldaten. Diese vormilitärische Ausbildung geschah unter stren gster Geheimhalutng.

Im Herbst 1934 ging ich wieder nach Tübingen,wo ich 1932 mein Studium begonnen hatte. Hier herschte ein ganz anderer Ton. Weil damals so viele Theologen in der Stadt waren, gab es ausgesproc hene Theologenstürme. Auch ich war in einem solchen. So ist es verständlich,daß im Nov. 1934 Theologiestudenten,die größtenteils der SA angehörten im Sonderzug nach Stuttgart fuhren,um gegen die Verdrängung von Landes. bischof Wurm aus seinen Amträumen zu protestiren. 557 Theplogistudenten haben eine Entschließung unterschrieben,die in dieselbe Richung geht (S. Anlage)

Im August 1936 kam ich als Vikar von Christian Neff nach dem Weierhof. Ich meldete mich zur zuständigen Gruppe in Mannheim. Der Betrieb war hier im Unterschied zu den Universitätsstädten äußerst lahm-. Wenn überhaupt,so konntr man höchstens deswegen Beschwerde führen. Weltanschaulich wurde nichts diskutiert. Bei einer Weihnachtsfeier mußte ich auf Drängen der Vorgesetzten die Ansprache halten. Ihh hielt sie auf christlche Weise,ohne daß jemand Anstoß nahm.

1938 wurde allen SA-Leuten nahegelegt,sich um die Aufnahme in die XXX NS-Partei zu bewerben. Etwas s chweren Herzens bewarb auch mich mich darum. Die B ewerbung kam jedoch zurück mit dem Ver merk,daß man um Komplikationen zu vermeiden von der Aufnahme von Geistlichen in die Partei absehen will. Mein Sturmführer meinte zwar,daß das mich als Mitglied einer Freikirche nicht treffe. Ich erklärte mich jedoch solidarisch mit Pfarrern anderer Konfessionen und trat zugleich aus d er SA aus.

Paul Schowalter

Paul Schowalter: Der Nationalsozialismus und ich

Astrid von Schlachta

„Wir stehen im furchtbarsten Würgen und Morden des Krieges“

Christian Neffs Predigten in der NS-Zeit

Als die Mennonitengemeinde Weierhof im Dezember 1937 ihr 100-jähriges Jubiläum und das 50-jährige Amtsjubiläum ihres Predigers Christian Neff feierte, drückten zwei Ereignisse auf die Feststimmung. Nur kurz vorher war die Ehefrau des zu ehrenden Predigers, Lydia Neff, verstorben. Zudem herrschte in der Gegend seit einiger Zeit die Maul- und Klauenseuche, was einige Gäste, beispielsweise wichtige Vertreter des damaligen Mennonitentums, zur Absage veranlasst hatte. Deshalb fand nur eine kleine Feier statt. Um 9.30 Uhr begann der Gottesdienst, bei dem unter anderem Johannes Foth aus Friedelsheim, Abraham Braun aus Ibersheim und Gerhard Hein aus Sembach sprachen. Erich Göttner aus Danzig, Pastor und gleichzeitig einer der Herausgeber der „Mennonitischen Blätter“, hätte die Festpredigt halten sollen, verzichtete wegen der Seuche jedoch auf eine Anreise. Benjamin Unruh aus Karlsruhe erschien ebenfalls nicht, sondern schickte ein Schreiben, das im Gottesdienst verlesen wurde. Im Rahmen der Feierlichkeiten richtete auch der Jubilar selbst, Christian Neff, einige Worte an die Gäste: „Fast mag es als ein Wagnis erscheinen,“ so der Weierhöfer Prediger, „eine solche Feier wie die heutige zu halten.“ Ernste Worte, die vielleicht zunächst klingen mögen, als greife Christian Neff die Gefahr durch die Maul- und Klauenseuche auf. Doch in weiterer Folge entpuppen sie sich als dezente Zeitkritik: „In einer Zeit, da Stimmen laut werden, wie sie mir auch aus unseren Kreisen zu Ohren gekommen sind, als hätte es überhaupt keinen Wert mehr besondere Gotteshäuser zu haben und zu hegen, weil ja doch bald die Nationalkirche komme, die eigene Gottesdienste überflüssig mache. Was kommen wird, wissen wir nicht. Wir legen es getrost in Gottes Hand. Aber das wissen wir, dass es Gottes Werk ist, das wir treiben, und dass Gottes Segen darauf ruht.“[1]

Mit seinen Worten nimmt Christian Neff Bezug auf Entwicklungen, die die Mennoniten in den 1930er Jahren einigermaßen unter Druck setzten. Die Gleichschaltung bedrohte spätestens ab 1937 auch den kirchlichen Bereich; die publizistische Arbeit sowie die Jugend- und Kinderarbeit gerieten zunehmend in den Blick der nationalsozialistischen Institutionen, mussten sich der Kontrolle und der Einflussnahme öffnen. Die individuelle konfessionelle Arbeit stand vor der Herausforderung, sich gegen die Vereinheitlichung und den Totalitätsanspruch von Staat und Politik zur Wehr zu setzen. Christian Neff kritisierte nicht nur in seiner Rede auf dem Weierhof diese Entwicklungen und er rief nicht nur hier zum Schutz des Kleinen, zum Schutz der eigenen Gemeinde, auf. Immer wieder

1 Mennoniten-Gemeinde Weierhof, 1837-1937. 100 Jahre Gotteshaus. 1887-1937. 50 Jahre Prediger, o. O., o. J., 1 f.

äußerte er sich zu diesen Themen und stellte manch kritisches Wort in den Raum.

Lydia und Christian Neff mit Gerhard Hein vor dem Pfarrhaus auf dem Weierhof

In seinen Predigten, aber auch in der Korrespondenz mit anderen Pastoren oder in Beiträgen, die in den mennonitischen Zeitschriften veröffentlicht wurden, fand er immer wieder Nischen, in denen er seine Kritik an der staatlichen Politik unterbringen konnte. Sein Bekenntnis zur unabhängigen mennonitischen Gemeinde in all ihren Facetten und seine teilweise massive Kritik am Krieg, den er stets in seiner ganzen Grausamkeit und Rechtlosigkeit schildert, sowie sein Bekenntnis zum Alten Testament, das laut nationalsozialistischer Doktrin als jüdisches Buch zu verdammen war, geben Einblicke in seine Vorstellungen vom Platz der Mennoniten in der Gesellschaft. Christian Neffs Äußerungen verdeutlichen zudem, dass das Denken der Akteure in der NS-Zeit, wie auch in anderen historischen Epochen, nicht nach einem Schwarz-Weiß-Schema generalisiert werden kann. Seine Gesamthaltung entbehrte nicht einer grundsätzlichen, im Nachhinein manchmal nur schwer zu verstehenden Ambivalenz. So begleitete seine Kritik am Krieg und am Totalitätsanspruch seiner Zeit stets das Bekenntnis zum Machtanspruch der nationalsozialistischen Herrschaft, seine Beteuerung, die Mennoniten seien schon immer gute Staatsbürger gewesen, und die Bejahung des Soldatentodes, den er als notwendiges Opfer für das „Vaterland" sah.

Prediger im Nationalsozialismus

Christian Neff umspannte mit seiner Biografie die Zeit von der zweiten Hälfte des 19. Jahrhunderts bis in den Nationalsozialismus. 1863 geboren, studierte er Theologie, hörte jedoch auch Vorlesungen aus der „Geschichte", unter anderem bei Heinrich von Treitschke in Berlin.[2] 1887 wurde er Prediger der Mennonitengemeinde Weierhof; später übernahm er das Amt des Vorsitzenden der pfälzisch-hessischen Predigerkonferenz und der Badisch-pfälzischen Konferenz der Mennoniten beziehungsweise der Süddeutschen Konferenz. 1934 wurde er dann Ehrenvorsitzender der „Vereinigung der Deutschen Mennonitengemeinden" (im

2 Zu seinem Leben vgl. den Beitrag von Jochen Schowalter in MennLex, Teil 1 [Zugriff: 22.2.2017].

Folgenden kurz „Vereinigung“) und legte gleichzeitig sein Amt als Vorsitzender der Konferenz der süddeutschen Mennoniten nieder; Grund dafür waren Auseinandersetzungen innerhalb der Konferenz über deren Stellung zur sich neu strukturierenden „Vereinigung“.[3] Im Rahmen von Gemeinde- und Jugendtagen sowie bei Treffen der „Süddeutschen“, aber auch der „West- und Ostpreußischen Konferenz“ war Christian Neff präsent, hielt Reden und Seminare. 1907 führte er den Bibelkurs auf dem Weierhof ein und 1925 wurde er durch die Organisation der ersten Weltkonferenz zu ihrem Begründer. Sein historisches Interesse hat sich Christian Neff auch als Prediger bewahrt, wofür zahlreiche Arbeiten stehen, unter anderem die Konzeption und Edition des Mennonitischen Lexikons.

Christian Neff soll im Folgenden in seiner Funktion als Prediger gesehen werden, weshalb es vor allem gilt, seinen Predigten Aufmerksamkeit zu schenken.[4] Leider wird in der historischen Forschung manchmal viel zu wenig berücksichtigt, welch vorzügliche Quellen Predigten sein können, um Einblicke in gesellschaftlich-sozialen und politischen Kontext einer Zeit zu gewinnen. Wobei sich für eine Situation, wie sie im Nationalsozialismus vorherrschte, noch einmal eine ganz besonders quellenkritische Problematik stellt, denn Predigen wurde zu einer Gratwanderung. Der „Sicherheitsdienst“ (SD) überwachte Predigten, setzte seine Beamten in die Gottesdienste und hoffe, nicht erkannte Spitzel würden kritische Prediger denunzieren.[5] Die rechtliche Grundlage bildeten das „Heimtückegesetz“ von 1934, das jede Kritik an der NS-Regierung verbot, sowie das Gesetz von 1939, das Wehrkraftzersetzung unter Todesstrafe stellte. In letztgenannte Kategorie fielen auch alle pessimistischen Äußerungen zum Kriegsverlauf.

Predigen konnte in der NS-Zeit also durchaus gefährlich werden. Nicht nur die bekannten Vertreter der „Bekennenden Kirche“ erfuhren dies, sondern auch Prediger kleinerer Gemeinschaften. Immer wieder Probleme hatte beispielsweise der baptistische Pastor Arnold Köster aus Wien, der mehrfach von der Gestapo vorgeladen wurde, weil er den Krieg kritisierte und die Auffassung vertrat, es gäbe keinen gerechten Krieg.[6] Die Türen zur Vorladung, zum Gefängnis oder sogar zum Konzentrationslager öffneten sich auch, wenn Zweifel an der Kriegsschuldfrage geäußert wurden, die Hoffnung auf den Endsieg nicht zum Ausdruck gebracht oder Kritik an Volkstum, Blut und Heimat oder am totalen Staat geübt wurde.

Somit lässt sich natürlich für eine Zeit, in der die Meinungsfreiheit kein allgemeines Gut war, die Frage stellen, ob eine im Archiv überlieferte, schriftliche Predigt wirklich mündlich so vorgetragen wurde. Was passierte, wenn der Predi-

---

3 Gemeinde-Chronik 1. Juli 1933-1. Juli 1934, in: Christlicher Gemeindekalender 44 (1935), S. 131.

4 Von Christian Neff sind insgesamt über 2.000 Predigten erhalten, ungedruckt und handschriftlich überliefert. Zum Aussagegehalt von Predigten auch in politischer Hinsicht, vgl. beispielhaft: Michael Bregnsbo: Gesellschaftsordnung und Staatsgewalt von der Kanzel her gesehen: Die Vermittlung politischer und sozialer Ideen durch dänische Predigten 1750-1848, in: Historisches Jahrbuch 118 (1998), S. 108-130.

5 Gerhard Besier: Die Kirchen und das Dritte Reich. Spaltungen und Abwehrkämpfe 1934-1937, Berlin/München 2001, S. 167-170; eine kurze Einführung auch in: Georg Denzler/Volker Fabricius: Christen und Nationalsozialisten. Darstellung und Dokumente, Frankfurt/Main 1993, S. 16-20.

6 Franz Graf-Stuhlhofer: Nationalsozialismus als Konkurrenz zum christlichen Glauben – Der Wiener Baptisten-Prediger Arnold Köster über Anschluß und Kriegsanfänge – Eine Dokumentation zu den Jahren 1938-1940, in: Jahrbuch für die Geschichte des Protestantismus in Österreich 112 (1996), S. 137-183.

gende merkte, dass Spitzel des Regimes unter den Zuhörern saßen? Auch in den kleinen, eher familiär orientierten Gottesdiensten der Mennoniten waren wohl immer wieder Vertreter von SA, SS oder SD im Publikum, um für das Regime mitzuhören – wenngleich sie offenbar sofort auffielen und als Spitzel enttarnt werden konnten.[7] Hat ein Prediger in einem solchen Moment spontan kritische Äußerungen in seinem vorgefertigten Manuskript zurückgehalten und brisante Passagen entschärft? Es ist schwierig, hierauf im Nachhinein eine Antwort zu finden. Andererseits stehen die Predigten, da sie im etwas privateren Rahmen eines mennonitischen Gottesdienstes gehalten wurden, natürlich beispielhaft für Äußerungen, die nicht eine vorherige Zensur durchliefen oder von einer Prüfung bedroht waren, wie jene veröffentlichten Beiträge in den „Mennonitischen Blättern" oder im „Gemeindeblatt der Mennoniten".

Zum Status quo und einer Bestandsaufnahme der Zeit

Die Aussagen von Christian Neff und die Feier auf dem Weierhof führen in das Jahr 1937. Es war ein Jahr, das für die deutschen Mennoniten ein schweres war, denn erstmalig hatte sich der öffentliche Druck erhöht.[8] Einige Bereiche der mennonitischen Arbeit waren, wie erwähnt, von der Gleichschaltung bedroht. So waren die „Rundbriefe" im Juli 1937 mit einer Verordnung konfrontiert, der zufolge alle Zeitschriften und Rundschreiben im „evangelisch-kirchlichen Raum" als „politische Zeitschriften" eingestuft wurden, wenn sie politische Themen berühren könnten. Dies hatte zur Folge, dass die Schriftleitung nur noch von einer Person hätte übernommen werden können, die im Reichsverband der deutschen Presse eingetragen war; was für die „Rundbrief"-Gruppen nicht infrage gekommen wäre.[9] Unter den „Rundbrieflern" begannen intensive Diskussionen, wie mit dieser Entwicklung umzugehen sei. Wollte man unabhängig bleiben, so hätte auf brisante Themen, die in den politischen Bereich hineinführten, verzichtet werden müssen, oder es wäre in der Illegalität weitergeschrieben worden. Doch nicht nur die Unterstellung unter die Reichspressekammer wurde den „Rundbrieflern" zur Auflage gemacht, sondern es gab 1937 zudem offizielle Berichte in den Parteistellen, die den „Rundbrief"-Kreisen vorwarfen, die „Gemeinschaft des

7 Konkrete Quellen sind hierzu noch nicht gefunden; die Aussage bezieht sich auf mündlich geführte Interviews mit Zeitzeugen.

8 Grundlegend für die Analyse der nationalsozialistischen Zeit der Mennoniten: Diether Götz Lichdi: Mennoniten im Dritten Reich. Dokumentation und Deutung, Weierhof/Pfalz 1977; Hans-Jürgen Goertz: Nationale Erhebung und religiöser Niedergang. Mißglückte Aneignung des täuferischen Leitbildes im Dritten Reich, in: MGB 31 (1974), S. 61-90; Diether Götz Lichdi: Römer 13 und das Staatsverständnis der Mennoniten um 1933, in: MGB 37 (1980), S. 74-95; James Irvin Lichti: Houses on the Sand? Pacifist Denominations in Nazi Germany, New York 2008; Astrid von Schlachta: „in unbedingter Treue" ... „keine Verfechter der Wehrlosigkeit". Volksgemeinschaft, Staatstreue und das Bild, das von den Mennoniten herrschen sollte, in: MGB 72 (2015), S. 117-132; Jonas J. Driedger: „Wohin wir blicken, sehen wir Feinde". Wie sich preußische Mennoniten von 1913 bis 1933 als Teil einer christlich-antibolschewistischen Volksgemeinschaft neu erfanden, in: MGB 71 (2014), S. 71-102; Benjamin W. Goossen: From Aryanism to Anabaptism: Nazi Race Science and the Language of Mennonite Ethnicity, in: MQR 90 (2016), S. 135-163..

9 Vgl. das Schreiben des Reichsverbands der evangelischen Presse, Fachschaft der Reichspressekammer vom 9.7.1937, in: MFSt, C.11, Nachlass Theo Glück, Karton 3, 58. Zu den „Rundbriefen" siehe den Beitrag von Imanuel Baumann in diesem Band.

Evangeliums" höher zu stellen als die „Gemeinschaft des Volkes".[10] Der Verbindungsmann zur NSDAP-Parteizentrale in München, Daniel Dettweiler, der seit 1920 der NSDAP angehörte, kritisierte seine eigenen Glaubensgeschwister und äußerte sich sehr kritisch zu den Rundbriefen. Er bezeichnete sie als „geheime Konventikel", die ihm schon immer ein „Greuel" gewesen seien – dies müsste „endlich einmal offen ausgesprochen werden".[11]

Doch nicht nur die Gleichschaltung und der zunehmende Einfluss der nationalsozialistischen Organisationen wurden als Gefahr für die Gemeinden gesehen, sondern zwei weitere Ereignisse setzten die Mennoniten öffentlich unter Druck. Im April 1937 wurden die Rhönbruderhöfer des Landes verwiesen. Dass diese Ausweisung aus dem Deutschen Reich in einigen Medien als Ausweisung von „Mennoniten" bezeichnet wurde, versetzte die führenden Personen der „Vereinigung" in einige Unruhe. Gegendarstellungen sollten jeglichen Verdacht, beide Gruppen hätten irgendwelche Gemeinsamkeiten, im Keim ersticken. Schon 1935/36 hatte man entsprechend aktiv werden müssen, um Rezensionen des Films „Friesennot" zu korrigieren, die die dargestellten Protagonisten in ihrer sektenhaften, „Sondermeinungen" vertretenden Lebensweise ebenfalls als „Mennoniten" identifiziert hatten.[12] Die offiziellen Vertreter der Mennoniten antworteten auf den sich von außen erhöhenden Druck durch eine publizistisch geführte Verteidigungsschlacht, in der man klarstellte, dass die Mennoniten staatstreu und keine „Sekte" seien und demzufolge auch keine „Sondermeinungen" vertreten würden, wie etwa die Wehrlosigkeit. Diese hatte bereits seit dem 19. Jahrhundert allmählich ihren Bekenntnischarakter für die Mennoniten verloren. 1933 hatten dann führende Vertreter der „Vereinigung" in einem Schreiben festgestellt, die Frage der Wehrlosigkeit dem Gewissen jedes Einzelnen zu überlassen. Die Verfassung der „Vereinigung" von 1934 zählte nur noch die Eidesleistung zur „Grundlage aller Sittlichkeit".[13] Und Erich Göttner artikulierte 1937 das Bekenntnis, die Mennoniten in Deutschland seien keine „Verfechter der Wehrlosigkeit".[14]

Soweit zum zeitlichen Hintergrund des Jahres 1937, als Christian Neff auf dem Weierhof sein 50-jähriges Amtsjubiläum feierte. Das Jahr 1937 sah die Mennoniten somit in einer etwas anderen Stimmung als noch vier Jahre vorher, beim Regierungswechsel und der Machtübernahme durch Adolf Hitler. Die positiven Stellungnahmen der Konferenzen sowie die veröffentlichten Grußadressen sind

10 Siehe das Schreiben von Daniel Dettweiler, München, an verschiedene führende Mennoniten, u.a. Christian Neff, Ernst Crous und Benjamin Unruh, vom 3.9.1937, in: MFSt, C.11, Nachlass Theo Glück, Karton 3, 58.

11 Ebd.

12 Zur Krise im Zusammenhang mit der Erzählung und dem Film „Friesennot", siehe den Beitrag von Marion Kobelt-Groch in diesem Band, sowie Benjamin W. Goossen: Die Mennoniten als Volksdeutsche. Die Rolle des Mennonitentums in der nationalsozialistischen Propaganda, in: MGB 71 (2015), S. 55-70. Zum Hintergrund der Auflösung des Rhönbruderhofes siehe den Beitrag von Thomas Nauerth in diesem Band sowie: Emmy Barth: Botschaftsbelagerung. Die Geschichte einer christlichen Gemeinschaft im Nationalsozialismus, Rifton 2015; zur Krise der Mennoniten in dieser Zeit generell auch: von Schlachta (wie Anm. 8).

13 Vgl. Heinold Fast: Die Vereinigung der Deutschen Mennonitengemeinden 1886-1961, Weierhof (Pfalz) 1961; Corinna Schmidt: Vereinigung, in: MennLex, Teil 1 [Zugrif am 27.2.2017] ; Vereinigung der Deutschen Mennonitengemeinden, Verfassung vom 11. Juni 1934, Elbing 1936.

14 Bericht über den dritten deutschen Mennonitentag 1937 in Berlin, in: MB 84 (1937), S. 57.

immer wieder zitiert worden.[15] Christian Neff begrüßte den Regierungswechsel ebenfalls, wie am Anfang einer Predigt zu Hebr. 5, 8 und 9, deutlich wird, die sich vor allem mit dem Thema „Gehorsam“ beschäftigte. Neff hielt die Predigt nur wenige Tage nach dem Machtwechsel, der sich am 30. Januar 1933 vollzogen hatte. Er spricht von einer „politisch bewegten Zeit“ und einer „staatlichen Umwälzung, die einzig dasteht in der Geschichte unseres Volkes“. Der Weierhöfer Prediger betont, es sei „vielleicht die erfreulichste und hoffnungsvollste Erscheinung bei der jetzigen Volksbewegung“, dass es gelungen sei, „Männer an die Spitze zu stellen, Männer mit reifem Urteil, reicher Erfahrung und grosser Tatkraft“. Dies gebe Hoffnung. Doch mischen sich dann auch Zwischentöne in seine Ausführungen. Denn Neff konstatiert eine für ihn nicht immer erträgliche Diskrepanz zwischen dem Aufbruch im Volk und der Passionszeit, in der man sich gerade befinde. Es passe „nicht recht hinein in die Passionszeit“, dass das Volk „aufgerüttelt, aufgewühlt“ und „leidenschaftlich“ sei. Generell, so seine Klage, wüssten „breite Kreise unseres Volkes“ mit der Passion Jesu gar nichts mehr anzufangen. Es sei momentan nicht gerade opportun, sich mit „Gedanken des Leidens und Duldens zu beschäftigen“. Denn jetzt gelte das allgemeine Motto, „zu kämpfen und zu streiten in rücksichtsloser Durchsetzung seiner politischen, irdischen Interessen, seiner politischen Anschauungen, Ideale und Ziele“.[16]

Die „Greuel“ des Krieges und der Tod fürs „Vaterland“

Aus einer Vielfalt an Themen, die die Predigten eröffnen, soll im Folgenden Christian Neffs Einstellung zu Krieg und Wehrlosigkeit herausgegriffen werden. Die seit der Frühen Neuzeit im Glauben der Mennoniten verankerte Wehrlosigkeit hätte die Gemeindeglieder in der NS-Zeit eigentlich für Widerstandskationen prädestiniert. Doch bereits im frühen 19. Jahrhundert hatten rechtlich-kulturelle Veränderungen auch die Mennoniten erfasst. Im Zuge der Debatten über die Gleichheit aller Staatsbürger waren alle Privilegien unter Druck geraten, die Untertanen der verschiedenen Territorien im frühneuzeitlichen Alten Reich gewährt worden waren. Dies bedeutete für die Mennoniten, dass ihre Rechte, nämlich nach einer besonderen Eidesformel schwören zu dürfen und keinen Dienst mit der Waffe leisten zu müssen, ebenfalls der allgemeinen Gleichheit im Staat wichen. In gewisser Weise ein Dilemma, denn einerseits gewährte eine allgemeine Gleichheit mehr Rechte, andererseits fielen dieser allgemeinen Gleichheit besondere Rechte, die eine einzelne Gruppe privilegierte, zum Opfer. Die „Ibersheimer Beschlüsse“ von 1803, die forderten, an der Wehrlosigkeit festzuhalten und den Dienst an der Waffe abzulehnen, sind vor dem Hintergrund dieser Entwicklungen einzuordnen. Die pfälzischen und rheinhessischen Prediger versuchten in Ibersheim noch einmal, die Gemeinden auf Linie zu bringen und alte Glaubensinhalte angesichts der rechtlich-kulturellen Veränderungen normativ zu verankern.[17]

---

15 Vgl. hierzu: Lichdi, Mennoniten im Dritten Reich (wie Anm. 8), S. 39-46.

16 Predigt über Hebr. 5, 8 und 9, in: MFSt, C.26, Nachlass Christian Neff, Karton 16, 129.

17 Vgl. Paul Schowalter: Die Ibersheimer Beschlüsse von 1803 und 1805, in: MGB 20 (1963), S. 29-48.

Wie sehr die Mennoniten jedoch bald die allgemeinen kulturellen Veränderungen aufnahmen, zeigt ein hintergründig-diplomatischer Kommentar des Sembacher Predigers Johannes Risser in den „Mennonitischen Blättern“ von 1855: „Man mag die Frage, ob es heutzutage noch thunlich und fruchtbringend sei, die Durchführung so ernster, so tief in die Sitten eingreifender Beschlüsse zu verlangen, verschieden beantworten.“[18] Für den Norddeutschen Bund wurde 1867 festgelegt, dass sich Mennoniten nicht mehr gegen eine Gebühr vom Wehrdienst befreien lassen durften. Nach Protesten von mennonitischer Seite erließ der preußische König im März 1868 eine neue Kabinettsorder: Mennoniten wurden zwar eingezogen, durften jedoch einen Dienst leisten, der nicht die Benutzung einer Waffe umfasste, also im Sanitätsdienst oder im Nachschubwesen. Trotz dieser Zugeständnisse hatte sich auf mennonitischer Seite jedoch bereits die Einstellung zur Wehrlosigkeit massiv geändert. Schon in den Napoleonischen Kriegen um 1800 hatten Mennoniten zur Waffe gegriffen und mitgekämpft. Auch in den Kriegen, die der Reichseinigung 1871 vorausgingen, leisteten Mennoniten Dienst in der Armee, ebenso im Ersten Weltkrieg. In der Verfassung der „Vereinigung“ von 1934 wurde die Wehrlosigkeit dann, wie erwähnt, nicht mehr als ein Prinzip des mennonitischen Glaubens aufgeführt. Es hieß dort: „Die Gewissensfreiheit, für die sie [= die Mennoniten, v. S] Jahrhunderte hindurch kämpfend und leidend eingetreten waren, wurde [im 18. Jahrhundert, v. S.] Allgemeingut. Umso stärker fühlten die deutschen Mennoniten auch wieder Verantwortung und Pflicht gegen Volk und Staat, in denen sie lebten. Zuerst im Westen und auch teilweise im Süden, dann im Norden und Osten des werdenden Deutschen Reiches verzichteten sie, die ihre christliche Friedensgesinnung insbesondere durch den Grundsatz der Wehrlosigkeit zu bezeugen sich bestrebt hatten, mit dem Vordringen der allgemeinen Wehrpflicht nach und nach auf die ihnen eingeräumte Befreiung vom Wehrdienst. Im Weltkrieg haben sie sich größerenteils dem Dienst mit der Waffe gestellt.“[19]

Im selben Jahr kritisierte Dirk Cattepoel, Prediger in Krefeld, in den „Mennonitischen Blättern“, dass die Formulierungen in der Verfassung der „Vereinigung“ noch viel zu schwach seien. „Eine der wichtigsten sittlich-religiösen Fragen,“ so Cattepoel, würde „dem einzelnen Gewissen zur Entscheidung überlassen“. Die „Vereinigung“ hätte sich viel eindeutiger für den Wehrdienst aussprechen müssen. Man habe wohl geglaubt, einen Kompromiss gefunden zu haben, mit dem man niemanden vor den Kopf stoße: „Man sagte weder ja noch nein, hoffte allen gerecht zu werden – und wurde deshalb keinem gerecht.“ Cattepoel selbst gibt sich als Verfechter des Wehrdienstes: „Wir müssen als Christen und Mennoniten die Waffe tragen, nicht, weil uns eine böse Obrigkeit dazu zwingt oder sich aus Mangel an Mut oder um des lieben Friedens willen leider nicht viel dagegen machen läßt, sondern weil wir als diesseitsbejahende Christen unser Volk lieben, ihm dienen und für seinen Fortbestand und glückliche Entwicklung sei es auch

18 Johannes Risser: Statistik der Gemeinden der Pfalz, in: MB 4 (1855), S. 38.

19 Vereinigung der Deutschen Mennonitengemeinden, Verfassung vom 11. Juni 1934, Elbing 1936, 5; zum Hintergrund auch: Emil Händiges: Historisches Memorandum zur Wehrlosigkeit der Mennoniten, Monsheim 1950; grundlegend: Mark Jantzen, Mennonite German Soldiers. Nation, Religion, and Family in the Prussian East, 1772-1880, Notre Dame 2010.

mit dem Leben einstehen wollen. ‚Heldische Tugenden sind die Erhaltungskraft unseres Volkes' sagt Adolf Hitler."[20]

Nach diesem Exkurs in die mennonitischen Debatten seit dem 19. Jahrhundert, die grundlegend sind für die Situation der Gemeinde in der NS-Zeit, soll nun Christian Neff zu Wort kommen. Er zeigte sich hinsichtlich der alten Idee täuferisch-mennonitischer Wehrlosigkeit immer wieder als Mahner, auch in den öffentlich zugänglichen Zeitschriften. 1935 forderte er beispielsweise in den „Mennonitischen Blättern", die Wehrlosigkeit, die die Mennoniten jahrhundertelang geprägt hatte, nicht ganz zu vergessen. Obwohl auch er, wie er eingestand, zu diesem Zeitpunkt keine Chance sah, diese durchzusetzen.[21] 1941 positionierte er sich noch einmal sehr deutlich im „Gemeindeblatt", was ihm offenbar Publikationsverbot einbrachte.[22] Neffs Gedanken unter dem Titel „Weihnachtsnachklang" orientierten sich am neutestamentlichen Text in Luk. 2, 13 und 14. Er geißelte den „grausamen Krieg" und die „Greuel", die er mit sich bringe. „Und hinaus wird der Krieg getragen von gewissenlosen Feinden in die Länder, wo jahrelang opferbereite, todesmutige Männer und Frauen das Evangelium des Friedens verkündigten und das Reich Gottes aufbauten. Was hingebende Liebe an Werken des Friedens aufrichtete, zerstörte der Haß und die Wut christlicher Völker. [...] ‚Und den Menschen ein Wohlgefallen.' Nein, daran kann Gott kein Wohlgefallen haben, wenn die Menschen sich bekriegen, wenn sie sich aufs Blut bekämpfen, wenn sie in unseligem Haß auf gegenseitige Vernichtung sinnen, an den Menschen und Völkern kann Gott kein Wohlgefallen haben, die seine Ehre schänden durch gottloses Tun und Treiben, die sich mit schnöder Habsucht und Gewinnsucht beflecken und [...] in unversöhnlichem Haß den Krieg schüren."[23]

Auch in seinen Predigten erweist sich Neff als Zeitkritischer Beobachter. Bereits 1939, kurz nach dem Einmarsch der deutschen Truppen in Polen, bezieht er Stellung zu den Entwicklungen, und mit der Fortdauer des Krieges vergeht kaum ein Sonntag, an dem der Krieg nicht mindestens einmal in der Predigt erwähnt wird. Dabei stehen seine Hinweise auf die Gräuel des Krieges zu seiner Überzeugung, der Dienst als Soldat sei ein notwendiger Dienst für das „Vaterland", in einer manchmal nur schwer zu lösenden Spannung. Denn an der Pflicht eines jeden Bürgers, für „das Vaterland" zu kämpfen, übt Neff keine Kritik. So heißt es etwa in einer Predigt über Luk. 14, 25-33, die Neff 1940 hielt: „Wer nicht imstand ist zu verzichten und hinzugeben, was er für sein Leben gern hat u. liebt, woran sein Herz hängt; wer nicht zu leiden u. zu sterben bereit ist, wenn Gottes Wille es fordert, der kann nicht in Jesu Nachfolge treten. Wir erleben ja solches im gegenwärtigen Krieg. Wer an seinem Leben hängt [...], dem mag es schwer werden, furchtbar schwer, in täglicher Todesgefahr freudig sein Leben zu opfern im Dienst des Vaterlandes. Wer aber sein Volk und Vaterland mehr liebt als sich u. die Seinen, der sieht [...] getrost in opferfreudiger Pflichterfüllung allem entgegen,

20 MB 84 (1937), S. 42, 44.

21 Christian Neff: Menno Simons in seiner Bedeutung für die Gegenwart, in: MB 82 (1935), S. 68.

22 Leider fehlen offizielle Dokumente zum Publikationsverbot. Bisher ist dies lediglich durch mündliche Überlieferung bekannt. Siehe Schowalter (wie Anm. 2).

23 Christian Neff: Weihnachtsnachklang, in: Gemeindeblatt der Mennoniten 71 (1941), S. 1 f.

was ihm begegnet und widerfährt." Gleichzeitig bremste er jedoch in derselben Predigt die Kriegseuphorie, die die schnellen Erfolge der deutschen Wehrmacht begleitete, indem er anmerkte: „Wir wissen nicht, wie es weitergeht. Wir wissen nicht, was morgen geschieht. Wir wissen nicht, ob der erste Siegeslauf anhält oder ob er nicht unterbrochen wird."[24]

So sehr Christian Neff daran festhält, den Soldatendienst als göttlichen Auftrag und als Pflicht jedes Staatsbürgers zu sehen, so düster sind seine Schilderungen des Krieges an sich. Attribute wie „dunkel", „zerstörerisch" und „grausam" sowie Assoziationen zu „Leid" und „Tod" tauchen regelmäßig auf. Diese inhaltliche Beschreibung steigerte sich bis zu Formulierungen, die in ihrer grundlegenden Kritik durchaus als wehrkraftzersetzend hätten interpretiert werden können. Der Krieg, so heißt es etwa in einer Predigt über Mt. 11, 25-34, von Ende September 1939, also knapp einen Monat nach dem Überfall Hitlers auf Polen, sei „eine Sünde, ein großes Unrecht an der Menschheit". „Daß man dem Nächsten das Leben nimmt, daß man ihm sein Eigentum raubt, daß man ihn mißhandelt, das ist u. bleibt ein großes Unrecht. Das kann Gott nicht ungestraft lassen."[25]

Am 1. Advent 1944 predigt Neff: „Wir sehen noch nichts von der Morgenröte des Tages, der den Frieden bringt, den die Völkerwelt herbeisehnt. Es ist, als ob es nur noch tiefer hineingehe in die dunkle Nacht des Krieges und Streites, des Hasses, der Lüge, der Ungerechtigkeit u. der grausamsten Zerstörung, des Krieges, der die Menschen und Völker trennt und entzweit, beunruhigt u. bedrückt. Auch die uns feindlichen Völker seufzen unter der wachsenden Not des Krieges u. sehnen sich mit aller Macht nach dem erhofften Frieden."[26] Der Krieg erscheint in dieser Passage als ein hoffnungsloses Unterfangen, auf allen Seiten, und damit eben auch auf deutscher Seite. Immer wieder predigt Christian Neff von der Feindes- und Völkerliebe. Vom „gerechten Krieg", der dem Deutschen Reich „Lebensraum" verschaffen sollte, ist in den Predigten, sofern sich dies nach einer ersten Prüfung sagen lässt, nie die Rede. Ebenso spricht er dem Krieg nicht zu, der Selbstverteidigung eines Volkes zu dienen und damit eine Notwendigkeit für das Überleben eines Staates darzustellen, wie dies der nationalsozialistischen Ideologie zufolge opportun gewesen wäre. Dagegen sieht Neff die Motive für den Krieg im „blinden Hass" und in der Feindschaft der Völker, wie es in der Predigt über Matth. 11, 25-34 heißt: „Es ist im Grund blinder Haß u. Feindschaft, was den Krieg schürt."[27] Neff hielt die Predigt am 24. September 1939, also nur wenige Wochen nach dem Überfall des Deutschen Reiches auf Polen. Gleich am Anfang nimmt er Bezug zur aktuellen Lage. So hätten sich alle Hoffnungen auf ein rasches Ende der kriegerischen Auseinandersetzungen nicht erfüllt: „Wir befinden uns noch im Krieg. Wer weiß, wie lange noch. Die Hoffnung, die wir am letzten mal, als wir hier uns gottesdienstlich zusammenfanden, aussprachen, daß England u. Frankreich nicht

24 Predigt über Luk. 14, 25-33, 1, 3 (eigene Paginierung), in: MFSt, C.26, Nachlass Christian Neff, Karton 16, 94.

25 Predigt über Mt. 11, 25-34, 1, in: MFSt, C.26, Nachlass Christian Neff, Karton 16, 92.

26 Predigt, in: MFSt, C.26, Nachlass Christian Neff, Karton 17, 129.

27 Predigt über Matth. 11, 25-34, in: MFSt, C.26, Nachlass Christian Neff, Karton 16, 92, S. 1

in den Krieg eintreten werden, hat sich nicht erfüllt." Am 3. September hatten England und Frankreich Deutschland den Krieg erklärt.

Zu den regelmäßigen inhaltlichen Bestandteilen von Neffs Predigten gehören die Hinweise auf die Zerstörungskraft des Krieges. Dörfer, Städte, Familien würden vernichtet; der einzige Sohn falle im Kampf und nehme alle Hoffnungen, die die Eltern in ihn gesetzt haben, mit ins Grab. Das Dunkle siege über vielversprechende Zukunftsträume und selbst über die Völkerverständigung unter dem Vorzeichen gemeinsamer christlicher Ideen. Christian Neff wirft in einer Predigt über 1. Joh. 3, 20, die sich nicht auf ein Datum festlegen lässt, jedoch offenkundig aus der Zeit des Zweiten Weltkrieges stammt, den Blick zurück auf das Jahr 1910, als in Edinburgh die Weltmissionskonferenz stattfand. Große Erwartungen und Zukunftsträume hätten sich, so Neff, mit dieser Konferenz verbunden: „Man glaubte die Stunde gekommen, da man die ganze Welt für Jesum gewinne." Doch anstatt die Welt mit einem friedlichen christlichen Glauben zu überziehen, kam der Krieg, der Erste Weltkrieg. Missionswerke wurden vernichtet, „offene Türen in der Heidenwelt zugeschlagen, das einigende Zusammenwirken in feindselige Stimmung verwandelt und das Vertrauen unter den Völkern zerstört." Was der Erste Weltkrieg übrigließ, so Neff, „das hat der zweite vollendet, in dem wir stehen."[28] Fatale Wirkungen schreibt der Weierhöfer Prediger technischen Innovationen zu, die eigentlich zum Segen der Menschheit hätten werden sollen: Autos und Flugzeuge weckten den Entdeckerdrang des Menschen. Man glaubte, so Christian Neff den alttestamentlichen Text Jes. 40, 31, zitierend, auffahren zu können mit Flügeln wie Adler. Doch schon im Ersten Weltkrieg seien die Wunder moderner Technik in den Dienst grausamster Zerstörung und Vernichtung gestellt worden.[29] Silvester 1943 heißt es: „Wir stehen im furchtbarsten Würgen und Morden des Krieges. Oft kommt einem der Gedanke: So kann es nicht weitergehen, es muß das einmal ein Ende nehmen! Die deutsche Wissenschaft arbeitet fieberhaft an der Vervollkommnung der Mordinstrumente und Waffen. Wenn das so weitergeht, kommt es zur völligen Vernichtung der Menschen und Völker. Das ist das Ende der Welt."[30]

Eine interessante Auseinandersetzung mit der zeitgenössischen Verwendung des Wortes „Opfer" überliefert eine Predigt von 1944. Der zugrunde liegende Text ist Röm. 12, 1: „Ich ermahne euch nun, liebe Brüder, bei der Barmherzigkeit Gottes, daß ihr eure Leiber hingebt als ein Opfer, das lebendig, heilig und Gott wohlgefällig ist. Das sei für euch der wahre Gottesdienst."[31] Das Wort „Opfer", so der Weierhöfer Prediger, sei ein sehr aktuelles Wort, denn in kaum einer Zeit nehme man dieses „soviel in den Mund" wie in der gegenwärtigen Zeit. Wie häufig sei es nicht gebraucht worden in den vergangenen fünf Jahren, „seitdem wir in diesem totalen Krieg stehen". Man spreche davon „in Volksversammlungen als Aufforderung, in Zeitungen, auf den Straßen, bei Straßensammlungen [...]; wie heißt es da immer wieder: Wir müssen Opfer bringen". Doch meist werde das Wort in

28 Predigt über 1. Joh. 3, 20, in: MFSt, C.26, Nachlass Christian Neff, Karton 17, 129, S. 2 f.

29 Predigt über Jes. 40, 27-31, in: MFSt, C.26, Nachlass Christian Neff, Karton 16, 90.

30 Predigt über Offb. 22, 20, in: MFSt, C.26, Nachlass Christian Neff, Karton 17, 119, S. 3.

31 Zitiert nach Luther-Übersetzung 1975.

einem völlig säkularen Sinn gebraucht; nur selten sei dabei ein „Gottesname im Spiel". Somit sei vieles, was in der Öffentlichkeit als „Opfer" bezeichnet würde, lediglich eine „Leistung". Verstehe man das Wort jedoch im Sinne von Röm. 12, 1, so müsse Gott derjenige sein, dem man opfere. Das Wort „Opfer" habe seinen „wahren, höchsten Wert u. Geltung" dann, wenn es „als Gottesdienst aufgefasst" wird. In diesem Verständnis von Gottesdienst liegt wohl auch Neffs positive Sicht auf den Dienst als Soldat begründet. Denn, so der Prediger weiter, wenn die Soldaten draußen im Krieg ihr Leben hergeben, so sei dies ein „Opfer und Gottdienen bewußt oder unbewußt".[32]

Vergleicht man nun Christian Neffs Worte mit Äußerungen, die in den öffentlichen Publikationsorganen der Mennoniten zu lesen waren, so überwiegt in Letzteren die Kriegsbegeisterung. Den Überfall auf Polen etwa feierte Emil Händiges in den „Mennonitischen Blättern" mit den Worten: „Der Feldzug in Polen ist siegreich beendet! Unser Führer ist in das befreite Danzig eingezogen, umjubelt von den beglückten Volksgenossen." Und weiter heißt es: „Ungeheures hat unsere tapfere Wehrmacht vollbracht. Staunend steht die Welt vor dem gewaltigen Geschehen, das sich binnen einem Monat abgespielt hat. Gott gebührt die Ehre und der Ruhm!"[33] In einem weiteren Artikel zum Erntedankfest schreibt Emil Händiges in der gleichen Nummer von der „Siegesernte ohnegleichen": „Unsere deutsche Wehrmacht, die sich von Kampf zu Kampf bewährt hat, sieht mit sieghaftem Vertrauen ihren weiteren Aufgaben entgegen."[34]

Reflexionen – es bleibt eine Ambivalenz

Es bleibt stets eine Ambivalenz ... so könnte das Resümee zu den Aussagen Christian Neffs lauten. Denn trotz aller klaren Worte – die Beiträge von Christian Neff zu den Entwicklungen der Zeit zeigen, wie wenig Sinn es macht, das Denken der Akteure in der nationalsozialistischen Zeit im Nachhinein in ein Schwarz-Weiß-Schema einpressen zu wollen. Zu vielschichtig waren die Äußerungen und zu nuanciert waren die Einstellungen.

Christian Neff war ein Verfechter des Kongregationalismus und der Eigenständigkeit von Kirchen und Gemeinden; damit stellte er sich gegen Gleichschaltung und Totalitarismus. Sosehr Neff 1933/34 auch zum Befürworter eines engeren Zusammenschlusses aller deutschen Mennoniten unter dem Dach der „Vereinigung" wurde, so blieb er doch stets bei seiner Forderung nach einer größtmöglichen Eigenständigkeit der Gemeinden. 1938 etwa schreibt er in einem Beitrag in den „Mennonitischen Blättern", das „Grundprinzip unserer Gemeinschaft" seien „die Autonomie und Independenz der Gemeinde, völlige Unabhängigkeit und Selbständigkeit". Allerdings fügt Neff dann auch den Konformismus suggerierenden und in seiner historischen Nachvollziehbarkeit äußerst fragwürdigen Satz an, die Mennoniten seien „von jeher die besten Staatsbürger" gewesen, die

32 Predigt über Röm. 12, 1, in: MFSt, C.26, Nachlass Christian Neff, Karton 16, 97, S. 1.

33 Emil Händiges: Zur Heimkehr der befreiten Volksgenossen ins Reich, in: MB 86 (1939), S. 65.

34 Ders., Der Herr denkt an uns und segnet uns!, in: MB 86 (1939), S. 68.

„es ernst und genau nahmen mit der Erfüllung ihrer staatsbürgerlichen Pflichten, treu bis in den Tod".[35]

Doch in seinen Predigten legt Neff immer wieder Nachdruck auf das Kleine, das Kongregationalistische, was jedes Mal wirkt wie ein Antipode zur Inszenierung von Größe und zum Massenaufgebot der Nationalsozialisten. Diesbezüglich wird er in seinen Worten sehr deutlich: Es gehe „ein unbarmherziger Zug ins Große auch durch unsere gegenwärtige Zeit", so Christian Neff 1935. Der Starke komme vorwärts; der Schwache und Geringe bleibe zurück: „Auf die Massen kommt es an. Massenwirkungen sucht man zu erzielen." Im Reich Gottes, in der Gemeinde Jesu sei es jedoch anders. Hier sei der „Kleine groß und der Große klein. Da kommt es auf den einzelnen Menschen an und nicht auf die Masse."[36] Neffs Anspruch zielt auf eine größtmögliche Trennung der Reiche: Gottes Reich hier – der Staat dort. Die Gemeinde setzt dem Totalitätsanspruch des Staates diesen Worten zufolge eine klare Grenze.

Wie auch jeder Mensch selbst mündig bleiben soll. „Komm und sieh", so forderte Christian Neff die Gottesdienstbesucher am Weierhof 1938 in einer Predigt über Joh. 1, 45-51, auf. Komm und sieh „selbst", so könnte das biblische Wort aus Joh. 1, 46, ergänzt werden, wenn man die weiteren Ausführungen des Weierhöfer Predigers hinzuzieht. Denn mit dem Verweis auf das neutestamentliche „Komm und sieh" verband Neff die Aufforderung an die Gottesdienstbesucher, ein „freimütiges Zugeständnis" abzugeben: „Du sollst dich nicht irgendeiner Autorität blind unterwerfen. Du sollst nicht glauben, wenn sich dein Wahrheitssinn dagegen streubt. Du sollst selbst zu einer persönlichen, selbständigen, innerlichen wahrhaftigen Überzeugung" kommen. Ein passiver „Autoritätsglauben", der nur danach frage, was andere glauben oder eine Kirche lehrt, sei ein „toter Glauben."[37] Worte, die angesichts einer zunehmend auf Gleichschaltung zielenden Politik ihre Sprengkraft hätten entwickeln können. Der Verweis auf das Individuum mit seiner Eigenständigkeit, seinem eigenständigen Denken und einer ausgeprägten Kritikfähigkeit ging keineswegs konform mit der auf Uniformität und Konformität ausgerichteten Botschaft des Nationalsozialismus.

Es bleibt eine Ambivalenz ... und sie wird auch sichtbar in Christian Neffs Einstellung zu Krieg und Soldatendienst. Zwar übte der Weierhöfer Prediger viel inhaltliche Kritik an der nationalsozialistischen Politik und Ideologie sowie am Kriegsgeschehen an sich und an der Rüstungspolitik. Doch stand für ihn außerfrage, dass ein Krieg, fürs „Vaterland" geführt, auch den entsprechenden soldatischen Einsatz erfordert. Ambivalent zeigte sich Neff auch in der Interpretation von Geschichte, die er manchmal der politischen Argumentation entsprechend zurechtbog. Seine Aussage, die Mennoniten seien von jeher gute Staatsbürger gewesen, ist bereits zitiert worden. Eine ähnlich fragwürdige Geschichtsinterpretation lieferte Neff 1937, als er anlässlich der Ausweisung der Rhönbruderhöfer einen Artikel verfasste, der die Meldungen in einigen Zeitungen aufgriff, es seien

35 Christian Neff: Das einigende Band des Mennonitentums, in: MB 85 (1938), S. 83.

36 Predigt über Offb. 3, 7-13, in: MFSt, C.26, Nachlass Christian Neff, Karton 16, 110.

37 Predigt über Joh. 1, 46, in: MFSt, C.26, Nachlass Christian Neff, Karton 16, 95.

„Mennoniten" des Landes verwiesen worden. In einer etwas zweifelhaften historischen Argumentation versuchte Neff nachzuweisen, dass Mennoniten und Rhönbruderhöfer schon deshalb nicht „in einen Topf geworfen" werden könnten, weil Mennoniten und Hutterer – Eberhard Arnold war 1930 ja von den Hutterern zum Ältesten ordiniert worden – schon in der Geschichte keine Verbindungen gehabt hätten. Schließlich hätten die Hutterer im 16. Jahrhundert versucht, die Mennoniten und die Schweizer Brüder zu missionieren, allerdings erfolglos.[38]

Sehr zeitkritisch war Christian Neff dagegen in seiner Einschätzung der Bedeutung des Alten Testaments. Als auf Juden ausgerichtetes, von Juden geschriebenes und das jüdische Schicksal erzählendes Buch war das Alte Testament seit dem späten 19. Jahrhundert immer mehr unter Druck geraten. Neff scheint diese grundsätzliche Ablehnung des Alten Testaments, die in der völkischen und nationalsozialistischen Ideologie mit dem Verweis auf das „jüdische Element" im Alten Testament begründet wurde, nicht geteilt zu haben. So heißt es 1935 in einer Predigt, die Neff bei der Pfälzisch-hessischen Konferenz in Sembach hielt, und der er das Sendschreiben an die Gemeinde in Philadelphia im neutestamentlichen Buch der Offenbarung zugrunde legte: „Wenn von der Gemeinde Philadelphia berichtet wird, daß die gefährlichsten judaistischen u. heidnischen Einflüsse auf sie einstürmten um sie wankend zu machen in ihrem Halten an Gottes Wort u. dem Namen Jesu, so gilt das besonders auch in der Gegenwart. Wie regen sich die Geister, die nicht bloß im fanatischen Haß gegen das Judentum das Alte Testament aus Kirche, Schule u. Haus entfernen wollen, sondern die auch Jesu Wort verwerfen; soweit es nicht nach ihrem Sinn dem deutsche Volk artgemäß sei."[39]

Ganz ähnlich äußerte sich Neff im gleichen Jahr in einem Schreiben an die Ältestenversammlung in Heilbronn. Sein Aufhänger hier war die seiner Auffassung nach unchristliche Erziehung in den staatlichen Schulen: „Ich bin erschüttert über dem, was man unseren Kindern gegenwärtig in der Schule bietet. Nicht bloss, das man ihnen das Alte Testament in geradezu lästerlicher Weise verdächtig macht, man versucht ihnen den christlichen Glauben zu nehmen."[40] Neff rief seine Gemeinden auf, die Unterweisung der Jugendlichen nicht aufzugeben. Schon im April 1933 hatte sich Neff zur Behandlung der Juden in Deutschland geäußert. Offenkundig war er von holländischen Mennoniten nach seiner Einschätzung der Lage kurz nach der nationalsozialistischen Machtergreifung befragt worden. In einem Brief an Pastor Kroh in Rotterdam, antwortete er, dass er sich mit dem Vorgehen der NS-Regierung gegen die Juden „nicht befreunden" könne. Er betonte jedoch „ausdrücklich", dass er „von einer Judenverfolgung nichts merke oder wahrnehme". Es handle sich wohl vielmehr „um einen schar-

38 Christian Neff: Der Rhönbruderhof, in: MB 84 (1937), S. 87.

39 Predigt über Offb. 3, 7-13, in: Nachlass Neff, Karton 16, 110

40 Christian Neff an die Ältestenversammlung in Heilbronn, 5.6.1935. Zu mennonitischen Diskussionen über Antisemitismus und den Umgang mit Juden, vgl. Lichdi, Mennoniten im Dritten Reich, bes. 147-158; Helmut Foth: Juden, Täufer, Mennoniten. Ein Überblick über ihre 500 Jahre währende Beziehungsgeschichte, in: MGB 70 (2013), 23-54, sowie generell den Band Daniel Heinz (Hg.), Freikirchen und Juden im „Dritten Reich". Instrumentalisierte Heilsgeschichte, antisemitische Vorurteile und verdrängte Schuld Göttingen 2011; darin der Aufsatz von Dieter Götz Lichdi zum Verhältnis der Mennoniten zu den Juden: ebd., 65-76.

fen Abwehrkampf, der vielleicht hier und dort zu Missgriffen und Härten führen mag". Mit der Situation in Russland sei dieser keineswegs zu vergleichen.[41]

Soweit einige Äußerungen Christian Neffs. Die Vielschichtigkeit mennonitischer Gesinnung verdeutlicht ein kurzer Blick auf Einschätzungen anderer Akteure zum Thema „Altes Testament". 1938 beispielsweise veröffentlichte Benjamin Unruh im „Gemeindeblatt" einen Artikel zu „Blut und Rasse im AT". Darin äußerte er die Meinung, schon das Alte Tesatment habe die Rassentrennung vorgeschrieben. Die Sprachentrennung sei eine Prophetie auf die Völkergemeinschaft.[42] Eine ebenso kritische Haltung nahm Gustav Kraemer, ehemaliger Pastor der Mennonitengemeinde Krefeld, ein. 1942 verkündete er in einer Predigt in Heubuden, das Alte Testament sei ein „jüdisches Buch" – „von und für Juden geschrieben". Manches darin sei „tieffromm und herzergreifend", manches aber auch „unterchristlich, ja widerchristlich".[43] Kraemer kritisierte, dass die Gegner des Christentums wegen der jüdischen Wurzeln ein leichtes Spiel hätten, das Christentum als „abgetanes, gefährliches jüdisches Gifterbe verächtlich" zu machen.[44] Er sprach sich für einen christuszentrierten Glauben aus; die Bibel an sich sollte man dagegen nur insofern zu Rate ziehen, als sie von Christus zeuge. Was „christuszentriert" noch hieß, machte Kraemer anschließend deutlich. Es bedeutete nämlich, alle alttestamentlichen Protagonisten auszublenden: Moses sei dem jüdischen Volk gegeben und gehe „uns Heiden und Christen nichts an".[45]

Verschiedene Themen, die unter Mennoniten für unterschiedliche Meinungen sorgten. Die Vielschichtigkeit mennonitischer Gesinnung erschließt sich dem Betrachter im Nachhinein vor allem dann, wenn man den Blick nicht nur auf die veröffentlichten Beiträge in den mennonitischen Zeitschriften und auf die offizielle Korrespondenz richtet. Gerade Predigten, wie jene von Christian Neff, gewähren Einblick in eine abgeschlossenere, wenn auch stets von außen zugängliche Öffentlichkeit mennonitischer Gottesdienste, in der offenkundig manche Äußerung gemacht werden konnte, die in den offiziellen Publikationsorganen nicht möglich war. Was „sagbar" war, hing eben vom jeweiligen Kontext ab.

Bisher ist nicht bekannt, ob Christian Neff in seiner Tätigkeit als Prediger in irgendeiner Weise Probleme mit der Zensur bekam, denn seine Predigtworte hätten leicht als zu kritisch und „wehrkraftzersetzend" angezeigt werden können. Es drängt sich der Eindruck auf, dass Christian Neff seine Predigten für einen weitgehend privaten Rahmen konzipierte, in dem nicht damit gerechnet wurde, dass Spitzel der NS-Institutionen unter den Zuhörern saßen. Oder man davon ausging, dass diese Spitzel rasch hätten enttarnt werden können. Es wäre ja durchaus denkbar, dass Neff seinen schriftlich verfassten Text dann abgeändert

41 Brief vom 2.4.1933, in: MFSt, C.26, Nachlass Christian Neff, Karton 6, 46.

42 Benjamin Unruh: Blut und Rasse im AT, in: Gemeindeblatt der Mennoniten 69 (1938), S. 91; generell auch: Lichdi, Mennoniten im Dritten Reich (wie Anm. 8), S. 147-158.

43 Predigt vom 27.9.1942, 3 in: MFSt, C.26, Nachlass Christian Neff, Karton 24, 191.

44 Predigt vom 27.9.1942, 1 in: MFSt, C.26, Nachlass Christian Neff, Karton 24, 191.

45 Predigt vom 27.9.1942, 3, in: MFSt, C.26, Nachlass Christian Neff, Karton 24, 191.

hat, wenn Spitzel im Gottesdienst saßen. Allerdings bleiben solche Überlegungen aufgrund der Quellenlage bisher nur Spekulation.

Zeitdokument III: Predigt von Christian Neff

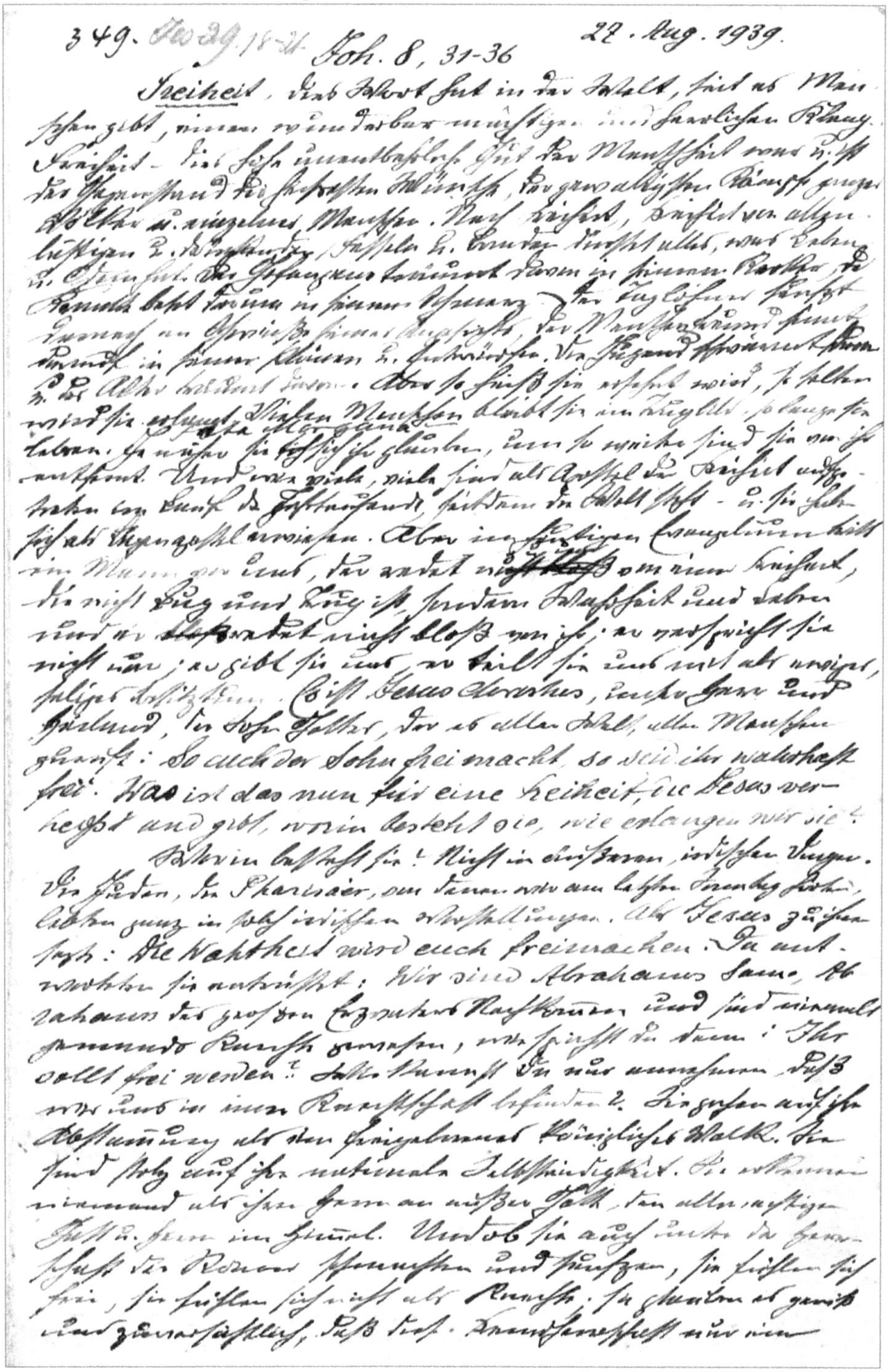

349. Jo 39. 18-21 Joh. 8, 31-36 22. Aug. 1939.

Freiheit. Das Wort hat in der Welt, seit es Menschen gibt, einen wunderbar mächtigen und herrlichen Klang. Freiheit – [illegible] Gut der Menschheit [illegible] der Gegenstand der [illegible] Wünsche, der gewaltigsten Kämpfe ganzer Völker u. einzelner Menschen. Nach Freiheit, Freiheit von allen lästigen u. [illegible] Fesseln u. Banden dürstet alles, was Leben u. Odem hat. Der Gefangene träumt davon in seinem Kerker, [illegible] in seinem Schmerz, der Tagelöhner [illegible] [illegible]

[illegible]

die nicht Lug und Trug ist, sondern Wahrheit und Leben und er [illegible] nicht bloß von ihr, er verspricht sie nicht nur, er gibt sie uns, er teilt sie uns mit als ewiges, seliges Besitztum. Christ Jesus Herrlicher, [illegible] Herr und Heiland, der Sohn Gottes, der es aller Welt, allen Menschen [illegible]: So euch der Sohn frei macht, so seid ihr wahrhaft frei. Was ist das nun für eine Freiheit, die Jesus verheißt und gibt, worin besteht sie, wie erlangen wir sie?

Worin besteht sie? Nicht in äußeren, irdischen Dingen. Die Juden, die Pharisäer, von denen wir am letzten Sonntag hörten, lebten ganz in solch irdischen Vorstellungen. Als Jesus zu ihnen sagte: Die Wahrheit wird euch freimachen. Da antworteten sie entrüstet: Wir sind Abrahams Same, Abrahams des großen Erzvaters Nachkommen und sind niemals jemandes Knechte gewesen, wie sprichst du denn: Ihr sollt frei werden? [illegible] [illegible] [illegible]

[illegible]

MFSt, C 26, Nachlass Christian Neff, Karton 16, 95

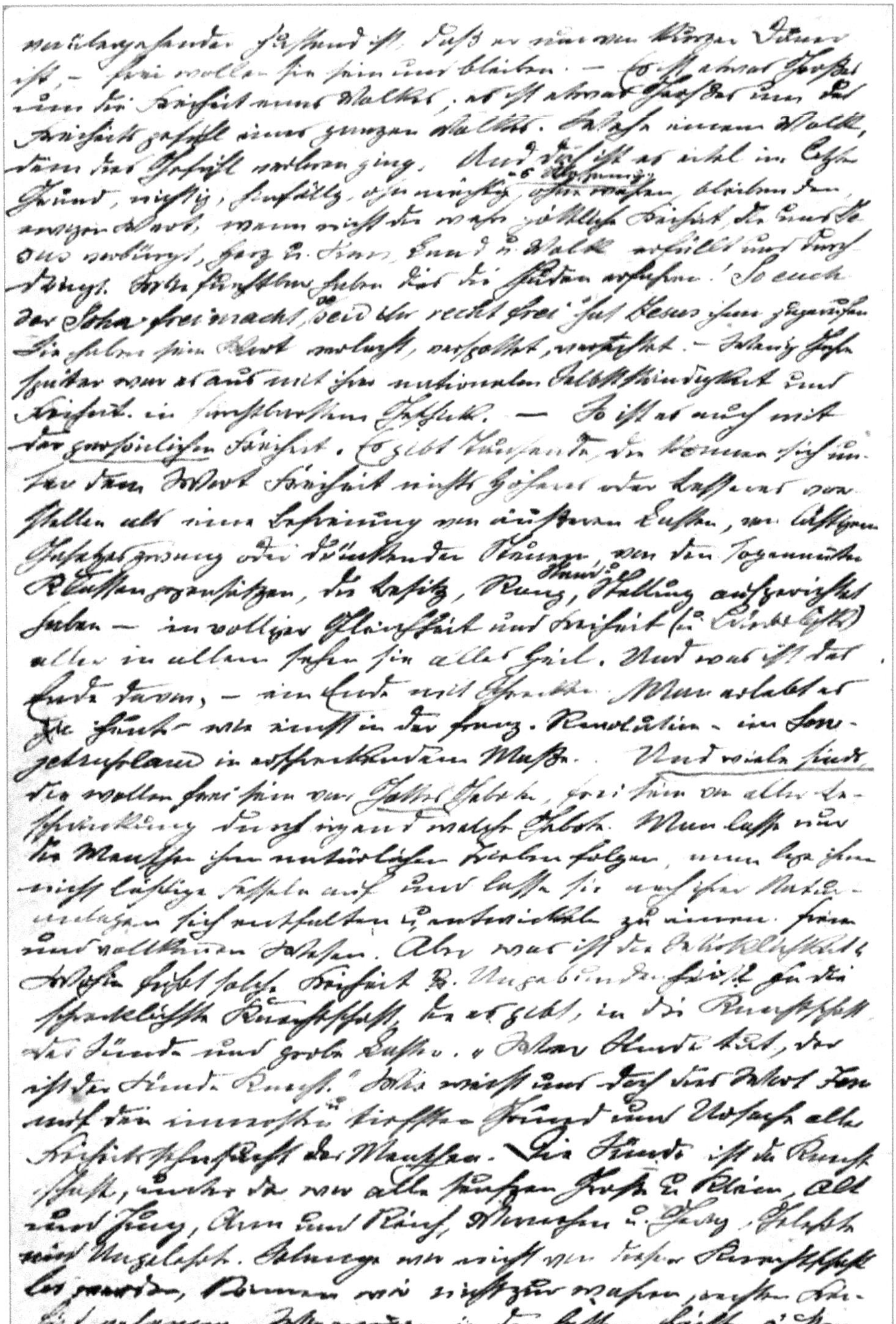
entsprechender Zustand ist, daß er nur vom Körper Diener
ist, – frei wollen sie sein und bleiben. – Es ist etwas Großes
um die Freiheit eines Volkes, es ist etwas Großes um die
Freiheit gestellt eines ganzen Volkes. Wehe einem Volk,
dem das Gefühl verloren ging. Und doch ist es übel im letzten
Grund, nichtig, hinfällig, ohne [illegible] ohne wahren, bleiben die
ewigen Worte, wenn nicht die wahre göttliche Freiheit die Brust
aus verbürgt, Herz u. Sinn, Land u. Volk erfüllt und durch-
dringt. Unter Künstlern haben dies die Stärken erfahren. So euch
der Sohn frei macht, seid ihr recht frei. Hat dieses sein [illegible]
Sie selbst sein Wort verlacht, [illegible] – Wenig Jahrhunderte nachher stand es mit ihrer nationalen Selbstständigkeit und
Freiheit in furchtbarstem Gericht. – So ist es auch mit
der persönlichen Freiheit. Es gibt Tausende, die können sich unter dem Wort Freiheit nichts Höheres oder Besseres vorstellen als eine Befreiung von äußeren Lasten, von lästigem
Gesetzeszwang oder drückenden Schranken, von den sogenannten
Klassenvorurteilen, die Besitz, Rang, Stand, Stellung aufgerichtet
haben – in völliger Gleichheit und Freiheit (u. Brüderlichkeit)
aller in allem sehen sie alles Heil. Und was ist das
Ende davon, – ein Ende mit Schrecken. Man erlebt es
[illegible] wie einst in der franz. Revolution – im [illegible]
[illegible] in erschreckendem Maße. Und viele sind
die wollen frei sein von Gottes Geboten, frei sein von aller Be-
schränkung durch irgend welche Gebote. Man lasse nur
die Menschen ihren natürlichen Trieben folgen, man lege ihnen
nicht lästige Fesseln auf und lasse sie nach ihren Natur-
anlagen sich entfalten unbehindert zu einem freien
und vollkommenen Wesen. Aber was ist die Wirklichkeit,
welche Frucht solche Freiheit u. Ungebundenheit führt zu die
schrecklichste Knechtschaft, die es gibt, in die Knechtschaft
der Sünde und großer Laster. „Wer Sünde tut, der
ist der Sünde Knecht." Jesus weist uns durch dies Wort hin
auf den innersten tiefsten Grund und Ursache aller
Freiheitssehnsucht der Menschen. Die Sünde ist die Knechtschaft, unter der wir alle seufzen, Große u. Kleine, Alt
und Jung, Arm und Reich, Männer u. Frauen, Gelehrte
und Ungelehrte. Solange wir nicht von dieser Knechtschaft
los geworden, können wir nicht zur wahren, rechten Freiheit gelangen. Wir mögen in den besten, reichsten äußeren
Verhältnissen leben, daß keine Drangsal u. keine Not, oder

Zwang und kein Dieb uns belästigt, daß alles nach unseren Wünschen und Willen geht und sich regelt, wir
sind nun frei; wir fühlen u. empfinden nichts von dem be-
klemmenden Gefühl der Knechtschaft der Kinder Gottes, solange wir
noch in Sünden dahinleben, solange wir noch unter der
Macht u. Herrschaft der Sünde stehen.

Aber wie erlangen wir die wahre Freiheit von aller
Macht u. Schuld der Sünde? „So euch der Sohn frei macht, so
seid ihr recht frei", spricht Jesus. Fürwahr ein großes, königliches
Wort. Freiheit, wahre, echte, ewige Freiheit, sie kommt nicht
in der Welt, sie kommt nicht in ein Volk u. nicht in ein Menschenherz, wo
sie kam von dem, der vom Himmel gekommen ist, um den Armen das
Evangelium zu verkündigen, um die Kranken zu heilen, den Gefangenen
zu predigen, daß sie ledig u. frei sein sollen. – So euch der Sohn frei
macht, so seid ihr recht frei. – Er macht uns frei – von aller Sünden
schuld durch sein Blut vergossen am Stamm des Kreuzes; denn sein Blut
macht uns rein von aller Sünde. Er macht uns frei durch seinen hl.
Geist von aller Macht und Herrschaft der Sünde, denn sein Geist
hilft unserer Schwachheit mächtig auf. Er macht uns frei durch sein
Wort der Wahrheit von allem Irrtum u. Selbstsucht, frei von allem
Druck der [illegible]; denn so ihr bleiben werdet in meiner
Rede, so seid ihr meine rechten Jünger und werdet die Wahrheit
erkennen und die Wahrheit wird euch frei machen. Bleiben in dieser
Rede in seinem Wort, das heißt [illegible], daß wir [illegible]
[illegible] im Glauben, daß wir es als Regel u. Richtschnur gemacht haben
daß wir uns von ihm leiten u. [illegible] lassen. Bleiben
in dieser Rede – das heißt aber nicht stehenbleiben [illegible]
als auf einem bequemen Polster, daß man [illegible]
[illegible] in [illegible] Sicherheit, nein bleiben in dieser Rede, d.h. lebe
in seinem Wort u. von seinem Wort, das heißt forschen u. suchen in
ihm u. es auch sich wirken lassen in täglichen [illegible], u. von seiner
Kraft [illegible] lassen, daß man immer mehr [illegible]
[illegible] u. deren [illegible] in seinem
Wandel und [illegible]. – So ihr bleiben werdet in meiner
Rede, so werdet ihr meine Jünger sein u. werdet die Wahrheit erkennen und die Wahrheit wird euch frei machen. Da wird es uns gehen, wie jenem verirrten
Wanderer im dunklen Wald, dem einen Augenblick
auf der [illegible] war und er sah den Weg [illegible]
in der Tiefe und die verborgenen Quellen und verborgenen
tiefen [illegible] u. alle die Gotteskräfte im Schoß der
Erde walten. Es ward ihm alles licht u. klar. So bleiben
wandeln in dieser Rede, und [illegible] in seinem Wort – so
wird er selbst unsere Augen hellen mit Augenhelle, [illegible]

haben. Alle werden die Wahrheit erkennen, die Wahrheit über uns, daß wir unsern Wandel [illegible] sehen, unsere Ohnmacht u. Schwachheit erkennen. Die Wahrheit über Gott, [illegible] unsern Herrn u. Heiland u. Erlöser, die Wahrheit über seinen Ruf, der uns [illegible] Inhalt der Herrlichkeit u. Vollkommenheit, der himmlische Schätze aufbewahrt in einem unbefleckten, unvergänglichen und unverwelklichen Erbe der Kinder Gottes, über die Lebensquellen, die hervorströmen aus dem Felsen der Ewigkeit. Und die Wahrheit wird uns frei machen. Sie wird uns frei machen von allem Selbstbetrug durch das Licht u. den Glanz des göttlichen Wortes; sie wird uns frei machen von der [illegible]; denn was gut ist, heißt sie gut, u. was böse ist heißt sie böse. Sie macht frei von der heillosen Verwirrung in Lüge u. Trug, die die Welt beherrscht, sie macht frei vom Dienst der Eitelkeit u. Nichtigkeit, frei von der Knechtschaft der Sünde in ihrer [illegible] u. die Seele überwindenden Kraft, frei auch von aller Menschenknechtschaft u. -furcht, frei von dem Widerstreit der Tagesmeinungen, unserer Meinung gewiß unerschütterlich in aller Ewigkeit. Sie wird uns frei machen auch von der Angst u. Sorge des Lebens, denn sie zeigt uns einen Gott u. Vater im Himmel, der die Seinen nicht verläßt [illegible] auch nicht in dem [illegible]. Sie wird uns frei machen von Todesleid u. Todesfurcht, denn sie weist uns über den Tod in das ewige Vaterhaus, wo uns der herrliche Reichtum der Kinder Gottes winkt im seligen Schauen unseres Gottes u. hochgelobten Heilandes. Ja, wenn der Sohn euch frei macht, so seid ihr recht frei. [illegible] Wahrheit werden durch Gottes Gnade — [illegible] beten:

Liebe, zeuch uns in dein Sterben,
laß mit dir gekreuzigt sein,
was dein Reich nicht kann ererben,
führ ins Paradies uns ein.
Doch wohlan, du wirst nicht säumen,
laß nur uns nicht lässig sein.
Werden wir doch, als wie träumen,
wenn die Freiheit bricht herein.

Amen

Marion Kobelt-Groch

Sind sie es – oder sind sie es nicht?

Zur Debatte um die Mennoniten im Film „Friesennot" (1935)

Äußerst unzufrieden waren die Mennoniten gelegentlich mit Schriftstellern, die ihre Glaubensgrundsätze angeblich verzerrten und sie als Freikirche nicht ins rechte literarische Licht zu rücken verstanden. In diesem Zusammenhang ist vor allem an Ernst von Wildenbruchs 1892 erschienenes Trauerspiel „Der Menonit" zu denken, das viel Widerspruch und Stürme der Entrüstung hervorrief.[1] Als nicht minder problematisch für das mennonitische Selbstverständnis sollte sich der am 19. November 1935 uraufgeführte Film „Friesennot" erweisen, dessen Untertitel bereits Inhalt und Ort der Handlung andeutet: „Deutsches Schicksal auf russischer Erde".[2] Er basiert auf der 1933 erschienenen Erzählung von Werner Kortwich.[3] Am 19. November 1935 wurde der als „Staatspolitisch und künstlerisch besonders wertvoll" eingestufte Streifen im Berliner UFA-Palast am Zoo und im Münchner UFA-Palast uraufgeführt, Leipzig und weitere deutsche Städte folgten einen Tag später.[4] Der Film gilt als einer der wichtigsten Propagandafilme seiner Zeit, der auch der Hitlerjugend regelmäßig vorgeführt wurde. Die ihm zugrunde liegende Erzählung ist ebenfalls in einer Feldpostausgabe erschienen. Sowohl in von Wildenbruchs Trauerspiel als auch im Film „Friesennot" spielt das Problem des Pazifismus eine zentrale Rolle, ein sensibles Thema, das die Mennoni-

Titelbild des „Illustrierten Film-Kurier" [1935]

1 Ernst von Wildenbruch: Der Menonit. Trauerspiel in vier Akten, Berlin [5]1892. Zum Trauerspiel und seiner Resonanz s. Marion Kobelt-Groch: Vom skandalträchtigen Trauerspiel zur prosaischen Erinnerung. Danziger Mennoniten in der Literatur, in: MGB 60 (2003), S. 89-114.

2 Klaus Kanzog: „Staatspolitisch besonders wertvoll". Ein Handbuch zu 30 deutschen Spielfilmen der Jahre 1934 bis 1945, München 1994.

3 Werner Kortwich: Friesennot. Erzählung, Leipzig 1941 (Erste Auflage 1933).

4 Sepp Allgeier: Friesennot/ Ufa-Palast am Zoo, in: Film-Kurier. Theater, Kunst, Varieté, Funk. Tageszeitung, Berlin, 21. 11. 1935 (Heft 272).

ten immer wieder angreifbar machte und sie ihrerseits zu heftiger Gegenwehr gegen ungerechtfertigt erscheinende Angriffe veranlasste.[5]

haben sie in die Fremde verpflanzt, üben es auch dort nach ihrer Väter Art aus.

Unter ihnen steht ein mächtiger Bau – Jürgen Wagner, der Dorfvorsteher. Ein Mann, der einsam erscheint, der viel denkt und grübelt. Er ist ein Eisenkopf, der die Schwierigkeiten mit den artfremden Russen meistert, der es aber auch versteht, als Führerpersönlichkeit seine Landsleute vor allen Unbesonnenheiten zu bewahren. – Rotgardisten kommen ins Dorf. Menschen mit allen guten und schlechten Eigenschaften der slawischen Völker. Maßlos in allem, was sie tun, schwermütig und sich selbst berauschend an der Freude, listig und verschlagen. Ihr Führer – der Inspektor – ist seiner Abstammung nach Weißrusse – ein Mann, der fanatisch den Willen der kommunistischen Gewalthaber vertritt, der den Bauern ihr Leben – als Klassenfeinden – so hart wie möglich macht. Unerbittlich treibt er Steuern und Abgaben ein, schont keinen dieser ihm wesensfremden Friesen.
Zwischen diesen Menschen entscheidet sich ein Kampf um Leben und Tod. Ein Kampf, der zum Ausbruch kommt, als die Bauern das Mädchen Mette – aus einer friesisch-russischen Ehe entsprossen – in die unendlichen Wälder

Innenseite des „Illustrierten Film-Kurier" [1935]

Wovon handelt der Film? In ihm geht es um eine kleine Friesengemeinde an der Wolga, die in ihrem glücklichen und sicheren Dasein vom „Bolschewismus" in Gestalt hungriger, gieriger und summa summarum primitiver Rotgardisten bedrängt wird. Die kleine Gruppe bemächtigt sich des Dorfes, das seinen Besetzern anfangs sogar freundlich gegenübersteht. Nachdem ein halbrussisches Dorfmädchen ein Verhältnis zum Führer der Gruppe eingegangen ist und darauf hin von den Friesen des Dorfes verwiesen bzw. in den Tod getrieben wird, eskaliert die Situation. Die ungebetenen Gäste rächen sich mit Vergewaltigungen. Ein Blutbad folgt, bei dem Russen von Dorfbewohnern umgebracht werden, die nicht länger am Grundsatz der Wehrlosigkeit festhalten. Danach verlassen die Friesen Russland in Richtung Persien, um eine neue Heimat zu finden.

Der Film nebst literarischer Grundlage scheint auf den ersten Blick unmittelbare Berührungspunkte mit den in Russland siedelnden Mennoniten und ihren Nöten aufzuweisen. Aber ist dies tatsächlich der Fall? Kämpft hier eine Mennonitengemeinde fern vom Reich in den russischen Wäldern ums Überleben? Es erstaunt, dass der Film in Vic Thiessens Artikel über Filme über und von Mennoniten im mennonitischen Lexikon (MennLex) gänzlich unerwähnt bleibt, wofür es zwei

5 Diether Götz Lichdi: Mennoniten im Dritten Reich. Dokumentation und Deutung. Mit Beiträgen von Theo Glück und Horst Gerlach. Vorwort von Horst Quiring, Weierhof/Pfalz 1977, S. 15, 65 f.

Gründe geben könnte. Entweder wurde er schlicht vergessen oder nicht in die Nähe zu den Mennoniten gerückt.[6] Thiessen ist nicht der einzige, der im Zusammenhang mit dem Film auf die Mennoniten gänzlich verzichtet. Auch Klaus Herzog sieht sich in seinem Handbuch zu deutschen Spielfilmen der Jahre 1934 bis 1945 lediglich veranlasst, von „der Krise der Wolgadeutschen nach der Oktoberrevolution“[7] zu sprechen. In diesem Zusammenhang verweist er auf zeitgenössische Buchtitel, die über ihre Lage berichteten und Kortwich Stoff für seine Erzählung geliefert haben könnten.[8] Ganz im Gegensatz zu jenen, die im Film offensichtlich keine Affinität zu Mennoniten wahrnehmen, lässt ein aktueller Kommentar zu „Friesennot“ nicht den geringsten Zweifel daran, dass es sich bei den von Bolschewisten ausgebeuteten und gedemütigten Friesen, die an der Wolga ein neues Zuhause gefunden hatten, wie selbstverständlich um Mennoniten handelt. In diesem Sinne schreibt Benjamin W. Goossen in seinem Beitrag über „Mennoniten als Volksdeutsche“: „Unter der Regie von Reichsdramaturg Willi Krause und vertrieben von der Nazipartei stellte Friesennot den Kampf der mennonitischen Gemeinschaft im Bereich Sowjetrusslands dar: Seit Jahren hatten die dortigen Mennoniten – im Film als arisches Bauernvolk mit blonden Zöpfen und bäuerlichen Trachten gezeigt – isoliert im Wohlstand gelebt.“[9]

So klar die Sachlage für Goossen zu sein scheint, sie ist es nicht. Im Folgenden geht es darum, die im renommierten Leipziger Insel-Verlag erschienene Erzählung und den auf ihr aufbauenden Film nach mennonitischen Bezügen zu befragen, um zu klären, ob es sich bei jenen leidgeprüften Friesen tatsächlich um Mennoniten handelt oder handeln könnte.

Von Mennoniten keine Rede

Zunächst bleibt festzuhalten: An keiner Stelle der Erzählung, die insgesamt 78 Seiten im Großdruck umfasst, werden die Mennoniten als solche ausdrücklich und namentlich benannt. Ihre vermeintliche Präsenz bzw. zentrale Rolle innerhalb der Erzählung und später im Film ließe sich allenfalls aus bestimmten mennonitisch anmutenden Merkmalen, Verhaltensweisen und Entwicklungen erschließen, die jedoch bei näherem Hinsehen wenig oder nichts eindeutig belegen. Hier einige Beispiele: Die in Russland siedelnden Friesen sind zu einem unhistorischen Zeitpunkt nach Russland gezogen. Angeblich nach dem Dreißigjährigen Krieg (1618-1648)[10] und nicht erst später unter Katharina II. waren sie

6 Vic Thiessen: Filme (über Mennoniten und von Mennoniten), in: MennLex, Teil 2. Unter Punkt 3 seines Beitrags listet Thiessen Dokumentarfilme Otto Klaassens auf, die das Leben und Leiden in Russland lebender Mennoniten thematisieren, darunter: Remembering Russia 1914-1927 (Kanada 2006) und Remembering Russia 1928-1938 (Kanada 2007).

7 Kanzog (wie Anm. 2), S. 97.

8 Johannes Schleunig: In Kampf und Todesnot. Die Tragödie des Rußlanddeutschtums, Berlin 1930; Rudolf Schulze-Mölkau: Die Grundzüge des wolgadeutschen Staatswesens im Rahmen der russischen Nationalpolitik, München 1931.

9 Benjamin W. Goossen: Mennoniten als Volksdeutsche. Die Rolle des Mennonitentums in der nationalsozialistischen Propaganda, in: MGB 71 (2014), S. 55-70, hier S. 55.

10 Kortwich (wie Anm. 3), S. 5.

an die Wolga gelangt. Ob es sich bei den Regeln eines „sonst ewig vergessenen Eiferers“, der „vor bald dreihundert Jahren seinen Meister Martin Luther hatte übertrumpfen wollen“[11], um Menno Simons handelt, erscheint zwar naheliegend, letztlich jedoch auf der Grundlage einer recht nebulösen Umschreibung ebenfalls vage. Sollte er tatsächlich gemeint sein, so wäre es sinnvoll gewesen, ihn namentlich zu benennen. So lässt weder der angegebene Zeitraum von vor dreihundert Jahren noch eine ursprüngliche Nähe zu Martin Luther im Sinne eines Lehrer-Schüler- Verhältnisses eindeutig auf Menno Simons schließen. Wer die zumeist bestens organisierten mennonitischen Gemeinden in Russland[12] nur flüchtig kennt, der weiß, dass es sich um keine Ansiedlungen von „Waldmenschen“ handelt. Die erwähnten zwölf großen Höfe mit Strohdächern und „gekreuzten Pferdeköpfen“[13] sind in der Erzählung völlig isoliert in einem vom Rest der Welt abgeschnittenen Wald platziert. Lediglich zwei schmale Wege, so heißt es, „führten tageweit durch den dichten, dunklen Wald in eine unbekannte Welt, die so fern war, daß nur selten einer von den Bauernsöhnen hinauszog und noch seltener einer wiederkam.“[14] Die Friesen, deren Nachnamen nicht unbedingt auf Mennoniten schließen lassen, tragen „Kniehosen, Schnallenschuhe und dicke Wämser“[15] und in der Kirche hängt ein Kruzifix, das keineswegs zum mennonitischen Kircheninterieur gehört. Die hinterwäldlerische Atmosphäre wird durch den Hinweis auf fehlende Anteilnahme am Weltgeschehen unterstrichen: „Sie wußten nichts von Zeitungen“. Für Mußestunden lägen die Bibel und „Arnds Buch vom wahren Christentum“ bereit.[16] Wären tatsächlich Mennoniten gemeint, so ergäbe dies ein falsches Bild. In diesem Zusammenhang sei beispielsweise an die in Odessa erschienene landwirtschaftliche Zeitschrift „Unterhaltungsblatt für deutsche Ansiedler im südlichen Russland“ (1846-1855) erinnert, die von Mennoniten mit gestaltet und abonniert wurde.[17] Sie ist ein frühes Beispiel für mennonitisches Interesse an aktuellen Entwicklungen und am Fortschritt, speziell auf landwirtschaftlichem Gebiet. Auch der Hinweis auf Johann Arndts (1555-1621) mehrere Bände umfassendes Werk „Vom wahren Christentum“ lässt nicht auf speziell mennonitische Lektüre schließen. Zwar seien die Bücher dieses frommen lutherischen Theologen, wie Christian Neff ihn charakterisiert, in vielen Mennonitengemeinden gelesen worden, letztlich zählt jedoch der übergreifende Charakter von Arndts erbaulichen Schriften, die „in der ganzen evangelischen Christenheit eine ungeheure Verbreitung“ gefunden hätten.[18]

---

11 Kortwich (wie Anm. 3), S. 12.

12 James Urry: Nur Heilige. Mennoniten in Russland, 1789-1889, Steinbach, Manitoba 1989.

13 Kortwich (wie Anm. 3), S. 5.

14 Ebd., S. 5.

15 Kortwich (wie Anm. 3), S. 12.

16 Ebd., S. 13; auch die Mennoniten begaben sich auf „Fehlersuche“. S. hierzu den im Anhang abgedruckten Brief von Emil Händiges an Pfarrer Gerhard Noske vom 17. Januar 1936, S. 2, in: MFSt, C. 26, Nachlass Christian Neff, Karton 20, 152.

17 Urry (wie Anm. 12), S. 141 f.

18 Christian Neff, Arndt, Johann, in: Mennonitisches Lexikon, Bd. 1, Frankfurt a. M. und Weierhof (Pfalz), S. 85.

Wenn Kortwichs Erzählung schon Furore machte, so gilt das erst recht für den gleichnamigen Film, der zusätzlich mit einem Untertitel versehen wurde: „Friesennot. Deutsches Schicksal auf russischer Erde."[19] Der Titel deutet bereits an, dass es ganz allgemein um Deutsche geht und nicht speziell um mennonitisches Schicksal auf russischer Erde. Offensichtlich war zunächst ein anderer Titel bzw. Untertitel im Gespräch, was sich aus einer Mitteilung der Rota-Film AG erschließen lässt: „Der Reichsfilmdramaturg hat die Förderung des Rota-Filmes „Das wandernde Dorf" (Friesennot) nach einer Novelle von Werner Kortwich übernommen. Das Drehbuch schreiben Werner Klingler und Werner Kortwich gemeinsam. Für die Regie ist Werner Klingler vorgesehen."[20] Gedreht wurde in der Lüneburger Heide mit hochkarätigen Schauspielern wie Valéry Inkijinoff,[21] Friedrich Kayssler und Jessie Vihrog. „Friesennot" war kein Durchschnittsfilm, sondern versprach schon am Tag der Uraufführung eines der „bedeutendsten Filmereignisse der diesjährigen Spielzeit zu werden",[22] das es zu feiern galt. Sicherlich trug das Interesse hochrangiger Persönlichkeiten an der Filmproduktion mit zu ihrem Triumphzug bei. So hätten der Münchner Uraufführung zahlreiche „führende Männer der Bewegung" beigewohnt, „unter ihnen die Reichsleiter Alfred Rosenberg, Reichsschatzmeister Schwarz, Oberbürgermeister Fiehler, Gauleiter Innenminister Adolf Wagner und sein Stellvertreter Otto Nippold, sowie mehrere Persönlichkeiten aus der unmittelbaren Umgebung des Führers."[23] Goebbels und Hitler zollten dem Film ebenfalls überschwängliche Anerkennung,[24] wobei sich besonders Goebbels Einschätzung von entscheidender Bedeutung erweisen sollte, denn er war es,der letztlich über Zulssung und Prädikatvergabe für einen Film entschied. Mit dem „2. Gesetz zur Änderung des Lichtspielgesetzes" vom 28. Juni 1935 sei Goebbels' „'Machtergreifung'" vollzogen gewesen.[25] Am 15. November 1935 wurde „Friesennot" mit „staatspolitisch und künstlerisch besonders wertvoll" zwar das höchste Prädikat zuerkannt, aus „politischer Opportunität" allerdings nur für eine bestimmte Zeit: „Der Film erhielt am 9. März 1939 nur noch die Prädikate ‚staatspolitisch wertvoll' und ‚künstlerisch wertvoll' und mußte zur Zeit des Hitler-Stalin-Paktes aus dem Verkehr gezogen werden."[26] Dies bedeutete jedoch nicht das Ende von „Friesennot". Unter neuem Titel rückte der Film Jahre später noch einmal ins Zentrum des Interesses. Am

---

19 Kanzog (wie Anm. 2), S. 92. Hier auch weitere Produktionsdaten und inhaltliche Details (5. Friesennot, S. 92-100).

20 [Mitteilung der Rota]: Reichsfilmdramaturg und Kortwichs „Wanderndes Dorf", in: Film-Kurier. Theater, Kunst, Varieté, Funk, Berlin 4. 3. 1935 (Heft 53).

21 eib [Kürzel].: Gespräch mit Inkischinoff (sic!). Filmfahrt in die Lüneburger Heide, in: Film-Kurier. Theater, Kunst, Varieté, Funk. Tageszeitung, Berlin 19. 8. 1935 (Heft 192); L. Schmidt: „Friesennot" im Heidedorf. Richtfest für die Filmbauten, in: Film-Kurier.Theater, Kunst, Varieté, Funk, Berlin 29. 8. 1935 (Heft 201).

22 [Anonym]: Tagesschau. Berlin, den 19. November: „Friesennot" im UFA-Palast, in: Film-Kurier. Theater, Kunst, Varietè, Funk, Berlin 19. 11. 1935 (Heft 271).

23 S-k.: „Friesennot" in München – und in Leipzig, in: Film-Kurier. Theater, Kunst, Varieté, Funk, Berlin, 21. 11. 1935 (Heft 272).

24 Kanzog (wie Anm. 19), S. 92 Anm. 22

25 Ebd., S. 17.

26 Ebd., S. 22.

Plakat zur Wiederaufführung des Films „Friesennot“ unter dem Titel „Dorf im roten Sturm“ [1941]

29. August 1941 wurde „Dorf im roten Sturm“ (Friesennot) in Berlin erneut aufgeführt.[27]

In diesem über die Grenzen Deutschlands weit hinaus bejubelten Film, der nicht nur von Auslandsdeutschen, sondern generell in anderen Staaten wahrgenommen wurde,[28] gesellten sich weitere Elemente hinzu, die grundsätzliche Zweifel am mennonitischen Charakter der Dorfgemeinschaft aufkommen lassen. Da sind zum Beispiel Telse Detlevsens mehrfach zum Ausdruck gebrachte tief sitzende Ängste vor einem Unheil, das in absehbarer Zeit geschehen könnte. Sie zeugen davon, dass es mit dem Gottvertrauen der jungen Frau nicht allzu weit her ist. Die für den Film ausgewählte Kleidung mutet nicht mennonitisch an, eher zeigt sie Anklänge an eine nicht näher zu definierende Tracht, die hier allerdings frei ist von überflüssigem Zierrat aller Art. Speziell im Hinblick auf die Mennoniten ist in diesem Zusammenhang auf den im 19. und 20. Jahrhundert einsetzenden Akkulturationsprozess zu verweisen, in dessen Zuge sich „die meisten Mennoniten von der traditionellen Kleidung allmählich getrennt und sich dem Stil und der Mode der allgemeinen Gesellschaft angepasst haben.“[29] Die von den Akteurinnen und Akteuren im Film getragene Kleidung dürfte kaum eindeutig einer bestimmten Volksgruppe oder Glaubensgemeinschaft zuzuordnen sein, sondern eher allgemein nationalsozialistischen Vorstellungen und Idealen entsprochen haben. Reinlich, zweckmäßig und ohne Tendenz zu einer Geschlechtervermischung steht die Kleidung im Einklang mit nationalsozialistischen Werten.[30] In einem zeitgenössischen Gemälde von Alfred Bernert (1893-1991), das deutschen Frauen als Orientierung dienen sollte, marschiert eine zweckmäßig gekleidete deutsche Bauersfrau im „Gleichklang“ mit

27 Ebd., S. 93; s. a. Helmut Sommer: Zur Wiederaufführung des Films „Dorf im roten Sturm“, in: Film-Kurier. Theater, Kunst, Varieté, Funk. Tageszeitung, Berlin, 29. 8. 1941 (Heft 202).

28 [Anonym]: Von Amsterdam bis Wien. Ausland über „Friesennot“. Das Auslandsdeutschtum muß diesen Film als großes Geschenk betrachten, in: Film-Kurier. Theater, Kunst, Varieté, Funk. Tageszeitung, Berlin 13. 12. 1935 (Heft 291).

29 Rachel Pannabecker/ Hans-Jürgen Goertz: Kleidung, in: MennLex, Teil 2 [Zugriff am 1.3.2017].

30 Agnes Gerlach: Wie kleide ich mich deutsch, geschmackvoll und zweckmäßig?, in: N.S. Frauenbuch. Hg. von Ellen Semmelroth und Renate von Stieda, München 1934, S. 230-235.

ihrem männlichen Pendant aufrecht und erhobenen Hauptes auf einem Feldweg zielstrebig in die Zukunft.[31] Es ist müßig, in der verfilmten Erzählung eine mennonitische Siedlung entdecken zu wollen. Es gibt sie nicht. Dem Autor und dem Regisseur dürfte es lediglich darum gegangen sein, eine deutsche bzw. friesische Dorfgemeinschaft in der Fremde zu präsentieren, die mit ihren inneren und äußeren Werten in eklatantem Widerspruch zu jenen als gierig, verroht und gottlos charakterisierten russischen Barbaren steht. Dieser bereits in der Lebensform generell, in Kleidung und Gesinnung sich formierende Gegensatz findet auch in Musik und Tanz seinen Ausdruck. Die in Filmkritiken von Walter Gronostay komponierten „Lieder und Tanzrythmen“[32] leben aus einer bewusst konstruierten kulturellen und rassischen Unverträglichkeit, in der eine vermeintlich gute deutsche und eine böse russische Welt musikalisch aufeinanderprallen. Die ganze Linie dieser Musik sei „festgelegt durch den vom stofflichen gegebenen Gegensatz der Menschentypen“ und wie es im zeitgenössischen Jargon heißt, erwachsen aus „sozialen und rassischen Gegensätzen“[33] Sie kommen besonders in jenen fremd anmutenden russischen Liedern zum Ausdruck, auf die die Friesen mit einem bodenständigen, schweren Tanz antworten, in dem sich ihre Volksseele angeblich dumpf und ernst offenbare.[34]

Außer den russischen Liedern und dem friesischen Tanz enthält der Film weitere musikalische und tänzerische Einlagen, die allerdings ebenfalls keinen eindeutig mennonitischen Bezug aufweisen. Weder schafft das „Zieharmonikagedudel“ eine adäquate Atmosphäre für eine gläubige Gemeinschaft, noch Mettes ausgelassene Tanzfreude, obwohl die junge Frau gerade ihren Vater verloren hat - „Spiel was Schnelles, was zum Tanzen!“ Sie gibt sich ganz der Musik hin, wirft die Beine und dreht sich. Nicht nur ihre ungehemmte Tanzfreude, sondern auch ihre Abstammung und spätere, verhängnisvolle Liebe zum russischen Kommissar Tschernoff lassen Mette zur Außenseiterin und Ausnahmegestalt werden. Ihr Vater, Christian Kröger, hatte die Dorfgemeinschaft vor vielen Jahren verlassen und sich eine Russin zur Frau genommen. Erst zum Sterben war er heimgekehrt. Aus der dorfeigenen Schule tönt neben dem alten Volkslied „Nun will der Lenz uns grüßen“ zwar ein Kirchenlied, letztlich wird auch dies nicht als Indiz für einen mennonitischen Bezug ausreichen.

Wenn es hingegen etwas gibt, was auf Mennoniten hinzudeuten scheint, so ist es die Frage der Gewaltlosigkeit und Feindesliebe bzw. das „Evangelium des Nichtwiderstandes“, das innerhalb der sogenannten Sekte zu Unstimmigkeiten und letztlich zur Überwindung ihres traditionellen Pazifismus führt. „'Du sollst nicht töten', hatte der Gründer ihrer Sekte ihnen als vornehmstes Gebot hinterlassen, und noch nie bisher waren sie ihm ungehorsam gewesen.“[35] An dieser Stelle könnte jedoch leicht ein falscher Eindruck entstehen, schließlich waren die

31 Ebd., Abb. zwischen S. 104 und 105.

32 Fr[anz] Jos[ef] Kleinkorst: Lieder und Tanzrythmen aus verschiedenen Seelen. Gronostays Musik zur „Friesennot“, in: Film-Kurier: Theater, Kunst, Varietè, Funk, Berlin, 17.9.1935 (Heft).

33 Ebd.

34 Ebd.

35 Kortwich (wie Anm. 3), S. 51.

Mennoniten bereits im 19. Jahrhundert und erst recht im Ersten Weltkrieg vom ursprünglichen Prinzip der Wehrlosigkeit abgewichen, wenn auch nicht generell. In diesem Zusammenhang sei auf einen Aufsatz von Helmut Foth über „Mennonitischer Patriotismus im Ersten Weltkrieg und die Kriegsrede des Danziger Predigers Hermann G. Mannhardt“ verwiesen.[36] Angesichts der bolschewistischen Bedrohung stellt sich in diesem konkreten literarischen Fall, den Kortwich in „Friesennot“ konstruiert hat, die Frage der Wehrlosigkeit erneut in aller Dringlichkeit. Wie verhalte ich mich gegenüber denen, die mein Leben und das der Gemeinde in vielerlei Hinsicht belasten und zerstören? Dass die Entscheidungsoptionen nicht unbedingt als Gewissensfrage für Mennoniten zu verstehen sind, lässt sich einem Zeitungsartikel über die Uraufführung im Berliner Ufa-Palast entnehmen, in dem der zunächst praktizierte Gewaltverzicht als grundsätzlich vorbildlich beurteilt wird. Unerschütterlich sei der alte Jürgen Wagner geblieben, fest in seinem Glauben und voller Gottvertrauen. „Mahnend und befehlend hält er seine Brüder immer wieder vor Unbesonnenheiten zurück, ein echter Führer seiner geknechteten Gefolgschaft.“[37]Ganz der Terminologie der NS-Zeit entsprechend, wird Jürgen Wagner als Vorsteher und Prädikant gelegentlich als wegweisender „Führer“ der friesischen Gemeinde bezeichnet, die zunehmend stärker unter der feindlichen Ausbeutung zu leiden hat und sich angesichts der Bedrohung im Hinblick auf die Wehrlosigkeit allmählich zu spalten scheint. Während Wagner aufkeimende Gedanken, sich gegen die Russen zur Wehr zu setzen, schnell wieder verwirft,[38] geht Klaus Niegebüll einen Schritt weiter, indem er seine Probleme im Umgang mit dem Gewaltverzicht ausspricht: „‚Soll ich meine Schläge tragen, ohne sie zurückzugeben?‘“[39] Als Wagners fünfzehnjährige Tochter schließlich von Russen geschändet und getötet wird, ist es auch mit seinem Stillhalten vorbei. „‚Es ist soweit, Jürgen. Laß heut dein Christentum und nimm die Flinte!‘“[40] Wagner, der bis dato vehement an den überkommenen religiösen Grundsätzen, die auf eine Nähe zu den Mennoniten verweisen, festgehalten hatte, erschießt mehrere Kosaken. „Jürgen Wagner schoß, schoß, schoß – sechs Kosaken legten sich neben ihren Führer [...] Als seine Revolver leer waren, lebten nur noch sieben Russen. Dem einen schlug er mit dem Kolben die breite Fratze noch breiter – dann rüstete er sich zum Sterben.“[41] Aber dazu sollte es nicht kommen. Interessant ist in diesem Zusammenhang, dass Jürgen Wagner in Erwartung eines nahen Todes nicht Gottes Nähe sucht und betet, was von einem gläubigen Mennoniten zu erwarten gewesen wäre, selbst wenn er den ihm einst so bedeutsamen Grundsatz der Wehrlosigkeit aufgegeben und getötet hatte.

---

36 Helmut Foth: Mennonitischer Patriotismus im Ersten Weltkrieg und die Kriegsrede des Danziger Predigers Hermann G. Mannhardt, in: MGB 72 (2015), S. 47-74.

37 v. D.[Kürzel]: Deutsches Schicksal auf russischer Erde. Der Film „Friesennot“ im Ufa-Palast am Zoo, in: Völkischer Beobachter (Berliner Ausgabe), 20.11.1935 (Nr. 324).

38 Kortwich (wie Anm. 3), S. 47.

39 Ebd., S. 27.

40 Ebd., S. 74.

41 Ebd., S. 75 f.

Die Erzählung endet mit einem Aufbruch zu neuen Ufern. Unter Wagners Führung zieht die Dorfgemeinschaft der „persischen Grenze“[42] entgegen, um nach einer „neuen Heimstätte für ihr altes Dorf“[43] zu suchen.

Sie sind es und sind es nicht?

Ob es sich dennoch um Mennoniten handeln könnte, auch wenn sie nicht ausdrücklich als solche in Erzählung und Film benannt werden, diese Frage hätte einzig und allein der Autor beantworten können. Leider gibt es nicht nur vage, sondern sogar widersprüchliche Hinweise seinerseits, die keine eindeutige Antwort auf die Frage nach der religiösen Identität der friesischen Siedler zulassen. Dass es sich um eine christliche Ansiedlung handelt, daran besteht kein Zweifel. Jedoch waren es keineswegs nur Mennoniten, die es einst aus unterschiedlichsten Beweggründen nach Russland zog. Speziell für sie sollte das 1763 erlassene Einwanderungsdekret Katharinas II. (1729-1796) von entscheidender Bedeutung sein, auf dessen Grundlage zunächst vor allem Danziger Mennoniten den Weg nach Russland fanden. Die über 200 Familien, die sich auf den Weg machten, stammten aus flämischen Gemeinden im Großwerder, andere aus Heubuden und Danzig. „Es waren auch einige friesische Familien darunter.“[44] Allerdings können sie in der Erzählung nicht gemeint sein, da von einer Übersiedlung nach Russland während des Dreißigjährigen Krieges die Rede ist. Wie die Mitglieder anderer Konfessionen, Katholiken und Protestanten, blieben die Mennoniten in Russland unter sich,[45] was durchaus Kortwichs Darstellung einer festgefügten Glaubensgemeinschaft entspricht. Vor den Mennoniten waren allerdings andere Konfessionen in Russland ansässig geworden. So hatte sich beispielsweise bereits im 18. Jahrhundert der Aufklärer, Theologe und Geograf Anton Friedrich Büsching (1724-1793), der von 1761-1765 als Prediger und Schulleiter in St. Petersburg tätig war, ausführlich mit der „Geschichte der evangelisch-lutherischen Gemeinen im Rußischen Reich“[46] befasst, deren Anfänge in der 2. Hälfte des 16. Jahrhunderts unter der Regierung des Zaren Iwan IV. (genannt „der Schreckliche) liegen.[47] Kortwichs Sorglosigkeit hinsichtlich präziser Angaben und eines stimmigen historischen Gefüges könnte durch unterschiedliche Informationen über derartige frühe Ansiedlungen mit geprägt worden sein.

In der Schleswig-Holsteinischen Schulzeitung vom 11. Juli 1936 ist in einem mehrseitigen Artikel von Ernst Behrends[48] über „Die Menno-Mäler und wir“ zu

42 Ebd., S. 77.

43 Ebd., S. 78.

44 Urry (wie Anm. 12), S. 71.

45 Dirk Hoerder: Geschichte der deutschen Migration. Vom Mittelalter bis heute, München 2010, S. 40.

46 Anton Friedrich Büsching: Geschichte der evangelisch-lutherischen Gemeinen im Russischen Reich. Eingeleitet und kommentiert von Helmut Tschoerner, Erlangen 2011(zweibändige Erstausgabe 1766/67).

47 Ebd., S. 35.

48 Ernst Behrends macht weder in diesem Zeitungsartikel noch in anderen Publikationen einen Hehl aus seiner nationalsozialistischen Gesinnung. S. u. a. die von ihm verfassten Gedichte in dem Band „Mein

lesen, dass Werner Kortwich wohl deshalb von einer nicht näher bezeichneten „Sekte" spreche, weil er von denen, über die er eigentlich schreibt, wenig wisse. Der Verfasser von „Friesennot" sei weder in Russland gewesen, noch habe er Gelegenheit gehabt, mit „rußlanddeutschen Flüchtlingen" zu verkehren. Dennoch gäbe es keinen Zweifel an der Identität der beschriebenen Friesen. Werner Kortwich habe zugegeben, „dass ihm die Schicksale rußlanddeutscher Mennoniten vor Augen geschwebt hätten."[49] Präzise Angaben fehlen allerdings. Woher Behrends sein Wissen bezogen hat, bleibt unklar. Wohl weist er darauf hin, dass Kortwich „von verschiedenen protestantischen Glaubensgemeinschaften" mit Anfragen konfrontiert worden sei, während die Mennoniten ihn sogar mit Protesten behelligt hätten, aber auch diese Angaben bleiben vage. Vielleicht liegt es daran, dass es Behrends in seinem Zeitungsartikel weder um die Erzählung noch um den Film geht. Sie dienen lediglich als aktueller Aufhänger für eine Verherrlichung des Mennonitentums im Kontext des Nationalsozialismus. Auch wenn Werner Kortwich keinen unmittelbaren Kontakt zu Mennoniten bzw. Russlanddeutschen gehabt haben sollte, so hatte er doch genügend Möglichkeiten, sich anhand von Büchern zu informieren.[50]

Während Behrends einerseits keinen Zweifel daran lässt, dass Kortwich sich am Schicksal russlanddeutscher Mennoniten orientierte, gibt es andererseits eine gänzlich entgegengesetzte Einschätzung. Gemeint ist eine Stellungnahme Christian Heges, die wenige Wochen zuvor, am 11. Juni 1936 im „Evangelischen Gemeindeblatt für München"[51] erschienen war. In ihm setzte sich Christian Hege unter der Überschrift „Noch einmal ‚Friesennot'" ausführlich mit Angriffen auf Mennoniten in konfessionellen Zeitschriften auseinander, die im Zusammenhang mit dem Film „Friesennot" nicht verstummen wollten. Er wehrt sich gegen die Bezeichnung „Sekte" und verweist u. a. darauf, dass die im Film gezeigte Darstellung des in der Kapelle befindlichen Altars „alles andere als mennonitisch" sei.[52] Zudem wird hervorgehoben, dass die Frage, ob es sich im Film um ein Mennonitendorf handle, offen gelassen sei.[53] Um das leidige Thema endlich beenden zu können, scheint man sich von mennonitischer Seite direkt an Werner Kortwich gewandt zu haben. Dieser, so Christian Hege, habe auf eine Anfrage am 22. April 1936 geschrieben, dass „die Handlung in seiner ‚Friesennot' eine ‚völlig freie Erfindung' sei."[54] Dies kommt der mennonitischen Abwehrhaltung zwar

---

brauner Protest", Schwäbisch-Gmünd 1976 (besonders Teil II – „Ein Volk hat Heer zu sein und Herde. Sei braun wie deine Mutter Erde").

49 Schleswig-Holsteinische Schulzeitung. Mitteilungsblatt des Nationalsozialistischen Lehrerbundes Gau Schleswig-Holstein, 84. Jg., 11. Juli 1936, S. 445.

50 Hierzu u. a. P[eter] M[artin] Friesen: Die Alt-Evangelische Mennonitische Brüderschaft in Rußland (1789-1910) im Rahmen der mennonitischen Gesamtgeschichte, Göttingen 1991 (Reprint der Ausgabe Halbstadt 1911); Anonym [Tjeerd Hylkema]: Die Mennoniten-Gemeinden in Rußland während der Kriegs- und Revolutionsjahre 1914 bis 1920, Heilbronn a. Neckar 1921; Adolf Ehrt: Das Mennonitentum in Russland von seiner Einwanderung bis zur Gegenwart, Langensalza 1932.

51 Noch einmal „Friesennot", in: Evangelisches Gemeindeblatt für München, Nr. 11, 1. Juni 1936, S. 52-55 (einschließlich zweier Stellungnahmen von Kirchenrat D. Fr. Langenfaß und Studienrat Eckstein).

52 Ebd., S. 52 f.

53 Ebd., S. 52.

54 Ebd., S. 55.

entgegen, ohne jedoch letztlich alle Zweifel zu zerstreuen. Schließlich geht es bei dem konfessionellen Gezänk und der verständlichen mennonitischen Sorge um das eigene Image nicht um die Handlung als solche, sondern um die Identität der Handelnden. Es verwundert, dass Kortwichs angebliche Antwort in diesem Artikel nicht eingehender besprochen oder gar abgedruckt wurde. Offensichtlich sind seine Ausführungen nicht dazu angetan gewesen, die Mennoniten von der Friesennot-Last gänzlich zu befreien.

Sollten die Mennoniten für Kortwichs Erzählung und die spätere Verfilmung tatsächlich Pate gestanden oder besser als Orientierung gedient haben, so erweist sich das von ihnen entstandene Bild als dürftig, fehlerhaft und verzerrt. Dass der Autor und die Filmemacher sich durch oberflächliche Recherchen und Geschichtsklitterung leichtfertig eine Blöße gegeben haben könnten, davon ist wiederum auch nicht auszugehen. Eigentlich bietet sich nur eine Erklärung an: Es sollte nun mal keine Erzählung bzw. kein Film über Mennoniten sein, selbst wenn sie als Orientierungshilfe für die Darstellung in Russland lebender und leidender Deutscher dienten. Kortwich geht es lediglich darum, die Gefahren aufzuzeigen, denen edle deutsche Männer, wie es in der Erzählung heißt, „von mächtigem Gliederbau und mit Blicken wie die Wildkatzen“[55] nebst ihren Familien im feindlichen Russland ausgesetzt sind. Um zu überleben, bedurfte es der Gewalt, die angesichts feindlicher Bedrohung nicht nur gerechtfertigt, sondern zwingend erforderlich erscheint. Es ist durchaus möglich, dass unter den bis Februar 1936 insgesamt 1833 erschienenen Zeitungsartikeln über „Friesennot“[56] auch Stellungnahmen Kortwichs zu finden sind , die Licht in das Dunkel um die möglicherweise von ihm bemühten Mennoniten bringen könnten. Hier bedarf es weiterer Recherchen.

„Friesennot“ ist nicht Kortwichs erstes Buch über deutsche Siedler in feindlicher Umgebung. In diesem Zusammenhang sei auf seinen Roman „Siedlung Mollanken“[57] verwiesen, den er bereits 1932 geschrieben hatte.[58] Hier sind nicht Russen bzw. Kosaken die Gegenspieler der Deutschen, sondern die abwertend als Polacken bezeichneten Polen. Sowohl in „Friesennot“ als auch in „Siedlung Mollanken“ geht es Werner Kortwich um deutsche Siedler, die in einer ihnen feindlich gesonnenen Umwelt überleben müssen. Wenn überhaupt, dienen die vermeintlichen Mennoniten in „Friesennot“, die als solche nicht einmal benannt werden, als Beispiel für ein Volk charakterstarker Sieger, die über sich selbst hinauswachsen und ihrem einstigen Ideal der Wehrlosigkeit und friedlicher Koexistenz angesichts existentieller Bedrohung eine rigide Absage erteilen. Brutale Szenen, wie

55 Kortwich (wie Anm. 3), S. 78

56 [Anonym]: Der Presse-Widerhall eines Großfilms, in: Film-Kurier. Theater, Kunst, Varieté, Funk, Berlin 19. 2. 1936 (Heft 42). „Am Tage der Untersuchung, am 12. 2. 36, also noch lange Monate, bevor dieser am 19. 11. 35 uraufgeführte Film alle Plätze Deutschlands durchlaufen hat (bekanntlich rechnet man für die Auswertung eines Films ungefähr ein volles Jahr), wurden im Archiv der Presseabteilung der R. P. L. [Reichspropagandaleitung] 1833 Zeitungsausschnitte gezählt, und zwar 1274 Artikel und Notizen sowie 539 Bildveröffentlichungen. Davon waren nicht weniger als 102 ganze Zeitungsseiten, die sich mit ‚Friesennot' befaßten, genau 56 in Tageszeitungen und 46 in Wochen- und Monatszeitschriften.“ (Ebd.).

57 Werner Kortwich: Siedlung Mollanken. Roman, Berlin 21940.

58 Ebd., S. [6].

sie sich in dem abgelegenen Dorf abspielen, sind nicht einmal an den Haaren herbeigezogen, sondern durchaus realitätsnah, auch wenn nicht ausschließlich Mennoniten die Leidtragenden waren. So manche brutale Szene aus dem Überlebenskampf in Russland siedelnder Deutscher ist in Heinrich H. Schröders stark nationalsozialistisch eingefärbtes Buch „Rußlanddeutsche Friesen" eingegangen, das Kortwich jedoch nicht als Quelle gedient haben kann, da es erst 1936 erschien. Das III. Kapitel, das unter der Überschrift „Bilder aus dem Märtyrerspiegel und vom heldischen Ringen der Rußland-Friesen" steht, gewährt in nationalsozialistischem Sprachduktus Einblicke in bedrohtes deutsches Siedlerleben.[59] Unter der Überschrift „Wie ich mich aus der Sowjethölle rettete", berichtet beispielsweise Dirk Peters von seiner abenteuerlichen Flucht nach Persien, wo sie nach einem fünftägigen Gefängnisaufenthalt in Täbris schließlich bei einer deutschen Familie Aufnahme fanden. Es gibt zwar keine konkrete Übereinstimmung mit der Handlung in „Friesennot", aber abseits von Schröders Darstellung friesisch-mennonitischen Lebens und Elends in Russland scheinen die Nöte deutscher Siedler, die auch mit Nestor Machno[60] und seiner Bande verbunden sind, für „Friesennot" Pate gestanden zu haben.

So wie Kortwich sich in seiner Erzählung nicht ausdrücklich auf Mennoniten bezieht, kommt auch der Illustrierte „Film-Kurier" gänzlich ohne sie aus. Es gehe in dem Film um deutsche Siedler an der Wolga bzw. friesische Bauern, die auf der Suche nach einer neuen Heimat vor Jahrhunderten dorthin ausgewandert seien. „Friesen sind es; Menschen mit harten Schädeln und gutmütigen Herzen, unbeugsam im Willen und zäh im Durchhalten."[61] Dieser Grundtenor, es im Film lediglich mit Deutschen bzw. Friesen zu tun zu haben, die einen tapferen Überlebenskampf in der russischen Barbarei führen, ist in diversen Ankündigungen, Kritiken und Beschreibungen zu finden. Zwar ist gelegentlich von „strenggläubigen Friesen"[62] die Rede, aber auch dieser religiöse Zug lässt nicht unbedingt auf Mennoniten schließen, die vielen Lesern und Kinobesuchern vermutlich völlig unbekannt waren.

Das sind wir nicht!

Wie beurteilten die Mennoniten die Lage? Erkannten sie sich in Film und Erzählung wieder? Dies scheint nur teilweise der Fall gewesen zu sein. So bestätigt Dirk Cattepoel in den Mennonitischen Blättern, Nr. 4, 1935: „Die Friesen, die hier beschrieben werden, sind Mennoniten."[63] Zugestanden wird zumeist, dass gewisse Übereinstimmungen existieren, die jedoch aus den beschriebenen Frie-

59 Heinrich H. Schröder: Rußlanddeutsche Friesen, Döllstädt-Langensalza 1936, S. 53.

60 Victor Peters: Nestor Machno. Das Leben eines Anarchisten, Winnipeg, Canada o. J.; Harvey L. Dyck/John R. Staples/John B. Toews: Nestor Makhno and the Eichsfeld Massacre. A Civil War Tragedyin a Ukrainian Mennonite Village, Kitchener 2004.

61 Hermann Weist: Illustrierter Film-Kurier. Friesennot. Deutsches Schicksal auf russischer Erde, Nr. 2387, Berlin o. J. [1935].

62 [Anonym]: Das vergessene Dorf, in: Filmwelt. Das Film- und Fotomagazin, Berlin 6. 10. 1935 (Heft 40).

63 Dirk Cattepoel, Wie man uns nicht sehen soll, in: MB, Nr. 4 (1935), S. 37 f.

sen letztlich keine „echten“ Mennoniten machen. In der Mennonitischen Forschungsstelle befindet sich im Nachlass Christian Neffs[64] ein kleines Konvolut zeitgenössischer Stellungnahmen zum Film „Friesennot“, darunter zumeist maschinengeschriebene Briefkopien und Zeitungsausschnitte, die einen ersten Eindruck von jener Unzufriedenheit und Entrüstung, aber auch Ratlosigkeit widerspiegeln, die im Zusammenhang mit „Friesennot“ in Mennonitenkreisen herrschte. Die „Friesennot“, so Abraham A. Braun in einem Brief an Christian Neff vom 14. Februar 1936, wirke sich tatsächlich zu einer wirklichen N o t aus.[65] Zu jenen engagierten Mennoniten, die nach einem rechten Umgang mit dem Film rangen, gehörten u. a. Christian Hege, Abraham Fast, Ernst Crous, Christian Neff und Emil Händiges. Es handelt sich um Männer, die in einschlägigen Gremien saßen, mit Publikationsorganen vertraut waren und sich um das Image der Mennoniten sorgten. So schreibt Händiges in einem Brief an den Berliner Pfarrer Noske vom 17. Januar 1936: „Weder in der Erzählung noch im Film ist gesagt, daß es sich bei diesen Friesen um Mennoniten handelt; aber es ist vollständig klar, dass die Mennoniten gemeint sind. Das Mennonitentum ist aber in an beiden Orten völlig verzeichnet und entstellt.“[66] Offensichtlich war man nachhaltig darum bemüht, dieses verzerrte Bild zu korrigieren, was angeblich schon während der Dreharbeiten geschah. Werner Kortwich sei über die in Rußland lebenden Mennoniten sehr schlecht orientiert. „Wir sind deshalb mit ihm bereits in persönliche Fühlung getreten. Auch erfahre ich heute, daß der Verband der Deutschen aus Rußland sich schon während der Arbeit am Film für eine richtigere Darstellung eingesetzt haben soll.“[67] Hier wird noch davon ausgegangen, dass Werner Kortwich tatsächlich die Mennoniten vor Augen hatte, allerdings habe er geradezu sträflich oberflächlich recherchiert.

Mit dieser Wahrnehmung der Dinge zeigen sich keineswegs alle Mennoniten einverstanden. Die Unzufriedenheit wuchs. Letztlich distanzierte man sich immer stärker von der Vorstellung, in diesem Film tatsächlich präsent zu sein. So betont Abraham A. Braun[68], der seit 1935 zum Komitee der Konferenz süddeutscher Mennoniten gehörte und in diesem Jahr auch in den Vorstand der Vereinigung der deutschen Mennonitengemeinden gewählt worden war, in einem Brief an Emil Händiges vom 21. Januar 1936, dass er Benjamin Unruh in seiner Skepsis beipflichte. Es sei nicht erwiesen, „daß es sich in dem Film um Mennoniten handelt.“[69] Im selben Atemzug kritisiert er Händiges für seine zustimmenden Worte

64 Alle im Folgenden erwähnten Briefe und Zeitungsartikel stammen aus dem Nachlass von Christian Neff, in: MFSt, C.26, Karton 20, 152.

65 A [braham J.] Braun an Onkel Neff [Christian Neff], Ibersheim, 14. Februar 1936, in: MFSt, C.26, Nachlass Christian Neff, Karton 20, 152.

66 E [mil] Händiges an Pfarrer [Gerhard] Noske in Berlin, Elbing, 17. Januar 1936, S. 1, in: MFSt, C.26, Nachlass Christian Neff, Karton 20, 152.

67 Ebd., S. 1.

68 Rainer W. Burkart: Braun, Abraham A., in: MennLex, Tei 1 [Zugriff am 1.3.2017].

69 Brief von A [braham J.] Braun an Bruder [Emil] Händiges (mit Durchschlag an die Brüder Dr. Crous, D. Neff, Prof. Unruh, Chr. Hege), Ibersheim, 21. Januar 1936, in: MFSt, C.26, Nachlass Christian Neff, Karton 20, 152.

im Brief an Pfarrer Noske.[70] Er bittet ihn herzlich darum, in Veröffentlichungen gar nicht darauf einzugehen, ob es sich nun um Mennoniten handele oder nicht. Nach seiner Ansicht liege die Absicht des Autors vor allem darin, den bolschewistischen Kommunismus in seinem wahren Gesicht zu zeigen.[71] Besonders im Januar und Februar 1936 scheint der Film die mennonitischen Gemüter immer stärker in Aufregung versetzt zu haben: „Wer hätte gedacht, dass die ‚Friesennot' uns alle plötzlich so in Bewegung bringen würde!", bemerkt Ernst Crous und rät in seinen weiteren Ausführungen nicht nur zur Mäßigung im Umgang mit dem Film, sondern auch mit den Kirchen, um den aufgerissenen Spalt nicht zu vergrößern.[72] Darum ging es vor allem, eine Position zu finden, in der Dinge möglichst auf sanftem Wege geklärt werden, ohne etwas zu überstürzen. Crous denkt an einen „ruhigen und vorsichtigen Aufsatz" im Märzheft der „Mennonitischen Blätter". Es gelte, eine Fassung zu finden, „die unsere Lage nicht unnötig gefährdet und die doch weder unsere Geschichte noch unsere gegenwärtigen Meinungen noch den Zusammenhang mit der Gesamtkirche ausser acht lässt."[73] Auf zwei Veröffentlichungen über das Münsteraner Täuferreich wird ebenfalls verwiesen und die daraus resultierende Notwenigkeit, auch über Münster einen behutsam berichtigenden Aufsatz zu publizieren.[74] Jedoch scheint der Film längst nicht alle mennonitischen Gemüter erregt und belastet zu haben. So berichtet Walter Fellmann in seiner Ansprache zum Heldengedenktag 1936 davon, dass er in Mannheim Gelegenheit gehabt habe, den Film „Friesennot" zu sehen. Gelassen fährt er fort: „Es wird das Schicksal einer friesischen Kolonistengemeinde in Südrussland geschildert. Es ist insofern ein Fantasiestück, als sowohl Züge einer lutherischen als auch einer mennonitischen Gemeinde miteinander verwoben sind. Lutherisch ist die Kirche mit dem Kruzifix, dem Christusbild, den brennenden Kerzen. Die ganze Darstellung des Dorflebens hat mit dem Mennonitentum überhaupt nichts zu tun, das ist reines friesisches Volkstum bis zum Friesentanz. Mennonitisches Gepräge hat nur der Dorfvorsteher, der Bürgermeister und Prediger in einer Person ist. Er vertritt auch als einziger eine mennonitische Idee, die das tragische Kernstück des Films darstellt, die Wehrlosigkeit."[75] Sie wird in Fellmanns Ansprache zwar thematisiert, letztlich jedoch als Relikt bewertet, als eine überwundene Stufe mennonitischen Seins angesichts der Tatsache, dass der Führer dem deutschen Volk die Wehrhoheit wiedergegeben habe.[76] Fellmann ist darum bemüht, keine Gegensätze aufzubauen, sondern das mennonitische Denken einst und jetzt in einen harmonischen Einklang zu bringen.

---

70 Ebd.

71 Ebd.

72 Ernst Crous an Bruder [Emil] Händiges, Berlin Steglitz, 25. Januar 1936, S. 1, in: MFSt, C.26, Nachlass Christian Neff, Karton 20, 152.

73 Ebd., S. 2.

74 Ebd., S. 2; „Auch möchte ich hinweisen auf die Braune Post vom 19.ds. Mts. (‚Hitler und die Wiedertäufer') und den Reichsboten vom 26. ds. Mts. (‚Die Ausrottung der Wiedertäufer in Münster')."

75 Walter Fellmann: Ansprache von Walter Fellmann bei der Heldengedenkfeier am 8. März 1936 in der Mennonitengemeinde Monsheim, in: Mennonitische Jugendwarte, 16. Jg., April 1936, Heft 2, S. 29-32, hier S. 29 f.

76 Ebd., S. 29

Von mennonitischer Seite scheint die Auseinandersetzung mit „Friesennot“ jedenfalls nicht ausgegangen zu sein. Letztlich dürften es die immer wieder angedeuteten und kritisierten Unstimmigkeiten vor allem mit der katholischen, aber auch evangelischen Kirche gewesen sein, die überhaupt dazu führten, dass die Mennoniten sich durch den Film verkannt und in ihrer Identität beschädigt sahen. Sie wurden in die Rolle der Verteidiger gedrängt, die dazu genötigt wurden, ihren Glauben und ihr Handeln zu rechtfertigen. Hierfür ist der siebenseitige, undatierte, mit „Friesennot“ überschriebene Brief Josef Gingerichs aus Königsberg ein gutes Beispiel. In ihm wird noch einmal kategorisch festgehalten: „Die in der Erzählung und im Film geschilderten ‚Friesen' haben mit den Mennoniten in Rußland nichts gemein als das Bekenntnis zur Lehre Jesu des Nichtwiderstandes dem Bösen gegenüber mit Mitteln der Gewalt. In allem andern unterscheiden sie sich grundsätzlich.“[77]

Aus dieser Position heraus argumentiert Christian Neff in seiner Stellungnahme zum „Film ‚Friesennot' und den Mennoniten“, die in den Mennonitischen Blättern Nr. 3, 1936 erschienen ist. Er bedauert die abfälligen Bemerkungen in der konfessionellen Presse. Man habe die Mennoniten als Sektierer und „schlappe Christen“ abgestempelt, die „nicht als Vertreter des echten Christentums gelten können“.[78] Neff verweist auf den Heldentod von 400 Mennoniten und wehrt sich gegen den angehängten Makel, „völkisch überhaupt nichts zu taugen.“[79] Seine Ausführungen schließt er mit den Worten, dass die Mennoniten allezeit bestrebt seien, „innerhalb der Allgemeinen Christlichen Kirche Gott und Jesu Christo und als Christen deutscher und auslanddeutscher Zunge der deutschen Volksgemeinschaft zu dienen. Wir suchen in Frieden zu leben und unserem Volk und Vaterland unbedingte Treue zu erweisen. Darin lassen wir uns auch nicht irre machen durch Verunglimpfungen, die geeignet sind, uns in der öffentlichen Meinung herabzuwürdigen.“[80]

Um den Film bzw. die Erzählung scheint es längst nicht mehr zu gehen. Da die Mennoniten dort nicht namentlich erwähnt werden, hätten sie mit der Darstellung leben können. Interessant und bedeutsam wurden Erzählung und Film für sie erst durch die Angriffe, denen sie sich in der konfessionellen Presse ausgesetzt sahen. In ihr werden die bedrängten Deutschen auf russischem Terrain zu jenen Mennoniten, die dem Christentum und ihrem Vaterland nicht unbedingt zur Ehre gereichen. So wird in der Katholischen Kirchenzeitung vom 15. Dezember 1935 kategorisch festgestellt, dass es sich bei diesen verirrten Christen und ihrem Sektierertum um Mennoniten handle. Sie seien eine Absplitterung „von der volksverderblichen, im Dritten Reich verbotenen Sekte der Wiedertäufer, die von dem Friesen Menno Simons gegründet wurde.“[81] Hervorgehoben wird,

---

77 Josef Gingerich - Königsberg Pr., „Friesennot“, S. 3 f. (Adressat fehlt; „von Josef Gingerich - Königsber Pr.“ wurde handschriftlich mit Bleistift hinzugefügt), in: MFSt, C.26, Nachlass Christian Neff, Karton 20, 152.

78 Christian Neff, Der Film „Friesennot“ und die Mennoniten, in: MB Nr. 3 (1936), S. 22.

79 Ebd.

80 Ebd.

81 Franz Nieskens: Hie Bibel – hie Revolver? Ein Wort zu dem Film „Friesennot“, in: Katholische Kirchenzeitung, 15. Dezember 1935, S. 14; Kritik an der Darstellung in der „Katholischen Kirchenzeitung“ u. a. im

dass ihnen Krieg und Eid verboten gewesen seien. Diese Menschen werden nicht nur als unfruchtbar für ihr Volk beschrieben, was sie einst zur Auswanderung veranlasst habe, sondern auch rigoros als falsche Christen mit falschem Glauben.[82] Möglicherweise hatte auch die 400-Jahr-Feier der Täufervertreibung aus Münster am 23. Juni 1935 mit dazu beigetragen, die Mennoniten auf der Grundlage ihrer täuferischen Vergangenheit erneut mit Verachtung zu strafen. Die von Bischof Clemens August von Galen anlässlich dieses Ereignisses gehaltene Predigt dürfte jedenfalls kein Verständnis für die Täufer der Vergangenheit bzw. die gegenwärtigen Mennoniten geweckt haben. Zwar habe v. Galen sich hinsichtlich seiner Schilderungen der historischen Ereignisse vollkommen in den Bahnen der Tradition bewegt,[83] dennoch mache es aus heutiger Perspektive betroffen, „wie großzügig v. Galen die Täuferepisode aus jeder historischen Entwicklung herauslöste, wie einseitig er Gut und Böse in der Geschichte verteilt sah".[84]

Münster, Sekte, Wehrlosigkeit – diese und weitere in Anschuldigungen und Verunglimpfungen eingekleideten Aspekte im Zusammenhang mit „Friesennot" stellten nicht nur eine Beleidigung für die Mennoniten dar, sondern waren für sie auch äußerst gefährlich. Letztlich sind es diese vernichtenden Urteile speziell von konfessioneller Seite, die die angegriffenen und verletzten Mennoniten nach gelegentlich partieller Zustimmung veranlassten, sich in „Friesennot" nicht mehr zu erkennen und jede Identifikation von sich zu weisen:

„Der Film ‚Friesennot', der allgemein für eine Darstellung der Mennoniten in Russland gehalten wird, bringt in Wahrheit nichts von den Sitten und Gebräuchen und der Eigenart dieser Mennoniten, sondern ist vielmehr eine seltsame Vermischung verschiedener Merkmale aller Deutschen in Russland mit den Sitten und Gebräuchen des deutschen Nordens, und alles das ist durchwoben von phantastischen Unmöglichkeiten, die nur jemand erfinden konnte, der nie selbst in Russland gewesen ist. Das einzige, was an diesen Menschen auf die Mennoniten hinweist, ist die Wehrlosigkeit und die feste Gründung auf das Wort Gottes."[85]

Zusammenfassung

1. Betont sei noch einmal, dass in Werner Kortwichs 1933 erschienener Erzählung „Friesennot", die als Grundlage für den Film diente, die Mennoniten nicht erwähnt werden. Kortwich dürfte sie gekannt haben, aber schließlich waren es nicht nur Mennoniten, die in Russland um ihr Überleben kämpften, sondern

„Frankfurter Volksblatt" vom 17. Dezember 1935 und in der Ausgabe vom 29.12.1935 (Gustav Staebe: Kirche und Moskau) vom 20.7.1935 und der „Wormser Tageszeitung"; wesentlich verständnisvoller Fritz Meier: Gedanken zum Film „Friesennot", in: Aufwärts. Christliches Tageblatt, 18. Januar 1936, S. 1 f.

82 Ebd.

83 Ernst Laubach: Das Täuferreich zu Münster in seiner Wirkung auf die Nachwelt. Zur Tradierung eines Geschichtsbildes, in: Westfälische Zeitschrift 141 (1999), S. 123-150, hier S. 143.

84 Ebd., S. 144.

85 Anonym: Als Antwort auf den Artikel von Melchior Grossek in dem Katholischen Kirchenblatt vom 8. Dezember und auf einen Artikel in dem „Neuen Evangelischen Sonntagsblatt". Von der Traktatgesellschaft. Alte Jacobstr. 129, S. 1, in: MFSt, C.26, Nachlass Christian Neff, Karton 20, 152.

auch andere deutschstämmige Siedler. Selbst wenn es in der Frage der Wehrlosigkeit um einen mennonitischen Grundsatz geht, so ist der konkrete Bezug zu den Mennoniten in diversen Details doch äußerst diffus. Wichtig erscheint es, Kortwichs Erzählung „Friesennot" zusammen mit seinem Roman „Siedlung Mollanken" zu sehen, in dem es ebenfalls um nicht näher spezifizierte deutsche Siedler in feindlicher Umgebung geht.

2. Anfänglich noch gewillt, sich im Film in einigen Zügen wiederzuerkennen, wurde die Ablehnung von mennonitischer Seite allmählich rigoroser: Das sind wir nicht!

Dieser Prozess ist eng verknüpft mit einer konfessionellen, sich gegen die Mennoniten richtenden Polemik. Ihr begegnete man von mennonitischer Seite mit Gegenargumenten und der höflichen Bitte, sich über die Freikirche und ihre Geschichte besser zu informieren.

3. Wer in dem Film heute uneingeschränkt Mennoniten wahrzunehmen meint und sie zu Handlungsträgern erklärt, der setzt sich nicht nur über die Intentionen des Autors hinweg, sondern vor allem über die zeitgenössischen Bedenken der Mennoniten, die sich in ihm allenfalls partiell repräsentiert sehen wollten. Mehr noch, wer die Mennoniten in „Friesennot" zu Handlungsträgern erklärt, der schlägt sich ungewollt auf die Seite der konfessionellen Gegner, die sich darin sicher waren, in dieser eigenartigen Sekte aus den russischen Wäldern Mennoniten zu sehen.

Elbing, den 17. Januar 1936.

Herrn Pfarrer Noske , Berlin SW 68, Alte Jakobstr. 129.

Sehr geehrter Herr Pfarrer!

Herr Johannes Schröder-Dt.Eylau übersandte mir das einliegende für Sie bestimmte Schreiben vom 11.ds.Mts. mit dem Bemerken:
„Eben wollte ich den anliegenden Brief nach Berlin senden. Ich sende ihn jedoch zuerst noch an Sie und bitte meine Ausführungen evtl. zu unterstreichen oder zu verbessern. Ergebenen Gruß Joh.Schröder."

Ich leite das Schreiben gerade so an Sie weiter wie es ist, da ich mit dessen Inhalt in jeder Hinsicht völlig einverstanden bin. Es ist bei mir und meinen Kollegen im Vorstand der „Vereinigung der Deutschen Mennonitengemeinden" in den letzten Wochen eine solche Fülle von Protesten samt dem einschlägigen Material eingegangen, sodaß wir uns gezwungen sehen, gegen die oft maßlosen Entstellungen, die das Mennonitentum anläßlich der Pressebeurteilung des Filmes „Friesennot" von Werner Kortwich erfahren hat, mit aller Entschiedenheit V e r w a h r u n g einzulegen. In grundlegender Weise wird das demnächst von berufener Seite geschehen. Die Bitte des Herrn Schröder veranlaßt mich aber, schon hier in großen Umrissen auf die Angelegenheit einzugehen, wobei meine Ausführungen in keiner Hinsicht gegen Sie, verehrter Herr Pfarrer, persönlich gerichtet sind.

In den von mir herausgegebenen „Mennonitischen Blättern" ist im 82. Jahrgang, Nr. 4, April 1935, bereits zu der im Insel-Verlag zu Leipzig erschienen E r z ä h l u n g von Werner Kortwich „ Friesennot " - also lange v o r der Verfilmung des Stoffes - durch einen unserer jüngeren mennonitischen Theologen Dirk Cattepoel (jetzt Hilfspfarrer an der Krefelder Mennonitengemeinde) in einem Artikel „Wie man uns nicht sehen soll" Stellung genommen worden. Ich übersende Ihnen diese Besprechung gleichzeitig als Drucksache. Der Film stimmt, abgesehen von einigen Aenderungen, im allgemeinen mit der Erzählung überein. Ich habe den Film in diesen Wochen selbst gesehen und das Büchlein gelesen.

Weder in der Erzählung noch im Film ist gesagt, daß es sich bei diesen Friesen um Mennoniten handelt; aber es ist vollständig klar, daß die Mennoniten gemeint sind. Das Mennonitentum ist aber an beiden Orten völlig verzeichnet und entstellt. Werner Kortwich ist über die Mennoniten in Rußland sehr schlecht orientiert. Wir sind deshalb mit ihm bereits in persönliche Fühlung getreten. Auch erfahre ich heute, daß der Verband der Deutschen aus Rußland sich schon während der Arbeit am Film für eine richtigere Darstellung eingesetzt haben soll. Man wird über die geschichtliche Entstellung des Mennonitentums seitens des Verfassers milder urteilen, wenn man bedenkt, daß - trotz der neueren Forschung von Historikern wie Nippold, Ludwig Keller, Loserth, Müller, Möller-Kawerau, Troeltsch, Walter Köhler u. a., die dem altevangelischen Täufertum Gerechtigkeit widerfahren lassen, - noch in den gegenwärtigen kathol. und evangel. Lehrbüchern die falsche Geschichtsschreibung dominiert.

Emil Händiges an Pfarrer Gerhard Noske vom 17. Januar 1936, in: MFSt, C. 26, Nachlass Christian Neff, Karton 20, 152

Die Mennoniten gehen nicht auf einen „Sonst ewig vergessenen Eiferer, der vor bald dreihundert Jahren seinen Meister Martin Luther hatte übertrumpfen wollen" zurück (Kortwich Seite 12): Wir begehen 1936 den 400 jährigen Gedenktag des Eintritts Menno Simons, der - ein Zeitgenosse Luthers - 1492 in Witmarsum in Westfriesland geboren ist. Gegründet aber wurde die Gemeinschaft oder Freikirche (nicht Sekte!) der altevangelischen Taufgesinnten bereits 1525. Menno Simons war nicht der Gründer, sondern einer ihrer großen Führer. Die Mennoniten kamen nicht, wie Kortwich (Seite 5) schreibt „nach dem dreißigjährigen Kriege" nach Rußland, sondern auf Einladung der russischen Kaiserin Katharina II., setzte ihre Einwanderung dort mit dem Jahre 1788 ein und begannen in Rußland ein kulturelles Aufbauwerk, das leuchtend in der Geschichte deutscher Pionierarbeit dasteht. Auch da verkennt Kortwich durchaus ihre Bedeutung. Só hinderwäldlerisch wie er sie schildert waren sie denn doch in keiner Hinsicht. ~~EM~~ Man kann nur mit einigem Humor lesen, wenn er von ihnen schreibt: „Sie trugen Kniehosen und Schnallenschuhe und dicke Wämser. Sie kannten noch nicht einmal die Kartoffeln, die erst um die Zeit des Auszuges ihrer Väter zu den Niedersachsen gekommen waren, sondern sie aßen Hirsebrei dafür. Sie wußten nichts von Zeitungen, und für Mußestunden lag auf dem Wandbrett in der Diele die Bibel und Arnds Buch vom wahren Christentum" (S.12-13). „Was es in der Welt an Neuem gab, war den Braunen in der Südsee altvertraut, lange ehe es seinen Weg durch den Urwald an der Wolga fand." Das genaue Gegenteil ist festzustellen: Die Mennoniten Rußlands standen mitten im Weltgeschehen, ihre Kolonien, ~~IM~~ ihr Wirtschaftsleben, ihr Schulwesen, ihre Fabrikation, ihre karitativen Einrichtungen übertrafen weithin alles, was Rußland und zum Teil selbst Westeuropa aufzuweisen hatte! Sie waren tatsächlich die echten Vorposten des Deutschtums, die eigentlichen Kulturträger im Süden und Osten des riesigen russischen Reiches. Ihr Weizenbau hatte Weltruf bis weit über den europäischen Kontinent hinaus!

Gänzlich falsch wird bei Kortwich ihr religiöses und völkisches Leben dargestellt. Die Mennoniten kannten in ihren schlichten Andachtshäusern keine Altäre geschweige denn Cruzifixe. Sie veranstalteten auch keine Tänze, wie der Film sie ihnen andichtet. Zähe hielten sie allerdings an dem Grundsatz der Wehrlosigkeit fest. Die Wehrfreiheit war ihnen von der Regierung zugesichert. Das ersparte ihnen zum Glück den Konflikt, die Waffen im Weltkrieg gegen das deutsche Mutterland und gegen deutschstämmige Brüder tragen zu müssen. Ihrer Kriegspflicht genügten sie als Sanitäter.

Die Mennoniten haben in Rußland von allen Auslandsdeutschen vielleicht am härtesten unter der bolschewistischen Schreckensherrschaft gelitten. Die Greuel, die Film und Erzählung schildern, sind tatsächlich an ihnen verübt worden. Tausende sind physisch vernichtet worden, Abertausende schmachten in der Verbannung. Dabei haben sie sich nicht als „schlappe Christen" erwiesen, sondern als wirkliche Märtyrer und Helden des Glaubens. Hiefür sprechen überwältigend die Tatsachen. Sie haben buchstäblich erduldet, was Hebräer 11,36-40 geschrieben steht, und sie erdulden es heute noch . Sie haben nicht wie der Held im Film angesichts der bittersten Not und schrecklichsten Prüfung die Bibel b e i s e i t e geschoben; für sie war die Hl.Schrift keine Sammlung toter „gedruckter Buchstaben", von der sie mit Jürgen Wagners Frau geurteilt hätten: „Ach, das sind nur gedruckte Buchstaben; ich kann keinen Trost mehr darin finden". Für sie war gerade jetzt die Bibel der H a l t und die Quelle

ihrer Kraft in den bittersten Anfechtungen, die sie als Läuterungsproben erachteten, auf/ihr Glaube rechtschaffen und viel köstlicher erfunden werde denn das vergängliche Gold, das durchs Feuer bewährt wird. ~~1.Petri~~ Sie warfen nicht in der Stunde der Entscheidung den Glauben, das Evangelium, das Christentum über Bord, wie jene dort im Film es tun! Gerade in diesen Tagen erhielt ich die Nachricht, daß einer der letzten Aeltesten, der bis jetzt noch in Freiheit war, sich in die Verbannung schleppen ließ, weil er sich standhaft weigerte, zu geloben, nicht mehr zu predigen! Ich habe Anfang 1930 die Flüchtlinge in sämtlichen Flüchtlingslagern Deutschlands persönlich besucht und kann bezeugen, daß ich ergriffen wurde von dem Lebendigen, gesunden, biblischen Glaubensleben, das sich die Heimatlosen erhalten hatten. Nun sind sie in Uebersee, in Canada, in den Urwäldern Brasiliens und im wilden Chaco in Paraguay. Und auch dort bewähren sie sich als ganze Christen und wackere Deutschen! In den wenigen Jahren - seit 1930 - haben sie prächtige Dorfgemeinden mit guten Schulen angelegt, gleichsam aus dem Nichts bereits in stetem Aufstieg begriffene Kolonien geschaffen. Es bewahrheitet sich dort aufs neue, was eine Schriftstellerin in dem Roman „Karin" von ihnen rühmte: „Wohin der Pflug der Mennoniten geht, da wachsen goldne Aehren!"

Gewiß hat, und darin folgt der Film und die Erzählung „Friesennot" einer richtigen Spur, angesichts der Terrorakte der Bolschewiken ein T e i l der mennonitischen Jugend, entgegen dem strengen Grundsatz der Wehrlosigkeit, der dort noch gilt, vornehmlich zur Abwehr von Vergewaltigungen von Frauen und Töchtern den „ S e l b s t s c h u t z " in den rußländischen Mennonitendörfern organisiert, obgleich die Mehrheit dagegen protestierte; aber so glatt wie im Film sind sie dabei nicht weggekommen: Sie wurden restlos vernichtet. Der Ausweg der Flucht, der im Film so bequem dargestellt wird (höchst unwahrscheinlich übrigens, denn nach der Markierung des Sowjetgenerals lag das Friesendorf, wie fast alle Mennonitensiedlungen im Inneren des Reiches) blieb der großen Masse (etwa 80 000 zurückbleibende Mennoniten) verriegelt.

Was bezweckt der Film eigentlich? Was ist letztlich seine Tendenz? Die Auslassungen in der evangel. und kath. Presse beweisen es, daß man sich darüber nicht völlig klar ist, oder klar sein kann. Will er uns abschreckend die Greuel des Bolschewismus und Kommunismus vor Augen führen und zeigen, welche Gefahr auch unserm deutschen Reiche gedroht hat, so ist ihm dies hervorragend gelungen. Man atmet befreit und voll inniger Dankbarkeit auf, daß wir durch die rettende Tat unseres Führers vor solchem Unheil bewahrt blieben. Soll er ein Appell sein, sich unter Einsatz von Leib und Leben, Gut und Blut für die Erhaltung seiner Stammesart, seines Volkstums und die Reinheit von Weib, Kind und Familie einzusetzen, dann können wir als deutsche Mennoniten, die freiwillig auf das frühere Privilegium der Wehrlosigkeit verzichtet haben, dieser Tendenz heute nur zustimmen, ohne uns dabei für „bessere Christen" zu halten als unsere Glaubnesgenossen die noch daran festhalten, weil sie sich in ihrem Gewissen an Jesu Wort in der Bergpredigt Matth.5,38-48 gebunden fühlen.

Sollte der Film aber den Zweck verfolgen auf Grund einseitig gewählter dichterischen Voraussetzungen, gleichsam dramatisch unter „Beweis" zu stellen, daß das Chrsitentum (nicht etwa nur die mennonitische Bergpredigt mit ihren radikalen Forderungen), daß der christliche Glaube und die Hl. Schrift uns heutigen Menschen und dem Volk der Reformation vornehmlich n i c h t s mehr bedeutet, n i c h t s m e h r zu sagen und zu gelten habe und restlos beiseite geworfen werden müsse, dann ist es an der Zeit für alle Christen e i n e gemeinsame Front zu bilden und - wie es in erfreulicher Klarheit das „Katholische Kirchenblatt für das Bistum Berlin" (1935, Nr.49, Seite 7-8) getan hat, zu erklären: „Gegen diesen „Film-Beweis" erhebt sich ein Millionenheer von christlichen Menschen, von deutschen Menschen, von Katholiken und Protestanten, von guten und lebenskundigen, tatenfrohen, tapferen, heldischen Menschen, welche im Evangelium keine gedruckten, toten Buchstaben sahen, sondern eine unerschöpfliche Quelle von Licht und Kraft und Trost für alle Nöte des Lebens und für die letzte schwere Not des Sterbens."

In dieser Front werden dann auch die viel geschmähten Mennoniten mit ihren Tausenden von Märtyrern nicht fehlen, (auch jene rußländischer deutschen Mennoniten nicht) die mutig in den Tod zu gehen wußten und von denen ein altes Täuferlied mit Recht bezeugt:

> Man hat sie an die Bäum' gehenkt, erwürget und zerhauen, heimlich und öffentlich ertränkt viel Weiber und Jungfrauen. Die haben frei und ohne Scheu auf Erden Zeugnis geben, daß Jesus Christ die Wahrheit ist, der Weg zum ew'gen Leben!

Pastor Lic. E. Händiges

II.

Heldengedenktag 1936.

Ansprache von Walter Fellmann
**bei der Heldengedenkfeier am 8. März 1936
in der Mennonitengemeinde Monsheim.**

Von der brüderlichen Liebe aber ist nicht not euch zu schreiben, denn ihr seid selbst von Gott gelehrt, euch untereinander zu lieben.
1. Thess. 4, 9.

Liebe Gemeinde!

Noch stehen wir unter dem gewaltigen Eindruck der Ereignisse der letzten 24 Stunden. Gerade vor einem Jahr hat der Führer die Wehrhoheit dem deutschen Volk wiedergegeben. An jenem Sonntag war ich in Berlin und habe diesen unvergeßlichen Tag in der Reichshauptstadt miterlebt. Der gestrige Tag stellt für die entmilitarisierte Zone das Gleiche dar. Unter unbeschreiblichem Jubel der Bevölkerung zieht heute das Militär in die pfälzischen und rheinländischen Garnisonen ein. Am heutigen Tage flattern die Fahnen über einem freien Deutschland. Das ist der Dank des neuen Deutschlands an die Gefallenen des Weltkrieges.

Auch unsere Gemeinde gedenkt in herzlicher Dankbarkeit ihrer Toten, der Väter, Brüder, Söhne in Ost und West, die nicht wiederkehrten, die gefallen sind für Deutschlands Ehre, für die Freiheit der deutschen Scholle und Heimat.

Wir haben Grund bei der Heldengedenkfeier 1936 diese Tatsache hervorzuheben. Ich hatte Gelegenheit, vorgestern in Mannheim den Film „Friesennot" zu sehen, der in diesem Winter in allen deutschen Städten zu sehen war. Es wird das Schicksal einer friesischen Kolonistengemeinde in Südrußland geschildert. Es ist insofern ein Fantasiestück, als sowohl Züge einer lutherischen als auch einer mennonitischen Gemeinde miteinander verwoben sind. Lutherisch ist die Kirche mit dem Kruzifix, dem Christusbild, den brennenden Kerzen. Die ganze Darstellung des Dorflebens hat mit dem Mennonitentum überhaupt nichts zu tun, das ist reines friesisches Volkstum bis zum Friesentanz. Mennonitisches Gepräge hat nur der Dorfvorsteher, der Bürgermeister und Prediger in einer Person ist. Er vertritt auch als einziger eine mennonitische Idee, die das tra-

29

Walter Fellmann, Heldengedenktag 1936,
aus: Mennonitische Jugendwarte 16 (1936), S. 29-32.

gische Kernstück des Films darstellt, die Wehrlosigkeit. Der heutige Tag gibt uns Veranlassung, der Tatsache zu gedenken, daß wir deutschen Mennoniten in der Tat eine weite Entwicklung durchgemacht haben. Von unseren Vorfahren in der Mennonitengemeinde Kriegsheim wird noch vor 200 Jahren berichtet, daß sie sich weigerten, bei den Wachen aufzuziehen, daß sie lieber hohe Geldsummen opferten, als daß sie ihr Verständnis der Bergpredigt preisgegeben hätten — und 1914/18 standen ihre Nachfahren mit den anderen Volksgenossen in Reih und Glied und gaben dem Vaterland bereitwillig auch ihr Blut zum Opfer.

Und doch, liebe Gemeinde, diese scheinbar unüberbrückbaren Gegensätze — so sieht es ja auch der Film an — sind doch nicht so zusammenhangslos, so unvereinbar, wie es zuerst erscheinen mag. Sie haben einen gemeinsamen Grund, den wir uns heute morgen an Gottes Wort verdeutlichen wollen. — Unser Vers aus der altkirchlichen Epistel des Sonntags Reminiscere führt uns ganz nahe an die Lösung des Rätsels heran, ist gleichsam der Schlüssel zum wirklichen Verständnis dieser Fragen.

In diesem Wort vertritt der Völkerapostel Paulus die Meinung, daß Liebe das Notwendigste ist, was eine Gemeinde braucht. So notwendig, daß man nicht davon zu schreiben braucht. Es wäre aber vielleicht sehr notwendig davon zu schreiben, wenn sie nicht vorhanden wäre. Aber aus den Worten des Apostels klingt die beglückende Gewißheit, sie ist in der Gemeinde zu Thessalonich da. Warum? Er schreibt: „Ihr seid selbst von Gott gelehrt, euch untereinander zu lieben."

Wir wollen heute nicht von der brüderlichen Liebe in der Gemeinde reden, obwohl das gut und wichtig wäre, sich darüber klar zu werden, ob diese Liebe nicht vielfach erloschen ist, untergegangen ist, weil die Verbindung mit Gott fehlt, dem Quell der Liebe, weil Gott nicht mehr in unseren Herzen thront, und uns nicht mehr lehren kann, wie ein Vater seine Kinder belehrt.

Wir wollen heute von der Liebe zu unserem Volke und Vaterland sprechen, wozu uns die gefallenen Helden ermahnen. Aber auch hier muß nun die christliche Gemeinde den gleichen Standpunkt vertreten, daß wir von uns aus nicht wissen, wie wir lieben sollen. Das wissen wir nur durch das göttliche Wort.

Und nun ist es doch so gewesen bei unseren Vätern, daß sie gehalten waren durch das Wort unseres Heilandes „Liebet eure Feinde", daß sie nicht zum Schwert griffen, weil sie das Wort Jesu gefangen hielt: „Ich aber sage euch, daß ihr nicht widerstreben sollt dem Übel!" Sie handelten nicht aus Schwäche so, sondern aus Gehorsam. In der Welt des Hasses wollten sie göttliche Liebe üben in der Nachfolge Jesu, der auch nicht wieder schalt, da er gescholten war, der auch nicht drohte, da er litt. Wir brauchen uns der Väter wahrhaftig nicht zu schämen, sondern dürfen dankbar sein, was sie der Welt, was sie auch unserem Volk gewesen sind. Denn es gibt nichts Größeres als den Gehorsam gegen Gott. Es gibt nichts Höheres als auszuleben, was Gott lehrt. Es gibt nichts Schöneres als die Liebe!

Wenn wir, die Söhne der Alten, im Weltkrieg einen anderen Weg beschritten, gehorsam den Rock des Kaisers trugen, mit der Waffe die Heimat beschützten, so taten wir das ebenfalls im Gehorsam gegen Gottes Wort. Uns leitete das Wort des Römerbriefs: „Jedermann sei untertan der Obrigkeit, die Gewalt über ihn hat!"

Es ist nicht schwer, in dieser verschiedenen Haltung einen unüberbrückbaren Gegensatz zu sehen. Jedoch möchte ich davon abraten. — Man kann den Gegensatz auch dadurch mildern, daß man etwa sagt: Zur Reformationszeit gab es Religionskriege. Da konnten viele sich um des Gewissens willen sich nicht beteiligen. Aber: Seit den Freiheitskriegen haben wir Volksheere. Da ist das Kriegshandwerk ein ander Ding als zur Zeit der Söldnerheere. Das kann man alles sagen, und es ist auch etwas Wahres daran. Und doch möchte ich davon abraten. Auf diese Weise verschleiert man sich leicht den Kern der Sache.

Im Grund genommen ist die Entscheidung blutig ernst. Im Grund genommen wissen wir nicht, wie wir lieben, wie wir handeln sollen. Gott muß uns lehren, wie wir es machen sollen. Es steht fest, als Christen dürfen wir nur lieben. Lieben können wir nur, wenn wir von Gott belehrt sind.

Es ist nun wohl ein Ausdruck unserer abgrundtiefen Verlorenheit, unserer bodenlosen Verstricktheit in Sünde und Not, daß es keine direkten göttlichen Befehle gibt, die wir etwa unanfechtbar einfach aus der Bibel ablesen könnten. Sondern wir bedürfen der göttlichen Leitung von Fall zu Fall.

Eins steht fest, wir sind zur Liebe berufen. Nur Liebe leitete die Väter, wenn sie nicht töten konnten, gebunden an eine höhere, göttliche Lebensordnung. Nicht minder ist es aber ein Zeugnis göttlicher Liebe, wenn die gefallenen Helden unserer Gemeinde, solche die Jünger Jesu sein wollten und es auch waren, mit eintraten in den Schutzwall, den unsere Heimat schützte, wenn sie ihren Leib stellvertretend der Kugel preisgaben, stellvertretend das furchtbare Kriegshandwerk auf sich nehmen. —

Jeder, der den Krieg miterlebt hat, weiß wie entsetzlich der Krieg ist. Gott schenke es unserem Führer, gebe es den anderen Nationen, der Welt den Frieden zu erhalten.

Da hat die Gemeinde Jesu, seine Kirche, eine hohe Aufgabe, Liebe zu üben. Der alte Kirchenvater Augustin hat einmal das tiefe Wort geprägt: Ama et fac quod vis! (Liebe und dann tu, was du willst). Das soll auch unsere Losung sein am Heldengedenksonntag 1936. Wir wollen es mit den Worten des Apostels Paulus uns sagen und mit ihnen nach Hause gehen: Von der Liebe ist nicht not Euch zu schreiben, denn ihr seid selbst von Gott gelehrt!

Unser Heldengedenksonntag fällt in die Passionszeit. In die Zeit, in der wir uns als Christen besonders gern unter das Kreuz Christi flüchten.

Auf manchem Heldenfriedhof, den ich an der Westfront gesehen habe, steht inmitten der hunderten Soldatenkreuze bekannter und namenloser Soldaten hochaufgerichtet das Kruzifix des Erlösers.

Auf Golgatha allein entspringt der Liebe Born. Drum soll auf deutscher Erde auch das Kreuz Christi aufgerichtet bleiben. Damit die Liebe nicht stirbt, die leiden und sterben kann in Gottes Namen und nach Gottes Willen.

Das Kreuz allein bleibt unsere Hoffnung! Amen.

Alle G. Hoekema

Niederländische Taufgesinnte während des Zweiten Weltkriegs

Freiheit, Widerstand und problematisches Gemeindeleben

Mit drei Vorbemerkungen möchte ich diesen Beitrag beginnen. Zuerst muss ich zugeben, dass das Thema meines Beitrags einigermaßen unbequem ist. Mir ist durchaus bewusst, dass einerseits die Erfahrungen der durch eine schreckliche Ideologie Verführten und andererseits das tiefe und harte Leiden in Deutschland während des Nazi-Regimes sich wesentlich von dem unterschieden, was die Holländer während der deutschen Besatzung zwischen Mai 1940 und Mai 1945 erfuhren. Es ist durchaus möglich, dass deutsche Leser, nachdem sie geduldig meinen Beitrag gelesen haben sagen: „Bei uns war alles viel schlimmer." Wenn man nur die Zahlen der Kriegstoten in Betracht zieht sowie das physische Leiden der Bevölkerung und die Zerstörung von manchen (Groß-)Städten könnte das allerdings stimmen. Aus unserer niederländischen Perspektive ging es hingegen um „Freiheit", politisch und geistlich. Das Leiden der „Unfreiheit" ist weniger gut zu messen. Dazu kommt, dass ab 1933 das Leiden der jüdischen Flüchtlinge aus Osteuropa und Deutschland, und ab 1940 des jüdischen Teils unserer holländischen Bevölkerung im Allgemeinen unermesslich und unabsehbar war und auch viele andere Menschen in unserem Land tief berührt hat, damals und jetzt.

Zweitens, vielleicht gelingt es mir nicht recht, ganz neutral zu bleiben. Da kann ich bloß – als Theologe – sagen: die Holländer, inklusiv die niederländischen Taufgesinnten[1], waren und sind in keinerlei Hinsicht besser als Deutsche (oder Russen und andere Völker). Zwischen 1945 und 1949 hatten wir unseren eigenen Krieg in Indonesien. Die schrecklichen, unmenschlichen Sachen, die da – durch holländische Soldaten – geschahen, sind bis jetzt unerledigte und unversöhnte Geschichtsfakten. Nebenbei sind zur Zeit viele Leute (fast ein Viertel der Bevölkerung) offen für demagogische Reden gewisser Politiker.

Schließlich, ich habe kaum eigene Kriegserinnerungen. Mein Vater war mennonitischer Prediger in einem friesischen Dorf, wo allerdings auch nazifreundliche (damals als feindlich angesehene) Leute, darunter einige Gemeindemitglieder, wohnten, die Prediger zwangen vorsichtig zu sein mit Worten. Hunger haben wir dort, anders als in den Großstädten im Westen des Landes, nicht gelitten; die Bauern hatten genügend Kartoffeln. Meine eigenen ersten Erinnerungen kreisen um zwei junge kanadische Soldaten, die im Sommer 1945 bei meinen Großeltern in Heerenveen, Friesland einquartiert waren: sie waren unsere Befreier und bekamen ein Törtchen als meine Schwester Geburtstag hatte.

1 Aus unterschiedlichen Gründen nennen die niederländische Mennoniten sich seit einigen Jahrhunderten nicht „Mennoniten", sondern „Doopsgezinde" oder Taufgesinnte. Ich werde in diesem Beitrag beide Namen benutzen.

Einleitung

1939 und Anfang 1940 erwartete fast niemand in den Niederlanden einen Krieg. Unser Land war ja während des Ersten Weltkriegs neutral geblieben und nahezu jedermann war so naiv zu glauben, das würde wieder so gehen. Unser Ministerpräsident Hendrik Colijn sprach sogar am 11. März 1936 – Deutschland hatte gerade Rheinland-Pfalz militärisch besetzt – in einer Radioansprache die später legendär gewordenen Worte: „Zuhörer, Sie können ruhig schlafen gehen." Niederländische Mennoniten (Doopsgezinden) dachten in dieser Hinsicht wie andere Leute. Fast bis zum Ausbruch des Krieges, am 10. Mai 1940, versuchte das Wochenblatt „De Zondagsbode" so weit wie möglich politisch neutral zu bleiben und politisch angehauchte Beiträge fern zu halten. Das gelang nicht immer. In März 1936 (nicht lange vor der Mennonitischen Weltkonferenz in Elspeet und Amsterdam) hatte der Redakteur W. Koekebakker dazu aufgerufen, mit „dem freien Wort" vorsichtig zu sein. Eigentlich strebte er eine „politische Abstinenz" an. Darauf folgten Reaktionen in „De Zondagsbode", seitens Pastor J. D. Dozy (Amsterdam) und anderer. Am 10. Juli 1936 publizierte der nationalsozialistisch gesinnte Prediger Robijn Kuipers[2] (Beemster) einen Beitrag, in dem er sich darüber beschwerte, dass Nachbargemeinden ihn wegen seiner Deutschfreundlichkeit daran hinderten, dort zu predigen. Ein wenig später plädierte ein anderer deutschfreundlicher Prediger, J. S. Postma, ebenfalls für politische Abstinenz in diesem Wochenblatt.[3] Eine solche Zurückhaltung war natürlich eine Schwäche in einer Zeit, als beispielsweise die Barmer Erklärung schon überall bekannt war.[4] Dennoch wurde kurz danach von Seiten Frits Kuipers, einem überzeugten Sozialisten und damals Prediger in Alkmaar, gegen Postmas Einstellung klar Position bezogen![5] In den „Brieven" der „Gemeentedagbeweging" fanden ab und zu Diskussionen statt; dort hatte man mehr Freiheit, sich kritisch gegenüber der deutschen Politik zu äußern.

Die sogenannte Neutralität des „Zondagsbode" hatte auch mit der vorsichtigen Planung der Weltkonferenz im Juli 1936 in Amsterdam und Elspeet etwas zu tun; Deutschland – mit Hitler! – war ja immer noch ein befreundeter Nachbarstaat. Frits Kuiper, der als Vorsitzender der „Gemeentedagbeweging" mitverantwortlich war für die Organisation der Weltkonferenz und 1930 auch schon die Konferenz in Danzig miterlebt hatte, durfte auf der Weltkonferenz keinen Vortrag zum Thema Christentum, Mennoniten und Gewalt halten, sondern nur über „Die

2 S. Gabe G. Hoekema: Idealisten en baasjes met oogkleppen voor. Voorgangers van doopsgezinde gemeenten die van 1933 tot 1945 aangesproken werden door het gedachtegoed van de NSB of tijdens de oorlog meewerkten met de Duitse bezetter, in: Doopsgezinde Bijdragen nieuwe reeks 41 (2015), S. 183-246, vor allem S. 210-217. Dieses Jahrbuch war ein Sonderband speziell über „Doopsgezinden tijdens de Tweede Wereldoorlog".

3 Zu Postma s. Gabe G. Hoekema (wie Anm. 2), S. 224-236.

4 Ende Mai 1934 trafen sich Vertreter der Deutschen Evangelischen Kirche in Barmen, wo sechs Thesen verabschiedet wurden, gemeint als evangelische Antwort gegen die Lehre der soganannten „Deutschen Christen", die die NS-Ideologie rechtfertigten. Die Barmer Thesen wurden ein wichtiger Bestandteil des Glaubens der „Bekennenden Kirche".

5 S. Frits Kuiper: Politieke Geheel-Onthouding (1936), in: Doopsgezind Jaarboekje 102 (2008), S. 16-21; mit einer Einleitung von Karel E. de Haan.

Taufgesinnten und die Kultur" reden! Der Vorstand der Algemene Doopsgezinde Sociëteit (A.D.S.) hatte Angst, dass der Kongress sonst in Kriegsdienstanhänger (die Deutschen) und Kriegsdienstgegner (Amerikaner und teilweise Holländer) auseinanderfallen würde. Dennoch hat Kuiper, damals bewusster Antimilitarist, zumindest bedingt über die Gewalt des militärischen Systems sagen können, was er wollte: „Wenn die grossen kirchlichen Gemeinschaften dem gegenüber schweigen, müssen wir Taufgesinnte erkennen: Die Verweigerung der Teilnahme am Kriegsdienst kann aus Glaubensgehorsam geboten sein."[6]

1937 erwachten viele holländische Taufgesinnte, als eine Gruppe von 31 Personen aus dem hutterischen Rhönbruderhof durch die Gestapo ausgewiesen wurde und Mitte April in Holland ankam, wo sie bis 15. Juni verblieb, um an diesem Tag nach England weiterzureisen. Wieder gab es eine Diskussion. Ein Bericht über die Ausweisung der Hutterer in der überregionalen sozialistischen Tageszeitung „Het Volk" brachte den Vorstand der „Vereinigung" dazu, in „De Zondagsbode" (6. Juni 1937) eine Erklärung zu publizieren: Die Hutterer waren keine Mennoniten![7]

Ab 1938, vor allem nach der Kristallnacht, flüchteten tausende von Juden in die Niederlande. Vielen wurde übrigens an der Grenze die Einreise verweigert. Zwischen 90 und 100 jüdisch-christliche Flüchtlinge und einige gläubige Juden, und dazu noch 40 jüdisch-christliche Kinder wurden von den Doopsgezinden in den „Broederschapshuizen" Schoorl, Elspeet, Bilthoven und Fredeshiem aufgefangen.[8] Nun wurde auch den Doopsgezinden wirklich klar, worin die Pläne des nationalsozialistischen Regimes bestanden. Dennoch gab es bis Mitte 1939 Kontakte zwischen niederländischen und deutschen Mennoniten und bis zum 10. Mai 1940 waren die meisten davon überzeugt: Krieg wird es hier nicht geben.

Anfang des Krieges und Kriegsmaßnahmen

Der militärische Krieg fand in der Zeit vom 10. bis 15. Mai 1940 statt und hatte eine fünfjährige Besatzung zur Folge. Wir wissen nicht, wie viele Doopsgezinden während dieser Kriegstage als wehrpflichtige oder berufsmäßige Soldaten getötet wurden und später durch Bombardements (wie in Rotterdam) und Beschuss umkamen. Aus der Gemeinde Haarlem fielen zwei Mitglieder. Ihre Namen wurden im Juni 1940 im Gemeindeblatt genannt, „gefallen für das Vaterland". Mindestens zwei historische doopsgezinde Kirchen wurden völlig zerstört: Rotterdam (mit einem wertvollen Archiv) und Wageningen (zusammen mit der nahe gelegenen Synagoge); später auch Vlissingen (1942) und Nijmegen (1944).

---

6 Zitiert nach E. I. T. Brussee-van der Zee: De Doopsgezinde Broederschap en het nationaal-socialisme, 1933-1940, in: Doopsgezinde Bijdragen, nieuwe reeks 11 (1985), S. 118-129, hier S. 120.

7 Een noodzakelijke rectificatie, in: Zondagsblad 50, Nr. 32, 6, Juni 1937, S. 125-126. Dieser Bericht wurde aufgenommen auf Wunsch der Prediger Emil Händiges, Christian Neff und Abraham Braun und zur selben Zeit auch publiziert in den Mennonitischen Blättern.

8 S. hierzu Alle G. Hoekema/Elisabeth E. I. T. Brusse-van der Zee: Bloembollen voor Westerbork. Hulp door Zaanse en andere doopsgezinden aan (protestants-)Joodse Duitse vluchtelingen in Nederland, Hilversum 2011.

Bald war klar, dass sich hinsichtlich der Organisation manches ändern musste. Damit viele unabhängige doopsgezinde Organisationen (wie die „Gemeentedagbeweging") und Stiftungen ihre Arbeit weiter machen konnten, ohne durch die Besatzer verboten zu werden, bekam die A.D.S. einen zentraleren Stellenwert. Sie hatte auch einen Vertreter im „Convent der Kerken", wo alle christliche Denominationen, einschließlich der römisch-katholischen Kirche, zusammenarbeiteten, um Protestbriefe an die deutschen Besatzer zu schicken und Kanzelbotschaften an die Kirchen. Dieser Vertreter war ab 1941 der Richter S. N. B. Halbertsma. Fast immer hat sich die A.D.S. an Protesten beteiligt, wenn Maßnahmen gegen jüdische Bürger (vor allem ab Mai 1942, als der Judenstern verpflichtend wurde und die Juden in Durchgangslagern wie Westerbork in der Provinz Drente zusammengeführt wurden) oder Kirchen eine klare Stellungnahme erforderten. Derartige Proteste, meistens in Form einer Kanzelbotschaft oder eines Kanzelgebets, wurden während der Gottesdienste vorgelesen, obwohl wir nicht wissen, in welchen Gemeinden und durch welche Prediger das tatsächlich geschah. Dafür gibt es leider kaum Belege. Am Anfang gab es eine Schwierigkeit: der ehrenamtliche A.D.S. Sekretär, Prediger Alidus A. Sepp, war sehr deutschfreundlich. In allen offiziellen Beratungen musste man deswegen sehr vorsichtig sein.[9] Sepp wurde 1942 gezwungen, seine Stelle als Sekretär – nicht als Pastor der Gemeinde Zaandam Ostseite – aufzugeben. Ersetzt wurde er durch den Rechtsanwalt Herman Craandijk. Die „Broederschapshuizen" Elspeet und Schoorl wurden von der deutschen Wehrmacht beschlagnahmt und fast völlig zerstört; nur Fredeshiem blieb geöffnet.

Die A.D.S. unterrichtete die Gemeinden über Maßnahmen der Besatzer und gab Ratschläge, wie in Sachen jüdischer Doopsgezinden (wahrscheinlich mehrere Dutzende, eine Liste mit den Namen ist verloren gegangen)[10] oder öffentlicher Spendensammlungen (welche verboten wurden) zu verfahren war. Es ging auch um andere Fragen, ob Schilder mit dem Text „voor joden verboden" an Kirchenmauern angebracht werden sollten, wöchentliche oder monatliche Gemeindebriefe publiziert werden durften und Kirchengebäude zu verdunkeln waren oder um Kontakte mit doopsgezinde Kriegsgefangenen in Deutschland – wahrscheinlich mehrere Dutzend Soldaten und Offiziere.

Auch für Theologiestudenten wurde die Zeit gefährlich, da sie wie andere junge Leute nach Deutschland verschleppt werden konnten. Um diesem Schicksal zu entgehen, brauchte man den Nachweis unentbehrlich zu sein. Eine derartige Bestätigung hatten Professor Henk Kossen und Simon Verheus erhalten, der ab

---

9 Hoekema (wie Anm. 2), S. 218-224.

10 Als die deutsche Besatzungsmacht 1942 anfing, jüdische Bürger zu verschleppen, bekamen getaufte und Taufunterricht empfangende Juden – jedenfalls vorläufig – einen Sonderstatus. Dazu wurden kirchliche Gemeinden aufgefordert, sie auf irgendeine Weise zu registrieren. Das hat die A.D.S. treu, aber auch naiv getan. Ob diese Liste in die Hände der deutschen Behörden fiel, ist unsicher; jedenfalls hatte man dort Listen mit derartigen Namen, wie die Archive des niederländischen Instituts für Kriegs-, Holocaust- und Genozidstudien (NIOD) belegen. Wir wissen, dass z. B. die doopsgezinde Gemeinde in Den Haag eine sehr großzügige Definition des „Taufunterrichts" benutzte, um möglichst vielen jüdische Freunden und anderen einen Ausweis zukommen zu lassen, der sie als zur Gemeinde zugehörig auswies. Hierzu Alle G. Hoekema: Doopsgezind Den Haag tijdens de Tweede Wereldoorlog, in: Doopsgezinde Bijdragen nieuwe reeks 41 (2015), S. 129-151 und das Bild auf S. 398.

1963 Konservator der mennonitischen Bibliothek in Amsterdam wurde. Hingegen wurden einige andere Studenten, wie Haeijo Woelinga und Andries van der Linden, gezwungen, Zwangsarbeit in Berlin zu leisten. Nach dem Krieg nahm der A.D.S. Vorstand ihnen das übel![11]

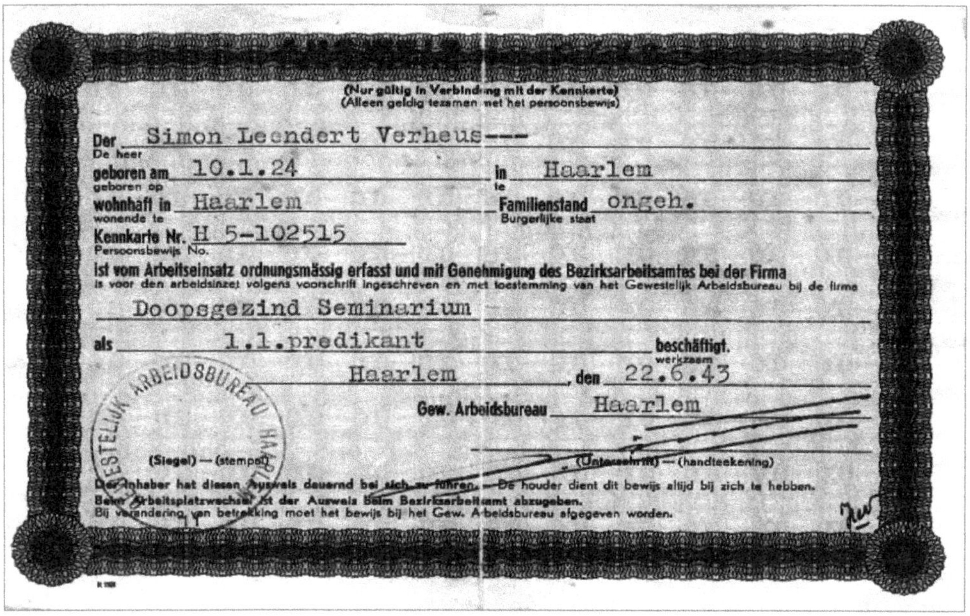

(Nur gültig in Verbindung mit der Kennkarte)
(Alleen geldig tezamen met het persoonsbewijs)

Der / De heer: Simon Leendert Verheus---
geboren am / geboren op: 10.1.24 in / te: Haarlem
wohnhaft in / wonende te: Haarlem Familienstand / Burgerlijke staat: ongeh.
Kennkarte Nr. / Persoonsbewijs No.: H 5-102515
ist vom Arbeitseinsatz ordnungsmässig erfasst und mit Genehmigung des Bezirksarbeitsamtes bei der Firma
is voor den arbeidsinzet volgens voorschrift ingeschreven en met toestemming van het Gewestelijk Arbeidsbureau bij de firme
Doopsgezind Seminarium
als 1.1.predikant beschäftigt. / werkzaam
Haarlem, den 22.6.43
Gew. Arbeidsbureau Haarlem
GEWESTELIJK ARBEIDSBUREAU HAARLEM
(Siegel) — (stempel)
(Unterschrift) — (handteekening)
Der Inhaber hat diesen Ausweis dauernd bei sich zu führen. — De houder dient dit bewijs altijd bij zich te hebben.
Beim Arbeitsplatzwechsel ist der Ausweis beim Bezirksarbeitsamt abzugeben.
Bij verandering van betrekking moet het bewijs bij het Gew. Arbeidsbureau afgegeven worden.

Ausweis ("legitimatiebewijs") von Simon Leendert Verheus als Student des „Doopsgezind Seminarium", 1943 (archief VDGH, inv.nr. 2106)

Gemeindeleben

Auch für die Gemeinden wurde das Leben immer schwieriger. Viele (männliche) Jugendliche und auch Erwachsene fürchteten, jedenfalls ab 1943, 1944, dass sie als Zwangsarbeiter nach Deutschland verschleppt werden würden. Sogar während des Gottesdienstes konnte eine Razzia durchgeführt werden, wie ein persönliches Beispiel aus meinem Geburtsort zeigt. Mir wurde später erzählt, dass ich als kleiner Bube, spielend in der Nähe des Kirchengebäudes in unserem Dorf einmal an einem Sonntagmorgen während des Gottesdienstes mit einem Stock an die Tür geschlagen habe. Alle im Kirchenraum waren wie versteinert, weil sie fürchteten, dass deutsche Soldaten gekommen sind, um die jungen Männer festzunehmen und als Zwangsarbeiter nach Deutschland zu schicken.

Heizung im Winter wurde auch ein Problem für Kirchen; Wein und Brot zum Nachtmahl gab es nicht oder waren rationiert. In verschiedenen Gemeinden an

11 Cor Nijkamp/Harmen Ament: Andries Jan van der Linden, in: Doopsgezind Jaarboekje 106 (2012), S. 22-23; Karel E. de Haan: Haeije D. Woelinga (Haeijo), in: Doopsgezind Jaarboekje 107 (2013), S. 13-16.

der Nordseeküste wurden tausende Leute, darunter auch hunderte doopsgezinde, evakuiert, weil die Deutsche Wehrmacht einen Atlantikwall bauen wollte.

Wir wissen, dass verschiedene Prediger, zum Beispiel der militante Sozialist und Barthianer Frits Kuiper in Alkmaar[12] und Abraham Mulder, der in seinem Pfarrhaus in Giethoorn, drei, später sogar sechs Juden verborgen hielt, während des Krieges klare und mutige Predigten gehalten haben.[13] Leider sind solche Kriegspredigten doopsgezinder Pfarrer bislang noch nicht Gegenstand der Forschung gewesen. Welche Texte aus dem Alten Testament benutzten unsere Prediger und warum? Wie wurde die bleibende Rolle des Judentums explizit oder implizit gedeutet? Wurden die apokalyptischen Stücke aus Daniel, Ezechiel, den Evangelien, den Paulusbriefen und der Offenbarung oft gelesen? Was konnte in öffentlichen Gebeten gesagt werden? Welche Lieder sang man in den Gottesdiensten als „Protestsongs"?

Einige Prediger haben während der Kriegszeit gemeinverständliche Bücher geschrieben, um die Gemeinde aufzubauen. Natürlich durften öffentliche Vorlesungen nur über sogenannte unschädliche Themen gehalten werden, wie „Die frühe Geschichte der Mennoniten", und dies auch nur, bevor die Sperrzeit anfing und wenn die Genehmigung des Besatzers eingeholt worden war. In vielen Gemeinden wuchs angesichts der Lage das Zusammengehörigkeitsgefühl spürbar. Daneben ging auch das gewöhnliche Gemeindeleben weiter: Es wurde natürlich getauft!

Aber wir wissen auch, dass in fast allen Gemeinden eine kleine Minderheit deutschfreundlich war, oder sogar Mitglied der N.S.B. (die „Nationaal-Socialistische Beweging"), man musste in der Predigt vorsichtig sein. Verschiedene junge Leute sind als Freiwillige der sogenannten „Germaanschen SS" an die Ostfront gezogen und dort gefallen. Auch hier bleibt unbekannt, um wie viele es sich handelte. Ich weiss aus meiner ehemaligen Gemeinde Alkmaar, dass dort mindestens drei junge Leute als Soldaten an der Ostfront gefallen sind. In Alkmaar gehörte auch ein Mitglied des Kirchenvorstandes zur N.S.B., weshalb Vorsicht geboten war.

Schlachtopfer

Wie oben schon erwähnt, ist unbekannt, wie viele Mitglieder in Rotterdam, Wageningen, und später in anderen Orten wie Vlissingen, Nijmegen, Arnhem und Den Haag durch Kriegshandlungen und (teilweise alliierte) Bombardements gestorben sind. Auch wissen wir nicht, wie viele während des letzten Kriegsjahrs

12 Zu Kuiper s.: Alle G. Hoekema/Pieter Post (Hg.): Frits Kuiper (1898-1974) – doopsgezind theoloog, Hilversum 2016.

13 Hierzu Lies van der Zee: „De Gemeente van Christus moet blijven het geweten der wereld". Oorlogspreken van ds. Abraham Mulder te Giethoorn, in: Doopsgezinde Bijdragen nieuwe reeks 41 (2015), S. 269-301. Das Verbergen jüdischer „Untergetauchter" (wie es auf Holländisch heißt) ist beschrieben auf S. 273-276. Übrigens haben mehrere Mennonitenprediger und andere Doopsgezinde Juden in ihren Häusern versteckt.

durch Hunger und Krankheit umgekommen sind, vor allem in den Großstädten im Westen des Landes. Viele Kinder aus Amsterdam, Haarlem, Den Haag und anderen Großstädten im Westen des Landes wurden ab 1943 während des Sommers einige Wochen (oder sogar länger) nach Friesland, Groningen und in andere Orte geschickt, um sich zu erholen. Es gibt rührende Beispiele von Briefen, die sie schickten oder von ihren Eltern an die Gemeinden geschickt wurden als Dank.[14] In Den Haag hat ein mennonitischer Fotograf, Menno Huizinga, Sohn des emeritierten Mennonitenpastors Menno Huizinga, hunderte illegaler Fotos über die schrecklichen Lage in dieser Stadt gemacht. Einige seiner Bilder wurden sogar nach London geschmuggelt, um dort die holländische Regierung von der Notlage zu überzeugen. Seine Mutter, Arnolda J. G. Huizinga-Sannes, hat während dieser Jahre ein Tagebuch geschrieben, das wertvolle Informationen enthält. Es befindet sich im NIOD (das Nationale Institut für Kriegs-, Holocaust- und Genozidstudien) in Amsterdam.[15]

Widerstand

Es gab auch andere Schlachtopfer: diejenigen, die sich in verschiedenen Widerstandsgruppen engagierten oder Juden in ihren Häusern verborgen hielten, die verraten und fusiliert wurden oder in Konzentrationslagern starben. Wahrscheinlich waren das mindestens sechzig bis hundert Personen, aber auch hier haben wir keine zuverlässigen Daten. Zwei Prediger, André du Croix (Winschoten) und Albert Keuter (Den Haag), sowie zwei Theologiestudenten sind aus diesen Gründen umgekommen. Wir kennen aus Kurznachrichten oder biografischen Schriften das bittere Schicksal vieler tapferer Gemeindemitglieder. Eine noch ungetaufte junge Studentin in Haarlem aus einer doopsgezinde Familie, Hannie (Johanna) Schaft, wurde postum berühmt, weil Bücher über sie und ihren gewalttätigen Widerstand geschrieben wurden und auch ein Spielfilm entstand.[16] Über eine andere Schwester, Geertje Pel-Groot, erschien unlängst ein rührendes Buch: „Een gegeven leven“ (Ein gegebenes Leben). Sie rettete das Leben eines jüdischen Kindes, das sie 1942 zu Hause in Zaandam aufgenommen hatte, starb aber selbst im Februar 1945 in Ravensbrück, nachdem sie von einem Nachbarn verraten worden war.[17] Das jüdische Mädchen litt lange Zeit darunter, überlebt zu haben, während Geertje Pel ihr Leben lassen musste. Allmählich wissen wir mehr über solche mutigen Leute. Nicht alle handelten aus eindeutig christlichen Motiven, aber alle taten es mit dem Bewusstsein, dass sie mitverantwortlich waren für das Leben der Anderen (Juden oder weiterer gefährdeter Menschen), die sie, wenn nötig, verstecken sollten.

---

14 S. z.B. die Archive der Mennonitengemeinde Den Haag, Haags Gemeentearchief 0004/01, inv.nr. 294.

15 Zu diesem Tagebuch und über Menno Huizinga s. Alle G. Hoekema: Een oorlogsdagboek van een Haagse predikantsvrouw, 1940-1945, in: Doopsgezinde Bijdragen nieuwe reeks 34 (2003), S. 105-126.

16 Hannie (Johanna) Schaft, 1920-1945. Der ursprünglich doopsgezinde Schriftsteller Theun de Vries hat 1956 eine Biografie über ihr Leben verfasst: „Het meisje met het rode haar“. Das Buch, das viele Neuauflagen erlebte, wurde 1981 unter dem gleichnamigen Titel verfilmt.

17 Hanneloes Pen: Een gegeven leven. Een Zaanse vrouw, een Joodse baby en een daad van verzet, Amsterdam 2015.

Hanneloes Pen mit gerettetem jüdischem Kind

Wie viele Taufgesinnte in tapfere Widerstandsaktionen dieser Art einbezogen waren, bleibt unbekannt. Ich schätze, dass mindestens 20 oder 25 doopsgezinde Prediger sich auf irgendeine Weise im Widerstand engagierten; jedenfalls habe ich über sie Berichte gehört oder gelesen. Gerlof Homan hat hierzu verschiedene wertvolle Beiträge geschrieben.[18] Wir wissen es leider nicht genau – vor allem weil die meisten nach dem Krieg nicht darüber redeten: schließlich war es normale Christenpflicht, das zu tun. Ähnlich verhielt es sich mit anderen Mitgliedern – wie übrigens auch mit anderen Christen, Sozialisten, Kommunisten und weiteren Helfern. Soweit zu erfahren war, haben etwa 25 doopsgezinde Brüder und Schwestern von der israelischen Regierung die Anerkennung „Yad Vashem" bekommen, weil sie Juden zu Hause versteckt haben, die den Krieg überlebten und später Zeugnis davon ablegen konnten. Ob das viel oder wenig sind im Vergleich mit Christen anderer Denominationen bleibt unklar. Jedenfalls sind die Zeugnisse über jeden von ihnen rührend. Zu finden sind sie auf der Website von „Yad Vashem".[19] Vor einigen Monaten, am 24. August 2015, gab es eine weitere „Yad Vashem" Anerkennung für vormals Johanna Kuiper, die Schwester von Prediger Frits Kuiper, der selber auch am Widerstand beteiligt war, und ihren Mann, einen reformierten Pastor, Klaas Abe Schipper. Die Ehrung fand während einer eindrucksvollen Feierlichkeit in der reformierten Kirche im Dorf Oosthuizen statt, in deren Zuge auch der israelische Botschafter in den Niederlanden sprach.

Ich möchte allerdings nicht den Eindruck erwecken, dass nahezu alle doopsgezinde mutige, tapfere Leute waren. So war es bestimmt nicht. Viele haben lediglich zu überleben versucht. Und es gab, wie oben erwähnt, auch solche, die sich für Deutschland und den Führer entschieden. Bis heute gibt es Kinder und Enkel, die darunter leiden.

---

18 S. hierzu u. a. Gerlof D. Homan: Nederlandse doopsgezinden in de Tweede Wereldoorlog, in: Doopsgezinde Bijdragen nieuwe reeks 21 (1995), S. 165-197; ders.: Een doopsgezinde gemeente in oorlogstijd: Zuid-Limburg, Heerlen, in: Doopsgezinde Bijdragen nieuwe reeks 31 (2005), S. 263-276.

19 S. www.yadvashem.org und Alle G. Hoekema: Yad Vashem. Lijst met namen van doopsgezinden die de erkenning van Yad Vashem (rechtvaardige onder de volken) ontvingen wegens hulp aan Joodse medeburgers in de Tweede Wereldoorlog, in: Doopsgezinde Bijdragen nieuwe reeks 41 (2015), S. 401 f. Unterdessen habe ich bemerkt, dass die Liste noch nicht vollständig ist.

Certificate of Honour

THIS IS TO CERTIFY THAT IN ITS SESSION OF AUGUST 4, 2014 THE COMMISSION FOR THE DESIGNATION OF THE RIGHTEOUS, ESTABLISHED BY YAD VASHEM, THE HOLOCAUST HEROES & MARTYRS' REMEMBRANCE AUTHORITY, ON THE BASIS OF EVIDENCE PRESENTED BEFORE IT, HAS DECIDED TO HONOUR

Klaas Abe & Johanna Engelberta Schipper-Kuiper

WHO, DURING THE HOLOCAUST PERIOD IN EUROPE, RISKED THEIR LIVES TO SAVE PERSECUTED JEWS.
THE COMMISSION, THEREFORE, HAS ACCORDED THEM THE MEDAL OF THE RIGHTEOUS AMONG THE NATIONS.
THEIR NAMES SHALL BE FOREVER ENGRAVED ON THE HONOUR WALL IN THE GARDEN OF THE RIGHTEOUS, AT YAD VASHEM, JERUSALEM.

Jerusalem, Israel
FEBRUARY 8, 2015

WHOEVER SAVES ONE LIFE IS AS THOUGH HE HAD SAVED THE ENTIRE WORLD

ERE OORKONDE

Deze oorkonde bevestigt dat in haar zitting van 4 augustus 2014 de Commissie ter Ere van de Rechtvaardigen, ingesteld door YAD VASHEM, het Instituut ter Herdenking van de Martelaren en Helden, op basis van de door haar ingewonnen getuigenissen, eer wil bewijzen aan

Klaas Abe Schipper
&
Johanna Engelberta
Schipper-Kuiper

die met gevaar voor eigen leven, gedurende de Holocaust in Europa, vervolgde Joden hebben gered.

Derhalve heeft de Commissie aan hen de medaille van 'Rechtvaardigen onder de Volkeren' toegekend.

Hun namen zullen voor altijd worden gegraveerd in de ere-muur in de Tuin der Rechtvaardigen bij Yad Vashem in Jeruzalem.

Ehrung von „Yad Vashem" für Johanna Kuipers und Klaas Abe Schipper

Kontakte mit Deutschen während des Krieges

Hatten niederländische Taufgesinnte während des Krieges Kontakte zu Deutschen oder sogar deutschen Mennoniten? Darüber ist fast nichts zu finden. Natürlich gab es ab und zu Kontakte mit deutschen Behörden und das war nie eine Freude. Vielleicht unterhielten Leute wie Johan S. Postma freiwillige Kontakte, auch zu Mennoniten. Es ist durchaus möglich, dass doopsgezinde Kriegsgefangene und Zwangsarbeiter in Deutschland zufällig oder beiläufig Berührungen mit Glaubensgeschwistern hatten, aber davon liegen mir keine Zeugnisse vor. Bekannt ist, dass ein Mitglied der Gemeinde Den Haag, der Rechtsanwalt Abraham J. Th. van der Vlugt, von Amts wegen Kontakte in Deutschland hatte. Er war finnischer Honorarkonsul und konnte bis 1943 frei nach Berlin reisen, wo er sich mit Hilfe der neutralen Schwedischen Botschaft für Kriegsgefangene einsetzte, allerdings leider nicht für Juden in Vernichtungslagern. Er und ein anderes Vorstandsmitglied in Den Haag, Lambertus Neher, der nach dem Krieg Minister für das Postwesen wurde, hatten gegen Ende des Krieges im Dezember 1944, im Auftrag der holländischen Exilregierung in London, auch Kontakte zu Arthur Seyss-Inquart, Reichskommissar in den Niederlanden, wegen der schrecklichen Nahrungsmittelknappheit im Westen des Landes. Neher gehörte zum sogenannten „College van Vertrouwensmannen“ (Kollegium der Vertrauensmänner), das 1944 von der Exilregierung in London eingerichtet wurde, um die Rückkehr der Königin und der holländischen Regierung nach der Befreiung vorzubereiten.[20]

Allerdings gibt es für Kontakte ein rührendes Beispiel im Buch „Passing on the Comfort“. Es geht um die heilende Rolle von amerikanischen, mennonitischen Quilts und Frauen, die „einen Unterschied machten“.[21] An Keuning-Tichelaar, die junge Ehefrau des doopsgezinden Predigers Herman Keuning (der im Mai 2015 verstorben ist), hatte in ihrem friesischen Pfarrhaus in Irnsum viele evakuierte Menschen untergebracht – und manchmal auch untergetauchte Juden. Am Ende des Krieges gab es fast nichts mehr zu essen. Auf einmal kam ein deutscher Wehrmachtsoffizier in ihr Haus, um Eier und Speck zu braten. Alle verstummten, als ihnen der Duft in die Nase stieg. Der junge Wehrmachtssoldat spürte die Stille, fing an zu weinen und rannte in den Hausflur, wo er weiter weinte. An Keuning ging zu ihm, versuchte ihn zu trösten und schlug ihre Arme um ihn. Schluchzend sagte er: Ich bin ein Mennonit aus Polen. Wir wollten gewaltlos sein, wurden aber in die Armee gezwungen. Glücklicherweise brauchte er als junger Doktor nicht zu schießen. An Keuning – m. E. eine richtige Heldin, die, zusammen mit ihrem Mann, vielen Leuten, auch jüdischen Kindern das Leben rettete, konnte ihm sagen: Du bist jetzt in einem mennonitischen Pfarrhaus.[22]

Nach dem Krieg

Nach dem Krieg wurden alle deutschfreundlichen niederländischen Bürger, darunter fünf doopsgezinde Prediger (zwei von ihnen schon emeritiert) und weitere doopsgezinde, verhaftet, vor Gericht gestellt und verurteilt. Den Predigern wurde eine gewisse Zeit lang verboten Gemeindearbeit zu leisten. Der schon alte Kirchenhistoriker Dr. C. B. Hylkema, der teilweise zusammen mit seinem Sohn, einem Arzt, verschiedene rassistische Schriften publiziert hatte, konnte oder wollte, nachdem er aus der Haft freigelassen worden war, nicht verstehen, dass er nicht länger Mitglied des Kirchenvorstands in seiner Gemeinde Haarlem sein konnte. Mein Vater, damals Prediger in Haarlem, hat es ihm sagen müssen. Hylkema wandte sich 1946 von seiner Gemeinde ab. Bis zu seinem Tod ist er nicht mehr in die Kirche und den Gottesdienst gekommen.[23]

---

20 Das Kollegium der Vertrauensmänner bestand aus fünf, später neun bewährten und bekannten Männern, wie dem späteren Ministerpräsidenten Willem Drees und dem bekannten Professor der Universität Leiden, Rudolph P. Cleveringa, der am 26. November 1940 eine berühmte Vorlesung hielt, in der er gegen die Entlassung aller jüdischen Kollegen scharf protestierte.

21 Lynn Kaplanian-Buller/An Keuning-Tichelaar: Passing on the Comfort: the War, the Quilts and the Women who made a difference, Intercourse 2005. Deutsche Übersetzung: Quilts verbinden: Erzählungen von Krieg, beherzten Frauen und beseelten Decken, Witmarsum 2016.

22 Ebd., S. 102 f. Auch zitiert in Hanspeter Jecker/Alle G. Hoekema (Hg.): Glaube und Tradition in der Bewährungsprobe, Europa, Schwarzenfeld 2014, S. 361 f.

23 Hoekema (wie Anm. 2), S. 188-201 und auch Ruth M. M. Hoogewoud-Verschoor: „Oog voor de stoffelijke en geestelijke nood“. De Vereenigde Doopsgezinde Gemeente Haarlem 1940-1945, in: Doopsgezinde Bijdragen nieuwe reeks 41 (2015), S. 17-65, vor allem S. 20 f. und S. 54 f.

Der Korrespondenz der Gemeinde Den Haag ist zu entnehmen, dass ein verhaftetes Gemeindemitglied, das seine Fehler einsah, während der Haft am Abendmahl teilnehmen durfte: Der Betreffende sei ein Bruder geblieben, schrieb der damaliger Sekretär des Gemeindevorstandes.

Es gab auch Stimmen, die zur Versöhnung aufriefen, u. a. in Kreisen der „Doopsgezinde Vredesgroep". Cor Inja und weitere Pastoren gehörten dazu, darunter auch mein Vater. Derartiges ist auch aus anderen Kirchen bekannt. Brüder und Schwestern, die kollaboriert hatten, sollten wieder aufgenommen werden in die kirchliche Gemeinschaft. Das ist bis heute nicht immer völlig gelungen, vor allem in kleineren Dorfgemeinschaften. Der amerikanisch-holländische Historiker Gerlof D. Homan bat 1989 in einem Rundschreiben an alle niederländischen taufgesinnten Gemeinden um Auskünfte über die Kriegsjahre. Verschiedene Gemeinden wollten sich nicht äußern, weil das Thema noch zu sensibel war.[24] Dennoch habe ich auch Leute gekannt, die wirkliche Reue zeigten und großzügig wieder aufgenommen wurden.

Im Herbst 1945 erreichte eine Gruppe von 437 ukrainischen Mennoniten, hauptsächlich aus Nieder-Chortitza, die holländische Grenze. Sie waren nach der Schlacht von Stalingrad mit Hitlers Heer in den Westen geflüchtet. Eine kleine Gruppe, etwa 33 Personen, war schon in Maastricht, während eine große Gruppe sich in einem Lager in der Nähe von Gronau befand. Als die Rücksendung nach Russland drohte, wurden sie durch die Hilfe verschiedener niederländischer Pfarrer wie Tjeerd O. M. H. Hylkema, Jelle Keuning, Herman Keuning und anderer gerettet. Es gelang, die holländische Regierung davon zu überzeugen, dass diese Leute Doopsgezinde/Mennoniten waren, die nach Kanada oder Paraguay weiterreisen würden. Sie bekamen sogar eine Art Reisepass, einen Mennopass, und blieben bis 1947 bei Familien in verschiedenen niederländischen Ortsgemeinden und teilweise auch auf dem Landgut Roverestein nahe Maartensdijk. Am 28. Januar 1948 konnten sie dann auf der „Volendam" vom Rotterdamer Hafen aus nach Paraguay weiterreisen.[25]

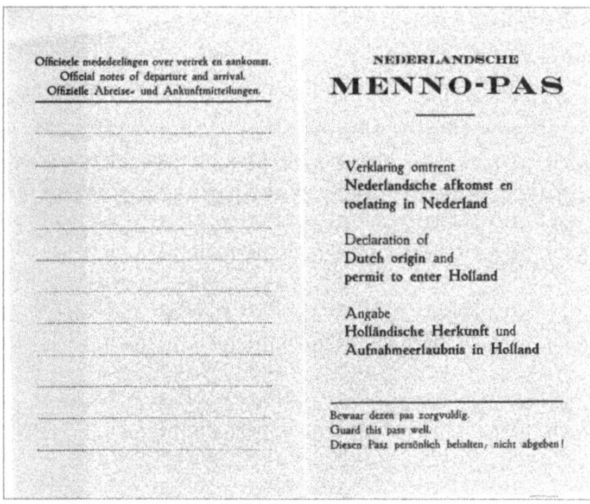
Officieele mededeelingen over vertrek en aankomst.
Official notes of departure and arrival.
Offizielle Abreise- und Ankunftmitteilungen.

NEDERLANDSCHE
MENNO-PAS

Verklaring omtrent
Nederlandsche afkomst en
toelating in Nederland

Declaration of
Dutch origin and
permit to enter Holland

Angabe
Holländische Herkunft und
Aufnahmeerlaubnis in Holland

Bewaar dezen pas zorgvuldig.
Guard this pass well.
Diesen Pass persönlich behalten, nicht abgeben!

Niederländischer Mennopass

24 Homan (wie Anm. 18), S. 165.

25 Ders.: „We hebben ze lief gekregen." Het verblijf van Russische mennonieten in Nederland van 1945 tot 1947, in: Doopsgezinde Bijdragen nieuwe reeks 32 (2006), S. 225-253; auch publiziert als „We have come to love them": Russian Mennonite Refugees in the Netherlands, 1945-1947, in: JMS 25 (2007), S. 39-59. Hierzu auch Peter und Elfriede Dyck: Up from the Rubble, Scottdale 1991, und weitere in Homans Beitrag genannte Literatur.

Weitere Kontakte mit deutschen Mennoniten blieben wahrscheinlich aus, auch nachdem Dirk Cattepoel 1948 auf der Mennonitischen Weltkonferenz in North Newton (Kansas) ein Schuldbekenntnis der deutschen Mennoniten ausgesprochen und um Vergebung gebeten hatte.[26] Das kam für die niederländischen Glaubensgeschwister zu früh, auch war das Bekenntnis in weiter Ferne ausgesprochen worden. Die Kontakte wurden erst besser durch die Weltkonferenzen von 1952 (Bettingen, Schweiz) und vor allem 1957, als viele holländische Teilnehmer nach Karlsruhe kamen. Die Gründung des Europäischen Mennonitischen Evangelisationskomitees (EMEK) im Jahr 1951 bedeutete einen weiteren Schritt zur Normalisierung der Beziehungen.

Epilog: weitergehende Diskussion

Die meisten Beiträge in der Sonderausgabe der „Doopsgezinde Bijdragen" 2015 über niederländische Mennoniten während des Zweiten Weltkriegs hatten als Ausgangspunkt, dass sich weder die Stellungnahmen der niederländischen Doopsgezinden noch der Niederländer im Allgemeinen in Schwarz-Weiß-Bildern malen oder in Gut-Schlecht-Gegensätzen erfassen lassen. Seit den 1980er Jahren ist den meisten Historikern in unserem Land eine nuanciertere Auffassung eigen, wofür J. C. H. (Hans) Blom, von 1986 bis 2007 Direktor des NIOD, ein gutes Beispiel ist. Dennoch gibt es immer noch andere Meinungen, wie sie beispielsweise der niederländische Historiker Dr. Lou de Jong in seinem 29 Bände umfassenden Werk „Het Koninkrijk der Nederlanden in de Tweede Wereldoorlog" (1969-1991) vehement vertritt. In der neuerdings erschienenen Ausgabe der „Doopsgezinde Bijdragen" 42 (2016), S. 307-312, hat Gjalt Zondergeld, der auch eine Geschichte über die Vrije Universiteit während des Krieges geschrieben hat, sich mit Gabe Hoekema (siehe Anmerkung 2) kritisch auseinandergesetzt. Er argumentiert folgendermaßen: Jeder konnte schon damals erkennen, wie schlecht das nationalsozialistische Regime war und jedem stand es frei, zwischen „gut" (Widerstand) oder „falsch" (Kollaboration) zu wählen. Die Diskussion ist also noch nicht abgeschlossen, vielmehr ist sie hochaktuell.

26 S. Dirk Cattepoel, The History of Mennonites in Germany, 1936-1948 and the Present Outlook, in: Proceedings of the Fourth Mennonite World Conference 1948, Akron 1950, S. 14-23.

Daniel Stahl

Auslandsdeutsche und der völkische Antikommunismus

Mennoniten in Paraguay während des Nationalsozialismus

Unter den vielen Loyalitätsbekundungen und Sympathieadressen, die der NS-Regierung in den ersten Monaten nach ihrer Machtübernahme aus allen Teilen der Welt zugingen, befand sich auch ein Schreiben der Kolonie Fernheim. Fernheim war eine Siedlung in Paraguay, in der circa 1.500 Mennoniten lebten, die 1929 aus der Sowjetunion geflüchtet waren. Nachdem sie Informationen und Berichte über Hitlers Machtübernahme eingeholt hatten, wollten sie nun ihre Zufriedenheit mit der Situation in Deutschland zum Ausdruck bringen:

„Mit besonderer Anteilnahme hören wir auch davon, daß es die jetzige Reichsregierung mit der Verwirklichung der christlichen Grundsätze im gesellschaftlichen, wirtschaftlichen und kulturellen Leben ernst nimmt und den Schutz der Familie, als der Grundlage der gesamten Volksgemeinschaft und des Staates, besonders betont. Hat doch gerade unser kleines Mennonitenvölklein in Rußland die Folgen der wahnwitzigen kommunistischen Idee, durch welche die christlichen Grundlage [sic!] und der segnende Einfluß der Familie im Volksleben ausgeschaltet wurden, an seinem eigenen Leibe erfahren. [...] Wir danken dem Allmächtigen, daß er unserem Mutterlande noch zur rechten Zeit die Männer gesandt hat, die dem Kommunismus mit starker Hand entgegentraten und ihn in kurzer Zeit niederrangen.“[1]

Es sollte nicht bei dieser in der Forschungsliteratur vielfach zitierten Sympathiebekundung bleiben. Bald schon hing das Bild Adolf Hitlers im Sitzungssaal der Siedlung. Bei tropischen Temperaturen feierte man auf staubigen Dorfplätzen des Führers Geburtstag. Mehr noch: Zentrale Figuren der kleinen russlanddeutschen Gemeinschaft erklärten das nationalsozialistische Deutschland zum gesellschaftspolitischen Modell, an dem man sich auch in Paraguay orientieren solle. An dieser Meinung hielten die Sympathisanten des „Dritten Reiches“ auch noch fest, als NS-freundliche Positionen die Gesellschaft immer stärker polarisierten und das in den USA ansässige Mennonitische Zentralkomitee, das die Ansiedlung in Paraguay maßgeblich organisiert hatte, harsche Kritik an der NS-Begeisterung übte. Diese sogenannte völkische Zeit fand erst ein Ende, als die zentralen Akteure des NS-freundlichen Lagers von der paraguayischen Regierung unter Hausarrest gestellt wurden.

Um zu erklären, warum der Nationalsozialismus in einer pazifistischen und sich dezidiert apolitisch gebenden Gemeinschaft wie die der russlanddeutschen Mennoniten in Paraguay auf eine derartige Resonanz stieß, wird häufig auf den Antikommunismus des NS-Regimes verwiesen. Dieser sei in höchstem Maße

1 Kolonie Fernheim an die Deutsche Reichsregierung in Berlin, abgedruckt in: Mennoblatt 4 (Juni 1933), S. 2.

anschlussfähig gewesen für eine Gesellschaft, deren konstituierende Erfahrung die Unterdrückung durch den Kommunismus und die Flucht aus der Sowjetunion gewesen war.[2] Auch die eingangs zitierte Passage aus der Sympathieadresse der mennonitischen Kirchgemeinden an die Regierung Hitler verweist auf diesen Zusammenhang. So einleuchtend diese Erklärung auch sein mag, so ist sie in ihrer Pauschalität doch unbefriedigend. Schließlich sagt sie nichts darüber aus, warum es nicht bei wohlwollenden Stellungnahmen zum Antikommunismus der Nationalsozialisten blieb. Warum konnten Bezugnahmen auf den Nationalsozialismus zu einem integralen Bestandteil des gesellschaftlichen Lebens werden? Und warum schien der Nationalsozialismus für viele Mennoniten in Paraguay selbst dann noch anschlussfähig zu sein, als das „Dritte Reich" bereits einen offensichtlich kriegerischen Kurs fuhr?

In diesem Beitrag geht es nicht darum, die Antikommunismus-These zu widerlegen. Vielmehr soll sie ausgehend vom Konzept des völkischen Antikommunismus konkretisiert und plausibel gemacht werden. Unter diesem Konzept verstehe ich eine Ideologie, die Kommunismus und Sozialismus mit völkischen Argumenten ablehnt: Bestimmte Volksgruppen seien aufgrund ihrer Kultur oder Rasse dafür bestimmt, sich gegen kommunistische Kollektivierung und „Gleichmacherei" zur Wehr zu setzen. Warum dieser völkische Antikommunismus eine so zentrale Rolle für die paraguayischen Mennoniten spielte und die eingangs beschriebenen Reaktionen nach sich zog, soll in zwei Schritten herausgearbeitet werden: Zunächst gilt es, die Zeit vor 1933 in den Blick zu nehmen und davon ausgehend zu fragen, wie die nach Paraguay emigrierten Mennoniten ihre eigenen Erfahrungen in der Sowjetunion und während der Flucht deuteten. In einem zweiten Schritt wird untersucht, wie sie unter Rückgriff auf diese Geschichtsdeutung den Nationalsozialismus interpretierten und welche Handlungsanleitungen sie daraus für den Umgang mit gegenwärtigen Problemen ableiteten.

Wie aus Mennoniten Deutsche wurden

Die Erzählung vom „Kampf um das Deutschtum" ist charakteristisch dafür, wie die nach Paraguay emigrierten Mennoniten rückblickend ihre Erfahrungen in der Sowjetunion deuteten. Der Kommunismus stand dieser Interpretation zufolge nicht allein im Spannungsverhältnis zu den Grundsätzen des mennonitischen Glaubens und somit zur konfessionellen Identität, sondern er richtete sich auch gegen die ethnische Identität – und diese Identität, das stand nach 1929 außer Frage, war deutsch. Dass die Mennoniten Deutsche seien, war in der Sowjetunion allerdings alles andere als eine Selbstverständlichkeit. Wie die Mennoniten zu Deutschen wurden, bedarf vielmehr der Erklärung.

---

2 Siehe u. a. Peter P. Klassen: Die deutsch-völkische Zeit in der Kolonie Fernheim Chaco, Paraguay, 1933-1945. Ein Beitrag zur Geschichte der auslandsdeutschen Mennoniten während des Dritten Reiches, Filadelfia 1990, S. 22 f.; Jakob Warkentin: Die deutschsprachigen Siedlerschulen in Paraguay im Spannungsfeld staatlicher Kultur- und Entwicklungspolitik, Münster u.a. 1998, S. 230 f. Eher kritisch: John D. Thiesen: Mennonite and Nazi? Attitudes Among Mennonite Colonists in Latin America, 1933-1945, Kitchener 1999, S. 221 f.

Die Mennoniten in Russland hatten sich selbst seit ihrer Einwanderung um die Jahrhundertwende vom 18. zum 19. Jahrhundert primär als eine konfessionelle Gruppe verstanden, deren zentrale Merkmale das Laienpredigertum, die Erwachsenentaufe und das Prinzip der Wehrlosigkeit waren. Diese konfessionelle Identität unterschied sie von den anderen deutschen Einwanderern – Lutheranern, Reformierten und Katholiken –, die ungefähr zeitgleich nach Russland kamen. Im Weichselgebiet, wo die mennonitischen Siedler herkamen, waren sie stets eine Minderheit gewesen, die sich unter preußischer Herrschaft gegen die evangelische oder unter polnischer Herrschaft gegen die katholische Staatskirche abgrenzte. In Russland war die konfessionelle Abgrenzung bis in die zweite Hälfte des 19. Jahrhunderts hinein so stark, dass es zu keinen wesentlichen Kontakten zu Deutschen anderer Konfession kam. Dies galt offenbar auch für das Verhältnis zwischen Katholiken, Lutheranern und Reformierten.[3] Für diese Zeit finden sich auch keine Hinweise auf irgendeine Form eines deutschen Selbstverständnisses.[4]

Im Laufe des 19. Jahrhunderts sahen sich die Mennoniten allerdings in zunehmender Weise mit einer Politik und einer Öffentlichkeit konfrontiert, in der das nationale und ethnische Paradigma an Bedeutung gewann. In der Politik zeigte sich dies in den Bemühungen zur Bildung eines Nationalstaats. Die Nationalstaatsbestrebungen hatten vor allem Einfluss auf das mennonitische Schulwesen. Bis 1881 waren die mennonitischen Siedlungen in der Gestaltung ihres Schulwesens relativ unabhängig vom Staat gewesen. Dann aber wurde das mennonitische Schulwesen dem Ministerium für Volksaufklärung unterstellt und in der Folgezeit verloren die Siedler immer mehr Einfluss auf die Schulen.[5]Auch die panslawistische Presse nahm sich des Themas an und kritisierte die Mennoniten dafür, dass sie sich nach wie vor der deutschen Sprache bedienten und geschlossen in „deutschen Siedlungen“ lebten.[6] Vor diesem Hintergrund begannen die Mennoniten, sich nicht mehr als eine rein konfessionelle, sondern auch als eine national definierte Gruppe zu verstehen.

Allerdings wiesen die Mennoniten in den gesellschaftspolitischen Umwälzungen der Folgezeit eine große Flexibilität hinsichtlich der nationalen Identität auf. Als die russische Regierung zu Beginn des Ersten Weltkrieges Enteignungsgesetze gegen Deutsche auf den Weg brachte, bemühten sie sich, eine holländische Identität zu konstruieren. Sie verwiesen auf den Wanderweg der Mennoniten, die, bevor sie in das Weichselgebiet gekommen waren, in Holland gelebt hatten.[7]

---

3 Vgl. Dietmar Neutatz: Die „deutsche Frage“ im Schwarzmeergebiet und in Wolhynien. Politik, Wirtschaft, Mentalitäten und Alltag im Spannungsfeld von Nationalismus und Modernisierung (1956-1914), Stuttgart 1993, S. 369-371.

4 Vgl. Elisabeth Wisotzki: Die ethnische Identität der rußländischen Mennoniten, in: Jahrbuch für ostdeutsche Volkskunde 34 (1991), S. 35-70, hier S. 50.

5 Vgl. ebd., S. 39 f.; Neutatz (wie Anm. 3), S. 338-341; George K. Epp: Geschichte der Mennoniten in Russland, Bd. 3, Neues Leben in der Gemeinschaft – „Das Commonwealth der Mennoniten“ 1871-1914, Lage 2003, S. 135-140.

6 Vgl. Abraham Friesen: In Defense of Privilege. Russian Mennonites and the State Before and During World War I, Winnipeg/Hillsboro 2006, S. 201-205.

7 Vgl. ebd., S. 211-244.

Besondere Relevanz erhielt das Thema der ethnischen Identität unter der Regierung der Bolschewiki. Während einerseits im Zuge der antireligiösen Maßnahmen stark konfessionell geprägte Gruppen unter Druck gerieten, gewährte die Sowjetregierung nationalen Minderheiten weitreichende Rechte. Um von diesen Rechten, die weitgehende Autonomie auf wirtschaftlichem und kulturellem Gebiet zusicherten, als Gemeinschaft zu profitieren, bemühten sich die Mennoniten nun darum, offiziell den Status einer nationalen Minderheit zu erhalten. Dies geschah durch die Gründung zweier wirtschaftlicher Organisationen, die es den Mennoniten ermöglichen sollten, selbstständig ihr wirtschaftliches Leben zu gestalten. Während die Mennoniten in der Ukraine auf die holländische Identität zurückgriffen und den Verband der Bürger Holländischer Herkunft gründeten, gelang es in Sibirien, den Behörden glaubhaft zu machen, dass die Mennoniten eine nationale Minderheit seien, die sowohl deutsche als auch holländische Elemente aufweise. Sie gründeten den Allrussischen Mennonitischen Landwirtschaftlichen Verband. Diese national definierten Verbände spielten nicht nur im wirtschaftlichen und kulturellen Bereich eine bedeutende Rolle. Sie waren ein wichtiges Instrument, um unter der Sowjetregierung bei der Ausübung des Glaubens gewisse Handlungsspielräume zu wahren.[8]

Wie aber wurden aus Mennoniten Deutsche? Um diese Frage zu beantworten, muss man einen Blick auf die Entwicklungen im Deutschen Reich werfen. Als ab den 1880er Jahren der Wunsch nach deutschen Kolonien immer vehementer artikuliert wurde, fiel die Aufmerksamkeit auf bereits bestehende deutsche Siedlungen im Ausland. Eine neue Kategorie des Deutschen entstand: der sogenannte Auslandsdeutsche.[9] Dieses Thema erlangte zusätzliche Relevanz, als nach dem Ende des Ersten Weltkriegs weite Regionen in Osteuropa anderen Staaten zugesprochen wurden, die zuvor zum Deutschen Reich gehört hatten und in denen nach wie vor Deutsche lebten.

In der Wissenschaft drückte sich dieses Interesse an den Auslandsdeutschen in der Entwicklung des Volkstum-Paradigmas aus. Anhand der Analyse bestimmter Merkmale wie des Dialekts, des Baustils oder der Arbeitsgeräte innerhalb eines „Kulturraums" versuchten die Vertreter der Volkstumstheorie, Erkenntnisse über das „deutsche Volkstum" als Ganzes zu gewinnen. Staatliche Grenzen und Staatsangehörigkeit spielten dabei keine Rolle. Unter dem deutschen Volk verstanden die Volkstumsforscher nicht die Gesamtheit der Staatsbürger des Deutschen Reichs, sondern die Gesamtheit der Menschen, die sich anhand bestimmter kultureller, später auch „rassischer" Merkmale als Deutsche bestimmen ließen. Diese bildeten gemeinsam die deutsche „Volksgemeinschaft". Wichtiger Gegenstand der Forschung waren die Auslandsdeutschen. Ihnen wurde zugeschrieben,

8 Vgl. John B. Toews: Ein Vaterland verloren. Die Geschichte der mennonitischen Emigration aus Sowjetrussland, 1921-1927, Winnipeg 1971, S. 64 f., S. 95-100.

9 Hans-Werner Retterath: Deutschamerikanertum und Volkstumsgedanke. Zur Ethnizitätskonstruktion durch die auslandsdeutsche Kulturarbeit zwischen 1918 und 1945, Inauguraldissertation eingereicht an der Philipps-Universität Marburg 2000, S. 132-141.

außerhalb der Gesellschaft Deutschlands, die durch die Moderne verfälscht sei, über Generationen hinweg die deutsche Kultur aufrechterhalten zu haben.[10]

In einem engen Zusammenhang mit der wissenschaftlichen Entwicklung stand die Entwicklung des Vereinswesens. Nach dem Ersten Weltkrieg nahm die Zahl privater Vereine enorm zu, die es sich zum Ziel gemacht hatten, das Deutschtum im Ausland zu unterstützen.[11] Mit ihrer Definition des deutschen Volkes lieferte die Volkstumsforschung, deren Vertreter häufig in den Vereinen tätig waren, die theoretische Grundlage der Arbeit, die darauf abzielte, die deutsche Volksgemeinschaft über Landes-, Klassen- und Konfessionsgrenzen hinweg zu vereinen.[12] Eine herausragende Stellung unter diesen Vereinen nahm der Verein für Deutschtum im Ausland (VDA) ein, dem viele Deutschtumsvereine als korporative Mitglieder angehörten und der in engem Kontakt zum Auswärtigen Amt stand.[13] Der VDA sah seine Aufgabe darin, die Auslandsdeutschen durch die Unterstützung deutscher Schulen und durch die Versorgung mit deutscher Literatur zu fördern sowie die Öffentlichkeit im Deutschen Reich für das Auslandsdeutschtum zu sensibilisieren.[14] Schon bald rückten auch die in Russland lebenden Mennoniten in den Fokus des VDA. Dabei spielte Benjamin Unruh eine Schlüsselrolle. Er hatte mehrere Jahre in Russland als Lehrer gearbeitet, bevor er 1919 nach Deutschland gezogen war. Er genoss hohes Ansehen und gehörte zu denen, die fest von der deutschen Identität der Mennoniten überzeugt waren. Mit jenen, die die These von der holländischen Identität vertraten oder für eine kulturelle Assimilation in der russischen Gesellschaft plädierten, lieferte er sich heftige Auseinandersetzungen. Anfang der zwanziger Jahre kam er mit dem VDA in Berührung, dem er beitrat und über den er Hilfsgüter für die Mennoniten in der Sowjetunion organisierte.

Die Positionen des VDA wiesen eine Reihe von Anknüpfungspunkten für die Mennoniten auf. Der Verein betonte die Rolle des kirchlichen Lebens für die Erhaltung des Deutschtums, ohne dabei den großen Konfessionen einen besonderen Stellenwert einzuräumen.[15] Und er pflegte das Image, eine überparteiliche

---

10 Vgl. Willi Oberkrome: Volksgeschichte. Methodische Innovation und völkische Ideologisierung in der deutschen Geschichtswissenschaft 1918-1945, Göttingen 1993, S. 11-101.

11 Karl-Heinz Grundmann: Deutschtumspolitik zur Zeit der Weimarer Republik. Eine Studie am Beispiel der deutsch-baltischen Minderheit in Estland und Lettland, Hannover-Döhren 1977, S. 57 f.; Tammo Luther: Volkstumspolitik des Deutschen Reiches 1933-1938. Die Auslanddeutschen im Spannungsfeld zwischen Traditionalisten und Nationalsozialisten, Stuttgart 2004, S. 25-30; Oberkrome (wie Anm. 10), S. 22-31.

12 Vgl. Grundmann (wie Anm. 11), S. 58 f.

13 Vgl. Luther (wie Anm. 11), S. 43 ff.

14 Vgl. Grundmann (wie Anm. 11), S. 385 f., 403 f.; Martin Seckendorf: Kulturelle Deutschtumspflege im Übergang von Weimar zu Hitler am Beispiel des Deutschen Auslands-Instituts (DAI). Eine Fallstudie, in: Wolfgang Jacobeit/Hannjost Lixfeld/Olaf Bockhorn (Hg.); Völkische Wissenschaft. Gestalten und Tendenzen der deutschen und österreichischen Volkskunde in der ersten Hälfte des 20. Jahrhunderts, Wien/Köln/Weimar 1994, S. 115-135, hier S. 117; Satzung des Vereins für Deutschtum im Ausland, in: Rudolf Luther: Blau oder Braun? Der Volksbund für das Deutschtum im Ausland (VDA) im NS-Staat 1933-1937, Neumünster 1999, S. 125.

15 Vgl. Satzung (wie in Anm. 14), S. 125; Grant Grams: German Emigration to Canada and the Support of its „Deutschtum" during the Weimar Republic. The Role of the „Deutsches Auslands-Institut", „Verein für das Deutschtum im Ausland" and German Canadian Organisations, Frankfurt a. M. u. a. 2001, S. 205 f.

Position zu vertreten. Parteipolitische Arbeit wurde strikt abgelehnt.[16] Für die Mennoniten, denen Politik als unvereinbar mit dem eigenen Glauben galt, war dies ein wichtiger Punkt.

Der VDA sollte für die Mennoniten in der Sowjetunion besondere Bedeutung gewinnen, als dort Kollektivierungszwang und antireligiöse Maßnahmen nach dem Tod Lenins zunahmen. 1929 kam es zu einer Massenbewegung: Tausende Deutsche, darunter viele Mennoniten, verließen ihre Gehöfte und versuchten, in Moskau eine Ausreisegenehmigung in Richtung Deutschland zu erhalten. Schließlich genehmigte die Reichsregierung 5.600 von ihnen die vorübergehende Einreise.

Neben den mennonitischen Gemeinden in Deutschland war es vor allem der VDA, der sich für die circa 4.000 Mennoniten einsetzte, die nun in großen Aufnahmelagern untergebracht wurden. Der Verein hatte einen Schwerpunkt in der Schularbeit und ermöglichte einen provisorischen Unterricht. Darüber hinaus organisierte er die Fortbildung mennonitischer Lehrer und versorgte sie mit Literatur. Auch der akademische Flügel der Volkstumsarbeit suchte nun Kontakt zu den aus Russland kommenden Mennoniten. Für die Volkstumsforscher stellten sie ein leicht zu erreichendes Objekt ihrer Forschungstätigkeit dar. In wissenschaftlich beglaubigten Studien bescheinigten sie den Mennoniten, ihr „Deutschtum“ auf vorbildliche Weise bewahrt zu haben.[17] Der Aufenthalt in Deutschland war für die Mennoniten zwar nicht die erste, wohl aber die bis dahin intensivste Begegnung mit der Volkstumsidee und sie betraf erstmals alle Mitglieder einer Gruppe auf sehr konkrete Weise. Das sollte Spuren hinterlassen. Die Frage, ob man den Deutschen oder den Holländern zuzurechnen sei, hatte sich nun erledigt.

Aber das war nur eine der Lektionen, die die Mennoniten in den Flüchtlingslagern in Mölln, Prenzlau und Hammerstein lernten. Die andere lautete, dass sich die Geschichte der Mennoniten auch als Kampf um die deutsche Kultur verstehen ließ. Das galt in besonderem Maße für die Erfahrungen mit dem Sowjetstaat. Der VDA wertete die kommunistische Ausrichtung der Schulen der deutschen Minderheit in der Sowjetunion trotz der Zugeständnisse in kultureller Hinsicht als Angriffe auf das Deutschtum.[18] Diese Deutung der Sowjetisierung ließ sich auch auf die Kollektivierungsversuche anwenden, gegen die sich die mennonitischen Flüchtlinge gewehrt hatten. Von der „Vernichtung des deutschen Bauerntums in Rußland“ war die Rede.[19] Das Stereotyp vom „deutschen Bauern“, der mit seiner „Scholle“ verbunden sei, ließ sich als Gegensatz zum Kollektivbauern ohne eigenen Grundbesitz darstellen.

---

16 Vgl. Satzung (wie in Anm. 14), S. 125; Grundmann (wie Anm. 11), S. 382 und 392.

17 Vgl. Daniel Stahl: Zwischen Volkstumspflege, Nationalsozialismus und Mennonitentum. Der Identitätsdiskurs unter den 1930 nach Paraguay immigrierten russlanddeutschen Mennoniten, Wissenschaftliche Hausarbeit zur Ersten Staatsprüfung für das Lehramt an Gymnasien im Fach Geschichte an der Friedrich-Schiller-Universität Jena 2007, S. 20-23.

18 Vgl. Kurt Possekel: Studien zur Politik des Vereins für Deutschtum im Ausland (VDA) in der Weimarer Republik, Inaugural-Dissertation eingereicht an der Hohen Philosophischen Fakultät der Universität Rostock 1967, S. 160 f.

19 Hamburger Fremdenblatt vom 14.11.1929.

Dieser völkische Antikommunismus, der Deutschtum als Gegenkonzept zum internationalistisch ausgerichteten Sozialismus und Kommunismus konstruierte, war charakteristisch für die maßgeblichen Volkstumskonzepte.[20] Und er war in hohem Maße anschlussfähig für die Mennoniten. In den Jahren nach der Flucht war die Gegenüberstellung von „Volkstum" und „Kommunismus" fester Bestandteil, wenn über die jüngste Vergangenheit gesprochen wurde. Die in der Sowjetunion erlebte Repression verstanden die Mennoniten nicht mehr allein als Teil einer Geschichte der Verfolgung aus Glaubensgründen, sondern als Kampf um das „Deutschtum". Diese Umdeutung der eigenen Geschichte war die Voraussetzung dafür, dass die paraguayischen Mennoniten in den folgenden Jahren den Nationalsozialismus als nachahmenswertes gesellschaftspolitisches Projekt begriffen. Denn auch im Nationalsozialismus spielte der völkische Antikommunismus, der dieser Deutung zugrunde lag, eine wichtige Rolle. Dennoch bleibt festzuhalten, dass die Rezeption des völkischen Antikommunismus zunächst in keinem Zusammenhang mit dem Nationalsozialismus stand. Sie war eine Folge der Begegnung mit Vertretern der Volkstumsbewegung.

Deutschtum als gesellschaftspolitisches Konzept

Wie aber nahmen die nach Paraguay geflüchteten Mennoniten unter Rückgriff auf diese Geschichtsdeutung den Nationalsozialismus wahr und welche Konsequenzen hatte diese Interpretation für ihr Handeln?

Ende 1929 und Anfang 1930 verließen die aus der Sowjetunion geflüchteten Mennoniten Deutschland in Richtung Südamerika und Kanada. Circa 1.500 von ihnen gründeten in einer entlegenen Region im Norden Paraguays die Siedlung Fernheim. Dieses Projekt stellte die neugegründete Gemeinschaft vor eine mehrfache Zerreißprobe: Die klimatischen Bedingungen waren extrem, die Mitglieder ordneten sich unterschiedlichen Strömungen im Mennonitentum zu und die Versorgungssituation gestaltete sich prekär. Schon bald machten sich Risse in der Gesellschaft bemerkbar. Immer mehr Mitglieder dachten über einen Abbruch des Siedlungsprojekts nach.

Zu den Problemen, denen sich die Siedler ausgesetzt sahen, gehörte die Feststellung, dass die Befreiung vom Kommunismus nicht in jeder Hinsicht die gewünschten Folgen zeitigte. Unter den Jugendlichen gab es eine Gruppe, die sich den moralischen Vorstellungen der Prediger und Lehrer widersetzte, indem sie Feste mit paraguayischer Musik feierten und dabei Alkohol konsumierten. In der Leitung der Siedlung setzte sich die Interpretation durch, dass dies kein Einzelfall sei, sondern ein Symptom dafür, dass der Kommunismus seine bleibenden Spuren in der jungen Generation hinterlassen habe und die mennonitische Gesellschaft auf Jahre vor Herausforderungen stellen werde. Dieses Problem ließ sich mit den etablierten disziplinierenden Maßnahmen der kirchlichen Gemein-

20 Vgl. Seckendorf (wie in Anm. 14), S. 117; s. a. Max Hildebert Boehm: Stadt und Land, in: Die Grenzboten 79 (1920), S. 97-102.

deleitung nicht in den Griff bekommen. Schließlich gehörten die Jugendlichen keiner Gemeinde an.[21]

Genau zu dem Zeitpunkt, als die Debatte über den Lebenswandel der Jugendlichen und die Nachwirkungen des Kommunismus die Fernheimer Öffentlichkeit umtrieb, erreichten die ersten Berichte über die Machtübernahme der Nationalsozialisten den Chaco. Wie diese Entwicklung in Deutschland zu beurteilen sei, erfuhren die Siedler von Walter Quiring, einem in Deutschland lebenden Mennoniten und engen Freund Benjamin Unruhs, der sich zu Besuch in Paraguay aufhielt. Der Nationalsozialismus verteidige Volkstum und Christentum gegen die Nivellierungsbestrebungen des Kommunismus.[22]

Diese Deutung des Nationalsozialismus knüpfte an die Interpretation der eigenen Erfahrungen in der Sowjetunion an, die die Mennoniten in der Auseinandersetzung mit der Volkstumsidee entwickelt hatten. Der Nationalsozialismus erschien ihnen deshalb nicht nur als wirksame Antwort auf die „kommunistische Bedrohung“ Europas, sondern auch als relevanter Lösungsansatz, der es erlaubte, sich mit den Nachwirkungen des Kommunismus in Paraguay auseinanderzusetzen. Wenn der Kommunismus in Deutschland durch eine „Besinnung auf das deutsche Volkstum“ besiegt worden sei – so die Schlussfolgerung – dann müsse man auch in Paraguay dem Deutschtum mehr Gewicht verleihen. Die Lehrer Julius Legiehn und Friedrich Kliewer begannen deshalb, unter Rückgriff auf die Anregungen der Volkstumsbewegung die Jugendarbeit neu auszurichten.[23]

Diese Neuausrichtung wurde explizit in einen Zusammenhang mit der Machtübernahme durch die Nationalsozialisten gestellt. In einem Beitrag der neugegründeten Jugendzeitschrift „Kämpfende Jugend“ hieß es beispielsweise: „Jugend, schließ dich zusammen! Hunderttausende deutscher Jugend [sic!] sind bereits diesem Ruf gefolgt und stehen heute um die Fahne des Neuen Deutschland [sic!], unseres Mutterlandes, geschart. [...] Fernheimer Jugend, Kameraden, auch wir alle! Dieser Geist der Kameradschaft und Treue, der freiwilligen Disziplin und der steten Bereitschaft möge sich, soll sich auch bei uns durchsetzen.“[24]

Dennoch blieb eine Auseinandersetzung mit der nationalsozialistischen Ideologie zunächst aus. Eine politisch-ideologische Arbeit, wie sie 1933 in vielen auslandsdeutschen Gemeinschaften einsetzte, fand nicht statt. Die neue Jugendarbeit gründete vielmehr auf der Symbiose der bekannten mennonitischen Jugendarbeit mit Elementen der Volkstumsarbeit, wie sie der VDA propagierte. Als Ziel der neuen Jugendarbeit definierten Kliewer und Legiehn eine gleichberechtigte

---

21 Vgl. Walter Quring: Deutsche erschließen den Chaco, Karlsruhe 1936, S. 182 f.; Friedrich Kliewer: Mennonite Young People's Work in the Parguayan Chaco, in: MQR 11 (1937), S. 119-130; hier S. 121.

22 Vgl. Thiesen (wie Anm. 2), S. 79; hierzu auch Ted Regehr: Walter Quiring. Mennonite Historian and German Propagandist (1893-1983), in: Harry Loewen (Hg.), Shepherds, Servants and Prophets. Leadership Among the Russian Mennonites (ca. 1880-1960), Kitchener 2003, S. 313-335, hier S. 317; James Irvin Lichti: Religious Identity versus „Aryan“ Identity. German Mennonites and Hutterites under the Third Reich. Maschinenschriftl. Masterarbeit, San Francisco State University 1989, S. 62.

23 Vgl. Kliewer (wie Anm. 21), S. 121 f.; siehe auch die verschiedenen Beiträge im Mennoblatt 4 (November 1933), S. 1 f.

24 Dietrich Neufeld: Jugend, schließ dich zusammen!, in: Kämpfende Jugend 1 (Juli 1934), S. 2.

Pflege sowohl des Mennonitentums als auch des Deutschtums. Auf den Veranstaltungen wurden fortan Lieder mit christlichem Inhalt, Volkslieder und deutsche Lyrik vorgetragen. Neben Bibelarbeit gab es Vorträge über die schwierige Situation der Auslandsdeutschen oder über die weltweiten Errungenschaften des Deutschtums.[25] Außerdem organisierte der Jugendbund Feiern anlässlich der Geburtstage von Hindenburg und Hitler, in denen neben kulturellen Beiträgen die Biografie und die Arbeit der Gefeierten vorgestellt wurden.[26] Begleitet wurde diese Neuausrichtung der Jugendarbeit von einem intensiven gesellschaftlichen Diskurs über das Deutschtum: Nur indem man dieses verteidigt habe, sei es gelungen, sich gegen die Angriffe des Kommunismus zu wehren.[27]

Die Integration explizit nationalsozialistischer Inhalte, die über diesen völkischen Antikommunismus hinausgingen, stieß hingegen auf Widerstand: Mitte 1934 kam auf Vermittlung des VDA ein Lehrer an die mennonitische Schule in Paraguay, der der SA angehört hatte und der erstmals versuchte, Themen wie den Antisemitismus in die Jugendarbeit einzubringen. Gegen sein Wirken formierte sich schnell Widerstand und nach anderthalb Jahren wurde er entlassen. Niemand jedoch begründete seine Ablehnung mit der nationalsozialistischen Einstellung des Lehrers. Vielmehr hieß es, er habe den christlich-moralischen Aspekt der Erziehung vernachlässigt.[28] Nach wie vor wurde eine Höherwertigkeit der „deutschen Rasse“ oder eine parteipolitische Arbeit zugunsten der Auslandsorganisation der NSDAP abgelehnt.[29]

Der Zusammenhang zwischen Machtübernahme und Intensivierung der Deutschtumsarbeit und des Deutschtumsdiskurses, der nichtsdestotrotz existierte, bestand vielmehr in der legitimierenden Grundlage: Unter Verweis auf die Erfolge der Nationalsozialisten bei der Bekämpfung des Kommunismus konnten Legiehn und Kliewer in einer stark konfessionell geprägten Gesellschaft säkulare Bildungsinhalte verankern. Dieser Zusammenhang sagt viel über die Wahrnehmung des Nationalsozialismus unter den Mennoniten in diesen Jahren aus. Man sah in ihm den Vollstrecker der Volkstumsidee, wie man sie seit dem Aufenthalt im Deutschen Reich kennengelernt hatte. Indem man deshalb die Deutschtumsarbeit intensivierte, meinte man, das Erfolgsrezept der Nationalsozialisten aufzugreifen.

Diese Wahrnehmung des Nationalsozialismus bildete allerdings den Ausgangspunkt für eine allmählich einsetzende Rezeption der nationalsozialistischen Ideologie. Eine Schlüsselrolle kam dabei dem Lehrer Friedrich Kliewer zu. Der VDA gewährte ihm 1934 ein Stipendium, mit dem er zum Studium nach Berlin ging. In Deutschland befasste er sich intensiv mit der nationalsozialistischen

---

25 Vgl. Heinrich Thielmann: Auslandsdeutschtum, in: Kämpfende Jugend 1 (September 1934), S. 2.

26 Vgl. Friedrich Kliewer: Die Mennoniten im Chaco feiern Hindenburgs Geburtstag, in: Mennoblatt 4 (November 1933), S. 2; Des Führers Geburtstag, in: Kämpfende Jugend 3 (Mai 1936), S. 2.

27 Vgl. Stahl (wie Anm. 17), S. 41-68.

28 Vgl. Thiesen (wie Anm. 2), S. 85-92; Klassen (wie Anm. 2), S. 45 f.; Warkentin (wie Anm. 2), S. 234 f.

29 Vgl. Stahl (wie Anm. 17), S. 59 f.

Rassenideologie. In ihm reifte nun die Überzeugung, dass die Deutschtumsarbeit in ihrer bisherigen Form nicht mehr angemessen sei.

Nach seiner Rückkehr nach Paraguay 1939 widmete er sich sofort seinem Hauptanliegen, die Deutschtumsarbeit neu auszurichten. Das Engagement auf kulturellem und sozialem Gebiet, das bisher den einzigen Schwerpunkt gebildet hatte, wurde nun um zwei weitere Punkte ergänzt: „a) Stellungnahme zu den Zeitgeschehnissen, wie sie sich heute im deutschen Mutterlande gestalten. b) Mobilisierung der völkischen Kräfte in unserer Kolonie, um sie entsprechend auszurichten u. einzusetzen."[30] Diese Aufgabenstellung zielte auf eine Politisierung der Deutschtumsarbeit und war ein eindeutiger Bruch mit der bisher traditionalistisch ausgerichteten Deutschtumsarbeit. Das für die traditionalistische Arbeit idealtypische Prinzip, sich als auslandsdeutsche Gruppe nicht in die Politik des Reiches einbeziehen und instrumentalisieren zu lassen,[31] wurde nun aufgegeben. Die Neuausrichtung der Arbeit unter den sogenannten Auslandsdeutschen entsprach den Wünschen aus Berlin. Vertreter des Auswärtigen Amtes forderten die Propaganda und Pressearbeit auszuweiten, um Berichte über die Gräuel des „Dritten Reiches" und Gerüchte über deutsche, auf Südamerika ausgerichtete Expansionswünsche zurückzuweisen.[32]

Mehrere Prediger und Lehrer distanzierten sich deutlich von diesem Kurswechsel Kliewers und gingen auf Distanz zu ihm. Ihre Kritik entzündete sich in erster Linie an der Einmischung in politische Belange. Diese war in ihren Augen nicht vereinbar mit dem mennonitischen Glaubensprinzip politischer Enthaltsamkeit. Zu den vehementesten Kritikern gehörte Nicolai Siemens, der das zentrale Publikationsorgan der paraguayischen Mennoniten – das Mennoblatt – herausgab. In einer vielfach rezipierten und in verschiedenen Ortschaften verlesenen Rede warnte er: „Ja aber – so höre ich bereits ungeduldig fragen – was ist's denn nun eigentlich mit dem Wurm im Gebälk, mit der heimtückischen Krankheit, die zielbewusst, stürmisch und stürmischer am Marke Fernheims nagt? Meine Brüder, ich möchte diesen Wurm, diese Krankheit Politik nennen." Gleichzeitig ließ sich der Rede entnehmen, dass auch die Gegner der Politisierung den völkischen Antikommunismus und die daraus abgeleitete Deutschtumsarbeit weiterhin nicht grundsätzlich in Frage stellten. „Was bei uns in Fernheim als Politik aufgezogen wird, das ist meines Erachtens eine übermässige Betonung unserer Nation. Gewiss war es auch einmal nötig, dass wir uns auf unser Deutschtum besannen [...]. Und so, wie man im allgemeinen in der Welt nur etwas gibt auf Tatchristentum, nicht aber auf Wortchristentum, so war es bestimmt auch hier unsere Aufgabe, durch musterhafte Tatbeweise unserm Mutterlande Ehre zu machen, nicht aber durch Einmischung in politische Sachen. Heute nun wird man in Fernheim nicht mehr als echter Deutscher angesehen, wenn man nicht zu allem auch ja

30 Bund Deutscher Mennoniten in Paraguay, Protokoll, abgedruckt in: Mennoblatt 10 (Dezember 1939), S. 4.

31 Vgl. Luther (wie in Anm. 11), S. 61.

32 Vgl. Reiner Pommerin: Das Dritte Reich und Lateinamerika, Düsseldorf 1977, S. 46-50, 71 f.

sagen kann. Manche von uns haben geglaubt, auch ganz deutsch zu fühlen ohne eine übermässige Betonung der Politik. […] Dies genügte aber nicht mehr."[33]

Dass dies mit den mennonitischen Prinzipien nicht in Einklang zu bringen sei, brachte er unmissverständlich in einem Artikel im Mennoblatt zum Ausdruck: „aber ich möchte soviel sagen, daß ein Mitmachen mit der Politik, ein sogenanntes Politisieren einem rechten Mennoniten nimmer zukommt, ebenso wenig wie Stehlen, Lügen, Betrügen oder sonstiger unzüchtiger Lebenswandel nicht geziemt."[34] Im Juli 1943 veröffentlichte eine Gruppe von Fernheimern eine Denkschrift, die forderte, die Gesellschaft frei von „jeglichen politischen Bestrebungen" zu halten.[35]

Während die paraguayischen Mennoniten Politik als das Kernproblem ausmachten, ist grundsätzliche Kritik am Nationalsozialismus nur von einigen amerikanischen Predigern belegt, die sich im April 1940 in Fernheim aufhielten. Nachdem sie mit wachsender Beunruhigung die prodeutsche Haltung beobachtet hatten, hielt Prediger Snyder eine Predigt, in der er den Nationalsozialismus als totalitären Absolutismus geißelte.[36]

Kliewers Kurswechsel stellte aber auch ein anderes mennonitisches Glaubensprinzip infrage. Die Aufforderung, durch Stellungnahmen die Politik des Reiches zu verteidigen, war durch den fast gleichzeitigen Kriegsbeginn letztendlich eine Aufforderung, den Krieg zu verteidigen, wodurch die wehrlose Haltung unter Druck geriet. Siemens klagte in der bereits oben erwähnten Rede: „Wir haben ferner geglaubt, auch aufrechte Deutsche zu sein, indem wir in unseren Urteilen Neutralität bekundeten, auch was den heutigen Krieg betrifft. Dieses genügte aber nicht mehr bei manchen Heisspornen [sic!]; man lehnte diese Haltung als passiv ab mit dem biblischen Grundsatz: ‚Wer nicht für uns ist, ist wider uns!'"[37] Kliewer selbst hatte dieses Problem für sich gelöst, indem er die Haltung der Mennoniten im Reich einnahm und die Wehrlosigkeit nicht mehr als essenzielles Merkmal des Mennonitentums verstand.[38]

Während die Gruppe um Kliewer – die sogenannten Völkischen – den Rückhalt der Mennoniten in Deutschland hatte, unterstützten die US-amerikanischen Mennoniten die Kritiker Kliewers, die sogenannten Wehrlosen. Der Konflikt zwischen beiden Gruppen zeigte sich besonders heftig in der Schul- und Jugendarbeit. 1940 entschieden die Wehrlosen, ihre Kinder aus der von Kliewer geleiteten Schule zu nehmen. Zwei Jahre später gründeten sie mit Unterstützung der

33 Nicolai Siemens: Fernheim in Not, abgedruckt in: Frieda Siemens Kaethler/Alfred Neufeld (Hg.), Nikolai Siemens der Chacooptimist. Das Mennoblatt und die Anfänge der Kolonie Fernheim: 1930-1955, Weisenheim am Berg 2005, S. 177-183, hier S. 179 f.

34 Nicolai Siemens: Unsere Aufgaben in Paraguay, in: Mennoblatt 14 (Mai 1943), S. 2.

35 Vgl. ebd.

36 Vgl. Thiesen (wie Anm. 2), S. 132 f.

37 Siemens (wie Anm. 33), S. 180, s. Bemerkungen zu Anm. 32.

38 Vgl. Klassen (wie Anm. 2), S. 55.

US-amerikanischen Mennoniten eine Bibelschule, an der ihre Kinder erzogen werden sollten.[39]

Die Auseinandersetzungen kulminierten im März 1944 in tätlichen Auseinandersetzungen, woraufhin das paraguayische Militär eingeschaltet wurde. Auf Druck der amerikanischen Regierung hatte Paraguay mittlerweile die Beziehungen mit Deutschland abgebrochen und Gesetze erlassen, die es erlaubten, gegen Deutsche vorzugehen. Kliewer und Legiehn mussten die Siedlung verlassen und wurden unter Hausarrest gestellt. Es gab keine Bezugnahmen auf das Deutschtum mehr und die deutsche Identität verschwand aus dem gesellschaftlichen Leben. Die neuen Richtlinien für die Schulen, die nun den Leitern der Kirchgemeinden unterstellt wurden, bezogen sich ausschließlich auf die Bibel und das mennonitische Glaubensbekenntnis.[40]

In einer selbstkritischen Stellungnahme vom September 1945 resümierten die Prediger der verschiedenen Gemeinden: „Fernheim ist seit Anfang seines Bestehens zuerst mehr harmlos, dann aber auch bewußt weiter in die Politik hineingezogen worden. Einmal war es das Gefühl der Dankbarkeit für unsere Rettung, dann der furchtbar schwere Anfang im Chaco, die zum Anlaß wurden, daß eine uns fremde Weltanschauung hier Eingang fand und für manche zur Falle geworden ist, zu weit mitzugehen."[41] Zu weit mit der nationalsozialistischen Ideologie mitgegangen zu sein – das schien im Rückblick der Auslöser für die gesellschaftlichen Konflikte der zurückliegenden Jahre gewesen zu sein.

Schluss

Die Geschichte der paraguayischen Mennoniten zwischen 1933 und 1945 lässt sich allerdings nicht allein als eine Auseinandersetzung mit dem Nationalsozialismus verstehen. Wie ich versucht habe zu zeigen, reichen die Kategorien Nazi und Mennonit nicht aus. Es muss unterschieden werden zwischen Konzepten und Praktiken der klassischen Deutschtumsarbeit, wie sie nach 1933 unter den paraguayischen Mennoniten Verbreitung fand, und einer dem Nationalsozialismus verpflichteten, parteipolitischen Arbeit. Nur wenn man diesen Unterschied macht, lassen sich die Reaktionen der Mennoniten in Paraguay auf den Nationalsozialismus angemessen einordnen und erklären.

Von den Volkstumsarbeitern hatten die Mennoniten zweierlei gelernt: Dass sie Deutsche waren und dass die Repression des Sowjet-Regimes als etwas zu interpretieren sei, das sich nicht nur gegen ihren Glauben, sondern auch gegen eben diese nationale Identität richtete. Auf diesem völkischen Antikommunismus fußten die positiven Reaktionen der paraguayischen Mennoniten auf die nationalsozialistische Machtübernahme. Die Nationalsozialisten erschienen als Verbündete

39 Vgl. Warkentin (wie Anm. 2), S. 260-265; Klassen (wie Anm. 2), S. 59-63; Thiesen (wie Anm. 2), S. 125-153.

40 Warkentin (wie Anm. 2), S. 270 f.

41 Zitiert nach Klassen (wie Anm. 2), S. 131.

im Kampf für eine gemeinsame Sache und gegen eine gemeinsame Bedrohung: Hitler verteidigte das Deutschtum gegen den Kommunismus genauso, wie die Mennoniten dies in ihrer alten Heimat getan hätten.

Von dieser Interpretation der eigenen Geschichte und der nationalsozialistischen Politik ausgehend meinten die paraguayischen Mennoniten, das Erfolgsrezept der Nationalsozialisten auf die eigene Gesellschaft übertragen zu können. Genauso wie in Deutschland die Betonung des gemeinsamen Volkstums ein Mittel zur Überwindung des Kommunismus gewesen sei, genauso hofften sie, eine „Rückbesinnung" auf das Deutschtum könne dabei helfen, gesellschaftliche Spannungen zu überwinden, die als Folgen des Kommunismus gedeutet wurden. Dabei griffen sie auf Konzepte und Strategien der traditionellen Volkstumsarbeit zurück, die sie seit ihrem Aufenthalt in Deutschland 1929 kennengelernt hatten.

Erst mit Kliewers Rückkehr aus Deutschland setzte eine verstärkte Rezeption genuin nationalsozialistischer Ideologeme wie etwa der Rassenlehre ein. Allerdings wurden diese in der öffentlichen Debatte, deren Ton sich gleichzeitig verschärfte, kaum thematisiert. Im Kern handelte es sich auch nach 1939 nicht um eine Auseinandersetzung mit dem Nationalsozialismus, sondern mit der Frage, ob politische Enthaltsamkeit und Wehrlosigkeit nach wie vor Kernelemente des mennonitischen Glaubens seien. Diese Debatte war schwerlich dazu angetan, die Spezifika des Nationalsozialismus zu adressieren. Das Paradox blieb bis zum Schluss erhalten: In den heftigen gesellschaftlichen Konflikten, die die Politik des „Dritten Reiches" unter den paraguayischen Mennoniten auslöste, war der Nationalsozialismus selbst ein Randthema.

Die Auseinandersetzungen unter den Mennoniten während der dreißiger und vierziger Jahre machen deutlich, wie stark das mennonitische Selbstverständnis durch das Erstarken des Nationalismus, des Kommunismus und des Nationalsozialismus herausgefordert wurde. Man muss sie als Teil eines konfessionellen und ethnischen Selbstverständigungsprozesses verstehen, der bereits Ende des 19. Jahrhunderts eingesetzt hatte und in dem die mennonitische Identität neu verhandelt wurde.

Thomas Nauerth

Hutterer und Mennoniten in Europa

Begegnungen und „Vergegnungen" 1933-1937

Als im Juli 1936 die mennonitische Weltkonferenz in Amsterdam und Elspeet stattfand, dürften zwei deutsche Teilnehmer täuferischer Gesinnung damals besonders aufgefallen sein, so groß ansonsten auch die deutsche mennonitische Delegation gewesen ist.[1] Schon von ihrer Kleidung her stachen Hans Zumpe und Emmy Arnold aus dem bürgerlich gekleideten mennonitischen Umfeld heraus, wie einige Fotos andeuten. Die beiden trugen eine an die alte hutterische Kleidung angelehnte Tracht. „Um in der Mitgliedschaft der Hutterischen Kirche ein ernstes positives Christenleben zu leben",[2] hatte sich ihre Bruderhofgemeinschaft als seit Jahrhunderten erste deutsche Gemeinde 1930 den hutterischen Gemeinden angeschlossen.[3]

Auch wenn Zumpe und Arnold sich als Hutterer verstanden, nahmen sie mit Selbstverständlichkeit an einer mennonitischen Weltkonferenz teil und hatten dort auch Rederecht. Sie fühlten sich offenkundig zugehörig und wurden, zumindest von denen, die sie eingeladen hatten, als zugehörig erachtet. Im Einladungsschreiben zur Weltkonferenz 1936 heißt es ausdrücklich, die „niederländischen Mennoniten [...] legen großen Wert darauf [...] das Band mit den Brüdern anderwärts zu verstärken."

Die beiden Bruderhöfer legten auf dieser mennonitischen Weltkonferenz Zeugnis ab für eine „weltentsagende Haltung [...] als eine zeitgemäße Forderung alttäuferischer Grundsätze."[4] Hinter dieser Formulierung von Christian Neff verbirgt sich das deutliche Bekenntnis von Zumpe und Arnold zu den beiden

1 Das Schreiben ist dokumentiert bei Christian Neff: Der Allgemeine Kongreß der Mennoniten, gehalten in Amsterdam, Elspeet, Witmarsum (Holland) 29. Juni bis 3. Juli 1936, Karlsruhe 1936, S. 11-13, hier S. 11. Vgl. auch Christian Neff: Eindrücke vom 3. Mennonitischen Weltkongreß, in: MB 83 (1936), S. 72, der davon spricht, dass „mehr als 100 ältere und jüngere mennonitische Gemeindeglieder eine Besuchsreise nach Holland unternahmen" und in dieser Zahl ein „denkwürdiges geschichtliches Ereignis" sieht.

2 So lautet die Standardformulierung in den Meldepapieren bezüglich einer Wohnsitzverlagerung auf den Rhönbruderhof (Hessisches Staatsarchiv Marburg, Bestand 180 Fulda, Nr. 6061-6062).

3 Zur offiziellen „Ordination" Eberhard Arnolds durch die Ältesten der hutterischen Gemeinden Nordamerikas vgl. Markus Baum: Eberhard Arnold. Ein Leben im Geist der Bergpredigt, Schwarzenfeld 2013, S. 196 f. Zur Geschichte dieser Gemeinschaft s. ansonsten neben den autobiografischen Berichten von Emmy Arnold: Gegen den Strom. Ein Leben in der Herausforderung der Bergpredigt, Walden 2012, und Hans Meier: Solange das Licht brennt. Lebensbericht eines Mitgliedes der neuhutterischen Bruderhof-Gemeinschaft, Klosters 1990 auch Yaacov Oved: Witness of the Brothers. A History of the Bruderhof, New Brunswick 1996. Zur Geschichte der Gemeinschaft in der Zeit von 1933-1937, s. Marjorie Hindley: „Unerwünscht". One of the Lesser Known Confrontations with the National Socialist State 1933-1937, in: German History 11 (1993), S. 207-219; Emmy Barth: An Embassy Besieged. The Story of a Christian Community in Nazi Germany, Rifton 2010; Thomas Nauerth: Zeugnis, Liebe und Widerstand. Der Rhönbruderhof 1933-1937 (im Druck) und die kurze Übersicht unter http://de.evangelischer-widerstand.de /html/view.php?type=kurzbiografie&id=59&l=de [Zugriff: 19.11.2015].

4 Neff (wie Anm. 1), S. 143.

zentralen alttäuferischen Grundsätzen der Eigentums- und Wehrlosigkeit, wie dem Kontext von Neffs Bericht zu entnehmen ist. Damit wird zugleich deutlich, warum niederländische Mennoniten die hutterische Bruderhofgemeinschaft insgesamt als zur mennonitischen Familie zugehörig erachtet haben: Die Bruderhofgemeinschaft vertrat alttäuferische Prinzipien (vor allem in Bezug auf die Themen Eigentum und Gewalt), die in den Niederlanden, aber auch in den USA von einigen Gruppierungen als mennonitische Desiderate empfunden wurden. Für mennonitisch friedensbewegte Kreise in den Niederlanden und in den USA waren diese hutterischen Bruderhöfer in bestimmter Hinsicht Ansporn und täuferisches Vorbild.[5]

Deswegen waren die beiden deutschen Hutterer nach der offiziellen mennonitischen Konferenz auch bei einer kleinen Versammlung am 4.7.1936 im Bruderschaftshaus Fredesheim mit dabei. Hier traf sich eine kleine Schar von rund 20 friedensgesinnten Mennoniten. Es waren, so die Erinnerung von Zumpe, „alle amerikanischen Kongressteilnehmer, einige Holländer [ter Meulen], ein Danziger, ein Herr Fast aus Wernigerode sowie wir beiden Bruderhöfer“[6]. Immerhin also fanden sich zwei deutsche Mennoniten ein, aber kein offizieller Vertreter der deutschen Mennoniten nahm teil.[7]

Eingeladen nach Fredesheim hatte im Juni 1936 Jacob ter Meulen mit Briefkopf der „Arbeidsgroep van Doopsgezinden tegen den Krijgsdienst.“[8] Es ging um die Aussprache über den Entwurf einer „vredesverklaring“ und um die Gründung eines mennonitischen Friedensweltverbandes. Das maschinenschriftliche, von J. ter Meulen unterzeichnete Protokoll dieser Zusammenkunft beginnt mit einem Rückblick auf die Geschichte des Textes der „Friedenserklärung“.[9] Im Frühjahr 1934, „nachdem sich die politischen Verhältnisse in der Welt wesentlich ver-

5 S. hierzu den Brief von John Horsch an H. S. Bender vom 30.9.1936, wo es heißt, diese Hutterer seien „the only representatives of the Biblical principle of nonresistance in Europe.“ Deswegen: „Needless to say, this is a matter of real importance“ (MC Archives Goshen, Hist. Mss. 1-278, H. S. Bender 8/2). Von den leitenden Brüdern der deutschen Mennoniten scheint später Emil Händiges ähnlich gefühlt zu haben, wenn er am 10.5.1937 über die aus Deutschland vertriebene Bruderhofgemeinschaft schreibt: „Bei allen Mängeln, die Brüder leiden für ein Prinzip, für das unsere Väter gelitten, das wir aber aufgaben. ‚Es sind Fähnlein, die über den Meeresspiegel emporragen, um zu zeigen, wo eine kostbare Last versunken ist‘.“ (Abdruck des Briefes bei Horst Quiring: Die deutschen Mennoniten zur Auflösung des Rhön-Bruderhofes 1937. Eine Dokumentation im Spiegel der Korrespondenz, in: MGB 33 (1981), S. 23-32, hier S. 28 f.).

6 Hans Zumpe: Unsere Auseinandersetzungen mit dem nationalsozialistischen Staat. Bericht ueber die Jahre 1933-1937 in der Geschichte unserer Bruderhoefe, Primavera 1945 (als Manuskript gedruckt; BHA, Coll. 0008, Box 3, Folder 8a), S. 141.

7 Im handschriftlichen Protokoll der Zusammenkunft findet sich auf S. 23 notiert: „Br. Fast: Aus Deutschland ist niemand anwesend und ich bin auch kein Vertreter einer Gruppe, sondern rein aus persönlichen Gründen hergekommen“ (Archiv van de Doopsgezinde Vredesgroup“ im Stadsarchief Amsterdam, Bestand 1198/359). Es scheint allerdings eine Einladung an die deutschen Mennoniten ergangen zu sein: „Wir werden von einer Teilnahme aus innenpolitischen Gründen überhaupt absehen müssen.“ (Protokollbuch II der pfälz.-hess. Vorsteher- und Predigerkonferenz, 1936, S. 56; zitiert nach Hans-Jürgen Goertz: Nationale Erhebung und religiöser Niedergang. Mißglückte Aneignung des täuferischen Leitbildes im Dritten Reich, in: Ders. (Hg.), Das schwierige Erbe der Mennoniten. Aufsätze und Reden, Leipzig 2002, S. 121-150, S. 148, Anm. 61).

8 Archiv van de Doopsgezinde Vredesgroup“ im Stadsarchief Amsterdam, Bestand 1198/359.

9 Das Protokoll trägt den Titel „Die Zusammenkunft von Mennoniten aus Europa und Amerika am 4. Juli 1936 in dem Bruderschaftshause „Fredeshiem“ bei Steenwijk (Niederland)“ und umfasst sieben Seiten (Archiv van de Doopsgezinde Vredesgroup“ im Stadsarchief Amsterdam, Bestand 1198/359). Datiert ist

schlechtert hatten“, begann man sich von Seiten der „Arbeidsgroep van Doopsgezinden tegen den Krijgsdienst“ umzusehen, „inwieweit das alte Prinzip der Väter in der Mennonitischen Bruderschaft lebendig sei.“[10] Briefe in die Schweiz und die USA wurden geschrieben, und es entstand sowohl die Idee zur Gründung einer Internationalen Mennonitischen Kommission als auch, für eine Zusammenkunft im Herbst 1934 mit Schweizer Mennoniten, der erste Entwurf einer Friedenserklärung.[11] Dieser Text wurde 1935 unter Mitarbeit von Harold S. Bender revidiert und man begann Unterschriften für die Erklärung zu sammeln. Mit der Mennonitischen Weltkonferenz war die Gelegenheit für eine internationale Zusammenkunft gekommen. Man hat auf dieser Versammlung den Text noch ein wenig überarbeitet, um deutlicher zum Ausdruck zu bringen: „Wenn einmal die grosse Katastrophe kommt und wir etwas tun wollen, so müssen wir in aller Welt als Leute bekannt sein, die auch positiven Dienst am Frieden verrichten wollen“[12]. Ein amerikanischer Teilnehmer äußerte sich noch kürzer, man möchte „auch in Kriegszeiten Friedensmenschen sein“.[13] Ter Meulen betonte besonders, dass hier ein Text mit weltweiter Zustimmung seitens mennonitischer Gemeinden vorläge. Inhaltlich umfasse das Manifest zwei einfache Punkte, ein Bekenntnis zur Friedenskraft bzw. Botschaft des Evangeliums und eine Selbstverpflichtung, denjenigen, der „in der Mennonitischen Bruderschaft für dieses Prinzip leiden muss [...] nicht im Stich“ zu lassen.[14] Nachdem die verschiedenen amerikanischen Vertreter ihre Unterstützung erklärt hatten, heißt es im Protokoll: „Auch der VERTRETER der in Europa anwesenden HUTERISCHEN Brüder sieht es einfach als eine Pflicht, das Manifest zu unterschreiben. Er möchte auch die Huterischen Brüder in Amerika zur Unterzeichnung auffordern.“[15] Nachdem die Aussprache über das Manifest beendet ist, wird die Einsetzung eines „Internationalen Mennonitischen Friedenskomitees“ (International Mennonite Peace Committee) beschlossen.[16]

Was am Manifest und seiner Geschichte besonders auffällt, sind die Parallelen, die zur Konferenz des „Weltbundes für Freundschaftsarbeit der Kirchen“ 1934 in Fanö und insbesondere zur dortigen Ansprache von Dietrich Bonhoeffer beste-

---

das Protokoll auf den 10.7.1936. Warum sowohl das maschinenschriftliche als auch das handschriftliche Protokoll in deutscher Sprache verfasst wurden, ist unklar.

10 Protokoll (wie Anm. 9), S. 1.

11 Erhalten ist ein Brief von ter Meulen vom 18.7.1934 an Prediger S. Nussbaumer, Schweiz, wo es um den Text einer Grundsatzerklärung „unserer Gruppe der Mennoniten gegen den Kriegsdienst“ geht und um die Gründung einer Internationalen Kommission, die das „Prinzip der Wehrlosigkeit in Schutz“ nehmen soll (Archiv van de Doopsgezinde Vredesgroup“ im Stadsarchief Amsterdam, Bestand 1198/359).

12 Protokoll (wie Anm. 9), S. 6 (Votum von Bruder Hylkema, Niederlande).

13 Protokoll (wie Anm. 9), S. 4 (Votum von Bruder Schroeder).

14 Protokoll (wie Anm. 9), S. 3.

15 Protokoll (wie Anm. 9), S. 5. Im handschriftlichen ausführlichen Protokoll (S. 13) steht: „Br. Zumpe: Wir haben von dem Manifest noch nichts gewusst als wir her kamen. Wir begrüsten es aber ausserordentlich und sehen es einfach als unsere Pflicht es zu unterschreiben. Ich glaube, dass die Hutterschen Brüder es unterzeichnen werden und möchte Br. Bender bitten, sich an die Aeltesten zu wenden, ich werde es gleichfalls tun.“

16 Der Text des Friedensbekenntnisses ist online unter http://de.evangelischer-widerstand.de/html/ view.php?type=dokument&id=845&l= im Rahmen der Darstellung der Bruderhofgeschichte verfügbar.

hen. Bonhoeffers Rede 1934 war geprägt von einer krisenhaften Zeiterfahrung, die die Wehr- und Kriegsdienst ablehnenden niederländischen Mennoniten ganz ähnlich empfunden haben müssen: „Die Stunde eilt – die Welt starrt in Waffen und furchtbar schaut das Mißtrauen aus allen Augen, die Kriegsfanfare kann morgen geblasen werden – worauf warten wir noch?“[17] An einem zentralen Punkt sieht das Bekenntnis 1936 sogar aus wie eine Antwort auf Bonhoeffers Rede in Fanö. Bonhoeffer fragt, ob die Kirche, „die einzelnen, die ihr Leben an diese Botschaft wagen, allein lassen“ kann und darf.[18] Die Antwort des Friedensbekenntnisses von 1936 lautet: „Wir wollen zusammenarbeiten, damit wir [...] all unseren Brüdern, die die Überzeugung in sich tragen, dass Gott sie dazu berufen hat, den Militärdienst zu verweigern, oder die genötigt sein sollten wegen ihrer Friedensgesinnung zu leiden, geistige und materielle Hilfe leisten können.“[19]

Die berühmte Frage Bonhoeffers aus der Rede in Fanø „Wer ruft zum Frieden, daß die Welt es hört, zu hören gezwungen ist?“ findet hier eine durchaus praktische Antwort. Kriegsdienstverweigerung und die Unterstützung von Kriegsdienstverweigerern seitens der Kirchen wären Zeichen, die die damals herrschenden Mächte durchaus wahrgenommen hätten.[20] Bonhoeffers Traum, „daß die Welt zähneknirschend das Wort vom Frieden vernehmen muß und daß die Völker froh werden, weil diese Kirche Christi ihren Söhnen im Namen Christi die Waffen aus der Hand nimmt und ihnen den Krieg verbietet und den Frieden Christi ausruft über die rasende Welt“,[21] wäre dann seiner Verwirklichung erheblich näher gekommen.

Was Bonhoeffer 1934 in Fanö in beeindruckende Worte gefasst hat, haben die Bruderhöfer bereits den Worten der frühen Täufer und der frühen hutterischen Brüder entnommen, und sie haben versucht, es zu leben. Weil es für sie „keine Ausflucht vor dem Gebot Christi, daß Friede sein soll“, (Bonhoeffer) gab, flohen die wehrpflichtigen Männer zuerst 1935 nach Liechtenstein, und nachdem die Wehrpflicht auch für Auslandsdeutsche galt und Liechtenstein sie nicht mehr schützen konnte, 1936 nach England.

Lebensgemeinschaft sucht Anschluss. Vom Werden einer hutterischen

17 Dietrich Bonhoeffer, Rede auf der Fanø-Konferenz (28.8.1934) „Kirche und Völkerwelt“, in: Dietrich Bonhoeffer Werke Bd. 13 (London 1933-1935), Gütersloh 1994, S. 298-301, hier S. 301.

18 Ebd.

19 Friedensbekenntnis der Mennoniten (wie Anm. 16).

20 Interessanterweise wird auf Fanø in der ersten Entschließung der von Bonhoeffer maßgeblich geleiteten Jugendkonferenz auch das Thema Kriegsdienstverweigerung angesprochen, wieder aber nur in Bezug auf die staatliche Ebene und nicht als innerkirchliche Forderung. Es heißt dort, die Teilnehmer hätten bemerkt, „daß auch Staaten, die in ihrer Gesetzgebung Gewissensfreiheit anerkennen, diese dadurch verletzen, daß sie [...] Kriegsdienstverweigerer streng bestrafen.“ (zitiert nach: Ferdinand Schlingensiepen: Dietrich Bonhoeffer 1906-1945. Eine Biografie, München 2005, S. 187).

21 Bonhoeffer (wie Anm. 17), S. 301.

Gemeinschaft in Deutschland

Die Geschichte der Bruderhofgemeinschaft begann 1920 als kleine Hausgemeinschaft in einem Örtchen südlich von Fulda mit Namen Sannerz. Die Gemeinschaft versuchte nach dem Vorbild von Apg. 4, 32-37 und den Anweisungen der Bergpredigt in Mt. 5-7 ein christliches Leben zu führen. „Woran wir glauben, ist eine religiös fundamentierte Gemeinschaft, die [...] von der göttlichen Kraft her gespeist wird, [...] die uns geschenkt wird von der göttlichen Welt. Das ist unser Glaube", so Eberhard Arnold, Gründer der Bruderhofgemeinschaft, im Oktober 1933.[22] In den Traditionen der Täuferbewegung insgesamt und in den hutterischen Schriften insbesondere fand die Gemeinschaft immer stärker ihre eigenen Erfahrungen und ihr eigenes Leben wieder. Diese Entdeckung des Täufertums und die wachsende Überzeugung, in den frühen Täufern wirklich geistige Väter sehen zu können, wurde entscheidend für das Leben dieser Gemeinschaft: „lesen wir doch in unsern täglichen gemeinsamen beiden Hauptmahlzeiten unserer Bruderschaft immer wieder aus den alten Zeugnissen des ursprünglichen Täufertums vor, sodaß unser Lebenskreis darin fast mehr zu Hause ist als in der heutigen Zeit".[23] Als die Gemeinschaft 1926 von Sannerz in die Rhön wechselte und dort einen Bauernhof übernahm, bekam dieser Hof bereits ganz selbstverständlich den Namen Bruderhof.

Die Frage, ob bei einer derartigen inneren Zugehörigkeit nicht auch eine äußere Zugehörigkeit zu Gemeindeverbünden in der Nachfolge der Täuferbewegungen notwendig war, stellte sich bald. Es ging dabei nicht vorrangig um die materielle Absicherung eines finanziell von Anfang an gewagten Unternehmens, es ging, wie Arnold mehrfach betont hat, vor allem darum, keine Sekte zu werden und auch in geistiger bzw. geistlicher Hinsicht abgesichert zu sein. Arnold sah die Gefahr sehr klar, dass zu viel an seiner Person und seinem Charisma hing. Er wollte gerade nicht eine Gemeinschaft der „Arnold-Leut" gründen. Naheliegend war zunächst, Anschluss an hutterische Gemeinden zu suchen, denn hinsichtlich Lebensstil und Lebensweise war eine große Nähe gegeben. Es dauerte erstaunlich lange, bis Arnold konkrete Adressen von hutterischen Höfen in Amerika bekommen hat und in brieflichen Kontakt treten konnte – ein Zeichen für das Vergessen der täuferischen Traditionen im Allgemeinen und der hutterischen im Speziellen.[24] Es kam dann 1928 zu einem ersten Briefwechsel mit hutterischen Ältesten und in diesem Kontext wurde an den Rhönbruderhof anscheinend auch ein Aufsatz des amerikanischen mennonitischen Historikers John Horsch über die hutterische Gemeinschaft übersandt: „freuen uns auch sehr an dem Aufsatz

22 Eberhard Arnold, Versammlungsprotokoll, 8.10.1933 (BHA, EA 163).

23 Brief von Eberhard Arnold an Christian Neff, 15.01.1929 (MFSt, Nachlass Christian Neff, Mappe 163). Die erste Berührung mit realer hutterischer Gegenwart geschah 1921 eher zufällig und führte zum Nachdruck der Bittschrift der Hutterischen Bruderhöfe an den amerikanischen Präsidenten Wilson aus dem Jahr 1917 im „Neuen Werk"; vgl. dazu Baum (wie Anm. 3), S. 136.

24 In einem Brief Robert Friedmanns an Eberhard Arnold vom 3.11.1928 heißt es: „Nun zur Beantwortung Ihrer Hauptfrage (wenn gleich recht verspätet, so doch hoffentlich nicht allzu spät) betreffend David R. Hofer und (...) ‚Hutterischer Bruderhof'. Leider weiß auch ich sehr wenig darüber, und bedaure sehr, daß die Brüder in Canada immer sehr unklar schreiben" (BHA, Coll. 0288_02).

von John Horsch, und würden gerne mit ihm korrespondieren".[25] Damit war ein erster Kontakt auch zu amerikanischen mennonitischen Kreisen geschaffen. Das Interesse war gegenseitig.

Es gab allerdings ein gravierendes Problem für Arnold und die Gemeinschaft in der Rhön, denn diese noch existierenden hutterischen Gemeinschaften in Amerika waren fast unerreichbar weit weg für eine wirtschaftlich schwache, von der Wirtschaftskrise der 20er Jahre gebeutelte Gemeinschaft im Aufbau. Die Frage lag also nahe, ob nicht versucht werden sollte, Kontakte in die vielfältige Szene der mennonitischen Gemeinden in Deutschland zu bekommen. Warum sollte man nicht zunächst prüfen, ob der Anschluss an einen mennonitischen Verband möglich ist?

Am 5.11.1927 wendet sich daher der „Bruderhof-Neuhof Kr. Fulda" an „Dr. Christian Neff, Mennonitengemeinde Weierhof". Nach einer Vorstellung der Bruderhofgemeinschaft als eine „kleine Lebensgemeinschaft von 40 Menschen incl. Kindern [...] die sich aufs engste mit dem Geist der anfänglichen Täufer, Mennoniten und Hutterischen Bruderhöfe eins weiß" und einer Skizzierung ihrer kirchlichen Isolierung („Einsamkeit") in Deutschland, weil weder ein Anschluss an die Quäker noch an die Baptisten denkbar sei, wird gefragt, „ob wir nicht in eine enge Verbindung gegenseitigen Dienstes mit Euch treten sollten."[26]

Über ein Jahr später im Januar 1929 wendet sich Eberhard Arnold noch einmal persönlich an Neff und schreibt: „unsere wesentliche Verbundenheit mit den Mennoniten der heutigen Zeit drängt uns dazu Euch Süddeutsche Mennoniten von Herzen zu bitten, daß wir miteinander in einen recht lebendigen Austausch treten möchten."[27] Am 20.5.1929 besucht Eberhard Arnold zudem die pfälzisch-hessische mennonitische Konferenz. Obwohl Christian Neff noch Jahre später in einem Artikel über den Bruderhof attestiert, Arnold habe einen „starken Eindruck" hinterlassen, kommt es zu keiner näheren Beziehung. Neff konstatiert 1937 im Rückblick: „Das Wesen und die Tendenz des Bruderhofes ist und bleibt uns fremdartig."[28] Die Bitte Arnolds um einen Gegenbesuch wird 1929 mit der Entsendung des Reisepredigers Christian Guth beantwortet. „Er gab einen

---

25 Brief von Eberhard Arnold an Elias Walter, 6.11.1928 (BHA, Coll. 0288_02). Sie haben diesen Aufsatz als Grundlagenliteratur für ihre Gemeinschaft ins Deutsche übersetzt: „Ihr englischer Aufsatz über die Hutterer in der Quarterly Review ist unterdessen wieder von uns ins Deutsche zurückübersetzt worden, damit ihn alle unsere Bruderhöfer lesen können". (Brief von Eberhard Arnold an John Horsch, 19.5.1930, BHA, Coll. 0288_02).

26 Brief von „Bruderhof-Neuhof" an Christian Neff, 5.11.1927, Autor unbekannt (MFSt, Nachlass Christian Neff, Mappe 163).

27 Brief von Eberhard Arnold an Christian Neff, 15.1.1929 (MFSt, Nachlass Christian Neff, Mappe 163). Im Zusammenhang mit diesem Kontakt ist der Aufsatz von Eberhard Arnold zu sehen, den er 1929 in den Mennonitischen Blättern veröffentlichen konnte: Eberhard Arnold: Die heutige Neuentstehung eines alttäuferischen Bruderhofes in Deutschland, in: MB 76 (1929), S. 34-36.

28 Christian Neff: Der Rhönbruderhof, in: MB 84 (1937), S. 87. Im offiziellen Bericht über diese Konferenz heißt es lediglich: „Am Schluß überbringt Herr Dr. E. Arnold Grüße von dem ‚Bruderhof' und schildert in kurzen packenden Worten die Aufgabe und Tendenz ihres gemeinsamen Unternehmens" (Bericht über die pfälzisch-hessische Konferenz vom 30. Mai 1929 in Obersülzen, in: MB 76 (1929), S. 70).

eingehenden Bericht, der unsere Stellungnahme nicht änderte"[29], Christian Neff 1937.

Es ist keineswegs eine Überinterpretation, wenn man aus diesen wenigen Daten schließt, dass die Bruderhofgemeinschaft in einer frühen Phase ihrer Geschichte zunächst Anschluss an die mennonitischen Gemeinden gesucht hat. Die Gemeinschaft wollte in dieser Phase ihrer Geschichte mennonitisch werden. Auch Benjamin Unruh erinnert sich später an diese Versuche eines Anschlusses. In den Auseinandersetzungen im Sommer 1937 zwischen deutschen und holländischen Mennoniten über die Ausweisung der Bruderhofgemeinschaft schreibt Unruh an Simon [Gorter], dass „Dr. Arnold [...] seine Gruppe dem deutschen Mennonitentum eingliedern" wollte. Unruh spricht von „verschiedenen Gründen", die bei den deutschen Mennoniten und bei den Schweizer Mennoniten gegen eine Aufnahme gesprochen hätten, ohne diese Gründe aber näher zu spezifizieren. Er schreibt nur: „Es lagen auch bestimmte dogmatische Gründe vor. Diese Ablehnung Arnolds geschah aber doch lange vor 1933. [...] Man muss doch zugeben, dass die Abgrenzung keine politischen, sondern kirchliche Gründe hatte."[30]

Die Gemeinschaft des Rhönbruderhofs und die deutschen Mennoniten fanden nicht zusammen, stattdessen gelingt es Arnold seine Gemeinschaft an die hutterischen Gemeinden in Amerika und Kanada anzugliedern.[31] Trotzdem aber hat man seitens der Bruderhofgemeinschaft weiter Kontakt zu den „mit unserer Kirche der Brüder, die man seit 1533 die hutterischen nennt, letztlich aus demselben reformatorischen Ursprung (Zürich 1525) stammenden Mennoniten" gesucht und gepflegt.[32] Interessanterweise sahen die deutschen Behörden diese Verbundenheit zwischen Hutterern und Mennoniten ganz ähnlich. Denn als 1936 der „Reichsminister für die kirchlichen Angelegenheiten" von der Gestapo bezüglich einer Auflösung eines hutterischen Bruderhofes in der Rhön angeschrieben wird, da wendet er sich zunächst an „Bibliotheksrat Dr. Ernst Crous", den zweiten Vorsitzenden der „Vereinigung der Deutschen Mennonitengemeinden" mit der Bitte um nähere Mitteilung „über die Hutterische Bruderschaft und insbesondere über

---

29 Neff (wie Anm. 28). Der Bericht selbst scheint nicht erhalten.

30 Brief von Benjamin Unruh an Simon [Gorter], 18.7.1937 (MFSt, Nachlass Christian Neff, Mappe 163). Sehr plausibel auch für die Zeit von 1929 klingt ein anderer Grund für die Ablehnung, den Unruh in diesem Brief noch anführt: „Das gemeinsame Leben wird von den Mennoniten seit jeher nicht besonders schmackhaft gefunden. Und durch den Kommunismus ist es den Leuten aus eigener Erfahrung oder durch Bericht vergällt." Neff (wie Anm. 28), S. 86, berichtet von zwei weiteren Kontakten: „Einmal boten sie mit Erfolg ihre Bücher an, das andere Mal baten sie um einen Waggon Kartoffeln für den Winterbedarf. [...] Beidemale warben sie vergebens um einen engeren Anschluß."

31 Vgl. zu dieser Phase Baum (wie Anm. 3), S. 188 ff. und Oved (wie Anm. 3), S. 54 ff. Vgl. darüber hinaus insbesondere Thomas v. Stieglitz: Kirche als Bruderschaft. Das hutterische Kirchenbild bei Eberhard Arnold aus heutiger katholischer Sicht, Paderborn 1991, S. 185 f. Er spricht von einer Phase der Identifikation mit dem hutterischen Kirchenbild und schreibt, dass mit „der Bezeichnung ihrer Siedlung als ‚Bruderhof'' und der Selbstbezeichnung als ‚Bruderhöfer' [...] sie sich ja schon im Jahre 1926 zur hutterischen Tradition bekannt" hatten, erst allmählich aber sei ihnen klar geworden, „daß sie statt einer neuen den Anschluß an die seit 400 Jahren bestehende hutterische ‚Bruderschaftsbewegung' suchen müßten".

32 Diese Formulierung findet sich in einem Brief von Eberhard Arnold an den „Reichsminister des Inneren", 7.11.1933 (BHA, Coll. 0288_02).

den Bruderhof, Post Neuhof bei Fulda".[33] Crous antwortet mit Briefkopf der „Vereinigung der Deutschen Mennonitengemeinden" am 20.8.1936 in sachlich korrekter, aber ähnlich distanzierter Weise wie Benjamin Unruh.[34] Die Mennoniten könnten „die Auffassung der alten und neuen Huterer von Apostelgeschichte 4, 32 ff. nicht teilen", seien aber überzeugt, dass „diese Männer und Frauen – nach ihrem Verständnis – mit Aufrichtigkeit und Ernst um einen wahrhaften christlichen Wandel ringen."[35]

Begegnungen in den USA und in den Niederlanden – „Vergegnungen" in Deutschland

Kurz bevor Eberhard Arnold 1930 in die USA und nach Kanada zu den hutterischen Gemeinden reiste, besuchte der US-amerikanische mennonitische Theologe Harold S. Bender den Rhönbruderhof. Eberhard Arnold schreibt einen Tag später an John Horsch: „bin ich Ihnen so von ganzem Herzen dankbar, daß Sie Ihrem lieben Schwiegersohn Harold S. Bender den Rat gegeben haben, uns zu besuchen. Dieser Besuch, der gestern stattgefunden hat, ist unserem ganzen Bruderhof eine außerordentliche Freude gewesen: und wir haben viel von ihm gelernt."[36]

Auch Bender selbst hat der Besuch beeindruckt, er habe „innere Bewegung" verspürt und bezeichnet die Rhönbruderhofgemeinschaft „in dieser Welt der finsteren Mächte" als „leuchtende Zeugen seiner Liebe und Kraft".[37] Als „Mitpilger nach der ewigen Heimat, und Erwartender des kommenden Reiches mit Euch" wolle er „einen Artikel für unsere Zeitschrift, Gospel Herald, über meine Eindrücke auf dem Bruderhof" schreiben.[38]

Eberhard Arnold betont im Brief an John Horsch, dass ihm die „Freundschaft und der Austausch mit den Mennoniten" wichtig seien, und dass er hoffe, sie auf der Amerikareise vertiefen zu können. „Für meine Reise ist es mir eine große Freude, daß Harold S. Bender mir auch den Auftrag gegeben hat, auf seinem Goshen College zwei Vorträge zu halten [...] Ferner hält Harold es auch für eine

---

33 BArch, R 5101/ 23410, pag. 00141. Hintergrund dieser Anfrage könnte sein, dass Eberhard Arnold unter dem Titel „Die evangelische Reichskirche und der Bruderhof" in den Mennonitischen Blättern 80 (1933), S. 117 f., die Stellungnahme des Bruderhofes auf eine entsprechende Anfrage des Reichsbischofs vom Oktober 1933 („wie Sie und ihre Gemeinschaft zum Christentum und zur Kirche stehen") veröffentlichen konnte (zum Vorgang selbst vgl. Nauerth (wie Anm. 3), Kapitel 3.3.1).

34 BArch, R 5101/23410, pag. 00173-00174. Abgedruckt ist das Gutachten auch bei Quiring (wie Anm. 5), S. 25 und bei Karl Zehrer: Evangelische Freikirchen und das „Dritte Reich", Göttingen 1986, S. 153 f.

35 Ebd. Vor allem Zehrer wertet dieses Gutachten in sehr negativer Weise. Es ist jedoch fraglich, ob es wirklich von besonderer Relevanz gewesen ist, im weiteren Schriftwechsel der deutschen Behörden bezüglich des Schicksals des Bruderhofes spielt es keine Rolle mehr. Es hat den Behörden allerdings signalisiert, dass von Seiten der deutschen Mennoniten im Fall einer Auflösung kein großer Widerspruch zu erwarten sein dürfte. Dies sollte sich 1937 dann bestätigen.

36 Brief von Eberhard Arnold an John Horsch, 19.5.1930 (BHA, Coll. 0288_02).

37 Brief von Harold Bender an Eberhard Arnold, 26.5.1930 (BHA, Coll. 0288_02).

38 Ebd. Der geplante Artikel erschien dann 1931: Harold S. Bender: The New Hutterite Bruderhof in Germany, in: Christian Monitor 1 (1931).

dringende Notwendigkeit, daß auf meiner Rückreise zwischen ihm, Ihnen und mir eine eingehende Beratung über die notwendige Veröffentlichung der Täuferschriften stattfinden soll."[39] Er hat John Horsch auf dieser Reise dann auch getroffen und u. a. über weitere publizistische Projekte gesprochen: „Ihr englischer Aufsatz über die Hutterer in der Quarterly Review ist unterdessen wieder von uns ins Deutsche zurückübersetzt worden, damit ihn alle unsere Bruderhöfer lesen können. Bei uns arbeiten zwei bis vier Kräfte unausgesetzt an den Abschriften und an dem Vergleichen alter Täuferbücher und Handschriften, da wir glauben, daß jetzt die geschichtliche Stunde wiedergekehrt ist, in welcher die volle Wahrheit des Evangeliums und des ihm entsprechenden Lebens aller Welt offenbar werden soll."[40] Bender und Horsch haben vor diesem Hintergrund in den 30er Jahren das Schicksal des Bruderhofes aufmerksam verfolgt[41] und solidarisch für Unterstützung, für Öffentlichkeit und in der letzten Phase auch für politischen Gegendruck gesorgt.

Ähnlich war die Situation in den Niederlanden. Auch hier gab es unter den Mennoniten friedensbewegte Kreise, die das alte täuferische Ideal der Wehrlosigkeit neu zu leben suchten,[42] und es gab generell eine größere Offenheit für andere Gruppierungen, die aus der Täuferbewegung erwachsen waren. Bezeichnend dafür ist, dass die mennonitischen Gemeinden in den Niederlanden sich seit 1811 unter dem Namen „Algemene Doopsgezinde Sociëteit" zusammengeschlossen haben. Taufgesinnt waren eben auch hutterische Gemeinden.

Die Unterstützung aus den Niederlanden für die deutsche hutterische Bruderhofgemeinschaft war groß, „holländische Mennoniten halfen uns [...] mit größeren Summen, Darlehen und Bürgschaften".[43] 1935 gab es auch intensive Bemühungen seitens niederländischer Mennoniten für die Bruderhofgemeinschaft einen Siedlungsplatz in den Niederlanden zu finden. Drei Namen sind hier insbesondere zu nennen, Jacob ter Meulen, Frits Kuiper und Simon Gorter. Die Beziehungen waren eng und von Herzlichkeit geprägt: „Frau Gorter eine ganz reizende Frau nahm mich sehr freundlich auf, und ich wohnte in einem sehr hübschen Zimmerchen. (...) Am nächsten Morgen hatte ich eine dreistündige Konferenz mit Herrn Gorter, der sich sehr eingehend nach unserer Stellung zu den Hutterischen erkundigte [...] Er hat große Sympathie für uns, selbst nimmt er aber

39 Brief von Eberhard Arnold an John Horsch, 19.5.1930 (BHA, Coll. 0288_02).

40 Ebd. In diesem Brief heißt es weiter: „Es wird mir eine sehr große Freude sein, bei Ihnen und Ihrer lieben Frau Ihre persönliche Gastfreundschaft annehmen zu dürfen. Da ich überaus viel mit Ihnen zu besprechen und zu beraten habe und mit Ihnen die innerste und tiefste Gemeinschaft suche, nicht zum wenigsten für die Herausgabe der wichtigsten Täuferschriften, und da ich Ihre Beratung für die Vereinigung mit den Hutterischen Brüdern für sehr wichtig halte, wird, wenn Sie es erlauben, mein Aufenthalt in Ihrem lieben Hause wohl mehr als einige Stunden in Anspruch nehmen."

41 Vgl. nur den Artikel von John Horsch: Nonresistance under difficulty, in: Gospel Herald 28 (1935), S. 650 (vgl. das entsprechende Manuskript in MC Archives Goshen, Hist. Mss. 1-278, H. S. Bender 12/9).

42 Vgl. dazu Gerrit Jan Heering/ Johannes Bernhardus Theodorus Hugenholtz: Krieg und Frieden in der Auffassung der niederländischen Christen, in: Friedrich Siegmund-Schultze, (Hg.), Die Evangelischen Kirchen der Niederlande, Gotha 1934, S. 164-174, hier S.165 f.

43 Walter Hüssy/Gertrud Hüssy: Die Jahre 1936 bis 1938 auf dem Almbruderhof. Rückblick im Jahre 1970 (BHA, Coll. 0003, Box 2, Folder 9). Vgl. zur Unterstützung des Almbruderhofes durch ter Meulen, auch Zumpe (wie Anm. 6), S. 116 f.

ungefähr die Stellung von Ragaz ein. Er brachte mich dann noch selbst mit dem Auto zur Bahn und löste mir eine Karte bis Duisburg."[44]

Jacob Ter Meulen war 1935 zu Gast auf dem Almbruderhof und hat über diesen Besuch auch in der mennonitischen Zeitung „Zondagsbode" berichtet. Danach scheint man sich in den Niederlanden an das „Hollandsch Doopsgezind Emigranten Bureau" (HDEB) gewandt zu haben, um Abhilfe für die „Nood der Hutterschen Doopsgezinden" zu schaffen.[45] Im Januar 1936 wurde dann ein eigenes Unterstützungskomitee für den Almbruderhof gegründet: „Comite voor de Hutersche Doopsgezinden in Liechtenstein". Der Gründungsaufruf ist von 27 Persönlichkeiten unterzeichnet, als Vorsitzender wird F. Dijkema aus Amsterdam aufgeführt, Dr. J. ter Meulen hat die Aufgabe des Sekretärs und Schatzmeisters übernommen.[46] Regelmäßig wurde im „Zondagsbode" über eingehende Spenden und Spender berichtet, am 15.12.1935 wird zu einer Weihnachtsspende aufgerufen, um vor allem den Kindern auf der Alm das zu bieten, was zu einer „Duitsche Weihnacht" gehört.

Der Höhepunkt der Beziehungen zu den niederländischen Mennoniten war die gastliche Aufnahme der Rhönbruderhofgemeinschaft im April 1937 nach der Vertreibung aus Deutschland und die tatkräftige Unterstützung der Gemeinschaft auf ihrem Weg nach England.[47] Am 13.6.1937 schreibt Gorter in seiner Eigenschaft als Präsident des HDEB an das Aliens Department im britischen Home Office und versichert, dass „at the request of Dr. J. ter Meulen [...] they have undertaken the collecting of the moneys, required to enable the entrance in England of 40 Hutherian Brethern."[48] Nach Angaben über geleistete Zahlungen und Zahlungsfristen schließt der Brief mit den Worten: „Trusting that this certificate may enable the entrance of the Hutherian Brethern in England."[49]

---

44 Brief von Hardy Arnold an Edith Boecker, 14.1.1934 (BHA, Coll. 0304_04). Kritischer zu Gorter äußerte sich Hans Meier in einem Brief vom 24.8.1934 an Eberhard Arnold: „Die Mennonitische in Holland ist heute praktisch eine Weltkirche wie jede andere. Zwar wissen noch viele um die Anfangsgründe und die damals geltenden Grundsätze, aber man deutet sie in freisinniger Relativität. So auch Gorter, der mehr nach der religiös-sozialen Seite neigt und von einer Verbesserung und Christianisierung der Obrigkeit und des Staates jenen erhofften Entwicklungsschritt erwartet, der nie eintreten wird." (BHA, Archive Coll. 0007).

45 Unter dieser Überschrift ist das Protokoll einer Besprechung vom 16.10.1935 in der Singelkerk in Amsterdam erhalten (Doopsgezind Documentatie Centrum, Universiteitsbibliotheek Amsterdam, Briefwechsel S. H. N. Gorter [H.D.E.B]).

46 Internationaal Instituut voor Sociale Geschiedenis (IISG), Archief Jacob ter Meulen, 9,1-2. Neben dem Gründungsaufruf enthält die Akte nur einen Linolschnitt von Menno Simon mit der Angabe „ten bate van: De Hutersche Doopsgezinde" und ein Schreiben von ter Meulen, über die Zusammenarbeit mit der Zeitschrift „Zondagsbode".

47 Wie ein im Archief Jacob ter Meulen (wie Anm. 46) unter 9/12 erhaltenes Dossier Benfey (Duits predikant te Amsterdam 1939-1942, Aktie voor niet-duitsche christenen Hoorn, Westerbork) zeigt, wurde solche Gastfreundschaft in jenen Jahren häufiger gewährt. Es geht in diesen Unterlagen um jüdischstämmige deutsche Flüchtlinge in den Niederlanden im Jahr 1939, die zum Christentum übergetreten waren und für die zunächst niemand zuständig war. Auch von diesen Flüchtlingen wurde eine Gruppe im Broederschapshuis in Elspeet untergebracht.

48 Doopsgezind Documentatie Centrum, Universiteitsbibliotheek Amsterdam, Briefwechsel S. H. N.Gorter [HDEB]).

49 Ebd. Erhalten ist auch ein unsignierter Brief an David Toews vom 9.6.1937, wo es heißt, „zwei Drittel des Betrages fehlt noch und jetzt hat man unser Komitee gebeten, die Sache zur Hand zu nehmen. Wir wollen

Im ganzen Jahr 1937 finden sich regelmäßige Berichte über die Bruderhofgemeinschaft in der Zeitschrift „Zondagsbode". Mit Datum 21.6.1937 erscheint im „Zondagsbode" als Dank für die große Unterstützung ein „groet van de Huterse Doopsgezinden in Engeland aan hun vrienden in Holland".[50] Auch nach der Übersiedlung nach England scheint der Kontakt gehalten worden zu sein, im „Dopsgezinde jaarboekje 1938" findet sich ein ausführlicher, bebilderter Bericht von Gorter über den Cotswoldbruderhof in England.

Hingegen verliefen die Kontakte zur mennonitischen Gemeinschaft in Deutschland auch nach 1933 insgesamt sehr enttäuschend. Zumpe schreibt: „Ich fuhr indessen zu verschiedenen deutschen Mennoniten [...] gehofft, durch das alte Täufertum Verbindungslinien zu finden und mit ihnen gemeinsam [...] einige unserem Glauben entsprechenden Privilegien erkämpfen zu können." [51] Insgesamt sei dieser Besuch, so Zumpe, eine „grosse Enttäuschung" gewesen. 1935 treffen Eberhard und Hardy Arnold im Haus von Jan Gleijsteen in Amsterdam auf einige junge Mennoniten aus Danzig. „Es kam zu recht lebhaften Auseinandersetzungen ueber Christentum und Staat, da die jungen deutsch-danziger Mennoniten sehr stark fuer den Nationalsozialismus Adolf Hitlers eintraten."[52] Zwiespältig waren auch die Erfahrungen von Kurt Zimmermann, als er versuchte im Rahmen der zum Verkauf ihrer handwerklichen Produkte nötigen „kleinen Aussendung", Kontakte zu mennonitischen Gemeinden aufzubauen: „Wir hofften, gerade bei ihnen viel Verständnis zu finden, kommen sie doch aus dem Urtäufertum der Schweiz und lehnen ebenfalls Wehrdienst, Eid u.s.w. ab. Wir fanden wohl freundliche Aufnahme. Während drei Wochen reisten wir von Hof zu Hof und trafen überall die gleiche Liebe und Gastfreundschaft. Aber von dem, was wir erwarteten, fanden wir nichts mehr. Man hörte uns mit großem Interesse zu, aber man sagte: Ob die Vorväter recht daran getan haben, den Waffendienst zu verweigern, kein persönliches Eigentum zu besitzen, wissen wir nicht. Wir werden jedenfalls in den Krieg gehen und das Vaterland verteidigen. Vom ursprünglichen Mennonitentum war nichts mehr zu spüren. Die meisten von ihnen waren Grossgrundbesitzer; einer wollte uns sogar als verkappte Kommunisten verhaften lassen. Viele alte Leute sagten uns, das wäre die Wahrheit, die wir vertreten würden, aber die jungen Leute wollten sie nicht mehr hören. Ein mennonitischer Prediger sagte sogar: ‚Käme morgen Krieg, so werde ich als erster gehen und den Franzosen über den Haufen schießen, und ich kann das mit der Liebe Christi verantworten'." [53]

---

versuchen eine Anleihe zu bekommen". Gemeint ist offensichtlich das Hollandsch Doopsgezind Emigranten Bureau (HDEB). Ausweislich eines Briefes vom 24.6.1937 von Altmann an Martins mit Stempel des HDEB war dieser Versuch erfolgreich. Es heißt dort im Rückblick: „Für unser Bureau war es eine schöne und begeisternde Arbeit". Näheres sei im „Zondagsbode" nachzulesen (Doopsgezind Documentatie Centrum, Universiteitsbibliotheek Amsterdam, Briefwechsel S.H.N.Gorter [HDEB])

50 Zondagsbode, Jahrgang 50 Nr. 36 (4.7.1936).

51 Zumpe (wie Anm. 6), S. 31 f.

52 Hardy Arnold: Bericht von der im Maerz-April 1935 unternommenen Reise nach Holland, England, und Schottland [Dezember 1937] (BHA, Coll. 0304, Box 1, Folder 13).

53 Kurt Zimmermann: Meiner lieben Anne-Marie ein kurzer Überblick unseres gemeinsamen Lebens im gemeinsamen Leben, England [ca. 1934-1938] (BHA, Coll. 0319, Box 1, Folder 1).

Eine Person, auf die sie nach 1933 zunächst einige Hoffnungen gesetzt hatten, gerade auch im Zusammenhang, der seit 1933 ständig drohenden Ausweisung aus Deutschland, war Benjamin Unruh. Kontaktaufnahmen unter anderem durch Hans Zumpe, Hannes Boller und Hans Meier verliefen aber enttäuschend, denn „die Mennoniten hätten ihre Haltung dem Staat gegenüber geändert“[54]. Härter ist das Urteil bei Hans Zumpe, der davon spricht, dass „Unruh [...] so völlig durchdrungen von der Richtigkeit des Nationalsozialismus“ gewesen sei, „dass die fünfstündige Besprechung recht unbefriedigend war.“[55] Symptomatisch für die bleibend schwierigen Beziehungen zu den mennonitischen Gemeinden in Deutschland ist vor allem aber eine kleine Notiz aus dem Protokollentwurf zur Ältesten- und Predigerversammlung vom 11.1.1937. Ulrich Hege schreibt dort in Bezug auf das Thema Hilfe für die Bruderhofgemeinschaft: „man konnte sich nicht entschließen innerhalb des Gemeindeverbandes als solchem zu helfen, aus politischen und andern Gründen. [...] Auch sagte man sich, dass es an erster Stelle den amerik. Glaubensgenossen Aufgabe sei hier zu helfen. (Ob man das politisch hereinsetzen soll weis ich nicht).“[56]

In der Tat, die amerikanischen Glaubensgenossen waren besorgt, sehr besorgt. Sie hatten im Juli 1936, wie anfangs bereits geschildert, Hans Zumpe und Emmy Arnold auf der mennonitischen Weltkonferenz getroffen und sowohl von der politischen Bedrängnis als auch von der wesentlich dadurch bedingten wirtschaftlichen Not gehört. Zumpe und Arnold ahnten, dass sie nicht mehr lange den Rhönbruderhof in diesem Staat des Adolf Hitler würden halten können, dass ihr Zeugnis von durch Gottes Geist ermöglichter Liebe und Gemeinschaft in Deutschland an ein Ende gekommen war.[57]

Am 30.9.1936 wendet sich daher John Horsch brieflich an Bender und leitet eine Anfrage „for a sort of intervention on behalf of the Hutterers in Germany to the German embassador“ weiter.[58] Horsch schaltet dann zudem noch den mennonitischen Theologen Ernst H. Correll ein, der sich am 10.10.1936 an Bender und Horsch mit einer Reihe von Vorschlägen zum weiteren Vorgehen meldet und dringend eine Intervention bei den Botschaften in den USA und in Kanada seitens des „Peace Problems Committee of the Mennonite Church“ empfiehlt. Correll schreibt in diesem Brief auch, dass „the Hutterian case will certainly suffer from the retiring attitude of the German Mennonites in their final submittance in military matters and their delivery of the Realschule am Donnersberg to the NSDAP. This in my modest opinion is another reason why the American groups

54 Meier (wie Anm. 3), S. 49 („Unruh, den wir in Berlin bei seinem Glaubensbruder Crous trafen“).

55 Zumpe (wie Anm. 6), S. 31.

56 Brief von Ulrich Hege an Daniel [Nachname nicht bekannt], 18.1.1937 (MFSt, Nachlass Ulrich Hege).

57 Zumpe (wie Anm. 6), S. 186, berichtet, dass er und Emmy Arnold bei der Weltkonferenz 1936 „die Tagungshäuser der Mennoniten zur vorübergehenden Unterbringung unserer Gemeinschaft“ als „ganz geeignet“ befunden hätten. Die beiden rechneten also bereits 1936 sehr ernsthaft mit der Möglichkeit einer plötzlichen Ausweisung der Gemeinschaft und überlegten nach Wegen, mit solcher Situation umzugehen, denn sie „konnten ja nicht ohne weiteres mit so vielen Menschen direkt nach England abreisen“, wie Zumpe schreibt.

58 Brief von John Horsch an H. S. Bender, 30.9.1936 (wie Anm. 5).

have to stand up for the Rhoenbruderhof people."[59] Die mennonitischen Freunde aus den USA initiieren Petitionen an die entsprechenden Botschaften, informieren die Church of the Brethren und die Quäker.[60] Und John Horsch hat noch eine weitere Idee. Er schreibt nach Deutschland an seinen Bruder Michael, einen erfahrenen karitativen Krisenmanager. Er solle doch mal hinfahren, nach dem Rechten sehen und Bericht erstatten, über das was nötig sei.[61]

Michael Horsch antwortet am 5.12.1936 seinem Bruder Johannes („John") und verspricht, mit einem weiteren Mitarbeiter des mennonitischen Hilfswerks „Christenpflicht" sowohl in der Rhön als auch in Liechtenstein nachzusehen und dann Bericht zu erstatten. Offenkundig ist Michael Horsch die Bruderhofgemeinschaft bekannt: „Schon lange hätte ich gerne die Bruderhöfe [...] einmal gesehen, habe es aber noch nicht so weit gebracht." [62] Sein Besuch verzögerte sich Ende 1936 dann wegen eines privaten Trauerfalls, und so schickte er in den Tagen vor Weihnachten zusammen mit einer Ankündigung des Besuchs eine erste Geldspende. Der Antwortbrief der Rhönbruderhofgemeinschaft, abgesandt „am Tag vor Heiligabend", spiegelt wider, wie bewegt man war über „die herrliche Hilfe von Brüdern [...] die – von Angesicht völlig unbekannt – dem Herzen nach uns sofort ganz nahe waren!"[63] Der Brief von Michael Horsch und die großzügige Spende scheinen die Gemeinschaft berührt zu haben. Der Antwortbrief ist persönlich und geistlich gehalten und gibt Einblicke in ihre bedrängte Existenz. Die Gemeinschaft spricht von ihrem Zeugnis, das erheblich erschwert sei durch das Verbot als Hausierer mit ihren Büchern und Produkten die Menschen aufzusuchen und wie sehr sie sich daher über jeden Besuch freuen. Es sei „ein großes Geschenk in der sonst in mancher Hinsicht so dunklen Adventszeit, daß wir Brüder und Schwestern gefunden haben, die allem Anschein nach in ähnlich aktiver Weise auf das alte und doch immer neue Weihnachtswunder warten."[64] Am 24.12.1937 schreibt Michael Horsch erneut an seinen Bruder in den USA, wohl in Reaktion auf diesen Dankesbrief: „Da scheint große Not zu sein – wir

---

59 Brief von Ernst Correll an John Horsch und H.S. Bender (MC Archives Goshen, Hist. Mss. 1-278, H. S. Bender 8/2).

60 Vgl. den Brief von Clarence E. Pickett, Generalsekretär des „American Friends Service Committee" an Paul D. Sturge, Generalsekretär des „Friends' Service Council" in London vom 12.11.1936, in dem es heißt: „Harold S. Bender, a Mennonite who has spent a great deal of time in Germany, has been deeply concerned with regard to the little Hutterian group of German pacifists, which is likely, he feels, to be sent to concentration camp in Germany" (MC Archives Goshen, Hist. Mss. 1-278, H. S. Bender 12/9).

61 Mitgeteilt wird diese Benachrichtigung und Beauftragung von Michael Horsch in einem Brief von John Horsch an H. S. Bender vom 25.11.1936 (MC Archives Goshen, Hist. Mss. 1-278, H.S. Bender 8/2).

62 Brief von Michael Horsch an John Horsch, 5.12.1936 (MC Archives Goshen, Hist. Mss. 1-278 John Horsch 6/16). Michael Horsch scheint solche „Fact Finding Mission" öfter unternommen zu haben. So hat es 1941 vom MCC ein „German-Poland Project" gegeben, Kontaktpersonen bzw. Mitarbeiter waren Benjamin Unruh und Michael Horsch. Michael Horsch „should make a tour (...) and bring me a report of actual need. Bro. Horsch made this tour at his own expense, as he had done most of his traveling for the M.C.Committee, and wrote up a splendid report" (Bericht von M. C. Lehmann, Relief Commissioner for the M.C.Committee in Germany; PA AA R 127518).

63 Brief des Rhönbruderhofes an Michael Horsch, 23.12.1936 (MC Archives Goshen, Hist. Mss. 1-278, H. S. Bender 12/9).

64 Ebd.; vgl. ansonsten auch den Antwortbrief von der Alm vom 8.12.1936 („in großer Freude und Dankbarkeit"), in dem es weiter heißt, man sei in einer schwierigen Lage „über die wir uns mit ihnen von Herzen gern gründlich aussprechen wollen." (MC Archives Goshen, Hist. Mss. 1-278, H.S. Bender 12/9).

konnten ihnen gottlob gleich M 150 durch Christenpflicht schicken, damit sie doch wenigstens Brod haben."[65]

Horsch hat den Rhönbruderhof in den ersten Januartagen 1937 persönlich besuchen können, nachdem er vorher für einen Tag auch auf dem Almbruderhof gewesen war. Er hielt sich zwei volle Tage in der Rhön auf. Es war ein Besuch, der in guter Erinnerung blieb, „we had a very nice talk with him. He understood our situation and wrote to his brother about our needs."[66] Auch andere Mitglieder erinnern sich an diesen Besuch in ähnlicher Weise: „Michael Horsch [...] had been very friendly toward us. He had visited us and seen our poverty, and had said the Mennonites would send us enough material to make a dress for every sister and a shirt for every brother", so die junge Engländerin Kathleen Hasenberg.[67] In der Tat erwähnt Michael Horsch in einem Brief an John Horsch im Januar 1937 genau dieses Versprechen: „Für jede Person ein neues Kleid."[68]

Mit großer Tatkraft und vor dem Hintergrund langjähriger Erfahrung sorgte sich Michael Horsch Ende 1936 um die Bruderhofgemeinschaft, er ließ sich in den zwei Tagen seines Besuches Anfang 1937 den gesamten Hof und wohl auch die Geschäftsbücher zeigen und man scheint offen über die desolate Lage und die sehr begrenzten Perspektiven, die es noch in Deutschland gab, gesprochen zu haben. Im Brief an John Horsch heißt es:

„Im Rhönbruderhof haben wir folgendes festgestellt:
1. dort waren früher 150 Menschen und die haben sich gut ernähren können.
2. Jetzt sind nur noch 50 Leute und auch diese können oft nicht mehr durchkommen, nachdem die Erwerbsmöglichkeiten, von außen her nicht mehr da sind. –
3. Der Ertrag der Landwirtschaft, wie er in der Buchführung ausgewiesen wird, kann nicht gesteigert werden, unter den gegebenen Verhältnissen, auch von tüchtigen deutschen Landwirten nicht." [69]

Michael Horsch anerkennt also die landwirtschaftliche Leistung des Rhönbruderhofes und sieht die aktuellen Schwierigkeiten bedingt durch „gegebene Verhältnisse", womit nur die politischen Rahmenbedingungen gemeint sein können. Die Folgerung aus dieser Situation ist für Michael Horsch sehr klar: „Es kann sich nicht darum handeln, die Bewohner vom Rhönbruderhof dauernd dort zu erhalten – unter den jetzigen Verhältnissen können sie sich, menschlich geredet, nicht mehr lange dort halten. – Die Hilfe von Euch in Amerika soll auch dazu dienen, daß beim Abzug vom Rhönbruderhof alles richtig und gut verwertet werden kann, daß alles ordnungsgemäß und auch ehrenhaft vor der Welt verläuft." [70]

---

65 Brief von Michael Horsch an John Horsch, 24.12.1936 (MC Archives Goshen, Hist. Mss. 1-278 John Horsch 6/16).

66 Hans Meier, Oral History Transcript, 24.5.1979 (BHA, PP g).

67 Kathleen Hasenberg, Telling her Memories of the Dissolution of the Rhoen Bruderhof [1996] (BHA, Coll. 0115).

68 Brief von Michael Horsch an Johannes Horsch, 20.1.1937 (MC Archives Goshen, Hist. Mss. 1-278, H.S. Bender 12/9).

69 Brief von Michael Horsch an Johannes Horsch, 20.1.1937 (wie Anm. 68).

70 Brief von Michael Horsch an Johannes Horsch, 25.1.1937 (MC Archives Goshen, Hist. Mss. 1-278, H.S. Bender 12/9).

Präzise notiert Horsch in einem Brief an seinen Bruder die dringend notwendige Unterstützung und skizziert eine mögliche Aufteilung der Hilfsarbeit zwischen deutschen und amerikanischen Mennoniten.[71] Horsch wollte nicht nur punktuell helfen, er wollte eine mittelfristige Lösung bis zur nächsten Ernte erreichen, „vielleicht können wir dem Bruderhof in der Rhön (65 Personen) dadurch ein wenig helfen, daß wir für das nötige Brodgetreide bis zur nächsten Ernte sorgen".[72] Seinen Brief an seinen Bruder vom 25.1.1937 schließt Michael Horsch mit den Worten: „Der Herr möge Gnade geben, daß den Bruderhöfern gegenüber von allen denen, die zum Helfen bereit und in der Lage sind, und von Ihm aufgerufen sind, nach Seinem Willen gehandelt wird."[73] Genau hier allerdings scheinen sich in der Folgezeit Schwierigkeiten ergeben zu haben. Im offiziellen Protokoll der „Aeltesten und Predigerversammlung" vom 11.1.1937 ist von „Brodgetreide bis zur nächsten Ernte" nicht mehr die Rede. In der Endfassung steht: Die große Not sei „der brüderlichen Liebe unserer Gemeinden empfohlen", Michael Horsch werde die Gaben weiterleiten. Der zitierte Satz von Ulrich Hege aus dem Protokollentwurf, „man konnte sich nicht entschließen innerhalb des Gemeindeverbandes als solchen zu helfen, aus politischen und andern Gründen" [74] macht deutlich, was hinter dieser Beschlussfassung steht. Horsch ist ganz offensichtlich mit seinem Versuch gescheitert, die deutschen Mennoniten über diesen Weg institutionell und kollektiv in die nötigen Hilfsmaßnahmen einzubinden.

Trotzdem gilt: Ein solch hilfsbereiter karitativer Krisenmanager wie Michael Horsch war der Gemeinschaft bislang unter den deutschen Mennoniten noch nicht begegnet. Und Michael Horsch scheint eine täuferische Gemeinschaft getroffen zu haben, die ihn ähnlich wie Harold Bender auch geistlich tief beeindruckt hat: „Ich habe da Menschen kennen gelernt, die es ausnahmslos ernst nehmen mit der Nachfolge Christi, die Seine Worte und Gebote nehmen, so wie sie dastehen und danach zu leben suchen. Ich habe gesucht, mich hineinzustellen, hineinzudenken und zu leben, in ihrem Geist und Sinn, habe gerne ihre Not und Entbehrung geteilt, auch ihre Sorgen – und es ist mir wohl gewesen dort, ich habe mich daheim gefühlt unter ihnen." [75]

Auch nach der Erinnerung von Hannes Boller, niedergeschrieben wahrscheinlich bereits 1937, hat Horsch in der Tat sich gerade unter geistlichem Aspekt wohl gefühlt: „anerkannte unser Leben so weitgehend, daß er in der allgemeinen Zusammenkunft mit bewegten, von Herzen kommenden Worten uns aufmunterte, auf unserem Weg weiter zu gehen – da sie, die Mennoniten, über dem wirtschaftlichen Wohlergehen das innere geistliche Leben hätten zu kurz kommen lassen." [76]

71 Brief von Michael Horsch an Johannes Horsch, 20.1.1937 (wie Anm. 68).

72 Brief von Michael Horsch an Johannes Horsch, 24.12.1936 (wie Anm. 65).

73 Brief von Michael Horsch an Johannes Horsch, 25.1.1937 (wie Anm. 69).

74 Brief von Ulrich Hege an Daniel [Nachname nicht bekannt], 18.1.1937 (wie Anm. 56).

75 Brief von Michael Horsch an Johannes Horsch, 20.1.1937 (wie Anm. 68).

76 Hannes Boller, Bericht über die Gefängniszeit von drei Brüdern in Fulda von Donnerstag, den 15. April - Sonnabend, den 26. Juni 1937 und ihrer Wiedervereinigung mit der Gemein auf dem Cotswold Bruderhof, Freitag, d. 2. Juli 1937 [ca. 1938]; BHA, Coll. 0007, Box 1, Folder 11).

Die Gemeinschaft des Rhönbruderhofes hatte in später Stunde ihrer bedrängten Existenz unter einer Ordnung der Gewalt mit Michael Horsch endlich auch unter den deutschen Mennoniten einen wirklichen Freund gewonnen.[77]

77 Zur tragischen weiteren Entwicklung dieser Freundschaft vgl. Thomas Nauerth: Freund der Gemeinschaft, Zeuge der Anklage und Zeitzeuge. Michael Horsch und der Rhönbruderhof 1936/1937 (erscheint im April 2017 in MQR).

Volker Horsch

Michael Horsch und die Auflösung des Rhönbruderhofs 1937

Ein anderer Blick

Am 20. April 1937 erschien in der Morgenausgabe der niederländischen Zeitung „Het Volk“ ein längerer Artikel unter dem Titel „Deutsche Mennoniten ausgewiesen“.[1] Wenig später war ein ähnlicher Bericht in den „Basler Nachrichten“[2] zu lesen. Diese Mitteilung alarmierte nicht nur die „Doopsgezinden“ in den Niederlanden und die „Alttäufer“ in der Schweiz, vielmehr wurde sie auch von den Mennoniten in Deutschland sehr wachsam wahrgenommen. Sie forderte sogar „eine notwendige Berichtigung“ der „Vereinigung der Deutschen Mennonitengemeinden“ (weiter kurz: Vereinigung) in den „Mennonitischen Blättern“ 1937 heraus.[3] Da stand zu lesen: „Diese Pressemeldungen haben im In- und Ausland alarmierend gewirkt und nötigen uns zu folgender Klarstellung. Es sind keine Mennoniten aus Deutschland ausgewiesen worden. Die Mennoniten erfreuen sich des Schutzes des Deutschen Reichs und können ungehindert ihres Glaubens leben.“[4]

Diese Veröffentlichung provozierte wiederum eine Erwiderung in „De Zondagsbode“[5], einem holländischen doopsgezinden Gemeindeblatt, hier war zu lesen: „Aber es schneidet uns doch durch die Seele, dass außer der Darlegung des Unterschieds zwischen Mennoniten und Huterschen kein Wort von Mitleid gesprochen wird über das Los derjenigen, die ohne eine Klage in die Verbannung gehen, und kein Wort von Protest gehört wird gegen das Unrecht, das ihnen angetan wird.“[6]

Diese Erwiderung veranlasste Michael Horsch, im „Gemeindeblatt“[7] eine „Ergänzung“ zu der „notwendigen Berichtigung“ der Vereinigung zu veröffentlichen. Da betont er: „Es sind nicht nur keine Mennoniten, sondern auch keine ‚Bruderhöfer‘ oder ‚Huterische Brüder‘ aus Deutschland ausgewiesen worden.“ Er berichtet vom Werden seines Kontakts mit den Bruderhöfern und einem Besuch zu Anfang des Jahres. Er hält fest: „Den Mitgliedern wurde durch die Regierung gesagt, daß sich jeder in seine Heimat begeben und dort Arbeit suchen solle. – Die Leute wollten jedoch ihr gemeinsames Leben nicht aufgeben und sich nicht voneinander trennen und baten beim Landratsamt Fulda darum auswandern zu dürfen.“ „Zufällig“, schreibt er, „war ich im Rhönbruderhof anwesend, als die Auf-

1 Het Volk, Morgenausgabe 20. April 1937, S. 5.

2 Ausweisung von Mennoniten aus Deutschland, in: Basler Nachrichten, 1937, Nr. 110, S. 5.

3 MB 84 (1937), S. 47.

4 Ebd.

5 De Zondagsbode, 1937, Nr. 32 (Übersetzung), S. 6.

6 De Zondagsbode, 1937, Nr. 32 (Übersetzung), S. 7.

7 Gemeindeblatt der Mennoniten 68 (1937), S. 62.

lösung und Beschlagnahme vorgenommen wurde." Dann berichtet er vor allem über Wirtschaftliches, das ihm dabei aufgefallen ist.

Damit begann die öffentliche Wirkung seines Engagements. Die Sache selbst war damit keineswegs abgeschlossen, auch wenn zu diesem Zeitpunkt fast alle Bruderhöfer bereits im Ausland waren. Nachhaltig wirksam wurde besonders seine etwa ein Jahr später unter dem Titel: „Die Auflösung des Eingetragenen Vereins ‚Neuwerk Bruderhof' Post Neuhof, Kreis Fulda" erschienene Broschüre.[8] In ihr erklärte Michael Horsch, was für die Auflösung des Bruderhofs ursächlich gewesen sei: „Noch nie hat der Bruderhof eine finanziell und wirtschaftlich gesunde Grundlage gehabt."[9] „Der Bruderhof konnte nur leben von Einlagen der Mitglieder und Spenden. Sobald diese versiegten, war die Existenz unmöglich. Dieser *Fall musste [...] kommen*, und er ist gekommen."[10] Seitens der Bruderhöfer wurde das schmerzhaft aufgenommen, denn sie hatten ein anderes Bild vom Geschehenen. Für die Leserschaft deutscher mennonitischer Veröffentlichungsorgane kam nach Jahrzehnten erst eine Korrektur. Die Mennonitischen Geschichtsblätter brachten 1979 einen Beitrag von Hans Meier,[11] der 1937 Vorstandsmitglied der Bruderhofgemeinschaft und inhaftiert war. Er konnte nachweisen, dass Michael Horsch sich mit seiner einseitigen Betonung der wirtschaftlichen und finanziellen Gegebenheiten als Ursache der Hofauflösung, wie er sie veröffentlicht hat, völlig verrannt hatte. Heute ist klar: die eigentliche und unmittelbare Ursache der Auflösung des Bruderhofs war politisch bedingt. Das Wirtschaftliche ist damit zum verdienten Nebenschauplatz geworden. – Ist die Problematik damit gelöst?

Für mich – er ist ja mein Großvater – und wohl auch für viele seiner Nachkommen hat jedoch eine andere Frage Vorrang. Ich habe Michael Horsch schätzen gelernt: Sein Lebenswerk, sein Engagement, sei es im Hilfswerk, in der Glaubensgemeinde oder auch nur in dem, was er in der Familie und für sie an Werten gesetzt und hinterlassen hat. Ich spreche nicht von Materiellem, auch wenn er sich in dieser Hinsicht ebenfalls nicht verstecken muss. Das alles hat eine Gestalt, die mich zu fragen zwingt: Wie konnte es geschehen, dass er sich so verrannt hat? Wer seine Broschüre liest und dabei im Kopf behält, was das Naziregime alles angestellt und verbrochen hat, kommt nicht an der Frage vorbei: Wie konnte es geschehen, dass er sich so ohne Vorbehalt und völlig uneingeschränkt vor die damaligen Behörden und ihr Handeln gestellt hat? Er hat sie alle weißgewaschen. Die Schuld für das Ende des Bruderhofs in der Rhön hat er denen angelastet, die weichen mussten.

Auch in anderen Zusammenhängen bis zurück in die Zeit des Ersten Weltkrieges, als sein ältester Sohn Soldat war: Regierungskritisches ist mir von Michael

8 Die Auflösung des Eingetragenen Vereins „Neuwerk Bruderhof", Post Neuhof, Kreis Fulda", im Selbstverlag, Hellmannsberg bei Ingolstadt.

9 Michael Horsch: Feststellungen von M. Horsch, Hellmannsberg bei Ingolstadt a d. Donau, in: Ebd., S. 16.

10 Ebd., S. 20.

11 Hans Meier: Die Auflösung des Neuhutterischen Rhön-Bruderhofes in Deutschland (Auch als Berichtigung der Schrift von Michael Horsch über die Auflösung des Rhön-Bruderhofes, Hellmannsberg 1937), in: MGB 36 (1979), S. 49-56.

Horsch nicht bekannt. Er war tief religiös. So wirkte er prägend auch innerhalb der Familie. Denken und Handeln mussten übereinstimmen. Wahrhaftigkeit, Redlichkeit, Pflichterfüllung und Menschlichkeit waren geachtete Werte. Das wirft nicht zu beantwortende Fragen auf, wenn all das in die Betrachtung einbezogen wird, was unter der nationalsozialistischen Herrschaft geschehen ist. Hier nenne ich nur die Judenfrage und wie mit diesen Menschen umgegangen wurde. – Michael Horsch scheint dazu nichts hinterlassen zu haben. Ja, mehr noch: er scheint sich dazu weder kritisch noch ablehnend geäußert zu haben. Warum hat er sich so verhalten?

Im Blick auf die Bruderhöfer dürfte auch Folgendes von Interesse sein: Offen scheint immer noch, wie mit den durch damalige öffentliche Äußerungen verursachten Verletzungen von Glaubensgeschwistern umgegangen wird. Wenn ich die Lage recht übersehe, so hat es bislang nur Darstellungen und Gegendarstellungen gegeben. Wohl liegen historische Forschungen bzw. Veröffentlichungen über diese Angelegenheit vor, dennoch ist es meines Wissens bislang zu keiner Begegnung zwischen Bruderhöfern und Mennoniten mit dem Ziel gekommen, zu einer gemeinsamen, einvernehmlichen Klärung in Sachen Rhönbruderhof zu gelangen.

In diesem Zusammenhang dürfte auch der von mir als Nebenschauplatz bezeichnete Faktor des Wirtschaftlichen erneut ins Blickfeld geraten. Eine Reihe offener und vielleicht auch bislang nicht gestellter Fragen dürfte es noch zu klären geben. Sich gemeinsam zu stellen, eröffnet beiden Seiten die Chance, sich künftig intensiver und mit mehr Anteilnahme wahrzunehmen, um so dem Evangelium von Jesus Christus gemäß zu leben.

Hedwig Richter

Die Herrnhuter Brüdergemeine im Nationalsozialismus

Elitäre Traditionslinien

Wer sich mit Diktaturen beschäftigt, kommt um die zentrale Frage nicht herum, wie Herrschaft eigentlich funktioniert. Wie kann es einem Unrechtsregime gelingen, die Menschen für sich einzunehmen, oder – anders gefragt: Warum tragen die Mehrheiten vielfach zum Funktionieren von Diktaturen bei? Kurz: Wie funktioniert Herrschaft unter den Bedingungen der Diktatur?

In der Forschung wird die Frage kontrovers diskutiert, wie das Verhältnis zwischen Beherrschten und Beherrschern dargestellt werden kann und wie sich die Gesellschaft einer Diktatur beschreiben lässt.[1] Um die Totalität der Herrschaft und die relative Stabilität einer Diktatur zu verstehen, muss neben dem Regime und seinem Unterdrückungsapparat die komplexe Involvierung der Bevölkerung in den Blick rücken. Die Herrnhuter Brüdergemeine – von ihrem Selbstverständnis her eine Gemeinschaft, die in striktem Gegensatz zur Mehrheitsgesellschaft stand – eignet sich besonders gut für eine solche Untersuchung. Dabei folgt diese Studie einem Herrschaftsbegriff, nach dem Herrscher und Beherrschte miteinander agieren und den Beherrschten „ein bestimmtes Minimum an Gehorchenwollen“ (Max Weber) zugeschrieben wird. Besonders interessant ist dabei der Prozess der Internalisierung von Machtansprüchen, also wie das „Gehorchenwollen“ funktioniert; dafür müssen die Akteure die Wirklichkeit entsprechend uminterpretieren, und es kommt – um mit Michel Foucault zu sprechen – zu einer Produktion von Wirklichkeit. Diese Art der Wirklichkeitsproduktion zeigt eine diffizile Facette des Mitläufertums, die – so meine These – für Freikirchen nicht ganz unüblich war.

Die Herrnhuter Brüdergemeine lässt sich zu den pietistischen oder erweckten Kreisen zählen. Deren Verhältnis zum Nationalsozialismus ist ein weitgehend unerforschtes Thema. Dennoch gewähren kleinere Studien einen Einblick. Sie verweisen auf eine große Anfangseuphorie und seit Ende 1933 auf eine Abkehr vom Nationalsozialismus, die allerdings nur in Ausnahmefällen zu Widerstand führte.[2] Damit unterschied sich die Brüdergemeine kaum von den großen Kir-

1 Vgl. dazu Richard Bessel/Ralph Jessen (Hg.): Grenzen der Diktatur. Staat und Gesellschaft in der DDR, Göttingen 1996.

2 Vgl. z. B. Hartmut Lehmann: Pietismus und weltliche Ordnung in Württemberg vom 17. bis zum 20. Jahrhundert, Stuttgart: Kohlhammer, 1969, S. 323-348; Rudolf von Thadden, Pietismus zwischen Weltferne und Staatstreue. Politik als Ärgernis, in: Ulrich Gäbler (Hg.), Geschichte des Pietismus, 3, Der Pietismus im neunzehnten und zwanzigsten Jahrhundert. Göttingen 2000, S. 646-666, hier S. 654-658; Jörg Ohlemacher: Gemeinschaftschristentum in Deutschland im 19. und 20. Jahrhundert, in: Ulrich Gäbler (Hg.), Geschichte des Pietismus, Bd. 3: Der Pietismus im neunzehnten und zwanzigsten Jahrhundert, Göttingen 2000, S. 450-464, hier S. 450-455.

chen.[3] Über die Brüdergemeine im Nationalsozialismus gibt es ebenfalls nur wenige Aufsätze, die wiederum nur Einzelaspekte beleuchten.[4]

Neuere Forschungen haben gezeigt, dass der Nationalsozialismus nicht zuletzt eine Jugendbewegung war, die Altes zerschlagen und eine neue Welt aufbauen wollte.[5] Aber in der Breite konnte er nur wirken, wenn es ihm gelang, an Tradiertes anzuknüpfen. Anhand der Brüdergemeine zeigt sich, wie der Nationalsozialismus überkommene Milieus und Traditionen für sich nutzte. Das war freilich nur möglich, wenn die betroffenen Akteure selbst diesen Prozess voranbrachten.

Herrnhut Anfang der dreißiger Jahre bildete eine fromme, abgeschottete Welt, klein- und bildungsbürgerlich zugleich, in der es dank des herrnhutischen sozialen Netzes kaum materielle Not gab. In diesem bürgerlich-christlichen Kosmos wurde Hitlers Machtergreifung wie in ganz Deutschland mit überschwänglicher Freude begrüßt.[6] Die NSDAP errang in den Reichstagswahlen vom 5. März 1933 in Herrnhut rund 43 Prozent und damit fast so viel wie im Reichsdurchschnitt (knapp 44 Prozent). In den anderen Ortsgemeinen, von denen die Wahlergebnisse überliefert sind, erhielt die NSDAP noch mehr Stimmen. Kleinwelka (Sachsen) wies mit über fünfzig Prozent die größte Zustimmung auf.[7] Paroli hatte den Nationalsozialisten der Herrnhuter Druckereibesitzer Bruder Gustav Winter geboten, der sich im Wahlkampf für den Christlich Sozialen Volksdienst (CSVD) engagiert und Flugblätter gegen die NSDAP gedruckt hatte.[8] Der CSVD hatte sich 1929 in Abgrenzung zu dem antisemitischen Kurs der Deutschnationalen Volkspartei gebildet und band vor allem pietistische und freikirchliche Kreise. Im Wahlkampf hatte er deutlich vor der Rassenlehre des Nationalsozialismus gewarnt.[9] Die Stadt Herrnhut wählte den CSVD im März 1933 mit 23,5 Prozent

---

3 Vgl. den Überblick in Michael Grüttner: Brandstifter und Biedermänner. Deutschland 1933-1939, Stuttgart 2015, S. 388-416.

4 Karin Damaschke: Diktatur und Kirche. Die Herrnhuter Brüdergemeine in der Zeit des Nationalsozialismus, in: Neues Lausitzisches Magazin. Zeitschrift der Oberlausitzischen Gesellschaft der Wissenschaften, Neue Folge, 10 (2007), S. 75-92; Joachim Knothe: Nieskyer Traditionen im Ansturm einer neuen Zeit. Das Pädagogium zu Niesky und der Anspruch des Nationalsozialismus, Teil I-II, in: Unitas Fratrum 34 (1993), S. 65-102 sowie Teil III-IV, in: Unitas Fratrum 35 (1994), S. 7-55; Hans-Jürgen Kunick: Die Königsfelder Zinzendorfschulen in der Zeit des Nationalsozialismus, in: Unitas Fratrum 43 (1998), S. 9-125; Paul Peucker: Die Zeister Brüdergemeine im Zweiten Weltkrieg. Eine deutsche Gemeinde während der deutschen Besetzung, in: Unitas Fratrum 40 (1997), S. 111-145; Themenhefte der Unitas Fratrum 53/54 (2004) über den Umgang der Brüdergemeine mit der NS-Vergangenheit.

5 Martin Dröge: Männlichkeit und Volksgemeinschaft: der westfälische Landeshauptmann Karl Friedrich Kolbow (1899-1945). Biographie eines NS-Täters, Paderborn 2015; Daniel Siemens: Horst Wessel. Tod und Verklärung eines Nationalsozialisten, München 2009; über die Mennoniten s. den Beitrag von Imanuel Baumann in diesem Band.

6 Vgl. die Jahresberichte 1933 der Gemeinen, der Direktion etc., Unitäts Archiv Herrnhut (UA).

7 Gertrud Bühler: Reichstag-Wahlergebnisse in Brüdergemeinen, in: Unitas Fratrum 40 (1997), S. 20; „Aus den Gemeinen der Deutschen Brüder-Unität", in: Herrnhut, 8. 3.1933, S. 92; Andreas Wagner: „Machtergreifung" in Sachsen. NSDAP und staatliche Verwaltung 1930-1935, Köln 2004.

8 Bericht der Dienststelle Löbau, 13.1.1956, BStU BV Drd. KD Löbau 18066, S. 3; Ordnung, 250 Jahre Herrnhut, S. 38 f.

9 Thadden (wie Anm. 2), S. 653; Lehmann (wie Anm. 2), S. 322 f.; Jörg Thierfelder: Die Evangelische Landeskirche in Württemberg in der Zeit des Nationalsozialismus, in: Manfred Gailus/Wolfgang Krogel (Hg.), Von der babylonischen Gefangenschaft der Kirche im Nationalen. Regionalstudien zu Protestantismus, Nationalsozialismus und Nachkriegsgeschichte 1930 bis 2000, Berlin 2006, S. 446-469, hier S. 451; Hartmut

zur zweitstärksten Partei – in den anderen Ortsgemeinen erhielt er einstellige Ergebnisse, reichsweit unter einem Prozent. Drittstärkste Partei in Herrnhut war die christliche, monarchiefreundliche „Kampffront Schwarz-Weiß-Rot“ mit knapp 19 Prozent. In Koalition mit der NSDAP sollte diese Partei Adolf Hitler die Macht sichern. In anderen Ortsgemeinen erreichte die „Kampffront“ doppelt so viel wie im Reich, wo sie rund 8 Prozent erhielt. Die nationalliberale Deutsche Volkspartei erhielt knapp 7 Prozent (gegenüber einem Prozent reichsweit). Die Sozialdemokraten mit 4,6 Prozent (reichsweit 18,3) und die Kommunisten mit 1,3 Prozent (reichsweit 12,3) hatten nur marginale Bedeutung.[10]

So spiegeln die Ergebnisse das nationalkonservativ-christliche Milieu in den Ortsgemeinen wider, auf das der Nationalsozialismus eine große Attraktion ausübte. Mit Fackeln zogen die Herrnhuter nach der Wahl durch die Straßen. Bald wehten die Hakenkreuzfahnen im ganzen Ort. Ein Gemeinbrief nannte 1933 rückblickend das „Jahr des Heiles“. Über „das große Erleben unseres Volkes“ könne man nur „mit dankbarer Freude sprechen: Wie groß ist des Allmächtigen Güte.“[11]

Die NSDAP erhielt seit 1929 ideelle und finanzielle Unterstützung von der brüderischen Firma Dürninger & Co. In Herrnhut stand ein „Braunes Haus“, das Dürninger bereits 1932 der NSDAP zur Verfügung gestellt hatte; nach der Machtergreifung wurde die Straße, in der es stand, in Adolf-Hitler-Straße umbenannt. Später sollte die Firma das Haus an die sozialistische Freie Deutsche Jugend weiterreichen.[12]

Die Festkultur der Herrnhuter füllte sich mit neuen Inhalten, die ihrer Neigung zum Militarismus entgegen kamen. In der Thüringer Ortsgemeine Neudietendorf veranstalteten NSDAP, SA und Stahlhelm einen Fackelzug bei Hitlers Machtergreifung. „Der Appell des Reichskanzlers an das Deutsche Volk durch Rundfunk übertragen“, so die brüderische Zeitung „Herrnhut“, „beschloss unter Singen des Deutschlandliedes die erhebende Feier.“[13] Im sächsischen Kleinwelka, berichtete der „Herrnhut“, bot sich der Gemeine nach dem Gottesdienst „ein eindrucksvolles Bild auf unserem Kirchplatz: Stahlhelm und Militärverein, die mit ihren Fahnen dem Gottesdienste beigewohnt hatten, waren aufgetreten“. Die brüderischen Bläser spielten. Das gute Wahlergebnis der NSDAP in Kleinwelka – von über 50 Prozent – sei Grund zur Dankbarkeit.[14] In den Nachrichten über das schlesische Gnadenfrei beschreibt der „Herrnhut“ im März 1933 ein Fest, in dem

---

Lehmann: Neupietismus und Säkularisierung. Beobachtungen zum sozialen Umfeld und politischen Hintergrund von Erweckungsbewegung und Gemeinschaftsbewegung, in: Pietismus und Neuzeit 15 (1989), S. 40-58, hier S. 55.

10 [Anonym]: „Aus den Gemeinen der Deutschen Brüder-Unität“, in: Herrnhut, 8.3.1933, S. 92; Gertrud Bühler: Reichstag-Wahlergebnisse in Brüdergemeinen, in: Unitas Fratrum 40 (1997), S. 20.

11 Gruß der Gemeine Neudietendorf an ihre auswärts wohnenden Geschwister, Januar 1934, Gemeinarchiv Ebersdorf, Ordner „Geschichtliches“.

12 Antrag der Brüder-Unität Herrnhut vom 20. August 1948 auf Rückgabe der Güter, Stellungnahme Merian, S. 24,BArch, DO 4/342; Bericht der Dienststelle Löbau, 13.1.1956, BStU BV Drd. KD Löbau 18066, S. 2.

13 „Neudietendorf“, in: Herrnhut, 24.4.1933, S. 61; vgl. auch Kunick (wie Anm. 4), S. 40 f.

14 „Kleinwelka“, in: Herrnhut, 14.3.1933, S. 92 f.

Kreisleiter der NSDAP und Gauführer gelobten, im Sinne Hitlers weiter zu wirken. „Zum Schluss", so der „Herrnhut", „erklang das Lied: ‚Ich bete an die Macht der Liebe' weihevoll hinaus in die stille Nacht."[15] Ebenfalls in Gnadenfrei fand am Vorabend zum 1. Mai 1933 eine „Rüstversammlung" im Kirchensaal statt. Unter der „dicht gedrängten Zuhörerschaft", berichtete der „Herrnhut", waren „die langen braunen und grauen Reihen der SA und des Stahlhelm, alle dem Wort unseres Predigers lauschend".[16] In ländlichen, protestantisch geprägten Regionen wie in Thüringen, im Oldenburgischen oder in Franken war das Image der frommen SA nicht unüblich, und immer wieder sah man sie geschlossen in Uniform im Gottesdienst sitzen.[17]

Die schlesischen Ortsgemeinen erwiesen sich generell als anfällig für den Nationalsozialismus,[18] doch tat sich das „braune Gnadenfrei", wie es bald genannt wurde, im Sommer 1933 mit seinem Wunsch nach Anschluss an die nationalsozialistischen Deutschen Christen besonders hervor. Die Direktion lehnte dieses Ansinnen mit der Begründung ab, man wolle nicht voreilig handeln und sich am Kurs der Landeskirchen orientieren. Die Unitätsleitung betonte dabei mehrfach die guten Beziehungen zu den staatlichen Institutionen und forderte „die Gemeinen zu lebendiger innerer Mitarbeit an den gegenwärtigen Vorgängen" auf.[19] Dieses Taktieren hatte System. Immer in der Angst, die kleine Freikirche könne unter das Rad der Geschichte geraten, war die oberste Devise das Stillhalten. Dafür nutzte die Brüdergemeine in der NS-Zeit wie später im Sozialismus ihre Beziehungen zu den Landeskirchen – von denen sie sich sonst in Stil und Habitus so sorgfältig abgrenzte. Die Gemeine hoffte, im Windschatten der evangelischen Kirche das Überleben ihrer Institutionen zu sichern.[20]

Der Festkalender der Gemeine öffnete sich weiter: Die Herrnhuter zelebrierten den 1. Mai, die Wahltage oder Frühlingsfeiern.[21] Und immer wieder gab es Fackelzüge, Feuerstöße mit „lodernden Flammen zum Nachthimmel", NSDAP-Festreden, Choräle, Horst-Wessel- und Deutschlandlied, Aufruf des Predigers zur Vaterlandsliebe, Beflaggung, gemeinsames Lauschen auf die Hitlerreden unter freiem Himmel.[22] Im Schwarzwälder Königsfeld pflanzten die Männer der SA, unter ihnen zahlreiche Brüder, eine Hitlereiche. In den Ortsgemeinen wurden Stra-

---

15 „Gnadenfrei", in: Herrnhut, 21.3.1933, S. 136.

16 „Gnadenfrei", in: Herrnhut, 2.6.1933, S. 166.

17 Martin Broszat: Zur Struktur der NS-Massenbewegung, in: Vierteljahrshefte für Zeitgeschichte 31 (1983), S. 52-76, hier S. 61.

18 „Du sollst Deine landeskirchliche Gemeinde lieben wie Deine eigene brüderische Gemeinde. Gedanken zur heutigen Zerstreuung der Brüder-Unität in Deutschland" von Friedrich Gärtner, ca. 1960, S. 9, UA EFUD 626.

19 An die Ältestenräte der Gemeine der DBU von Direktion, 20.7.1933, Gemeinarchiv Ebersdorf, Ordner „Geschichtliches"; vgl. auch „Deutsche Brüdergemeine", in: Herrnhut, 29.9.1933, S. 291; vgl. zur Rolle der Deutschen Christen von 1933 bis 1935 Martin Schulze Wessel: Die Deutschen Christen im Nationalsozialismus und die Lebendige Kirche im Bolschewismus – zwei kirchliche Repräsentationen neuer politischer Ordnungen, in: Journal of Modern European History 3 (2005), S. 147-163, hier S. 154.

20 Vgl. dazu Hedwig Richter: Pietismus im Sozialismus. Die Herrnhuter Brüdergemeine in der DDR, Göttingen 2009.

21 „Gnadenfrei", in: Herrnhut, 2.6.1933, S. 166.

22 „Niesky", in: Herrnhut, 24.3.1933, S. 99; Herrnhut, in: Herrnhut, 24.5.1933, S. 167.

ßennamen umbenannt und jüdische Namen getilgt.[23] Das Feiern hielt an. Zum Wahlsonntag im November 1933 strömten in Königsfeld „beim Schall der Posaunen alt und jung in unseren Kirchensaal [...] [d]ie Kriegsvereine, die NSDAP und die Stahlhelmleute [schritten] in geschlossenen Reihen zur Predigt und danach zur Wahlurne, begleitet von der Hitlerjugend und dem Bund Deutscher Mädel."[24] Am Tag danach pries die Gemeine das Wahlergebnis von über neunzig Prozent für die NSDAP mit dem Choral: „Nun danket alle Gott".[25] Ein Artikel im „Herrnhut" resümierte: „Alle diese Feiern sind der berechtigte Ausdruck einer großen, dankbaren Freude."[26] Der öffentliche Raum in den Gemeinen gehörte den Flaggen und der Stimme des „Führers" aus dem Radio. Auf dem Hutberg wehte die Hakenkreuzfahne. Das Erntedankfest im Herbst 1933 feierten die Brüder und Schwestern als eine Mischung aus Bodenkult und Gotteslob. Auch die theologische Ausbildung der Brüdergemeine passte sich an. Das Theologische Seminar in Herrnhut verlangte für eine Aufnahme zusätzlich eine „Hochschulreife", die junge Männer nur durch eine Mitgliedschaft in der SA erhalten konnten.[27]

Tradition erwies sich in der NS-Zeit in vielfältiger Form als Erneuerungs- und Anpassungsmotor. Selbst das Losungsbuch fiel in subtiler Form der neuen Ideologie zum Opfer, indem die Herrnhuter Bibelstellen durch Kürzungen anpassten.[28] Das alte Pilgermotiv bekam einen neuen Klang. In einer Interpretation des brüderischen Theologen Karl Müller waren die Pilger nunmehr „das Volk" – nicht mehr die Gemeine. Die Pilgerfahrt sei die Suche nach dem rechten Deutschland, das Ziel die „neue Heimat": Deutschland.[29] Weitere Quellen zeugen davon, wie das Gefühl der Auserwähltheit mit dem deutschen Volk geteilt und damit der neuen Zeit angepasst wurde.[30] Ein Gemeinhelfer sprach nach den Märzwahlen 1933 vom „Grund des neuen Reiches [...], das wir bauen wollen."[31] Ein Theologe prüfte im „Herrnhut" die brüderischen Feiertage auf ihren nationalsozialistischen Gehalt. Für das brüderische Pfingstfest, den 13. August, erklärte er das „Volk" zur Gemeine, das „um eine neue Volksgemeinschaft" ringe. Zum 13. November, an dem Jesus als der „Generalälteste" gefeiert wurde, diskutierte er die Frage nach

23 Königsfeld, in: Herrnhut, 4.5.1933, S. 145; Niesky, in: Herrnhut, 16.6.1933, S. 191; Hans Wagner: Abraham Dürninger & Co. 1747-1939. Ein Buch von Herrnhutischem Kaufmanns- und Unternehmertum, Herrnhut 1940, S. 257.

24 „Königsfeld", in: Herrnhut, 15.11.1933, S. 360.

25 „Königsfeld", in: Herrnhut, 15.11.1933, S. 360; vgl. auch Kunick (wie Anm. 4), S. 35.

26 „Gnadenfrei", in: Herrnhut, 21.3.1933, S. 136; vgl. dazu auch die anderen Artikel im „Herrnhut" von 1933.

27 Herrnhut, in: Herrnhut, 6.10.1933, S. 312; vgl. auch Damaschke (wie Anm. 4), S. 79 f. Da das Seminar diese Forderung später aufgrund eines Studentenmangels wieder zurückzog, kann dieser Nachweis einer SA-Mitgliedschaft nicht von oben aufoktroyiert worden sein, Lebenslauf Helmut Hickel, S. 2, UA EFUD. Im Jahr 1937 waren von den vier Theologiestudenten zwei im NS-Studentenbund, wie ihr Führer Siegfried Bayer meldete, Formular: Vorläufige Stärke- und Personalstandsmeldung, Sommersemester 1937, Bayer, Siegfried, 11.7.1915, Document Center Berlin, PK / A 172, 7.

28 Landeskirchenrat Eisenach, Betreff: Pfarrerkalender, 16.1.1939, Gemeinarchiv Ebersdorf, Ordner „Geschichtliches"; Sitzungsbericht der DUD, 13.12.1950, UA DEBU 4.

29 „Unterwegs nach Deutschland" von Karl Müller, in: Herrnhut, 21.4.1933, S. 117.

30 Vgl. etwa das Gedicht „Zeugenschaft" von Günther, in: Jahrbuch der Brüdergemeine 1935/36, S. 3.

31 „Kleinwelka", in: Herrnhut, 24.3.1933, S. 92.

der Autorität in der Gemeine und resümierte: „Gott hat unserem Volk einen Führer geschenkt, dem er die Autorität gegeben hat."[32]

Wie sehr die Deutschen den Nationalsozialismus als Erlösung empfanden und wie er scheinbar einen Ausweg bot aus allem Frust, allen Demütigungen und allen Neurosen – das ist vielfach beschrieben worden. Gerade im nationalprotestantischen Milieu sah man Hitlers Machtergreifung als Rückkehr zur gottgewollten Ordnung und Schutzwall gegen den Bolschewismus.[33] In Sachsen war die Begeisterung für den Nationalsozialismus besonders groß – auch unter den Geistlichen. In den Kirchenwahlen vom 23. Juli 1933 wählten die sächsischen Protestanten zu 75 Prozent die Deutschen Christen (reichsweit erhielten diese rund 70 Prozent). Die sächsische Synode wurde als „Braune Synode" bezeichnet, da die meisten Synodalen in Uniformen der NSDAP und ihrer Unterorganisationen erschienen.[34] Was aber bewog die Pietisten dazu, 1933 nicht den „schmalen Weg" zu wählen, sondern mit den Massen zu jubeln? Die Erweckten in Deutschland hatten seit dem Kaiserreich keine politische Loyalität mehr entwickelt. Aus dem Alten Testament und aus ihren eigenen Gruppen war ihnen die Gestalt des charismatischen Führers vertraut, und in Hitlers gewaltigem Auftreten konnten sie das Wesen eines Propheten erkennen.[35] Warnende Stimmen, die es in den pietistisch-erweckten Kreisen auch gab, gingen zunächst unter.[36]

Das Hochgefühl der Deutschen lässt sich besser einordnen, wenn man die Reaktionen ausländischer Besucher berücksichtigt. Ein Herrnhuter Geistlicher aus den USA, der 1934 nach Deutschland reiste, registrierte beglückt, dass die Gottesdienste in der Brüdergemeine und in den Landeskirchen, in denen Hitler häufig als „unser Führer" tituliert werde, sehr gut besucht seien.[37] Tatsächlich weckte Hitlers Machtergreifung große Hoffnungen in den Kirchen. Die altpreußische Kirchenleitung erklärte in ihrer Osterbotschaft von 1933: „Die Osterbotschaft von dem auferstandenen Christus ergeht in Deutschland in diesem Jahr an ein Volk, zu dem Gott durch eine große Wende gesprochen hat. Mit allen evangelischen Glaubensgenossen wissen wir uns eins in der Freude über den Aufbruch der tiefsten Kräfte unserer Nation zu vaterländischem Bewußtsein echter Volksgemeinschaft und religiöser Erneuerung."[38]

Die Verfolgung der Juden und Andersdenkender ignorierten die Kirchenleitungen weitgehend.[39] Ein britischer Bischof der Brüdergemeine, der das Reich 1933

32 „Die Brüdergemeine im Dritten Reich" von Karl Müller, in: Herrnhut, 29.9.1933, S. 294.

33 Vgl. z.B. Lehmann (wie Anm. 2), S. 324.

34 Grüttner (wie Anm. 3), S. 395; Wagner (wie Am. 7); Georg Wilhelm: Die Evangelisch-lutherische Landeskirche Sachsens im ‚Dritten Reich', in: Clemens Vollnhals (Hg.), Sachsen in der NS-Zeit, Leipzig 2002, S. 133-142, hier S. 135; Markus Hein: Zur Geschichte der sächsischen Landeskirche in der ersten Hälfte des 20. Jahrhunderts, in: Gailus/Krogel (wie Anm. 9), S. 361-384.

35 Lehmann (wie Anm. 2), S. 327.

36 Lehmann (wie Anm. 2), S. 328.

37 A. O. Dannenberger: „How I found Germany", in: The Moravian, 7.3.1934; ähnlich Dr. Charles S. MacFarland, Secretary-Emeritus of the Federal Council of Churches, in: The Moravian, 6.12.1933, S. 583.

38 Zitiert nach Grüttner (wie Anm. 3), S. 394.

39 Grüttner (wie Anm. 3), S. 394 f.

besuchte, konstatierte ebenso wie der brüderische Besucher aus Amerika, es gebe in Wirklichkeit keine Judenverfolgung – ein Hinweis auch auf die Positionierung der brüderischen Leitung in Deutschland. Der Gast aus Großbritannien resümierte zur Lage in Deutschland: Die Brüdergemeine „stands outside the struggle, but stands fervently patriotic".[40] Trotz aller Fackelmärsche und Dankgottesdienste war bei vielen Herrnhutern das pietistische Selbstverständnis erhalten geblieben, politisch neutral zu sein. Gerade, weil die Anpassung im kulturellen Umfeld und nicht in der Lehre der Brüdergemeine stattfand, konnten sich die Herrnhuter der Illusion hingeben, letztlich von der Politik unberührt zu bleiben.

Im Zweifelsfall stellte sich die Brüdergemeine jedoch auf die Seite der Macht. Ihre Hauptsorge galt dem Überleben ihrer Kirche.[41] Als der „Arierparagraph" verordnet wurde, versetzte die Brüdergemeine 1935 ihren Pfarrer Erwin Schloss, der jüdische Vorfahren hatte, auf eine Pfarrstelle in Bern.[42] Nach 1945 kursierende Berichte von Rettungsaktionen jüdischer Bürger unter den Herrnhutern lassen sich nicht belegen. Die brüderische Tradition hatte wenig von Zinzendorfs Philosemitismus bewahrt. Als 1940 in Niesky die NSDAP der Brüdergemeine die Judenfreundlichkeit ihres Gründers vorhielt, wies die Direktion diesen Vorwurf entrüstet zurück.[43] Nicht zuletzt von landeskirchlicher Seite wurde die Gemeine vielfach angefragt, ob sie nicht mit Hilfe ihres internationalen Netzwerks „nichtarische" Menschen ins Ausland bringen könne. Um 1940 erhielt die Direktion beinahe täglich solche Bittbriefe – und lehnte kategorisch ab.[44] Selbst der herrnhutische Theologe Friedrich Gärtner, der später die Brüdergemeine wegen ihrer kompromissbereiten Haltung gegenüber dem NS-Regime kritisieren sollte, sprach 1933 vom „berechtigte[n] Kampf unseres Volkes heute gegen Internationalismus und Pazifismus, gegen Marxismus, Rassenvermischung und jüdischen Einfluss".[45] Unter den leitenden Männern war der Antisemitismus wie überall in nationalkonservativen Kreisen gang und gäbe. Otto Uttendörfer, Schriftsteller, Pädagoge, Ornithologe, Historiker, einer der führenden Männer der Brüdergemeine, war auch nach dem Zweiten Weltkrieg noch von der Schlechtigkeit der Juden überzeugt.[46] Und der Direktor der Königsfelder Knabenanstalt zeigte sich 1934 von der Lektüre „Mein Kampf" fasziniert: „[I]ch habe allen meinen nationalsozialistischen Bekannten es gründlich gesagt: hättet ihr mich beizeiten auf dieses Buch und nur auf dieses Buch gewiesen statt auf die lärmende Massenpropaganda, so wäre ich wohl leichter in die NS-Gedankenwelt eingetaucht und hätte mich politisch leichter und früher auf manche der neuen Gedanken einge-

40 „How I found Germany" von A. O. Dannenberger, in: The Moravian, 7.3.1934; C. H. Shawe: „Our Church in the New Germany", in: Moravian Messenger, January 1934.

41 Peucker (wie Anm. 4), S. 82 f.

42 Direktion der EBU an Herrn 1. Vizepräsidenten Fischer, Landesverwaltung Sachsen, 25.10.1945, HStA Drd. 11377/236; vgl. zur Evangelisch-lutherischen Landeskirche Sachsen: Wilhelm (wie Anm. 34), S. 135 u. 140.

43 Damaschke (wie Anm. 4), S. 88 f.

44 Briefwechsel in UA DUD 4332 u. 6034; vgl. Damaschke (wie Anm. 4), S. 89.

45 Friedrich Gärtner: Die Verkündigung der Brüdergemeine im neuen Deutschland, Vortrag gehalten auf der 8. brüderischen Jungtheologen-Tagung, 10. u. 11. Oktober 1933, in: Herrnhut, S. 325.

46 Uttendörfers Lebenserinnerungen, UA Nachlass Uttendörfer, S. 256, 326 u. 333 et passim.

stellt".[47] Inzwischen konnte, wer wollte, wissen, wohin die Reise ging. Schon im September 1933 hatte sich im Reich der NS-kritische Pfarrernotbund gebildet.

Die bisherigen Untersuchungen zur NS-Zeit bestätigen das Urteil des herrnhutischen Historikers Paul Peucker von der scheinbaren Politikferne der Direktion und einer dem Nationalsozialismus nahestehenden Basis.[48] Mit ihrer Neutralität – zum Beispiel der Verweigerung, Juden zu helfen – bezog die Unitätsführung dennoch Position. Sonst hätte schwerlich unter ihrer Leitung der Nationalsozialismus an der Basis so gut gedeihen können. Die Direktion gab später gegenüber den angloamerikanischen Gemeinen an, weniger als fünf Prozent der Mitglieder hätten der NSDAP angehört. Da die Unitätsleitung aber nach 1945 die Dinge schönte und nirgendwo ein Hinweis auf eine systematische Erfassung ehemaliger Parteimitglieder zu finden ist, wird diese Zahl ohne empirische Fundierung sein.[49] Die späteren Probleme, die zahlreiche Herrnhuter mit der Entnazifierung hatten, weisen darauf hin, dass die NSDAP-Mitgliedschaft im Gegenteil häufig vorkam.[50] Der herrnhutische Historiker Hans-Walter Erbe entschuldigte nach 1945 die verbreitete Mitgliedschaft in der NSDAP mit einem „vielfach geradezu rührend gute[n] Wille[n], der bei uns mit einer gewissen ernsthaften Naivität verbreitet ist. Ich denke etwa an die alten Schwestern im Schwesternhaus, die mit ehrlicher Überzeugung Parteimitglieder wurden".[51]

Auch die Jugend wurde auf Kurs gebracht. Anfang der dreißiger Jahre unterrichteten in den brüderischen Anstalten etwa 450 Lehrerinnen und Lehrer rund 3.000 Schülerinnen und Schüler.[52] Die herrnhutische Geschichtsschreibung geht bis heute bei den Lehrern und anderen NS-Herrnhutern von einem Dilemma aus: Sie hätten sich widerwillig anschließen müssen, um größeres Unheil von der Kirche abzuwenden.[53] Das war ein gängiges Interpretationsmuster, auf das nach 1945 viele Deutsche zurückgriffen.[54] Tatsächlich aber erkannten zahlreiche brüderische Pädagogen eine Übereinstimmung zwischen christlichen und nationalsozialistischen Erziehungszielen und setzten sich in ihrem Beruf mit Nachdruck

---

47 Jahresbericht Knabenanstalt 1933/34, S. 7, zitiert nach Kunick (wie Anm. 4), S. 46.

48 Peucker (wie Anm. 4), S. 118.

49 Für die Gemeine Zeist stellt Peucker fest, dass rund 10 Prozent aller Mitglieder (also auch der mehrheitlich niederländischen) der nationalsozialistischen NSB angehörten, Peucker (wie Anm. 4), S. 129; Brief an J. K. Pfohl, 21.12.1945, Moravian Archives Bethlehem 103 C II, 1945; vgl. dazu auch S. Baudert an C. H. Shawe, 22.11.1945, Moravian Archives f 103 C II, 1945.

50 Peucker (wie Anm. 4), S. 125.

51 Erbe berichtet, die Schwestern seien dann aufgrund der Feindschaft gegen das Christentum später wieder ausgetreten, Vortrag „Die Brüdergemeine und die Schuldfrage", Hans-Walter Erbe, S. 8, 16.4.1946, UA DEBU 1367.

52 Jahrbuch der Brüdergemeine 1933/34, S. 142; Gerhard Favre: „Die Neue Jugend in der Brüdergemeine", in: Herrnhut, 27.10.1933, S. 327.

53 Knothe (wie Anm. 4), S. 44-48; Gudrun Meyer: Otto Uttendörfer, in: Dietrich Meyer (Hg.), Lebensbilder aus der Brüdergemeine, Herrnhut 2007, S. 269 f.

54 Report of Br. Baudert on the Brethren's Church in Germany, Unity's Conference, Montmirail, 3.7.1946, S. 3, Moravian Archives Bethlehem 100 F I, Unity General Directory; Uttendörfers Lebenserinnerungen, UA Nachlass Uttendörfer, S. 304 u. 336; E. Förster an W. Reichel, 28.10.47, UA DEBU 29; vgl. dazu auch Kunick (wie Anm. 4), S. 63; Lebenslauf Gertrud Schmole; Lebenslauf Erwin Förster, S. 12; Lebenslauf Gerhard Reichel, S. 3, UA.

für die neuen Ideen ein,[55] zur Not auch gegen den Willen der Zöglinge. „Knabenanstalt erscheint in der Predigt endlich im Braunhemd, nach viel Schwierigkeiten“, hieß es 1933 in der Königsfelder Chronik.[56] Der Herrnhuter Hans Bönhof, Direktor der Königsfelder Mädchenanstalt, teilte 1933 der Direktion mit: „Es ist das Vorrecht der Jugend, sich begeistert um den Führer zu scharen und mit ganzem Herzen sich mit fortreißen zu lassen. Es war uns eine Freude, dabei mit zu tun und in solcher Zeit der Jugend zu helfen“.[57] Lehrer und Schüler im Pädagogium feierten 1938 den Besuch des Reichssportführers Hans von Tschammer und Osten, dessen Sohn auf eine brüderische Schule ging und dessen Adjutant ein junger Herrnhuter war.[58] 1940 fügte die Brüdergemeine in die Satzung ihrer Erziehungsanstalten die Passage ein: „[D]ie Zinzendorfschulen [wollen] Jungen und Mädchen, die ihren Schulen und Heimen anvertraut sind, zu nationalsozialistischen deutschen Männern und Frauen heranbilden und zu christlichen Charakteren erziehen.“[59] Wie sehr die Nationalsozialisten die Arbeit der herrnhutischen Schulen schätzten, wird daran deutlich, dass die Zinzendorfschulen anders als die Mehrzahl konfessioneller Schulen zunächst nicht verstaatlicht wurden.[60] Ein NS-Schuldezernent erklärte, es bestünden gegenüber den Zinzendorfschulen im Gegensatz zu anderen konfessionellen Privatschulen keine politischen Bedenken.[61] Die brüderischen Lehrer akzeptierten es, als 1940 die staatlichen Stellen den Religionsunterricht verboten, als sie der SS-Inspektion unterstellt, als gemeinsames Gebet und Andacht untersagt wurden.[62] Doch allen Anpassungen zum Trotz verstaatlichten die NS-Behörden kurz vor Kriegsende schließlich doch noch die Zinzendorfschulen.[63]

Eine Gruppierung stach aus der scheinbaren Neutralität oder offenen Euphorie heraus: Unter meist jungen brüderischen Theologen regte sich bereits Ende 1933 Widerstand gegen die Haltung der Direktion.[64] Sie drängten 1935 die Synode, die

55 Auch Knothe erklärt, „ein großer Teil der Lehrer" habe das nationalsozialistische Programm gut geheißen, Knothe (wie Anm. 4), S. 9; Kunick (wie Anm. 4), S. 37, 84 et passim; Knothe (wie Anm. 4), S. 28 et passim; vgl. zur Jugendarbeit in der Brüdergemeine auch den Bericht „Das Evangelische Kameradschaftslager Königsfeld 1934“ mit der Zeichnung eines Hakenkreuzes über dem Schwarzwald, in: Jahrbuch der Brüdergemeine 1935/36, S. 18 f.

56 Chronik der Mädchenanstalt am 16. Juli 1933, zitiert nach Kunick (wie Anm. 4), S. 37.

57 Zitiert nach Kunick (wie Anm. 4), S. 41.

58 Knothe (wie Anm. 4), S. 30; Helmut Hickel: Lebenserinnerungen, Herrnhut 1992, S. 22; H.-G. Hafa an Heinz Renkewitz. 4.5.1953, EZA 4/347.

59 Aktennotiz für Amtsgericht – Abteilung Handelsregister, Herrnhut, 7.12.1940, Staatsfilialarchiv Bautzen, Amtsgericht Herrnhut 2318.

60 Knothe (wie Anm. 4), S. 36; vgl. zur allgemeinen Lage Gerhard Stengelin: Der Kampf um den konfessionellen Religionsunterricht, dargestellt am Beispiel der Höheren Schulen Ravensburg, Ravensburg 1998.

61 Kunick (wie Anm. 4), S. 55.

62 Knothe (wie Anm. 4), S. 33 u. 36; Vortrag „Die Brüdergemeine und die Schuldfrage“, Hans-Walter Erbe, 16.4.1946, S. 6, UA DEBU 1367.

63 Helmut Hickel: Die Geschichte der Diakonie der Evangelischen Brüder-Unität, Distrikt Herrnhut, seit 1945, in: Unitas Fratrum. 27/28 (1990), S. 157-168, hier S. 159; Kunick (wie Anm. 4), S. 105; Knothe (wie Anm. 4), S. 40.

64 Stellungnahme jüngerer Gemeindiener im Herrnhut, 27.10.1933, S. 326 f.; Helmut Schiewe/Henning Schlimm: Schuld und innere Besinnung, in: Unitas Fratrum 53/54 (2004), S. 13-42, hier S. 26; Hellmut Reichel: Vorgeschichte zur Synode 1935, in: Unitas Fratrum 40 (1997), S. 39-52, hier S. 46 f.; Dietrich

Beziehungen zur nazistischen Reichskirchenregierung von Ludwig Müller endlich abzubrechen und sich der im Mai 1934 von der Bekennenden Kirche proklamierten Barmer Theologischen Erklärung anzuschließen. Diese Erklärung distanzierte sich von den Deutschen Christen und formulierte eine scharfe Absage an ungerechtfertigte Ansprüche der Obrigkeit. Doch das lehnte die Herrnhuter Synode 1935 ab, auch wenn sie „innerlich" das Anliegen der Bekennenden Kirche unterstütze. Dabei berief sie sich einmal mehr auf ihre „Neutralität".[65] Das „Wort der Synode" von 1935 stand inhaltlich der Barmer Erklärung nahe, indem es die Bibel als maßgebliche Instanz herausstellte und sich indirekt von den Deutschen Christen distanzierte: „Gegenüber der Betonung artgemäßer Religion halten wir fest an der Ausbreitung des Evangeliums unter allen Völkern und Rassen." Dennoch schloss das „Wort" mit einem Dank an Gott für den Neuaufbau des Vaterlands und der Fürbitte für „Volk, Staat und Führer."[66] Die Brüdergemeine sandte „telegraphische Grüße an den Führer" mit Segenswünschen und „Gedenken an den Jahrestag der nationalen Erhebung".[67] Die folgende Herrnhuter Synode von 1936 schrieb an Bürgermeister Bruder Dr. Burkhardt ein Grußwort, das mit den Worten schloss: „Wir wünschen auch Euch bei den wahrlich nicht leichten Aufgaben der Gegenwart Gottes Durchhilfe und Segen. Heil Hitler!"[68] Die Männer im Herrnhuter Rathaus gehörten in der Mehrheit der Brüdergemeine und häufig der NSDAP an.[69]

Die Brüdergemeine nannte neben ihrer Neutralität einen weiteren Grund, sich gegen einen Anschluss an die Barmer Erklärung auszusprechen: Wegen ihrer angespannten finanziellen Lage sei sie auf das Wohlwollen der Regierung angewiesen.[70] Diese Kalkulation zahlte sich aus. Während der NS-Zeit gelang es der Brüdergemeine, die enormen Schulden aus dem Ersten Weltkrieg abzutragen. Das berühmte Herrnhuter Leinen wurde 1937 in der Pariser Weltausstellung mit einem Preis ausgezeichnet. Dürninger & Co. wuchs zu einem großen mittelständischen Unternehmen mit 749 Mitarbeitern an. 1944 konstatierte die Direktion bedeutende wirtschaftliche Gewinne für das Jahr. Wesentlich trug dazu eine schlesische Gemeine, das „braune Gnadenfrei", bei, deren Dürninger-Betrieb mit einem „Gaudiplom der Deutschen Arbeitsfront" ausgezeichnet worden war. Die Weberei profitierte vom Krieg, weil sie die Wehrmacht belieferte.[71] Die 1940

Meyer: Zinzendorf und die Herrnhuter Brüdergemeine, Düsseldorf 2000, S. 143; vgl. auch C. Bernhard, F. Gärtner, u. a. an Prediger und Ältestenräte, o. A., 30er Jahre, Archiv Brüdergemeine Ebersdorf zu ÄR I R 3,3 a.b.

65 Protokoll der Synode 1935 in: Unitas Fratrum 40 (1997), S. 66.

66 [Anonym]: „Ein Wort der Synode", in: Herrnhut, 15.2.1935, S. 51 f.

67 [Anonym]: „Die Deutsche Unitäts-Synode, Tagung 1935", in: Herrnhut, 15.2.1935, S. 55; vgl. dazu die Einschätzung von Meyer (wie Anm. 64), S. 144.

68 Vorstand der Synode der DBU an Bürgermeister Burkhardt, 25.11.36, Ordner „Diverses 1928 bis 1988", Stadtarchiv Herrnhut.

69 Vgl. Angaben in Ordner „Stadträte, Stadtverordnete, Ausschüsse", 30er Jahre, Stadtarchiv Herrnhut.

70 Protokoll der Synode 1935, in: Unitas Fratrum 40, S. 60 f.

71 Wagner (wie Anm. 23), S. 257; Hans-Michael Wenzel, Wirtschaft und Finanzen der Brüderunität 1945-1949, in: Unitas Fratrum 53/54 (2004), S. 162; „The Institution of Abraham Dürninger & Co.", Unterlagen Schwarz, Moravian Archives Bethlehem; Rechnungen an Wehrmachtskassenzentrale Berlin, vierziger

erschienene Festschrift von Dürninger endete mit dem Bekenntnis: „So glauben wir gern, dass der alte Geist und die alte Tradition des Hauses erhalten bleiben und sich in jeder Richtung bewährt bis in die Gegenwart hinein. Es brauchte dazu nicht des Hinweises, dass die Leiter des Unternehmens bereits seit dem Jahre 1929 den ersten Anhängern des Nationalsozialismus in Herrnhut manche Hilfe leisteten, deren sich diese noch gern erinnern werden".[72]

Bemerkenswert ist die anhaltende Loyalität gegenüber dem Nationalsozialismus bis zuletzt.[73] Die pietistischen Verbände Baden-Württembergs etwa hatten bald den „antichristlichen" Charakter des Nationalsozialismus erkannt. Die Dachvereinigung Gnadauer Verband hatte nach peinlicher Verbrüderung mit den Deutschen Christen bereits im Dezember 1933 deren Theologie für falsch erklärt, und ein Großteil der Gemeinschaftsbewegung schloss sich daraufhin der Bekennenden Kirche an, ein Schritt, den die Brüdergemeine – trotz proklamierter theologischer Nähe – bis zuletzt nicht ging.[74] Im Wochenblatt der Herrnhuter Brüdergemeine hieß es 1941 zum „Geburtstag des Führers": „Der Weg Adolf Hitlers zum Führer des deutschen Volkes und zum obersten Befehlshaber der Deutschen Wehrmacht ist so eigenartig, dass es den Generationen, die nach uns kommen [...] als ein kaum faßbares Wunder erscheinen wird."[75] Walther Baudert, der später die NS-Zeit und das Kriegsende apokalyptisch als Wirken des Antichrists deuten würde, erklärte 1941 auf der Titelseite des „Herrnhut": „Wie anders begehen wir den Heldengedenktag in diesem Kriege als in den Jahren nach dem Weltkrieg! Das bittere ‚Umsonst' der jüngsten Vergangenheit ist überwunden. [...] In neuer Größe und Macht steht das Deutsche Reich."[76] Die Treue der Unität zum Führer und ein tiefer Durchhaltewille hielten sich bis zuletzt.[77]

Ein wichtiges Thema, das bisher wenig Aufmerksamkeit gefunden hat, ist die Missionsarbeit der Brüdergemeine während der NS-Zeit, die vielfach zu den „Auslandsdeutschen" zählten. Diese waren oft besonders engagierte Nazis und spielten in der NS-Propaganda als Verteidiger des Deutschtums jenseits der Grenzen eine herausragende Rolle.[78] Einige scheinen überzeugte Mitglieder der deutschen, aber auch der niederländischen NS-Bewegung gewesen zu sein.[79]

Jahre, UA EFUD 688; vgl. zur Dürninger-Weberei Lebenslauf G. Clemens, UA, S. 4; Protokoll DUD-Sitzung, 23.3.1945, S. 20, UA DUD 47; http://www.duerninger.com/zeittafel.html [Zugriff: 12.12.2007].

72 Wagner (wie Anm. 23), S. 257.

73 Sie lässt sich freilich auch in anderen Kirchen finden, bleibt aber auch dort eher die Ausnahme, Grüttner (wie Anm. 3), S. 408.

74 Lehmann (wie Anm. 2), S. 332-346; Ohlemacher (wie Anm. 2), S. 452; Thadden (wie Anm. 2), S. 657; vgl. zur Unität Damaschke (wie Anm. 4).

75 [Anonym]: „Zum 20. April", in: Herrnhut, 20.4.1941; Vgl. auch Peter Hahn: „Sieg!", in: Herrnhut, 14.1.1940.

76 Walther Baudert: „Zum Heldengedenktag", in: Herrnhut, 1.3.1941, S. 41.

77 Vgl. etwa Uttendörfers Lebenserinnerungen, S. 337, UA Nachlass Uttendörfer, S. 228, 287 et passim.

78 Vgl. dazu Doris L. Bergen: The Nazi Concept of „Volksdeutsche" and the Exacerbation of Anti-Semitism in Eastern Europa, 1939-45, in: Journal of Contemporary History 29 (1994), S. 569-582; Benjamin W. Goossen: Mennoniten als Volksdeutsche. Die Rolle des Mennonitentums in der nationalsozialsitischen Propaganda, in: MGB 71 (2014), S. 54-70.

79 Hans-Christoph Hahn: Vom Umgang mit Erinnerung in der Brüdergemeine, in: Unitas Fratrum 53/54 (2004), S. 43-65, hier S. 57; S. Baudert an J. Vogt, 3.8.1946, UA DEBU 28.

Hartmut Beck übergeht in seiner brüderischen Missionsgeschichte weitgehend die Zeit des Nationalsozialismus. So bleibt es unklar, inwiefern die dort beschriebene Aversion der südafrikanischen Herrnhuter gegen das deutsche Missionskontrollgremium, deren Aufsicht die Afrikaner als „Nazikontrolle" bezeichneten, tatsächlich mit einer NS-Verstrickung der Missionsdirektion zu tun hatte.[80] In den Missionsschriften aus dieser Zeit lassen sich jedoch kaum rassistsche Ressentiments erkennen, vielmehr wurde etwa mit ausgewiesener Hochachtung von den „Afrikanern" gesprochen.[81] Dennoch hatte auch in der Missionsarbeit die nationale Identität weitgehend die Reste eines transnationalen Selbstverständnisses verdrängt.[82]

80 Hartmut Beck: Brüder in vielen Völkern. 250 Jahre Mission der Brüdergemeine, Erlangen 1981, S. 422.

81 Herrnhuter Missionsdirektion, Afrikaner bauen Gemeinde, Nachrichten aus der Mission, UA.

82 C. H. Shawe an British Representative, Inter-Allied Control Commission, 22.10.1945, Moravian Archives Bethlehem 103, C II, 1934; Lebenslauf Siegfried Bayer, S. 3.

III. Stimmen, Lebenssituationen, Erfahrungen. Zeugnisse

Autobiografisches

Elfriede Lichdi

Mädchenjahre in der NS-Zeit

Von der Schule, dem Bund Deutscher Mädel über den Reichsarbeitsdienst zum Kriegsdienst

Im Folgenden schildere ich die Zeit von 1936 bis 1945, wie ich sie erlebt habe. Der Text ist ein Auszug aus meinen Erinnerungen, die ich zu meinem 80. Geburtstag für meine Familie niedergeschrieben habe. Außer einigen wenigen Briefen hatte ich keine schriftlichen Unterlagen. Die Aufzeichnungen sind aus der Erinnerung geschrieben.

Meine ganze Oberschulzeit von 1936 bis zum Abitur 1944 fiel in die Zeit der NS-Herrschaft. Die Ideologie des Regimes wurde im Geschichts- und Biologieunterricht deutlich. Ich erinnere mich an die Unterrichtseinheit „Kampf zwischen Kaiser und Papst im Mittelalter". Die deutschen Kaiser waren immer im Recht, die Päpste dagegen im Unrecht. Im Biologieunterricht beschäftigten wir uns intensiv mit der Vererbungslehre und studierten eifrig die Mendel'schen Gesetze. Einen großen Raum nahm die Rassenkunde ein. Wir betrachteten in Bildern Vertreter der verschiedenen Rassen und mussten uns gegenseitig einschätzen, zu welcher Rasse wir tendierten. Zu unserer Belustigung entsprach Hitler so gar nicht dem nordischen Ideal. Im Frühjahr 1938 erschien eine Schülerin nicht mehr zum Unterricht. Auf Befragen gab die Klassenlehrerin folgende Auskunft: „Edith Graf ist mit ihrer Familie weggezogen. Sie sind Juden." Damit gaben wir uns zufrieden und dachten, dass dies gut sei, denn Juden waren jetzt nicht mehr erwünscht.

Mein Heimatort Schwalbach liegt im Saarland, etwa 15 km von der französischen Grenze entfernt. Im Jahr 1938 begann die NS-Führung mit dem Bau des Westwalls. Viele Bunker mit Gefechtsständen wurden entlang der Saar gebaut. Quer durch das Land über Felder, Wiesen und Gärten hinweg erstand die Panzersperrlinie mit vielen tausenden Höckern. Der Westwall sollte das Gegenüber zur französischen Maginot-Linie sein, die bereits 1932/33 erbaut worden war. Im Frühjahr 1939 besuchte Hitler den fertiggestellten Westwall. Wir erhielten schulfrei, um den Führer sehen zu können. Mit zwei Schulkameradinnen wanderte ich etwa acht Kilometer bis zu dem kleinen Höhenort Berus, nahe der Grenze. Dort war viel Militär und auch viele Besucher hatten sich eingefunden. Hitler aber sahen wir nicht. Nach einem Essen aus der Gulaschkanone machten wir uns auf den Heimweg. Unterwegs auf einsamer Landstraße kam Hitlers Wagenkolonne mit wehender Standarte auf uns zu. Hitler saß im ersten Wagen. Wir stellten uns schüchtern winkend am Straßenrand auf in der Hoffnung, Hitler würde uns begrüßen. Dem war aber nicht so; er beachtete uns nicht und fuhr mit verschlossener Miene an uns vorbei.

Ich erinnere mich, dass wir während unserer Ferien im Sommer 1939 sehr gedrückter Stimmung waren, wir ahnten, dass der Krieg nicht mehr abzuwenden wäre. Vielleicht waren es die ultimativen Verhandlungen mit Polen, die vermuten ließen, dass der Frieden gefährdet wäre. In diesen Tagen Ende August zogen die ersten militärischen Einheiten bei uns ein. Sie besetzten die Rote Zone und bezogen die neu erbauten Bunker und Stellungen. Bei uns wohnte Unteroffizier Pöhler aus Seesen am Harz. Mehr und mehr schwand die Hoffnung, dass der Krieg doch noch vermieden, ein politisches Arrangement wie 1938 gefunden würde. Dann kam die Stimme Hitlers aus unserem Volksempfänger: „ […] es wird zurückgeschossen." Ich empfand damals angesichts der Nachrichten und der sie begleitenden Propaganda eine dumpfe Bedrückung. Jede Hoffnung wich angstvoller Beklemmung im Blick auf die nächsten Tage und Wochen. Was würde auf uns zukommen? Zunächst wunderte ich mich, dass Krieg war und bei uns im Saarland alles ruhig blieb. Dies sollte sich bald ändern. Als Erstes musste mein Vater sein Auto der Wehrmacht zur Verfügung stellen. Nach der Kriegserklärung Frankreichs am 3. September 1939 begann die sofortige Evakuierung der Roten Zone. Mit Koffern, Rucksäcken und hochbeladenen Handkarren begaben sich die Leute zu den Sammelplätzen. Für unsere Familie bot sich die Gelegenheit in einem Privatauto nach Kastellaun/Hunsrück zu fahren. Wir gingen vor der Abreise durch das Haus, sahen alle Dinge noch einmal an, wandten uns ab, und gingen fort. Würden wir unser Haus, unsere Straße wieder so antreffen, wie wir sie verlassen mussten? Viel Zeit, darüber nachzudenken, gab es nicht. In Kastellaun trafen wir andere Familienangehörige in dem von Verwandten geführten Hotel Bentz. Obwohl keine Kampfhandlungen an der Saar stattfanden, durften wir nicht nach Hause. Nach sechs Wochen wurde das Hotel vom Militär beschlagnahmt. Die Besitzerin und die Gäste hatten das Haus zu räumen. Wir beschlossen, das Angebot von Herrn Pöhler anzunehmen und zu seiner Mutter nach Seesen am Harz zu fahren. Wir kamen in eine stille Kleinstadt, die von Krieg und Flüchtlingen noch völlig unberührt war. Ich ging dort zur Schule. In den Sommerferien musste ich meinen ersten Einsatz leisten. Alle Schülerinnen wurden zur Arbeit in der Konservenfabrik Sieburg & Pförtner eingesetzt. Wir füllten kochend heiße Erbsen vom Förderband mit den Händen in Konservendosen. Nach der Niederlage Frankreichs begann ab Juli 1940 die Rückführung der Evakuierten. Wir trafen unser Haus voll Schmutz und Unordnung, aber unzerstört, wieder an. Wir waren dankbar, wieder zu Hause sein zu können, nicht ahnend, dass uns eine zweite, ungleich schlimmere Evakuierung von Dezember 1944 bis Dezember 1945 bevorstand.

Meine Schulzeit im „Dritten Reich"

Zum Programm der Schule gehörten jährliche soziale Einsätze. So arbeitete ich drei Wochen auf der Säuglingsstation des Saarlouiser Krankenhauses. Im folgenden Schuljahr, siebte Klasse, war ich vier Wochen als Helferin im Kindergarten eingesetzt. Im Sommer 1943 wurde ich zu einem älteren Ehepaar als Hilfe im Haushalt geschickt. Wir wurden auch während der Ferien zu Ernteeinsätzen als Dienst an der Volksgemeinschaft verpflichtet. Zu diesem Zweck wurden wir klassenweise nach Lothringen verfrachtet. In Masch bei Metz bewohnten wir das leere katholische Pfarrhaus. Wie viele Bewohner des Ortes war der Pfarrer vor den deutschen Truppen ins Landesinnere geflohen. Die Wand des Gemeindesaales zierte ein Bild, das die Erschießung eines Geistlichen während der Französischen Revolution darstellte. Das Bild beschäftigte mich immer wieder, zeigte es doch Haus und Garten, in dem wir wohnten. Eingesetzt in verschiedenen Bauernhöfen, arbeiteten wir bei der Kartoffel- und Rübenernte. Ein zweiter lothringischer Ernteeinsatz brachte uns nach Wallersdorf in der Nähe von St. Avold. Auch dort wurden wir den neu angesiedelten deutschen Bauern zugeteilt. Diese Bauern kamen meist aus der Pfalz und dem Saarland. Sie bezogen die Häuser der geflohenen ansässigen Bauern. Diejenigen, die geblieben waren, mussten sich dem Regime beugen.

In den Jahren 1943 und 1944 galt es, mit den immer stärker werdenden Luftangriffen zu leben. In unserem Haus richteten wir einen Luftschutzkeller ein. Mit Liegestühlen, Matratzen und Wolldecken versehen, verbrachten wir bei Alarm viele Nachtstunden im Keller. Unser Haus wurde durch zwei nahe Detonationen so erschüttert, dass das Treppenhaus sich um zehn Zentimeter versetzte und im oberen Stockwerk der Gips von der Decke fiel. Aus Furcht vor den Angriffen trieben Bergleute aus unserer Nachbarschaft einen fachmännisch ausgebauten Stollen in die nahe Hohmark. Ein langer Stollengang mit seitlichen Nischen sollte besseren Schutz bieten. Sobald die Sirenen heulten, stürzten wir aus den Betten, ergriffen unsere Luftschutzköfferchen mit den wichtigsten Papieren und Wertgegenständen und eilten zum etwa 200 Meter entfernten Stollen.

Das Abitur rückte immer näher. Neben allen Sorgen, die der Alltag brachte, musste ich mich vorbereiten und lernen. Das schriftliche Abitur wurde bald nach den Weihnachtsferien 1943/44 geschrieben; für den 17. März war die mündliche Prüfung angesetzt. Als Aufsatzthema wählte ich: „Helfen, das wahre Glück der Frau". Dieses Thema war mir willkommen, denn ich fühlte mich angesichts des vielen Elends zum Helfen gedrängt. Ich wollte Krankenschwester werden und hatte aus diesem Grund bereits einen Kurs als Helferin beim Deutschen Roten Kreuz absolviert. Nach der mündlichen Prüfung war alle Anspannung von mir abgefallen. Ich belohnte mich mit einem Kinobesuch. Eine Abiturfeier fand nicht statt. Es gab lediglich ein gemeinsames Mittagessen. Niemandem war mehr zum Feiern zumute. Öffentliche Bälle und Lustbarkeiten waren verboten. Unsere Abiturzeugnisse erhielten wir ohne große Formalitäten und warteten nun auf unsere Einberufung zum Reichsarbeitsdienst (RAD). Davor war aber noch eine politische Schulung angesagt. Alle Abiturienten des Saarlandes wurden für eine

Woche in einem Schulungslager bei Bad Bergzabern zusammengefasst. Unsere Lehrer waren SS-Offiziere, die uns die richtige Weltanschauung beibringen wollten. Das schon oft Gehörte sollte noch einmal gefestigt werden. Unter den Offizieren beeindruckten mich einige mit ihrem Wissen ohne den üblichen Nazi-Jargon. Die Woche in Bad Bergzabern gefiel mir, weil sie mit vielem Singen und Tanzen verbunden war. Die Zeit zwischen dem Abitur und dem Eintritt in den RAD musste mit einem weiteren Einsatz für die „Volksgemeinschaft" gefüllt werden. Ich arbeitete, zusammen mit anderen Abiturientinnen, in einer Zigarettenfabrik in Saarlouis. Unsere Aufgabe war, vorgestanzte Zigarettenschachteln zu falten. Als Belohnung erhielt ich schönes Briefpapier mit Namenszug. Eine Vergütung gab es nicht, denn es war ein „freiwilliger" Einsatz. Das Briefpapier war willkommen, denn ich schrieb viele Feldpostbriefe an ehemalige Schulkameraden, die als Soldaten an vielen Fronten ihren Dienst taten. Niemanden, der mich um Post aus der Heimat bat, wies ich zurück. Ich hielt es für einen Dienst, diese jungen Männer zu ermutigen. Das ging so weit, dass ich auch an mir völlig unbekannte Soldaten schrieb. In den Tageszeitungen füllten sich die Seiten mit Todesanzeigen der Gefallenen.

Im Bund Deutscher Mädel (BDM)

Im „Bund Deutscher Mädel" [1940]

Im Jahr 1938 hatte ich bereits einen „Jungmädel"-Ausweis. Das Foto zeigt mich in der vorgeschriebenen Uniform, auch Kluft genannt: dazu gehörten ein blauer Rock, eine weiße Bluse, dazu ein dreieckiges schwarzes Halstuch, welches mit einem geflochtenen Lederknoten zusammengehalten wurde. Über der Bluse trug ich die mit vielen Lederknöpfen versehene braune Kletterweste. Letztere wurde gekauft, die anderen Kleidungsstücke nähte meine Mutter selbst. Auf einem Dreieck am linken Ärmel stand die Aufschrift: Gau Saar-Pfalz. Als Elsass-Lothringen zum „Großdeutschen Reich" kam, wurde die Aufschrift in Gau Westmark umgeändert.

Als Jungmädel war ich verpflichtet, jeden Mittwochnachmittag zum Dienst zu erscheinen. Die Zusammenkünfte der „Bemsen" (der 14- bis 18-jährigen Mädchen) fanden mittwochabends statt. Ein geringer Mitgliedsbeitrag wurde erhoben. Ich erinnere mich kaum an die Dienstnachmittage vor der Evakuierung 1939/40. Die Jahre danach sind mir eher im Gedächtnis geblieben. Zunächst stand die politische Schulung im Vordergrund. Der immer wiederholte Lebenslauf des Führers langweilte nicht nur mich. Die Gestaltung der Heimnachmittage und der Heimabende war weitgehend von der Qualität der jeweiligen Führerinnen abhängig. Da gab es große Unterschiede. Manche waren noch von der Jugendbewegung beeinflusst, andere trugen die Ideologie des Nationalsozialismus unverstellt vor. Aktionen, wie die Straßensammlungen für das Winterhilfswerk (WHW) oder für die NS-Gemeinschaft Kraft durch Freude (KdF), waren Pflicht und wurden als solche erledigt. Die Vorstellung war, dass das gesunde deutsche Mädchen sich für alle Belange der Volksgemeinschaft einsetzt und dass es immer fröhlich und dienstbereit mit Begeisterung der neuen Zeit dient. Alles sollte in froher Spontaneität geschehen. So liebte es eine BDM-Führerin, ihre Gruppe am Straßenrand im Gras sitzen zu lassen, um dort fröhliche oder auch kämpferische Lieder zu singen. Ich fand dies einfach dumm. Mich hat aber das Singen der Volkslieder, das Wandern und Volkstanzen am meisten im BDM angesprochen. Dagegen erinnere ich mich nur ungern an die vielen Sportfeste, an denen ich teilnehmen musste. Etwas besser gefielen mir die demonstrativen völkischen Umzüge anlässlich des Erntedankfestes, des Sonnwendfestes und des 1. Mais. Viele Wagen zogen dann geschmückt und nach Themen gestaltet unter den Fanfarenklängen der Hitler-Jugend (HJ) durch das Dorf. Im Zug marschierten die einzelnen nationalsozialistischen Organisationen in Uniform mit.

Die Monotonie des Dienstes wurde mir mehr und mehr zuwider. Oft musste meine Mutter mir fadenscheinige Entschuldigungen schreiben, wenn ich mich weigerte, den Heimabend zu besuchen. Rückblickend war der BDM für mich eine Pflicht, der ich notgedrungen nachkam. Positiv bewerte ich, dass ich durch den BDM den katholischen Mädchen im Ort näher kam und sie besser kennenlernte. Später, im RAD, sollten alle 18-jährigen Mädchen in die NSDAP aufgenommen werden. Zu diesem Zweck erkundigte sich die Lagerführerin bei den zuständigen NS-Ortsgruppen nach der politischen Führung der Kandidatinnen. Von Seiten der Schwalbacher NS-Ortsgruppe wurde gemeldet, ich hätte kaum an dem BDM-Dienst teilgenommen und sei daher nicht würdig, in die Partei aufgenommen zu werden. So blieb mir die Mitgliedschaft in der Partei erspart.

Arbeitsmaid im Reichsarbeitsdienst (RAD)

Es war ein wunderschöner Frühlingstag, als ich von Schwalbach aus in den Schwarzwald nach Loßburg/ Rodt zum Reichsarbeitsdienst fuhr. Die Fahrt ging über Saargemünd, Straßburg, Offenburg in den Schwarzwald. Es war der 6. Juni 1944, ein besonderes Datum, denn in den frühen Morgenstunden hatte die Invasion an der Atlantikküste begonnen. Doch davon wusste ich noch nichts. In mir war nur Freude über den schönen Tag und Neugier auf das, was mich in Loßburg erwarten würde. Den Schwarzwald kannte ich nur wenig. Darum beeindruckten mich die Berge, Hügel und Wälder sehr.

In RAD-Uniform [1944]

Als ich in Loßburg den Zug verließ, lag ein kleines Dorf vor mir inmitten von blühenden Wiesen, die sich bis zu einem breit daliegenden schönen Haus den Berg hinaufzogen. Auf dem Bahnsteig erwarteten mich und andere Mädchen, die mit mir den Zug verließen, einige Arbeitsmaiden (so wurden wir genannt) aus dem Lager Loßburg. Sie hatten Handwagen dabei, womit unsere Koffer den Berg hinaufgezogen wurden bis zu dem imposanten Haus, welches unser Lager und zukünftiges Zuhause sein sollte. Lager konnte man das Haus gewiss nicht nennen, denn es hatte allen Komfort. Es war von dem Stuttgarter Bekleidungshaus Breuninger als Erholungsheim für Angestellte und Arbeiter gebaut worden. Nun aber hatte die Reichsregierung die Hand darauf gelegt und das Haus zu einem Arbeitsdienstlager für Mädchen umfunktioniert. Es gab Dreibett- und Vierbettzimmer mit fließendem Wasser (damals ein großer Luxus), dazu verschiedene Aufenthaltsräume, Terrassen und sogar ein Schwimmbad im Haus. Letzteres konnte nicht benutzt werden, da sich im Becken die ausgelagerten Bücher aus der Universität Straßburg stapelten, um sie vor möglichen Fliegerangriffen zu schützen. Gleich nach der Ankunft wurden wir von der Lagerführerin begrüßt. Dann ging es in die Kleiderkammer. Nachdem die passende Konfektionsgröße herausgefunden war, erhielt ich eine perfekte Ausstattung. Wichtig war auch die Arbeitsdienstbrosche mit Hakenkreuz. Alle Kleidungsstücke schleppte ich in einer Wolldecke eingepackt zu meinem Zimmer. Dann begann die Einweisung in den Tagesablauf. Erstes Gebot: es durften keine privaten Gegenstände herumliegen und noch viel weniger durfte die eigene Kleidung getragen werden. Zuerst kam ich mir sehr fremd in den neuen, schon getragenen Kleidern vor. Nach einigen Tagen hatte ich mich daran gewöhnt, wie es mir überhaupt leicht fiel, mit den Gegebenheiten fertig zu werden.

Der Tag begann mit Frühsport, der aus einem Lauf um das Haus bestand. Nach dem Frühstück wurden die Zimmer aufgeräumt. Dann folgte eine Zusammenkunft mit gemeinsamen Aktivitäten (Schulung, Sport, Singen). Gegen 9 Uhr mussten wir im Hof antreten, um zum Außendienst eingeteilt und verabschiedet zu werden. Um 5 Uhr am Nachmittag kehrten alle Maiden in das Lager zurück. Dann wurden anstehende Hausarbeiten verrichtet, vor allem mussten die Schuhe gereinigt und beim Appell vorgezeigt werden, ebenso die Fahrräder, die für weitere Entfernungen zur Arbeitsstelle zur Verfügung standen. Vor dem Abendessen gab es Spiel und Sport und nach dem Essen wieder Vorträge, Schulung oder Singen. Etwa um 9.30 Uhr ging es dann zu Bett. Die Lagerführerin kam, um gute Nacht zu wünschen. Sie gab jedem Mädchen die Hand und fragte nach dem Wohlbefinden.

Mit Kameradin in RAD-Uniform [1944]

Morgens wurde die Fahne hochgezogen und abends wieder eingeholt. Es waren feierliche Momente, besonders abends, wenn wir im Halbkreis um die Fahne standen und sangen:

Deutschland, heiliges Wort,
du voll Unendlichkeit,
über die Zeiten fort
seist du gebenedeit;
heilig sind deine Seen,
heilig dein Wald und der Kranz
deiner stillen Höhn
bis an das blaue Meer.

Ich hatte dann die Hand zum Gruß erhoben, schaute über das vor mir ausgebreitete herrliche Land und war von der Liebe zu diesem Deutschland ergriffen, von dem mir erzählt wurde, dass die Völker ihm den Lebensatem abschnitten und wir deshalb Krieg führen müssten.

Mein erster Arbeitsplatz war der Killgusshof, der etwa eine Viertelstunde vom Lager entfernt war. Als ich mich dem Hof näherte, sah ich eine Frau am Brunnen Salat waschen. Ich stellte mich vor und sagte: „Ich bin die neue Arbeitsmaid." Die Hausfrau musterte mich von oben bis unten und fragte dann: „Was haben Sie denn früher gemacht?" Ich erklärte, dass ich in der Schule gewesen sei und das Abitur abgelegt hätte. Dies fand nun absolut keinen Beifall. Die lapidare Antwort war: „So, na dann können Sie ja nichts." Und das in dem typisch schwäbischen Tonfall, der sehr abwertend klingen kann. Das war der Anfang und genau so ging es mit ihr vier Wochen lang weiter. Nichts konnte ich ihr recht machen, soviel ich mich auch anstrengte. Die bäuerliche Art zu leben, war mir etwas ganz Neues. Es gab einfache und deftige Mahlzeiten, gutes selbstgebackenes Brot und fette Wurst aus der Dose. Ich genoss es sehr, nach getaner Arbeit am Feldrand zu sitzen und mich aus dem Vesperkorb zu bedienen. Auf dem Feld arbeiteten mit mir ein Knecht, seine Mutter Anna, ein Pole mit Namen Strochic und ein Russe mit Namen Kudok, beide Kriegsgefangene. Von der Lagerführerin wurde ich angewiesen, nicht mit Ausländern an einem Tisch zu essen. Dieses Ansinnen tat die Hausfrau mit einer Handbewegung ab, was für sie spricht – und ich saß weiter am Tisch, an dem eine streng hierarchische Ordnung herrschte. Nach vier Wochen hatte ich gelernt, was es heißt, körperlich zu arbeiten.

Ich wurde im üblichen Turnus abgelöst. Die Lagerführerin belohnte mich für das Aushalten auf dem Killgusshof und schickte mich zu einer 21-jährigen jungen Mutter nach Freudenstadt, um ihr beizustehen. Bei ihr half ich nur einen Teil der Woche, den anderen Teil arbeitete ich bei einer anderen Familie, die am Rand von Freudenstadt ein hübsches Wochenendhaus bewohnte. Ich hatte es mit der Großmutter und zwei Enkeln (ein Junge und ein Mädchen von zehn und elf Jahren) zu tun. Der alten Dame half ich im Haushalt und im Garten, mit den Kindern spielte ich; es waren liebe Kinder, mit denen ich mich gerne beschäftigte. Zum Abschied erhielt ich ein großes Stück Seife, ein nützliches Geschenk, von dem ich mir bis zum Ende des Krieges immer ein Stückchen abschneiden konnte.

Der nun folgende Einsatz war etwas ganz Besonderes. Zum ersten Mal wurde ich mit Armut und Krankheit konfrontiert. Zusammen mit einer anderen Maid fuhr ich mit dem Fahrrad nach Oberbrändi bei Freudenstadt zu einer Familie mit drei kleinen Kindern, einer kranken Mutter und einem total überforderten Bauern. Er war seinem kleinen Betrieb und den Anforderungen der Familie kaum gewachsen. Als wir ankamen, trafen wir ein unbeschreibliches Chaos in der dunklen, von Fliegendreck verschmutzten Küche an. Alles lag unordentlich herum, und es stank. Den Höhepunkt aber bot der Küchentisch: neben Brotstücken und Speckseiten saß das etwa einjährige Kind splitternackt, an einer Speckschwarte lutschend auf ihm. Angesichts dieser Tatsachen entschloss sich meine Kameradin sogleich, mit dem Bauern auf das Feld zu gehen. Ich musste also den Haushalt übernehmen, was mir ganz lieb war. Es machte Freude, aufzuräumen und zu putzen, Stück für Stück, erst die Küche, dann das Wohnzimmer und die beiden Schlafzimmer. Den kleinen Jungen versorgte ich gerne, wusch und kochte die Windeln regelmäßig und gab ihm normale Kindernahrung. Die Bäuerin, die meist zu Bett lag, war sehr dankbar. Nach diesem Einsatz wurde ich noch zu den Werner'schen Anstalten (Bruderhaus) geschickt, um mit der Nähmaschine Hemden zu nähen. Auch putzte ich Fenster in einem Lazarett in Freudenstadt.

Die Zeit im Lager wurde verkürzt, damit wir für einen Kriegsdienst eingesetzt werden konnten. Arbeitsmaiden sollten in Munitionsfabriken oder bei der Luftabwehr tätig werden. Meine Vorstellung war, Krankenschwester mit einer guten Ausbildung zu werden. Darum bewarb ich mich um die Freistellung vom RAD, um in das Schwesternhaus des DRK in Darmstadt als Lernende einzutreten. Als meine Lagerführerin mir mitteilte, dass die Freistellung vom Reichsarbeitsdienst genehmigt sei, antwortete ich: „Nein danke, ich möchte jetzt mit den Kameradinnen gehen, wohin wir auch geschickt werden." Es wäre mir vorgekommen, als wollte ich mich vor einem Kriegseinsatz drücken. Ich entsprach den Forderungen, die von der Schule, der Partei und später dem Militär an mich gestellt wurden, ohne weiter darüber nachzudenken. Deshalb war es mir selbstverständlich, dass ich nach dem BDM vom RAD und dann von der Flak beansprucht wurde. Dagegen lehnte ich mich nicht auf – es wäre auch zwecklos gewesen. Ich gebe gerne zu, dass es mir im RAD gefiel. Wir hatten eine gute und kultivierte Führerin. Es hätte auch anders sein können. Ich möchte nicht von einer verlorenen Jugend sprechen, obwohl viele das heute so nennen würden. Trotz allen Bedrohungen und Belastungen durch den Krieg, gab es Tage und Stunden der unbeschwerten Freude.

Im Einsatz als Luftwaffenhelferin

Eine Gruppe von 22 Arbeitsmaiden, darunter auch ich, wurde zu einer sechswöchigen Ausbildung an Scheinwerfer und Horchgerät Mitte September 1944 in die Nähe von Friedrichshafen am Bodensee geschickt. Wir erhielten lange Militärmäntel und Stahlhelme. Letzteren konnte ich als Tropfeimer gut brauchen, da es in unsere Wohnbaracke hineinregnete. Ich schlief mit dem Stahlhelm neben dem Kopf und der Waschschüssel neben den Füßen. Schön waren die nächtlichen

Stunden des Wacheschiebens (jeweils zwei Stunden). Das Mondlicht glitzerte auf dem See, auf der Schweizer Seite grüßte der schneebedeckte Säntis und die Äpfel von den Bäumen mundeten gut.

Im November kamen wir zum Einsatz in eine Scheinwerferstellung nach Griesbeckerzell, etwa 25 km nördlich von Augsburg. Wir Mädchen sollten zwei Scheinwerfer und ein Horchgerät bedienen. Unsere Aufgabe war es, die Flugbewegung der feindlichen Bomber zu orten, zu verfolgen und laufend der Batterie-Befehlsstelle (BB) in Obergriesbach zu melden. Auf deren Kommando sollten wir mit aufgeblendeten Scheinwerfern die feindlichen Flugzeuge am nächtlichen Himmel suchen. Ich kann mich nicht erinnern, dass wir jemals geleuchtet hätten. Von der Befehlsstelle kam bei Alarm nur die telefonische Durchsage: „Leuchtverbot". Wir wären auch ein sehr gutes Ziel gewesen. Ob man uns wohl wollte? Am Horchgerät saßen drei Mädchen, zwei horchten, die Dritte – das war ich – vermittelte die gewonnenen Werte per Telefon an die Befehlsstelle. Das Kriegsgeschehen wurde immer bedrohlicher. Ich hatte eigentlich keine Angst um mich. Die Sorge um meine Eltern war bedrückender. Einen bewegenden, hoffnungslosen Brief meines Vaters hatte ich schon im Juli in Loßburg erhalten. Darin standen Sätze wie: „Falls Du jemals das Glück haben solltest zu heiraten und Kinder zu bekommen [...]" und „Wir gehen dem Ende entgegen."

Im kalten Winter 1944/45 ging uns das Heizmaterial aus. Nachschub war weder von der Befehlsstelle noch vom Ortsbürgermeister zu bekommen. In unserer Not gingen wir in den von Schnee und Eis bedeckten Wald und sägten die bereits gefällten Baumstämme in Stücke. Auf den Schultern trugen wir diese zu unserer Baracke, eine sehr schwere Arbeit. Dann wurden die gefrorenen Holzstämme zerhackt. Ich sehe noch eine tüchtige Schwäbin aus Aalen vor mir, wie sie wild entschlossen das Beil schwang und sagte: „Ich will später in die Mission gehen und da muss man alles können." Unsere Holzbaracke war kaum warm zu bekommen. Ein einziger schwarzer Kanonenofen erzeugte nicht nur Wärme, sondern auch dichte Rauchschwaden, die es wieder nötig machten, Tür und Fenster zu öffnen. Anfällig für Erkältungskrankheiten lag ich im Februar 1945 mit starken Rückenschmerzen zu Bett. Es wollte nicht besser werden. So begab ich mich mit Genehmigung der Befehlsstelle nach Friedberg in das Krankenhaus. Dies bedeutete eine Fahrt mit einem Militärauto zum Bahnhof und eine halbstündige Eisenbahnfahrt nach Friedberg. Im Krankenhaus angekommen, freute ich mich über das warme Bett und die gute Versorgung. Nach zwei Tagen ließen die Rückenschmerzen nach. Besuch erhielt ich von Viola aus unserer Stellung. Sie berichtete, alle vier Horcherinnen sollten zu einem Lehrgang nach Baden bei Wien. Ich zögerte keinen Augenblick; auch ich wollte mitfahren, um bei meinen Kameradinnen zu bleiben. Heute denke ich, dass ich mir den Schutz der vertrauten Gemeinschaft erhalten wollte. Diese Mädchen waren in den Kriegstagen eine Heimat für mich geworden. Also beschloss ich, gesund zu sein.

Einige Tage später, Ende Februar 1945, fuhren wir mit der Eisenbahn über Augsburg und München nach Wien. Unterwegs wurde der Zug von Tieffliegern beschossen. Wir stürzten nach einer Notbremsung zur Türe hinaus, um am Bahndamm Deckung zu suchen. Nach Minuten der Angst konnten wir unsere Reise fortsetzen. Da der Hauptbahnhof in München durch Angriffe schwer getroffen war, mussten wir die Stadt vom Westbahnhof zum Ostbahnhof teils mit der Straßenbahn, teils zu Fuß durchqueren. In Rosenheim angekommen, verbrachten wir die Nacht im Bahnhofsgebäude. Viele Reisende lagen auf Bänken und dem Fußboden und versuchten zur Ruhe zu kommen.

Rückblickend war es der größte Unsinn noch kurz vor Kriegsende nach Wien zu reisen. Die russischen Truppen rückten auf ihrem Siegesmarsch immer schneller vor. Die Nachrichten des Oberkommandos der Wehrmacht vertuschten diese Tatsache, und die Verantwortlichen verschlossen die Augen vor der Zukunft. In Wien angekommen, mussten wir in den Zug nach Baden umsteigen. Zum ersten Mal erlebte ich, dass wir wegen unserer Uniformen angegriffen wurden. Es gab verächtliche und verletzende Worte auf dem Bahnsteig. Die Kaserne, in der wir unterkamen, beherbergte 2000 Mädchen. Wir wohnten in gut eingerichteten Schlafsälen. Die Lehrer waren junge Leutnants. Bald stellte sich heraus, dass das Lernen am Gerät illusorisch war. Es gab jeden Tag pünktlich von 11 Uhr bis 16 Uhr Fliegeralarm. Während dieser Zeit schickte uns die Führung ins Helenental zur Deckung unter die Bäume. Wir hatten dort viel Zeit zum Wandern, zum Erzählen und genossen die schon warme Märzsonne. In der Kaserne erwartete uns das immer kärglicher werdende Abendessen. Zuletzt gab es am Tag nur einmal einen mit Wasser gekochten Hirsebrei und zwei Stücke Brot. Ich hatte Hunger und erinnere mich, dass ich mir ein Brot für den anderen Tag aufheben wollte, es aber nicht durchhalten konnte. In der Nacht stand ich auf, öffnete den Schrank, um mir mein Brot zu holen. Während des Fliegeralarms musste eine Wache auf dem Kasernengelände bleiben. Als ich eingeteilt worden war, saß ich lange Stunden in einem Einmannschutzloch. Wir hatten im Übrigen viel freie Zeit, in der ich las und Briefe schrieb.

Flucht aus Baden bei Wien

Als die russischen Panzer 25 km vor Wien standen, kam das schnelle Ende des Lehrgangs. Eines Tages hieß es: „Macht euch auf den Weg nach Westen!" Wir wurden weggeschickt ohne Entlassungspapiere, ohne Geld, ohne Lebensmittel und ohne Transportmittel. Während wir mit unseren Habseligkeiten nach Westen durchs Helenental wanderten, sah ich Offiziere mit dem Geländewagen an uns vorbeifahren, den Blick gerade nach vorn gerichtet. Bald hatte sich die Gruppe der Flüchtenden verlaufen. Ich blieb mit Ruth aus Pforzheim zusammen. Wir wanderten auf der Landstraße in Richtung St. Pölten. Von dort sollten noch Züge nach Westen fahren. Das Gepäck wurde uns schwer. Ich legte meine Wolldecke und meine letzte private Kleidung an den Straßenrand. Allein meinen RAD-Mantel behielt ich. Mit diesem Mantel besuchte ich 1946 noch das Lehrerseminar in Saarlouis. Unterwegs erbettelten wir uns einen Kuchen als Wegzehrung. Die Straße war von westwärts wandernden Gruppen und Militärautos belebt. Ein Auto hielt, wir kletterten auf den rückwärtigen mit Planen überdeckten Kasten. Dort saßen einige Soldaten. Der Zufall, dort einen Saarländer aus Siersburg zu treffen, bescherte uns ein ganzes Kommissbrot. Von St. Pölten aus fuhren Ruth und ich mit einem der letzten Züge nach Wels. Es war schwierig, in den überfüllten Zug zu gelangen. In Wels angekommen, mussten wir uns trennen. Ihr Weg ging nach Westen, ich wollte nach Thüringen, wo ich meine Mutter in der Evakuierung wusste. Auf dem Bahnsteig wurde mir klar, dass ich ohne fremde Hilfe nicht in den zu erwartenden Fronturlauberzug aus Italien gelangen könne. Damals wurden Züge nicht bestiegen, sondern regelrecht erobert; alles drängte, stieß und kämpfte sich in die Abteile. Ich sah eine Gruppe junger Piloten, in offensichtlich guter Laune. Ich schlenderte ihnen entgegen, um Kontakt aufzunehmen. Da ertönte schrill die Luftalarmsirene. Mit den Piloten eilte ich in den Luftschutzunterstand vor dem Bahnhofsgebäude. Sie hörten sich meine Geschichte an und gaben mir zum letzten Stück Kommissbrot einen Zahnbecher voll Käse und einen Beutel mit Würfelzucker. Das war eine schon lange nicht mehr vorhandene Rarität. Nur die kämpfende Truppe erhielt solche Schätze. Die Piloten halfen mir in den Zug, indem mich einer durch das Fenster seinem Kameraden hinauf reichte. Wir fuhren durch die Nacht. In Erinnerung blieb mir die Silhouette des Regensburger Doms mit seinen beiden Türmen, davor die Donau im Mondlicht ruhig dahin fließend. Es war ein Bild des Friedens.

In Leipzig angekommen, verließ ich meine Begleiter, die nach Helmstedt weiterfuhren. Ich wollte nach Erfurt, um von dort nach Weißensee zu kommen. Da ich keine Entlassungspapiere hatte, fürchtete ich, von den auf dem Bahnhof patrouillierenden Militärpolizisten aufgegriffen und wieder eingezogen zu werden. Darum trieb ich mich auf den Bahnsteigen herum, bis endlich der Zug nach Erfurt abfuhr. In Erfurt verhielt ich mich ebenso vorsichtig beim Umsteigen nach Weißensee. Auf den thüringischen Bahnstrecken war es seltsam friedlich, so als wäre das normale Leben noch möglich. In Weißensee angekommen (ca. 23 Uhr), fragte mich der Beamte beim Ausgang doch tatsächlich nach meiner Fahrkarte. Ich hatte ja keine – und auch kein Geld. Ich musste ihn ziemlich angefahren haben, denn er ließ mich ohne weiteres durch die Sperre gehen. So kurz vor Günstedt wollte ich keinen Aufenthalt mehr. Etwa fünf Kilometer bis zum Trautmannschen Hof hätte ich noch zurücklegen müssen. Da erblickte ich vor dem Bahnhof ein Auto der Waffen-SS. Ich klopfte an die Fensterscheibe und bat darum, mitgenommen zu werden. Ich stieg ein und strengte meine Augen an, um die Einbiegung eines Feldweges zum Hof nicht zu verpassen. Bald stolperte ich in der Dunkelheit dem Hof entgegen. Dort hatte meine Mutter Zuflucht bei entfernten Verwandten gefunden. Sie hatte am 11. Dezember 1944 ihre Heimat zum zweiten Mal verlassen müssen, da die Front immer näher gerückt war. Für mich war nun der Krieg in diesen letzten Märztagen zu Ende gegangen.

Landarbeiterin in Günstedt

Günstedt ist ein Dorf, das eigentlich nur aus zwei Straßen besteht. Die Bauernhäuser, die kleinen Katen, die Kirche mit ihrem schönen Zwiebelturm und der Friedhof waren eine kleine bescheidene Welt. Um den 8. April durchfuhren amerikanische Panzer den kleinen Ort an der Helbe. Vom Kirchturm wehte eine weiße Fahne. Das Nachbargut, zwei Kilometer entfernt, wurde noch von einer kleinen Gruppe der SS verteidigt. Nach kurzem Schusswechsel war auch dieser Hof eingenommen.

Nach meiner glücklichen Rückkehr war es für mich selbstverständlich, auf dem Hof mitzuarbeiten. Ich ging mit Knechten und Mägden zur Feldarbeit und wurde dafür entlohnt. Die im Schwarzwald erworbenen Kenntnisse, kamen mir nun sehr zugute. Im Haus lebten die Besitzer des ansehnlichen Hofes (etwa 400 Hektar) mit kleinem Sohn, meine Familie, eine Kriegerwitwe mit drei kleinen Kindern aus Berlin und Rosi, die für Küche und Haus zuständig war. Zu ihr zog ich ins Zimmer; sie war in meinem Alter und wir verstanden uns gut. Die Verbindung zu ihr hat das DDR-Regime überdauert und besteht noch heute.

Es gab bald große Umstellungen. Die Fremdarbeiter kamen in Sammellager, um in ihre Heimat gebracht zu werden. Nicht alle gingen gerne; manche wären lieber in Deutschland geblieben. Vereinzelt kam es durch sie zu Übergriffen. Im Nachbarort wurde ein Hofbesitzer in seinem Bett erschlagen. Nach dem Abzug der Fremdarbeiter ersetzten zurückkehrende deutsche Soldaten die fehlenden Kräfte. Die Heereseinheiten befanden sich in Auflösung. Auch Flüchtlingsfamilien aus dem Osten übernachteten auf ihrem Wege nach Westen auf dem Hof. Mit der Eroberung von Berlin Ende April kam der letzte Akt des Krieges. Die Nachricht vom Tode Hitlers hat mich seltsam berührt. Ich ging aus dem Haus in den Garten, um allein zu sein. Jahrelang hatte die NS-Propaganda mich beeinflusst. Die Kapitulation am 8. Mai 1945 wurde mir erst später bekannt und hat mich weniger beeindruckt. Seit meinem Eintritt in das Lyzeum in Saarlouis 1936 bis zur Stunde kannte ich nichts anderes als das nationalsozialistische Deutschland. Es war die Welt, in der ich lebte. Nun tat sich eine Leere auf. Ich fühlte mich am Ende eines Weges und konnte mir nicht vorstellen, wie es weitergehen sollte. Die Tage vergingen in Sorge und Beklemmung! Wie würden die Sieger über uns entscheiden? Ich machte mich mit dem Gedanken vertraut, zumindest während der nächsten zehn Jahre Landarbeiterin zu sein. Am 26. Juni kam mein Vater, der aus amerikanischer Gefangenschaft in Bad Mergentheim entlassen worden war, zu uns nach Günstedt. Bald kursierten Gerüchte, die Amerikaner würden abziehen, um den Russen Thüringen und Sachsen zu überlassen. Auf Befragen stellte sich heraus, dass die amerikanischen Soldaten völlig unwissend waren – und das bis zum letzten Tag. Die Angst vor den Russen steigerte sich. Die NS-Propaganda hatte das Ihrige getan und von den durchziehenden Flüchtlingen hörten wir von Vergewaltigungen und Morden. Die Angst nahm mehr und mehr von mir Besitz. Als der Bauer zu meiner Mutter sagte: „Gehen Sie mit ihrer Tochter in den Westen", gingen mir die Nerven durch; ich klappte zusammen und lag bewusstlos in der Diele. Natürlich blieben wir zusammen und harrten mit bangem Herzen der Dinge.

Nach einigen Tagen, es war der 30. Juni 1945, lief ich mit einem entlassenen Soldaten auf der Landstraße. Wir sollten auf einem kleinen Stück Wiese das Heu wenden. Da kam uns eine Militärkolonne entgegen. Der Stern auf den ersten Autos sah merkwürdig aus, anders als bei den Amerikanern. Dann folgten Kastenwagen mit kleinen Fensterluken. In solch einer Luke sah ich ein asiatisches Gesicht. Die Russen waren da! Ich geriet dermaßen in Panik, dass ich den Soldaten von der Landstraße weg ins Feld zog. Ich hätte keinen Schritt mehr auf der Straße tun können. Der junge Mann wollte Hilfe holen. Ich bestand aber darauf, dass er bei mir bliebe. So warteten wir in einer Feldsenke, bis wir gesucht und heimgeholt wurden. Die zweite Begegnung mit russischem Militär geschah dann auf dem Hof. Soldaten und Offiziere richteten einen Umschlagplatz für Pferde in den Stallgebäuden ein. Die Leute wollten abends ein Essen bereitet haben und mit den Bewohnern des Hofs zusammen essen. Davor hatten alle Frauen Angst. Als wir das Essen gekocht hatten, schlossen wir uns gemeinsam in ein Zimmer ein. Herr Trautmann und mein Vater blieben allein in der Küche. Der leitende Offizier war ärgerlich und sagte, sie kämen zukünftig in regelmäßigen Abständen und beim nächsten Mal wolle er die Frauen sehen. Er garantiere dafür, dass keine Übergriffe geschähen. So war es dann auch. Wir gewöhnten uns an die russischen Soldaten; sie gehörten nun überall dazu. Als ich in Erfurt Besorgungen machte, staunte ich über die Selbstverständlichkeit, mit der sich deutsche Landsleute und russische Soldaten in den Straßen bewegten. Als in Günstedt Typhus ausbrach, half die russische Verwaltung effektiv bei der Eindämmung der Epidemie. Typhus hatte es schon öfter in Günstedt gegeben; die Wasserversorgung war unzureichend und viele Bewohner nahmen das Wasser aus dem Flüsschen Helbe.

Auf Anordnung des russischen Kommandanten mussten die Bewohner des Ortes einen Film über die Verbrechen im Konzentrationslager Buchenwald ansehen. Es wurde gezeigt, wie die Bewohner von Weimar nach Buchenwald geführt wurden und dort an den gefolterten und ausgehungerten Opfern vorbeiziehen mussten. So erfuhr ich erstmals das Ausmaß der Verbrechen. Ich war erschrocken und hätte, wenn mir jemand dies erzählt hätte, es nicht für möglich gehalten Die russische Besatzungsmacht drang auf gesellschaftliche Veränderungen. Es war Anfang oder Ende Juli, als damit begonnen wurde, die Großgrundbesitzer zu enteignen. Die Familie des Hofbesitzers floh in den Westen zu Verwandten. Auf den Hof kam zunächst ein uns bekannter und angesehener Verwalter. Er wurde bald abgelöst von einem unangenehmen Menschen, der laut die neuen Parolen verkündete. Er glaubte, im Sozialismus Karriere machen zu können. In den 60er Jahren erfuhr ich zufällig, dass er Anführer einer neonazistischen Gruppe in Bayern war. Im Frühling, Sommer und Herbst musste ich auf dem Feld hart arbeiten. Ich erfuhr, dass ich immer noch weiter arbeiten konnte, auch wenn ich glaubte, es ginge nicht mehr. Ich erinnere mich an die endlosen Felder, an das Aufstellen ganzer Kolonnen von Garben, an das Unkrauthacken mit wehem Rücken, an die Kartoffelernte und die Rübenernte. Auch half ich beim Dreschen und stand auf der Maschine, um die Garben einzugeben. Zuweilen hatte ich Freude an der Landarbeit. Da ich nur die RAD-Uniform mitgebracht hatte, erhielt ich einige Kleidungsstücke geschenkt. Das reine Glück bedeuteten mir drei Sommerkleider, die ersten schönen zivilen Kleider für mich.

Heimkehr und schwieriger Anfang in Schwalbach

Aus Schwalbach erhielten wir im September erste Nachrichten. Familie Gräßer, Schwester und Schwager meines Vaters, waren bereits heimgekehrt. Sie teilten uns mit, dass unser Haus, zwar von Granaten schwer getroffen, aber noch bewohnbar sei. In die weniger beschädigten Zimmer seien zwei Ehepaare eingezogen. Wir sollten kommen und unser Haus wieder in Besitz nehmen. Einige Gegenstände hatten Gräßers an sich genommen: das Klavier, das Radio und die Standuhr. Sie schrieben auch, dass viele Möbel aus unserem Haus zur Vervollständigung von Wohnungen der französischen Offiziere nach Saarlouis gebracht worden seien. Diese Nachrichten veranlassten meinen Vater, unsere Heimkehr ins Saarland in die Wege zu leiten. Dabei stellte sich heraus, dass die russische Verwaltung keine Personen in die französisch besetzte Zone entlassen wollte. Mein Vater fand einen Ausweg und schrieb auf das Antragsformular, dass unser Reiseziel Schwalbach bei Frankfurt sei und somit in der amerikanischen Zone läge. Daraufhin erhielten wir unsere Ausreisegenehmigung. Mit uns reisten Tante Frieda und ihre Kinder und eine Familie aus Klarenthal bei Saarbrücken. Wir waren insgesamt acht Erwachsene und sieben Kinder. Wir packten in Günstedt unsere Sachen und luden Koffer und Säcke auf einen Handwagen. Von Weißensee fuhren wir nach Eisenach. Dort kamen wir zunächst in ein Lager. Nach zwei Tagen fanden wir einen Zug bis an die Zonengrenze. Dort mussten wir aussteigen und die Zonengrenze zu Fuß überqueren (die Gleise waren bereits abmontiert). Müde und erschöpft erreichten wir den Bahnhof Bebra, froh in der amerikanisch besetzten Zone zu sein. Nach langem Warten erhielten wir drei Familien die Hälfte eines Güterwagens zugewiesen. Dieser Wagen sollte immer an einen Zug in Richtung Westen angehängt werden. Nun begann eine Irrfahrt; immer ein Stückchen vor und wieder ein Stückchen zurück. Es dauerte sechs Tage, bis wir am Rhein waren. Unsere Lebensmittelvorräte wurden knapp. Manchmal gab es auf den Bahnsteigen eine warme Suppe vom Roten Kreuz. Am schlimmsten aber setzte uns die beginnende Kälte zu. Es war Anfang Dezember und wir saßen nächtelang bei Minusgraden im ungeheizten Güterwagen. Die Großmütter und die kleinen Kinder wurden in alle verfügbaren Decken eingepackt. Mein Vater war immer unterwegs, um zu erkunden, wie es weitergehen könnte. Endlich kamen wir in Mainz-Bischofsheim an. Dort gab es die einzige noch intakte Eisenbahnbrücke über den Rhein. Nach zweimaligen Bemühungen um Erlaubnis ließ man uns die Brücke zu Fuß überqueren, um ordnungsgemäß nach den Vorstellungen der amerikanischen Besatzer entlaust zu werden. Das geschah, indem wir über und über mit weißem Pulver eingestäubt wurden. Wir waren glücklich, als wir nach dieser Prozedur endlich durch die nächtliche Pfalz rollten – der Heimat entgegen. Am nächsten Morgen kamen wir in Saarbrücken an und nahmen Abschied von der Familie aus Klarenthal.

Später hörten wir, dass ein Kind dieser Familie zwei Tage nach der Ankunft, wahrscheinlich wegen der Kälte und den erlittenen Entbehrungen, gestorben war. Meine tapfere Tante Frieda stieg in Völklingen mit ihren vier Kindern und allem Gepäck aus. Ich sehe sie noch auf dem Bahnsteig stehen und war voller Mitleid. Es war nicht klar, ob sie in ihre Wohnung würde einziehen können. Vater fuhr mit seiner Mutter nach Mettlach, um zu sehen, ob sie in ihrem Haus Wohnung fände. Ich stieg mit Mutter und Großmutter Müller in Bous aus. Mit unserem vollgepackten Handwagen machten wir uns auf den Weg über den Bouser Berg nach Schwalbach zu Onkel und Tante Gräßer. Es gab ein frohes Wiedersehen.

Wir konnten uns endlich waschen und etwas essen. Am anderen Morgen betraten wir unser vom Krieg schwer beschädigtes Haus. Eine Granate war durch die Vorderfront in den Keller geflogen und dort explodiert. Sie hatte den Fußboden im großen Wohnzimmer aufgerissen. Darum waren die beiden vorderen Zimmer unbewohnbar. Im Erdgeschoss wohnten Emigranten, die 1935 nach der Saarabstimmung nach Frankreich gezogen waren. Im oberen Geschoss hatte sich ein Bergmanns-Ehepaar einquartiert. Uns Ankömmlingen blieben die beiden von der Granate beschädigten Zimmer im Erdgeschoss und ein Zimmer im oberen Stock übrig. Das Zusammenleben gestaltete sich schwierig. Hilfreiche Bekannte überließen uns einzelne Möbelstücke, so dass wir uns nun notdürftig einrichten konnten. Alle unsere Briefe und Dokumente waren in das Granatloch gekippt worden. Wir machten uns daran, sie zu sortieren und zu ordnen.

Trotz der misslichen Wohnungssituation waren wir dankbar wieder zu Hause zu sein. Die schlimmen Jahre, die hinter uns lagen, wurden kaum besprochen. Die erste Aufgabe war, die Schäden zu heilen und nach vorne zu schauen. Die Reflexionen kamen erst später. Auch ich habe sehr lange gezögert, bis ich meine Erinnerungen niederschrieb. Sie mögen einen Eindruck vom Erleben junger Mädchen im NS-Staat wiedergeben.

Joachim Wieler

Das ist kein Schatzkästchen, doch es blieb gut behütet!

Über unsere mennonitische Familie während und nach der NS-Zeit

Joachim Wieler mit dem Kästchen

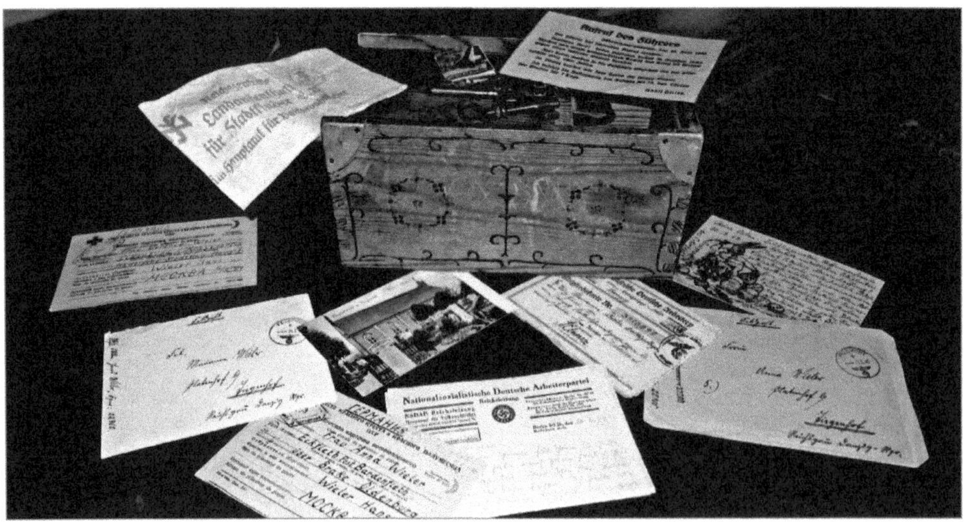

Inhalt des Kästchens

Aus diesem Kästchen locker zu „plaudern“, ist mir noch immer nicht recht wohl zu Mute, doch was ich darin fand, muss auf den Tisch, um verarbeitet und verdaut zu werden!

Aller Wahrscheinlichkeit nach stammt dieses schmucke und solide Kästchen aus dem Danziger Werder, einem der frühen Siedlungsgebiete der Mennoniten. Genauer gesagt, aus Tiegenhof, wo die Familie meines Großvaters, Abraham Wieler, mit seiner Familie zuletzt lebte oder vielleicht sogar aus Tiegenhagen, wo er von 1909 bis zu seinem Tod 1916 Ältester und auch Prediger der Mennonitengemeinde war.[1]

Das Haus in Tiegenhof/Platenhof

Das Kästchen war in den letzten Januartagen 1945 mit auf die Flucht genommen worden. Aber es geriet erst auf Umwegen und kurz vor dem Jahr 2000 in meine Hände. Nachdem zuerst mein Vater und meine beiden Tanten gestorben waren, wurde das Kästchen, weil keine unmittelbaren Verwandten mehr lebten, an meine Mutter übergeben. Nach ihrem Tod wurde es mir anvertraut, weil ich angeblich geschichtlich besonders interessiert sei (wohl aufgrund meiner wissenschaftlichen Arbeiten zu biografisch-historischen Themen in der Sozialen Arbeit während und nach der NS-Zeit).[2] Dies führe ich lediglich an, um anzudeuten, dass ich weniger über meine Familie als über meinen Beruf zu einer kritischen Reflexion der NS-Geschichte gekommen bin. Das Kästchen enthielt neben Dokumenten und Briefen ein paar kleine Gegenstände und die über Jahrzehnte hinweg behüteten Haustürschlüssel des heimatlichen Anwesens. Bevor ich nun zu dem konkreten Inhalt des Kästchens komme, d. h. zu den Feldpostbriefen meines Vaters von der Front, die ich während der Konferenz 2015 in Münster vortrug, muss ich doch ein wenig weiter ausholen, um Einzelheiten nicht aus dem Kontext zu reißen, nicht aus dem geschichtlichen, aber auch nicht aus dem familiären.

Die Mennonitische Kirche in Tiegenhagen.

1 „Tiegenhagen (Pomeranian Voivodeship, Poland“ und „Elders of the Tiegenhagen Mennonite Church“, in: Gameo (http://gameo.org/index.php?title=Tiegenhagen_(Pomeranian_Voivodeship,_Poland) [Zugriff: 1.3.2017].

2 Siehe unter anderem: Joachim Wieler: Er-Innerung eines zerstörten Lebensabends. Alice Salomon während der NS-Zeit (1933-1937) und im Exil (1937-1948), Darmstadt 1987; Ders./Susanne Zeller: Emigrierte Sozialarbeit. Portraits vertriebener Sozialarbeiter/innen, Freiburg 1995.

Schlüssel zum Haus in Tiegenhof, die auf die Flucht mitgenommen wurden

Mit den Glaubensgrundsätzen der Täufer hatte es angefangen, als sich meine Vorfahren väterlicherseits im siebzehnten Jahrhundert in der Weichselniederung niedergelassen und auch dazu beigetragen hatten, das unter dem Meeresspiegel liegende Weichseldelta trocken zu legen. Dafür hatte es von der Obrigkeit sogar Privilegien gegeben, die nach und nach zurückgezogen, aber auch – wohl mehr oder weniger freiwillig – aufgegeben wurden. Längst nicht alle der Mennoniten folgten nämlich unter dem wachsenden Druck Preußens der Einladung Katharinas der Großen in die Weiten Russlands, sondern etablierten sich im Großen Werder und entlang der unteren Weichsel. Dazu gehörten auch meine Vorfahren. Zunehmend benutzte man dafür Begriffe wie Assimilation und heute gerne Integration. Die konkreten Auswirkungen der Integration hatten viele individuelle und gesellschaftliche Ausprägungen und Varianten. Sie waren bisher und sie sind weiterhin nicht immer leicht nachvollziehbar oder einfach zu interpretieren. Deswegen tue ich dies auch nicht mit erhobenem Zeigefinger, sondern lasse gerne die Dokumente aus dem Kästchen sprechen, die auch in der Mennonitischen Forschungsstelle auf dem Weierhof einsehbar und damit belegbar sind. Ich selbst bin als viertes von fünf Kindern 1938 in Marienburg geboren und kann mich selbst noch gut an vieles erinnern (was bei Bedarf auch bald zu den Archivalien auf dem Weierhof gehören könnte). Erst im Laufe der Jahre erweiterten und differenzierten sich mein Familien-, Gesellschafts- und auch mein Weltbild. Dabei erscheint mir bemerkenswert, dass nicht nur mein Vater Johannes, sondern auch seine zwei Schwestern Elise (Lieschen) und Marianne Wieler tendenziell gut – wenngleich mit unterschiedlichen Einstellungen und Funktionen – in den damaligen nationalsozialistischen Aufbruch passten. Mit dem natürlichsten und erfreulichsten Vorgang, dem „Kinderkriegen" und „In-die-Welt-Setzen", fange ich an; denn die nationalsozialistische Bevölkerungspolitik spielte in der Zeit eine maßgebliche Rolle. Insofern war und ist sie zunächst noch das einfachste der Themen und dagegen konnten nicht einmal querdenkende Mennoniten sein. Deswegen beginne ich damit.

Tante Lieschen, Elise Wieler, war Hebamme mit Leib und Seele

1901 geboren, wurde sie nach dem Ersten Weltkrieg Hebamme. Das hätte sie eigentlich nicht werden dürfen, weil sie einen Zeigefinger verloren hatte. Man machte eine Ausnahme, da sie die Ausbildung mit den besten Noten bestanden hatte. – Das, woran ich mich zwar nicht mehr persönlich erinnere, was mich aber eindeutig am meisten mit der damaligen Heimat verbindet, war wohl mein

Erscheinen durch Hausgeburt und Tante Lieschens Hilfe, zu der sie extra aus Tiegenhof nach Marienburg angereist war. Sie hat viele Wahl- und Blutsverwandte auf ihre Lebenswege gebracht. Meine Mutter wurde durch mein Erscheinen mit dem bronzenen Mutterkreuz fürs vierte Kind ausgezeichnet und öffentlich vor dem Marienburger Rathaus gefeiert. Andere Mütter erhielten für das sechste Kind das silberne und/oder für das achte Kind das goldene Mutterkreuz. Belohnungen waren übrigens nicht nur damals ein bevölkerungspolitischer Anreiz. Mein Vater betonte wiederholt, dass er eigentlich am liebsten eine ganze Fußballmannschaft gehabt hätte. Das war bestimmt nur scherzhaft gemeint, aber es war auch die offiziell propagierte Bevölkerungspolitik. Es wurden bald Soldaten gebraucht.

Tante Lieschen war im Danziger Werder, wie mir Verwandte sagten, „bekannt wie ein bunter Hund“. Sie holte viele Kinder auf die Welt, und das bei jedem Wetter und zu jeder Tages-, Nacht- und Jahreszeit. Nicht nur sie selbst sprach immer bescheiden und doch mit Begeisterung von ihren nächtlichen Regen- und Schlittenfahrten zu werdenden Müttern, zu denen sie gerufen wurde. Bei einer Hochzeit mennonitischer Verwandter in Winnipeg, wohin viele westpreußische Mennoniten nach dem Ende des Zweiten Weltkrieges ausgewandert waren, wurde ich um die letzte Jahrhundertwende als Gast an einem Tisch mit fünf anderen Gästen platziert, und ich wunderte mich über die Zusammensetzung. Nun, alle von uns waren von Tante Lieschen Wieler geholt worden. Das mag sogar lustig klingen – war es auch, sogar geplant! Das ist ja nichts Verwerfliches, und Tante Lieschen hat nach Kriegsende als Hebamme sogar im jüdischen Teil des „Displaced Persons Camp“ in Bergen-Belsen gearbeitet und jüdische Mütter entbunden. Sie hatte sich offenbar nicht, wie die beiden folgenden Geschwister, mit partei- und machtpolitischen Organisationen des Nazi-Regimes eingelassen. Deswegen waren über ihre Biografie in dem besagten Kästchen auch keine nennenswerten Dokumente zu finden. Tante Lieschen sprach allerdings ebenfalls kaum über die Jahre der NS-Herrschaft.

Tante Marianne Wieler als Volkspflegerin – und das nicht nur in der Nationalsozialistischen Volkswohlfahrt (NSV)

1914 geboren, begann meine Tante die Ausbildung als Sozialarbeiterin an der Danziger Wohlfahrtsschule der Inneren Mission – und ab 1937 als Volkspflegerinnen–Seminar der NSV.[3] Nach den Berufsbezeichnungen Wohlfahrtspflegerin und Fürsorgerin war während der NS-Zeit die Berufsbezeichnung Volkspflegerin eingeführt worden, und es war auch der Begriff der „Volksmütter“ gebräuchlich.[4] Das war alles, was ich von ihr selbst erfahren hatte, während ich selbst in Deutschland und in den USA Sozialarbeit studierte und später praktizierte. Sie arbeitete nach der Flucht in der Wesermarsch als Magd auf einem Bauernhof, und ich lernte sie dort als Kind sehr schätzen. Ich erfuhr von anderen, dass sie

3 Peter Reinicke: Die Ausbildungsstätten der Sozialen Arbeit in Deutschland 1899-1945, Berlin 2012.e

4 Susanne Zeller: Volksmütter – mit staatlicher Anerkennung, Düsseldorf 1987.

sich nicht entnazifizieren lassen wollte, weil sie sich keiner Schuld bewusst gewesen sei. Trotzdem war sie seit den 1950er Jahren als Leiterin eines Mädchenheims in Oldenburg (Niedersachsen), dann in der behördlichen Sozialarbeit in der Wesermarsch tätig und schließlich bis zu ihrem frühen Tod 1975 als Leiterin eines Müttergenesungsheims an der Ostsee. Mit ihrer beruflichen Tätigkeit schien sie auch erfüllt und zufrieden gewesen zu sein.

Sie war die erste in unserer engeren Familie, die 1975 das Danziger Werder wieder besuchte. In ihrem sehr skizzenhaften Reisebericht schrieb sie über die Suche nach dem Grabstein ihres Vaters auf dem Tiegenhagener Friedhof und über diverse Besuche in Danzig und in Tiegenhof, in Jungfer und an anderen Orten im Großen Werder. Zwei ihrer letzten Anmerkungen aus ihren Reiseaufzeichnungen: 1. „[...] nach Stutthof. Durchs Lager gegangen. „Ich habe mich gefreut, dass meine Tante das KZ besucht hatte, fand aber kein Wort des Bedauerns darüber, was dort geschehen war. 2. Herr T. geht noch einmal in unser Haus und fragt nach den Tagebüchern [meines Großvaters J. W.]. Es ist nichts da. Er erfährt von den Leuten, dass die mennonitische Kirche an der Tiege bis 1948 gestanden haben soll." – Unmittelbar nach ihrer Heimkehr aus der „alten Heimat" erkrankte sie und verstarb unerwartet früh innerhalb von drei Wochen. Über die genaue Todesursache sind wir nie informiert worden, doch wir hatten uns auch nicht besonders darum bemüht. Wir vermuten, dass sie in engem Zusammenhang mit ihrer letzten Reise in die alte Heimat stand. Unsere Tante Marianne wurde in Oldenburg i. O. beigesetzt und im selben Grab später auch ihre ältere Schwester Elise (als das Grab nach 25 Jahren aufgelöst wurde, holten meine Frau Patricia und ich den Grabstein zu uns in unseren Garten nach Weimar).

Nationalsozialistische Deutsche Arbeiterp
Ortsgruppe Danzig
Mitgliedskarte Nr. 3770897
Für Herrn/Frau
Geboren: 21. Juni 1914
Wohnung: Danzig Straße Nr. 20
Eingetreten am 1. Januar 1937 München, den 15. Februar 19
Für die Reichsleitung:
Schwarz
Reichsschatzmeister

Durch meine eigenen historischen Studien zur Entwicklungsgeschichte der Sozialen Arbeit hatte ich angenommen, dass meine Tante, gewissermaßen als Berufsvorgängerin – wie viele andere sozial Engagierte während der NS-Zeit – Mitglied der Nationalsozialistischen Volkswohlfahrt (NSV) geworden war, um sich fachlich, aber auch als Kompromiss gegen völlige Anpassung nicht tiefer mit der NS-Ideologie einzulassen oder sich gar konkret für sie zu engagieren.[5] Was mich dann doch überraschte: In besagtem Kästchen fand ich schließlich ihren Mitgliedsausweis in der Nationalsozialistischen Deutschen Arbeiterpartei – NSDAP und ihre kompletten Beitragsheftchen ab 1937. Dazu fand ich eine wohl häufig benutzte Armbinde, die meine Tante

5 David Kramer: Das Fürsorgesystem im Dritten Reich. In: Rolf Landwehr/Rüdeger Baron (Hrsg.). Geschichte der Sozialen Arbeit, Weinheim/Basel 1983.

ziemlich eindeutig als aktive Mitarbeiterin in der Stadt-/ Landverschickung der NSV ausweist. Auch hier bleibt offen, wie aktiv und in welchen Funktionen sie „nur“ in der NSV oder vielleicht auch in der NSDAP engagiert war. Sie korrespondierte kurz vor der Flucht noch mit der NSDAP-Reichsleitung in Berlin, doch die Schrift und die Zusammenhänge sind mittlerweile nicht mehr klar leserlich und kaum zu rekonstruieren.

Die Feldpostbriefe meines Vaters Johannes Wieler

Diese Briefe wurden während des blitzartigen Frankreichfeldzugs vom 10. Mai bis 25. Juni 1940 geschrieben. Sie waren an seine seit 1916 verwitwete Mutter Anna Wieler und seine Geschwister im Danziger Werder adressiert, aber sie waren, wie aus den Inhalten hervorgeht, auch für unsere ganze Familie geschrieben worden. Meine Geschwister und ich haben diese Briefe erst sechzig Jahre später im besagten Kästchen gefunden. Wir waren überrascht und stellenweise auch schockiert. Ich fand sie in einem Briefumschlag, der mit „vernichten“ gekennzeichnet war. Aber sie waren wohl nicht „entsorgt“ worden. Aus ihnen werde ich weiter unten zitieren. Auch wenn die Militärkarriere meines Vaters nicht in die obersten Ränge führte, war sie doch recht lang und soll deswegen kurz skizziert werden. Dies erscheint angesichts der proklamierten Wehrlosigkeit der Täufer und hier besonders in einer angesehenen und lange verwurzelten Mennonitenfamilie angebracht.[6]

Vater Johannes Wieler

6 Diether Götz Lichdi: Mennoniten im Dritten Reich. Dokumentation und Deutung, Bolanden-Weierhof 1977; Horst PENNER: Die ost- und westpreußischen Mennoniten, Bd. 1, Bolanden-Weierhof 1978; ders.: Die ost- und westpreußischen Mennoniten, Bd. 2, Kirchheimbolanden 1987.

Als mein Großvater 1916 starb und während seiner Beerdigung nicht nur auf dem Tiegenhagener Friedhof, sondern auch sämtliche Kirchenglocken in den Nachbarorten läuteten,[7] war mein Vater gerade mitten in der Pubertät, und es hatte, wie ich vom Hörensagen weiß, Schwierigkeiten mit seiner Erziehung gegeben. Es folgten Internatsjahre in Danzig, eine landwirtschaftliche Lehre, und die wirtschaftliche Situation durch Inflation nach Ende des Ersten Weltkrieges wurde immer prekärer. Weil mein Vater mit seiner Arbeitssituation unzufrieden war, meldete er sich 1925 freiwillig zur neuen Reichswehr, zum sogenannten „Hunderttausend-Mann-Heer". Mit seiner zwölfjährigen Verpflichtung fühlte er sich abgesichert und gründete 1931 zusammen mit Gertrud Krajewski, einer Protestantin aus Osterode, deren Vorgeschichte vielleicht am besten als masurisch-polnisch-preußisch zu charakterisieren wäre, eine eigene Familie. Nachdem Johannes Wieler 1937 als sogenannter „Zwölfender" und Leutnant der Reserve seine Verpflichtung bei der Wehrmacht beendet hatte, absolvierte er eine Ausbildung als Strom- bzw. Flussmeister und ließ sich in Marienburg (jetzt Malbork) an der Nogat nieder. Im Zusammenhang mit den politischen Entwicklungen und der Zeit der Familiengründung gibt es detaillierte Beschreibungen meines ältesten Bruders Hermann in seiner unvollendeten Chronik, die ebenfalls in der Mennonitischen Forschungsstelle zur Verfügung steht.[8] Als ich fast genau ein Jahr alt war, explodierten in ca. 15 Kilometer Entfernung die Dirschauer Weichselbrücken und fast zeitgleich wurde von der deutschen Kriegsmarine polnisches Hoheitsgebiet, die Danziger Westerplatte, beschossen. Der Zweite Weltkrieg hatte begonnen. Der Militärdienst meines Vaters setzte sich also fast lückenlos und zwangsläufig fort. Er wurde schließlich Hauptmann, und wir sahen ihn nur noch gelegentlich bei Urlaubsbesuchen, bis er zehn Jahre später, d.h. 1949, aus russischer Kriegsgefangenschaft entlassen wurde.

Und nun die Briefe

Zunächst der erste Originalbrief handschriftlich und teilweise in „Sütterlin".

Aus Gründen der besseren Lesbarkeit werden die weiteren Briefe maschinenschriftlich und nicht im ursprünglichen Sütterlin wiedergegeben. Die gesamten Briefe liegen in der Mennonitischen Forschungsstelle, dazu auch weitere Zeitdokumente und reflektierende Texte meinerseits.

7 Hermann Wieler: Die Chronik des Hermann W. Unveröffentlichtes Manuskript, Fürth 2009, S. 5.

8 Ebd.

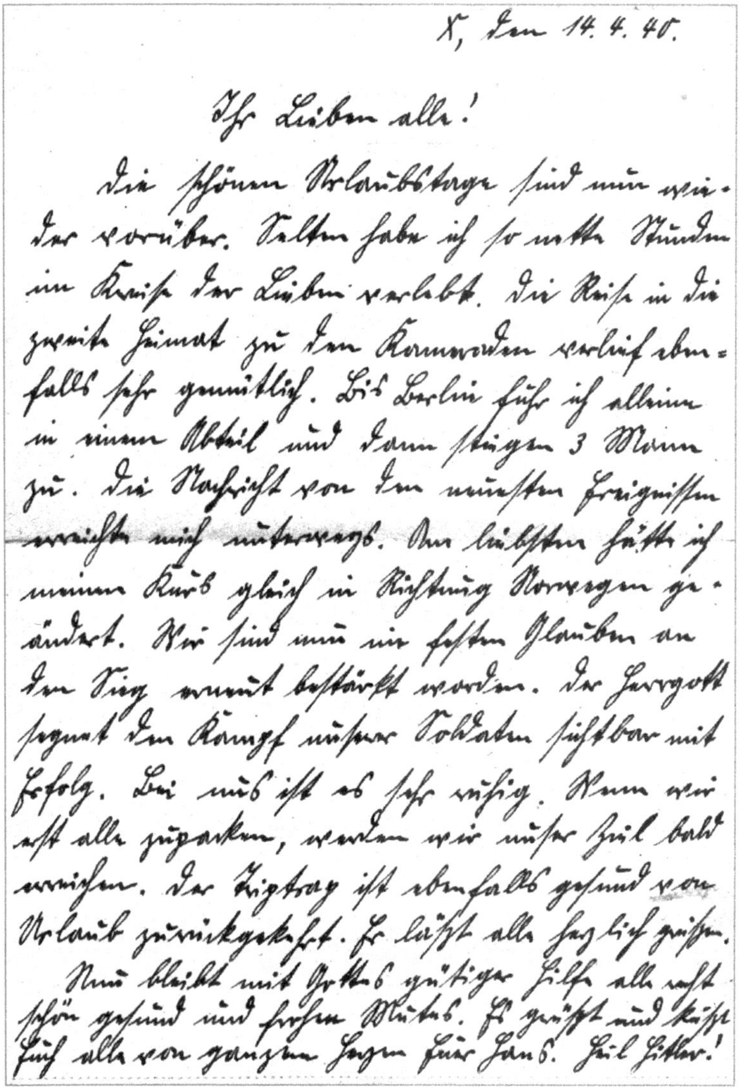

Abs.: Obltn. (Oberleutnant) Hans Wieler, Fpnr. (Feldpostnummer) 22900

An Frau Anna Wieler, Platenhof b. Tiegenhof, Reichsgau Danzig – Wpr. (Westpreußen)

Poststempel 15.4.40 *X, den 14.4.40*

Ihr Lieben alle!

Die schönen Urlaubstage sind nun wieder vorüber. Selten habe ich so nette Stunden im Kreise der Lieben verlebt. Die Reise in die zweite Heimat zu den Kameraden verlief ebenfalls sehr gemütlich. Bis Berlin fuhr ich alleine in meinem Abteil und dann stiegen 3 Mann zu. Die Nachricht von den neuesten Ereignissen erreichte mich unterwegs. Am liebsten hätte ich meinen Kurs gleich in Richtung Norwegen geändert. Wir sind nun im festen Glauben an den Sieg erneut gestärkt worden. Der Herrgott segnet den Kampf unserer Soldaten sichtbar mit Erfolg. Bei uns ist es sehr ruhig. Wenn wir erst alle zupacken, werden wir unser Ziel bald erreichen. Der Triptrap [das ist meines Vaters „Bursche", J. W.] ist ebenfalls gesund vom Urlaub zurückgekehrt. Er läßt alle herzlich grüßen. Nun bleibt mit Gottes gütiger Hilfe alle recht schön gesund und frohen Mutes. Es grüßt und küßt Euch alle von ganzem Herzen Euer Hans. Heil Hitler!

Abs. dito, Poststempel 15.5.40. An Frau Anna Wieler *X, den 12.5.40*

Ihr Lieben alle!

Endlich ist es nun so weit, denn ohne Anfang kein Ende. Wir sind alle stolz, an diesem Kampf für unser großdeutsches Volk unter unserem siegreichen Führer teilnehmen zu dürfen. Dieser Kampf wird sicher die schwerste aber segensreichste Schule meines Lebens sein. Gebe der Herrgott, daß ich sie bestehe. Wir sind alle voll froher Siegeszuversicht. Meinen Soldaten und auch mir geht es sehr gut. Das Wetter ist hier herrlich. Es grüßt und küßt Euch alle von ganzem Herzen Euer Hans. Heil Hitler!

Abs. dito, Poststempel 22.5.40. An Frau Anna Wieler *X, den 21.5.40*

Ihr Lieben alle!

Heute sollt Ihr wieder ein Lebenszeichen von mir erhalten. Was unser Befinden anbetrifft, so kann ich nur schreiben, daß es uns allen sehr gut geht. Wir sind von den Erfolgen der Wehrmacht selbst begeistert, obwohl erhebliche Anforderungen an uns gestellt wurden. Noch nie bin ich soviel marschiert wie in der letzten Zeit. Der Führer hat wieder den rechten Einsatz für uns gewählt und der Herrgott steht sichtbar auf unserer Seite. Es ist einen wie am anderen Tag wundervolles Wetter. Wir schlafen in Gottes freier Natur wie im Bett und die Vöglein vom „Onkel Hermann" [Göring, J. W.], der den Löwenanteil an unseren Erfolgen hat, summen über unseren Köpfen wie die Bienen.

Nun bleibt alle recht schön gesund und voll froher Siegeszuversicht. Es grüßt und küßt Euch alle von ganzen Herzen Euer Hans. Heil unserm Führer!

Abs. dito, Poststempel 29.5.40. An Frau Anna Wieler *Frankreich, den 28.5.40*

Ihr Lieben alle!

Heute an dem für meine Familie historischen Tag eilen meine Gedanken von der Front an den Ort, an dem ich vor neun Jahren in einen neuen Lebensabschnitt eintrat. Was liegen in diesen 9 Jahren für große Ereignisse hinter uns. Wer hätte an unserem Hochzeitstag gedacht, daß wir so einer großen Zeit entgegengehen und daß unsere Kinder unter dem Eindruck dieser Zeit geboren werden würden. Damals hat wohl niemand von uns daran gedacht. Wir müssen dem lieben Herrgott an jedem Morgen danken, daß wir dieses gewaltige Geschehen miterleben und unseren Teil dazu beitragen dürfen.

Ihr werdet neben der Pflichterfüllung in der Heimat jetzt sicher viel im Rundfunk hören. Was ich mir bei dem Tempo der Ereignisse sehr gut vorstellen kann. Wir, meine Kameraden und ich, erleben bzw. übersehen aus dem großen Ringen um die Freiheit des deutschen Volkes auch nur einen kleinen Teil und brennen genau so auf jede Nachricht über die Gesamtlage. Was uns aber alle beseelt, das ist unbedingtes Vertrauen zu unserer Führung und unerschütterlicher Glaube an den Sieg unseres gerechten und ehrlichen Kampfes. Wer nicht an unseren Sieg glaubt, der glaubt auch nicht an Gott, das steht felsenfest. Ich schreibe jetzt immer abwechselnd nach M. [Marienburg? J. W.] und Pl. [Platenhof? J. W.]. Ihr wechselt die Post dann beschleunigt aus und seid dann etwa alle 5 Tage im Bilde.

Nun bleibt recht schön gesund u. voll Siegeszuversicht. Es grüßt und küßt Euch von ganzem Herzen Euer Hans. Heil Hitler!

Oben umgekehrt: Der Triptrap läßt Euch ebenfalls herzlich grüßen. Was Essen und Trinken betrifft, leben wir hier im wahrsten Sinne des Wortes: Wie klein Gott in Frankreich!

Abs. dito, Poststempel 2.6.40. An Frau Anna Wieler *Frankreich, den 1.6.1940*

Ihr Lieben alle!

Mutters liebe Zeilen habe ich vorgestern mit großer Freude erhalten. Es war zwar nur ein kurzer Brief, aber ich weiß, daß er um so besser gemeint war und daß vor allen Dingen der gute alte Federhalter nicht zur Stelle war. Ich habe den Zeilen angesehen, mit wieviel Mühe sie mit dem Füller geschrieben waren. Ich freue mich ja doch über jedes Lebenszeichen von zu Hause genau so wie Ihr umgekehrt. Von der Tuta [unsere Mutter Gertrud, J. W.] bekam ich hier auch schon zweimal Post.

Meinen Kameraden und mir geht es mit Gottes gütiger Hilfe sehr gut. Wir werden jetzt ganz und gar Naturmenschen. Wir leben, kämpfen und schlafen unter dem freien Himmelszelt und fühlen uns mehr denn je Gott nahe. Alle Soldaten, die hier für ihr Vaterland kämpfen, verrichten Gottesdienst im wahrsten Sinne des Wortes. Das Wetter ist immer herrlich. An einigen Tagen war es kühl und bezogen. Wir liegen hier an einem Bach, den wir kunstgerecht zur Anlage einer Badeanstalt gestaut haben. Ich sammle dabei gleichzeitig Kenntnisse für meinen späteren Beruf.

Nun bleibt mit Gottes gütiger Hilfe recht schön gesund und seid vielmals herzlich gegrüßt und geküßt von Eurem Hans. – Jetzt rücken wir dem Tommy auf die Pelle! Heil Hitler!

Oben umgekehrt: Viele herzliche Grüße an die Nachbarschaft. Triptrap läßt ebenfalls grüßen.

Abs. dito, Poststempel 10.6.40. An Frau Anna Wieler *Fr., den 7.6.40*

Ihr Lieben alle!

Mutters lieben Brief mit der Schilderung von den Pumpenschrauben [? J. W.] habe ich vorgestern mit herzlichem Dank und großer Freude erhalten. Ja, es war unbedingt wichtig, bei der Beurteilung dieses Falles die Wahrheit und nicht den Streich in den Vordergrund zu stellen. Ein Soldat kann nicht so durchtrieben und mit allen Hunden gehetzt sein, wenn er ehrlich und wahrheitsliebend ist, kann Deutschland stolz auf ihn sein. Nichts ist widerlicher als ein Musterknabe, dem man nicht über den Weg trauen kann.

Was sagt Ihr nun zu den Erfolgen unserer Wehrmacht? Ich kann mir denken, daß Ihr dazu nicht viel sagt, dafür aber um so mehr denkt und dem Herrgott dankt, der im Kampf des Führers und seiner Soldaten so sichtbar gesegnet hat. Der Tagesbefehl des Führers an die Wehrmacht und sein Aufruf an das deutsche Volk war in so schlichten und doch so großen Worten gehalten, die nur unser Führer finden kann. Die überhaupt nur ein Mensch finden kann, von dem Gott ganz und gar Besitz ergriffen hat. Ich sehe unsere Fahne zu Hause im Garten im Geiste wehen, und fühle, daß Eure Bitten für uns während des Glockenläutens an den Herrgott gerichtet werden, der sie erhört. Ich sage nicht zu viel, wenn ich behaupte: Es ging mir gesundheitlich und seelisch noch nie so gut wie jetzt. Wenn der Herrgott unsere Bitten so sichtbar erhört und mit Erfolg segnet, sind wir ihm zu Dank verpflichtet. Diesen Dank können wir aber nur zum Ausdruck bringen, indem wir getreu dem Wahlspruch „bete und arbeite“ für Führer, Volk und Vaterland unsere Pflicht und Schuldigkeit erfüllen.

Nun bleibt recht schön gesund und siegeszuversichtlich. Es grüßt und küßt Euch alle von ganzem Herzen Euer Hans. Heil Hitler!

Und links auf der zweiten Seite: Der Triptrap – mein treuer Begleiter – läßt Euch alle ebenfalls herzlich grüßen.

Abs. dito, Poststempel 17.6.40. An Anna Wieler *Fr., den 14.6.40*

Ihr Lieben alle!

Heute sollt Ihr wieder ein Lebenszeichen von mir erhalten. Es geht uns allen, Gott sei Dank, in jeder Hinsicht ausgezeichnet. Während des ganzen Feldzuges hier in Frankreich hat es erst an zwei Tagen geregnet. Sonst war immer herrlichstes Sommerwetter. Wir sind von den Schwarzen, die hier in rauhen Mengen aufkreuzen, bald nicht mehr zu unterscheiden. Vor einigen Tagen bin ich wunderbar in der Aisne geschwommen. Während des Badens kamen zwei franz. Flieger, die jedoch schnellstens von unserer Flak verjagt wurden.

Der zweite Schlag, den wir vorwiegend dem Franzmann erteilen, geht in einem Tempo vorwärts, daß wir kaum mitkommen. Ich glaube, daß der Franzose nur noch einige Tage aushalten kann, zumal die Italiener nun auf einen Schlag mitreinhauen. Ich kann mir vorstellen, daß dem Tommy allmählich der A.... [Arsch, J. W.] mit Grundeis geht. Nämlich, wenn sein Bundesgenosse im Eimer ist, dann kommt er dran. Der Führer nimmt immer in aller Ruhe einen nach dem andern und den besten Brocken zum Abgewöhnen.

Ich fahre jetzt meistens mit dem Beiwagenrad der Kolonne, die ich führe, voraus. Da gibt's dann viel Interessantes zu sehen. Wenn man so die Wehrmachtsteile vorüberziehen sieht, hat man den Eindruck gewaltiger Kraft, froher Siegeszuversicht und festen Glaubens. Gestern waren wir auf einem Ehrenmal für franz. Gefallene des Weltkrieges mit großartigem Rundblick auf die Schlachtfelder von 1914-18. An Heldenfriedhöfen sind wir vorüber gefahren. Wenn wir an einen deutschen Heldenfriedhof kommen, werde ich die alten, treuen Kameraden besuchen und ihnen sagen: Ihr habt doch gesiegt! Nun bleibt alle recht schön gesund und frohen Mutes. Es grüßt und küßt Euch alle herzlich Euer Hans. Heil Hitler!

Randbemerkungen oben: Mutters lieben Brief mit der Erzählung von Hansels Nachbarschaft und dem Platz (?) mit dem Torpfosten habe ich mit ganz liebem Dank erhalten.

Randbemerkungen unten: Der Triptrap läßt Euch alle herzliche grüßen."

Abs. dito, ohne Umschlag und Poststempel. An Anna Wieler Burgund, den 28.6.1940

Ihr Lieben alle!

Nachdem nun auch der Waffenstillstand mit Frankreich in Kraft getreten ist, sollt Ihr wieder ein Lebenszeichen von mir erhalten. Selbst wir Soldaten leben wie im Traum und können die Ereignisse der letzten Tage kaum fassen. Daß wir den Franzmann in die Sohlen jagen würden wußten wir. Aber daß die Franzosen 6 Wochen nach dem Angriff die Waffen strecken würden bzw. müßten, das haben gerade wir als Fachleute nie für möglich gehalten. Es ist nur möglich gewesen, weil „der Große Alliierte" mit uns und unserm Führer gewesen ist. Der Führer selbst gibt dieser Auffassung in anderen Worten in dem Aufruf an das deutsche Volk Ausdruck.

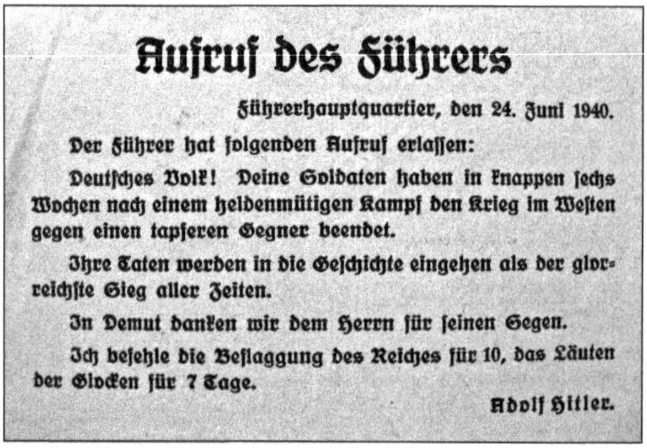

Aufruf des Führers

Führerhauptquartier, den 24. Juni 1940.

Der Führer hat folgenden Aufruf erlassen:

Deutsches Volk! Deine Soldaten haben in knappen sechs Wochen nach einem heldenmütigen Kampf den Krieg im Westen gegen einen tapferen Gegner beendet.

Ihre Taten werden in die Geschichte eingehen als der glorreichste Sieg aller Zeiten.

In Demut danken wir dem Herrn für seinen Segen.

Ich befehle die Beflaggung des Reiches für 10, das Läuten der Glocken für 7 Tage.

Adolf Hitler.

Meinen Kameraden und mir geht es ausgezeichnet. Wir sind alle fast mehr als gesund und frohen Mutes. Auch mit uns ist der Herrgott ganz sichtbar gewesen. Wir liegen jetzt auf einer großen Wiese, im offenen Viereck stehen unsere Zelte und in der Mitte des Platzes weht am 25 m langen Mast weithin sichtbar unsere Hakenkreuzfahne. Wir kommen uns vor wie im Zeltlager der H.J. An den nötigen Jugendstreichen fehlt es nicht. Unser Herz bleibt ewig jung.

Nun bleibt mit Gottes Hilfe recht schön gesund. Es grüßt und küßt Euch alle recht herzlich Euer Hans. – Heil unserm Führer! – Anbei eine Kleinigkeit. Guten Appetit

Abs. dito, Poststempel 24.6.40. An Marianne Wieler, Platenhof b. Tiegenhof

Liebe Schwester Marianne!

In diesem Jahr sende ich Dir die herzlichsten Geburtstagsgrüße aus dem Süden Frankreichs. Gebe der Herrgott, daß ich Dir im nächsten Jahr wieder persönlich gratulieren kann. Ich wünsche Dir im neuen Lebensjahr vor allen Dingen gute Gesundheit und daß Du Deine gesteckten Ziele erreichst.

Deinen lieben Brief aus Koburg habe ich vorgestern mit herzlichem Dank erhalten. Es freut mich, daß Du wieder mal Gelegenheit hast, Land und Leute kennen zu lernen. Da ich den Briefumschlag verlegt habe, schicke ich diese Zeilen nach Platenhof. Du erhältst meine Geburtstagsgrüße viele Tage nach dem Geburtstag. Gedacht habe ich heute aber recht oft an Dich.

Was unser Befinden anbetrifft, so kann ich wie bisher, Gott sei Dank, mitteilen, daß wir alle Mann gesund und guter Dinge sind. Ich habe in den letzten Wochen an dem größten Ereignis teilgenommen, das unserer Generation beschieden ist. Wir Soldaten haben an dem Siege nie gezweifelt. Daß wir Frankreich jedoch so schnell in die Knie zwingen würden, haben auch wir nicht geglaubt. Manchmal denkt man, ganz Deutschland wäre hier auf dem Marsch. Heute sind die Waffenstillstandsverhandlungen unter dem Vorsitz unseres Führers. Ihr könnt Euch darauf verlassen, daß Großdeutschland im Westen noch größer wird wie vor dem Weltkrieg.

Nun grüße bitte alle Lieben recht schön und sei selbst vielmals herzlich gegrüßt und geküßt von Deinem Bruder Hans.

Und an der Seite: Heil unserm Führer Adolf Hitler!

Damit endete auch offiziell der Frankreich-Feldzug. Es gibt ein Foto von der Rückkehr der Einheit meines Vaters nach Marienburg, an der auch mein Vater hoch zu Ross teilnahm.[9]

(Foto aus Gustav Fieguth: Marienburg 1945. Kampf um Stadt und Burg. Zeitzeugen-Berichte. München 1985, S. 281).

Der Frankreichfeldzug scheint für meinen Vater der Höhepunkt der militärischen Aktionen gewesen zu sein; denn es gibt von ihm außer den obigen Feldpostbriefen von 1940 nach meiner Kenntnis keine weiteren schriftlichen Mitteilungen aus den Kriegsjahren. Er war außer in Polen und Frankreich bis zum Kriegsende auch an der russischen Ostfront eingesetzt. Dagegen gab es zunächst noch ein Intermezzo, das besonders meinen älteren Bruder Hermann betraf und das er selbst in seiner Chronik ausführlicher beschreibt. Hier ein Auszug.

9 Wieler (wie Anm. 7), S. 12.

Bruder Hermanns Probezeit in der Nationalpolitischen Erziehungsanstalt Stuhm

„Vermutlich im Herbst 1941 hatte mich meine Mutter bei der Nationalpolitischen Erziehungsanstalt in Stuhm 10 km südlich von Marienburg angemeldet. Da es sich dabei um ein kasernenmäßig organisiertes Internat handelte, kann ich bis heute nicht ganz verstehen, warum ich mit 9 Jahren dort hin sollte. Meine Mutter wollte mir möglicherweise eine Ausbildung zukommen lassen, wie sie in dem folgenden Kasten beschrieben ist. Eine gewisse Vorprägung durch meine Mutter und durch die Platenhöfer Verwandtschaft war gegeben, da diese durchwegs nationalsozialistisch eingestellt war, während ich meinen Vater in Parteiangelegenheiten mehr als Mitläufer einschätze. Er war in erster Linie Soldat.

Vermutlich begann es in Platenhof. Da ich im Kindesalter als wasserscheu galt und mich nicht gerne wusch, wurde mir damit gedroht: Warte nur bis du zum Jungvolk kommst, dann musst du dich unter einer Pumpe waschen. Ferner gehörte es in den Ferien zu meinen Aufgaben, vom nahen Bauern ‚Quiring' Milch in einer Kanne zu holen. Einmal waren dort für etwa ein bis zwei Wochen ca. 30 uniformierte Hitlerjungen im Alter von 12 Jahren in der Scheune einquartiert. Ich beobachtete ihr Lagerleben mit Antreten, Marschieren, Essenfassen, Singen und Spielen. Da wollte ich auch gerne mitmachen. Vielleicht hängt es auch damit zusammen, dass nach der Besetzung der Insel Kreta im Mai 41 durch Deutsche Luftlandetruppen, es mein Berufswunsch war Fallschirmjäger zu werden.

NPEA Stuhm: „Die Nationalpolitischen Erziehungsanstalten - kurz genannt: NPEA - entstanden schon 1933 in Preußen. Sie gingen hervor aus drei ehemaligen Kadettenanstalten in Potsdam, Plön und Köslin, die bis 1918 Zehn- bis Siebzehnjährige als Offiziersnachwuchs ausgebildet hatten und als Staatliche Bildungsanstalten fortgeführt worden waren. Zu zwölf weiteren Anstalten, die bis 1935 in ganz Deutschland errichtet wurden, gehörte auch Stuhm bei Marienburg. Ein Merkblatt für die Aufnahme nannte als Aufgabe, „durch eine besonders vielseitige, aber auch besonders harte, jahrelange Erziehung dem deutschen Volk Männer zur Verfügung zu stellen, die den Anforderungen gewachsen sind, die an die kommende Führergeneration gestellt werden müssen". Vor allem künftige Offiziere sollten aus ihnen hervorgehen, und deshalb war dem Oberkommando der Wehrmacht Einfluß auf die Unterrichtsgestaltung und die Besetzung einer Anzahl von Freistellen für Offizierssöhne zugestanden." [10]

Nach einigen Wochen erhielt meine Mutter von der NPEA den Bescheid: Da die geistigen und körperlichen Bedingungen von dem Jungen nicht erfüllt wurden, wird die Aufnahme zurückgestellt."[11] Dafür folgte dann seine Aufnahme in das Deutsche Jungvolk, und es folgen ausführliche Beschreibungen seiner Erlebnisse in der Hitlerjugend, einschließlich eines Führerbesuchs in Marienburg.[12]

10 Aus: Heinz Boberach: Jugend unter Hitler, Düsseldorf 1982, S. 90.

11 Wieler (wie Anm. 7), S. 22.

12 Ebd., S. 22 ff.

So hatten sich die Vorbilder und Vorbildfunktionen auf unsere ganze Familie ausgewirkt. Deshalb hier noch einmal das folgende Familienfoto aus jener Zeit, bevor wir auf die Flucht gingen. Dann will ich in diesen Beitrag mit ein paar Folgeerscheinungen abschließen.

Oben: Elise und Marianne Wieler, unten von links nach rechts: Mutter Gertrud, Siegfried, Anneliese, Oma Anna, Hans-Heinrich, Hermann, Joachim und Vater Johannes Wieler (ca. 1942)

Flucht, Kriegsende, Flüchtlingslager, Kriegsgefangenschaft und Neuanfang

Die offizielle Genehmigung zur Evakuierung kam im letzten Moment. Wir hörten schon deutlich den Geschützdonner aus dem Osten und gingen, mit Ausnahme meines Vaters, auf die Flucht. Bald danach wurden die Weichselbrücken wieder gesprengt – dieses Mal durch die Deutsche Wehrmacht. Nach Erinnerungen meines ältesten Bruders war mein Vater zuletzt noch Brückenkommandant in Marienburg an der Nogat.[13] Nach zähem Kampf wurde die Ordensburg, die nicht nur als symbolische Bastion ausgebaut und um jeden Preis gehalten werden sollte, nach langem Beschuss und stark zerstört, am 9. März aufgegeben.[14] Die Verteidiger zogen sich am 9. März 1945 um Mitternacht über die Nogat ins Große Werder zurück und sprengten hinter sich auch die Nogatbrücken. Nach weiteren Kämpfen und dem teilweisen Fluten des unter dem Meeresspiegel liegenden

13 Ebd., S. 35.

14 Gustav Fieguth: Marienburg 1945. Kampf um Stadt und Burg. Zeitzeugen-Berichte, München 1985.

Werders, um die anstürmende Rote Armee wenigstens zu bremsen, geriet mein Vater nahe seines Geburtsortes mit vielen anderen Soldaten der Wehrmacht in russische Kriegsgefangenschaft.

Wir alle hatten – Gott sei Dank! – überlebt. Nach der Flucht unserer Mutter mit uns Kindern nach Sachsen, wo wir Zeugen der Bombardierung Dresdens wurden und das Kriegsende erlebten, fanden wir nach neun Monaten der Ungewissheit die meisten unserer Verwandten in und um Bremen am Leben. Fünf Jahre lang lebten wir mit Hunderten anderer Flüchtlinge in der sogenannten Siedlung Oldenburg-Kreyenbrück, d. h. in einer teils zerstörten Kaserne. Auch zu unserem Vater fanden wir wieder Kontakt, und seine gelegentlichen Korrespondenzen aus russischer Gefangenschaft gaben uns Hoffnung. In einer der ersten Kurzmitteilungen aus Russland schrieb mein Vater: „Da wir keinem Menschen Unrecht taten und auch Ihr die Arbeit liebt, glaube ich an unser Wiedersehen.“ [undatierte Nachricht aus russischer Kriegsgefangenschaft im Jahre 1946, J. W.]. An diesem Satz blieb ich besonders hängen, und ich frage mich bis heute, was sich bei wem, nach welchem Zeitraum, wie und auf welche Weise verändert hat, und wie wir jetzt dazu stehen. Was wussten wir damals und was wissen wir heute?

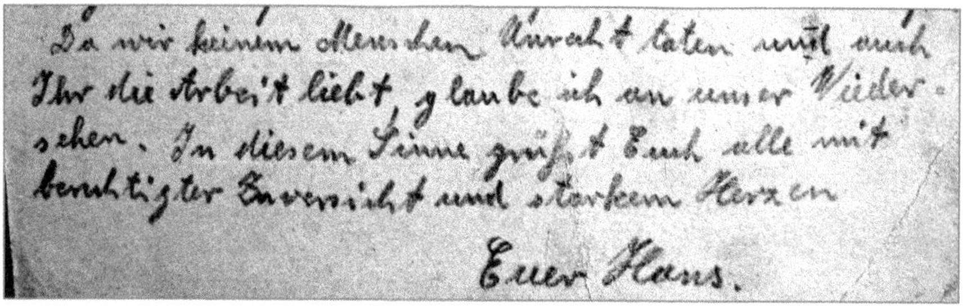
Da wir keinem Menschen Unrecht taten und auch
Ihr die Arbeit liebt, glaube ich an unser Wieder-
sehen. In diesem Sinne grüßt Euch alle mit
berechtigter Zuversicht und starkem Herzen
Euer Hans.

Wir Kinder hatten, wie gesagt, keine Ahnung von den Feldpostbriefen, die mein Vater als Offizier 1940 aus Frankreich geschickt hatte, und nach seiner Rückkehr aus Morschansk, 400 km südöstlich von Moskau, waren wir wieder eine komplette Familie. Zwar erfuhren wir manche Einzelheiten, aber dabei blieb's. Wir waren zwar „komplett“, aber der Zusammenbruch hatte auch in unserer Familie Folgen. Danach wurde ich in Münster bei der Tagung 2015 bereits gefragt und daher ein paar Andeutungen, die durchaus vertieft werden könnten. Es blieb bei der Tagung nicht viel Zeit zu Diskussionen.

Trotz öffentlicher und privater Hilfen, z. B. durch den Marshall-Plan und über das MCC, die Schulspeisung, durch Kartoffelstoppeln, Ähren-, Beeren- und Pilzesammeln, durch Hamstern und Mundraub, wenn wir besonders hungrig waren, aber auch durch sogenanntes „Organisieren“ irgendwelcher Gegenstände, die man sehr dringend benötigte und wodurch anderen begrenzt zu viel Schaden zufügt wurde. Mangelerscheinungen und Gesundheitsprobleme dominierten bis zum sogenannten Wirtschaftswunder. Im weiteren Verlauf gab es dann vermehrt psycho-soziale Probleme, die ich zwar andeuten, aber hier nicht vertiefen möchte.

Wie mein Vater, so hatte meine Mutter mit uns Kindern manche Schwierigkeiten durchwettert und sich, um es etwas salopp auszudrücken, „die Hosen angezogen – ja, anziehen müssen!“ Mein Vater wollte seine Pflichten und Aufgaben als Haushaltsvorstand durchaus übernehmen, was er eigentlich durch seine – wie immer auch entstandenen Abwesenheiten durch Militärdienst, Krieg und Gefangenschaft – nie so richtig hatte tun können. Nach der Rückkehr im Sommer 1949 wurde er vorübergehend als Bauaufseher und nach 1950 als Strommeister in Regensburg an der Donau angestellt. Es sah hoffnungsvoll aus, aber bald gab es Spannungen im Beruf und in der Familie. Es wurde bei ihm damals eine Zyklothymie diagnostiziert, ein manisch-depressives bzw. bipolares Leiden, das im Laufe der Jahre zur Übernahme zweier Vormundschaften durch meine Mutter und seine Schwester führte. Dies war wohlgemeint, konnte aber nicht sehr effektiv sein, weil diese Regelung nicht auf Absprache und Freiwilligkeit beruhte, sondern gerichtlich festgelegt war. Mein Vater war damit nie wirklich einverstanden, sondern beugte sich der gerichtlichen Regelung. Mit einer Pflegschaft durch eine neutralere Person, einen evangelischen Pfarrer, ging es schließlich besser. Mein Vater wurde frühzeitig pensioniert und lebte zeitweise in psychiatrischen Einrichtungen, wo er seine Geschwister überlebte. Meine Mutter und wir Verwandte besuchten ihn regelmäßig, aber nachdem wir Kinder aus dem Haus waren, lebte meine Mutter über lange Zeit alleine und zuletzt in einem Heim in der Nähe meines Bruders.

Und wir als Folgegenerationen?

Diese Frage nach den Auswirkungen des „Dritten Reiches“ (und in meiner neuen thüringischen Heimat durch reaktionäre Parteifunktionäre sogar – noch immer oder schon wieder – mit Bezug zu einem „Tausendjährigen Reich“) ist gegenwärtig unter den Kindern der Vorkriegs- und Kriegskinder, d. h. über die Generationen hinweg, weiterhin virulent. Sie ist eine schwierige Frage und auch eine gefährliche, wenn wir sie ignorieren. Deswegen soll und muss sie weiter auf unserer Agenda sein und bleiben, wenn wir nur an die heutigen globalen Krisensituationen und an die nicht enden wollenden Flüchtlingsströme denken. Mir fällt dazu die folgende Karikatur ein, die ich einmal auf einem Zettel fand und deshalb die Quelle leider nicht einmal kenne: Ein älterer Herr gegenüber einem Kind: „Und dann kamen 1933 viele Braune Lebewesen aus dem Weltall, mordeten und brandschatzten überall und verschwanden 1945 wieder von der Erde … – Vergangenheitsbewältigung in der BRD.[15]

15 Als Einstieg oder auch als Fortsetzung zur weiteren Auseinandersetzung – oder besser zur gemeinsamen Diskussion! – empfehle ich gerne die Bücher: Harald Welzer u. a.: Opa war kein Nazi. Nationalsozialismus und Holocaust im Familiengedächtnis, Frankfurt a.M. 2002, und Udo Baer/Gabriele Frick-Baer: Kriegserbe in der Seele. Was Kindern und Enkeln der Kriegsgeneration wirklich hilft, Weinheim 2015. Außerdem danke ich den Herausgeber/innen des Mennonitischen Geschichtsvereins für ihre Initiative und ihr Engagement zu diesem Erinnerungsprojekt. Möge unser Bemühen im heilsamen Sinne mit weiteren konstruktiv-kritischen Nach- oder auch möglichen Hintergedanken virulent bleiben, wenn sie denn überhaupt an die Oberfläche kommen und miteinander geklärt werden können!

Ortwin Driedger

Die „Jud'sche“

Erinnerungen an meine Kindheit*

Burkhard und Ortwin Driedger

Ich bin Ortwin Driedger, geboren im Großen Werder, in Gnojau, im Freistaat Danzig. Mein Vater war Bauer, dessen Land direkt an der Eisenbahnstrecke Berlin-Königsberg lag. Ich kann es manchmal nicht verstehen, warum viele Leute, die damals noch wesentlich älter waren als ich, nicht gewusst haben, dass es so etwas wie Konzentrationslager gegeben hat. Auf unserer Bahnstrecke fuhren damals während des Krieges immer wieder Viehwaggons der Eisenbahn mit offenen Türen vorbei; darin saßen viele Leute, und es wurde dann immer gesagt, das sind Juden, die ins KZ nach Stutthof fahren. Das ist das eine.

Auf der anderen Seite bekamen wir etwa 1943, im Sommer, aus dem KZ Stutthof Erntehelfer. Es kam zu uns eine Erntehelferin, eine jüdische Frau, die sollte also beim Dreschen, beim Einfahren helfen. Aber die war so abgemagert und auch so schlecht gekleidet, dass sie gar nicht arbeiten konnte. Nicht weil sie es nicht verstand, sondern weil sie gar nicht in der Lage war dazu. Sie musste also erst einmal etliche Tage aufgepäppelt werden, dass sie überhaupt in der Lage war, irgendetwas, auch leichte Arbeiten, zu machen. Sie durfte aber von Amtswegen nicht ins Haus; sie musste im Stall schlafen, in einer Abseite, die eigentlich für die Leute vorgesehen waren, die irgendwann mal nachts im Stall schlafen mussten. In dieser Abseite musste sie wohnen. Sie bekam auch dort ihr Essen; sie durfte ja das Haus nicht betreten – von Amts wegen! Und diese Kammer im Stall, die musste abends von außen verschlossen werden mit einem Hängeschloss. Der Polizist aus dem Nachbardorf, der Herr Göring,

Der Hof der Familie Driedger; im linken Gebäude, dem Stall, befand sich auf der rechten Seite die Kammer, in der die „Jud'sche“ wohnte.

* Mündlich aufgezeichnet im Sommer 2015.

kam jeden Abend vorbei mit seinem Motorrad und hat sich davon überzeugt, dass diese „Jud'sche“ – wie wir sie nannten –, auch tatsächlich eingesperrt war.

So habe ich damals als etwa 7- bis 8-jähriger Bub schon mitgekriegt, dass es so etwas wie KZs gegeben hat, und ich habe es auch mitgekriegt, dass die Leute, die dort untergebracht waren, nicht gerade sehr menschenfreundlich behandelt wurden. Soweit meine Erinnerung an meine Kindheit.

Die Driedger-Kinder als Soldaten

Das Klavier

Während des Krieges war ich zwischen sechs und neun Jahre alt. Ich habe ja den ganzen Krieg miterlebt und ich habe auch vor allem den Kriegsanfang mitgekriegt. Diesen habe ich noch deutlicher in Erinnerung. Meiner Enkelin habe ich mal in einem Brief geschrieben, als diese einen Aufsatz schreiben sollte über den Zweiten Weltkrieg, wie ich den ersten Tag miterlebt habe, jenen Tag, als die Weichselbrücke bei Dierschau gesprengt wurde. Dann war kein Zugverkehr, kein Verkehr mehr über die Weichsel möglich. Das habe ich mitgekriegt.

Und dann kam auf einmal ein Klavier bei uns an. Meine Mutter, die war ganz begeistert davon. Es wurde sofort in ihr Elternhaus gefahren, und es wurden Noten geholt. In ihrer Jugend hatte sie viel Klavier gespielt. Doch wir hatten kein Klavier. Und auf einmal war ein Klavier da. Und die Mutter, die hat da gespielt: „Alte Kameraden“, mit Begeisterung. Doch auf einmal war das Klavier wieder weg. Und ein paar Tage später kam ein anderes Klavier, das erste war braun und dieses zweite war schwarz. Und dieses Klavier, das blieb dann bis zum Schluss da. Solange, bis unsere Flucht begann. Die Zusammenhänge habe ich natürlich erst später rausgekriegt.

Wagen, der im Frühjahr 1945 für die Flucht benutzt wurde

Mein Vater wurde am 31. August 39 ins Nachbardorf nach Simonsdorf beordert. Er sollte dort Wache schieben und war im Spritzenhaus, also im Feuerwehrhaus, untergebracht. Da mussten sie übernachten und dann irgendwann morgens, was weiß ich, so gegen vier Uhr oder wann, kam ein Zug an auf dem Simonsdorfer Bahnhof, und in diesem Zug saßen SS-Leute. Diese haben sämtliche Polen, die auf dem Bahnhof waren, denn die Bahn auch

Ukrainische Landarbeiter auf dem Hof in Simonsdorf

im Freistaat Danzig war ja polnisch, umgebracht. Frauen, Männer, Kinder, ungefähr zwanzig Leute, die sie umgebracht haben. Und weil mein Vater dort Wache geschoben hat, bekam er sozusagen als Anerkennung dafür dieses Klavier geschenkt. Erst später hat mein Vater realisiert, was da los war – denn in der Zeit, wo er aufgepasst hat, hatte er gar nicht mitgekriegt, was im Bahnhof passiert ist. Und dann sagt mein Bruder, der war fünf Jahre älter als ich und meine Mutter natürlich auch, hätte der Vater da gesessen ... also das ... und das ging ihm natürlich gegen den Strich – und deswegen hatte er das Klavier wieder aufgeladen und zurückgebracht. Weil er aber gemerkt hat, wie sehr meine Mutter begeistert war von dem Klavierspiel, hat er ihr ein paar Tage später ein Klavier gekauft. Und das blieb dann da.

Das eine ist die persönliche Erinnerung. Wie gesagt, ich war damals vier Jahre alt und da habe ich den Zusammenhang natürlich nicht mitgekriegt. Aber hinterher habe ich einiges begriffen. Und die Polen, die da umgekommen sind, die wurden am Mühlenberg ..., da stand noch eine alte Windmühle am Anfang. Nachher war die dann weg. Da wurden die einfach verscharrt und genau an der Stelle haben die Polen jetzt ein Ehrenmal aufgebaut. So oft ich in der Gegend bin, gehe ich da natürlich hin.

Daniel W. Geiser-Oppliger

Nationalsozialismus und Widerstand

Emile und Jean-Paul Krémer

1. Erinnerungen

Ich erinnere mich, ich muss neun oder zehn Jahre jung (1948/49) gewesen sein, da schimpfte und fluchte ein Nachbar ganz fürchterlich über die Juden, die im Schweizer Jura, wo ich aufgewachsen bin, häufig Viehhändler waren. „Schade, dass sie nicht alle vergast wurden." Mein Onkel sagte mit entschiedener Stimme: „Fritz, ich teile deine Meinung nicht, und ich will nie mehr solch bösartiges Reden von dir über die Juden hören."

Von meinem Großvater, David Geiser, Ältester einer Mennonitengemeinde, wurde mir überliefert, dass er gesagt haben soll: „Wenn ich nicht Mennonit wäre, möchte ich entweder Quäker oder noch lieber Jude sein". Mein Großvater ist in den zwanziger und dreißiger Jahren viel durch Deutschland und Frankreich gereist, wo er Bibelvorträge hielt. Er hat in den dreißiger Jahren mehrere Mennonitengemeinden in Westpreußen besucht und viele Gespräche über die wirtschaftlich und politisch schwierige Situation geführt. Im Frühjahr 1939 war Christian Schnebele im Jura auf dem Hof bei meinen Großeltern zu Besuch. Christian war ein guter Freund meines Großvaters. Zur gleichen Zeit war auch Emile Krémer, Ältester der Mennonitengemeinde Colmar (Elsass), bei meinen Großeltern. Laut Mitteilung von Helene Geiser, Dora Geiser-Geiser und Otto Geiser-Geiser, meiner Tanten und meines Onkels, soll es zwischen meinem Großvater und Emile Krémer einerseits und Christian Schnebele anderseits zu einer heftigen Auseinandersetzung gekommen sein. Christian war fest überzeugt, dass der Führer das Wohl des Deutschen Volkes wolle, ja, dass er in der schwierigen wirtschaftlichen Situation von Gott berufen sei und dass alles zur Ehre Gottes geschehen werde. Mein Großvater soll gesagt haben: „Christian du irrst dich, ihr werdet direkt in den Abgrund geführt". Er soll ihn flehend gebeten haben, von dieser Sicht und Überzeugung abzulassen. Meine Tante Helene Geiser erzählte mir, dass ihr Vater nach Christians Abreise bitterlich geweint habe, wie sie ihn nur einmal so habe weinen sehen. Leider konnte ich nicht erfahren, wie sich die Beziehung während der Kriegsjahre gestaltete. Nach dem Krieg sollen sie sich wieder getroffen haben und Großvater war wohl auch wieder auf dem Thomashof.

Emile Krémer unterstützte meinen Großvater. Krémer war schon sehr früh bekannt für seine entschiedene, ablehnende Haltung und Stellungnahme gegenüber Hitler und der nationalsozialistischen Ideologie. Um ihn und das Schicksal seines Sohnes Jean-Paul soll es im Folgenden gehen. Noch eine Bemerkung zu einer Begebenheit aus dem Jura. Die mennonitischen Landwirte im Jura waren für ihre Pferde- und Viehzucht bekannt und berühmt. Es gab in Les Joux eine Familie Gerber, die konnte während des Zweiten Weltkriegs Rinder nach Deutschland exportieren. Sie sollen auf die Rinder das Hakenkreuz mit einer Schere geschnitten haben, wofür allerdings kein überliefertes Bildmaterial vorliegt. Ulrich Gerber, pensionierter Pfarrer, kommt in der Ausgabe 2015 der Mennonitica Helvetica auf die Angelegenheit zu sprechen.[1]

2. Emile Krémer

Emile Krémer, der spätere Prediger und Älteste, entstammte einer Bauernfamilie. Er wurde am 23. November 1895 in Hommarting (Moselle), Frankreich geboren. Nachdem er die höhere Schule besucht hatte, meldete er sich als 17-Jähriger zum Militär und diente als Offizier. Nach dem Krieg studierte er an der École Nationale des Eaux et Forêts (staatliche Schule für Forstwesen) und wurde Forstmeister in Kolmar. Kurz nach seiner Heirat mit Marthe Peterschmitt am 25. April 1922 endete sein „weltliches Leben“ mit einer radikalen Bekehrung: „'Ich weihe Gott mein Leben, um ihm zu dienen, wie und wo er es wünscht.'“[2] 1924 wurde er Prediger und 1927 Ältester der Mennonitengemeinde Colmar und der Mennonitengemeinde Sarrebourg. Dieses Amt übte Emíle Krémer bis 1990 aus. Er starb am 23. August 1990 in Colmar (Haut-Rhin).

Weil er sich dem nationalsozialistischen Regime verweigerte, wurde Krémer am 1. November 1942 von der Gestapo verhaftet. 1943 erfolgte die Einweisung in eine psychiatrische Anstalt, aus der er im September 1944 floh. Ein ähnliches Schicksal sollte auch seinem Sohn Jean-Paul widerfahren, der sich geweigert hatte, den Treueid vor den deutschen Offizieren zu leisten. Er wurde zuerst ins elsässische Konzentrationslager Struthof, dann ins Konzentrationslager Buchenwald bei Weimar eingeliefert.[3]

Schon 1925 hatte Emile Krémer sich in überraschender Deutlichkeit gegen die nationalsozialistische Ideologie ausgesprochen. Als Hitler 1925 in „Mein Kampf“ seinen Plan zur Vernichtung der Juden ankündigte, war das für ihn der satanische Irrweg, wie er ihn nannte: „Gott gab mir unmissverständlich durch ein Bibelwort aus Jeremia 16,16 zu verstehen, dass ich von dieser unchristlichen, unmenschlichen, menschenvernichtenden Ideologie warnen muss“. Davon ist er sein ganzes Leben nicht abgerückt. In dem genannten Bibelvers steht: „... ich will Jäger aussenden, die sollen sie fangen auf allen Bergen und auf allen Hügeln und in allen Steinritzen“.

Er war zutiefst überzeugt, wenn Hitler an die Macht käme, würde er einer dieser „Jäger“ sein, von denen der Text spricht. Für Emile Krémer war klar, wenn jemand Hand an die Juden, d. h. an das auserwählte Volk legen würde, über den

1 Ulrich J. Gerber: Bewegte Jahre 1933-1945 auch in der Schweiz. Spuren des Nationalsozialismus und des Widerstandes bei den Schweizer Mennoniten, in: Mennonitica Helvetica 38 (2015), S. 45-83.

2 André Nussbaumer: Krémer, Emile, in: MennLex, Teil 1 [Zugriff am 1.3.2017].

3 Ebd.

käme das Gericht Gottes. Als ihm in Deutschland die Frage gestellt wurde, ob man den Nationalsozialismus oder den Kommunismus wählen sollte, antwortete er: „Das eine ist so schlimm wie das andere. Betet, dass Gott sich euer erbarmt und das Gericht nicht zu schlimm über das Land kommt."[4] Nach seiner Wahl zum Reichsführer 1933 gab Hitler bei seiner ersten Sitzung vor den Gauleitern u. a. Folgendes bekannt:

1. Die Ausrottung der Juden, wozu auch die Christen beitragen müssen.

2. In allen Kirchen sollte nach 10 bis 12 Jahren die Bibel durch sein Buch „Mein Kampf" ersetzt werden.[5]

Nach dieser Erklärung traten zwei Gauleiter, die namentlich nicht genannt werden, zurück.[6] Ihren Entschluss teilten sie Freunden mit; auch Krémer erhielt die Information. Er sah sich in seiner Überzeugung von 1925 bestätigt. Jetzt würde eine Jagd auf die Juden und alle, die sich Hitler widersetzten, stattfinden. Krémer wurde mehrmals von der Gestapo verhört und bedroht. Ihm wurde verboten, sein Haus zu verlassen sowie zu predigten, an beide Verbote hielt er sich nicht. Ihm war klar, dass er irgendwann gefangengenommen werden würde, was am 1. November 1942 geschah. Von diesem Zeitpunkt an wurde er immer wieder in andere Gefängnisse verlegt, stundenlang verhört und schikaniert. In Sarrebourg war er mit sieben anderen Gefangenen in einer Zelle. Eines Tages kam der Gefängnisdirektor ganz aufgeregt und empört daher. Er sagte: „Seit Sie hier im Gefängnis sind, könnte man meinen, wir seien in einer Kirche, wo man betet und singt". Im Gefängnis sei es verboten zu singen. Nach fast einjähriger Gefangenschaft in Metz sollte Krémer vor dem Volksgericht als „Feind des deutschen Volkes" zum Tode verurteilt werden. Weil der Termin immer wieder hinausgeschoben wurde, kam es nicht dazu. Stattdessen wurde er in eine psychiatrische Anstalt in Lorquin eingeliefert. Als im Herbst die Alliierten auch im Elsass vorrückten, konnte er nach Hause, nach Colmar, wo er sich allerdings im eigenen Haus verstecken musste, weil immer noch deutsche Truppen patrouillierten.

Nach Ende des Krieges schrieb Emile Krémer, dass er trotz schwer durchgemachter Zeit, Gott dankbar sei, dass er im Glauben an Jesus Christus und an den Gott wie der in der Bibel bezeugt ist, festgehalten habe, bzw. dass Gott ihn gehalten habe. Dies gelte auch für seine Familie. Ebenso dankbar sei er, dass er im Gefängnis, vor Behörden ein Zeugnis für Christus sein konnte und vielen Menschen beistehen konnte.

---

4 Diese und die folgenden Zitate stammen aus unterschiedlichen Quellen: Gespräche mit Ernest Hege, J.J. Hirschy sowie André und Louise Nussbaumer; schriftliche Mitteilungen von Jean Paul Pelsy und Peter Uhlmann. Verwiesen sei an dieser Stelle noch einmal auf den Beitrag von André Nussbaumer in MennLex (wie Anm. 2) und auf das Buch von Emile Krémer: Bei Gott ist alles möglich. Aus dem Leben von Emile Krémer (1895-1990). Übers. und Überarb. des Buches „Tout est possible à Dieu" von Emile Krémer, Leinfelden-Echterdingen 2008.

5 Krémer (wie Anm. 4), S. 27 f.

6 Ebd., S. 28.

3. Jean-Paul Krémer

Nach der Annexion von Elsass und Lothringen im Jahr 1940 wurden die Bewohner Deutsche. Ab jetzt durfte nur noch deutsch gesprochen werden. Jean-Paul Krémer, der ein Gymnasium in Colmar besuchte, sollte wie alle Schüler oder Studenten vor jeder Unterrichtsstunde den Hitlergruß zeigen.[7] Ab 1942 war es zudem für jeden Studenten oder Schüler obligatorisch, der Hitlerjugend anzugehören. Da Jean-Paul mit 17 Jahren beides verweigerte, musste er das Gymnasium verlassen. Anfang August 1942 wurde er zum Reichsarbeitsdienst eingezogen, zwei Monate später dann einer Strafkompanie zugewiesen. Es war ein kleines Bataillon, in dem sich, wie es hieß, die „schwierigen Fälle" befanden. Er kam in diese Kompanie, weil er sich weigerte, den Hitlergruß zu sprechen. Von Anfang an hatte er gesagt, dass er Hitler nie die Treue schwören würde. Er hatte dies auch begründet: weil er sein Leben Jesus Christus übergeben habe. Jesus sei sein Heiland und Retter, also könne er keiner anderen Ideologie sein Leben unterordnen.

Vom Bezirksgeneral in Colmar wurde er jetzt zum „Feind des Reiches" erklärt. Dies bedeutet, dass er allem ausgesetzt war: Verhören, Folter, Haft, Gefängnis, Konzentrationslager, Tod – mit Ausnahme des Todes sollte er alles durchleben, wenn auch gelegentlich versucht wurde, ihn auf „sanftere Tour" von seiner Überzeugung abzubringen. In einer Nacht- und Nebel-Aktion wurde Jean-Paul Krémer schließlich in das KZ Struthof gebracht. Er erhielt die Nr.1670.

Als er einmal in seinen Block zurückkam, traf er einen Kommunisten, der bereits seit 1933 inhaftiert war und Unbeschreibliches gesehen und erlebt hatte. Der kannte Jean-Pauls Einstellung, weil er ihn beobachtet hatte und seinen Mut bewunderte. Da er ratlos und deprimiert aussah, sagte er: „Du brauchst dir keine Sorgen zu machen. Dein Gott wird dich führen und ER wird dich bewahren."[8] Zur gleichen Zeit erhielt der Vater, Emile Krémer, die Gewissheit, sein Sohn Jean-Paul wird aus dem KZ lebend herauskommen. Er sagte: „Wir bitten Gott nicht mehr, dass er J-P zurückbringt, sondern wir danken Gott in unseren Gebeten, dass er ihn zurückbringen wird."

Anfang 1943 wurde er zusammen mit anderen in eine Liste eingetragen Jean-Paul Krémer kam ins KZ Buchenwald, wo er die Nr. 10564 erhielt.[9] Niemand war sich des nächsten Tages, sogar des nächsten Augenblickes sicher. Tausende sind gestorben. Dass er überlebt hat, kann er nur als Gottes Gnade bezeichnen. Viele, auch Gläubige, wurden noch in den letzten Tagen erschossen oder starben Jahre später an den Folgen von Misshandlung und Hunger.

---

7 Jean-Paul Krémer: Der Schutz-Gottes – Erfahrungen hinter dem Stacheldraht, Leinfelden-Echterdingen, Leinfelden-Echterdingen, 2004, S. 4.

8 Ebd., S. 9.

9 Ebd., S. 9.

Jean-Paul Krémer

Der Schutz Gottes. Erfahrungen hinter dem Stacheldraht*

Ich lag mitten in der Nacht im Schnee bei -15° oder -20° Celsius zitternd auf dem Boden. Ich wollte fliehen. Alles war still, nichts bewegte sich. Ich sah die Wächter auf den Wachtürmen mit ihren Maschinengewehren. Mein Ziel war, im Schnee unter dem elektrischen Zaun hindurchzukriechen und so aus dieser Hölle zu fliehen, ohne gesehen zu werden. Ich spürte die Kälte bis in die Lungen und zitterte. Ich versuchte, so leise wie möglich vorwärts zu kommen. „Hoffentlich richten sie die Scheinwerfer nicht auf mich!" Plötzlich hörte ich einen Befehl: „Aufstehen!" Ein Licht blendete mich, und ich dachte: „Jetzt ist es aus! Sie werden auf mich schießen!" – und er wachte auf.

Es war nur ein Alptraum von wenigen Sekunden gewesen. Der Leiter unseres Blocks hatte um 5:30 Uhr den Befehl zum Aufstehen gegeben und im Schlafraum Licht gemacht. Wir waren ganz durchfroren, denn wir schliefen in Baracken ohne Heizung und in meinem Alptraum hatte ich versucht, aus diesem schrecklichen Ort herauszukommen. Es war im Dezember 1942 im Konzentrationslager Natzweiler im Elsaß, heute Struthof genannt. Ich war wirklich gefangen, und es gab keinen Ausweg zur Flucht.

Aber wie war ich an einen solchen Ort gekommen? Und wie kam ich da heraus? In Psalm 27 lesen wir in den Versen 1 und 2: „Der HErr ist mein Licht und mein Heil: vor wem sollte ich mich fürchten? Der HErr ist meines Lebens Kraft; vor wem sollte mir grauen? Wenn die Übeltäter an mich wollen, um mich zu verschlingen, meine Widersacher und Feinde, sollen sie selber straucheln und fallen." Und in Psalm 31 die Verse 2 und 3: „HErr, auf dich traue ich, laß mich nimmermehr zu Schanden werden, errette mich durch deine Gerechtigkeit! Neige deine Ohren zu mir, hilf mir eilends! Sei mir ein starker Fels und eine Burg, daß du mir helfest!" Auch in den unmöglichsten Umständen und Situationen ist Gott tatsächlich eine Zuflucht, ein Fels und eine Burg.

In Colmar/Frankreich geboren, hatte ich das große Vorrecht, in einem gläubigen Zuhause aufzuwachsen. Ich glaube, daß man dieses wunderbare Geschenk nicht genug schätzen kann. Mein Vater hatte sich vor meiner Geburt bekehrt. Er hatte wohl in der Schule Religionsunterricht gehabt, war aber Atheist geworden: zum einen wegen seiner Erlebnisse im Ersten Weltkrieg und zum anderen, weil er die sogenannten Christen beobachtet hatte und von ihnen enttäuscht worden war. So wollte er nichts von ihrem Glauben wissen und sagte: „Wenn das Christen sind, die in der Woche so wenig nach ihrem Glauben leben, dann möchte ich keiner werden. Ich kann genauso gut wie sie sein und meinen geraden Weg gehen." Tatsächlich sind nicht alle, die sich Christen nennen, auch wirklich Gotteskinder. Als mein Vater aber die Bibel las, kam er nicht nur zu der Überzeugung, daß es Gott gibt, sondern daß er selbst ein Sünder ist und Jesus der Heiland.

---

* Übernommen von „Evangelium für Alle" 1995.

Zuerst hatte er die Bibel aus archäologischem und geschichtlichem Interesse gelesen. Er las das Alte Testament, um die antike Geschichte mit den biblischen Berichten zu vergleichen. Dadurch kam er zu der Schlußfolgerung, daß die Bibel wahr ist. Als er das Neue Testament las, sah er dort einen anderen Jesus, als ihn die sogenannten Christen zu kennen behaupteten. Er betete: „Gott, wenn es Dich gibt, offenbare Du Dich mir! Und wenn Jesus so ist, wie ich ihn in Deinem Wort sehe, nehme ich IHN als meinen Heiland auf." So wirkte der HErr in seinem Herzen. Meine Mutter bekehrte sich später, ebenso meine Großeltern. So war es ein unendlich großes Vorrecht für mich, in eine gläubige Familie geboren zu werden.

Aber von Jesus gehört zu haben, macht nicht automatisch zu einem Kind Gottes. Ich mußte durch den Geist Gottes selber erkennen, daß ich ein Sünder bin und die Gnade Gottes durch Jesus brauche. Und ich weiß, daß mir schon als junges Kind meine Sünde und Verlorenheit vor Gottes Augen bewußt war. Man muß nicht alt sein, um verstehen zu können, daß man verloren ist. So kam ich ganz einfach zu Jesus, weil ich wußte, daß ich IHN brauchte. Ich sagte IHM: „Du bist mein Herr, errette mich! Vergib mir meine Sünden!" Auch wenn ich in einem vorbildlichen Zuhause erzogen wurde, war ich ein Sünder und mußte mich bekehren. Als ich älter wurde, verstand ich noch besser Gottes Gnade und den Abgrund meines eigenen sündigen Herzens. Es wurde mir klar, daß ich mich ganz in die Hände meines HErrn geben, IHM völlig vertrauen und IHN wirklich in meinem Leben regieren lassen mußte. Und ich habe es nie bereut.

Dann brach der Zweite Weltkrieg aus. 1940 marschierte die deutsche Wehrmacht ein. Elsaß und Lothringen wurden sofort annektiert, d. h. ab diesem Zeitpunkt galten wir als deutsche Bürger. Es mußte ausschließlich deutsch geredet werden. Die französischen Bücher sollten verbrannt werden und die deutschen Gesetze sowie die Hitlerjugend wurden eingeführt. Jeder Junge und jedes Mädchen mußte dieser Organisation beitreten, doch meine jüngeren Geschwister und ich weigerten uns. Im Gymnasium mußten wir vor jeder Unterrichtsstunde den Hitlergruß zeigen (d. h. die rechte Hand nach vorne erhoben halten) und „Heil Hitler" rufen, was bedeuten sollte, daß das Heil von Hitler komme. Das taten wir nie, denn unser Heil kam ja allein von Jesus Christus. Anfang 1942 wurde beschlossen, daß jeder Schüler oder Student, der nicht der Hitlerjugend angehörte, aus der Schule entlassen werden mußte.

Somit wurde ich vor die Wahl gestellt, entweder wie alle den Hitlergruß zu zeigen, der Hitlerjugend beizutreten und so mein Studium weiterführen zu können oder entlassen zu werden. So kam der Tag, an dem ich aus der Schule ausgewiesen wurde, weil ich weder den Hitlergruß zeigte noch der Hitlerjugend angehörte. Manche Lehrer rieten mir, mein Leben doch nicht zu verderben und mich der Hitlerjugend anzuschließen, auch wenn ich nicht daran glaubte. Sie sagten mir: „Du kannst trotzdem weiter an Deinen Gott glauben." Aber ich wußte, daß dies unvereinbar war, denn „niemand kann zwei Herren dienen. Ich lehnte diesen Vorschlag ab und mußte so das Gymnasium verlassen. Meine beiden jüngeren Geschwister wurden ebenfalls vom Gymnasium gewiesen und in die Volksschule versetzt.

Einige Monate lang arbeitete ich dann bei einem gläubigen Bauern. Aber Anfang August 1942 wurde ich in den Reichs-Arbeitsdienst eingezogen. Dieser Dienst ging dem eigentlichen Militärdienst voraus. Ich war wegen meiner Ausweisung aus dem Gymnasium vorzeitig einberufen worden und es war unmöglich, diesen Zeitpunkt um einige Monate zu verschieben. Ich ging also nach Alt-Breisach, wo ich in eine Strafkompanie eingeteilt wurde. Es war ein kleines Bataillon, in dem die „schwierigen Fälle“ waren. Ich war bereit, mich in alles einzufügen, erklärte ihnen jedoch von Anfang an, daß ich niemals Adolf Hitler die Treue schwören würde.

Jeder, der in den Arbeitsdienst eintrat, mußte in der Regel nach zwei Monaten anläßlich einer Parade in Anwesenheit aller Offiziere den Eid leisten. Dabei hatte man seine Hand auf die Hakenkreuzfahne zu legen und sinngemäß die Worte zu wiederholen: „Ich schwöre die Treue zum Nationalsozialismus, zu Adolf Hitler und bin bereit, mein Leben für diese Ideologie und für Adolf Hitler zu geben.” Ich hatte jedoch gesagt, daß dies für mich unmöglich wäre, weil ich mein Leben Jesus Christus gegeben hatte. Jesus sei mein Heiland und ich könnte nicht mein Leben für eine Ideologie geben, an die ich nicht glaubte und die vor allem meinem Glauben widersprach. Der Offizier ließ mich verstehen, daß ich mich ihren Forderungen zu unterwerfen hätte. Man begann mich für Kleinigkeiten zu strafen, um mich gefügig zu machen. Ich befand mich ja in einer Strafkompanie.

Und so kam der Tag, an dem die Jugendlichen, die mit mir hierher gekommen waren, den Eid schwören sollten. Ich sagte wieder, daß ich es nicht tun würde und mußte deswegen während der Feier in der Kaserne bleiben. Anschließend wurde ich vor die Offiziere gebracht und man versuchte mich zu zwingen, indem man mir mit fünf Tagen strenger Haft drohte. Das war die größte Strafe, die einem auferlegt werden konnte. Sie bedeutete, daß ich den ziemlich dünnen Drillich ohne Gürtel und Schuhe ohne Schnürbänder anzuziehen hatte. An der Zellenwand befand sich in 150 cm Höhe eine Pritsche, die 60 cm breit war und aus einigen ungleichmäßigen Brettern, die Zwischenräume von 5 bis 10 cm hatten, bestand. Die Strohauflage wurde bei strenger Haft entfernt. In dieser einsamen Zelle mußte ich schlafen.

Den ganzen Tag über hatte man strammzustehen. Es gab keinen Stuhl, auf den man sich hätte setzen können. Zum Essen bekam ich morgens ein Stück Brot und Wasser, und das war alles. Am vierten Tag wurde mir mittags ein Teller Suppe gegeben – wenigstens etwas Warmes. Nach diesen fünf Tagen fragte man mich, ob ich willig wäre, den Eid zu schwören, was ich abermals verneinte. Deswegen wurde ich nach Colmar vor den Bezirksgeneral gebracht. Dieser hatte die Macht, mich mit zehn Tagen strenger Haft zu bestrafen, was er auch tat. So wurde ich unter den gleichen Bedingungen wieder in dieselbe Zelle gebracht.

Der Kommandant kam in diesen Tagen der Haft mehrmals, um mich zu überzeugen. Er gab mir auch sein eigenes Exemplar des Buches „Mein Kampf“ von Adolf Hitler zu lesen und dachte wohl, daß ich so meine Meinung ändern würde. Nach diesen zehn Tagen kam sein Stellvertreter in meine Zelle. Er dachte wohl, daß ich nach dieser rigorosen Behandlung nun bereit wäre, mich dem Befehl zu unterwerfen. Doch als ich dies wieder verneinte, war er wie betäubt. Er ging hinaus, um sich einige Minuten später zu vergewissern, ob ich die Frage gut verstanden hatte. Eine Verweigerung bedeutete 40 Tage strenge Haft, vom General in Berlin befohlen! Ich erwiderte ihm, daß Jesus Christus immer noch der war, dem ich dienen wollte. So wurde ich vorläufig aus der Einzelzelle gelassen.

An jenem Morgen mußten gerade alle Rekruten vor der Ärztekommission erscheinen, wie es alle zwei bis drei Wochen üblich war. Unter anderem wurden wir gewogen. Ich war der Letzte, der an der Reihe war. Als es soweit war, stand der Arzt auf, um feststellen zu können, wieviel ich in den 15 Tagen strenger Haft abgenommen hatte. Aber welch eine Überraschung: Ich hatte das gleiche Gewicht wie 17 Tage vorher! Der Arzt schaute mich an, trat mit dem ,Fuß gegen die Waage und rief dann denjenigen, der vor mir gewogen worden war, nochmals zurück, um nachzuprüfen, ob die Waage defekt sei. Aber die Waage zeigte das richtige Gewicht an. Dann wog mich der Arzt noch einmal und mußte schließlich im Buch das gleiche Gewicht wie bei der letzten Untersuchung eintragen. Es war für ihn unbegreiflich. Ab diesem Zeitpunkt wagte keiner der Offiziere mehr, mich anzurühren und sie nannten mich: „Der von den Toten Auferstandene."

Inzwischen wurden die anderen Gefangenen in die Wehrmacht versetzt, ich aber blieb zurück. Einige Tage später kam der Befehl, mich der Gestapo (= Geheime Staatspolizei) zu übergeben. Ich wurde zu ihrem Hauptamt nach Freiburg im Breisgau gebracht. Nach einem eintägigen Verhör wurde ich in ein Freiburger Strafgefängnis überstellt. Wiederum befand ich mich ganz allein in einer Zelle, aber dieses Mal unter strenger Überwachung, mit gepanzerter Tür usw. Aber auch in dieser Zelle durfte ich die Gegenwart und Macht des HErrn erleben.

Ich war zwei Monate in dieser Zelle und bekam sehr wenig zu essen. Gelegentlich brachte man mich zum Büro der Gestapo, wo ich manchmal bis zu acht Stunden am Stück verbrachte. Sie befragten mich immer wieder, und dies ging nie ohne „Behandlungen" ab. Darin waren sie sehr geübt. Ich bekam Faustschläge, ohne mich wehren zu dürfen, denn man durfte sich nicht bewegen! Fast alle Zähne wackelten, das Zahnfleisch war verletzt. Wenn der Offizier nach ein oder zwei Stunden müde war, löste ihn ein anderer ab, und so ging es weiter. Am Ende des Tages wurde ich wieder in meine Zelle gebracht, um einige Tage später wieder verhört zu werden. Manchmal versuchten diese Offiziere es auf die „sanfte Tour", aber meistens waren sie hart und benutzten schlimmste Mißhandlungen. Aber verglichen mit dem, was ich später noch erleben sollte, war es noch gar nichts.

Nach dem letzten Verhör gaben sie mir einige Tage zum Überlegen. Einer der Gestapo-Offiziere hatte mir gesagt: „Wir haben uns nun lange genug um Sie gekümmert. Wenn Sie kapitulieren, wird alles vergessen; aber wenn Sie sich weiterhin weigern nachzugeben und nicht bereit sind, den Eid zu schwören und in die Wehrmacht einzutreten, dann schauen Sie sich diese Mauer im Hof an; dort werden wir Sie erschießen." Die folgenden Tage in der Einsamkeit meiner Zelle waren nicht leicht, das kann ich versichern. Aber ich hatte die Gewißheit, daß ich in der Hand des HErrn war. Ich antwortete also nichts.

Eine Woche später kam ein älterer Deutscher in meine Zelle, der dort als Gefängniswärter arbeitete. Er überreichte mir ein rosafarbenes Dokument, das mich betraf. Der Briefkopf war von der Gestapo und das Dokument kam aus dem Hauptquartier in Berlin. In 15 Zeilen erklärte man mich zum Feind des Reiches. Durch meine Weigerung, den Eid zu schwören und in die Wehrmacht einzutreten, schüfe ich Unruhe in der Bevölkerung und gefährdete so die Sicherheit der inneren Front des Reiches. Ich müßte also ausgerottet werden. Dann folgten drei bis vier Unterschriften von hohen Offizieren. Ich hatte in einer Ecke dieses Blattes zu unterschreiben, um zu bestätigen, daß ich den Inhalt zur Kenntnis genommen hatte. Der Wärter reichte mir eine Feder und ein Tintenfaß, aber seine Hand zitterte und Tränen rollten über seine Wangen. Als er die Tür schloß, hörte ich ihn zu dem anderen Wärter sagen: „Ach! Dieser Junge hat dieses Blatt auch gekriegt." Ich war damals erst 17 Jahre alt.

Er wußte, was es bedeutete. In der gleichen Nacht oder am nächsten Tag würde die Gestapo kommen und den Gefangenen irgendwohin mitnehmen, um ihn verschwinden zu lassen. Man würde einen Schuß hören – und das war alles!

Können Sie sich die Situation vorstellen, in der ich war? Nun war menschlich gesehen alles aus. Aber ich vertraute auf den Herrn. Einige Tage später kam der Befehl, mich irgendwohin zu verlegen. Nachdem ich die folgenden Nächte in verschiedenen Gefängnissen verbracht hatte und in Gefangenenzügen weiter transportiert worden war, kam ich via Straßburg nach Rothau. Beim Aussteigen erwarteten uns bewaffnete SS-Männer mit Wolfshunden. Wir waren ungefähr 70 Mann. Sie hießen uns unter Fußtritten und Kolbenschlägen ins Glied zurücktreten. Dann wurden wir, ganz eng in einem Lieferwagen stehend, ins Gebirge gefahren. Meine anderen Leidensgenossen, die Tschechen, Russen usw. waren, wußten nicht, wohin wir fuhren, befürchteten aber das Schlimmste. Sie gaben mir zu verstehen, daß wir in der Gefahr waren, in diesem Wagen vergast und so erledigt zu werden – dies war in Rußland und Polen so praktiziert worden. Ich hatte aber vom KZ (= Konzentrationslager) Struthof gehört, das seit 1941 bestand. Tatsächlich kamen wir dort an.

Stellen Sie sich diese Ankunft vor: Im tiefen Winter, minus 15° Celsius, zwischen 1 und 2 m Schnee. Sie stießen uns aus dem Wagen heraus, in dem wir fast erstickt waren. Ich hatte nur die sehr dünne Gefängniskleidung an. Dann mußten wir vier Stunden lang strammstehen, nur ca. 10 cm von dem elektrischen Stacheldraht entfernt. Eine Bewegung hätte uns das Leben gekostet. Wir zitterten vor Kälte, durften uns aber nicht bewegen. Schlußendlich sollten wir abtreten und zu den Desinfektionsbaracken gehen. Alle Haare des Kopfes und des Körpers wurden abrasiert, dann wurden wir in eine große Wanne voll mit Desinfektionsmittel gesteckt und zur Dusche geschickt, wo ein SS-Mann uns mit einem eiskalten Wasserstrahl abspritzte. Dann mußten wir wieder 20 bis 30 Minuten strammstehen, bevor wir die gestreiften Kleider der Häftlinge (Hemd, Jacke und Hose) und ein Paar Holzschuhe bekamen.

Ich erhielt die Nummer 1670. Wir waren damals ca. 350 Häftlinge im Lager. Mehr als 1.000 waren schon verschwunden. Zwei Monate später war nur noch knapp die Hälfte meiner Gruppe von 70 Mann am Leben, und drei Monate später blieben wir nur noch zu dritt übrig. Viele von denen, die in Struthof ankamen, gehörten zu dem „Nacht- und Nebel-Kontingent", wie sie in den SS-Dokumenten genannt werden. Niemand sollte wissen, was mit diesen Häftlingen geschah. Ich kann die Lebensbedingungen, unter denen wir lebten, nicht bis ins Detail beschreiben. Die Behandlung der ersten Stunden hatte uns durchgefroren. Wir zitterten noch tagelang vor Kälte, bis wir uns ein wenig erwärmen konnten. In dieser Zeit hatte ich den am Anfang beschriebenen Alptraum. Oft ließen sie uns im Winter nachts antreten. Wir waren kaum bekleidet, und der Ort lag auf 1.000 m Höhe. Das Essen war sehr wenig und schlecht, aber wir waren dankbar, wenigstens etwas Warmes zu bekommen. Wir mußten täglich stundenlang strammstehen: Morgens 1 1/2 Stunden und abends mindestens 2 1//2 Stunden oder länger. Dann gingen wir in die Baracken zurück, erschöpft, steif vor Kälte oder durchnäßt. Morgens und abends wurden wir sorgfältig gezählt, um sicher zu sein, daß keiner geflohen war. Die Arbeit war unmenschlich und manchmal vollkommen unnütz. Wir mußten z. B. Kubikmeterweise Erde und Felsen einige hundert Meter wegtragen, um sie einige Tage später wieder zu holen; und dies alles, um uns zu erschöpfen.

Anfang März 1943 wurde ich mit anderen in eine Liste eingetragen, um irgendwohin befördert zu werden. Wieder ging ich ins Unbekannte. Welche Spannung! Ich fragte mich, was nun mit mir geschehen würde: Manchmal bedeutete es: den Verbrennungsofen oder für medizinische Experimente an Menschen bestimmt zu sein. Als ich in meinen Block zurückkam, traf ich einen Kommunisten, der seit 1933 inhaftiert war und vieles gesehen hatte. Er kannte meine Einstellung und wußte, daß ich an die Bibel glaubte (ich hatte ja keine Bibel mehr). Er sah, daß ich ein wenig ratlos war wie viele andere auch und sagte zu mir: „Du brauchst Dir keine Sorgen zu machen. Dein Gott wird dich führen und ER wird dich bewahren." Dieser Kommunist hatte gemerkt, wie oft ich hätte getötet werden können und wie Gott in Seiner außerordentlichen Weise eingegriffen hatte. Dieser Mann starb drei Wochen nach meiner Abreise, und ich lebe noch. Ich hätte oft in die Ewigkeit hinübergehen können, erschossen, erhängt oder totgeschlagen.

Schließlich verlegte man mich ins KZ von Buchenwald. Dort bekam ich die Nummer 10564. Natürlich ging es mir dort nicht besser, aber auch dort konnte ich Gottes Treue erleben. Das KZ-System der SS war „hochentwickelt". Ohne große Mühe konnten Menschen rasch vernichtet werden, doch Gott bewahrte mich. Und wenn ich heute noch am Leben bin, ist es nur Gottes Allmacht zu verdanken.

Außer meiner Nummer trug ich auf meiner Jacke und der Hose das rote Dreieck, das mich als politischen Häftling auswies. Ich trug kein Nationalitäts-Kennzeichen, wie z. B. die Russen ein „R" trugen, so daß ich für einen Deutschen gehalten wurde. Dies änderte aber nichts an meiner Behandlung – im Gegenteil. Jedesmal, wenn mich ein SS-Offizier sah, fragte er mich, warum ich da sei. Solch ein junger Mann sollte ihrer Meinung nach in der Wehrmacht und an der Front sein. Ich erklärte ihnen dann jeweils, warum ich den Eid auf Adolf Hitler nicht schwören konnte. Man kann sich ihre Reaktion vorstellen. Sie suchten jede Gelegenheit, um mir zu schaden oder mich gar zu vernichten. Wenn es nach ihrem Wunsch gegangen wäre, hätte ich unzählige Male sterben müssen, denn um mich herum sah ich Hunderte von Menschen sterben. Niemand war sich des nächsten Tages, sogar des nächsten Augenblickes sicher. Aber ich habe sehr oft gesehen, daß Gottes Hand über mir war. Ja, der HErr ist wunderbar.

Im letzten Jahr des Krieges war es ein wenig anders, obwohl die Lebensbedingungen im Lager nicht besser wurden. Die KZs waren überbelegt. Während des Appells konnte es passieren, daß der Kommandant des Lagers oder ein SS-Offizier durch die Reihen ging und jeden Zehnten vortreten ließ. Diese Männer konnten erschossen, in den Bunker geworfen oder für ein bestimmtes Kommando bzw. einen bestimmten Transport ausgesucht werden. Dies geschah, um uns in Schrecken zu halten.

In Struthof bekam ein SS-Unteroffizier zehn Mark Belohnung und vier Tage Sonderurlaub, wenn er einen fliehenden Sträfling tötete. Die Unteroffiziere nutzten das aus, was ganz einfach war. Wir arbeiteten mit der Hacke oder der Schaufel. Der Unteroffizier kam und sagte: „Gib mir deine Hacke!", warf sie dann hinter die Grenzlinie und sagte: „ Warum arbeitest du nicht? Geh und hol deine Hacke!" Seine Befehle mußten ausgeführt werden. Wenn dann der Häftling seine Hacke aufhob, die ja hinter der Wachtpostenkette lag, wurde er einfach als Flüchtling erschossen. Der SS-Unteroffizier bekam seine Belohnung und seine freien Tage. Ich erwähne dieses Beispiel, damit Sie sich ein wenig vorstellen können, in welchem Terror und welcher Angst wir lebten.

In Buchenwald starben ca. 80% der Häftlinge während der 7 1/2 Jahre, in denen das Lager bestand. Die offiziellen Statistiken zählten etwa 239.000 Häftlinge aus vielen Nationen, ohne diejenigen zu zählen, die auf dem Transport starben oder gleich bei ihrer Ankunft ermordet wurden, wie z. B. 8.000 russische Kriegsgefangene. Sie wurden durch Genickschuß während einer vorgetäuschten medizinischen Untersuchung getötet. Anfang April 1945, eine Woche vor der Ankunft der Amerikaner, waren wir noch ca. 53.000 Häftlinge und bei ihrer Ankunft nur noch knapp 20.000, denn die SS hatte versucht, das Lager ganz zu räumen oder alle umzubringen. Eine große Zahl Häftlinge wurde im Wald oder, wenn sie nicht mehr weitermarschierten, schon auf dem Weg dorthin umgebracht. Ca. 10.000 kamen in Dachau und in anderen Lagern an – von 27.000, die man aus Buchenwald wegverlegt hatte. Dies gibt eine gewisse Vorstellung von der damaligen Situation. Bei der Befreiung gab es also insgesamt noch 30.000 lebende Häftlinge, die einmal in Buchenwald gewesen waren. Wir dürfen nicht vergessen, dass 6 1/2 Millionen Menschen in den nationalsozialistischen KZs umgekommen sind. Von 230.000 aus Frankreich Deportierten wurden 1945 nur 33.000 zurückgeführt.

In dieser „Hölle" war Jesus Wirklichkeit und in meinem Herzen hatte ich diese Gewißheit, diesen Frieden, diese innere Freude, daß ich in Gottes Hand bin. Denn als ich im Gefängnis in Freiburg war, hatte ich vom HErrn die Gewißheit bekommen, daß ich eines Tages wieder nach Hause zurückkehren würde. Und doch sprach menschlich gesehen alles gegen diese Verheißung. Ich hätte ja jeden Tag sterben können! Auch als ich heimkam, hätte ich wie viele andere im ersten Jahr nach der Rückkehr sterben können. Ein großer Teil meiner überlebenden

Kameraden sind im Alter von 50 bis 55 Jahren an den Folgen der Mißhandlungen gestorben.

Neulich sah ich drei ehemalige Mitgefangene aus Buchenwald wieder. Einer von ihnen sagte mir, daß es keine Woche gäbe, in der er keine Alpträume habe (früher hatte er sie jede Nacht). Die Ärzte können nichts daran ändern. Ich aber kann den HErrn loben, daß ich außer diesem eingangs erwähnten Alptraum nie wieder damit geplagt war. Der HErr ist mächtig, denn in Hebr. 7, 25 lesen wir: „Er kann die retten, die durch ihn zu Gott kommen, denn er lebt immerdar und bittet für sie."

Mich hat Gott durch die Konzentrationslager gehen lassen, und ich bin am Leben geblieben. Ich bin relativ gesund, während andere Überlebende heute noch an den schlimmen Folgen leiden. Sie sind körperlich geschädigt oder gar behindert, und manche sind psychisch krank geworden. Gott ist mächtig. Das heißt nicht, daß Er immer befreit. Ich hörte von Gläubigen, die sich ebenso geweigert haben, ihren HErrn zu verleugnen. Sie wurden nach Berlin gebracht und dort wegen ihres Glaubens erschossen. Aber ich bin sicher, daß sie in Freude und Frieden ihrem HErrn begegnet sind. Wie der Weg auch sein mag, den der HErr uns führt – Er ist mit uns und wir können Ihm vertrauen. Dazu ist es aber notwendig, Ihn als Heiland, HErrn und Hirten zu kennen. Wenn wir Seine Kinder sind, können wir Ihm völlig vertrauen: ER will das Beste für uns. Natürlich wünsche ich niemandem, durch solche Erfahrungen gehen zu müssen. Und doch bedauere ich sie auf der anderen Seite nicht, denn dadurch habe ich die Wirklichkeit Jesu Christi ganz spürbar erlebt.

[Übersetzung eines mündlichen Berichtes gegeben in Chateauroux im September 1985]

Jean Paul Pelsy über sein Leben[1]

„Ich bin 1936 im damaligen hin- und hergeworfenen Elsass-Lothringen geboren und auf dem Hof einer mennonitischen Familie aufgewachsen. Damals sprach man bei uns nur französisch und unser regionales Plattdeutsch. Ich verbrachte meine zwei ersten Schuljahre mit Deutsch. Nach Kriegsende durfte kein einziges Wort mehr in Deutsch gesprochen werden, und der Unterricht wurde dann auf Französisch erteilt. Damals besuchten wir als Familie, die seit mehr als 200 Jahre bestehende Mennonitengemeinde Sarrebourg, wo ich getauft wurde. Nachdem neue Verantwortliche die Gemeinde übernahmen, trennte sich diese vom Verband der französischen Mennoniten.

1965 heiratete ich eine schweizerische Mennonitin aus dem Emmental, Margrith Stalder. Wir haben drei Kinder und neun Großkinder. Nach einer landwirtschaftlichen Ausbildung wurde ich Lagerchef in einem Lebensmittel-„Engrosgeschäft". Meine Frau und ich blieben weiterhin mit den Mennonitengemeinden Frankreichs verbunden. Seit langen Jahren sind wir Mitglieder des französischen mennonitischen Missionskomitees, dem ich mehr als zehn Jahre als erster Vorsitzender diente. Zur Zeit vertrete ich dieses Komitee beim französisch-mennonitischen Netzwerk der MWK."

Jean Paul Pelsy

Kind in der Kriegszeit!

Wenn ich an diese Zeit zurückdenke, kommt mir ein sehr unangenehmes Angstgefühl in Erinnerung!

Für das Kind, das ich damals war, boten viele Umstände Ursache dafür, sich zu ängstigen. Natürlich, als erstes der Krieg selber, aber auch die ganze Umwelt mit ihrem merkwürdigen Geschehen: überall Soldaten; die Erwachsenen sprechen oft leise untereinander, so, dass wir Kinder nichts verstehen sollen, aber wir ahnen, dass etwas Besonderes los ist. Zwischendurch kann ich verstehen, dass Leute verhaftet wurden, mir nix dir nix, ein schlimmes „Gesindel" bewirkt das: die Gestapo. Überall an den Mauern in der Stadt kann man die seltsame Gestalt des „Kohlenklau"[2] sehen; schließlich ist auch noch der eigene Vater im Gefängnis! Die Fensterläden müssen mit schwarzem Papier verdeckt werden, damit man nachts kein Licht von außen ahnen kann. Immer wieder Fliegeralarm und das schreckliche Brummen, der uns in Scharen überfliegenden Flieger. Schließlich auch noch Bombenangriffe mit fürchterlichen Explosionen, die keine Scheibe mehr im ganzen Haus unversehrt lassen. Sie schlagen das Scheunentor und die Stalltüren ein.

1 2017 aufgezeichnet.

2 Der „Kohlenklau" war ein großes Plakat, das eine schwarz gekleidete Person darstellte, die einen großen schwarzen Sack auf dem Buckel trug und sich geduckt an der Wand entlang schlich, mit der Überschrift: „Feind hört mit!" Der „Kohlenklau" sollte aber auch dazu anhalten, Energie zu sparen.

Schuld an all dem waren das kriegerische deutsche Volk und besonders sein Führer, Adolf Hitler!

Dieser Adolf Hitler ist sowieso ganz jemand Gefährliches! In der Gemeinde wird gelehrt, dass er der Antichrist ist, dass man mit ihm und seiner Partei nichts zu tun haben soll! Einige seiner Leute, die SS, seien Satans Söhne. Das Kennzeichen NSDAP bedeutet doch: „Nazarener schweigen, der Antichrist posaunt!" Dass man ja nicht den üblichen Gruß „Heil Hitler" benutzen darf und auch nicht in den verschiedenen Jugendbewegungen mitmachen soll, wenn man dem Herrn wohlgefällig sein will. Und noch vieles andere mehr. Das Hakenkreuz z. B., das bedeutet doch „ein gebrochenes Kreuz auf einem ungebrochenen Herzen!" Darum, weg damit! Die obligatorische Flagge, die man von Zeit zu Zeit an der Straßenseite des Hauses anbringen soll, trägt doch dieses Zeichen. Also weg damit. Der Vater steckt sie ins Feuer. In der Gebetsversammlung berichtet er es. Bald darauf kommt er ins Gefängnis. Jemand hat ihn verraten! So ergeht es auch dem Ältesten der Gemeinde, der ganz scharf gegen Hitler sprach und schlimme, vom Heiligen Geist bekommene Prophezeiungen über ihn und das deutsche Volk verkündigte. Andere Geschwister kamen auch noch an diesen Ort, 60 km von zu Hause weg! Schließlich wird auch das Gemeindelokal von der Polizei geschlossen und jegliche Versammlung verboten. Zum Glück ist mein Großvater noch munter und kann seiner Tochter auf dem Hof helfen, er muss aber fast jeden Tag schanzen[3] gehen. Was wird aus dem Vater? Schreiben darf er, aber die Briefe werden geöffnet. Er soll ins KZ ausgeliefert werden! Die Mutter weint und betet viel! Sechs Wochen später kommt er nach Hause, Gebetserhörung. Nach dem wird er nicht mehr geplagt. Ein deutscher Soldat, der die Gemeinde und die Gebetsstunde besuchte, ist nach diesem Geschehen verschwunden. Also kann man den Deutschen nicht trauen! Dieser Gedanke hielt sich jahrelang in mir!

Alles Ursachen, um die Angst eines Kindes zu nähren. Aber der Krieg ist nicht fertig. Wie schon erwähnt, wurden wir auch noch bombardiert, ganz am Kriegsende. Die Schlacht findet bei uns statt: Bomben, Schüsse, Kanonentrommelfeuer, Tote, Vermisste, Weggeschleppte, Jungs, die eingezogen werden, andere, die im Untergrund verschwinden, Eltern, die dafür eingesperrt werden, Leute, die sich verstecken, andere die flüchten, etliche, die ihnen dabei helfen und geschnappt werden, darunter war auch ein Mitglied unserer Gemeinde. Er hat sich in seiner Gefängniszelle aufgehängt, um nicht in Versuchung zu kommen, seine Kollegen zu verraten. Alles Vorkommnisse, die mein Angstgefühl nähren.

Kriegszeit, schlimme Zeit, auch für Kinder!

Später, als junger Erwachsener, durfte ich die Bibelschule Bienenberg besuchen. Da waren ja auch Deutsche. Was werde ich in ihrer Gegenwart fühlen? Werden die alten, untergetauchten Ängste und Misstrauensgefühle wieder hochkommen? Ich halte mich am Anfang fern und „schaue zu". Aha, die sehen so aus wie ich! Scheinen denselben Glauben zu haben! Sind die tatsächlich nicht so, wie ich

3 Schanzen, d. h. an einer Schanze arbeiten; früher gebräuchlich.

es befürchtete? Ich hatte ja deutsch gelernt in der Schule, also kann ich diese Leute verstehen und mit ihnen reden. So konnte meine Seele langsam von diesen Gefühlen geheilt werden. Gott sei innig Dank dafür!

September 2014

Jean Paul Pelsy

damals Hans Paul!

Arno A. Thimm

Ein Konflikt in einem Werderdorf und seine Folgen

(Aufgezeichnet und bearbeitet von Inge Thimm-Brede)

Ich glaube an Gott, ich will ein Nachfolger Jesu sein und bin doch sehr, sehr unvollkommen in allen diesen Dingen. Immer wieder muss ich Psalm 117 lesen, denn in ihm steht alles, was für mich wichtig ist: „Lobet den Herrn, alle Völker, preiset ihn, ihr Nationen alle. Denn mächtig waltet über uns seine Güte und die Treue des Herrn bis in Ewigkeit. Halleluja." Früher gab es immer kleine Andachten, gelegentlich bildete dieser Psalm den Auftakt, ein anderes Mal den Schluss. Ich vermisse diese Kurzandachten.

Heute möchte ich über den Nationalsozialismus sprechen, nicht allgemein, sondern so, wie die Politik auf mich als Kind Auswirkungen hatte und wie diese Erlebnisse auch nach 1945 und bis heute weiterwirken.

Ich komme aus dem Dorf Reimerswalde im Großen Werder, unweit der Kreisstadt Tiegenhof, 35 km südöstlich von Danzig. Zusammen mit meiner Großmutter hat mein Vater bereits mit 18 Jahren den Hof bewirtschaftet, denn sein Vater war 1923 verstorben. Mit 25 Jahren heiratete er meine Mutter, sie war eine geborene Regier und kam aus Tiegenhagen. Er war ursprünglich Lutheraner, wurde dann ebenfalls Mennonit, was nicht ganz fern lag, denn er hatte auch mennonitische Vorfahren, u. a. Klaasen und Warkentin. Die junge Familie wuchs schnell, 1942 waren wir sieben Geschwister. Wir gehörten zur Mennonitengemeinde Orlofferfelde. Der Diakon dieser Gemeinde, deren Mitglieder aus mehreren Dörfern kamen, war gleichzeitig Bürgermeister unseres Heimatortes Reimerswalde, wo wir auch zur Schule gingen.

Ich bin 1934 geboren, die Geschehnisse vor 1940 habe ich größtenteils von meiner Mutter gehört. Mein Vater war, wie viele junge mennonitische und lutherische Bauern, Mitglied im Jungdeutschen Orden, und in unserem Haus, im Kinderzimmer, hing ein Bild von Arthur Mahraun[1]. Ja, wir hatten kein Hitlerbild, wir hatten kein Buch von Adolf Hitler, wir hatten den Arthur Mahraun, was ich wohl deshalb gut behalten habe, weil mein zweiter Vorname auch Arthur ist. Noch Anfang der dreißiger Jahre wurden in Tiegenhof Versammlungen des Jungdeutschen Ordens abgehalten, die mein Vater regelmäßig besuchte. Irgendwann kam dann einmal eine Schlägertruppe mit Lastwagen angefahren, die Hitler positiv gegenüberstand. Angeblich seien es Kommunisten gewesen – so erzählte man hinterher –, aber es war die SA. Im Saal ging das Licht aus, dann begann die Schlägerei, und meinem Vater haben sie die Rippen eingeschlagen. Als das Licht wieder anging, stand unser Bürgermeister da, mit dem Hakenkreuz am Revers. „So einer bist du!", sagte mein Vater, und seitdem konnten die zwei nicht mehr

1 Arthur Mahraun, (1890 – 1950), Jungdeutscher Orden, verfolgte das Konzept der „politischen Nachbarschaften" als Alternative zum Ein-Parteien Staat.

miteinander auskommen. Schade, aber so war es. Vorher waren beide im Jungdeutschen Orden zumindest nachbarschaftlich verbunden gewesen, zumal man sich ja auch in der Mennonitenkirche zu den Gottesdiensten traf.

Ich kann mich gut an den Bürgermeister erinnern, er hat immer so ein Abzeichen mit Adler und Hakenkreuz an der Mütze getragen. Auch eine andere wichtige Person im Dorfe, unser Lehrer, ließ sich gerne in Offiziersuniform sehen. Wir älteren Kinder, fünf Jungen, und früher die jüngeren Brüder meines Vaters, sind bei ihm zur Schule gegangen. Dessen Vater, der alte Lehrer Schulz, hatte wiederum schon meinen Vater unterrichtet. So waren die Bande auf dem Dorf eng und umspannten manchmal mehrere Generationen.

In der Schule haben wir Kirchenlieder gelernt: „Lobe den Herren, den mächtigen König der Ehren." Jahrelang habe ich nicht verstanden, was die „geliebete Seele" mit dem „Begehren" zu tun hat, das habe ich immer durcheinander gekriegt. Warum wurden solche Texte auch nicht besprochen? Es wurden die zehn Gebote mit Luthers Erklärung auswendig gelernt. Das war einerseits eine gute Basis, aber andrerseits sind diese Erklärungen auch eine Einengung, ein Gefängnis: Man denkt so, wie Luther meint, dass Leute denken sollten. Wir haben also fromme Dinge gelernt in der Schule, auch viele Volkslieder: „Wem Gott will rechte Gunst erweisen ...".

In den Kriegsjahren haben wir sehr viele Nazilieder lernen müssen. Und seit 1943 musste man strammstehen und „Heil Hitler!" sagen, wenn man in die Klasse kam. So fingen wir auch den Unterrichtstag mit einem Nazilied an. – Diese Lieder kriegst du nicht aus deinem Kopf, z. B. „Adolf Hitler, unserm Führer, reichen wir die Hand, Brüder auf zum letzten Kampfe für das Vaterland. Fort mit Juden und Verrätern, Freiheit oder Tod ...". Und: „Die Fahne hoch! Die Reihen fest geschlossen! SA marschiert ...". Ja, ich könnte euch von diesen Liedern noch manche auswendig hersagen.

So wurden wir in der Schule indoktriniert, aber von zu Hause aus ließ man uns nicht einmal zur Hitlerjugend gehen, als wir dann nacheinander alt genug wurden, nach 1941. Zunächst brauchten wir es noch nicht, es war nur nicht gern gesehen, aber im Laufe der Jahre wurde der Druck schlimmer und 1944 war ich dann automatisch drin. In der Schule sagte man uns schließlich: „Wenn ihr jetzt am Mittwoch nicht nach Tiegenhof kommt, dann holt euch die Polizei." Und weil unser Hof ein bisschen abgelegen war, sind wir aus Angst hingegangen. Meine Mutter erzählte später, dass sie sehr wohl Übergriffe befürchtete und darauf achtete, dass nachts alles gut abgeschlossen war. Ich sehe noch meinen ältesten Bruder vor mir, der war damals dreizehn Jahre alt und sehr lang aufgeschossen. Er wurde vom Leiter – ich weiß den Namen noch, ich habe ihn nach dem Krieg mal getroffen – nach vorne zitiert und dann musste er vor der Gruppe auf- und abmarschieren; so wurde er bloßgestellt. Also, für mich war die Hitlerjugend kein schönes Erlebnis.

Das Verhältnis meines Vaters zum Bürgermeister war schon seit den frühen 30er Jahren angespannt. Im Laufe der Jahre wurde es nicht besser. Meine Eltern bekamen sieben Kinder. Aber diese Kinder gingen nicht zur Hitlerjugend, wir hatten statt eines Hitlerbildes den Mahraun und keine Hakenkreuzfahne. Diese hat man meinem Vater einmal schenken wollen, was er unter Spott abgelehnt hatte. Das Mutterkreuz für kinderreiche Mütter wurde meiner Mutter nicht einmal angeboten – man befürchtete wohl zu Recht, dass es ebenfalls abgelehnt werden würde; und diese Beleidigung des Bürgermeisters, der Partei und des Staates wollte man sich ersparen. Alles in allem muss es eine schwierige Situation in der engen mennonitischen Gemeinschaft gewesen sein. Die Frau des Bürgermeisters scheint manchmal vermittelt zu haben, wie ich mir Jahrzehnte später überlegt habe.

Aber die Zeitgeschichte machte auch vor unserem Dorf nicht halt: Am 1.9.39 begann Deutschland den Krieg, am 1.4.40 wurde ich eingeschult und lernbegierig, wie ich war, in der Schule vielen neuen Eindrücken ausgesetzt, und am 1.9.41 wurde mein Vater eingezogen.

Mein Vater hätte eigentlich nicht zum Militär gemusst,[2] aber 1941 wurde er dennoch eingezogen. Meine Mutter schob das auf den direkten Einfluss des Bürgermeisters. Wie ich mir später überlegte, ist das nicht von der Hand zu weisen, denn in unserem Dorf mussten alle zum Militär; in anderen Dörfern gab es durchaus Bauern, die (fast) bis zum Ende des Krieges nicht eingezogen wurden.

Im November 1944 hatte meine Mutter eine Fehlgeburt. Sie war dann im Krankenhaus und mein Vater bei seiner Einheit in Leipzig, wo er beim Holzhacken über seine Situation schimpfte. Als er daraufhin zum vorgesetzten Offizier gerufen wurde, war das Entsetzen seiner Kameraden groß: „Mensch, jetzt gehst du in den Bau." Er kam jedoch mit der Mitteilung zurück: „Ich fahre nach Hause in Urlaub." Zwei Wochen durfte er nach Hause. Das war dann das letzte Mal, kurz vor Weihnachten 1944.

Als er abgereist war und wir im Januar 1945 ein einziges Mal, genau einen Tag, zur Schule gingen – ihr wisst alle, was dann gegen Ende des Krieges kam: Es hieß plötzlich, auch wir müssten sehr wahrscheinlich weg! Die Russen waren schon über die Nogat, den Fluss, der den Freistaat Danzig nach Ostpreußen begrenzte. Und dann begann auch für uns die lange Zeit der Flucht voller Unsicherheiten.

Am 24. Januar ist das ganze Dorf auf Anordnung des Bürgermeisters in einem geordneten Treck auf die Flucht gegangen. Wir kamen allerdings kaum voran, am Nachmittag waren wir erst in Orlofferfelde, was nicht mal 2 km entfernt war; und dann ist meine Mutter zurückgefahren, und wir blieben noch bis Februar da.

Die Zeit bis zu unserer endgültigen Flucht sowie die dramatischen und traumatisierenden Erlebnisse will ich hier weitgehend überspringen, da sie nichts mit Mennoniten speziell zu tun hatten. Eine Episode sei exemplarisch angegeben.

Am 8. März waren wir zu Verwandten einige Kilometer weiter in das Dorf Fischerbabke geflüchtet, weil die Kriegsfront unmittelbar an unserem Hof angekommen war. Bei Onkel Hans und Tante Grete war es anders als früher, denn es waren

2 Die Unabkömmlichstellung (UK-Stellung) war im Prinzip möglich und begehrt. Sie bedeutete Nichteinziehung von „Fachkräften, die ... unentbehrlich und unersetzbar waren" (§ 5 Abs. 2 WehrG).

viele Flüchtlinge aus dem Osten untergebracht. Der Hof war überfüllt, dennoch war es relativ friedlich.

Aber Anfang April sah ich eines Tages unseren Bürgermeister in Offiziersuniform inmitten einer großen Anzahl von Pferden auf dem Hof. Es dauerte keine Stunde, da erfolgte ein Großangriff russischer Tiefflieger! Mein Cousin und ich, wir waren im Garten. Ständig flogen Geschosse, später sah man die Treffer im Mauerwerk, eine Armlänge von uns entfernt waren sie eingeschlagen. Uns hat man nicht getroffen, aber im Haus wurden drei Flüchtlinge auf dem Dachboden durch Bomben getötet. Wir sind dann irgendwie in den Keller gekommen und blieben dort eine Zeit lang, alle zusammen, alle, die den Keller erreicht hatten. Siebzehn Bomben schlugen um das Haus herum ein. In den Bombentrichtern wurden die getöteten Pferde begraben. Es war ein schreckliches Erlebnis.

Ende April fuhren wir dann, wie viele andere, in einem völlig überladenen Schiff nach Dänemark, wo wir letztendlich im Lager Oksbøl landeten. Dort waren rund 36.000 Personen untergebracht, vorwiegend Frauen und Kinder. Unmittelbar nach der Überfahrt war meine geliebte Großmutter gestorben, 1946 mein neunjähriger Bruder Otto.

In den Lagern erhielten die Mennoniten später Unterstützung vom MCC aus Nordamerika und Kanada, wovon alle profitierten. Und so war das MCC auch den nichtmennonitischen Frauen und Männern und den Dänen ein Begriff und stand bald in hohem Ansehen.

1948 kamen wir nach Deutschland, in die Pfalz. Nun war der Krieg auch für uns zu Ende, und es hätte mit der Aufarbeitung begonnen werden müssen. Aber es geschah einfach nicht. So haben wir Geschwister über die Zeit der Flucht und im Lager eigentlich nicht ausführlich geredet, erst in den 90er Jahren gab es Gespräche, also 40 Jahre danach.

Meinen Vater habe ich vor Weihnachten 1944 zuletzt gesehen. Wir haben nie um ihn weinen können. Einer seiner Kameraden hat 1952 ans Rote Kreuz berichtet, er habe meinen Vater am 13. April 1945 noch gesehen, den nächsten Tag aber nicht mehr. Ist er desertiert? Ist er irgendwo ermordet worden? Ist er ... Bomben sind an dem Tag nicht gefallen? Irgendetwas musste passiert sein! Wir haben nach ihm suchen lassen, und ich habe noch vor kurzem einen Brief vom Roten Kreuz bekommen, dass sie bis nach Moskau auf der Suche sind. Ich weiß, dass die Archive in Berlin zugänglich sind und es Einzelberichte gibt. Es ist sogar sehr wahrscheinlich, dass es einen Bericht gibt, die Suche dauert also immer noch an.

Unser Bürgermeister lebte später in der DDR, war dort recht angesehen und wurde Mitglied der Ost-CDU. Irgendwann hat er in Friedelsheim in der Pfalz auch ein Zuhause gefunden. Einmal wollte er meine Mutter in Enkenbach in der Pfalz besuchen, sie hat ihm nicht die Hand gereicht. Ich hätte ihm wohl die Hand gegeben, denn ich habe nie negative Gefühle ihm gegenüber gehabt, aber meine Mutter konnte es nicht. – Ich habe einmal in Friedelsheim gepredigt, da lebte er nicht mehr. Seine Frau nahm am Gottesdienst teil, aber ich wusste das nicht.

Das sind Gefühle, die hätte man irgendwann mal erzählen müssen. In unserer Dorfschule hatten wir gelernt, dass Kinder nur sprechen, wenn sie gefragt werden, und irgendwie galt das auch zu Hause. Wir wurden großgezogen und doch klein gehalten. Wir haben nie gelernt, Gespräche zu führen, Gefühle zu äußern oder mit Worten Konflikte auszutragen. Erst viel später ist mir das bewusst geworden. Über das Verhältnis meines Vaters zum Bürgermeister habe ich sogar gedacht: „Vater, warum hast du dir nicht von ihm was sagen lassen?"

Den Stiefsohn unseres Lehrers habe ich später bei einem Tiegenhöfer Treffen in Travemünde gesprochen. Er sagte: „Arno, bei uns zu Hause, in der Familie, gab es nur Senge, Senge, Senge. In der Schule war das so, wenn man 'ne Kleinigkeit gemacht hatte, gab es mit dem Rohrstock auf die Finger. Und wenn man 'ne große Sache gemacht hatte, wurde man über die Bank gezogen und dann gab es hinten drauf. Zu Hause wagte man das nicht zu erzählen, dann hätte man sehr wahrscheinlich noch einmal eine bekommen." – Es galt noch immer der Bibelspruch: „Wer seine Kinder liebt, der gebrauche die Rute."

Meine Kinder sagen: „Papa, du warst dein Leben lang traumatisiert!" Das trifft zu. Nach dem Krieg hätten wir Therapeuten nötig gehabt, die uns hätten behandeln können. Meine Kinder sagen, dass auch sie unter den Folgen leiden. Meine Frau, die aus Vietnam stammt, war als kleines Kind in einer Schule eingesperrt, als die Japaner alles besetzt hatten. Das ist eine weitere Geschichte von den vielen Traumata in unserer Welt.

Ich bin am Schluss angelangt.

Die Nazis waren durchaus interessiert an guten Beziehungen zu unserer Familie. Sie waren es auch, die meinem Vater eine Hakenkreuzfahne brachten. Meine Mutter erzählte, was dem Bürgermeister und der Gruppe, die da kam, gesagt worden war: „Wenn ich so einen Kodderlappen, so einen Lumpen, auf dem Dach haben will, dann kann ich ihn mir selber kaufen!" Ich muss sagen, nach solchen Äußerungen mussten Mennoniten, auch der Bürgermeister, meinen Vater irgendwie geschützt haben. Er hätte ihn ja nur anzuzeigen brauchen, dann wäre er nach Stutthoff ins KZ gekommen.

Hermann Krehbiel

Angriff auf die Zitadelle von Brest

Erinnerungen an den Russlandfeldzug 1941*

Russlandfeldzug 1941, 22. Juni.

Ich lese, was ich 1942 im Januar aufgeschrieben habe.

Angriff auf die Zitadelle von Brest. Eine Zitadelle ist eine starke Befestigung am Rande älterer Festungen. Einige Wochen waren wir nun in dem kleinen polnischen Terespol, welches die westeuropäische Schmalspureisenbahn von der russischen Breitspur trennt. Einen Kilometer ostwärts ist der Bug. Ein Fluss, an dem vor Ende des Polenfeldzuges die russische Grenze verläuft. Man sagte uns, dass wir uns deshalb als deutsche Soldaten in Folge dessen dementsprechend und ordnungsgemäß zu verhalten hätten.

Das ist uns auch eingegangen, dass keine Zwischenfälle entstehen sollten und durften. Man wollte doch die bis jetzt so freundlichen Beziehungen mit Russland weiterhin aufrechterhalten. Warum wir so nahe an die sowjetische Grenze herangezogen wurden, konnte sich niemand denken. Die Unruhen im Iran waren im Gange. Gewiss sollten wir durch Russland da hinunter geschafft werden. Was kann man schon wissen? Stalin sollte bereits die Durchmarschgenehmigung erteilt haben. Dann hatten wir wieder eine Woche keine Zeit mehr, uns darüber aufzuhalten. Jede Stunde und Minute waren sorgfältig ausgefüllt mit Dienst und wieder Dienst. Wir schimpften. Hatte man uns schon aber wahrscheinlich in einer schwachen Stunde zugeflüstert, wir seien nun ausgebildete Soldaten. Wir pfiffen darauf! Sollte sich das uns dadurch offenbaren, dass wir wieder genauso weit und so viel Dienst hätten. Also da hatten ein paar ganz Schlaue gewusst, mit Russland stimme es nicht mehr. Alles Quatsch. Für was bestand denn der 10-jährige Nichtangriffspakt? Dass nach zehn Jahren mal eine Auseinandersetzung mit dem Bolschewismus kommen kann, das war nicht ausgeschlossen. Aber jetzt unmöglich.

Am Sonntag, den 15. Juni 41, ging ich mit meinem Freund außerhalb des Ortes

* Tonbandaufnahme, das Tonband liegt in der MFSt.

in den Feldern spazieren. Wir waren beide Bauern. Wir bekritelten als sogenannte Fachmänner die Äcker, an denen wir langsam und ohne jede Hast schlendernd vorübergingen. Hier war doch der Boden so sumpfig und nun wieder so sandig. Jeder war dann im Geist in den heimatlichen Fluren. Wie möchten wohl der Weizen, der Roggen daheim stehen? Wir waren still geworden. Es wurde schwül und etwas Sonderbares, Komisches lag in der Luft. Wir vergaßen Feld, Hof und die Lieben daheim. Was wird heute in einer Woche am nächsten Sonntag sein? Was wird denn nun eigentlich gespielt hier? Immer mehr Truppen kamen an. Es wurden allerhand Vorbereitungen getroffen. Ob doch mit Russland? Unmöglich! Es wird alles ein in allen Phasen raffiniert angelegtes Täuschungsmanöver sein. Es sollte einen Konflikt mit Russland vortäuschen. Und dann käme der Schlag gegen England. Jedenfalls glaubten wir beide es nicht, bis der erste Schuss fiele. In der gemeinsamen Absicht, dass sich in Kürze etwas ereignen müsse, verabschiedeten wir uns und gingen ins Quartier.

In der kommenden Woche nun gab es Abwechslungen im Dienst: Feldwache, Unterstände bauen, endlich etwas Neues. Aber ein fremdes Gefühl überkam uns. Sollte es nun doch? Nein, es kann nicht sein. Wir bauten Unterstände. Natürlich bei Nacht bis zur Morgendämmerung müssen sämtliche begonnenen Arbeiten erledigt, die Tarnung fertig sein. Zum ersten Mal kamen wir auf wenige hundert Meter an die Grenze heran. Direkt uns gegenüber lag die Zitadelle. Der Russe arbeitete ebenfalls, aber im Gegensatz zu uns sehr geräuschvoll. Das Gehirn quälte sich ab, es hatte aber keinen Zweck. Wir wussten nichts. Immer regeres Leben herrschte, in den oftmals kühlen Juninächten entlang des Bugs. Die Feldwachen lösten sich ab. Streifen durchkreuzten das Vorgelände. Im Vorbeigehen erkannte man hohe Offiziere. Sonst sahen wir nicht viel. Wir müssen Unterstände bauen. Oft waren wir müde, hinter uns die aufsteigende Morgendämmerung. Ins Quartier zurückgekehrt. Freitag hätten wir noch Feldwache und dann war wieder Sonntag. Wir sehnten uns danach, konnten uns aber nicht recht freuen. Es lag etwas zu Ungewisses in der Luft. Unsere Feldwache verlief ohne besondere Vorkommnisse. Als wir abgelöst wurden, fragte man uns, ob wir nichts davon bemerkt hätten, dass der Russe Schlauchboote in Stellung gebracht hätte? Nun dachte ich, jetzt fängt es an, wahr zu werden. Als wir im Quartier noch bei einem kurzen Schmaus beisammensaßen, kam unser Herr Unteroffizier mit der Botschaft, wir hätten nun die letzte Feldwache gestanden. Aber wir hatten Hunger und ließen uns nicht weiter stören. Oder sollte es doch sein, vielleicht Sonntag? Die letzte Ablösung erfolgte nachts 22 Uhr, und wir legten uns aufs Stroh. Den nächsten Tag ging es wieder ins Gelände. Es war der 21. Juni 41, Samstag. Wir übten auf einer Wiese Ablösung in vorderster Linie. Da hastete ein Melder an: „Sofort einrücken ins Quartier!" Dass sich nun etwas tat, daran zweifelte jetzt keiner mehr. Noch weiß niemand etwas. In der Unterkunft packten wir die Tornister, Briefe müssen verbrannt werden. Sämtlicher unnötiger Ballast hatte zu verschwinden. Nachmittags fuhren wir dann – Entschuldigung – nachmittags fuhren dann Gefechts- und Gepäckwagen rückwärts. Wir bekamen scharfe Munition. Diese und jene Ergänzungen, welche nur im Ernstfall ausgegeben wurden. Jetzt war es jedem klar, es geht los gegen Russland. Aber nun das große „Warum"? Wir hatten nicht viel Zeit, uns darüber aufzuhalten. Nachmittags brachten wir noch die Schlauchboote so weit nach vorne als sich das bei Tag erlauben ließ. Dann war jeder für sich. Wir ordneten unsere Klamotten usw. Der eine suchte noch nach etwas zu lesen, der andere pfiff so komisch vor sich hin. Ein anderer versuchte zu schlafen. Ganz Unverwüstliche ergaben sich ihrer Leidenschaft, dem Kartenspiel. Aber es ging so seltsam still dabei zu.

Morgen ist Angriff – unser erster! Wie werden wir ihn überstehen? Nun ist da, was wir uns als Buben so oft bei Kriegsspielen vorgestellt haben. Aber es war jetzt alles so ganz anders. Wir standen zum ersten Mal vor der harten Tatsache: Es ging um Leben oder Tod! Wo und wie würden wir morgen um diese Zeit sein? Ich blickte in die Runde meiner Kameraden. Wer wird sein Leben lassen müssen? Ist es der oder jener? Oder ich selbst? Ohne Sterben konnte es nicht gehen. Da schrieb einer eine Karte, dort noch eine. Die Kartenspieler legten die Karten weg und schrieben auch. Alles schrieb heim zu den Lieben. Alle etwas ganz Harmloses. Von Krieg durfte man nichts schreiben. Viele haben zum letzten Mal geschrieben. Unteroffizier, dritter Mann, betrat das stillgewordene Quartier. Ich höre zu lesen auf, sah ihn an. Was ist denn nur los mit ihm? Er konnte sich einer quälenden Bedrücktheit nicht erwehren. Er ging an sein Bett und wollte sichtlich etwas tun, Zerstreuung finden. Aber er konnte nicht. Er kam zurück, sah mich. Es war ihm etwas peinlich, als er merkte, dass ich ihn bereits beobachtete. Aber nun sollte mir seine Niedergeschlagenheit klar werden. Er war bei der Besprechung für morgen. Er sagte, wenn es so wird, wie es geplant ist und wie man das Unternehmen vorbereitet hat, dann muss es klappen. Aber ich weiß nicht, dabei stockte er, die Augen werden ihm feucht, ich weiß nicht, ich will sehen. Nun, dachte ich, nun fang noch an zu heulen. Was sollten wir Jungen sagen, die wir vor dem ersten Angriff standen? Ich weiß heute nicht mehr, was oder ob ich überhaupt mit ihm gesprochen habe? Ich musste selbst mit mir fertig werden. Aber es sollte kommen, wie es wollte. Ich bat Gott, mich auf keinen Fall feige werden zu lassen.

Um 6 Uhr abends war Verpflegungsausgabe. Wo würde diese das nächste Mal sein? Wir erhielten noch Post. Und ich bekam ein Päckchen von zu Hause. Dampfnudeln waren drin. Ich war etwas enttäuscht! So etwas an die Front schicken, und von Front konnte man doch jetzt schon sprechen. Dann war ich mir bereits im Klaren, diese Nudeln werden morgen in der Zitadelle gegessen. Und wenn ich mal zum Urlaub heimkomme, dann werde ich meiner Mutter sagen, diese Dampfnudeln, die du mir noch geschickt hast, die habe ich in der Zitadelle von Brest gegessen. Ich verpackte alles, dann war noch mal Antreten der ganzen Kompanie: 186 Mann. Unser Herr Oberleutnant und Kompaniechef sprach zum letzten Mal zu uns. Er verlas den Befehl Hitlers: „Im Kampf um die endgültige Freiheit des deutschen Volkes ist die Vernichtung des Bolschewismus von entscheidendster Bedeutung. Ich habe deshalb den Angriff auf das bolschewistische Russland befohlen!" So oder ähnlich war der Befehl Hitlers. Unser Chef wies uns noch auf unseren Eid hin und sagte: „Es ist höchste Ehre für den deutschen Soldaten für seine Heimat und sein Vaterland das Höchste, sein Leben, geben zu dürfen!" Es ist möglich, dass der eine oder der andere in den nächsten Tagen nicht mehr bei uns sein wird. Dann schritt er nochmals langsam die Front ab. Er sah jedem noch kurz in die Augen. Ein schöner Junitag begann sich zu neigen. Die Sonne wurde rotgolden, die Lerchen sangen noch. 186 Mann sahen stumm und in ruhiger Verharrung auf ihren Chef. Morgen ist er ihr Führer im Kampf. Ein dreifaches „Sieg Heil" auf den Führer brach dann die abendliche Stille. Kompanie wegtreten!

Es ist dunkel geworden; in dem kleinen polnischen Städtchen aber wimmelte es wie in einem Ameisenhaufen. Die allerletzten Vorbereitungen wurden getroffen. Schwerste Geschütze mit 62 cm Durchmesser im letzten Moment in Stellung gebracht. Die Kompanie bezog gruppenweise die zugewiesenen Unterstände in der Ausgangsstellung. Ich sah zurück. Ahnungslos sind wir vor Wochen, nach langem Marsch, an einem schönen Sommerabend hier einmarschiert. Es war nicht einmal verdunkelt. Aus den Häusern fiel der Lichtschein ruhig und gelassen auf die Straße. Ein seltsam wohles Gefühl überfiel mich damals. Atmete hier nicht alles tief in Frieden.

Und nun lag vor uns die Zitadelle. Sie ist das Angriffsziel unserer Kompanie gewesen. Beim Übersetzen mit dem Schlauchboot über den westlichen Seitenarm des Bugs auf die Westinsel war ich als Zugsmelder der Gruppe des Unteroffiziers Rittermann zugeteilt. Nun hockten wir, auf die Morgendämmerung wartend, in unserem Loch. Wir sprachen nicht viel. Ruhe vor dem großen Sturm! Meine Gedanken waren nochmal zu Hause. Ich sah den Hof in der klaren Juninacht inmitten der vertrauten Flure liegen. Ich hörte Nero, den alten treuen Wächter und lieben Spielkameraden in meinen jungen Jahren, knurren. Ich sah Vater und Mutter in tiefem Schlaf nach einer Woche harter schwerer Arbeit. Morgen war Sonntag! Schlaft gut!

Die Heimat träumte in den Sonntag, nur einer träumte nicht! Einer wachte und mit ihm viele Hunderttausende andere: der Führer und seine Soldaten. Unteroffizier Rittermann besprach nochmal alle Einzelheiten des Angriffes. Nun schien er ganz ruhig zu sein. Mit Feuerschlag, ca. 2.15 Uhr, sollte es losgehen. Fünf Minuten nach Feuerbeginn kamen wir dran. Raus aus dem Loch, auf die Straße, zu den Schlauchbooten an der Übersetzstelle. Und sagte der Unteroffizier Rittermann noch, er sagte es schon zum zweiten Mal: „Sollten wir Feuer bekommen, dann alles rein in den linken Straßengraben!"

Es wurde wieder still. Durch den Eingang des Unterstandes drang bereits fahler Dämmerschein. Es wurde schon sehr früh Tag hier im Osten. Nun kann es nicht mehr lange dauern. Und dann, wir sahen auf die Uhr: 1.30 Uhr, 1.45 Uhr, 2.00 Uhr, noch 15 Minuten. Ein nie gekanntes Gefühl überkam uns. Jeder suchte jetzt seinen Kram zusammen: Handgranaten, Nebelkerzen, Munitionskästen usw. Als ich dann – wie schon oft – auf dem Schießplatz das Gewehr lud, bebten doch die Hände. Jetzt auf Menschen schießen? Ein Kamerad rechnete auf der Uhr nach, eine Zigarette leide es noch, dann könne es losgehen. Er qualmte noch eine. Aber von jetzt an stieg die Spannung. Jeder bemühte sich, Gelassenheit vorzutäuschen. Aber dem war nicht so. Sprungbereit harrten wir des Feuerschlags. Wenige hundert Meter vor uns lag die Zitadelle. Versteckt hinter undurchsichtbaren Baumbeständen. Ob der Russe schon auf uns wartete? Merkt er denn gar nichts von dem allen? Dass so viele Soldaten sturmbereit an seiner Grenze in der Erde kauerten? Nein, der Russe schlief. Im Osten begann der Himmel sich zu röten. Noch liegt friedlich das Land. Da, Geschütze donnerten, Raketen heulten. Hundertfaches Verderben ging plötzlich auf die Russen nieder. Sie mussten Furchtbares erlebt haben. Bis 24 Uhr spielte noch ihre Musikkapelle drüben. Nach kurzem Schlaf weckte sie nun die Hölle. Dennoch, sie leisteten überraschend schnell Widerstand. Die Raketen waren noch äußerst primitiv. Einige flogen zu kurz und töteten und verwundeten deutsche Soldaten. Sie zerstörten auch Schlauchboote, welche man zum Übersetzen über den Bug dringend gebraucht hätte. Nach zweieinhalb Tagen waren von unserer Kompanie von 186 Mann 150 tot oder verwundet.

Mehr will ich nicht berichten, weil viele andere viel Schlimmeres mitgemacht haben als ich. An manchen Stellen des Berichtes ist der Geist von damals zu erkennen. Ende.

Zeitdokument V

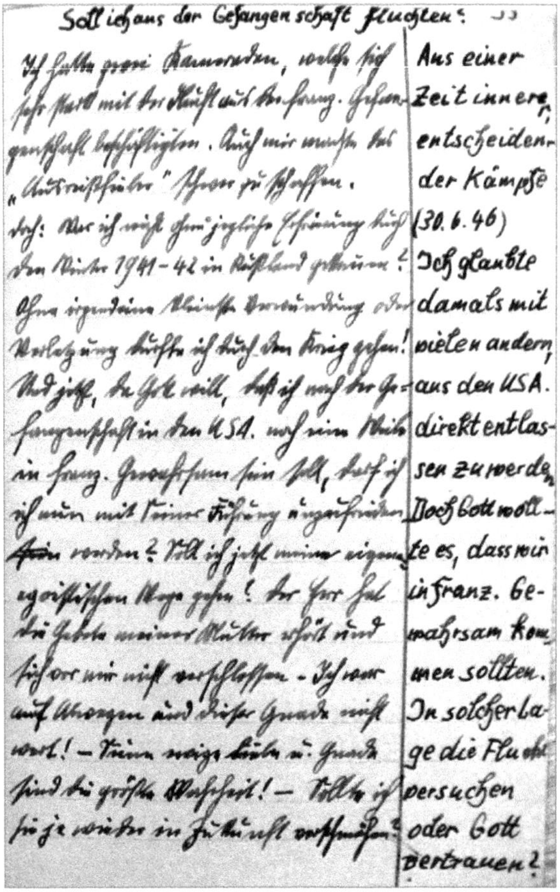
Soll ich aus der Gefangenschaft flüchten?

Aus einer Zeit innerer, entscheidender Kämpfe (30.6.46) Ich glaubte damals mit vielen andern aus den USA. direkt entlassen zu werden Doch Gott wollte es, dass wir in franz. Gewahrsam kommen sollten. In solcher Lage die Flucht versuchen oder Gott vertrauen?

Hermann Krehbiel, Soll ich aus der Gefangenschaft flüchten?
Das Original befindet sich im Besitz der Familie

Hermann Krehbiel: Soll ich aus der Gefangenschaft flüchten?

Ich hatte zwei Kameraden, welche sich sehr stark mit der Flucht aus der franz. Gefangenschaft beschäftigten. Auch mir machte das „Ausreißfieber“ schon zu schaffen.

Doch: War ich nicht ohne jegliche Erfrierung durch den Winter 1941-42 in Rußland gekommen? Ohne irgendeine kleinste Verwundung oder Verletzung durfte ich durch den Krieg gehen! Und jetzt, da Gott will, daß ich nach der Gefangenschaft in den USA noch eine Weile in franz. Gewahrsam sein soll, darf ich ich [sic] nun mit seiner Führung unzufrieden werden? Soll ich jetzt meine eigenen egoistischen Wege gehen? Der Herr hat die Gebete meiner Mutter erhört und sich vor mir nicht verschlossen. Ich war auf Abwegen und dieser Gnade nicht wert! – Seine ewige Liebe und Gnade sind die größte Wahrheit! – Sollte ich sie je wieder in Zukunft verschmähen?

[Am Rand: Aus einer Zeit innerer, entscheidender Kämpfe (30.6.46). Ich glaubte damals mit vielen anderen, aus den USA direkt entlassen zu werden. Doch Gott wollte es, dass wir in franz. Gewahrsam kommen sollten. In solcher Lage die Flucht versuchen oder Gott vertrauen?]

Die deutsche Grenze liegt weniger als einen Kilometer von hier. Viele Kameraden haben schon die Flucht ergriffen, viele sind auf diese Weise heim gekommen und viele beschäftigen sich täglich mit Flucht. Für mich wurde die Versuchung immer grösser, dasselbe zu tun. Der Drang zum Ausreißen war größer als derjenige zum Bleiben und auf unbestimmte Zeit in die Kohlengrube zu gehen. Mein innerer Kampf war groß. Ich bat Gott, daß Er mich halten wollen, wenn ich versagen würde. Ich müßte Ihm bekennen, daß ich unterliegen würde, wenn Er nicht eingreifen werde. Jenseits des Stacheldrahtes winkten die wogenden Felder und lockte die lachende Freiheit! Aber was ist Freiheit ohne Jesus? Er hat mein Leben ohne ...

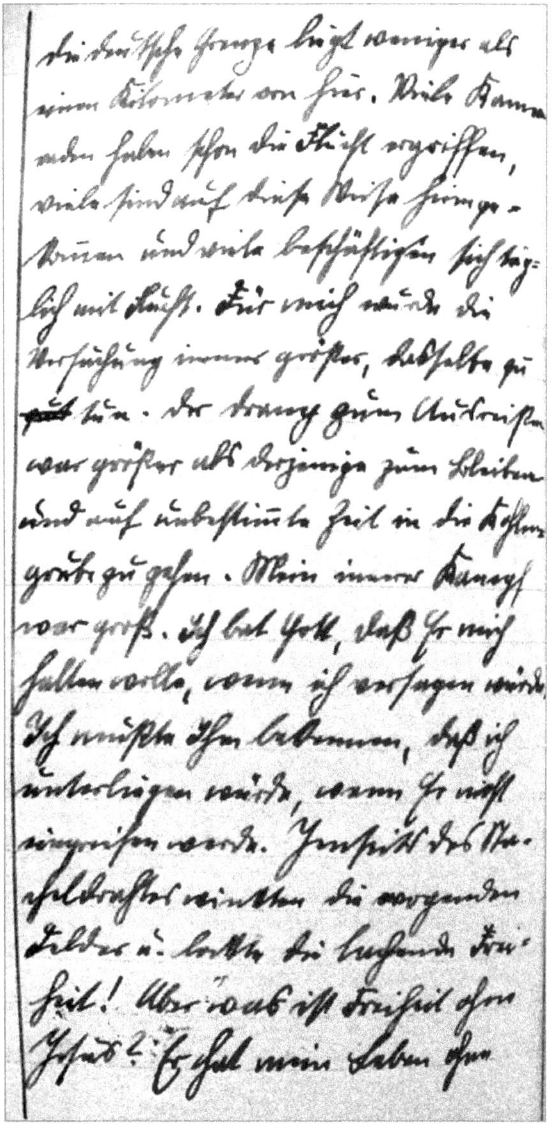

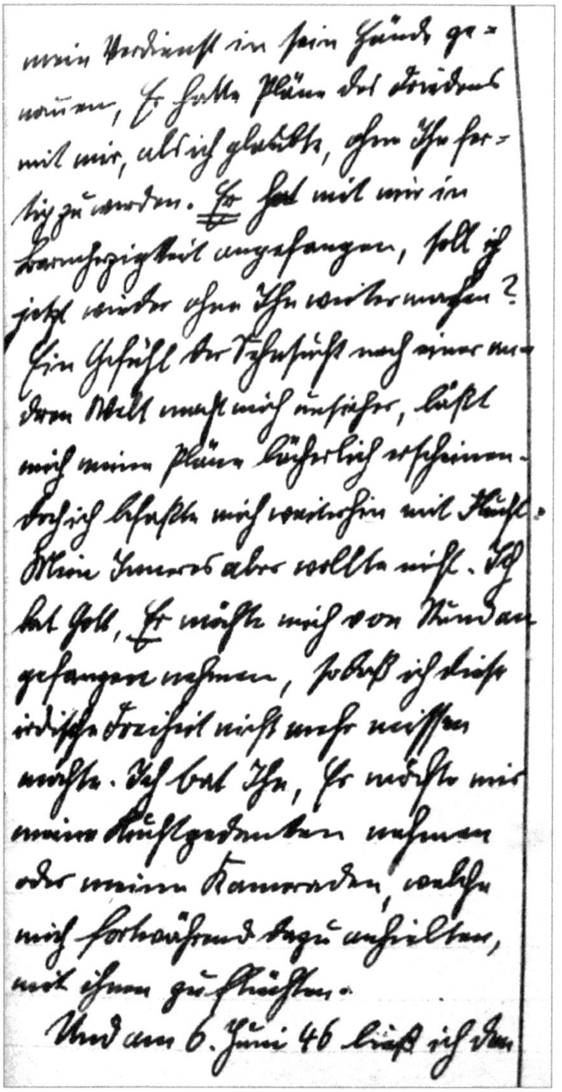

mein Verdienst in seine Hände genommen, Er hatte Pläne des Friedens mit mir, als ich glaubte, ohne Ihn fertig zu werden. Er hat mit mir in Barmherzigkeit angefangen, soll ich jetzt wieder ohne Ihn weiter machen? Ein Gefühl der Sehnsucht nach einer neuen Welt macht mich unsicher, läßt mich meine Pläne lächerlich erscheinen. Doch ich befaßte mich weiterhin mit Flucht. Mein Inneres aber wollte nicht. Ich bat Gott, Er möchte mich von Stund an gefangen nehmen, so daß ich diese irdische Freiheit nicht mehr missen möchte. Ich bat Ihn, er möchte mir meine Fluchtgedanken nehmen oder meine Kameraden, welche mich fortwährend dazu anhielten, mit ihnen zu flüchten.

Und am 6. Juni 46 ließ ich den ...

einen von ihnen im Lager St. Avold [vermutlich, da schwer lesbar] zurück, der andere wurde mit mir nach dem Lager Barrois verlegt.

Doch am 11. Juni kam ich nach Lager Cuvelette. Ich war unter vierzig Kameraden mit dem Anfangsbuchstaben „K" und „L". Mein zweiter Kamerad hatte „L" und blieb trotzdem im Lager Barrois zurück. Warum? Ich weiß es! Meine Bitte war nach dem Willen des Herrn. Er hat mir diese zwei Kameraden gewonnen!

Nun weiß ich, daß die Zeit meiner weiteren Gefangenschaft, ganz gleich, wie lange sie währen mag, bestimmt ist von dem unerforschlichen Rat seiner Liebe!

Hermann Krehbiel.

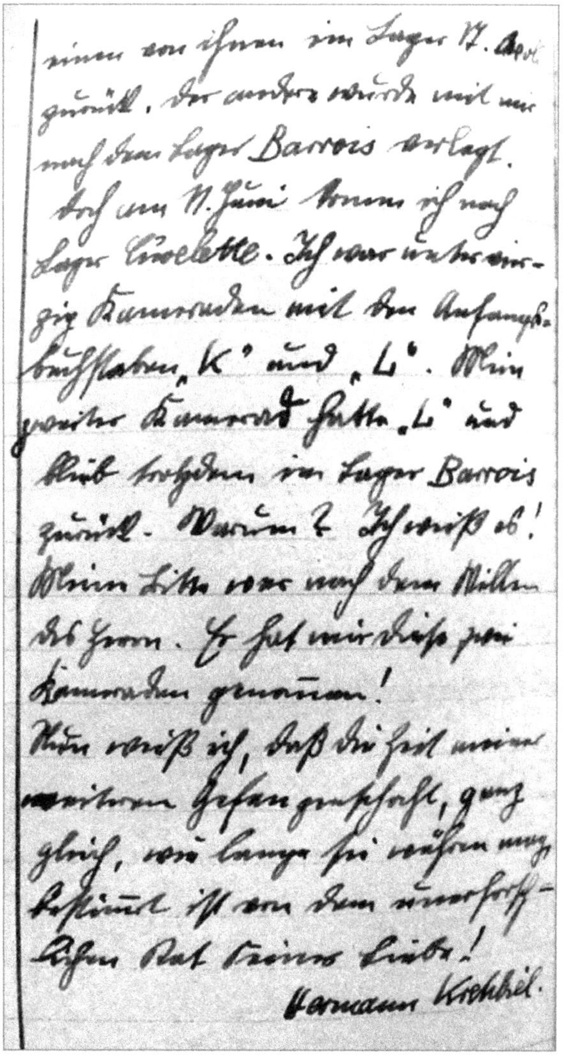

einen von ihnen im Lager St. Avold zurück. Der andere wurde mit mir nach dem Lager Barrois verlegt.
Doch am 11. Juni kam ich nach Lager Cuvelette. Ich war unter vierzig Kameraden mit dem Anfangsbuchstaben „K" und „L". Mein zweiter Kamerad hatte „L" und blieb trotzdem im Lager Barrois zurück. Warum? Ich weiß es! Meine Bitte war nach dem Willen des Herrn. Er hat mir diese zwei Kameraden gewonnen!
Nun weiß ich, daß die Zeit meiner weiteren Gefangenschaft, ganz gleich, wie lange sie währen mag, bestimmt ist von dem unerforschlichen Rat seiner Liebe!
Hermann Krehbiel.

Margrit Foede

Zeugnisse der Kriegsgefangenschaft meines Vaters Willi Foede (1907-1987)

Das Leben

Willi Karl Gustav, geboren am 12. November 1907 als ältestes von 3 Kindern des Sattlermeisters Gottfried Foede und seiner Ehefrau Amanda, geb. Dragorius, in Groß-Dreidorf, Kr. Wirsitz. Nach der Dorfschule besuchte er das Humanistische Gymnasium in Küstrin, wo er bei Verwandten wohnte, die nach einiger Zeit nach Berlin umzogen, so dass er dort weiter das Gymnasium besuchte und mit der mittleren Reife verließ.

Danach folgte eine Banklehre in Schneidemühl. In Graudenz erhielt er eine Anstellung bei der Volksbank. Im Ruderverein und im Schachklub war er Mitglied. Im Jahr 1938 heiratete er Liselotte Kopper aus Klein-Sanskau, Tochter des Paul Kopper und seiner Frau Helene, geb. Bartels. Das erste von 3 Kindern war ein halbes Jahr alt, als die Einberufung zur Wehrmacht kam. Über seine Kriegserlebnisse hat er kaum gesprochen. Dass er lange Zeit in Russland war, wissen wir durch ein Fotoalbum, das er mit sehr sorgfältig angelegten Zeichnungen versehen hat. Das Ende des Krieges erlebte er in Schleswig-Holstein; von dort gelangte er in die Lüneburger Heide, wo wir nach der Flucht untergekommen waren. Er blieb aber nur wenige Wochen bei uns, weil er dann in englische Kriegsgefangenschaft kam, die bis zum Februar 1948 dauerte.

Diese Zeit nutzte er, um englisch zu lernen. Da er sogar ein Zertifikat vorweisen konnte, stellte man ihn als technischen Übersetzer beim „Intelligence Office" der Engländer in Uelzen ein.

In Kriegsgefangenschaft

Erst im Februar 1948 kam unser Vater nach dem Krieg zu uns endgültig zurück. Über seine Kriegserlebnisse und die Zeit in englischer Kriegsgefangenschaft sprach er kaum von sich aus. Wir kannten das Fotoalbum, das er von seiner Zeit in Russland angefertigt hat mit selbst gezeichneten Landkarten. Anderes erfuhren wir erst, als wir den Nachlass sichteten. In einem Taschenkalender hatte er die wichtigsten Ereignisse des Jahres 1945 verzeichnet, angefangen mit unserer Flucht aus Graudenz am 21./22. Januar. Er selbst hat meine Mutter und uns drei Kinder (elf Monate, drei und fünf Jahre) in Danzig in den Zug gesetzt. Im November der letzte Eintrag: Verhaftung in Eimke, einem kleinen Heideort nahe Uelzen, wo wir nach der Flucht lebten.

Aus der Zeit im Kriegsgefangenenlager in Sandbostel (bei Bremervörde) gibt es Karten an meine Mutter, zensiert und mit begrenzter Wortzahl. Aber wir fanden auch diesen ganz privaten Brief auf Zigarettenpapier, der, in einer Zigarettenschachtel verborgen, in einem Päckchen zu meiner Mutter kam.

Andere Schriftstücke zeigen, wie mein Vater die Zeit nutzte: Er lernte Bücher zu binden, gewann einen Preis bei einem Schachturnier und fertige ein „Kochbuch" in einem Kochkurs an. Dass er Englisch lernte und dafür ein Diplom erhielt, verhalf ihm 1950 zu einer Anstellung bei den Engländern als technischer Übersetzer im sogenannten „Intelligence Office" in Uelzen, denn in seinem erlernten Beruf als Bankkaufmann bekam er keine Anstellung. Das interessanteste Fundstück war ein kleines Wörterbuch, das „Lagersprache" übersetzt.

(siehe nachfolgende Seiten)

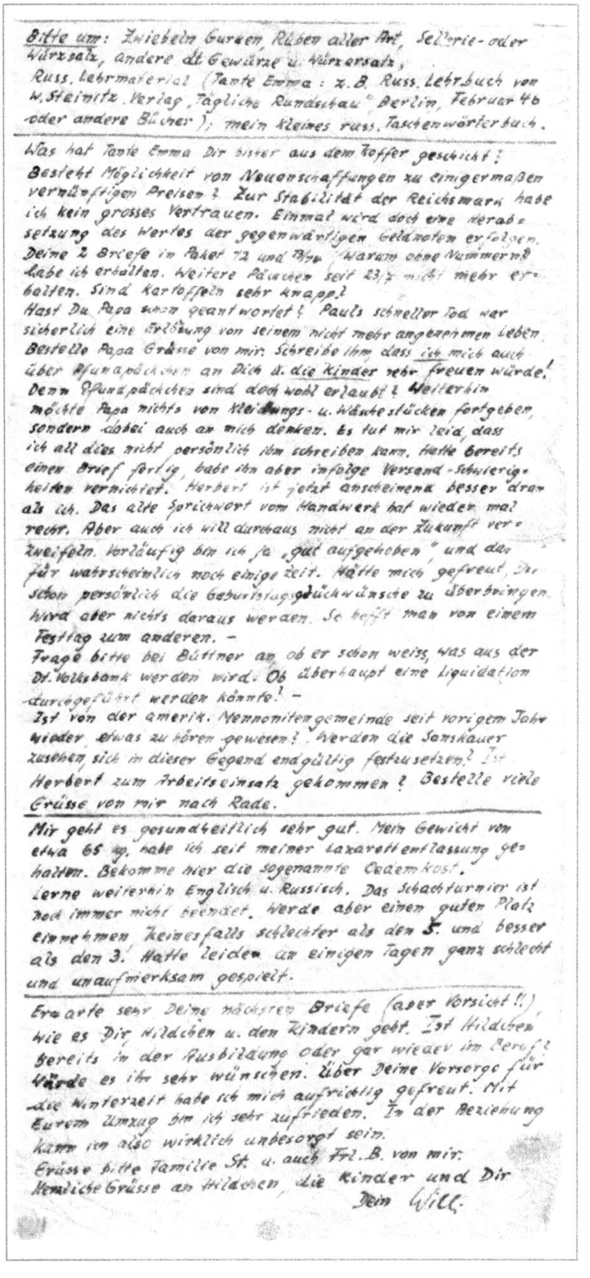

Bitte um: Zwiebeln Gurken, Rüben aller Art, Sellerie- oder Würzsalz, andere dt. Gewürze u. Würzersatz,
Russ. Lehrmaterial (Tante Emma: z. B. Russ. Lehrbuch von W. Steinitz. Verlag „Tägliche Rundschau" Berlin, Februar 46 oder andere Bücher); mein kleines russ. Taschenwörterbuch.

Was hat Tante Emma Dir bisher aus dem Koffer geschickt? Besteht Möglichkeit von Neuanschaffungen zu einigermaßen vernünftigen Preisen? Zur Stabilität der Reichsmark habe ich kein grosses Vertrauen. Einmal wird doch eine Herabsetzung des Wertes der gegenwärtigen Geldnoten erfolgen. Deine 2 Briefe in Paket 72 und 73 (warum ohne Nummern?) habe ich erhalten. Weitere Päckchen seit 23/7 nicht mehr erhalten. Sind Kartoffeln sehr knapp?
Hast Du Papa schon geantwortet? Pauls schneller Tod war sicherlich eine Erlösung von seinem nicht mehr angenehmen Leben. Bestelle Papa Grüsse von mir. Schreibe ihm dass ich mich auch über Pfundpäckchen an Dich u. die Kinder sehr freuen würde! Denn Pfundpäckchen sind doch wohl erlaubt? Weiterhin möchte Papa nichts von Kleidungs- u. Wäschestücken fortgeben, sondern dabei auch an mich denken. Es tut mir leid, dass ich all dies nicht persönlich ihm schreiben kann. Hatte bereits einen Brief fertig, habe ihn aber infolge Versand-Schwierigkeiten vernichtet. Herbert ist jetzt anscheinend besser dran als ich. Das alte Sprichwort vom Handwerk hat wieder mal recht. Aber auch ich will durchaus nicht an der Zukunft verzweifeln. Vorläufig bin ich ja „gut aufgehoben", und dafür wahrscheinlich noch einige Zeit. Hätte mich gefreut, Dir schon persönlich die Geburtstagsglückwünsche zu überbringen. Wird aber nichts daraus werden. So hofft man von einem Festtag zum anderen. –
Frage bitte bei Büttner an, ob er schon weiss, was aus der Dt. Volksbank werden wird. Ob überhaupt eine Liquidation durchgeführt werden könnte! –
Ist von der amerik. Mennonitengemeinde seit vorigem Jahr wieder etwas zu hören gewesen? Werden die Sonskauer zusehen, sich in dieser Gegend endgültig festzusetzen? Ist Herbert zum Arbeitseinsatz gekommen? Bestelle viele Grüsse von mir nach Rade.

Mir geht es gesundheitlich sehr gut. Mein Gewicht von etwa 65 kg. habe ich seit meiner Lazarettentlassung gehalten. Bekomme hier die sogenannte Ödemkost.
Lerne weiterhin Englisch u. Russisch. Das Schachturnier ist noch immer nicht beendet. Werde aber einen guten Platz einnehmen, keinesfalls schlechter als den 5. und besser als den 3.! Hatte leider an einigen Tagen ganz schlecht und unaufmerksam gespielt.

Erwarte sehr Deine nächsten Briefe (aber Vorsicht!!), wie es Dir, Hildchen u. den Kindern geht. Ist Hildchen bereits in der Ausbildung oder gar wieder im Beruf? Würde es ihr sehr wünschen. Über Deine Vorsorge für die Winterzeit habe ich mich aufrichtig gefreut. Mit Eurem Umzug bin ich sehr zufrieden. In der Beziehung kann ich also wirklich unbesorgt sein.
Grüsse bitte Familie St. u. auch Frl. B. von mir.
Herzliche Grüsse an Hildchen, die Kinder und Dir
Dein Will.

Ein Brief, auf Zigarettenpapier aus dem Lager geschmuggelt

Die Originale befinden sich im Besitz der Familie

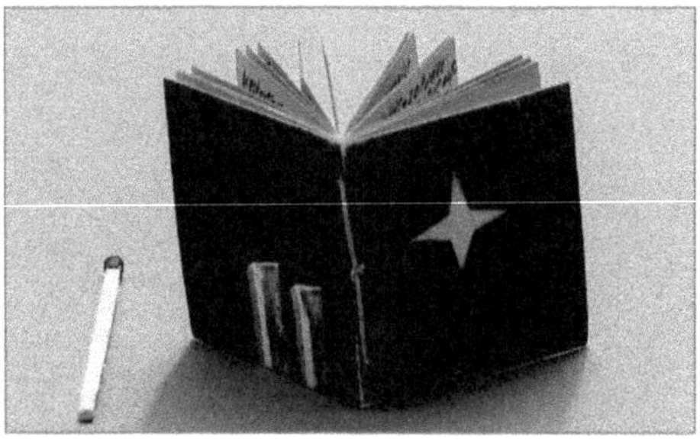

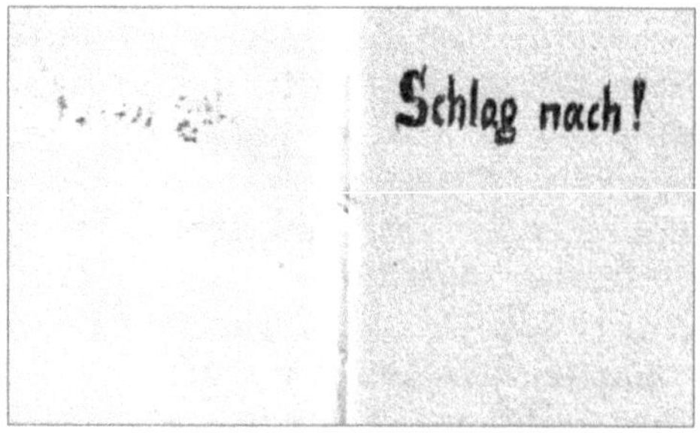
Schlag nach!

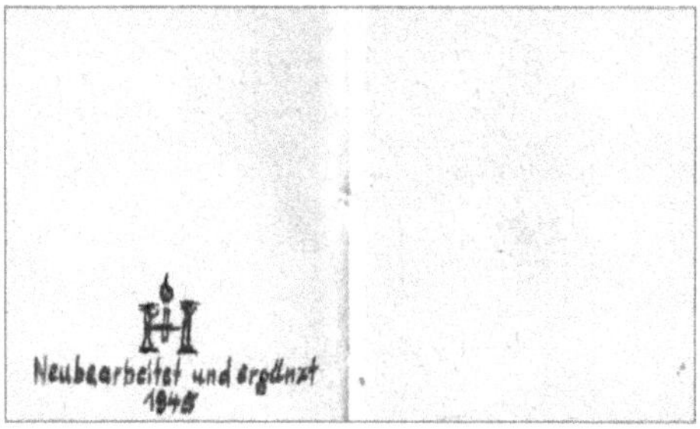
Neubearbeitet und ergänzt
1945

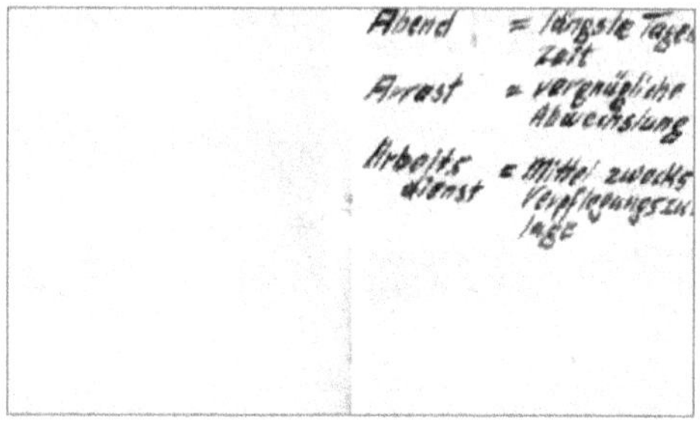
Abend = längste Tageszeit
Arrest = vergnügliche Abweinslung
Arbeitsdienst = Mittel zwecks Verpflegungszulage

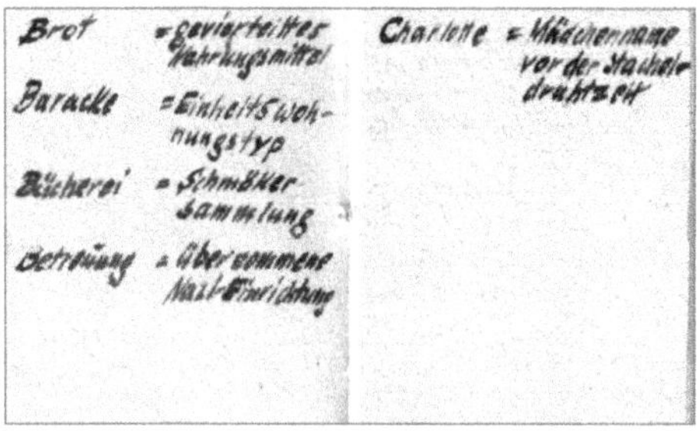
Brot = geviertteiltes Nahrungsmittel
Baracke = Einheitswohnungstyp
Bücherei = Schmöker sammlung
Betreuung = übernommene Nazi-Einrichtung
Charlotte = Mädchenname vor der Stacheldrahtzeit

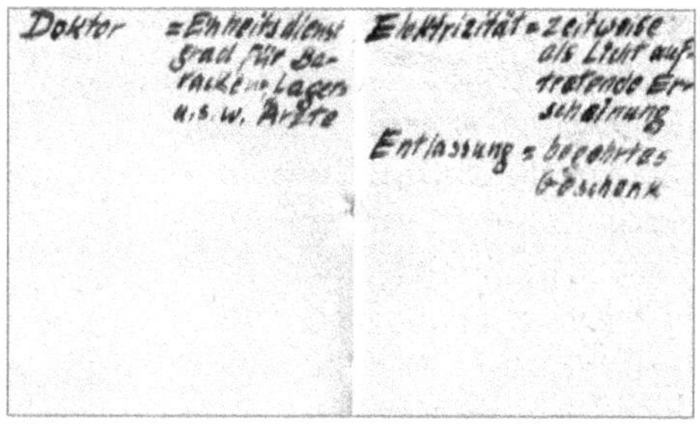
Doktor = Einheitsdienstgrad für Baracken-, Lagers u.s.w. Ärzte
Elektrizität = zeitweise als Licht auftretende Erscheinung
Entlassung = begehrtes Geschenk

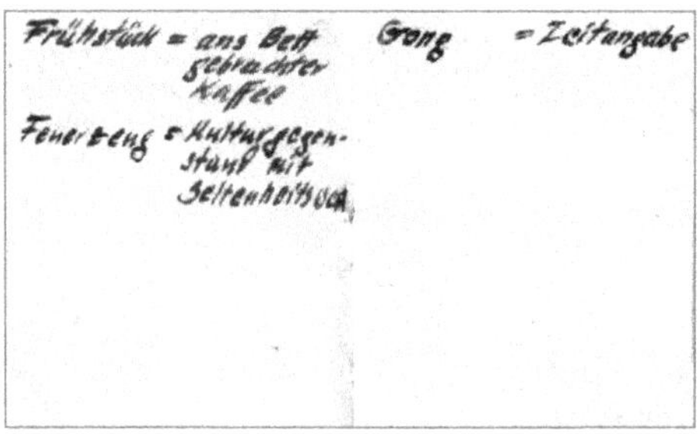
Frühstück = ans Bett gebrachter Kaffee
Feuerzeug = Kulturgegenstand mit Seltenheitswe
Gong = Zeitangabe

Holz = nasses Brennmittel
Ich = ehemalige Persönlichkeit

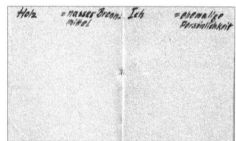

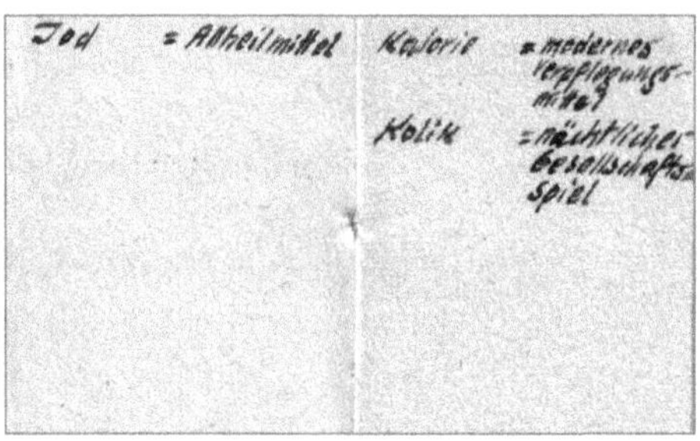
Jod = Allheilmittel
Kalorie = modernes Verpflegungsmittel
Kolik = nächtliches Gesellschaftsspiel

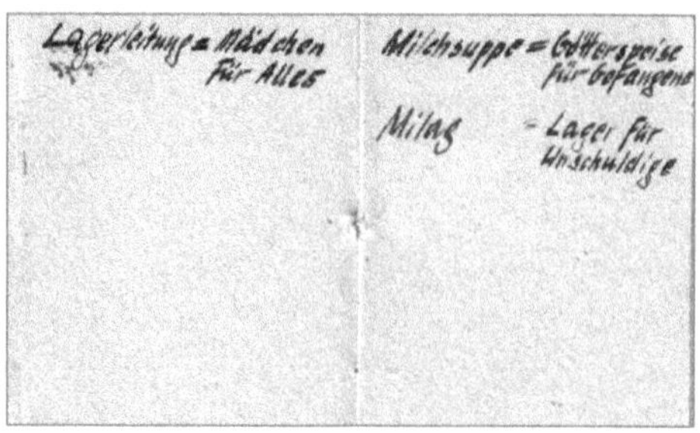
Lagerleitung = Mädchen für Alles
Milchsuppe = Götterspeise für Gefangene
Milag = Lager für Unschuldige

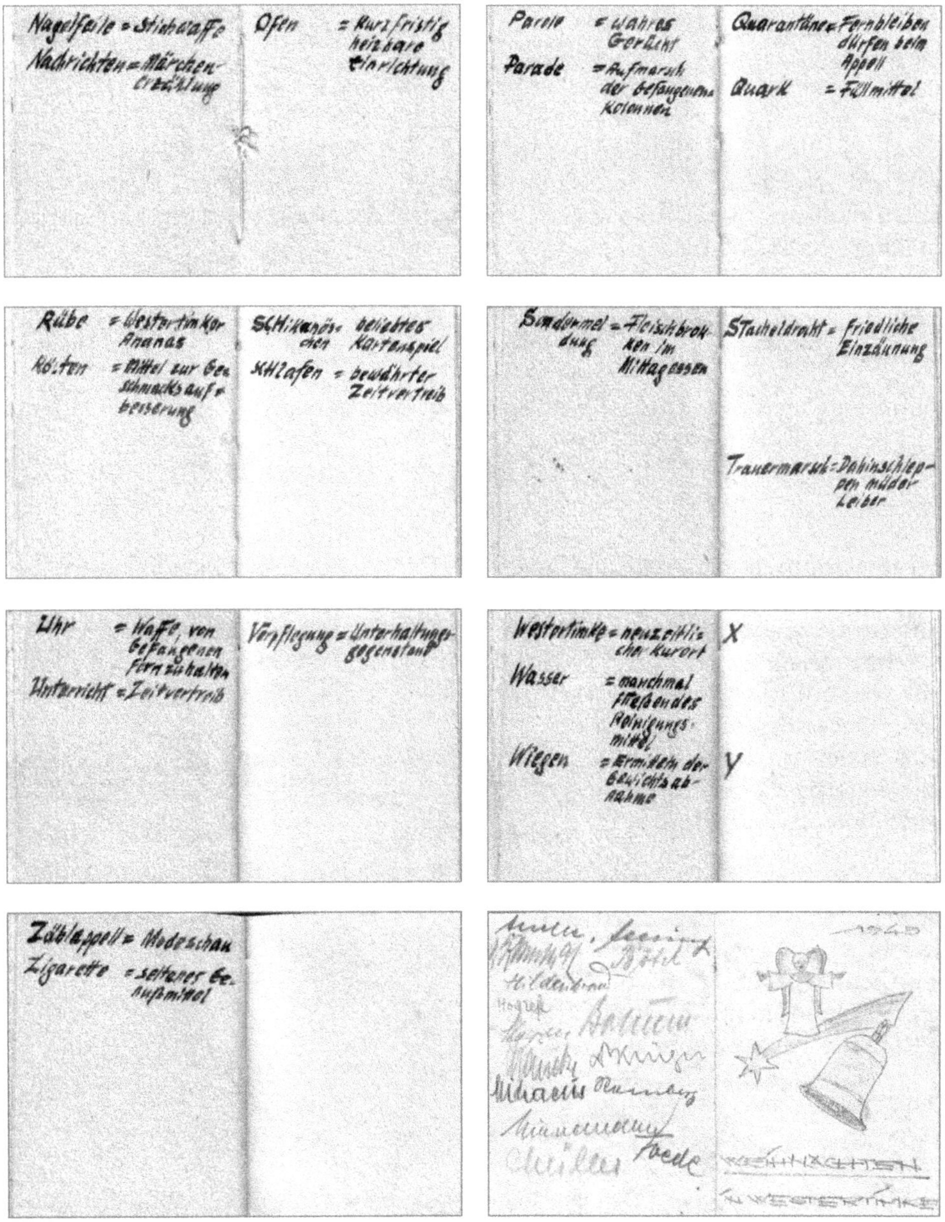

Fundstück von Willi Foede: Ein kleines Wörterbuch, das „Lagersprache" übersetzt.

Heinz-Joachim Wiebe

Meine Kindheit in Westpreußen*

Vorwort

Meinen Lebensweg beschreibe ich so, wie ich ihn im Gedächtnis habe. Dabei können sich Fehler eingeschlichen haben. Besonders die grausamen Kriegsereignisse hatte ich glücklicherweise verdrängt. Während der Niederschrift kamen immer mehr Details ins Gedächtnis zurück. Häufig träumte ich nachts von Abläufen, die ich längst verdrängt hatte.

Wenn ich über die Gräueltaten der Russen und Polen berichte, darf man nicht vergessen, dass vorher die Deutschen ähnlich brutal gegen Russen und Polen vorgegangen sind.

In einigen Fällen habe ich historische Fakten zum besseren Verständnis zitiert.

Herkunft

Meine Vorfahren kommen alle aus den Niederlanden. Es waren Bauern und Anhänger von Menno Simons, also Mennoniten. Da sie in ihrer Heimat unerwünscht waren, zogen sie vermutlich ab 1540 an der Küste entlang bis zum Weichseldelta, wo sie wegen ihrer Kenntnisse im Deichbau und der Landwirtschaft sehr willkommen waren. Sie verstärkten die Deiche von Weichsel und Nogat. Zur Trockenlegung bauten sie Kanäle und Schöpfwerke. Alle Bauern, die Land bekamen, mussten mit Pferd und Wagen bei den gewaltigen Bodentransporten über viele Jahre helfen. Die Höfe wurden einzeln, vom eigenen Land umgeben, gebaut. Von der Straße führte ein mit Bäumen bepflanzter Feldweg zum Hof. Es gab also wenig geschlossene Dörfer. Die Siedler der ersten Generation hatten viel zu leisten. Immer wieder gab es harte Rückschläge durch Überschwemmungen. Über unserem Pferdestall lag noch

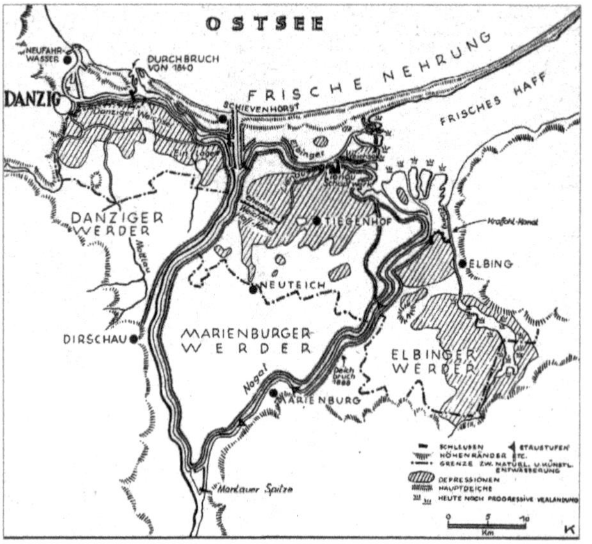

* Schriftlich verfasst im Februar 2017.

hinter einer Luke ein Ruderboot, um sich bei Hochwasser retten zu können. In den folgenden Generationen brachten es die Bauern zu einem bescheidenen Wohlstand. Grundlage des Erfolgs war die gut organisierte gegenseitige Hilfe. Große Maschinen, wie Dreschmaschinen und Dampfpflüge, wurden gemeinsam genutzt.

Oma und Opa

Da ich als Nachzügler geboren wurde, habe ich die Eltern meines Vaters nicht mehr kennen gelernt. Es gibt ein Bild, wo meine Schwestern als Kinder auf Opas Schoß sitzen und Zöpfe in seinen Bart flechten. Dagegen habe ich an die Eltern meiner Mutter gute Erinnerungen. Sie wohnten auf dem Hof von Muttis jüngstem Bruder Erich. Hier war ich auch öfter in den Ferien einige Tage zu Besuch. Mit Lothar, meinem gleichaltrigen Cousin, wagte ich so manche Mutprobe in Stall und Scheune. Wenn Onkel Erich weg war, holten wir uns aus dem Waffenschrank Jagdgewehre und schossen auf Spatzen. Opa konnte gut mit Holz handwerken. Zum Geburtstag hat er mir eine Armbrust gebaut. Besonders fantasievoll waren seine Mausefallen auf dem Boden. Die Mäuse liefen über Brücken am Ende auf eine Wippe und kippten dann in ein hohes Glas.

Die Oma starb kurz vor Kriegsende 1944. Erstmals sah ich einen toten Menschen. Bis zur Beerdigung lag sie in einem verdunkelten Zimmer. Lothar und ich schlichen uns immer wieder in den unheimlichen Raum und stachelten uns an, die gefalteten Hände zu berühren. Von vier Pferden gezogen, wurde der Sarg auf einem geschmückten Wagen zum Friedhof gebracht. Die Pferde trugen Scheuklappen und schwarze Decken. Erst nach dem Krieg habe ich gehört, dass mein Opa sich in der ersten Nacht auf der Flucht zwischen seinen Pferden erhängt hat.

Meine Familie

Den Hof, auf dem wir lebten, hatte mein Großvater Wiebe gekauft. Nach dem Jüngstenrecht wäre mein Vater der Erbe gewesen. Da er sehr früh gute schulische Leistungen brachte, durfte er die Landwirtschaftsschule in Marienburg besuchen. Seine Eltern entschieden, den Hof an seinen vier Jahre älteren Bruder Hermann zu vererben. Am Ende des Krieges 1918 starb er jedoch an einer schweren Verwundung. Damit musste der Plan geändert werden. Mein Vater kam unversehrt aus dem Krieg und bekam von seinen Eltern einen schweren Auftrag: Erstens sollte er, auch ohne entsprechende Ausbildung, den Hof übernehmen, zweitens musste er später einen Erbteil an die Brüder auszahlen. Außerdem bestand der Wunsch, möglichst bald eine Frau ins Haus zu bringen, da die Oma krank war und 1919 starb. Gehorsam übernahm er den Hof und heiratete im Dezember 1919 Grete Dyck. Näheres habe ich von meinen Eltern leider nicht gehört. An meinem 25. Geburtstag wollte mein Vater mir den Hof schuldenfrei übergeben.

Vermutlich wäre ich, ohne viel nachzudenken, Bauer geworden. Die weitere Erbfolge wäre erst Arnd und dann Hendrik.

Bei meiner Geburt waren meine Schwestern Lieselotte 15 Jahre und Christel 13 Jahre alt. Da man keinen Jungen mehr erwartete, wurde Christel auf die Übernahme des Hofes vorbereitet. So hatte sie z. B. einen Führerschein für unseren Trecker, den wir aber wegen Spritmangels nicht einsetzen konnten. Wenn abends im Garten Musik zu hören war, saß Christel auf einer hohen Buche und spielte mit ihrer Handharmonika. Ihrem Dackel Lorchen hatte sie beigebracht, die Leiter hoch zu klettern. Lieselotte war meine Vizemutter, da meine Mutter oft krank war. Wenn wir zu Besuch waren, ging Lieselotte vor dem Essen in die Küche und bereitete extra für mich etwas vor.

Die Großfamilie

Mein Vater hatte fünf Brüder und vier Schwestern, meine Mutter vier Brüder und zwei Schwestern. Ein „Onkel" starb im Alter von einem Jahr durch Verbrühen mit Kaffee. Da die Geschwister meiner Eltern überwiegend auch große Familien hatten, zähle ich 45 Cousinen und Cousins. Mir wurde erzählt, dass die Geschwister bei Problemen zusammenkamen und nach einer gemeinsamen Lösung suchten.

Nach meiner Erinnerung wurde in der Familie häufig gefeiert. Geburtstage wurden auch mitten in der Woche gefeiert. Da die Bauern nur selten auf dem Hof mitarbeiteten, hatten sie dafür immer Zeit. Günstig waren auch die geringen Entfernungen. Die meisten Verwandten lebten nur vier bis zwölf Kilometer voneinander entfernt. Autos hatten wir noch nicht. So wurden die Besuchsfahrten mit Pferd und Wagen gemacht. An den Straßen gab es häufig Sommerwege für die Pferdewagen. Wir fuhren je nach Wetter einspännig mit einem Dokart und zweispännig mit dem Landauer oder der schwarzen Kutsche. Für den Winter gab es sogar einen Pferdeschlitten mit Glockengeläut. Sehr stolz war ich, wenn ich mit sieben Jahren Kutscher spielen durfte. Scheuten die Pferde, kam von hinten die Hand meines Vaters und brachte die Pferde wieder unter Kontrolle.

Meine Cousine Ingelore Dyck und ich auf einem Dokart (Einspänner), 1940

Der Besuchswagen fuhr direkt vor die Haustür. Die Zügel wurden dem Stallknecht übergeben. Der fuhr den Wagen auf den Stellplatz und spannte die Pferde aus, rieb sie trocken, und versorgte sie. Kurz vor der Rückfahrt wurde der Wagen zum Aufsteigen wieder vorgefahren. Bei Dunkelheit wurden die Karbidlampen angezündet. Im Winter kam ich als Kind unter den Tambor, eine Lederabdeckung für den Fußraum. Nur bei Besuch wurde die „gute Stube" benutzt. In der Mitte standen zwei lange Tische mit weißen Tischdecken. Männer und Frauen saßen meistens getrennt. Nach dem Kaffeetrinken fuhren die Männer raus zur Feldbesichtigung oder sie begutachteten den Viehbestand. Die Frauen strickten während der Unterhaltung.

Das Umfeld meiner Kindheit

Pferdestall und Elternhaus, Stadtfelde, 1936

Der Bauernhof hatte bis 1945 noch keinen elektrischen Strom. Abends wurden Petroleumlampen angezündet. Durch die Dochtlänge stellte man die Flammenlänge ein. Die Maschinen zum Häckseln oder Schroten wurden mit einem Rosswerk angetrieben, wobei ein oder zwei Pferde immer im Kreis liefen und ein Zahnrad zur Drehung brachten. Bis kurz vor Kriegsende hatten wir noch kein Telefon, allerdings hatte der Nachbarhof schon einen Anschluss. Fließendes Wasser gab es auch noch nicht. Im Garten stand eine Schwengelpumpe, von der das Wasser mit Eimern in Küche und Stall getragen wurde. Auch Toiletten waren im Haus noch nicht vorhanden. Im Hinterhof gab es ein Häuschen mit zwei Türen und drei Sitzplätzen. Die darunter stehenden Eimer wurden wöchentlich auf dem Misthaufen entleert. Nachts benutzte man in den Schlafräumen Eimer.

Unser Hof hatte 65 ha Land, davon etwa 15 ha Grünland. Die Gebäude standen u-förmig angeordnet. Wohnhaus und Stall waren durch eine Brandmauer getrennt. Bei Gefahr konnte man vom Haus direkt in den Stall laufen. Rechteckig dazu standen Scheune und Speicher und bildeten so einen großen Hofplatz.

Im Stall standen zehn Pferde und fünfzehn Milchkühe. Daneben gab es noch Schweine, Hühner, Enten und Gänse. Der Stallmist wurde mit Schubkarren auf den Misthaufen am Ende des Stalls gefahren. Das Getreide wurde mit einem Pferde gezogenen Selbstbinder gemäht und zum Trocknen in Hocken aufgestellt. Später wurden die Garben mit Forken auf einen Ackerwagen geworfen und hoch gestapelt. Als Kind durfte ich auf einem Pferd reiten und den Wagen nach Bedarf weiterfahren. Ich erinnere mich an das Brennen der inneren Oberschenkel durch den Schweiß der Pferde. Auf dem Hof wurden die Garben in der Scheune abgeladen. Erst im Winter kam für zwei Wochen eine Dreschmaschine, die durch eine draußen stehende Dampfmaschine angetrieben wurde. Mein Vater passte immer auf, dass ich den Maschinen nicht zu nahekam.

Eine besondere Quälerei für Menschen und Pferde war im Herbst die Rübenernte. Die Rüben wurden einzeln mit Forken auf Ackerwagen geworfen und dann auf Waggons der Kleinbahn umgeladen. Auf dem nassen, schweren Boden sackten die Räder tief ein, so dass zum Rausziehen oft 6 Pferde vorgespannt wurden. Heute würde der Bauer einen vergleichbaren Hof selbst bewirtschaften. Damals hatten wir noch viel Personal. Zum Hof gehörten zwei kleine Häuser an der Straße, wo zwei „Instmänner" mit ihren Familien wohnten. Normalerweise arbeiteten alle Familienmitglieder auf dem Hof mit. Neben einem Gehalt und einem Deputat hatten die Instleute ein Stück Land, sowie Schweine und Hühner. Für die Feldarbeiten gab es zwei Gespannführer, im Stall hatte der Melker noch ein bis zwei Hilfen. Die Küchenhilfe hatte, neben der Familie, alle Beschäftigten, einschließlich der polnischen Saisonarbeiter, zu beköstigen.

Kindheit von 1935 bis 1940

Am 3.8.1935 wurde ich in Stadtfelde (heute Cisy), einem kleinen Dorf mit zehn Bauernhöfen, geboren. Stadtfelde liegt im Werder nur vier Kilometer von Marienburg entfernt. Nach dem Ersten Weltkrieg (1920) bis zu Beginn des Zweiten Weltkrieges (1939) stand dieses Gebiet unter dem Schutz des Völkerbundes (Vorläufer der UNO) als Freie Stadt Danzig. Die Zollhoheit hatte Polen. Damit war ich in Deutschland eigentlich ein Ausländer.

Man gratulierte meinen Eltern zur Geburt eines Stammhalters. Wie meine Schwestern mir erzählten, waren sie sehr erfreut über den spät geborenen Hoferben. Als Kind war ich auf dem Hof allein, die Nachbarhöfe waren zu weit weg. Ab meinem zweiten Lebensjahr soll ich auf dem Hof immer meinem Vater hinterhergelaufen sein, wobei ich, wie er, die Hände auf dem Rücken hielt. Gespielt habe ich mit meinen Schwestern und gelegentlich mit einem Kindermädchen. Sehr früh setzte mich mein Vater aufs Pferd. Wenn die Pferde von der Feldarbeit kamen, war ich immer dabei. Ebenso war ich gern im Stall, wenn das Vieh gefüttert wurde. Zu Weihnachten bekam ich eine Laubsäge, die ich natürlich gleich ausprobieren musste. In einer ruhigen Stunde sägte ich in die Schubladen eines Wäscheschranks kleine

Auf dem Arm meiner Schwester

Sichtfenster, damit meine Mutter den Inhalt von außen sehen konnte. Für diese tolle Idee wurde ich leider nicht gelobt.

Kindheit ab 1940

Ab Beginn des Krieges habe ich mehr eigene Erinnerungen. In den ersten Jahren merkten wir vom Krieg noch gar nichts. Allerdings entwickelte sich Angst vor den Parteimitgliedern in der Umgebung. Zu Hitlers Geburtstag hatte mein Vater einmal nicht die Hakenkreuzfahne gehisst. Prompt kamen drei Reiter in brauner Uniform (NSDAP) und forderten drohend dazu auf. Mein Vater schärfte mir später ein, nicht mit diesen Männern zu sprechen. Im August 1941 wurde ich eingeschult. Der Lehrer Malau hatte auch schon meinen Vater und meine Schwestern unterrichtet. Zur Begrüßung mussten wir uns im Schulhof in Zweierreihen aufstellen und den Hitlergruß üben. Im Winter wurde bei einer Schneeballschlacht ein Junge verletzt. Unsere Strafe sah so aus: Es wurde Stroh auf den Schulhof gestreut. Alle Schüler mussten ohne Handschuhe das Stroh aufsammeln und sich dann mit ausgestreckten Händen aufstellen. Der Lehrer gab dann jedem Kind zwei Schläge mit dem Rohrstock auf die kalten Fingerspitzen. Im ersten Schuljahr wurde ich mit einem Pferdewagen zur Schule gebracht. In den Ferien lernte ich Rad fahren und durfte bei gutem Wetter die drei Kilometer mit dem Rad zurücklegen.

1939 heiratete meine Schwester Lieselotte. Ihr Mann Bernhard Harder war Soldat, er sollte nach dem Krieg den Hof seiner Eltern erben. Als Mitgift bekam meine Schwester eine Milchkuh. An die Hochzeit kann ich mich überhaupt nicht erinnern. Im Juli 1940 wurde meine Nichte Ursula geboren. Nicht vergessen habe ich eine Situation 1942, Lieselotte stand mit einem Brief in der Hand weinend am Fenster der guten Stube. Es war die Mitteilung, dass Bernhard in Stalingrad gefallen war. So wurde sie mit 22 Jahren schon Witwe, alle Träume von der glücklichen Familie blieben unerfüllt. Trotzdem spürte ich als Kind wenig Angst vor dem Krieg, er war ja noch so weit entfernt.

Der Tod von Angehörigen wurde ohne Protest hingenommen. Offiziell starben die Soldaten den Heldentod. 1943 wurde mein Vater für sechs Wochen zu einer militärischen Übung eingezogen. Da er nach dem Ersten Weltkrieg als Leutnant entlassen worden war, wurde er als Ausbilder für den Volkssturm eingesetzt. Heute habe ich den Eindruck, dass er die Uniform nicht ungern trug. Er war der Überzeugung, dass Männer ihre Familien beschützen mussten.

Meine Schwester Christel und mein Vater

Beobachten statt spielen

Auch in der Schulzeit hatte ich wenig Kontakt zu Schulkindern in meinem Alter. Neugierig verfolgte ich, was auf dem Hof geschah. Besonders faszinierten mich die Arbeiten des Schmieds, des Sattlers, Milchkontrolleurs oder des Schlachters. Beim Schweineschlachten mussten alle mithelfen. Jeder hatte eine bestimmte Aufgabe. Einige Wochen vorher wurde der Trog zum Abdichten im Teich hinter der Scheune aufs Wasser ausgesetzt. Einige Tage konnte ich dann den Trog zum Bootfahren benutzen. Am Schlachttag kam der Schlachter, tötete das Schwein und ließ es ausbluten. Meine erste Aufgabe war das Blutrühren. Das Schwein wurde dann in den Trog gelegt und mit heißem Wasser begossen, um die Borsten zu entfernen. Nach dem Öffnen des Schweins musste ich beim Ausspülen der Därme helfen, die später mit Wurst gefüllt wurden. Die weitere Verarbeitung zu Wurst und Pökelfleisch dauerte mehrere Tage. Da es keine Kühltruhen gab, mussten Wurst und Fleisch durch Salzen (Pökeln) oder Räuchern im Schornstein haltbar gemacht werden.

Im Winter musste ich die Namen der Pferde und Kühe lernen. Auf der Weide konnte ich nur die Namen der Pferde zuordnen. Einmal im Sommer fuhr die Familie zum Baden an die Ostsee. Auf halber Strecke wurden die Pferde gewechselt. Bei Stegen genossen wir den wunderbaren Sandstrand. Meine Schwester Christel schwamm bis zur Schifffahrtsrinne und wurde von einem Boot wieder zurückgeholt. Ich durfte nur bis zu den ersten Wellen laufen, denn ich konnte noch nicht schwimmen.

Kölner Ferienkind (l.) und ich auf Lieschen (r.)

Zu Weihnachten 1942 bekam ich ein Ziegenpaar mit Wagen geschenkt. Leider konnte ich den Ziegenbock nicht beherrschen und landete oft im Graben. Eine Russin übernahm bald die Pflege, sie ritt auf dem Bock zur Weide und zurück. Dagegen machte das Reiten auf Lieschen, einem gutmütigen Pferd, mehr Fortschritte. Nur wenn mein Vater dabei war, durfte ich mit Sattel reiten, sonst nur mit einer Decke. Es gab damals häufig Reitunfälle, bei denen der abgeworfene Reiter mit dem Fuß im Steigbügel hängen blieb.

Mein Ziegenbock

An einem Sommertag, als meine Eltern bei Nachbarn waren, spielten ein Polenjunge und ich mit dem Rosswerk. Wir liefen wie die Pferde im Kreis und sprangen dann auf die Holzstangen auf, um so Karussell zu fahren. Dabei fiel ich auf den Boden und beobachtete die über mir drehenden Stangen. Ohne es gleich zu merken, riss eine Kette mit Haken meinen Mund auf. Mein Spielkamerad war plötzlich weg, als er das Blut in meinem Gesicht sah. Ich lief ins Haus und erschreckte meine Schwester. Sie lief zum Nachbarhof und rief den Hausarzt an. In der Küche wurde ich auf den Tisch gelegt und festgehalten, denn das Nähen erfolgte ohne Betäubung. Da ich mich relativ ruhig verhalten hatte, klebte mir der Doktor ein Kreuz auf die Brust. Der Tapferkeitsorden wurde mir am nächsten Tag wieder abgenommen, da ich bei einer Spritze in den Po geschrien habe. Weder mit dem Jungen noch mit dem Rosswerk durfte ich spielen. Aus Angst erzählte ich meiner Schwester, ich wäre auf dem Hof gefallen. Erst drei Jahre später habe ich den Eltern die wahre Geschichte erzählt.

An einen Großbrand 1943 kann ich mich mit vielen Einzelheiten erinnern: Kurz nach dem Mittagessen sahen wir hohe Flammen auf dem etwa 500 m entfernten Hof von Enß. Schwarzer Rauch mit brennender Teerpappe kam direkt auf uns zu. Außer meiner Mutter liefen oder ritten alle quer übers Feld, um dort zu helfen. Die meisten Helfer kamen zu spät, der Hof brannte völlig nieder. Wir standen im Garten und beobachteten das Schauspiel. Plötzlich fiel uns jedoch auf, dass viele Pferdewagen und Menschen auf unseren Hof zustrebten. Ohne es vorher zu merken, brannte hinter unserem Rücken das Scheunendach aus Reet. Sofort rannte meine Mutter die Treppe hoch und riss die schlafende Ursel aus ihrem Bettchen und brachte sie zu Dröfkes (Instmann). Dann wurden alle beweglichen Teile aus dem Fenster geworfen und in den Garten geschleppt. Zum Glück war eine Feuerwehr mit vollem Tank an Enß vorbei direkt zu uns gefahren. Die Feuerwehr bestand aus einem zweispännigen Wagen mit Tank und einer von vier Männern betriebenen Pumpe.

Man rettete Stall und Wohnhaus, die Scheune war nicht zu retten. In der schwarzen Asche lagen mehrere tote Rinder angekohlt auf dem Rücken. Die Nachbarn halfen, alles wieder einzuräumen. Am nächsten Morgen kam als erste Hilfe für das Vieh im Stall ein hoch mit Stroh beladener Pferdewagen auf den Hof, gespendet von Lieselottes Schwiegervater.

Ursel und ich 1943

Die letzten Wochen zu Hause

Immer häufiger flogen Bombergeschwader über uns hinweg nach Danzig. Auf der Straße von Marienburg nach Dirschau fuhren ostpreußische Flüchtlinge in überdachten Ackerwagen in einem endlos erscheinenden Treck nach Westen. Auf unseren Feldern wurden Flakgeschütze und zwei große Scheinwerfer in Stellung gebracht. Schützende Erdwälle und Laufgräben wurden von 16-jährigen Flakhelfern mit Spaten angelegt. Um die jungen Burschen in Uniform weiter zu beschäftigen, bauten sie einen Schlafraum an unseren Speicher an. Dafür wurden sie von uns verpflegt.

Im Dezember 1944 wurde unsere Schule in Kalthof geschlossen und als Lazarett eingerichtet. Trotz dieser Warnsignale feierten wir am 16.12.1944 noch die Silberhochzeit meiner Eltern, und danach auch noch Weihnachten. Kurz danach, ich weiß nicht an welchem Tag, wurde mein Vater zum Volkssturm eingezogen. Der Volkssturm bestand aus alten Männern, die mit Spaten ausgerüstet, vor der nahen Front Panzergräben schaufeln mussten.

Aus heutiger Sicht kann ich nicht verstehen, wie die Bevölkerung Westpreußens, nur wenige Kilometer von der russischen Front entfernt, bis zuletzt die Ruhe bewahrte. Offiziell durfte niemand seine Heimat vorzeitig verlassen. Die Propaganda verbreitete, dass die Russen bald wieder zurückgedrängt werden. In diesem Zusammenhang erinnere ich mich an ein Bild von Hindenburg, das bei vielen Westpreußen über dem Sofa hing. Das Bild zeigt Hindenburg auf der Nogatbrücke, kurz vor seiner Ernennung zum Befehlshaber. Es gelingt ihm im August 1914, die Russen bei Tannenberg zu schlagen. Hoffte man unterschwellig auf eine ähnliche Wende? Die Hoffnung auf eine Wiederkehr zeigte sich auch daran, dass viele Bauern, so auch meine Mutter, Wertsachen wie Pelze oder Geschirr im Garten vergruben.

Wenige Tage vor der Flucht

Alle Vorbereitungen wurden heimlich durchgeführt. Dadurch habe ich auch nicht alles im richtigen Zusammenhang erkannt. Mein Vater hatte vor seiner Einberufung zum Volkssturm mit einem polnischen Arbeiter die notwendigen Arbeiten auf dem Hof abgesprochen. Überwacht wurden die Arbeiten von meiner Schwester Christel und unserem Nachbarn Reimer. In der Scheune wurden Holzdächer auf zwei Ackerwagen gebaut. Es waren zweispännige Ackerwagen mit eisenbeschlagenen Speichenrädern, also überhaupt nicht gefedert. Zum Glück besorgte uns ein Soldat Stollen für die Pferde. Ohne Stollen wären wir auf den vereisten Straßen nicht weit gekommen. Die Wagen wurden dann mit Decken, Kleidung und Lebensmitteln beladen. Als letztes packte jeder einen Rucksack mit Kleidung für die vor uns liegenden eiskalten Tage. Irgendwie habe ich es geschafft, meinen Stabilbaukasten in den Rucksack zu schmuggeln. Ein dritter Wagen enthielt Futter für die Pferde und Ersatzteile für die Fahrzeuge sowie Fett zum Schmieren der Achsen. Wir wollten also mit drei Wagen und je zwei Pferden fahren. Im ersten Wagen fuhren meine Mutter, meine Schwestern, meine Nichte und ich. Im zweiten Wagen fuhren die Familien der Instmänner. Den Wagen mit Futter kutschierte ein Russe, der zwei Jahre als Kriegsgefangener auf dem Hof gearbeitet hatte.

Meine Mutter hatte schon immer eine wichtige Tasche in der Hand, wenn ein Gewitter über uns hinwegzog. In diese Tasche kamen jetzt alle Ausweise, wichtige Papiere, Sparbücher und Bargeld. Alle Familienmitglieder erhielten von meiner Mutter einen selbstgenähten Brustbeutel. Darin befanden sich die Namen und Adressen der Familie. Außerdem hatten wir alle die Adresse einer Kölner Familie, deren Tochter in den Ferien, im Rahmen der Kinderlandverschickung, bei uns lebte. An diese Adresse im Westen wollten wir alle schreiben, wenn wir auf der Flucht den Kontakt verloren haben sollten. Bis zum 24. Januar galt die Parole des Ortsgruppenleiters, dass die russische Front zurückgeschlagen wird und eine Flucht nicht notwendig wird.

Am 24. Januar beginnt die Flucht

Die dramatischen Ereignisse an diesem Tag liegen verdrängt in meinem Gedächtnis. Keiner von uns hatte schon etwas Ähnliches erlebt. Keiner hatte eine richtige Vorstellung von der Zukunft. Abends hatten wir noch am Tisch gesessen und wie immer Abendbrot gegessen. Danach gingen wir schlafen. Kurz nach Mitternacht erhielten wir den Befehl, sofort zu flüchten, denn die Russen waren nur noch drei Kilometer entfernt. Treffpunkt zum Sammeln des Trecks sollte die Kreuzung an der Hauptstraße nach Dirschau sein.

Vor dem Verlassen des Hofes wurde das Vieh im Stall losgemacht. Die Stalltüren wurden geöffnet. Als letztes wurde die Haustür geschlossen. Für einen längeren Blick zurück war keine Zeit, denn der Gefechtsdonner kam immer näher. In diesem Moment hatte ich als 9-jähriger Junge große Angst vor der Nacht und den nächsten Tagen. Gleichzeitig war mir aber klar, dass meine Familie, auch mein Vater, wieder nach Hause zurückkehren werden.

Ein fast endloser Treck nach Westen

Wir fuhren bei Vollmond durch eine Schneelandschaft mit vereisten Straßen zur Hauptstraße nach Dirschau. Dort erwarteten wir unseren Treckleiter. Statt uns über die nächsten Schritte zu informieren, schrie er uns zu „jeder hilft sich selbst" und fuhr mit seinem Wagen in dem Getümmel davon. Alle Versuche, sich mit anderen Nachbarn abzusprechen, misslangen. So wurden wir von dem Fahrzeugstrom nach Westen zur Weichselbrücke gedrängt, eine andere Fahrtrichtung war gar nicht möglich. Das Einfädeln in die Kolonnen war für die Kutscher eine erste Prüfung. Die Pferde wurden unruhig und scheuten in dem Gewühl.

Viele stiegen ab und führten die Pferde am Zaum. So kamen wir nur langsam voran. Neben der Kolonne aus Pferdewagen bedrängte uns von der anderen Straßenhälfte das deutsche Militär mit seinen Motorfahrzeugen. Auf dem eiligen Rückzug forderten sie mit lauten Befehlen von uns Vorfahrt. Dazwischen und auf der anderen Grabenseite wurden Schlitten und Handwagen mit Kindern und einigen Habseligkeiten gezogen. Außerdem liefen auf den Feldrändern Gefangene und Sträflinge mit ihren Bewachern.

Je näher wir zur Brücke kamen, umso häufiger mussten wir liegengebliebenen Wagen und erschossenen Pferden ausweichen. Im Schnee lagen auch von den Bewachern erschossene Sträflinge. Zunächst versuchte meine Mutter zu verhindern, dass ich dieses grausame Drama sah, später war es gar nicht mehr möglich. Kurz vor der Brücke wurde um jeden Meter verbissen gekämpft. Alle hatten wir das gleiche Ziel: Rechtzeitig vor den Russen die Weichselbrücke zu überqueren. Jeder kämpfte ums Überleben. Wir erreichten das andere Weichselufer am Nachmittag des nächsten Tages. Menschen und Pferde konnten sich einige Stunden erholen.

An den nächsten drei bis vier Tagen war unser Ziel klar, immer nach Westen. Allmählich bekamen wir Übung in der Versorgung der Pferde, ohne sie auszuspannen. Auf dem Wagen saßen alle in Decken vermummt, um den eisigen Wind zu überstehen. Das hart gefrorene Brot wurde mit einem Stein zerkleinert. Lebensmittel hatten wir zunächst genug auf dem Wagen, es fehlte Wasser. Wir mussten Schnee und Eis auftauen. Nach einigen Tagen merkten wir, dass die Front nicht mehr näherkam. Heute wissen wir, dass die deutschen Soldaten, unter großen Verlusten an der Nogat, den Russen für sechs Wochen Widerstand leisten konnten. Wenn wir besser informiert gewesen wären, hätten wir zu dieser Zeit nach Holstein durchfahren oder in Danzig ein Schiff erreichen können. Stattdessen fuhren wir ziellos herum und machten auf einem abseits der Hauptstraßen gelegenen Hof mehrere Tage Rast. Wir Kinder verdrängten den Krieg und rodelten gemeinsam mit den einheimischen Kindern von einem Hügel auf den zugefrorenen See.

Nachdem wir schon zwei Tage wieder in Richtung Heimat gefahren waren, gab es eine große Überraschung. Plötzlich stand mein Vater vor unserem Wagen. Er war im Februar vom Volkssturm zum Militär abgeordnet worden. Vor dem Wechsel bekam er eine Woche Urlaub. Mit Marschgepäck marschierte er los und suchte unseren Wagen. Wie er uns in diesem Durcheinander nach fünf Tagen fand, hat er mir nie erklärt. Schon am nächsten Tag musste er uns wieder verlassen, um sich irgendwo zu melden. Beim Abschied gab er uns den Rat, auf dem schnellsten Weg nach Danzig zu fahren, um mit einem Schiff den Russen zu entfliehen.

Jetzt hatten wir ein klares Ziel und fuhren zwei Tage und Nächte durch in Richtung Danzig. Leider war diese Gewalttour zu spät. Die Russen hatten die Weichsel überschritten und uns den Weg nach Danzig abgeschnitten. Am zweiten Tag gerieten wir zwischen die Fronten. Tiefflieger und Panzer beschossen die Flüchtlingskolonnen, Christel blieb bei den Pferden. Meine Mutter lief mit uns in den nahen Wald, wo wir von deutschen Soldaten in einem Graben zu unseren Wagen zurückgeführt wurden. Dabei erlebten wir den Abschuss von zwei russischen Panzern. Trotzdem trieb man am nächsten Morgen die Flüchtlinge auf einem Gutshof zusammen.

Der Tag, an dem ich ungewollt erwachsen wurde

Diese Überschrift habe ich gewählt, weil ich an diesem Tag alle Arten von Grausamkeiten, die sich Menschen antun können, gesehen habe. Auf dem Gutshof wurden die Flüchtlinge von den Russen in verschiedene Räume getrieben. Als erstes raubten sie die Uhren, dann rissen sie gewaltsam den Schmuck von Hals und Fingern. Frauen ohne Kinder wurden abgesondert. So wurde auch meine Schwester Christel von uns weggeschleppt. Lieselotte hatte ihre Tochter Ursula an der Hand und konnte deshalb bei uns bleiben. Die Russen sortierten ohne Papiere nach dem Aussehen. Ob die Frauen ein eigenes oder fremdes Kind auf dem Arm hatten, fanden sie an der Reaktion der Kinder schnell heraus. Mehrere Frauen versuchten, sich in dieser extremen Situation das Leben zu nehmen. Unvergessen ist mir das Bild, wie Tante K. in einer Ecke ihre Pulsadern mit einer Rasierklinge öffnete. Dann flehte sie meine Mutter an, sich um ihre 5- und 8-jährigen Kinder zu kümmern. Alle drei kamen durch und lebten ab 1951 in Neuwied.

Die Nacht verbrachten wir voller Angst auf einem Strohlager im Stall. Unser Pole schlich sich nachts mit einem Topf Suppe zu uns. Er nahm von uns Abschied, da er nichts mehr für uns tun konnte. Er bat um ein Pferd, mit dem er sich nach Hause durchschlagen wollte. Morgens fanden wir unsern durchwühlten Wagen und zwei Pferde. Da wir Christel nirgends sehen konnten, fuhren wir einfach weg von dem Ort der Gewalt. Bald wurde unser Wagen jedoch von plündernden Polen gestoppt. Meine Mutter zog noch den Stabilbaukasten aus meinem Rucksack und schob ein Brot hinein. Jetzt waren unsere Rucksäcke der einzige Besitz. Unser bestes Pferd, den Wallach „Lord“, hatten die Polen am Wagen zurückgelassen. Als wir uns vom Wagen entfernten, hörten wir noch lange sein Wiehern. Der hoch erhobene Kopf und das Wiehern sind mir als Bild des Abschieds von Pferd und Wagen in Erinnerung geblieben.

Überleben in Angst und Verzweiflung

Die ausgeraubten Frauen und Kinder sammelten sich auf der kleinen Straße und wussten nicht weiter. Zur Nacht fand man einen Stall mit Stroh zum Schlafen. Nach kurzer Zeit bestand die Gruppe aus etwa 30 Personen mit mehreren Kleinkindern. Schon in der ersten Nacht kam es zu Vergewaltigungen von

Frauen durch betrunkene Russen. Meine Schwester Lieselotte hatten wir ganz mit Stroh bedeckt, und Ursel und ich versuchten, sie gut zu verstecken. Frauen die sich wehrten oder andere schützen wollten, wurden mit dem Gewehrkolben geschlagen oder erschossen. In diesem Chaos übernahm es meine Mutter, den Tagesablauf etwas zu organisieren. So mussten wir morgens als erstes die Toten der Nacht begraben. Die Leichen wurden in eine Decke gewickelt, in eine Grube gelegt und mit Erde abgedeckt. Am Schluss wurde immer das Lied „Harre meine Seele ..." gesungen. Wenn dieses Lied heute erklingt, sehe ich immer noch Bilder von damals.

Da die Frauen Angst hatten, das Haus zu verlassen, musste ich mit einem gleichaltrigen Jungen Haushaltsgeräte und Lebensmittel suchen. Zunächst leerten wir die Brotbeutel der herumliegenden toten deutschen Soldaten. Dann durchsuchten wir die leerstehenden Häuser der Umgebung. Aus toten Kühen schnitten wir Fleischstücke. Lebende Kühe trieben wir ans Haus, wo dann einige Frauen versuchten zu melken. Mit Kerzen wurde nachts die Milch für die Kinder erwärmt. Trotzdem haben die beiden kleinsten Kinder nicht überlebt.

Am Tag zeigten uns die Russen ein anderes Gesicht. Sie wollten mit den Kindern spielen oder ihnen etwas Süßes zustecken. Aus Angst riefen die Mütter ihre Kinder schnell wieder zurück. Wir Jungen hatten Fahrräder gefunden und suchten damit die Umgebung ab. Als die Russen uns sahen, wollten sie das Radfahren von uns lernen. Wir hatten viel Spaß daran, wenn sie nach einer Kurve wieder auf dem Boden landeten und andere Räder haben wollten. Ebenso mussten wir ihnen die geraubten Armbanduhren in Gang bringen, denn sie wussten nicht, dass die Uhren aufgezogen werden müssen. Für unsere Hilfe bekamen wir meistens etwas zu essen. So wurde der Kontakt zu den Russen am Tag immer besser.

Vermutlich am 6. Mai feierten die Russen den ganzen Tag. Auf den Lastwagen hatte man große Fahnen und Stalinbilder. Mit lautem Gegröle wurde ständig in die Luft geschossen. Wir hatten noch mehr Angst als sonst und versteckten uns in leeren Häusern. Heute wissen wir, dass die Russen die Kapitulation der deutschen Wehrmacht feierten.

Wieder zu Hause

Irgendwann im Mai machten wir uns in kleinen Gruppen zu Fuß auf den Weg nach Hause. Wohin sollten wir sonst gehen, um vermisste Familienangehörige wieder zu finden? Von den Beschlüssen der Siegermächte, die Grenzen von Russland und Polen nach Westen zu verschieben, wussten wir nichts. Weder Russen noch Polen hielten uns auf dem Weg nach Hause auf. Zur Orientierung liefen wir auf einem Eisenbahnkörper zwischen den Gleisen, immer nach Osten. Mit einer kleinen Fähre setzten wir über die Weichsel und kamen so in unsere Heimat, den Großen Werder, zurück.

Die Landschaft hatte sich etwas verändert, es standen kein Getreide oder Zuckerrüben auf den Feldern, sondern hohes Unkraut. Außerdem lagen noch zerschossene Militärfahrzeuge herum. Kurz nach der Weichsel machten wir einen kleinen Abstecher, um eventuell Kontakt aufzunehmen, doch Haus und Stall waren leer. Mit jedem weiteren Kilometer stieg die Unsicherheit über das, was uns zu Hause erwartete. Natürlich hofften wir, Vater oder Christel zu finden.

Schon von der Straße aus sahen wir, dass unser Hof noch stand. Wir liefen durch alle Räume und sahen überall das gleiche Chaos. Die Treppe zu unserem Haus war mit Munition zu einer Schrägen aufgeschüttet. Das Haus hatte offensichtlich als Lazarett gedient. Alles sah total verändert aus. Meine Mutter war ratlos, fing aber bald an, brauchbare Dinge zur Seite zu legen. Aus den Haufen vor den Schränken suchten wir uns noch Wäsche und Geschirr heraus. Vermutlich musste ich mich nach drei Monaten einmal richtig waschen und andere Wäsche anziehen.

Für die erste Nacht richteten wir uns ein Zimmer im Obergeschoss ein, da wir unten noch mehr Angst vor Plünderern hatten. Wir waren immer bemüht, das Haus unbewohnt aussehen zu lassen. Der Stall war leer. In Hofnähe liefen aber einige Hühner und Gänse herum. So musste ich gleich am ersten Tag ein Huhn schlachten und Eier suchen. Unser Speisezettel wurde noch besser, als wir uns hinter dem Rücken der polnischen und russischen Wachen in die Kellerräume der Marienburg schlichen und schwarz gebrannte Dosen mit Fleisch und Käse nach Hause schleppten. Immer wieder liefen wir, verdeckt zu den Nachbarhöfen, um zu prüfen, ob dort jemand lebte. Es waren nur wenige zurückgekommen, die meisten Häuser standen leer. Onkel Reimer versteckte sich, alleine auf dem eigenen Hof. Von ihm lernte ich, Schuhe zu nähen und zu besohlen sowie Maden durch Einreiben mit Viehsalz aus dem Fleisch zu locken. Zwischendurch war ich auch wieder ein spielendes Kind. Der Polenjunge, mit dem ich am Rosswerk verunglückte, war mit seiner Mutter nicht geflüchtet. Gemeinsam begannen wir ein gefährliches Spiel mit der herumliegenden Munition. Wir drehten die Geschosse aus den Hülsen und legten mit dem Zündpulver Spuren an. Nach dem Anstecken liefen wir dann in Deckung. Als wir immer riskantere Bauwerke zündeten, wurden dem Spielkameraden zwei Finger abgerissen.

In der sonst öden Landschaft wurden immer wieder große Viehherden von den Russen nach Osten und von den Polen nach Westen getrieben. Da die Kühe mit vollen Eutern fürchterlich brüllten, suchten die Viehtreiber überall Frauen zum Melken. Meine Schwester wurde auch mehrere Tage zum Melken gezwungen, konnte aber immer wieder fliehen.

Vertreibung aus der fremd gewordenen Heimat

Als wir uns mit der Situation, im eigenen Haus versteckt zu leben, arrangiert hatten, änderte sich im August alles. Aus dem Osten kamen ärmlich aussehende Trecks von kleinen Ackerwagen, die nur von einem Pferd gezogen wurden. Heute weiß ich, dass es polnische Familien waren, die von den Russen aus dem Osten Polens vertrieben worden sind und sich nun in den von Deutschen geräumten Gebieten ansiedeln sollten. Ohne Ankündigung kam auch eine Familie auf den

Hof und forderte uns auf, das Haus zu räumen. Die Neuankömmlinge mussten selbst die ehemaligen Besitzer vertreiben. So wurden die Bauernhäuser in wenigen Wochen wieder bewohnt. Da die von Russen vertriebenen Polen von sehr kleinen Höfen kamen, konnten sie das fruchtbare Land in den ersten Jahren gar nicht bearbeiten. Mit den angesiedelten Polen wurde auch langsam eine Verwaltung aufgebaut. Die Polen auf unserem Hof ließen uns in eines der Instmannshäuser ziehen. Wieder richteten wir uns ein Zimmer ein, in dem jeder ein Bett hatte.

Meine Mutter hat sich sicher über die Polen sehr geärgert. Nach meiner Erinnerung haben uns die Polen aber nie schikaniert. Wahrscheinlich lag das am gemeinsamen Schicksal, die Heimat unter Zwang zu verlassen. So durften wir uns Obst aus dem Garten holen. Manchmal gaben sie uns einen Tipp, wo man sich Fleisch von einer toten Kuh holen konnte. Einmal haben sie uns sogar zum Essen eingeladen. Es gab selbstgemachte Nudeln (Keilchen). Meiner Mutter wurde es fast schlecht, weil der eine Sohn mit der Kelle Fliegen fischte und nach hinten an die Wand platschte.

Ende Oktober kam der Pole von unserem Hof am Abend zu uns, um uns vor der Miliz zu warnen. Ob wirklich eine Gefahr bestand oder er uns los sein wollte, konnten wir nicht erkennen. Er sagte uns etwas über einen Zug nach Deutschland. Schnell wurden wieder Rucksäcke gepackt. Im Schutz der Dunkelheit fuhr uns der Pole mit dem kleinen Wagen nach Dirschau. Hier überraschte uns ein gespenstisches Bild. Auf dem Bahnhofsgelände standen mehrere hundert Vertriebene und warteten auf den Zug. In der Nacht verbrannte man die mitgebrachten Handwagen, wodurch der Bahnsteig durch lodernde Flammen teilweise hell erleuchtet wurde. Dazwischen liefen noch polnische Plünderer, die mit einem Messer die Rucksäcke aufschlitzten, um noch brauchbare Gegenstände zu finden.

Der später einfahrende Zug bestand aus einer Lokomotive mit fünf bis sechs Viehwaggons. Die jetzt auftauchende Miliz drängte uns, wie bei einem Viehtransport, in die überfüllten Waggons. Da keine Sitzgelegenheiten vorhanden waren, mussten alle auf dem flachen Boden sitzen. Im Abstand von einigen Stunden hielt der Zug auf der freien Strecke an. Mit Angst, dass der Zug weiterfährt, und Scham voreinander wurden am Bahndamm die drängenden Bedürfnisse erledigt. Nach zwei Tagen ohne Essen nutzten wir diese Pausen auch, um in der Umgebung Kartoffeln aus den Mieten zu klauen. Wichtig wurde jetzt der Kochtopf meiner

Verladung der Vertriebenen mit ihrem letzten Hab und Gut

Mutter, mit dem wir heißes Wasser von der Lokomotive holten und die Kartoffeln abbrühten. Bei längeren Fahrzeiten wurden in unserem Waggon zwei Nachttöpfe weitergegeben und über eine Luke in der Seitenwand entleert.

Nach sechs Tagen qualvoller Fahrt erreichten wir das Lager Tribsees in der russischen Zone. Unsere Fahrstrecke betrug nur etwa 400 km. Auf dieser Fahrt waren mehrere Menschen, besonders Kinder, gestorben. Viele mussten aus den Waggons getragen werden. Durchfall, Fieber und Furunkeln unter den Armen waren sehr verbreitet. Bei jeder Gelegenheit schluckten wir Holzkohle. Meine Schwester Lieselotte durfte nicht mit ins Lager, da der Verdacht auf Typhus oder Diphtherie bestand. Mehrere Tage wussten wir nicht, wo man sie hingebracht hat. Das Lager war sehr primitiv, aber wir bekamen täglich was zu essen. Anstelle einer Toilette gab es einen Balken am Rande einer Grube, also einen Donnerbalken.

Weihnachten 1945

Kurz vor Weinachten durften wir das Lager verlassen. Wir drei (Mutti, Ursel und ich) bekamen in Grammendorf ein kleines beheizbares Zimmer. Das Haus gehörte einem Waldarbeiter. Alle Hausbesitzer mussten nach einem Gesetz aus den Kriegsjahren den Flüchtlingen Wohnraum abgeben. Von der deutschen Verwaltung bekamen wir verschiedene Bezugsscheine und Lebensmittelkarten. Gleich am nächsten Tag bekamen wir einen Handwagen mit Säge und Axt geliehen, um aus dem Wald Brennholz zu holen. Da es kurz vor Weihnachten war, nahmen wir auch einige Tannenzweige mit. Mit meinem geretteten Taschenmesser schnitzte ich aus einem Stück Holz eine Puppe, die meine Mutter mit einem Stoffrest anzog. Ob Ursel sich über die Puppe gefreut hat, weiß ich nicht mehr. Für mich war diese Puppe mein wichtigstes selbst gemachtes Geschenk meiner Kindheit.

Von der Dorfverwaltung erhielten wir eine Einladung zur Weihnachtsfeier in der Schule. Obwohl man uns so nett behandelte, konnten wir uns nicht richtig freuen, da unsere Gedanken bei den vermissten Familiengliedern und der Heimat weilten. Im neuen Jahr sollte ich wieder zur Schule gehen, aber es kam anders. Kurz nach Weihnachten hatten wir dreimal Grund zur Freude. Erstens kam Lieselotte wieder zu uns, sie hatte den Typhus überlebt. Im Januar kamen zwei Briefe vom Deutschen Roten Kreuz. Man teilte uns mit, dass Christel in einem Krankenhaus in Berlin lebt und Vater aus der Gefangenschaft entlassen worden ist und in Holstein lebt. Wie konnte das DRK in so kurzer Zeit uns wieder zusammenführen? Wahrscheinlich hatte meine Mutter bei der Anmeldung im Lager Triebsees zwei Suchanzeigen aufgegeben. Das DRK hat dann durch Vergleich von Listen und Karteikarten die Familien wieder zusammengeführt. Diese Leistung kann man nur bewundern, besonders wenn man an die damalige Technik denkt.

Ankunft in der britischen Zone

Da viele Flüchtlinge in unserer Umgebung versuchten, in die britische Zone zu kommen, meldete meine Mutter uns auch für einen Transport an. Anfang Februar bekamen wir die Mitteilung, dass unsere Ausreise genehmigt ist. Wieder packten wir unsere Rucksäcke und dachten dabei an die letzte Fahrt in Viehwaggons. Positiv überrascht wurden wir, als ein normaler Personenzug in den Bahnhof rollte. Nach einer vergleichsweise angenehmen Fahrt erreichten wir das Auffanglager Friedland.

Lager Friedland mit Nissenhütten

In diesem Lager war alles, von der Ankunft bis zur Abfahrt, bestens organisiert. Vor dem Lager standen Frauen mit Bildern, in der Hoffnung, irgendwelche Informationen über ihre verschollenen Angehörigen zu bekommen. Alle Neuankömmlinge erhielten dann DDT-Staub in Kragen und Hose gepustet. DDT ist ein Gift gegen Läuse. Nach dieser Prozedur bekamen wir einen mit Decken abgehängten Schlafplatz. Es folgten Registrierung und ärztliche Untersuchung. Erst danach erhielten wir den wichtigen Quartierschein für die britische Zone. In diesem Lager mit deutscher Verwaltung fühlten wir uns endlich wieder sicher. Mit einem Zwischenstopp im Lager Bad Segeberg erreichten wir Anfang Februar 1946 die vom Krieg völlig verschont gebliebene Insel Nordstrand. Wir erhielten für vier Personen ein Zimmer auf einem Bauernhof. Der Bauer musste uns auch gegen seinen Willen, nach einem Gesetz von 1939, einen Raum zur Verfügung stellen. Noch enger wurde es, als mein Vater aus der Gefangenschaft zu uns kam. An ein Freudenfest kann ich mich nicht erinnern. Mein Vater resignierte, da er für sich keinen Platz mehr in unserer Familie sah. Alle Initiativen gingen, wie im letzten Jahr, von meiner Mutter aus. Auf meine Schwester Christel mussten wir noch einige Wochen warten. Sie war krank aus einem russischen Arbeitslager entlassen worden. Als alleinstehende Frau wurde sie als Haushaltshilfe an einen Bauernhof vermittelt. Nach über einem Jahr war unsere Familie wieder zusammen. Wir hatten überlebt, aber allen Besitz verloren. Mit der Kleidung am Körper, einem Schlafplatz und Lebensmittelkarten mussten wir neu anfangen.

Als Flüchtling in Holstein

Gleich am zweiten Tag musste ich meine Mutter beim Betteln begleiten. Der starke Wind drohte, sie vom Deich zu pusten. Unsere Beute waren zwei Teller, ein Besteck, zwei Becher und eine Handvoll Kartoffeln. In den nächsten Tagen wurde die Ausbeute immer kleiner, man schloss die Türen, wenn sich die Bettler dem Haus näherten. Da mein Vater bei einem Bauern Arbeit bekam, mussten wir noch einmal umziehen. Für unsere Familie wurde uns beim Bauer Hansen ein Zimmer zugewiesen. Es war ein Raum mit schrägen Wänden unter dem Dach. Meine Mutter bekam ein eigenes Bett. Lieselotte und Ursel schliefen auf einer Trage vom Roten Kreutz. Vater und ich hatten das dritte Bett.

Leider wachte ich mit zwölf Jahren häufig in einem nassen Bett auf. Es war immer der gleiche Traum. Verfolgt von Russen fiel ich in einen Graben und wachte im Wasser auf. Zum Heizen und Kochen hatten wir einen Kanonenofen. Als Brennmaterial bekamen wir etwas Torf. Später sammelten wir nach jedem Sturm angeschwemmtes Holz am Deich. Der Toiletteneimer stand in der Schräge, er wurde morgens in eine Grube geleert. Neu war für uns das elektrische Licht. Die Insel Nordstrand hatte aber kein fließendes Wasser. Da der Bauer uns kein Wasser aus seiner Regenwasserzisterne abgab, mussten wir das Wasser mit Eimern aus einer etwa 1 km entfernten Zisterne, die auch als Viehtränke diente, holen. In längeren Trockenperioden tauschten die Bauern Schinken gegen Trinkwasser mit den Geestbauern. Da es kaum möglich war, Kartoffeln zu bekommen, schenkte uns ein Bauer einen halben Sack Pferdebohnen. Meine Mutter kochte daraus Brotaufstrich, Suppe oder Brei. Seit dieser Zeit esse ich keine Bohnen mehr.

Seit Dezember 1944 hatte ich keine Schule mehr besucht. Im März 1946 wurde ich wieder eingeschult. Bis zu den Osterferien kam ich ins vierte Schuljahr, musste es aber wiederholen. In den ersten Tagen versuchten die Jungens hinter mir, mich mit einer Nadel zu quälen. Die Schule hatte zwei Klassenräume. In einem Raum wurden die Kinder der Schuljahre eins bis vier und im anderen Raum von fünf bis neun unterrichtet. Wir saßen mit über 40 Kindern je Raum sehr eng. Der Lehrer beschäftigte vier Schulklassen mit Singen, Rechnen, Diktat und Aufsatz gleichzeitig. Am Ende des 4. Schuljahrs bekamen ein anderer Flüchtlingsjunge und ich die Empfehlung für das Gymnasium in Husum. Die Aufnahmeprüfung dauerte zwei Tage. Am ersten Tag nahm uns der Busfahrer ohne Zigarettenangebot nicht mit. So galt die Aufnahmeprüfung als nicht bestanden. Eigentlich war ich darüber froh, denn meine Eltern konnten das Schulgeld und die Busfahrt nicht bezahlen. So blieb ich Schüler der Volksschule Pohnshalligkoog.

Langsam fühlte ich mich in der Schule wohler. Beim ersten Schulfest zu Weihnachten 1946 mussten wir Flüchtlingskinder hochdeutsche Gedichte aufsagen, da die einheimischen Kinder platt sprachen. Rangeleien unter den Jungen gab es immer noch, wenn ein Flüchtling vom Besitz seiner Eltern erzählte. Diese Berichte wurden als „Angabe“ betitelt. Wenn mich ein Bauer nach der Hofgröße meiner Eltern ausfragte, habe ich immer untertrieben, so konnte ich das höhnische Lachen vermeiden. Für die Flüchtlinge war es schwer, weil sie alles verloren hatten. Für die einheimische Bevölkerung war es nicht leicht, ihren Besitz zu teilen. Die Integration der Flüchtlinge war aber gerade deshalb eine enorme Leistung aller Beteiligten.

Langsam ging es aufwärts

Wir lebten zwar weiterhin mit fünf Personen in dem engen Zimmer, es gab aber viele kleine Erleichterungen. Mein Vater hatte Arbeit beim Bauern oder auf dem Flugplatz der Engländer. Lieselotte arbeitete bei einem Bauern im Haushalt. Beide kamen in den Verdacht, Eier und andere Lebensmittel gestohlen zu haben. Zum Glück klärte sich der Verdacht bald auf, es waren einheimische Täter. Danach bekamen wir zum Wochenende immer Wurst und Butter.

Ursel freundete sich mit dem Schäfer am Deich an. Sie sammelte die Wolle von den Stacheldrahtzäunen, woraus mit einem geliehenen Spinnrad Wolle gesponnen wurde. Im Sommer sammelte sie den Schafsmist, der getrocknet zum Heizen verwendet wurde. An den Wochenenden sammelten wir gemeinsam Ähren oder stoppelten Kartoffeln. Mit anderen Jungen sammelte ich Möweneier im Watt. Mutti fing an zu nähen. Aus einer Wolldecke schneiderte sie mir einen Anzug. Mit zwölf Jahren konnte ich auch unseren Haushalt verbessern. Beim Bauern Hinrichsen wurde ich zur Feldarbeit, besonders zum Diestelstechen, angestellt. Pro Nachmittag erhielt ich drei RM und ein kräftiges Essen. Frau Hinrichsen sorgte immer dafür, dass ich auch ein richtiges Stück Fleisch bekam. So war die Kinderarbeit für mich ein echtes Geschenk

Begeistert nahmen wir älteren Schüler an Arbeitseinsätzen teil. Mehrere Tage schulfrei gab es zum Kohlpflanzen bei den Bauern. Viel Spaß hatten wir während

Jahrgangsübergreifende Klasse 5-9 der Schule Pohnshalligkoog
(hintere Reihe, 3. von rechts)

der Fahrt auf dem Treckeranhänger zum Torfringeln in der Nähe von Schleswig. In Husum nahmen wir bei der Durchfahrt einigen Männern den Hut ab und setzten ihn anderen Männern wieder auf. Schulfrei bekamen wir auch an einem Wintertag nach einer mächtigen Sturmflut, um ganze Kisten voll Apfelsinen am Deich zu bergen. Leider schmeckten die Apfelsinen nach drei Tagen schon sehr salzig.

In der Schule hatte ich jetzt drei Freunde. Wir teilten die Schularbeiten auf und tauschten dann die Ergebnisse aus. Der Lehrer förderte uns durch Sonderaufgaben. Einmal in der Woche mussten wir mit einem Handwagen die Schulspeisung von einem sechs Kilometer entfernten Lager abholen. Beim Schieben des Wagens konnte man mit dem befeuchteten Finger Milchpulver naschen. Die Strafen für die älteren Schüler waren fast alle Hilfen für die Lehrer. So mussten wir Holz hacken, den Garten umgraben, Kartoffeln ernten oder Schnee schieben. Im Winter hatten wir ein gefährliches Spiel, von dem unsere Eltern nichts wussten. Mit langen Stangen schipperten wir mit großen Eisschollen aufeinander zu und retteten uns durch einen Sprung auf die nächste Scholle.

Seit 1947 erhielten wir als Flüchtlinge von amerikanischen Mennoniten und anderen Kirchen einige Carepakete, um die man uns beneidete. Sie enthielten Lebensmittel, Zigaretten und andere Dinge zum Tauschen. Mit der Währungsreform 1948 waren die Schaufenster plötzlich wieder bunt gefüllt.

Neubeginn im Westen

Im Jahr 1948 wurden meine Eltern vor eine schwere Entscheidung gestellt. Wir bekamen die Möglichkeit, nach Uruguay auszuwandern. Die meisten Geschwister meiner Eltern hatten sich dafür entschieden. Von amerikanischen Mennoniten finanziert, konnten sie dort mit kleinen Siedlungsbetrieben neu anfangen. Nach langen quälenden Spaziergängen hatte mein Vater sich dagegen entschieden. Er erklärte mir in einem langen Gespräch, dass er Deutschland, sein Vaterland, nicht verlassen könne. Wären wir damals auch ausgewandert, hätte sich mein weiterer Lebensweg total verändert. Etwa die Hälfte meiner Verwandten lebt heute noch in Uruguay. Das Leben in deutschen Kolonien hat ihnen wirtschaftlichen Erfolg gebracht.

Eine andere Möglichkeit, den Lebensstandard zu verbessern, ergab sich durch die Öffnung der französischen Zone für Flüchtlinge. So zogen wir 1949 um nach Neuwied am Rhein, wo wir zwei Zimmer im ersten Stock bekamen. Die Vermieterin war sehr bemüht, uns das Leben zu erleichtern. Trotzdem fühlten wir uns in der Stadt nicht wohl und packten unsere beiden Kisten gar nicht ganz aus. Kurz vor Weihnachten 1949 wurde meinem Vater eine Stelle beim Mennonitischen Hilfswerk angeboten. Wir zogen wieder um und zwar auf den Branchweilerhof bei Neustadt an der Weinstraße. Die dortige Mennonitengemeinde half uns, die Drei-Zimmer-Wohnung einzurichten.

Für mich gab es eine große Überraschung. Da Rheinland-Pfalz nur acht Schuljahre hatte, war ich plötzlich aus der Schule entlassen. Mit der Frage, was ich jetzt machen sollte, war ich völlig überfordert. Ein Kollege meines Vaters machte uns auf eine freie Lehrstelle in einer Gärtnerei aufmerksam. Von der Arbeit in einer Gärtnerei und den späteren Berufsaussichten hatte ich keine Ahnung. Ich unterschrieb einen Lehrvertrag in einem kleinen Betrieb, in dem der 80-jährige Inhaber mit zwei Söhnen und einem Gehilfen arbeitete. Nach heutigen Vorstellungen war es kein Lehrbetrieb. Für vier DM in der Woche musste ich von 7 bis 19 Uhr und jedes zweite Wochenende, arbeiten. Die Arbeiten waren schwer und selten interessant. Neben dem Ausfahren von Kränzen und Blumenkörben mit dem Firmenfahrrad musste ich Kompost umsetzen, Heizung entschlacken, Koks entladen, Gewächshausdächer reparieren und große Flächen umgraben. Die Berufsschule durfte ich mit Genehmigung des Lehrers nur jede zweite Woche besuchen.

Die Teilnahme an Gottesdiensten und Jugendarbeit war mir durch die Vergangenheit fremd geworden. Am Sonntag traf die Jugend sich im Wohnzimmer einer Familie Lichti. Bibelarbeiten waren sehr eng und pietistisch ausgerichtet. Abweichende Meinungen habe ich nicht vorgetragen, sondern mit meinem Vater diskutiert. Manchmal blieb ich der Jugendstunde fern, um eine Radtour zu machen oder ins Kino zu gehen. Nach der Bibelstunde machten wir Gesellschaftsspiele, wobei normale Spielkarten nicht erlaubt waren. Gespielt wurde mit Karten, die Zahlen von eins bis zwanzig enthielten.

Der letzte Umzug mit der Familie

Nach zwei Jahren Arbeit für die aus Westpreußen geflüchteten Mennoniten wurde mein Vater 1952 zum Ältesten der Gemeinde Neuwied gewählt. Der Umzug von Neustadt nach Neuwied erfolgte mit einem kleinen Lastwagen, weil wir schon etwas „Eigentum" angesammelt hatten. Das kleine Siedlungshaus auf der Torney wurde unsere neue Heimat nach dem Krieg. In der Jugendgruppe der Gemeinde fühlte ich mich sehr wohl. An allen Freizeiten zu Ostern und im Sommer nahm ich teil.

Für das dritte Lehrjahr fand ich schnell einen Lehrbetrieb. Besonders vorteilhaft war für mich, dass gleichzeitig ein Abiturient im Betrieb arbeitete, der meine Allgemeinbildung durch Ausleihen seiner Schulbücher förderte. Im März 1953 bestand ich mit 17 Jahren die Gehilfenprüfung. Was nun?

Zweifel an der Berufswahl

Nachdem ich in drei verschiedenen Betrieben gearbeitet hatte, bekam ich Zweifel an meinem weiteren Lebensweg. Die Arbeit wurde eintönig, und der Lohn reichte nicht für die Gründung einer Familie. Ich entschied mich, eine Meisterschule zu besuchen, obwohl ich für eine Meisterprüfung noch zu jung war. Falls die weitere

Ausbildung im Gartenbau mir nicht gefiel, wollte ich in einem anderen Beruf neu anfangen.

Von der Lehr- und Versuchsanstalt Aurich bekam ich eine Zusage für November 1955. Meine Mutter versuchte täglich, mich von diesem Entschluss abzubringen. Nach ihrem Wunsch sollte ich weiterhin in der Nähe arbeiten. Volle Unterstützung bekam ich von meinem Vater.

Unklar war jedoch zunächst die Finanzierung, denn das angesparte Geld reichte bei weitem nicht aus. Vater informierte sich bei verschiedenen Ämtern und fand heraus, dass er lastenausgleichsberechtigt war. Das Lastenausgleichsgesetz sollte die finanziellen Nachteile der Flüchtlinge ausgleichen. Dafür mussten durch den Krieg nicht geschädigte Betriebe in den Topf einzahlen. Weil mein Vater meine Ausbildung vor dem Krieg hätte bezahlen können, erhielt er für meine Ausbildung einen Zuschuss. Die Integration der Flüchtlinge schritt voran. In der Auricher Schule wurden 20 Schüler von drei Lehrern unterrichtet. Besonderes Interesse hatte ich für die naturwissenschaftlichen Fächer. In den ersten Wochen hatte ich große Bedenken, ob ich mit meiner schlechten Schulbildung das Ziel der Schule erreichen würde. Da mir das Lernen Spaß machte, erreichte ich ein gutes Abschlusszeugnis. Die Lehrer empfahlen mir deshalb, eine weitere zweijährige Ausbildung zum Gartenbautechniker anzuschließen.

Ich befolgte den Rat und besuchte ab April 1957 die Lehr- und Forschungsanstalt in Weihenstephan. Als ich auch diese Ausbildung ohne Probleme beendet hatte, wurden meine Zweifel an der Berufswahl schwächer. Zum Abschluss besuchte ich noch die Technische Hochschule in Hannover. Meine Berufswahl mit 14 Jahren war zufällig. Der Gartenbau war nie mein Steckenpferd. Trotzdem war ich mit meiner Tätigkeit an der Universität überwiegend sehr zufrieden.

Nachwort

Mit der Berufsausbildung will ich meinen Bericht beenden, da ich sonst zu oft über noch lebende Personen schreiben müsste.

Doris Pick

Das Poesiealbum meines Vaters*

Horst Pick war evangelisch und erst durch die Heirat mit Dora Wiens öfters in der Mennoniten-Gemeinde gewesen. Er kam aus Ostpreußen, aus Stefffensfelde /Kreis Gumbinnen. Als junger Mann wurde er noch in den Krieg eingezogen, wohl mit 14 Jahren; zuletzt als Gebirgsjäger nach Garmisch-Patenkirchen. Diese Zeit hat er zwar als sehr schrecklich und schwer erlebt – aber es war auch seine Jugendzeit und die hat er mit vielen seiner Kameraden dann auch im Krieg erlebt und trotz der schwierigen Umstände auch irgendwie genossen .... Diese „Kameraden" hatten so einen starken Zusammenhalt, dass diese Freunde bis nach meines Vaters Tod noch bei meiner Mutter angerufen und ihr Weihnachtsgrüße geschickt haben.

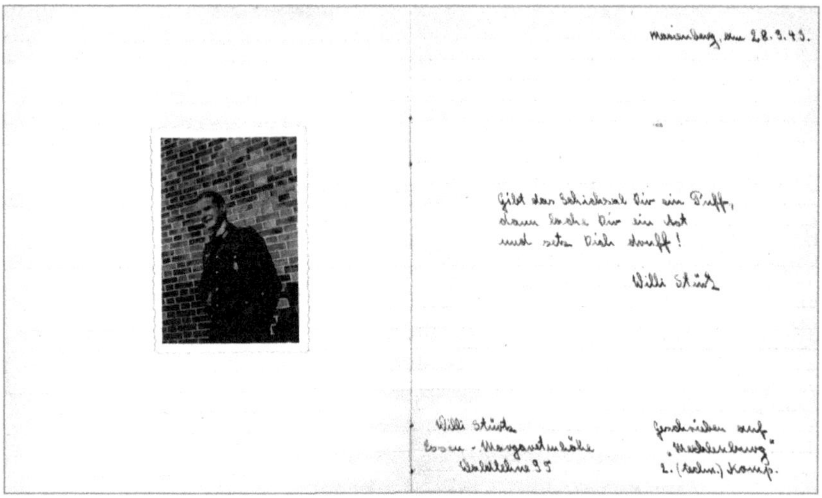

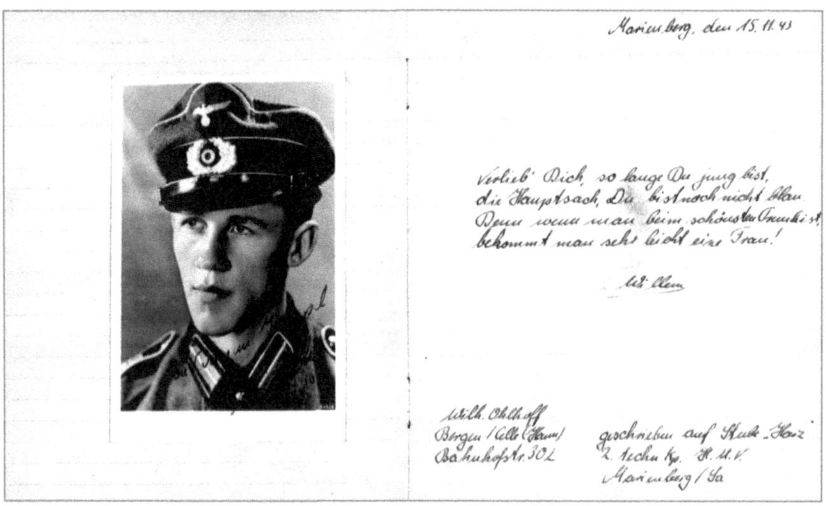

* Das Poesiealbum befindet sich in der MFSt.

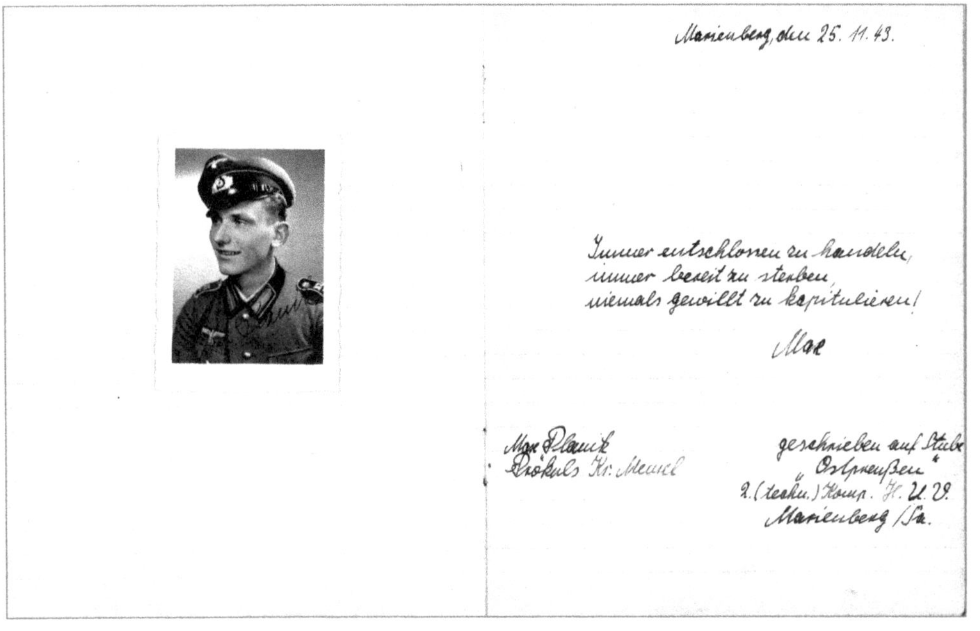

Marienberg, den 25. 11. 43.

Immer entschlossen zu handeln,
immer bereit zu sterben,
niemals gewillt zu kapitulieren!

Max

Max Plaenik
Prökuls Kr. Memel

geschrieben auf Stube
„Ostpreußen“
2. (techn.) Komp. H. U. V.
Marienberg/Sa.

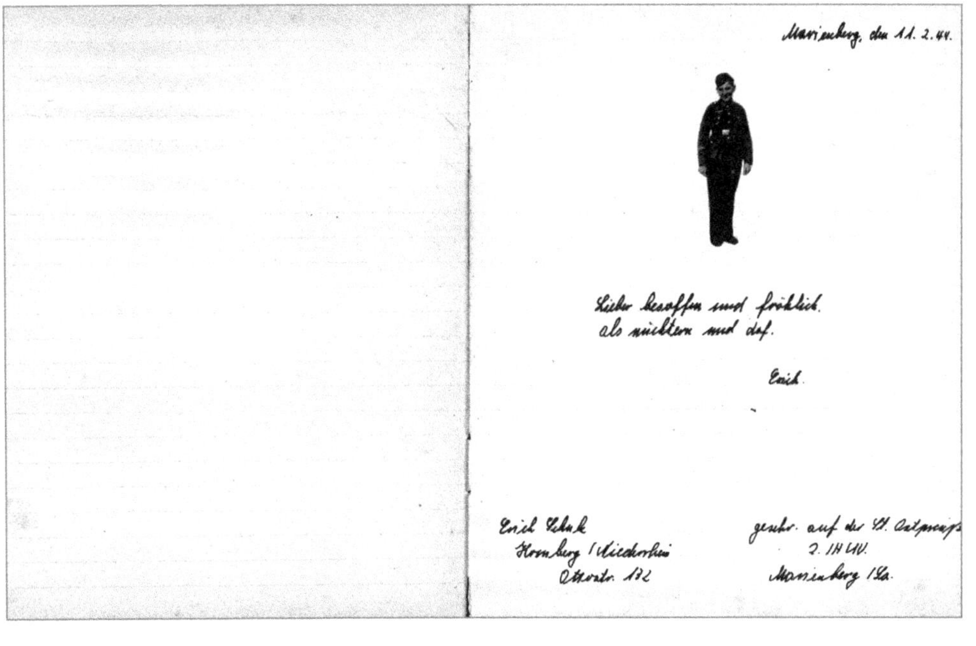

Marienberg, den 11. 2. 44.

Lieber besoffen und fröhlich,
als nüchtern und doof.

Erich.

Erich Schuk
Homberg/Niederrhein
Ottostr. 132

geschr. auf der St. Ostpreuß.
2. IH UV.
Marienberg/Sa.

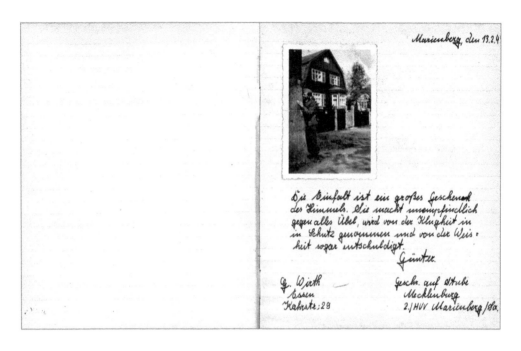

Marienberg, den 13.2.4

Die Einfalt ist ein großes Geschenck
des Himmels. Sie macht unempfindlich
gegen alles Übel, wird von der Klugheit in
in Schutz genommen und von der Weis-
heit sogar entschuldigt.

Günter.

G. Wirth
Essen
Kahrstr.: 29

Geschr. auf Stube
Mecklenburg
2./HUV Marienberg/Sa.

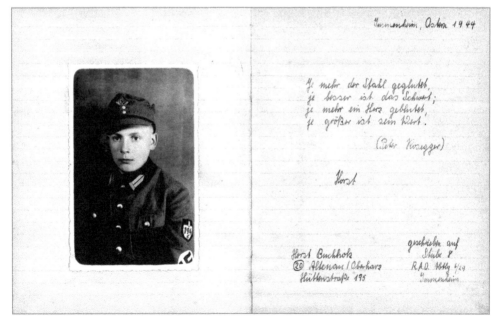

Immenheim, Ostern 1944

Je mehr der Stahl geglutet,
je besser ist das Schwert;
je mehr ein Herz geblutet,
je größer ist sein Wert.

(Peter Rosegger)

Horst

Horst Buchholz
(20) Altenau / Oberharz
Hüttenstraße 195

geschrieben auf
Stube 8
R.A.D. Abtlg 6/29
Immenheim

Lily Regehr

Nach einer langen Flucht: In Lindenbrück*

Am 12. März 1944 kamen wir in Lindenbrück, Kreis Dietfurt, im Warthegau an, auf den Tag genau nach sechs Monaten, seit wir Paulsheim verlassen mussten. Eine große Gruppe Paulsheimer – hauptsächlich Frauen, Kinder und Alte – traf gleichzeitig in Lindenbrück ein.

Als Unterkunft wurde uns eine kleine Wohnung im Käsehäuschen zugewiesen. Sie bestand aus einer Stube und einer Küche. Unsere Großeltern bewohnten die Stube, unsere Mutter mit uns Kindern die Küche.

Das kleine Grundstück des Käsehäuschens grenzte hinten an den Garten des Pastorenhauses. So war der Weg durch den Garten für Pastor Hochhauser nicht weit, um unseren Großvater zu besuchen, der selbst viele Jahre Prediger war (Ausbildung in St. Chrischona Ende der 1890er Jahre). Pastor Hochhauser lieh unserem Großvater Bücher und kam hin und wieder zu einem Gedankenaustausch und zur Aussprache herüber. Das geschah meistens am Vormittag, während wir Kinder in der Schule waren. So entstand bald ein gutes, freundschaftlich-kollegiales Verhältnis zwischen Pastors und unseren Großeltern (Gustav und Evangeline Rempel, geb. Dirks).

Es folgen zwei Auszüge aus meinen Kindheitserinnerungen „Kindheit in der Kriegszeit“.

Der Gang über den Friedhof

Sommer 1944: Am Sonntagnachmittag um die Vesperzeit sagte Großmama zu meinem Cousinchen Valy (fünf Jahre) und mir (sechs Jahre), wir sollten die Schuhe anziehen: „Ich will mit euch einen Spaziergang machen.“ Mama fragte: „Willst du das wirklich tun?“ Großmama antwortete entschlossen: „Ja!“ – Dann nahm sie uns beide bei der Hand und ermahnte uns, ruhig und gesittet zu gehen. Es war eigentlich mein Schulweg. Wir ließen die Schule jedoch links liegen und wandten uns nach rechts der gotischen Kirche zu. Die Backsteine schimmerten rot durch das Grün der Bäume. Wir betraten die Kirche und saßen ein Weilchen in den leeren Bänken. Es war so eigenartig still im hohen Raum. Alle Geräusche schienen draußen geblieben zu sein. Eigentlich hörte man gar nichts: keine Stimmen, kein Vogelgezwitscher, kein Wagenrollen, kein Klappern der Pferdehufe auf dem Kopfsteinpflaster, auch nicht das Rauschen des Windes in den Kronen der hohen Linden, die die Kirche umstanden.

Nach den Minuten der Stille sagte Großmama, sie wolle mit uns über den Kirchhof (Friedhof) gehen, der hinter der Kirche lag. Wir gingen durch die Gräberrei-

* Auszug aus den handschriftlich verfassten Erinnerungen vom Mai 2016. Die vollständige Schrift liegt in der MFSt.

hen und Großmama sprach von den vielen Toten, die hier ruhen und die eines Tages auferstehen werden. So sehr ich es den Toten auch gönnte, dass sie eines Tages wieder lebendig würden – so konnte ich es mir doch nicht vorstellen, dass sie die Kraft haben würden, aus der Erde, aus den Gräbern hervorzukommen – lagen doch gar zu schwere Grabsteine und Steinplatten darauf. Ich hatte Mitleid mit den Toten und suchte nach Möglichkeiten, ihnen das Auferstehen zu erleichtern. Die Steine bewegen oder heben konnte ich sowieso nicht. Aber ich suchte nach Ritzen und Spalten in den großen Steinen. Da würden ihre Seelen vielleicht hindurch kommen!? Großmama sagte: „Darüber brauchen wir uns keine Sorgen machen. Das können wir ruhig Gott überlassen!“

Ich suchte jedoch weiter. Endlich hatte ich ein halb eingefallenes Grab gefunden. Die Steinplatte war mitten entzweigebrochen und an der Seite sank die Erde in ein tiefes Loch. Für mich war die Sache klar. Ich fragte Großmama“ „Ist dieser Tote schon auferstanden?“ Sie behauptete: „Nein!“ Ich fragte: „Wie weißt du das?“ Sie sagte: „Die Toten werden alle gleichzeitig auferstehen. Und Gott allein weiß den Tag, an dem das geschehen wird.“ Dann wurden unsere Schritte zu einem Grab gelenkt, das über und über mit frischen Blumen und Kränzen bedeckt war. Valy und ich wunderten uns, dass auf einem Grab so sehr viele Blumen und auf anderen Gräbern keine Blumen, nur Steine lagen. Großmama sagte: „Dieses ist ein neues Grab. Hier wurde gestern eine junge Mama begraben. Sie hatte ein Kleines bekommen – und dann sind beide gestorben. Manchmal stirbt eine Frau, wenn sie ein kleines Kind bekommt. Es kommt selten vor, aber manchmal.“ Ich fragte. „Warum ist denn das Kleine auch gleich gestorben?“ Großmama sagte: „Das weiß ich nicht. – Aber es ist besser so in dieser Zeit! Wenn es am Leben geblieben wäre, hätte es ja keine Mama, die es versorgen würde. So ein Kleines braucht unbedingt eine Mama!“ Ich meinte: „Vielleicht könnte es der Papa versorgen!“ „Oh, Kind!“ sagte Großmama, „der Papa ist Soldat an der Front. Er konnte nicht mal hier sein, um seiner Frau in der schwersten Stunde ihres Lebens beizustehen und auch nicht gestern – als seine Frau und sein Kind begraben wurden!“ – Ich fragte: „Welches war die schwerste Stunde in ihrem Leben?“ Großmama antwortete nicht gleich. Dann fragte ich: „War es die Stunde als sie starb?“ Ich schaute sie an und sah, dass ihr Blick über das Blumengrab hinausschweifte und sich in der Ferne verlor. Dann sagte sie: „Ja, es wird wohl die gleiche Stunde gewesen sein.“

Wir waren am Rande der Gräberreihen angekommen. Zwischen den letzten Gräbern und dem Zaun, der den Kirchhof umrahmte, lag noch ein freies Gelände für künftige Gräber. Wir standen da und schauten hinüber. Ganz nahe am Zaun sah ich einen Erdhaufen. Ich fragte Großmama; „Was ist das Dunkle dort?“ Sie sagte. „Das ist auch ein Grab. Und zu dem Grab will ich jetzt hingehen! Kommt mit!“ Die Erde, unlängst erst aufgeworfen, hatte die Form eines Grabhügels. Es war unmissverständlich ein frisches Grab – jedoch ohne Blumen, ohne Namen, ohne Grabstein. Ich fragte: „Warum haben sie den einen hier so allein begraben und nicht dort bei den anderen?“ Großmama sagte: „Das ist das Grab von einem, der seinem Leben selbst ein Ende gesetzt hat.“ Das verstand ich nicht. Aber Großmama hatte heute schon einiges gesagt, das ich nicht ganz verstand. „Hier wird so einer abseits von den andern begraben. Bei uns war das nicht so.“ Valy und ich hatten eben noch die vielen schönen Blumen bewundert, die liebende und trauernde Menschen auf ein Grab gelegt hatten – jetzt standen wir vor einem schwarzen, völlig kahlen, sozusagen nackten Erdhügel. Weil keine Blumen auf dem Grab lagen, fragte ich: „Hatte er keine Familie? Hatte ihn keiner lieb?" „Oh, doch!" sagte Großmama, „Seine Familie hat ihn sicher sehr lieb gehabt. Und jetzt sind sie sehr traurig darüber, dass er tot ist."

Ich hatte gerade lesen gelernt und merkte, dass kein Name an diesem Grab stand. Ich sagte: „Wenn hier kein Name steht, dann weiß doch keiner, wer hier begraben ist." Großmama: „Das ist nicht so wichtig. Wichtig ist, dass Gott es weiß. Er nimmt seine Seele sicher genauso an, wie die Seelen der anderen Menschen, die gestorben sind. Und jetzt wollen wir ganz still sein – und ich werde für seine Seele beten!" Dann falteten wir die Hände und Großmama betete an diesem einsamen Grab.

Geburtstag

Im Spätherbst brachte mein Bruder Walter mir das Pfeifen bei. Ich übte unaufhörlich. Den Erwachsenen wurde das bald zu viel im Haus und deshalb durfte ich am Nachmittag ein Weilchen hinaus. Ich setzte es durch, dass ich ein Stückchen auf dem Bürgersteig an der Straße entlanggehen durfte, etwa zwei Häuser weit. Nun konnte ich nach Herzenslust das Pfeifen üben. Ich war damit so beschäftigt, dass ich sonst nichts bemerkte. Plötzlich sagte jemand hinter mir: „Wer pfeift denn da?" Ich drehte mich um – es war Frau Hochhauser, die Frau des Pastors. Sie fragte mich, warum ich denn so fröhlich wäre. Ich antwortete: „Ich freue mich auf meinen Geburtstag, morgen." – „Oh", sagte sie beim Überholen, „dann gibt es morgen wohl etwas Süßes!" Nun wurde meine Vorfreude auf meinen Geburtstag noch größer.

Ich übte das Pfeifen bis ich ganz durchgefroren war und Mama mich hereinholte. Ich erzählte von der Begegnung mit Frau Pastor und dass sie gesagt hätte: Morgen würde es etwas Süßes geben! Mama blickte mich wortlos an, und Großmama sagte, das wäre wohl nicht so gemeint. Aber ich war mir sicher: Morgen gibt es etwas Süßes – von Frau Pastor! Lebensmittel – streng rationiert – gab es nur auf Lebensmittelkarten. Im Laden wurden dann die jeweiligen Marken, auf denen die uns zustehende Menge aufgedruckt stand, mit der Schere herausgeschnitten. Ich erinnere mich, dass Mama einmal einen tiefen Esslöffel Rindertalg abgewogen bekam. Das sollte die Fettration für einen Monat für uns als Familie sein. Anderes Fett gab es gerade nicht. Von Süßigkeiten war da keine Rede und nichts vorgesehen.

Der Geburtstag kam. Bei uns in der Familie war es üblich, dass das Geburtstagskind bei den Mahlzeiten am Tisch auf einem dicken Kissen sitzen durfte wie auf einem Thron, um die Besonderheit dieses Kindes an diesem Tage zu betonen. So war es auch dieses Mal. – Nach dem Mittagessen wagte ich zu fragen, wo das Geburtstagsgeschenk für mich sei? Großmama blickte mich ernst an und antwortete kopfschüttelnd: „Es gibt keine Geschenke in dieser Zeit!" Ich fing an zu weinen und kletterte von meinem „Thron“ herunter. Da zog meine Mutter irgendwo etwas hervor und überreichte es mir mit den Worten: „Nimm dieses hier, es ist das Wertvollste, das ich habe, ab heute gehört es dir!“ Ich schaute darauf und sah, dass es das dunkelgrüne Seidentuch mit dem eingewebten Muster und den langen weichen Fransen war. Mamas Seidentuch! – Es war das Tuch, das ich vor einem Jahr auf der Flucht bereits zum sechsten Geburtstag bekommen hatte! – Und das gleiche Tuch, das ich vor zwei Jahren in Paulsheim schon zum fünften Geburtstag bekommen hatte!? Ich war wie erstarrt. Dann kam die Wut in mir hoch, ich holte tief Luft und dann platzte es aus mir heraus: „Das Tuch habe ich schon in Paulsheim zum Geburtstag bekommen – und voriges Jahr auf der Flucht auch! Es gehört schon lange mir! Und jetzt wollt ihr es mir zum dritten Mal schenken? Tragen darf ich es sowieso nicht. Dazu ist es zu schade. Jetzt will ich es nicht mehr!“ Zuerst waren alle sprachlos. Das hatten sie nicht erwartet. Keiner schimpfte, keiner widersprach. – Mama faltete das Tuch wieder sorgfältig zusammen und sagte: „Ich werde es für dich weglegen.“ Und Großpapa sagte: „Sie wird es später einmal wertschätzen. Jetzt ist sie noch zu klein dafür.“ Ich habe übrigens das Tuch nie wiedergesehen.

Aber der Geburtstag war noch nicht vorüber. – Vom Stubenfenster aus konnte man in den kleinen Garten schauen – und dahinter lag schon der Obstgarten mit dem Pastorenhaus. Immer wieder ging ich ans Fenster, um zu sehen, ob Frau Pastor wohl durch den Garten herüberkommt? Ich wartete den ganzen Tag bis zur Dämmerung. Mama meinte, Frau Pastor hat es sicher vergessen, sie denkt nicht mehr daran, sie hat sicher etwas anderes zu tun. – Ich meinte, wenn sie es vergessen hat, dann werde ich hingehen und sie daran erinnern – sie war doch gestern so nett zu mir. Weil ich nicht nachgab, ließ Mama mich endlich gehen, bevor es ganz dunkel wurde.

Ich rannte hinüber zum Pastorenhaus und klopfte an die Hintertür. Frau Hochhauser öffnete und war sehr erstaunt, mich vor der Tür stehen zu sehen. Sie dachte wohl, es ist etwas passiert. Ich grüßte artig. Sie grüßte. Dann fragte sie: „Hast du etwas auszurichten?“ – „Nein.“ – „Hat deine Mutter dich geschickt?“ „Nein.“ – Dann fragte sie mich, warum ich gekommen bin. Ich antwortete: „Weil ich heute Geburtstag habe.“ „So,“ sagte sie, „und wie alt bist du geworden?“ „Sieben“, sagte ich (aber das hatte ich ihr ja schon gestern erzählt). „Da habt ihr sicher schön gefeiert!“ Darauf wusste ich nichts zu antworten – aber zum Feiern fehlte ja noch etwas. Ich stammelte. „Sie sagten, – heute würde es – etwas Süßes geben.“ – „Ach so“, Frau Pastor schaltete. Es war zu kalt, um mich draußen stehen zu lassen. Sie ließ mich ins Haus; ich stand im Wohnzimmer bei der Tür, während sie in einem Nebenraum verschwand. Im Dämmerlicht konnte ich den Herrn Pastor auf dem Sofa sitzen sehen und die beiden heranwachsenden Söhne erkennen, die ich schon im Sommer gesehen hatte, als sie in den Ferien nach Hause kamen. Sie gingen irgendwo auf ein Gymnasium. – Dann kam Frau Pastor zurück und gab mir zwei Bonbons: einen für mich und einen für meinen Bruder. Sie drückte mir die Bonbons in die Hand und sagte: „Halt sie gut fest, damit du sie nicht verlierst, sonst findest du sie nicht wieder in der Dunkelheit.“ Ich bedankte mich und ging durch den mir bekannten Garten nach Hause.

Ich spürte das feuchte Laub unter meinen Füßen und sah wie die Nebelschwaden durch die kahlen Äste der Bäume zogen. Nach dem Hinaufsehen hätte ich unten beinahe die Orientierung verloren. Ich begann mich zu fürchten. Eigentlich wollte ich die Bonbons unterwegs anschauen, aber dazu war es schon zu dunkel. Ich wagte nicht zu rennen so wie sonst, aus Angst ich könnte stolpern und sie verlieren. Ich musste sie richtig festhalten, denn sie waren klein und hart in meinen Händen wie Stückchen von einer dünnen Stange abgeschnitten.

Dann kam ich nach Hause, freudestrahlend, triumphierend in jeder Hand einen Bonbon haltend. Ich hatte tatsächlich Bonbons! Nach der ersten Bewunderung wurde geteilt wie immer, auch mit den Erwachsenen. Doch diese Bonbons waren zu hart. Man konnte sie nicht teilen. Was nun? Großmama löste die Sache unkompliziert. Jeder der Erwachsenen nahm den harten Bonbon einmal in den Mund, um den Geschmack zu haben: Zuerst Großpapa, dann Großmama, dann Mama. Zuletzt spülte sie ihn kurz ab – dann hatte ich meinen Bonbon wieder, den ich langsam mit allen Sinnen bis zum letzten Duft genoss. Walter und ich waren eine Weile unfähig für irgendeine Beschäftigung. Wir gingen langsam in der Stube herum, saßen auf dem Bettrand, schauten uns hin und wieder an. Hinzu kamen die Ratschläge der Erwachsenen: Wir sollten den Bonbon langsam lutschen – oder ihn in die Backentaschen stecken – dann hält er länger ... Als mein Bonbon im Mund immer kleiner wurde, fragte ich meinen Bruder: „Hast du deinen noch?“ Er nickte stumm genießend. Noch heute sehe sein mageres, bleiches Kindergesicht vor mir.

Ich sagte übrigens immer „Bombom“, wie ich es von andern Kindern gehört hatte. Großpapa belehrte mich: „Bonbon“ ist ein französisches Wort und wird etwa wie „Bongbong“ ausgesprochen. Ich sagte trotzdem lieber „Bombom“, obwohl mich das Wort immer an Bomben erinnerte. Ich wunderte mich, dass so etwas Leckeres, Begehrenswertes, Verlangenerregendes, „Wasser-im-Munde-zusammenlaufen-Lassendes“ – fast den gleichen Klang hatte wie etwas Schreckliches, Zerstörerisches!? Großpapa beruhigte mich: „Bonbons explodieren nicht. Das sind zwei ganz verschiedene Dinge!“ Bombom? – Bomben?

Unsere Großeltern sprachen nicht von „Bonbons“. Sie sprachen – wenn überhaupt – von Süßigkeiten, von Naschwerk oder Konfekt. Aber das alles gab es für uns schon lange nicht mehr, wahrscheinlich schon seit dreieinhalb Jahren nicht mehr. Ich glaube, wir Kinder hatten schon vergessen, wie Konfekt schmeckt. Ich versuchte, das irgendwie einzuordnen: Vielleicht spricht man in Friedenszeiten von „Konfekt“ – und in Kriegszeiten von „Bombom“?

Manche Kinderfragen blieben offen.

Im Nachhinein gab es noch eine kleine Auseinandersetzung. Ich erzählte, dass ich bei Pastors die beiden großen Jungens (wahrscheinlich fünfzehn und zwölf Jahre alt) gesehen hatte. Ich wunderte mich, dass sie zu Hause waren und nicht auf der höheren Schule, wie uns erzählt wurde. Großmama wollte mir zuerst ausreden, dass ich sie gesehen hätte. Aber ich verteidigte vehement meine Wahrnehmungen. Großpapa meinte: „Die sind wahrscheinlich schon zu den Weihnachtsferien nach Hause gekommen.“ Das fand ich ungerecht. Wir hatten jetzt doch noch keine Ferien! Und bis Weihnachten war es noch lang. Walter meinte: „Vielleicht sind sie aus der Schule ausgebüchst!?“ Am nächsten Morgen, bevor ich zur Schule ging, musste ich hoch und heilig versprechen, niemandem zu erzählen, dass ich bei Pastors war, deren Söhne dort gesehen und zwei Bonbons von Frau Pastor bekommen hätte. Sonst würde ich nie wieder zu Pastors gehen dürfen! Das versprach ich dann widerwillig.

Nachtrag

Viele Jahrzehnte später: Meine Mutter, die in ihrem Alter bei mir wohnte, und ich schauten uns eine Fernsehsendung an über kirchliche Bräuche und Gepflogenheiten im Laufe der Zeit. Dabei wurde erwähnt, dass es über Jahrhunderte hinweg bis in die Gegenwart hinein üblich war, Suizidenten kein kirchliches, d. h. kein christliches, Begräbnis zu gewähren und sie außerhalb der Friedhofsmauer zu begraben. Und wenn innerhalb der Begrenzung, dann ganz außen am Rand, getrennt von den anderen Gräbern. Mir war das neu – doch dann kam plötzlich die Erinnerung an das einsame, schmucklose Grab, an dem unsere Großmutter mit Valy und mir betete. Ich sagte: „Ich glaube, so ein Grab habe ich mal gesehen, in Lindenbrück.“ Meine Mutter schaute mich nachdenklich an und nickte. Dann fing ich an, meine Erinnerungsbruchstücke zusammenzusuchen und ihr zu erzählen. Sie war sehr erstaunt darüber, dass ich aus jener Zeit so manches behalten hatte und ergänzte meine kindlichen Erinnerungen mit dem, was sie als damals Erwachsene wusste.

Das versuche ich hier wiederzugeben: Eines nachts hörte Großpapa einen Schuss ... Der Schwiegersohn von Pastor Hochhauser war wie die meisten Männer seines Alters während des Krieges zum Militär eingezogen. Unerwartet kam er abends spät bei Dunkelheit ins Pastorenhaus. Sie sprachen noch stundenlang miteinander bis tief in die Nacht, bevor sie sich zur Ruhe legten. Dann fiel der Schuss. Er hatte sich das Leben genommen. In der zweiten Woche danach gingen Mama und Großmama hinüber in Trauerhaus, um einen Kondolenzbesuch abzustatten. Großpapa konnte den kurzen Weg durch den Garten nicht zu Fuß zurücklegen. Während die beiden Frauen bei Frau Hochhauser im Pastorenhaus blieben, kam Herr Hochhauser zu Großpapa, um sich auszusprechen: Den Grund für den Selbstmord ihres Schwiegersohnes fanden Hochhausers in dem langen Gespräch, das er mit ihnen in der Nacht führte: Er war Mitwisser des Attentats von Claus Schenk Graf von Stauffenberg auf Adolf Hitler am 20. Juli 1944. Der Schuss fiel in den frühen Morgenstunden des 21. Juli. Etwa eine Stunde nach dem Schuss waren die Häscher schon da, um ihn zu suchen und abzuholen. Aber da war er schon tot. Er hatte die Zeit genau abgeschätzt, wie lange es bis zu ihrem Eintreffen dauern würde. Die fremden Menschen, die wir tagelang im Pastorenhaus ein und aus gehen gesehen hatten, waren also die Fahnder: Zuerst wahrscheinlich SS-Leute, dann die Kriminalpolizei auf Spurensuche. Es handelte sich ja um einen Mord. Er wurde in aller Stille begraben ... das einsame, schmucklose Grab.

Im Sinne der NS-Regierung sollte das Attentat auf Adolf Hitler in der Öffentlichkeit den Eindruck erwecken, als wäre es die Tat eines Einzelnen oder einiger weniger Verbrecher gewesen. Es wurde so getan, als gäbe es in der Bevölkerung nur Anhänger – keine Gegner Hitlers, keinen Widerstand. Dementsprechend durfte der Selbstmord nach außen hin auf keinen Fall im Zusammenhang mit dem Attentat gesehen werden. Man beließ es bei einem Selbstmord aus persönlichen Gründen. „Suizid im Pastorenhaus“ – war wohl Schmach und Schande genug im Ansehen der Leute. Pastor Hochhauser durfte weiterhin seine Arbeit tun. Eine gewisse Zurückgezogenheit fiel nicht auf, befand sich die Familie doch im Trauerjahr. Für die Söhne hatte es jedoch Konsequenzen: sie durften die höhere Schule nicht weiter besuchen, mussten zu Hause bleiben und wurden unter Hausarrest gestellt. Das wiederum durfte im Ort nicht bekannt werden, denn dann hätten die Leute nach dem Warum gefragt. Niemand durfte wissen, dass die beiden Söhne seit dem Sommer zu Hause waren – auch ich nicht. Deshalb durfte ich niemandem erzählen, dass ich sie gesehen habe.

Paulsheim in der Molotschna

Das Dorf Paulsheim gehörte zur Mennonitenkolonie Molotschna in der Südukraine, östlich vom Dnjepr und nördlich vom Schwarzen Meer gelegen. Als Reaktion auf den Einmarsch der deutschen Truppen in die Sowjetunion (am 22. Juni 1941) wurden Anfang September 1941 alle Männer zwischen 16 und 60 Jahren (in manchen Dörfern von 15 bis 65 Jahren) aus der Gegend in die Arbeitslager nach Sibirien deportiert, weil sie deutsche Volkszugehörige waren. Unser Vater hat das erste Jahr im Arbeitslager nicht überlebt.

Die deutschen Truppen standen bereits am westlichen Ufer des Dnjepr, der von der Sowjetischen Armee verteidigt wurde. Wenige Wochen später sollten auch wir anderen, also Frauen, Kinder und Alte, evakuiert und nach Kasachstan deportiert werden. Wir wurden abgeholt und zur nächstliegenden Bahnstation Stulnjewo gebracht. Dort warteten bereits Tausende von Menschen unter freiem Himmel (Anfang Oktober) auf den Abtransport. Der wurde jedoch verhindert durch die Sprengung der Bahngleise außerhalb des Bahnhofs durch die deutschen Soldaten. Dann rollte die Front über uns hinweg. Danach durften wir zurück in die Dörfer, jetzt unter deutscher Besatzung. Zwei Jahre später, im September 1943, wurden wir vor dem Rückzug der deutschen Truppen als „Schwarzmeer-Deutsche“, nicht nur Mennoniten, auf den langen Treck „Heim ins Reich“ geschickt.

Hans-Joachim Wiehler

Die Flucht der Familie Alfred Wiehler aus Klettendorf, Kreis Marienburg/Westpreußen*

Während der Flucht auf losen Zetteln von Hans-Joachim Wiehler, 14 Jahre alt, geschrieben.

An der Flucht nahmen darüber hinaus teil:

Hedwig WIEHLER (Mutter)	geb. 16.11.1907
Käthe NEUMANN (Tante)	geb. 21.11.1902
Reinhard WIEHLER (Bruder)	geb. 17.2.1933
Frank WIEHLER (Bruder)	geb. 19.6.1941

Fräulein Claaßen, Lehrling, die Familien Fischer (4 Personen), Krüger (5 Personen), Bach (2 Personen), Weber (2 Personen) – allesamt Nachbarn aus Klettendorf – sowie Fiodor, Vasily, Lydia, Sina – Ostarbeiter aus Russland

Dienstag, den 23.1.1945

Anfang Januar sind auf unserem Hof Wagen für eine eventuelle Flucht nach dem Westen heimlich gerüstet. Mein Vater ist als Offizier an der Ostfront, die letzte Nachricht ist von Weihnachten 1944 aus dem Kessel von Budapest. Gestern Abend haben wir schon die schweren Kisten auf unsern Wagen laden lassen, denn die Russen bedrohen unsere Heimat. Man hört die unheimlichen Geschützdonner der immer näher rückenden Front. Auf der Hauptstraße rollen unentwegt die Flüchtlingstrecks gen Westen. Es sieht nicht danach aus, dass unsere Heimat von den mordenden und alles abbrennenden Horden der Russen verschont bleibt. Meine Mutter vertritt meinen Vater als Bürgermeister in unserem Dorf, und ich

Elternhaus in Klettendorf

* Das Copyright für den Text liegt bei Frank Wiehler.

werde heute noch mit einem Rundschreiben über Lichtsparen ins Dorf geschickt. In der Zeitung stand auch noch, dass morgen wieder die Schule beginnt, und wir eigentlich in unsere Pension nach Marienburg zurückkehren sollten.

Am Nachmittag ist ein Wagen ins Dorf gefahren, damit unsere Deputanten ihre Sachen aufladen können. Wir laden auch auf. Man lebt nur von Gerüchten. Die Russen bei Saalfest bei Christburg! Um 17 Uhr beschließen wir, dass wir um 20 Uhr fahren wollen. Unsere Ostarbeiter wollen zu Hause bleiben. Nur Fiodor, Vasily, Lydia und Sina kommen mit. Mutti braucht die Männer zum Fahren. Die anderen Ostarbeiter – es sind noch 10 – sollen in unser Wohnhaus ziehen. Es wird 20 Uhr, 21, 22 Uhr, ehe wir mit allem fertig sind. Mutti, Reinhard und ich gehen noch einmal durch die Ställe und nehmen Abschied vom Vieh, den Pferden, den Schweinen und vom ganzen Hof. 28 Milchkühe, über 50 Stück Jungvieh und Zuchtbullen, 6 Pferde mit kleinen Fohlen, 43 Schweine, etwa 100 Hühner und Schafe. Als wir noch einmal durch das Haus gehen, ergreifen die Ostarbeiter mit Blicken schon von allem Besitz. Bei der letzten Abendmahlzeit – Reis mit Zucker und Zimt und Kompott – haben wir geschluckt und gewürgt und keinen Bissen herunter bekommen. Unsere Augen wanderten von einem zum andern, vom Schreibtisch zum Klavier, vom schwarzen Schrank zum Kachelofen. Tränen standen uns in den Augen.

Lumpi sperrten wir ins Leute-Esszimmer, damit er uns nicht nachlaufen sollte. Inzwischen hören wir, die Russen sind in Elbing und auch Lichtfelde. Wir wollen noch über Einlage fahren, weil die Marienburger Nogatbrücke von der Partei noch nicht für Flüchtlinge freigegeben ist. Mein Großvater lässt auch schon die Wagen packen, will aber noch nicht fahren, denn er kann sich von seinem so schönen Hof nicht trennen. Krüger, unser erster Deputant, kommt noch einmal und erklärt, dass er nicht fahren kann. Mutti muss all ihre Überredungskunst anwenden, um ihn wieder umzustimmen. Als wir endlich auf dem Wagen sitzen, hat man Zeit zum Nachdenken. Ob wir unser Klettendorf wohl wiedersehen, ob es durch Kampf zerstört wird? Wie wird es aussehen, wenn wir wiederkommen?

Wir fahren Schritt. Die Gummiräder mahlen durch den tiefen Schnee. Die Nacht ist sternenklar, es ist recht kalt, aber uns vor Aufregung noch warm. Unser großer Gummiwagen ist hochbepackt. Oben haben wir ein Dach aus dem Teppich vom großen Esszimmer. An den Seiten sind die roten Läufer aus dem Vorderflur festgenagelt. Vorne ist eine Chaiselongue-Decke als Windfang befestigt, sodass man aus- und einsteigen kann. Hinten hängt ein Teppich aus dem Wohnzimmer. Es sind aber trotzdem noch Ritzen, wo der Wind durchpfeift.

Im Wagen kann man kaum treten, vier Wiehlers, Tante Käthe, Fräulein Claaßen, vier Fischers und die alte Oma Krüger, also elf Personen. Der Wagen, auf dem unsere Leute sind, hat vorn ein Dach und hinten sind Planen gespannt. Auf ihm sind acht Personen, vier Krügers, zwei Bachs und zwei Webers. Der Futterwagen hat über den Säcken eine Schicht Stroh, vorn ist ein kleines Dach, unter dem die vier Ostarbeiter ihre Sachen haben. Vor dem Gummiwagen sind drei Pferde vorgespannt, vor dem Leutewagen drei und vor dem Futterwagen vier. Wir haben also zehn Pferde auf unserem Treck. Sechs blieben zu Hause und zwei bekam unser Schneidermeister für seinen Wagen. Lauter edle Trakehner: Ilma, Ita, Italienerin, Irrwisch, Insel, Isolde. Schimmel Trommler, Martin und Weißschwanz.

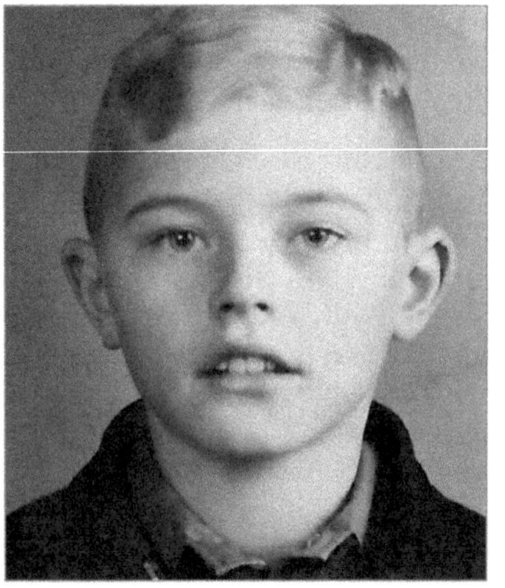

Hans Joachim Wiehler, Klettendorf, 1943

Gleich hinter Klettendorf betrinkt sich unser Krüger aus Verzweiflung. Er stammt aus der Ukraine, hat dort schon einmal alles verloren und war jahrelang nach Sibirien verbannt. In hellstem Mondschein und Schneelicht können wir über die Felder noch einmal unser schönes altes Vorlaubenhaus sehen. O, wann werden wir diesen Weg noch zurückfahren? Wir müssen langen warten, bis wir auf die Hauptstraße, die alte Reichsstraße 1, heraufkönnen. Zu Wagen, zu Ross, zu Fuß, alles flüchtet gen Westen. Unser Heer ist in Auflösung. Die Soldaten suchen auf eigene Faust ihr Heil in der Flucht.

Die Straße ist spiegelglatt, und wir kommen nur sehr langsam vorwärts. Der Kanonendonner rückt näher und näher. Die Pferde liegen lang auf der Straße, obwohl sie heute noch scharf beschlagen sind. Wir treffen Winter und Enß Altfelde mit ihren Trecks. Unsere Fahrräder werden, da wir sie außen an den Wagen gehängt haben, von Panzern beschädigt, und sie werfen wir als erstes in den Chausseegraben. Bei Reinhard gibt es darum die ersten Tränen. Frank ist so müde und beginnt zu frieren und verlangt weinend nach seinem warmen Bett zu Hause. Schon am Galgenberg müssen wir unsern Jagdwagen, den wir an unsern Gummiwagen gehängt hatten, in den Graben schieben. Die Pferde schaffen es nicht. Auf ihm ist viel Wertvolles geladen, gute Matratzen und Essvorräte. In Sandhof sind die Straßen vollkommen verstopft, und wir stehen Stunden um Stunden. In den Straßengräben liegen Waffen, Munition, tote Pferde und umgestürzte Wagen. Morgens um 5 Uhr fahren wir durch Marienburg. An der Burg müssen wir lange halten. Ob sie auch diesen Krieg überstehen wird, wie all die anderen in ihrer 700jährigen Geschichte? Um 7 Uhr sind wir endlich auf der Nogatbrücke. Neun Stunden haben wir für 10 km gebraucht. Enß Altfelde hat Pech. Ihm ist mit einer Wagendeichsel ins Coupé hineingestoßen worden, und die alte Frau Enß sitzt im Straßengraben.

In Kunzendorf füttern wir zum ersten Mal die Pferde. Wir sind auch ganz erschöpft, denn wir sind durch den hohen Schnee viel zu Fuß gegangen. Mitten in der Rast hören und sehen wir plötzlich russische Flieger am Himmel kreisen. So schnell wie möglich spannen wir an und fahren im Trab weiter, denn unsere und andere Wagen haben eine ausgedehnte Kolonie gebildet, und wir fürchten, beschossen zu werden. Zum Glück haben es die Flieger nicht auf uns abgesehen. Vor einer Kreuzung müssen wir lange warten, denn von drei Straßen streben alle Trecks der Weichselbrücke zu. Hauptmann Kuhn, Enßens Schwiegersohn, regelt den Verkehr, aber nur solange, bis ihr Treck durch ist. In den Gräben häufen sich die Pferdekadaver und Kriegsmaterial. Die große Brücke ist zum Sprengen bereit. Als wir endlich über die lange Brücke herüber sind, denken wir, den Russen entgangen zu sein, aber nun haben wir ja auch unser Klettendorf verloren.

Von der Brückenbewachung bekommen wir heißen Kaffee zu trinken, weil einer von ihnen meinen Vater gekannt hatte. Hinter der Brücke geht es etwas schneller voran, aber es wird bergig, steil bergauf und steil bergab. Es dunkelt schon. Wir biegen in eine Nebenstraße und fahren auf einen Gutshof, der aber voller Flüchtlingswagen gepfropft ist. Wir hören, dass auf einem andern Hof noch mehr Platz sein soll. Nach langem Herumirren finden wir dann eine Polenkate. An der steilen Auffahrt kippt uns noch der Futterwagen um und Krüger verliert dabei seine Papiere. Die Polen, denn wir befinden uns jetzt im ehemaligen Polnischen Korridor, geben uns nach vielem Hin und Her einen Raum in einer halbverfallenen Bude frei. Die Pferde stehen in einem Stall und stoßen mit ihren Köpfen an die Decke.

Nach dem Abendbrot – wir haben noch alles von zu Hause mit – schaffen wir uns Stroh in den Raum und legen uns schlafen nach 24 Stunden. Wir sind 15 Menschen und liegen wie die Heringe. Tante Käthe schläft auf dem Wagen als Wache. Wir haben dort Betten und Pelzdecken. Plötzlich ein ohrenbetäubendes Krachen und Donnern. Der Kalk fällt von den Wänden, und das ganze kleine Haus wackelt. Unsere Frauen aus dem Dorf sind sehr aufgeregt. Tante Käthe, die ja Bomben aus Berlin kennt, meint, das wäre noch weit ab. Mit der Zeit begibt sich alles wieder zur Ruhe. Es liegt sich sehr hart. Was wird der nächste Tag bringen?

Donnerstag, den 25.1.1945

Krüger muss den eingefrorenen Brunnen erst mit brennendem Stroh auftauen, damit wir für uns und die Pferde Wasser bekommen. Mit vieler Mühe haben wir endlich auch den Futterwagen fahrbereit, und dann geht es weiter über Berg und Tal. Wir müssen sehr aufpassen, dass die Wagen auf der spiegelglatten Straße nicht in den Graben geschleudert werden. Wir stehen oft stundenlag, weil vor uns die Straßen verstopft sind oder wir sind festgefahren. Einmal müssen wir sehr lange warten, weil ein Rad des Leutewagens total mit einem Baum verkeilt ist. Die Lippen sind uns von der Kälte und vom Wind blutig aufgesprungen, und Mutti und Tante Käthe teilen Niveacrème aus. Manchmal stehen wir zu dritt in den Wagenreihen auf der schmalen Straße. Den Pferden ist der Schweiß der Überanstrengung zu Eiszapfen gefroren. Vor Dirschau treffen wir Familie Friesen aus Altfelde. Die Russen sind plötzlich dort gewesen, und nur mit einem Laken um die Schulter sind sie zu Fuß über die Felder geflohen. Mutti gibt ihnen etwas zu essen. Sie kommen zu Fuß schneller voran als wir im Treck.

In der Stadt liefern wir Frau Fischer, unsere Melkersfrau, in einem Krankenhaus ab; sie erwartet ihr viertes Kind. So bleibt der Großvater Fischer mit den zwei anderen Kindern bei uns auf dem Wagen. Fischer selber ist Soldat und soll schon gefallen sein. Es wird schon dunkel als wir Dirschau verlassen. 3 km dahinter finden wir Quartier bei einer Polenfrau in der Küche. Unsere Pferde müssen draußen stehen. Tante Käthe schläft wieder auf dem Wagen. Wir sind zwölf Personen in der kleinen Küche, und Mutti und Krüger gehen abwechselnd nach den Pferden sehen.

Freitag, den 26.1.1945

An unseren Pferden hängen lange Eiszapfen. Was müssen die edlen Tiere aushalten! Ich muss erst über ein paar Zäune klettern, um etwas Wasser zu holen. In einem halbfertig gebauten Haus haben unsere Ukrainer ein Feuer zum Wärmen angezündet. Als wir endlich aufbrechen, ist es schon hell. Morgens kommt man am besten voran, immer über Berg und Tal. Ilma wird das rechte Hinterbein zusehends dicker. Sie liegt oft lang und kommt immer schlechter hoch. Mutti hat eine Pistole bei sich, und gegen Mittag muss die Trakehnerstute von Krüger totgeschossen werden. In der guten Zeit war sie Papas Reitpferd, und er hat mit ihr auf manchem Turnier geritten. Wir alle weinen; sie wird in den Graben geschleift. Die Zeit drängt zum Weierfahren. Die Straße führt durch eine arme hügelige Gegend, durch schmutzige halbverfallene Dörfer. Vor uns die endlose Kolonne der Trecks, hinter uns genau dasselbe Bild. Vor uns Elend, hinter uns Elend. Die meisten Menschen gehen zu Fuß mit ihren wenigen Habseligkeiten, die sie noch in aller Eile gerettet haben. Frauen mit Kinderwagen und Handschlitten. Die Räder mahlen durch den tiefen Schnee. Stundenlang warten wir in den verstopften Straßen. Die Bewohner zweier Provinzen sind auf den Straßen gen Westen.

Um 16 Uhr kommen wir durch das große Dorf Turse. Wir wollen heute zeitig ein Quartier suchen, denn Menschen wie Pferde sind erschöpft und liegen auf einem Hof. Der Bauer schlachtet gerade ein Schwein. Die Pferde können wir in einer Scheune unterstellen, und wir bekommen einen Raum, in dem vorher Wlassow-Truppen logiert haben, die aber im Begriff sind, abzuziehen. Der Bauer ist ein Bessarabier, der von Hitler hier angesiedelt wurde. Die Wirtschaft sieht verkommen aus. Wir waschen uns zum erstenmal gründlich, aber als Tante Käthe und Mutti uns etwas zum Essen kochen wollen, müssen wir plötzlich den Hof räumen, weil deutsches Militär hier einquartiert wird. Wir liegen wieder auf der Straße. Es wird dunkel, aber wir haben Glück und bekommen im selben Dorf noch ein Dach über uns, auch für unsere Pferde. Wir treffen mit Familie Napronski zusammen. In der Küche des Hauses kochen rund zehn Familien ihr

Hedwig Wiehler mit ihren Söhnen Reinhard (l.), Frank (Mitte) und Hans-Joachim (r.) in Oldendorf Kr. Hameln (1947)

Abendbrot auf einem Herd. Wir sind etwa 40 Menschen in dem Raum, denn jeder will sich ein bisschen aufwärmen. Draußen ist Schneetreiben, und zum Schlafen gibt uns die Hausfrau eine Veranda, deren Tür in der Nacht aufbleiben muss. Es ist zum Erfrieren. Auf einem Tisch in der Mitte der Veranda liegt ein geschlachtetes, schwarz besengtes Schwein. Nach vielen Hin und Her wird uns ein Schlafzimmer mit zwei Betten zur Verfügung gestellt. Wir teilen sie mit Napronkis. Sind müde zum Umfallen. Die meisten schlafen auf der Erde.

Sonnabend, den 27.1.1945

Über Nacht hat es tüchtig geschneit. Wir brechen früh auf. Die Berge sind nicht mehr ganz so steil. Ab und an kommen wir durch Dörfer, in denen manche Häuser halb verfallen sind. Mittags bekommen wir von einem mitleidigen Soldaten ein Blechtöpfchen mit heißer Nudelsuppe, für jeden etwa 3 Esslöffel. Um 3 Uhr kommen wir durch Schöneck. Hier wollen wir Fräulein Claaßen in einen Zug nach Danzig zu ihren Eltern setzen, aber es klappt nicht. Sie ist eine Abiturientin, die bei uns auf dem Hof die Landwirtschaft lernte. Sie hat einen Nervenzusammenbruch und sitzt ganz teilnahmslos auf dem Gummiwagen. Gegen 4 Uhr kommen wir in das nächste Dorf. Tante Käthe und ich gehen auf die einzelnen Höfe, können aber kein Quartier mehr finden. Krüger reitet mit einem Pferd sogar auf die ganz entlegenen Gehöfte, aber ohne Erfolg. Wieder auf der Straße treffen wir Frau Garke mit Erika und einem Pferd. Wir müssen uns entschließen weiterzufahren. Die Pferde schaffen kaum noch weiter. Wir selbst sind alle auch so müde. Die Straße ist voller Trecks. Man kommt sich so verlassen vor und zu Hause hat man alles gehabt.

Nach vielem Suchen finden wir im nächsten Dorf in einer offenen Feldscheune Platz für die Pferde. Wir können bei einer Frau in der Küche kochen. Der Ort ist voller Militär. Unsere Wagen stehen auf einem Hof eingekeilt zwischen Lastautos. O, diese Wasserverhältnisse in diesen armen Dörfern! Zum Schlafen finden wir keinen Platz in den Häusern. Es bleibt uns nichts anderes übrig, wir müssen in der offenen Feldscheune schlafen. Mutti wird von fremden Pferden sehr geschlagen. Das Stroh ist nass, der Schnee stiemt über uns hinweg. Die Zähne klappern, und wir können vor Kälte nicht schlafen, und in dieser Nacht wäre uns Frank beinahe erfroren. Es sind 25° Kälte. Tante Käthe hat aus ihrem Zimmer noch in Klettendorf ein Thermometer in ihre Handtasche gesteckt.

Sonntag, den 28.1.1945

Diese Nacht werden wir unser Lebtag nicht vergessen. Wir haben vor Kälte kaum geschlafen, andauernd mussten wir aufstehen und im nassen Stroh herumtrampeln, damit uns nicht die Glieder erfroren. Frank hat sehr geweint, er ist ja auch erst 3 Jahre alt. Mutti hat ihm oft Hände und Füße gerieben. Tante Käthe hatte wieder auf dem Hauswagen geschlafen und ist von der Kälte ganz weiß bereift. Zu Hause hat sich Frank auf die schöne Reise mit dem Hauswagen gefreut. „Wenn er geahnt hätte!“ Man ist ganz steif in den Gliedern und wir sind froh, dass Mutti und Tante Käthe heißen Kaffee kochen konnten als der Morgen graute. Dabei treffen wir mit Penners aus Fürstenau zusammen. Sie hatten kein Quartier mehr gefunden und hatten die Nacht über in ihrem Coupé gesessen. Sie sind völlig apathisch und sagten, dass, wenn sie noch so eine Nacht erleben müssten, sie sich erschießen würden. Sie haben es dann in der nächsten Nacht getan.

Es hat wieder sehr geschneit in der Nacht, und wegen der vielen Lastautos, die den Hofgang versperren, kommen wir erst um 9 Uhr zur Abfahrt. Der Tag vergeht, wie die letzten auch. Es ist bitterkalt. Wir fahren, stehen, fahren und gehen. Durch Dörfer, Wälder, immer bergauf und ab. Es geht nur ganz langsam voran, der lose Schnee macht die Pferde so müde. In den Straßengräben liegen die Pferdeleichen zu hunderten. Bei einem entsetzlichen Schneetreiben erreichen wir gegen Abend das Dorf Gladau. Es liegt etwas abseits von der Hauptstraße, und wir hoffen, hier ein warmes Plätzchen zur Nacht zu finden. Mit unserem großen schweren Wagen kommen wir schlecht in den Ort hinein. Hunderte Wagen haben schon die Dorfstraße besetzt, denn keiner will wieder im Freien übernachten. Wir finden zunächst in der Schule Platz zum Aufwärmen. Mutti geht zum Ortsvorsteher nach Quartier fragen, und wir schlafen dann bei einer jungen Frau in einem Dachkämmerchen. Der ganze Raum hängt voller nasser Sachen von uns, und wir liegen wie die Heringe am Fußboden. Unsere Leute schlafen in der Schule in einer Luft zum schneiden. Die ganze Straße auf einer Anhöhe steht voller Flüchtlingstrecks, die keinen Platz mehr finden. Man hört kleine Kinder vor Kälte und Hunger weinen.

Montag, den 29.1.1945

Diese Nacht haben wir ganz gut und vor allem warm überstanden. Heute wollen wir einen Ruhetag einlegen. Die Pferde stehen in einer Scheune, die Leute sind in einer Kammer mit Strohschütte auf der Erde untergebracht worden. Dort können sie auch kochen. Wir bekommen auf einem kleinen Hof ein Zimmer zugewiesen, in dem schon fünf Personen und eine Geisteskranke hausen. Das Wasser tropft von den Wänden. Tante Käthe wird krank. Auf einem Nachbardorf haben die Eltern von Waltraud Unruh, sie war Lehrling bei Mutti, ihre Zelte aufgeschlagen. Sie sind schon einige Tage hier. Waltraud besucht uns oft. Wir kochen bei einer Frau, die noch ein bisschen mehr Platz in ihrer Küche hat. Hier wohnen viele Polen. Elektrisches Licht gibt es nicht. Eine ganz arme Gegend mit noch ärmeren Bauern. Viel Steine gab´s und wenig Brot. Die Bauern sind sehr nach Geld. Unsere Wagen stehen noch auf der Straße. Abends werden die Decken und Pelzdecken auf der Erde, Fußboden des Zimmers, ausgebreitet, und wir legen uns schlafen, man kann vor Menschenleibern kaum treten.

Dienstag, den 30.1.1945

Heute hat mein Großvater Geburtstag. Wo mag er mit seinem Treck sein? Über Mittag stirbt die alte Oma Krüger auf unserem Wagen. Es ist für Krügers bestimmt eine Erlösung, aber dass sie solch einen Lebensabschied haben musste? Sie hat doch schon so viel Schweres hinter sich.

Donnerstag, den 8.2.1945

Wir sind immer noch hier in Gladau. Es ist inzwischen Treckverbot, und wir werden nicht auf die Hauptstraße gelassen. Die alte Frau Krüger haben wir schon am nächsten Tag beerdigt und an ihrem Grab ein „Vater unser" gesprochen. Uns allen ist sehr traurig zu Mut. Tante Käthe wollte mit Reinhard und Frank vor einigen Tagen ins Reich fahren, aber sie kamen nicht mehr mit der Bahn mit. Fräulein Claaßen aber ist per Bahn zu ihren Eltern nach Danzig abgefahren. Heute Morgen ganz früh sind nun unsere drei mit einem Lastauto in Richtung Belgrad gefahren. Sie hoffen, von dort schneller ins Reich zu kommen. Das Auto stand dann aber doch noch lange auf der Straße, und Mutti brachte ihnen noch einmal heißen Kaffee. Mutti ist sehr schwer ums Herz.

Überall steht Wasser, es hat getaut. Nun sind Mutti und ich allein im Zimmer und auch sonst. Sie hat Krüger auf Papas Rad nach Eggertshütte geschickt, und er soll sich dort nach unserer Ortsgruppe Königsdorf erkundigen, die dort liegen soll. Inzwischen bekommen wir Befehl, mit dem Wagen in ein Nachbardorf, wo mehr Platz sein soll, zu ziehen. Durch vieles Reden erreicht Mutti, dass wir noch warten können bis Krüger wiederkommt. Wir sind beide recht krank, haben einen fürchterlichen Durchfall, fiebern und auch sonst sind wir elend. Krüger kommt heute Abend noch nicht.

Sonnabend, den 10.2.1945

Gestern Morgen kam Krüger zurück und erzählte, dass mein Großvater nach viertägiger Flucht in Malin bei Praust (10 km südlich von Danzig) gestorben sei. In einer großen Schule zwischen vielen Menschen. Wir konnten es gar nicht fassen. Opa ist nicht mehr, der zu uns immer so gut war. Warum konnte er nicht schon zu Hause sterben, weshalb musste er dieses Elend noch miterleben? Die arme Oma soll in Malin in der Nähe von Dirschau mit ihrem ganzen Treck allein sein.

Krüger hat in Eggertshütte unsere ganze Ortsgruppe gefunden. Wir werden auch nach dort hinfahren. Heute um 9 Uhr haben wir unser Quartier, das uns 14 Tage beherbergt hat, verlassen, und wir sind ganz allein auf der Straße außer vorbeifahrenden Autos. Bergauf und bergab geht es wieder, aber schönes Wetter, und der Schnee ist nicht mehr so hoch. In Neukrug biegen wir auf die Hauptstraße nach Karthaus. Der vierte fremde Kreis, der uns Flüchtlinge aufnimmt. Wo werden wir noch überall hinkommen?? Sehr wenig Dörfer gibt es hier und arm und baufällig sind sie. Vor uns liegt ein steiler Berg (Leopoldsberg 220 m). Hoffentlich schaffen ihn die schon müden Pferde. Wir müssen die Pferde abwechselnd vor einen Wagen vorlegen und langsam ziehen die treuen Pferde die Wagen höher. Alle sind wir abgestiegen. Es ist nicht anzusehen, wie sich die armen Tiere quälen müssen. In Alt-Grabau wird Quartier gemacht. Krüger muss erst per Rad zum Bürgermeister fahren. Ohne Schein nehmen uns die Polen nicht auf. Es ist schon stockdunkel und Krüger ist immer noch nicht zurück. Mutti hat inzwischen für unsere Leute Quartier in einer Schule gefunden. Wir beide schlafen auf dem Wagen. Die Pferde stehen bei gutem Futter in einer Scheune. Endlich kommt Krüger. Er hatte sich verirrt und keinen Bürgermeister finden können. Die Polen stehen an den Ecken umher und belauschen unsern Treck. Als sie merken, dass wir auf unserm Wagen schlafen, ziehen sie ab. Mutti hat die Pistole von Papa bei sich, aber uns ist es doch unheimlich. Bis Eggertshütte sind es noch 17 km.

Sonntag, den 11.2.1945

Es ist tiefer Neuschnee und wir sind schon wieder unterwegs. Gegen Mittag wollen wir in Eggertshütte sein. Auf unserm Hauswagen, wie Frank sagte, haben wir es uns jetzt richtig bequem gemacht. Fünf Personen sind jetzt weniger. Nur noch wir beide und der alte Fischer, Vater von unserem Melker, mit seinen beiden Enkeln. Das Bett, das wir für die alte Frau Krüger aufgestellt hatten, haben wir jetzt für uns aufgestellt und Mutti und ich schlafen des Nachts in unsern Pelzen darin. Am Tag begleiten wir den Treck meistens zu Fuß. Die Straße führt meist durch einen verwilderten Wald. Weit und breit sind wir der einzige Treck. – Nachmittags ziehen wir in Eggertshütte ein. Zum ersten Mal werden wir von der N.S.V. verpflegt. Es gibt Graupensuppe. Wir treffen Dörings aus Königsdorf. Am späten Nachmittag bekommen wir ein Quartier im Nachbardorf.

Mittwoch, am 14.2.1945

Hier in der Ziegelei von Starkhütte sind wir nun untergekommen. Die Hausfrau hat uns gleich zu Kaffee eingeladen. Die Apfelflinsen haben herrlich geschmeckt. Die Pferde sind in einem Stall gut untergekommen, unsere Wagen stehen auf dem Hof. Neben uns in zwei Zimmern wohnen unsere Leute. In unserm Dachkämmerchen haben wir jeder ein Bett. Der Ofen heizt gut. Draußen liegt sehr viel Schnee. Von unserm Wagen haben wir einen Teil abgeladen. Eine Truhe mit Esswaren steht bei Frau Hardke, so heißt unsere Wirtin, in der Küche, wo wir auch kochen können. Die Leute kochen in der Waschküche. Mutti beköstigt die vier Ostarbeiter.

Die Ziegelei ist 1942 stillgelegt, aber noch tausende von Ziegeln sind da. Die Ostarbeiter haben ein Zimmer auf dem Ziegeleiboden und bauen sich schnell einen Ofen aus Ziegeln. Kartoffeln und auch Häcksel für die Pferde bekommen wir auch. Hier sollen wir nun bleiben bis wir wieder nach Hause können. Wer weiß? Die russische Front rückt immer näher südlich Danzig, Preußisch Stargard in der Tucheler Heide, Posen, Belgrad. Die Russenhorden sollen noch immer schrecklich hausen, ja noch schlimmer. Es wird viel von der Vergeltung gesprochen. V.3. „Harret aus, Ihr Flüchtlinge auf den Trecks, wenn die Sonne wieder hoch am Himmel steht, bestellt Ihr wieder eure Äcker“, hat Goebbels im Rundfunk gesagt. Man hört so viele Gerüchte.

Sonnabend, am 17.2.1945

Heute hat Reinhard Geburtstag. Wo mag Tante Käthe mit den beiden stecken? Ob sie schon in Mecklenburg irgendwo untergekommen sind? Mutti ist sehr unruhig und wir bangen uns nach ihnen. Einquartierung haben wir. Vor dem Haus steht eine Gulaschkanone, aber in der Küche wird noch extra gekocht. Gute Verpflegung haben die Soldaten, fast alle Tage gibt es bei ihnen Braten. Das ganze Haus stinkt nach Schnapsbrennen. Jeden Abend holen sie sich aus den Dörfern Gesellschaft, und wir hören in unserm Stübchen das Treiben. Das sind keine Frontsoldaten, nur Nachschub.

Gestern waren Krüger, Vasily, Fiodor, Erich und ich mit einem Schlitten im Wald, um für uns Brennholz zu holen. Herr Dirksen hat uns schon einmal besucht. Vor einigen Tagen sind Störmers aus Königsdorf hier ins Nachbardorf eingezogen. Den alten Herrn trafen wir in Karthaus. Es ist übrigens ein nettes Städtchen. Krüger sollte zum Volkssturm eingezogen werden. Mutti bekam ihn aber bei Herrn Nagel wieder frei, weil er ja der einzige auf dem Treck ist, der deutsch kann. Nun sitzen wir hier und harren der Dinge, die da kommen sollen. Wenn erst die neuen Waffen eingesetzt werden, kommen wir auch bald wieder nach Hause.

Dienstag, den 20.2.1945

Bei uns ist alles in großer Aufregung. Vor ein paar Tagen sind Vasily und Fiodor mit zwei von unseren Pferden und dem Leiterwagen nach Kalthof, Kreis Gr. Werder, nach Hafer für unsere Pferde gefahren. Es wurde von der Bauernschaft ein Treck dafür aufgestellt. Heute erhalten wir vom Bürgermeister plötzlich Anweisung, sofort in Richtung Pommern weiterzutrecken. Der Russe will bei Kolberg zur Ostsee abschneiden. Und ehe dieses geschieht, sollen die Flüchtlinge schnell noch durchgeschleust werden. Wenn das man noch klappen wird! Was machen wir nur, wir können doch ohne die Pferde nicht weiterfahren? Es dauert mindestens noch 3-4 Tage bis sie zurück sind. Mutti erwirkt die Erlaubnis, solange zu warten. Ach, nun wieder auf die Landstraße. Mir ist ganz beklommen zu Mut. Wieder endlose Treckwochen, wieder Kälte, wieder nicht wissen, wo man abends bleibt. Also können wir doch nicht von hier nach Hause fahren, wie wir es gehofft hatten. Unsere Ortsgruppe bleibt auch noch einige Tage, denn auch von dort sind Pferde und Wagen für den Futtertreck gestellt.

Papas Geburtstag und Dirks Todestag haben wir recht traurig verbracht. Ob Vater überhaupt noch lebt? Was wird er sich für Sorgen um uns machen! Hat er unsere Post noch erhalten? Mutti hat noch so oft an ihn geschrieben. Wird er aus dem Kessel von Budapest herausgekommen sein? Diese Ungewissheit ist so schrecklich! Wie wird Dirkchens Grab aussehen? Wird es durch die Sprengung der Zuckerfabrik in Altfelde verschüttet sein? Da wird bestimmt kein Kranz mehr oben liegen. Wie wird überhaupt unser Hof aussehen? Wie werden die Russen gehaust haben? Wird das schöne Vieh noch leben? Aber wer sollte es wohl füttern? Unsere Ostarbeiter werden schon in ihrer Heimat sein, oder von den Russen verschleppt oder umgebracht. Wo wird die Großmutter mit ihrem Treck sein?

Die Eichwalder sollen noch in Mariensee im ehemaligen Freistaat Danzig sein. Ein Teil der Altfelder soll in Schnellen, nördlich von Karthaus, sein.

Montag, den 26.2.1945

Vorgestern Nachmittag ist der Futtertreck zurückgekommen. Sie haben zwar keinen Hafer, aber Weizen und Gerste gebracht. Vasily hat unterwegs den Lesch, Kutscher von Omas Treck, getroffen. Sie sind alle noch in Mahlin. Nach Kalthof sind die Wagen nachts hereingefahren, damit der Feind sie nicht beschießen sollte, der drüben auf der anderen Nogatseite in Marienburg festsaß.

Heute Morgen sind wir nun abgefahren. Wir waren natürlich fertig, aber die Leute ließen sich Zeit. Die Pferde haben wir vorher noch beschlagen lassen. Auf der Straße ist es wieder sehr glatt. Die Hauptstraße nach Karthaus ist mit Flüchtlingstrecks förmlich gespickt. Einer hinter dem andern, bergauf, bergab. An manchen Stellen ist die Straße eisfrei. Jetzt fahren wir durch Wald. Der Weg wird zusehends schlechter. Tiefe Löcher im Eis, die voll Tauwasser sind und glatt. Die Pferde können kaum gehen. Ein Rad rollt in ein Loch, das andere gerade über einen Humpel, während auch die anderen Räder in Schlaglöchern festsitzen. Auf dem Wagen fällt alles durcheinander. Oft schaffen es die armen Pferde nicht, und wir müssen vorspannen, und die Wagen hinter uns müssen warten. Mutti hat Not, unsere drei Wagen zusammenzuhalten. Vor uns ist ein Wagen zusammengebrochen. Er liegt quer auf der Straße, und es dauert eine Weile bis wir weiter können. Am Futterwagen ist ein Rad nicht in Ordnung, und wir alle rutschen von einer Straßenseite zur andern. In den Straßengräben häufen sich zerbrochene Wagen, tote Pferde, Kleider, Koffer, kaputtes Geschirr, leere Dosen, tote Hunde. Eine Straße des tausendfachen Elends.

Aber nun können wir schon die ersten Häuser von Karthaus durch den Wald schimmern sehen. Gott sei Dank. Wir haben es geschafft. Unsere Wagen und Pferde sind heil geblieben. Hier werden wir rasten können. Mutti will sich vom Landratsamt Anweisung geben lassen, welche Straßen für uns nach dem Westen noch frei sind. Die Pferde werden gefüttert. Sie haben die Ruhe am nötigsten. Es dauert lange bis Mutti kommt. Also auf nach Stolp! Wir kaufen noch schnell das Nötigste an Lebensmitteln ein. Nun geht es wieder weiter, und die Straße führt fast immer durch Wälder. Der Weg ist nicht mehr ganz so schlecht, aber Schnee und tiefe Löcher gibt es noch. An Seen geht es vorbei und noch immer viele Trecks, aber es geht doch etwas schneller voran. Überschlaue, die aus der Kolonne herausfahren und seitlich im Galopp vorbeisausen. Kommt dann nur von vorn ein Fuhrwerk oder Militärauto, gibt es Verstopfungen und es dauert doppelt so lange bis es wieder vorangeht. Wir fahren wieder ganz allein. Unser vorgesehenes Quartierdorf können wir nicht mehr erreichen. Auf einem großen ehemaligen Gutshof wird übernachtet. In der Schule, früher das Gutshaus, schlafen die Leute. Unsere Pferde stehen in einer abgelegenen Scheune. Zwischen den vielen Treckwagen auf dem Gutshof stehen auch unsere, und Mutti und ich schlafen im Bett auf unserm Gummiwagen. Neben uns in einem Schuppen liegen viele Flugzeugteile und zwischen ihnen bewegen sich lose Pferde.

Dienstag, den 27.2.1945

Den ganzen Tag sind wir gefahren und haben heute viele Kilometer geschafft. In Sierke treffen wir unsere Ortsgruppe und wollen hier zur Nacht bleiben. Unsere Wagen haben wir vor die Kirche gefahren, aber die Pferde sind schlecht unterzubringen. Kein Bauer will sie ohne Quartierschein aufnehmen. Also gehen Mutti und ich zum Bürgermeister, der natürlich im letzten Haus des großen Dorfes wohnt. Auf der Straße können wir nicht gehen, weil sie voller Trecks steckt, aber im Graben. Müde und schlapp durch den tiefen Schnee, erhalten wir endlich den ersehnten Schein, und nach dem beschwerlichen Rückweg erklärt uns Krüger, dass schon ein anderer mit dem Schein Pferde in den für uns bestimmten Schuppen gestellt hat. Alles umsonst. Wir fragen den Bauern, ob wir dann die Pferde in die leerstehende Scheune bringen könnten. Aber da schreit dieser Kerl die Mutti an: Auf seinen Hof kommen keine Flüchtlingspferde und will uns von seinem Hof herunterwerfen. Was es doch für Menschen gibt?

Inzwischen haben die Leute die Pferde wieder angespannt, weil die Polizei, die hier mal zu sehen war, der Ansicht war, dass hier keine Trecks stehen dürften. Auf einem großen Platz ist gerade noch Platz für unsere drei Wagen, mitten in einer großen Wasserpfütze. Mit vieler Mühe schaffen die Pferde die Böschung, die sehr vereist ist, hinauf. Nach langem Suchen finden wir für die Tiere einen offenen Schuppen, wo sie wenigstens vor Nässe geschützt sind.

Mittwoch, den 28.2.1945

Nur gut, dass wir Sierke hinter uns haben. Heute noch wollen wir in Pommern sein. Es sind nicht so viele Wagen auf der Straße, weil die meisten in Sierke in Richtung Lauenburg abgebogen sind. Bis auf einige Regenschauer ist das Wetter schön. Die Stimmung ist auch gleich besser, und mir macht das Trecken sogar ein bisschen Spaß. Lydia und Sina haben im Wald Beeren vom Herbst gefunden, die erfrischend säuerlich schmecken. Wir nähern uns der ehemaligen Zollgrenze nach Pommern. Ein fremder Gau hat uns aufgenommen. Ob wir hier Ruhe finden werden, oder geht es noch immer weiter?

Wir hören, dass die Russen den großen Kessel bei Kolberg geschlossen haben. Nun sind wir eingekesselt. Trotzdem wird so viel von den neuen Waffen gesprochen; wenn nur alles wahr ist, werden wir schon herausgeschlagen werden. Hier in Pommern merkt man gleich den Unterschied zwischen diesem Land und dem ehemaligen Polnischen Korridor, in dem die Polen von 1919-1939 gewirtschaftet haben. Der Wald ist gepflegter. Die Häuser sauber und ordentlich, und es gibt wieder Gärten vor den Häusern. Auch die Menschen sind freundlicher. Wir treffen wieder mit unserer Ortsgruppe zusammen, 33 Wagen mit 74 Pferden, und Herr Döring fährt per Rad vor, um in der nächsten Ortschaft Quartier zu machen. Herr Dirksen ist Treckführer. In Schwarz-Damerkov erhalten wir Quartierzettel. Vier Kilometer ab kommen wir mit den Jonasdörfern in ein Dorf zur Nacht. Der Bürgermeister weist uns ein Häuschen an, das von seinen Bewohnern schon verlassen ist. Mutti und ich schlafen wieder auf unserm Wagen. Die erste Nacht in Pommern.

Donnerstag, den 1. März 1945

Als wir nach gut und warm überstandener Nacht vom Wagen steigen, scheint die Sonne, und es sieht ganz nach Frühling aus. Links von der Straße, wo unsere Wagen stehen, blühen die ersten Gänseblümchen und ein paar Zuchtgänse rupfen die ersten grünen Halme. Rechts von uns ein schöner parkartiger Garten. Nach der Morgentoilette fegt Mutti unser Schlaf- und Wohnzimmer und Vorratskammer aus, und unsere treuen Ostarbeiter und wir essen auf der Wagendeichsel und vorn im Sitz unser Frühstück. Dann werden die Kaffeetöpfe (Tassen sind wegen ihrer Zerschlagbarkeit nicht zu benutzen) im Kochtopf abgewaschen. Mutti telefoniert erst mit Herrn Dirksen, aber diese wollen erst ein paar Tage in ihren Quartieren bleiben. So lösen wir uns von der Ortsgruppe und fahren weiter. Die Jonasdörfer haben sich uns angehängt, weil Mutti die einzige Betriebsführerin ist und eine Landkarte, in der alle Dörfer verzeichnet sind, besitzt. Wir wollen heute bis Lupow trecken. Das ist nicht zu weit, aber wir haben ja auch nicht viel Zeit.

Die Landschaft ist nicht mehr so bergig, aber viel Wald gibt es. Wie wirkt sich doch das Frühlingswetter auf die Stimmung aus! Man sieht die Welt mit andern Augen an. Nun werden auch die Wintersgefahren und -nöte für uns Flüchtlinge vorbei sein. Wie immer, vor und hinter uns endlose Trecks. In Lupow angekommen, finden wir keine Unterkunft und müssen 6 km weiter. Es dämmert schon, als wir die letzten Häuser dieser Kleinstadt hinter uns lassen. Übers Land weht ein kalter Wind. Ein unheimliches Gefühl! Wir fahren und fahren. Die Pferde können kaum noch weiter. Alle sitzen im Wagen, sind müde. Trostlos! Vor uns ein paar Siedlungshäuser. Ob es schon Schöneichen ist? Nein. Wir finden hier keinen Platz. Weiter, weiter, immer weiter hängt einem schon zum Halse heraus. Man sehnt sich so nach Wärme und Schlaf. Auf dem Felde sehen wir ganz einsam eine Scheune, aber auch schon übervoll besetzt. – Weiter. – An einer Wegkreuzung schickt Mutti Krüger per Rad vor, um beim Bürgermeister ein Quartier zu erbitten. Es ist schon ganz dunkel. Unser Treck ist ganz allein auf der einsamen Straße. Vom Westen her kommt schwarz ein Unwetter auf uns zu. Ehe wir uns versehen, sind wir mitten im Unwetter drin. Sturm, Hagel, Schnee, Regen stürmen auf uns und die armen Pferde ein. Wir haben große Angst, dass unsere Wagen umkippen und in den Graben stürzen. Im Augenblick ist die Landschaft weiß, und endlich erreichen wir das Dorf. Von Krüger keine Spur. Er wird sich doch nicht verirrt haben, und man verliert sich so leicht beim Trecken.

Freitag, den 2. März 1945

Wir haben gestern noch ein Quartier gefunden und auch unsern Krüger. Er hatte so lange beim Bürgermeister verhandeln müssen, der uns wieder noch weiterschicken wollte. Bei Siedlern sind wir untergekommen. Zwei Pferde stehen bei ihnen im Stall, die andern nicht weit in einer Scheune. Unsere Leute sind bei Arbeitern untergeschlüpft. Draußen liegt Schnee und es hat sehr gefroren. Heute werden wir noch in unserm warmen Quartier bleiben. Unsere Wirtsleute sind „Muster erster Güte“ betreffs Sauberkeit und Ordnung. Die von unserm Russenmädchen geputzten Schuhe sind ihnen ganz etwas Neues. Als Mutti Flinsen backt, sind die fünf Kinder gar nicht abzuhalten. Sie haben Heißhunger darauf, denn bei der Mutter gibt´s zu Mittag immer Kartoffeln mit Fleisch (zur Abwechslung auch mal Fleisch mit Kartoffeln). Sie wollen Sirup kochen, und unsere Russenmädchen helfen ihnen beim Rübenputzen. Der alte Onkel, der fast einen Tollwutanfall bekam, als er hörte, ein Flüchtlingswagen käme auf seinen Hof, steht nur herum und ist bitterböse. Frau Eichmann ist früher Mamsell auf einem Gutshof gewesen und erzählt Mutti voller Stolz, wie gelobt sie wurde, weil sie immer so „sauber und ehrlich“ war. Damit scheint es aber nicht weit her zu sein. Morgens werden die Kinder ungewaschen und ungekämmt an den Tisch gesetzt und essen, dass mir beinahe noch das Abendbrot hochkommt. Dann wird ihnen mit der nassen Hand über´s Gesicht gefahren und fertig sind sie. Man mag sie nicht anfassen, weil sie so stinken. Wenn die Tür zu ihrem Schlafzimmer aufgeht, kommt ein fürchterlicher Gestank heraus.

Wie der Sirup nun endlich fertig ist, weiß ihn die gute Frau nirgends anders hinzubringen, als im Kessel ins Kinderzimmer. Natürlich sind die Kinder bald von oben bis unten damit beschmiert. Inzwischen ist Treckverbot. Mutti ist Treckführer, und die Jonasdorfer kommen oft fragen, wann es weitergeht. Wohin sollen wir auch noch fahren? Der Russe macht den Kessel immer enger. Draußen liegt viel Schnee und es ist sehr kalt, noch einmal Winter. Also müssen wir noch weiter in diesem schrecklichen Nest bleiben.

Dienstag, den 6. März 1945

Das Treckverbot ist aufgehoben. Wir fahren weiter in Richtung Stolp. Vier Tage sind wir bei Eichmanns gewesen. Sie werden mir in Erinnerung bleiben. Als Mutti Krüger bestellen ging, dass wir weiterfahren, meinte er, „Na ja, am liebsten möchte die Frau Wiehler bis nach Frankreich fahren“. Als ob wir zum Spaß auf der Landstraße liegen! Die Jonasdorfer hängen sich uns an. Nachdem wir drei Kilometer gefahren sind, erwartet uns in einem Dorf der Bürgermeister und offenbart uns, dass wir als der angemeldete Treck hier bleiben sollen. Merkwürdig ist das. Zum ersten Mal gewährt man uns aus freien Stücken Unterkunft. Die Männer sollen in der Schnapsbrennerei auf dem Trockenboden schlafen. Die andern im Schloss, das einer Familie Livonius gehört. Die Räume sind mit Flüchtlingen überfüllt, aber es gibt noch viele leere Säle und Zimmer, die die Schlossbewohner nicht hergeben wollen. Mutti muss sich erst zur Frauenschaftsleiterin machen, die sie nicht ist, um die Schlossherrin sprechen zu können. Wir Klettendorfer bekommen ein Zimmer für uns. Hier treffen wir Frl. Ursel Rogalski. Sie ist mit ihrer Mutter allein hier und kocht für etwa 500 Flüchtlinge. Auch Frau Bortz, Sandhof, vom Galgenberg ist hier. Für die Jonasdorfer wird auf Bitten Muttis ein Saal freigemacht. Ein Herr Portius, Sportlehrer aus Berlin, leitet die Flüchtlingssache. Das essen erhalten wir aus der Gemeinschaftsküche. Unser Zimmer liegt im dritten Stock. Wenn es hier brennt, würden wir schlecht herauskommen, meint Mutti zu mir. Wir schlafen wieder auf unserm Wagen.

Donnerstag, den 8. März 1945

Heute Nacht haben wir uns alle sehr erschreckt. Mitten im Schlaf hören wir jemand rufen. „Alle Flüchtlingstrecks schnell machen, dass sie weiterkommen, höchste Eisenbahn!" Wir sind sofort wach und ziehen uns an. Mutti spricht mit einem Offizier, der uns rät, sofort abzufahren. Wir wecken unsere Leute, aber fahren können wir nicht. Es ist spiegelglatt auf der Straße. Die Hauptstraße nach Lauenburg ist mit Panzern, Autos und Trecks verstopft. Es kann auch blinder Alarm gewesen sein. Die Leute sind richtig ärgerlich, daß Mutti sie geweckt hat. Wir legen uns wieder hin. Aber das Gerücht bleibt, daß der Russe bei Stolp durchgebrochen ist. Die Einwohner hier in Grumbkow packen alle ihre Wagen. Die Stimmung ist so gedrückt. Hier auf das große Schloss kommen immer mehr Flüchtlinge. Von Bütow und Rummelsburg. Jeder erzählt Schreckliches. Von den Soldaten aus der Feldküche erhalten wir Mittagessen. Danach bekamen Mutti und ich, eine Frau Martin mit Kind und Mutter ein schönes Zimmer mit Möbeln, das Herr Portius für uns beim Schlossherrn erobert hat. Wir denken sehr an Weiterfahren, aber wohin? Es laufen so viel Gerüchte umher und Radio kann man nicht hören. Da hören wir, dass die SS, die hier im Schloss liegt, Befehl zum Abrücken hat. Also kann der Russe schon nicht mehr weit sein.

Mutti hat solche Angst, daß sie Reinhard und Frank nicht mehr wiedersieht und möchte am liebsten mitfahren. Die Autos sollen Flüchtlinge mitnehmen. Mutti macht kurz entschlossen auf unserm Wagen Handgepäck fertig. Sie will den Treck und die Pferde verlassen. Ich stelle mich krank, um beim Treck zu bleiben und denke doch, wir müssten die Pferde retten. Unsere Leute und die Jonasdorfer kommen abwechselnd und bitten, dass sie doch bleiben möchte. Aber Muttis Entschluss steht fest. Um ½ 4 Uhr sollen die Autos abfahren. Herr Portius rät ihr auch, so schnell als möglich abzufahren. Schon stehen ein paar Autos bereit. Es sind nicht viele, die sich so schnell entschließen konnten. Frl. Ursel, Frau und Herr Krüger und Enß helfen uns beim Einsteigen. Tränenreicher Abschied. Krüger verspricht Mutti, auf Pferde und Treck achtzugeben, wenn es gelingen sollte.

Wir haben auch nicht mehr viel Zeit, Pferde und unsern letzten Besitz zu sehen. Unser kleiner zerschossener Lazarettwagen wird noch recht voll. In einem Bettgestell liegt ein verwundeter Soldat. Es knallt so komisch, als wir aus dem Ort fahren. Nun sind wir auch unsern Treck los. Was wird aus unsern Leuten werden und den edlen schönen Pferden? Es wird Nacht, und wir fahren, und wir fahren und halten auch öfters. Einmal scheinen wir uns verfahren zu haben, und wir merken, daß die Soldaten unserer kleinen Kolonne sehr verstört sind. Mitten in der Nacht werden wir in Lauenburg auf freier Straße abgesetzt, und die SS ladet unser Gepäck ab. Mitternacht! Was sollen wir anfangen? Mutti versucht, in den Wohnhäusern Unterschlupf zu finden, aber zwecklos. Dann geht sie und will ein Auffanglager oder etwas Ähnliches finden. Das Gepäck ist zum Suchen zu schwer und ich bleibe bei ihm stehen. Schließlich kommt sie wieder, und wir bringen unsere Siebensachen – 2 Rucksäcke, 3 Koffer – mit viel Schwierigkeiten in den Flur des Arbeitsamtes. Stockdunkel, Licht darf nicht angeknipst werden, und alles voller schlafender Menschen. Wir beide sind so ermattet, daß wir uns in unsern Pelzen vor die Tür eines Zimmers legen. An Schlaf ist kaum zu denken, immer wieder steigen Menschen über uns und klappen mit der Tür.

Freitag, den 9. März 1945

Frühmorgens wird schnell etwas aus unserm Vorrat gegessen und wir sehen zu, daß wir weiterkommen. Als wir unsere Lagerstadt noch einmal ansehen, merken wir, daß wir vor einem Klosett gelegen haben, in dem es wüst aussieht und das Wasser über die Türschwelle läuft.

Auf der Straße treffen wir Königsdorfer Frauen. Sie erzählen uns, daß der Russe gleich nach unserer Abfahrt in Grumbkow eingedrungen ist. Das Schloss hat gebrannt, und unter den etwa 500 Flüchtlingen darin soll eine furchtbare Panik ausgebrochen sein. Dazu schoß der Russe wie wild in den Ort. Diese Frauen sind noch mit den letzten Autos der Soldaten mitgekommen. Jetzt wissen wir uns auch das komische Geknalle bei unserer Abfahrt zu erklären. Wie mag es unserm Treck gehen? Nur gut, daß wir so schnell abgefahren sind. ---

Nach langem Hin- und Herlaufen finden wir ein in Richtung Gotenhafen fahrendes Auto. Unser Gepäck: zwei große Koffer, einen kleinen, einen Bettsack und zwei Rucksäcke, schaffen wir hinten auf den Lastwagen. Wie wir jetzt die Stadt verlassen, beginnen alle Kirchenglocken zu läuten. Rette sich wer kann, die Russen sind da: Zu Tausenden stehen die Menschen auf den Straßen, meistens Frauen mit Kindern. Der Russe muß dicht hinter uns sein. Unsere Autos sind voll. Mit Handgepäck und Kinderwagen laufen die Menschen in Richtung Gotenhafen. Unser Auto kommt nur sehr langsam vorwärts. Neben uns auf einem langsam fahrenden Militärzug sitzen die Menschen dichtgedrängt auf den Kanonenrohren. Trecks fahren Trab. Jetzt sind wir wieder im Polnischen Korridor und es geht durch Neustadt. Weiter, nur weiter, der Russe schließt den Kessel immer enger. Werden wir noch auf ein Schiff kommen? Es wird wieder Abend. In Rheda übernachten wir, auch die ganze Kolonne. Wir beide schlafen bei einer Polenfrau im Ehebett, da der Ehemann noch nicht hier ist. Den ganzen Tag waren wir gefahren und sind sehr müde.

Sonntag, den 11. März 1945

Gestern sind wir nicht weitergekommen. Den ganzen Tag haben wir in diesem Dorf und im Gasthaus mit den betrunkenen SS-Soldaten verbringen müssen. Auf der Straße nach Gotenhafen werden lange Kolonnen kriegsgefangener Russen geführt. Sie sind uns sehr unheimlich. Und es friert immer noch draußen und viel Schnee liegt wieder. Weit vom Haus ab, wo das Essen für die Gefangenen gekocht wird, kann ich für uns etwas Wasser bekommen. Bei einem Kaufmann haben wir noch etwas Kandis ergattert. Mutti hat den Soldaten noch eine Gans gebraten, und nun endlich konnte sie Soldaten vom Heer ausfindig machen, die uns die 14 km bis Gotenhafen mitnehmen wollen – wenn sie Sprit für ihr Auto organisieren können. Unsere SS hatte den begehrten Sprit, durfte aber nicht weiter, brannte Schnaps und war betrunken. Zur Nacht schliefen wir im Auto mit den vier Soldaten. Plötzlich bekamen diese den Befehl zum Abrücken. Wir sehen, wie viele Soldaten mit Autos herangeschafft werden und vor dem Dorf ausschwärmen. Mutti geht ins Haus, die betrunkenen SS-Soldaten wecken, wird aber von dem Feldwebel furchtbar angeschrien; er will wohl erst seinen Rausch ausschlafen. Und das alles mitten in der Nacht. Wir beide wollen nun unser Gepäck stehen lassen und zu Fuß weitergehen. Es tagt und wir haben wieder einmal Glück. Ein Auto hält zufällig an, und wir können gerade so zwischen Menschen und Benzinfässern Platz finden.

In Gotenhafen angekommen, werden wir mit Fliegeralarm begrüßt. Flieger werfen Bomben und unsere Flack schießt. Mitten auf der Straße werden wir abgeladen. Wohin? Mutti versucht, irgendwie in einem Massenlager unterzukommen und geht zur NSV und zum Roten Kreuz. Ich bleibe beim Gepäck stehen. Aber eher als ich denke, kommt Mutti zurück. Auf der Straße hat sie Herrn v. Manschwitz, einen Bekannten aus Marienburg, getroffen und ihm ihr Leid geklagt. Nun haben wir glücklich Unterschlupf gefunden. Herr v. M. ist hier in Gotenhafen Ernährungskommissar und wohnt ganz allein in einer Villa etwas auswärts, die er von der Stadt gemietet hat. Die Frau des Hauses und die fünf Kinder (bis auf ein gerettetes) sind auf der „Gustloff“ mit 5000 anderen gewesen und sind ertrunken. Zuerst haben wir uns all den wochenlangen Staub und Schmutz abgebadet. Wie neu geboren fühlen wir uns wieder in dieser Umgebung. Alles, alles, Nahrungsmittel, Wäsche und sogar das Silber, ist noch vorhanden. Fluchtartig muss Frau Ammann das Haus verlassen haben. Nur das polnische Dienstmädchen kümmert sich noch etwas um den Haushalt und die Hühner. Nach dem erquickenden Bad haben wir uns in die Ehebetten des Schlafzimmers gelegt und schliefen alle Strapazen aus. Herr v. M. will versuchen, für uns Schiffskarten bei den Dienststellen zu bekommen.

Dienstag, den 13. März 1945

Mit den Schiffskarten hat es leider nicht geklappt. Wir müssen uns gedulden. Zur Stadt hinein und an den Hafen konnte man sich bisher des Beschusses wegen nicht wagen. Nachts hört man überm Haus ein komisches Pfeifen und von weiter her starken Donner. Das ist die russische Artillerie, die über die Berge anscheinend wahllos in die Stadt schießt. Das Städtchen Neustadt, durch welches wir vor ein paar Tagen hindurchfuhren und das dann gleich von den Russen besetzt wurde, sollen unsere Truppen wieder erobert haben. Wir beide müssen trotz allem versuchen, zu Schiffskarten zu kommen, denn so schnell wie möglich wollen wir diese Elendsstadt mit über 2 Millionen Flüchtlingen hinter uns wissen. Polen stehen an den Ecken herum, und die Verkäuferinnen verstehen manchmal kein Deutsch mehr.

So gehen wir denn zur Stadt. Gleich in der nächsten Straße wird ein Wehrmachtsauto in Brand geschossen. Ein Toter! Der Beschuss hat nachgelassen. Wir werden von einer Behörde zur andern geschickt. Keiner weiß Bescheid. Es dunkelt schon, als wir nach vergebener Müh' durch die Anlagen zum Hafen gehen. Von Matrosen hören wir, dass morgen früh wahrscheinlich Kriegsschiffe den Hafen verlassen. Wenn sie ins Reich oder nach Dänemark fahren, würden Flüchtlinge mitgenommen. Vielleicht auch ohne Schiffskarten. Aber sie könnte auch ebensogut nach Danzig oder Riga fahren. Auf jeden Fall sind wir morgen früh am Hafen.

Mittwoch, den 14. März 1945

Als es hell wurde, hat uns Herr v. M. mit dem Gepäck im Handwagen hier zum Hafen gebracht. Zuerst haben wir am verkehrten Schiff gestanden, dann sind wir mit dem Gepäck quer über den Kai zu diesem Torpedoboot gezogen. Wir haben einen guten Platz dicht bei der Abzäunung erwischt. Nun stehen wir beide hier zwischen Tausenden von Menschen und zahlreichem Gepäck vor dem riesigen Torpedoboot. Schon stundenlang warten wir, um kurz vor der Abfahrt auf's Schiff gelassen zu werden. Die meisten der Wartenden haben Schiffskarten. Neben uns steht eine Frau mit fünf Kindern. Jetzt am Nachmittag wird Proviant verladen. Viele Kisten mit Wurstbüchsen. Da werden wir auf See ja wohl nicht zu hungern brauchen.

Neben unserm Torpedoboot hat noch ein zweites angelegt, und auch auf das sollen Flüchtlinge verladen werden. Es soll nach Dänemark gehen. Es ist kurz nach 4 Uhr, und immer mehr Menschen stauen sich, die alle aus dieser Hölle heraus wollen. Nun müßten wir doch aber bald an Bord kommen, wenn wir heute noch wegkommen wollen. Ob wir Glück haben und mitkommen? Mir kommt ein Matrose so bekannt vor. Er hat uns auch gesehen und fragt, ob wir Marienburger sind. Es ist ein junger Zitzlaff aus Marienburg unter den Leuten und ein früherer Schüler der Winrich v. Kniprode-Schule. Daher kannte ich ihn. Er will nun versuchen, beim Kommandanten für uns beide Schiffskarten zu organisieren. Um 4 Uhr kommen die ersten Flüchtlinge an Bord. Auf der ganzen Längsseite an der Kaimauer wird das Gepäck hinübergereicht und von den Matrosen abgenommen. Von unserm Retter ist nichts zu sehen. Wir müssen versuchen, uns ohne Karten heraufzuschmuggeln. Ein Matrose fragt mich nach der Karte. Meine Mutter wäre schon oben und die hätte sie abgegeben, ich bringe nur das Gepäck. So sind wir beide glücklich an Bord, als Schwarzfahrer!

Da kommt unser Zitzlaff angerannt. Er hat bis jetzt beim Kommandanten noch nichts ausrichten können, die Karten aber soll er bekommen. Auf unserer letzten Habe sitzen wir und warten bis die Matrosen die großen Laderäume für die Flüchtlinge freimachen. Andere Matrosen sind emsig an den Geschützen und Torpedorohren beschäftigt. Alles ist blitzblank hier. Auf diesem und dem nebenan liegenden Schiff werden etwa je 500 Flüchtlinge, außer der Besatzung, oben sein. Matrosen rufen, wir müßten vom Deck verschwinden, unten ist Platz genug. Mutti will schon hinuntersteigen, aber es ist so schreckliche Luft da unten und so viele Menschen dicht bei dicht. Da lädt uns ein altes frommes Frauchen, mit dem

Mutti ein wenig sprach, ein, ganz nach hinten zu kommen, da wäre noch Platz und bessere Luft. Unser ganzes Gepäck und Papas Pelz bleibt oben an Deck, weil es verboten ist, Gepäck in die engen Kajüten mitzunehmen. Wir aber steigen die schmale ganz steile Treppen nach unten. Eine Einkaufstasche mit Brot, Butter, Marmelade, Honig usw., Muttis Umhängetasche mit den Papieren haben wir bei uns. Auf einer Tonne hinter der Treppe finde ich Platz zum Sitzen. Mutti ist in die Kapitänskajüte, wo die Verwandten des Kommandanten eng zusammensitzen, geraten. Menschen über Menschen in diesen engen Löchern. Ich steige noch einmal an Deck. An der Reeling stehen viele Kinderwagen, in einem ist sogar noch ein schlafendes Baby drin. Den meisten Platz füllen Koffer, Säcke und andere Gepäckstücke aus. Wir sollen an Deck verschwinden, es ist Abfahrtzeit. Langsam bewegen sich die Schiffe aus dem Hafen hinaus. In großen Abständen, eines nach dem andern, ein ganzer Geleitzug. – Da! Dumpfe Einschläge sind zu hören. Dicht an unserm Boot spritzt das Wasser in Fontänen auf. Die russische Artillerie schießt über die bewaldeten Höhen der Küste auf den Ausgang des Hafens. Die müssen die Abfahrtzeiten genau gewusst haben. Aber bald hört dieser Spuk auf.

Ein patrouillierender Matrose schlägt uns die Tür vor der Nase zu, in der wir gestanden haben, und wir müssen uns wieder nach unten begeben. Draußen ist es dunkel, und hier unten ist ein starkes Dröhnen der Schiffsschrauben. Nun sind wir auf der Ostsee, haben die Heimatprovinz wieder verlassen, die Stadt des großen Elends liegt hinter uns. Was haben wir für ein Glück! Bald werden wir in Kopenhagen sein. Unser Leben hängt doch eigentlich nur von diesem Schiff ab. Wenn es, wie so viele andere schon, auch versenkt wird, kein Mensch würde von uns wissen. Wir wären verschollen. – Bald sollen wir von der Küche etwas zu essen bekommen. Zwei Stunden haben wir nun schon auf unserm T 3 verbracht. Der junge Zitzlaff hat für uns gesorgt, wie er nur konnte. Wir werden uns bald zum Schlafen rüsten, wird sind entsetzlich müde.

Plötzlich gibt es einen fürchterlichen Ruck, dass alles durcheinander fliegt, das Licht geht aus, für Sekunden ist es totenstill. Dann schreien Menschen auf, Kabinentüren werden aufgerissen, viele Hände greifen nach den wenigen Rettungsringen. Mutti hat auch einen, aber ein Mann will ihn ihr wieder entreißen. Wie wahnsinnig stürzen die Menschen nach oben. Was ist passiert, sind wir auf eine Mine gelaufen? Wir sind mitten im Tumult drin. Mutti bindet mir den Rettungsring um. Da ruft ein Offizier von oben herunter: „Ruhe, es ist nur ein Kesselbrand" und verhindert dadurch eine gefährliche Panik. Wir kommen nun die Treppe herauf. Die meisten Menschen hatten sich zum Schlafen entkleidet und sind so an Deck erschienen. Auch wir ziehen uns nun Mäntel und Schuhe an. Als ich die Tasche mit den Esswaren holen will, ruft Mutti mich schon nach oben. Dicht gedrängt stehen die Menschen. Das ganze Vorderschiff brennt. Es ist nicht viel in dem dicken Qualm zu sehen. Wie Fackeln brennende, in höchster Not schreiende Menschen kommen von vorn gelaufen. Schon strahlt ein Scheinwerfer auf. Keine Kommandobrücke ist mehr da. Nichts als ein Wirrwarr von Eisenstangen und brennenden Holzteilen vor uns. Dazwischen krepiert mit himmelhohem Funkensprühen unsere eigene Munition. Auch wo unser Gepäck liegt, brennt und qualmt alles. Uns schwankt der Boden unter den Füßen. Unser Torpedoboot legt sich auf die Seite. Noch mehr nach hinten drängen die Menschen. Wir beide stehen dicht an der Reeling, von Geschützaufbauten etwas gegen die Funken geschützt. Als ein Strahl des Scheinwerfers auf das Meer fällt, sehen wir recht bewegte Wellen. Was ist das? Kinderwagen tanzen auf den Wellen auf und nieder. Ganz in weiter Ferne sehen wir einige kleine Lichter. Andere Schiffe aus unserm Geleitzug? Die Rettung? Wenn sie nur noch rechtzeitig kommen, ehe ... Neben uns, hinter uns schreiende kopflose Menschen. Einzelne verirrte und verwundete Kinder, brennende, blutende Menschen. Blutüberströmte Matrosen drängen sich zwischen uns. Kinder rufen nach ihren Müttern. Vorn sollen wohl kaum Menschen am Leben geblieben sein, das ganze Vorderschiff ist aufgerissen. Wir beide sind ganz ruhig. Mutti hat mir jetzt die Schwimmweste fest angelegt. Wir haben das Gefühl, gerettet zu werden.

Und langsam, langsam werden die Lichtpunkte auf dem Meer größer, nun sind schon Schattenrisse zu erkennen und Stimmen zu hören. Aber das Anlegen an unser Wrack scheint sehr schwer zu sein, die See ist zu bewegt. Wie sollen wir wohl von dieser hohen Schiffswand auf die kleinen schaukelnden Rettungs- und Schnellboote kommen? In der Not kann man vieles. Als dritte und vierte werden wir auch schon unten von den Matrosen aufgefangen. Auch auf der anderen Seite des Torpedobootes, die tief im Wasser hängt, haben einige Schnellboote anlegen können. Wir Unverwundeten müssen nun von einem auf das andere der sechs nebeneinander liegenden Boote hinüberklettern. Auf dem ersten bleiben nur die Schwerverwundeten, eine beträchtliche Anzahl. Wir stehen gedeckt hinter Geschützen, denn der Funkenregen der ohne Unterlass krepierenden Munition reicht bis hier. Nun beleuchten viele Scheinwerfer das brennende Schiff. Anderthalb Stunden nach der Torpedierung sind wir dort noch oben gewesen, nun waren es Minuten. Nun hören wir von den Matrosen, wir sind von einem russischen U-Boot torpediert worden. Unser kleines Schnellboot und auch die meisten anderen fahren jetzt bis dicht an das brennende Wrack. Der Brand hat schon bis zur Mitte um sich gegriffen. Jetzt, wo wir direkt vor dem Schiff sind, sehen wir erst den ganzen Umfang der Katastrophe. So schlimm hatten wir es uns doch nicht vorgestellt! Keine Form ist mehr zu erkennen. Ein einziger Haufen von zersprengtem Eisen, brennendem Holz, dazwischen die Stichflammen explodierender eigener Munition. Ein paar Menschen in Rettungsbooten arbeiten sich dort heran. Mit Eisensägen, Stemmeisen und anderem Werkzeug bewaffnet, wollen sie die im Eisen verklemmten, in den zusammengequetschten Lagerräumen eingeschlossenen Menschen herausholen. Noch bis hin zu uns sind die entsetzlichen Schreie der Eingeschlossenen, der im Rauch Erstickenden und der Verwundeten und Angebrannten zu hören. Und plötzlich hoch oben in den Eisentrümmern der Antennenaufbauten, von den Stichflammen der Munition beleuchtet, eine Frau wie eine Fackel brennend, die Arme in die Höhe werfend, fällt sie herab. Nicht Worte kann man für so etwas Erlebtes finden. Wie hat sich diese arme Frau inmitten der steil aufragenden Trümmer da hinaufarbeiten können? Wahnsinnig vor Schmerzen muß sie gewesen sein. Und erretten konnte sie niemand. Auch die Rettungsarbeiten der Matrosen scheinen erfolglos zu sein; sie kommen wieder zurück und erzählen, da, wo die Schreie herkommen, hätten zwischen Eisenteilen verbrannte, zappelnde Arme, hervorgeragt. Auch an Eingepferchte im Laderaum konnten sie nicht heran.

Unsere Schnellboote fahren ab. Und oh Schreck, o Graus – nach Gotenhafen zurück! Das ist uns vielleicht noch das Schlimmste von allem. Wieder in die eingeschlossene Stadt des millionenfachen Elends hinein. Die Fahrt verläuft unheimlich schnell. Um Mitternacht sind wir wieder im Hafen. Stockdunkel ist die Nacht! Wir Schiffbrüchigen sollen in eine Kaserne gebracht werden und treffen nun auch unsern jungen Matrosen Zitzlaff aus Marienburg wieder. Also auch er ist gerettet! Wir fallen uns gegenseitig in die Arme. Dann erzählt er, daß der Kommandant und der Erste Offizier schwer verwundet seien. Beide haben auf der Kommandobrücke gestanden, als wir vom russischen U-Boot torpediert wurden. Unter Lebensgefahr sind sie von den Matrosen aus den Trümmern gezogen worden. Für ihn den jungen Zitzlaff ist es nun aus mit seiner Tätigkeit auf See. Er muß jetzt als Infanterist an die Front, da die Marine kaum noch Schiffe hat. Mutti gibt ihm ihre geretteten Zigaretten, die sie immer als Tauschobjekt bei sich hatte, und dann müssen wir uns trennen. Von Matrosen geführt, werden wir durch den Hafen in eine Kaserne gebracht. Erschöpft fallen wir auf die Pritsche nieder.

Donnerstag, am 18. März 1945

Eine Umhängetasche mit Papieren des Hofes und die Berufsbücher, die Rettungsweste und das, was wir auf dem Leibe haben, Muttis Pelz und mein Mantel, ist alles, was wir gerettet haben. So zerschlagen und so ein elendes Gefühl hat man noch nie im Leben gehabt. Dicht neben unserer Kaserne im Hafen liegt der Kreuzer ‚Leipzig'. Er beschießt die russische Front. Bei jeder Salve wackeln die Gebäude, die Türen springen auf, und die Fenster sind ohne Glas. Die Luft ist mit Schwefelgestank erfüllt, und man bangt vor dem nächsten Schuß. Ungefähr neun Personen sind wir in diesem Raum. Drei elternlose, angebrannte Kinder, eine alte Frau, ein junges Mädchen. Letztere sind mit Schmieröl übergossen, das ihnen sehr auf dem Körper brennt. Den Kindern ist die Mutter auf dem Schiff umgekommen. „Ich wollte die Mutti noch aufheben, aber da sie schon tot", sagte das älteste Mädchen von ihnen. Ihr Vater ist noch an der Front und war Förster. Wer wird sich um sie kümmern? Sie und das Fräulein bekommen von den Matrosen Kleidung. Wir beide sind noch am besten dran. Gegen Mittag müssen wir Schiffbrüchigen in ein anderes Hafenbecken, um registriert zu werden. 180 von 500 Flüchtlingen sind von unserm Schiff gerettet.

Wenige Minuten nach unserer Abfahrt mit dem Rettungsboot um 21 Uhr ist T 3 gesunken. Von ihm sind nur zwölf Überlebende von 500 zu verzeichnen. Noch ein drittes Schiff hat sich nur aufgebäumt und ist dann mit allen Menschen lautlos versunken. Dieses letzte lag bei der Abfahrt im Hafen direkt neben uns und wir wollten beinahe auf es hinübersteigen. Wir hören, daß von unserm Schiff etwas Gepäck gerettet sein soll, aber wir sind viel zu erschöpft, um noch weite Wege zu machen, und da, wo unser Gepäck auf dem Schiff lag, hatte es ja auch so stark gebrannt.

Wir könnten ja auch nun noch einmal zu Herrn v. Manschwitz gehen, hoffen aber doch noch, daß uns die Marine herausschafft, und es ist besser, wir bleiben am Hafen. Mutti hat noch ein heiles Telefon gefunden und Herrn v. M. unsere Lage mitgeteilt. Wir sind auch viel zu schlapp, um den weiten Weg zu machen, und die Stadt wird auch so beschossen. Nur weg von hier, und es geht ja auch nur noch übers Meer. Um die Kaffeezeit gehen wir noch einmal an den Hafen. Die Schwimmweste lassen wir der alten Frau, die sich durchaus an uns hängen will. Ein paar kleine Dampfer laden Flüchtlinge ein, um abzufahren, aber sie nehmen nur Frauen mit kleinen Kindern mit, da Gotenhafen keine Milch mehr hat. Da gehen plötzlich Sirenen. Russische Flieger über uns. Wir werfen uns lang auf die Erde. Unsere Flak und die Flugzeuge schießen, aber so schnell wie der Spukgekommen ist, ist er auch vorüber! Wir laufen nach einem Schiff, an dem gerade die Laufstege eingezogen werden. „Nehmen Sie uns doch mit, wir haben kein Gepäck mehr", bettelt Mutti. Der Matrose lässt sich erweichen, die Stege werden noch einmal ausgelegt und wir sind oben. Verschwinden Sie bis nach der Ausfahrt, ruft man uns noch zu.

Sonntag, den 18. März 1945

Wir sind nach unten in eine Kajüte geklettert, wo kaum noch Platz zum Stehen war. Säuglinge, die mit Kaffee-Ersatzbrühe genährt werden, schreien fürchterlich. Man will uns wieder hinausdrängen, aber es ist zu spät, die Schiffsschrauben dröhnen und wir fahren; jetzt kann uns keiner mehr an Land setzen. Nach Schiffskarten fragt niemand mehr. Ein ganz kleiner, als Minensuchboot umgearbeiteter Fischdampfer ist es, auf dem wir über die hohe See nach Swinemünde fahren wollen. Mit der Hand kann man von Deck aus ins Wasser fassen. Mit so etwas werden sich die russischen U-Boote doch nicht befassen. Wir rüsteten uns zum Schlafen. Mutti lag auf einer schmalen Konsole, die in der Mitte eine hohe kantige Leiste hatte, ein Abstellbord an der Wand. Mit dem Kopf unter einem Stuhl, dem Körper unter dem Tisch, hatte ich mich zur Ruhe begeben. Die Beine konnte ich nicht ausstrecken, sonst gingen sie jemand anderem ins Gesicht. Über meinem Kopf baumelten ein paar Nagelschuhe. An Schlaf war nicht zu denken. Wir waren so elend und erschöpft, alles war uns egal. Hauptsache wir fahren. In der Nacht mussten schon manche Menschen nach oben, und ich bekam so manchen Tritt. Am Morgen, einem Freitag, schlingerte das Schiff durch das bewegte Meer. Wir standen an Deck, unten war es nicht mehr auszuhalten. Mutti hatte vom Koch noch 1/3 Brot erbettelt, und mit richtigem Heißhunger verzehrten wir es. Auf dem offenen Meer sahen wir einen Koffer schwimmen. Wo mag er herkommen?

Am Abend müssen auch wir dem Meergott opfern. Aus der Küche wird noch einmal Nudelsuppe verteilt, aber bei den vielen Menschen reicht sie längst nicht. Wieder schlafen wir in der engen Kajüte, und auch das Schreien der kleinen Kinder stört mich nicht mehr. Zum erstenmal, dass wir richtig Hunger haben. Manche haben noch etwas in ihren Koffern, und ausgerechnet eine Pfarrfrau, die noch sehr viel hatte, gab uns auf Muttis Bitten nichts ab. Da sollten schon trübe Gedanken kommen und man möchte am liebsten gar nicht mehr leben. Am Sonnabend nachmittag liegt unser kleiner Dampfer auf offener See still. Er hat die übrigen Dampfer aus dem Geleit verloren und wartet nun, bis sie wieder in Sicht kommen. Ab und an fährt er mit halber Kraft voran. Die Ostsee liegt voller Minen, und so fahren wir nördlich um Bornholm herum, um den Minenfeldern auszubiegen. Noch einen schrecklichen Tag und eine Nacht, an denen wir nichts zu essen haben, sind wir am Sonntag früh in Swinemünde gelandet. In Küstennähe ragen viele Maste von versenkten Schiffen aus dem Wasser. Vom Schiff an Land gesprungen, konnten wir nun gehen, wohin wir wollten, sofort war auch die Seekrankheit weg.

Swinemünde ist eine Woche vorher durch englische Flieger vollkommen zerstört worden. Trümmer, nichts als Trümmer, soweit man sehen kann, und viele Tote soll es gegeben haben. Auch hier ist der Russe nicht mehr weit. Uns aber bedeutet dieser sonnige Frühlingstag die Rettung, nun haben wir wieder Land unter den Füßen. Bald sind wir am Ziel! Am Ziel. Wer weiß, wo wir Tante Käthe, Reinhard und Frank finden? In einem ziemlich zerbombten Lokal bekommen wir dank der Urlaubermarken, die Mutti noch als Bürgermeisterin von Klettendorf bei sich hat, erst mal Frühstück zu essen. Heißhunger! Wir fragen uns zum katholischen Wehrmachtspfarrer durch und hoffen, zu erfahren, wo sich jetzt die Seelsorgeabteilung des OKW befindet, um so zu Onkel Hermann zu kommen. Es ist erfolglos. Wir müssen also nach Berlin. Züge gehen keine mehr, aber per Anhalter. Nach zweistündigem Stehen außerhalb der Stadt kommen wir mit einem Lastwagen bis nach Anklam. Auf diese Art gelangten wir am zweiten Tag nach Berlin, und dort, in der bombenzerstörten Stadt, konnten wir nur auf großen Umwegen zu dem jetzt in Baracken untergebrachten Oberkommando des Heeres kommen, und hofften dort bei Onkel Hermann, Nachricht über Tante Käthchen, Reinhard und Frank zu erhalten. Seine Abteilung war aber leider nicht mehr dort und schon wegen der nahenden russischen Armee nach Süddeutschland evakuiert.

Ende des Tagebuches[1]

1 Der spätere Lebensweg des Autors kann bei Wikipedia abgerufen werden: https://de.wikipedia.org/wiki/Hans_Joachim_Wiehler

Astrid von Schlachta

Alltag abseits der Front

Das Tagebuch der Elisabeth Horsch*

Die Geschichte der nationalsozialistischen Herrschaft wird nicht nur von Politikern und Soldaten, Verhandlungen und Kanonendonner geschrieben, sondern auch von Frauen, die zuhause blieben und den Alltag gestalteten, sowie von Kindern, die prägende Lebensjahre in einer Diktatur und im Krieg verbrachten. Doch ist es oft ein Problem der Quellen, dass über die politische Geschichte der NS-Zeit wesentlich mehr bekannt ist als über den Alltag, weil nur wenige Zeitgenossen ihren Alltag dokumentiert haben beziehungsweise entsprechende Quellen, als vermeintlich weniger wertvoll, schneller entsorgt werden. So ist es jedes Mal eine besondere Freude, wenn private Briefe, Tagebücher oder Poesiealben auftauchen und das historische Bild um eine weitere Facette bereichern.

Einen solchen anderen und eindrucksvollen Blick auf die NS-Zeit und den Krieg bietet das Tagebuch von Elisabeth Horsch. Es zeigt den Alltag eines Mädchens und später einer jungen Frau, die sehr rege am Zeitgeschehen teilnahm und die Kriegsereignisse und deren Auswirkungen auf das eigene Leben mal sehr leidenschaftlich, vielleicht kindlich-idealistisch, mal sehr ernüchtert und dann wieder sehr distanziert reflektiert. Ihre Gedanken, die sie dem Tagebuch anvertraut, eröffnen den Raum für Fragen, Zweifel und Motivationen, wie sie viele Frauen der Zeit bewegt haben mögen. Welche Opfer hat eine Frau an der Heimatfront für den Krieg zu bringen? Und wie kann sie ihr Leben einsetzen für den Krieg? Aber auch: Wie gestaltet sich der Alltag, wenn die Män-

Inge-Maria Siebörger und Elisabeth Horsch, Hellmannsberg 1944

* Das Original des Tagebuchs liegt im Privatarchiv von Helmut Suttor. Alle Verweise im folgenden Text beziehen sich auf dieses Exemplar. Seitenzahlen sind in Klammern nachgewiesen.

ner eingezogen sind? Das Tagebuch, das in Form von fiktiven Briefen an den späteren Verlobten Heinz Horst Siebörger abgefasst ist, zeigt jedoch nicht nur die „politische Seite“ der jungen Frau, sondern besonders auch ihre Frömmigkeit. Alle Reflexionen sind eingebettet in einen tiefen Glauben an Jesus Christus, von dem sie Wegweisung erhofft und in den sie ihr Vertrauen setzt. Dieser Glauben scheint zeitgenössische Ideologien zu überstrahlen.

Elisabeth Horsch, 1923 in Hellmannsberg als Tochter von Michael und Maria Horsch geboren, ist das Jüngste von zehn Kindern. Sie besuchte die Schule in Ingolstadt und durchlief anschließend eine Ausbildung zur Hauswirtschaftlerin. Im April 1938 ließ sie sich taufen. Bereits als 13-Jährige, im Sommer 1937 (35), hatte sie ihren späteren Verlobten Heinz Horst Siebörger kennengelernt, der aus einer Herrnhuter Familie stammte, wobei die Mutter jedoch einen mennonitischen Hintergrund hatte. Vor 1942 muss die Verlobung stattgefunden haben, denn in diesem Jahr wird Heinz Horst Siebörger an die Ostfront eingezogen; im November 1943 fiel er bei Tranowka (Ukraine). Nach dem Krieg ging Elisabeth Horsch für drei Jahre mit dem MCC nach Algerien; nach ihrer Rückkehr übernahm sie die Leitung des Mädchenpensionats auf dem Weierhof.

Das Tagebuch enthält Einträge vom April 1936 bis zum November 1941 sowie zwei weitere Einträge vom April 1942 und Juli 1945. Das Leben der Autorin spielt sich in dieser Zeit zwischen Hellmannsberg, der Schule in Ingolstadt, den Wohnorten ihrer bereits verheirateten Geschwister sowie dem Hof der Familie Blessing in Wiernsheim bei Pforzheim ab, wo Elisabeth im Mai 1941 eine Stelle antrat. Das Tagesbuch beginnt mit der Schilderung eines Bekehrungserlebnisses beim Bibelkurs in Hellmannsberg, das Ende markiert ein Brief an den gefallenen Heinz Horst, der die Verbundenheit über den Tod hinaus deutlich macht. Elisabeth reflektiert auch immer wieder über das Tagebuchschreiben; sie war 13 Jahre alt, als sie begann. So relativiert sie ihre eigenen Aufzeichnungen, indem sie im April 1940 feststellt, dass sie selbst vieles noch nicht verstand, als sie es aufschrieb. „Und manches vom Wichtigen steht überhaupt nicht drin.“ (14)

Die Tagebucheinträge verdeutlichen auf eindrucksvolle Weise, wie Alltag und Politik verzahnt waren und wie das große Weltgeschehen im friedlichen Hellmannsberg, das in der Schönheit seiner Natur, im Wechsel von Saat und Ernte und in den täglichen Mühen der Arbeit beschrieben wird, immer wieder seine kleinen bleibenden Spuren hinterließ. Wollte man aus dem Tagebuch wesentliche Schlagworte zur Einordnung der Zeit herauslesen, so könnten dies der „Krieg“, das „Soldatsein“ und das „Opferbringen“ ebenso sein wie „Natur und Ernte“, „Arbeit“, „Freundschaften“ und „Freizeitgestaltung“.

In Elisabeth Horschs Leben trat der Krieg, folgt man dem Tagebuch, das erste Mal Ende August 1939, als sie notierte, es werde wohl Krieg geben. Wenige Wochen nach dem Überfall Deutschlands auf Polen, der am 1. September 1939 stattfand, schreibt sie ihren Jubel über die Erfolge der deutschen Wehrmacht und ihre Bewunderung für die Reden Adolf Hitlers nieder. Die Siegesgewissheit, die selbst die mennonitischen Zeitschriften, wie etwa die „Mennonitischen Blätter“, zu diesem Zeitpunkt verbreiteten, ist Elisabeth Horschs Grundstimmung, wobei sie selbst ihre Begeisterung in ihrer eigenen Jugendlichkeit festmacht. Viele Christen, schreibt sie, seien gegenüber dem „Vaterland“ und dem „Führer“ gleichgültig, was auch in Ordnung sei, wenn man der Jugend dafür ihre Freude lasse. Denn die Jugend sei zuversichtlich, erfreue sich am „Vaterland“ und am „Führer“. Elisabeth Horsch verweist voller Dankbarkeit auf die Rede Hitlers vom 1. September 1939 und bringt ihren Stolz darüber zum Ausdruck, dass er die Jugend gelobt habe, weil diese bereit sei, „jedes Opfer“ für das Vaterland zu bringen. (12) Ab 1941 überliefert das Tagebuch jedoch erste Zweifel am Krieg. Zu Neujahr 1941 heißt es, der Krieg sei doch so ganz anders als man ihn sich vorgestellt habe. Wobei anfangs offenbar das Gefühl überwiegt, vom Krieg viel zu wenig mitzubekommen, was zum Wunsch der Schreiberin führt, etwas tun zu wollen: „Ich hab doch gedacht, daß wir so fest schaffen müssen, daß alle Leut eingezogen sind. [...] Ich würde schon gern opfern und schaffen irgendwas.“. (23) Im Verlauf des Jahres 1941 wächst dann jedoch das Bewusstsein für die Verluste und die Traurigkeit, die der Krieg bringt. Am Ostermorgen 1941 notiert Elisabeth Horsch in ihr Tagebuch, sie hoffe, der Krieg werde im Herbst vorbei sein – „um der vielen Opfer willen, hoffentlich“. (31) Allerdings bleibt der Krieg für sie, wenigstens bis zum Ende der Tagebuchaufzeichnungen, stets eine für Deutschland „gerechte Sache“, so notiert sie im Zusammenhang mit dem Russlandfeldzug 1941.

Es ist dieser Wechsel zwischen dem eigenen Wunsch, für den „gerechten“ Krieg Opfer zu bringen, und der Wahrnehmung, wie viel Leid die „unbarmherzige“ Konfrontation der Staaten doch bedeute, der wie der Wandel vom Idealismus der Jugendlichen zum Realismus der Erwachsenen erscheint. Sehr deutlich wird dies in wiederkehrenden Einträgen, die eine „Soldatenromantik“ überliefern, wie sie im Denken der Zeit weit verbreitet war und von der Propaganda auch ins Volk hineingetragen wurde. Im Oktober 1940 vertraut Elisabeth ihrem Tagebuch an, sie haben „Soldaten gern, deutsche Soldaten“. Seit Beginn des Krieges sei ein Soldat doch etwas ganz anderes als vorher; jetzt sei jeder Soldat Frontsoldat und bereit, sofort in den Krieg zu ziehen. Im April 1941 notiert Elisabeth, sie hätte sich immer gewünscht, dass auch ihr Verlobter noch eingezogen wird, solange Krieg ist. (30) Als der Krieg immer mehr Tote brachte, reflektiert Elisabeth Horsch dagegen die Gefühle von Frauen, die ihre Männer im Krieg verlieren. Es sei „viel leichter“ und „weniger grausam“, wenn man als verheiratete Frau den Mann verliert und bereits Kinder hat, weil man dann ein Leben lang für den Gefallenen „arbeiten und schaffen“ kann, „für deine Kinder und an Deinen Kindern“. Über die Kinder bestehe eine lebenslange Verbindung mit dem Gefallenen. (31) Die Zweifel der Autorin an allen übergroß projizierten Bildern von Vaterlandstreue und Einsatzbereitschaft überliefert dann die Schilderung eines Traumes, den Elisabeth, so ihre eigenen Aufzeichnungen, häufiger träumte. Sie sei an der Front und merke, dass sie keineswegs bereit sei, „sich zu bewähren“, sondern „erbärmlich feige“ werde. Auf einmal spüre sie, wie sie ihr Leben lieber habe als das Vaterland und deshalb sei sie vor der Übermacht der Russen geflohen. (45)

Doch das Tagebuch überliefert nicht nur Elisabeth Horschs Sicht auf den Krieg und die politischen Entwicklungen, sondern auch ihre Freizeitgestaltung. Der örtlichen BDM-Gruppe brachte sie das Völkerballspielen bei, wobei sie auch hier die geistliche Erfahrung in den Vordergrund stellt. Sie notiert, dass „der Heiland" ihr immer mehr zeige, wie man anderen etwas Neues beibringe. (9) Kinobesuche standen ebenfalls auf dem Freizeitprogramm. Elisabeth berichtet von vier Filmen, die sie gesehen hat: den antibritischen Propagandafilm „Mein Leben für Irland", „Jud Süß" sowie „Friedemann Bach" und den Schillerfilm „Der Triumph eines Genies". Ihre Interpretation der Filme, die teilweise sehr ausführlich ist, überliefert eine interessante Perspektive, weil sie sich abhebt von der offiziellen Meinung, die durch die NS-Propaganda vorgeben war. Bemerkenswert ist, dass für Elisabeth Horsch selbst bei einem der aggressivsten Propagandafilme wie „Jud Süß" nicht die NS-Ideologie Bezugspunkt ist, sondern erneut ihr christlicher Glauben. So reflektiert sie nicht über die den Film bestimmende Vergewaltigung an sich, sondern über die Reaktion des vergewaltigten Mädchens, das sich im Film schließlich das Leben nimmt. Es sei „grausam" und „furchtbares" Leid, wenn ein „reines Mädchen" durch „einen Juden" vergewaltigt werde – angesichts der Ideologie, die hinter diesem Film stand, erscheinen die Notizen in Elisabeths Tagebuch fast sachlich, zumal sich ihre Kommentare vor allem auf eine Vergewaltigung ganz generell beziehen. Ist der Freitod, so fragt die Autorin, in einem solchen Fall wirklich der einzige Ausweg? Und müsste Gott nicht viel stärker ins Spiel kommen? Elisabeth Horsch schlussfolgert, dass jene, „die unter Gottes Führung stehen", vor einem „solchem Unglück bewahrt" würden – sie meint hier wohl den Freitod, nicht die Vergewaltigung. (19)

Auch die Filme über Friedemann Bach und Friedrich Schiller kommentiert Elisabeth Horsch ausführlich. Beide Filme griffen den von den Nationalsozialisten geförderten Geniekult auf, wobei Schiller mit seiner Berufung und seinem Erfolg in zeitgenössischen Kritiken gerne mit Hitler verglichen wurde. Auch Elisabeth greift den Typus beider Genies heraus und stellt fest, dass sowohl Bach als auch Schiller als Genies anfingen, dann jedoch unterschiedliche Wege gingen. Bach hörte auf, „den Kampf zu kämpfen, den ein Genie kämpfen muß", und, so Elisabeth Horschs Interpretation, scheiterte daran, stets als der Sohn des großen Johann Sebastian Bach wahrgenommen zu werden. Er hätte es nicht geschafft, eine eigenständige Persönlichkeit zu werden, die Gott mit seiner Musik diente, wie sein Vater dies getan habe. Schiller dagegen reüssierte und wurde ein großer Dichter, weil er von Menschen umgeben war, die ihn verstanden und mit ihm kämpften. Elisabeths Niederschrift zufolge sollten die Filme deutlich machen, dass man seinen Weg trotz Widerständen finden muss.

Bei aller Vielfalt an Gefühlen, Reflexionen und Begegnungen, die das Tagebuch festhält, ist insbesondere auch interessant, was die Verfasserin nicht aufzeichnet. Die Ideologie des Nationalsozialismus bewegt Elisabeth Horsch so gut wie gar nicht, was auch ihre Kommentare zu den verschiedenen Filmen zeigen. Die Wahrnehmung des Nationalsozialismus ging vor allem über die Person Adolf Hitlers, dessen Reden punktuell erwähnt werden. In diesen Passagen ist Adolf Hitler der „Führer", der an die Jugend und an das „deutsche Volk" glaubt. (35) Dennoch: Auch über der Figur Adolf Hitlers steht stets der christliche Glauben, der für Elisabeth fortdauernder Bezugspunkt ist. Ihre Bemerkung, man müsse für den „Führer" beten, „dann können wir dadurch Vertrauen in ihn haben", zeigt die Hierarchie der Mächte. (18) Wesentliche täuferische Elemente, unter anderenm die Wehrlosigkeit, spielen allerdings, wie generell bei den Mennoniten dieser Zeit, keine Rolle mehr.

Einen Eindruck von der Stimmung in den Tagebucheinträgen, die immer auch den Charakter der Schreiberin widerspiegeln, mögen ein paar Sätze geben, die unter dem 3. Juli 1939 stehen: „Wenn ich lese, was ich das letzte Mal geschrieben habe, muß ich fast lachen, so ein Krampf ist's. Und wenn's einer ist, so hab ich's gefühlt, so ist's auch. Heut will ich wieder so was Ähnliches schreiben – morgen ärgere ich mich vielleicht darüber. Ich will das alles, was ich letzthin geschrieben habe kurz zusammenfassen: Es freut mich nicht wenn ein andrer mir etwas zuliebe tut, nur um mir etwas zu geben. Es freut mich aber, wenn ein andrer mir Freude macht und gleichzeitig bereit ist, von mir innerlich etwas zu nehmen. Nicht nehmen dürfen ist nicht das Schlimmste, aber nicht geben zu dürfen, das ist schwer." Das Tagebuch spiegelt die Offenherzigkeit der Autorin wider, die stets auf das Gute im Anderen gerichtet war. Eine Quelle, wie sie das Tagebuch von Elisabeth Horsch darstellt, führt der Nachwelt vor Augen, dass das Leben in der NS-Zeit nicht nur aus der fortwährenden Auseinandersetzung mit der Ideologie und der parteigeführten Durchorganisation des Alltags bestand. Der Alltag konnte auch „ganz normal" sein.

Helmut Foth

Die Lebenserinnerungen der Anna Sudermann (1892-1982)

1969 schrieb die 76-jährige Anna Sudermann in Winnipeg/Kanada an den letzten Kapiteln ihrer Lebenserinnerungen.[1] 1951 hatte sie mit der Niederschrift angefangen, der Beginn einer nahezu zwanzigjährigen, zuweilen schmerzhaften Erinnerungsarbeit. Ihre phänomenale Leistung, auf über 420 Seiten ohne Tagebuchnotizen oder schriftliche Quellen die letzten 50 Jahre ihres eigenen Lebens und das ihrer Familie aus dem Gedächtnis zu erinnern, chronologisch zu ordnen und in einer großen, lebendigen Erzählung zu vereinen, verdient äußerste Bewunderung.

Die Lebenserinnerungen Anna Sudermanns geben unvergleichliche Einblicke in das soziale Leben des Russlandmennonitentums, die letzten Jahre seines Wohlstands in der Zarenzeit, die Epoche der Krise mit dem Ersten Weltkrieg und der deutschen Besatzung. Sie ist Chronistin der Revolutionsjahre, des gewalttätigen Anarchismus und der Bereitschaft unter den Russlandmennoniten, ihre Existenz mit der Waffe zu verteidigen. Anschaulich schildert sie den wirtschaftlichen Abstieg ihrer Familie, die große Hungersnot, die das ganze Land erfasst hatte und die stalinistische Verfolgung, die so viele Menschenleben verschlang und den Zerfall der Familien einleitete. Sie erzählt vom Beginn des Zweiten Weltkrieges und von den aufkeimenden Hoffnungen auf Umsiedlung im Zuge des Hitler-Stalin-Paktes, dann von der nationalsozialistischen Besatzung mit ihren Erwartungen auf bessere Zeiten. Anna Sudermann legt aber auch ein einzigartiges Zeugnis ab über den Massenmord an Juden in ihrem Heimatort. Mit der Rücksiedlung nach Deutschland enden ihre Lebenserinnerungen. Der Leser bekommt Einblicke in den Lebensstil mennonitischer Familien in Russland, über ihre Bildungswege und ihre Integration in der russischen Gesellschaft, ihre Frömmigkeit und politische Anpassungsgabe und ihre Entscheidungen, das Land in den 20er Jahren und dann noch einmal im Jahr 1930 zu verlassen oder zu bleiben.

Ihre Erinnerungen sind auch eine Art Familienroman. Mit großem Familiensinn verfolgt Anna Sudermann, die selbst nicht geheiratet hatte, das Schicksal der Geschwister, Schwägerinnen, Schwäger sowie der Nichten und Neffen. Die Lektüre beeindruckt nicht allein wegen ihrer familiengeschichtlichen Detail-treue und der akribischen Schilderungen der sozialen Umwälzungen jener Jahre. Die Qualität von Anna Sudermanns Lebenserinnerungen ist auch vom hohen moralischen Anspruch geprägt, der ein ständiger Begleiter ihres Erinnerns und Schreibens war: „Für mich war das Niederschreiben meiner Lebenserinnerungen eine Gelegenheit, mein ganzes Leben, Denken und Handeln zu überprüfen und meine Fehler und mein Versagen in entscheidenden Augenblicken zu erkennen. Man

1 Anna Sudermann: Lebenserinnerungen 1893-1970 (unveröffentlicht), in: Mennonite Heritage Centre Winnipeg, vol. 3770. Mein Exemplar, aus dem die Zitate stammen, erhielt ich 2013 von Prof. Harry Loewen, dem ersten Inhaber des Lehrstuhls für Mennonite Studies an der Universität Winnipeg/Kanada.

lernt dadurch, sich richtiger zu beurteilen und vorsichtiger über andere zu urteilen."[2]

Anna Sudermann
Wir danken der Familie Sudermann für das Bild

Wer war Anna Sudermann? Sie wurde Ende Dezember 1892 in Südrussland auf dem elterlichen Gut Alexejewka, 25 km westlich von Nikopol in Südrussland geboren. Ihre Vorfahren waren im 18. Jahrhundert aus Westpreußen in dieses Gebiet der Mennonitenkolonie Chortitza eingewandert. Anna war die Zweitjüngste von zehn Kindern, von denen vier im Kindesalter verstarben. Ihre Erziehung war bildungsoffen, zuhause wurden Plattdeutsch und Ukrainisch (Kleinrussisch) gesprochen, beim Besuch befreundeter russischer Familien wechselte man problemlos ins Russische. Man war vertraut mit der russischen Mentalität. Den Elementarunterricht erhielten sie und ihre Geschwister bei einem Hauslehrer. Danach besuchte sie die mennonitische Mädchenschule in Chortitza, lernte Französisch und bekam Klavierunterricht. Die Hochschulreife erwarb sie in der Kommerzschule in Ekaterinoslav, dem heutigen Dnjpropetrovsk. Von 1911-1914 studierte Anna Sudermann bis zum Beginn des Ersten Weltkrieges Biologie an der Frauenfakultät der Universität St. Petersburg. Anna entwickelt sich zu einer selbstbewussten jungen Frau, die die kulturellen Angebote der Metropole genießen konnte und von den russisch-orthodoxen Osterfeiern begeistert war. Schon als Kind hatte sie es geliebt, wenn die Popen- und Lehrerfamilie mit dem Kirchenchor an Weihnachten zu ihnen kamen und die wunderbaren russischen Kirchenlieder sangen.

Bei ihrer ausführlichen Schilderung der Ereignisse im Verlauf der Oktoberrevolution und des russischen Bürgerkriegs, der Zwangsenteignung und Vertreibung vom Gut ist ihre Erregung spürbar. Es war ihr Gerechtigkeitsgefühl, weniger die Tatsache des sozialen Abstiegs, das sie auch vier Jahrzehnte nach den Ereignissen empört schreiben lässt: „Menschen hatten uns diese Heimat geraubt, die Feindseligkeit, die man überall verspürte, lag förmlich in der Luft. Wir waren beinahe über Nacht zu Verbrechern geworden, als solche wurden wir nun angesehen. Auch während all der Jahre, die wir unter dem Sowjetregime gelebt haben, blieb unsere Zugehörigkeit zu der besitzenden Klasse als schwere Belastung in den Augen der Machthabenden auf uns sitzen."[3]

2 Sudermann (wie Anm. 1), S. 2.

3 Ebd., S. 163.

Bei der Übersiedlung 1920 nach Chortitza, wo Anna nun bis 1943 ihren Lebensmittelpunkt haben wird, bekommt sie auch den Neid weniger begüterter Mennoniten zu spüren: Das Leben im Dorf und die Gesamtsituation hatten sich grundsätzlich gewandelt. Anstelle des Dorfschulzen, des Oberschulzen und des Gebietsamtes für die ehemalige Altkolonie regierte jetzt im Dorfe ein Vorsitzender eines Dorfrates. „Andere Menschen, wenn auch Mennoniten darunter, saßen im Gebietsamt (Seljsowjet), die Proletarier führten das große Wort. Die Umwertung aller Dinge und Begriffe von Gut und Böse, von Recht und Unrecht war im Gange. Armsein wurde bedingungslos als Tugend bewertet, reich gewesen zu sein dagegen das größte Verbrechen."[4]

Ab 1920 beginnt Anna Sudermann ihre Arbeit als Lehrerin an der örtlichen Zentralschule und als Dozentin am Lehrerseminar, auch Paedtechnikum genannt. Die Unterrichtssprache war Deutsch. Es waren für sie glückliche Jahre, trotz des Mangels an Schulbüchern und allen lebensnotwendigen Dingen. In ihren Lebenserinnerungen nimmt diese Zeit einen großen Raum ein. Es waren für sie im positiven Sinne prägende Jahre. Sie unterrichtete Biologie, Chemie und Geologie und verfasste selbst mit einer Kollegin ein Biologiebuch in deutscher Sprache. Ihre Schilderungen der landeskundlichen Exkursionen offenbaren ihre große Liebe zur Natur und ihr engagiertes Unterrichten. In Chortitza findet sie zu ihrer beruflichen Identität. Sie genoss als weibliche Lehrkraft volle Gleichberechtigung und hielt sogar Vorlesungen in kommunistischen Gesellschaftsheimen und Arbeiterklubs. Noch in Kanada gab es nach dem Krieg Treffen der ehemaligen Schüler und Studenten. Bis ins Alter erfreute sie sich großer Wertschätzung.

1929 quittierte Anna Sudermann freiwillig Ihre Dozententätigkeit. Sie war nicht bereit gewesen, eine politische Verpflichtungserklärung zu unterschreiben, ihre Lehrveranstaltungen im Stile atheistischer Umerziehung durchzuführen. „Weitere Konzessionen an das System der kommunistischen Erziehungsart konnte ich nicht machen, es war mir unmöglich, im atheistischen Sinn die Jugend zu beeinflussen, wenn ich auch nicht ganz im kirchlichen Sinn religiös war."[5] Schon im Rückblick auf ihre Zeit als junge Studentin hatte sie zu ihrer inneren Einstellung formuliert: „Die Ausstrahlungen des aufgeklärten 19. Jahrhunderts hatten auch mein Denken verändert. Eine große Kluft zwischen den wissenschaftlichen Erkenntnissen und einer primitiven Auslegung der heiligen Schrift machte es unmöglich, die ganze Bibel als eine göttliche Offenbarung anzusehen und alles zu glauben, was im Religionsunterricht als Glaubenssätze gelehrt wurde."[6] Dennoch fühlte sie sich in ihrem Leben an unaufgebbare Prinzipien gebunden. Niemals hätte sie mit ihrem Gewissen vereinbaren können, im Dienste der Partei Kollegen zu denunzieren. Anna fand Arbeit als Buchhalterin bei einer Samenverteilstelle, dann beim nahegelegenen neuen Kraftwerk und im Krankenhaus. Die folgende Zeit waren Jahre des Unheils und der politischen Repressalien. Befreundete mennonitische Familien fielen der Dekulakisierung zum Opfer. Sie musste mit ansehen, wie Männer, Frauen und Kinder auf Waggons verfrachtet wurden,

4 Ebd., S. 208.

5 Ebd., S. 275.

6 Ebd., S. 131.

um im Niemandsland ausgesetzt zu werden. Annas Schilderung vom Abtransport dieser Menschen berührt den Leser, der auch etwas über ihre Schuldgefühle erfährt, feige gewesen zu sein, nicht protestiert und sich vor dem Abschiednehmen gedrückt zu haben.

Drei ihrer Brüder geraten in die stalinistische Verhaftungswelle und werden nicht mehr zurückkehren, darunter ihr Lieblingsbruder Jakob.[7] Mit ihm, dem begabten Künstler, Dichter und Fotografen, hatte sie die Studienjahre in St. Peterburg verbracht. Eine Zeitlang waren sie Kollegen am Paedtechnikum, wo er Mathematik, Physik und bildnerisches Zeichnen unterrichtete. Mit großem Einfühlungsvermögen hat sie Jahre später sein künstlerisches Schaffen interpretiert und ihm ein ehrendes Andenken bewahrt.[8] 1936 wird sie selbst verhaftet und muss qualvolle Verhöre ertragen. Als besonders verletzend empfand sie, dass man sie wegen faschistischer und konterrevolutionärer Gesinnung anklagte. Sechs Monate verbringt sie in Untersuchungshaft im Dnjepropetrowsker Gefängnis, dessen Bau ihr seit ihrer Schulzeit vertraut war, freundete sich mit politischen Mithäftlingen an, fast alle überzeugte Trotzkistinnen. Der Kontakt mit zuhause riss aber nicht ab, sie wurde mit Lebensmitteln und frischer Kleidung versorgt, wann immer es möglich war. Wie durch ein Wunder kam sie Anfang 1937 wieder frei.

Anna Sudermann und der Nationalsozialismus

Was hatte sich Anna Sudermann vorzuwerfen? Warum geht sie mit sich auch nach Jahrzehnten so hart ins Gericht? Die gesellschaftlichen Umwälzungen in Deutschland ab 1933 waren sehr weit weg. Genauere Informationen über politische Ereignisse flossen spärlich. In die neue Hitlerbewegung hatte sie große Hoffnung gesetzt. Zu nachhaltig war die Lehre der Revolution gewesen. Aufgrund der Erfahrungen der letzten Jahre, besonders der Massenverhaftungen und Deportationen unzähliger Männer, aber auch Frauen, schien ihre Zukunft aussichtslos. An eine grundlegende Veränderung ihrer Situation hatte sie nicht mehr glauben können. Eine 1939 kurz aufflammende Hoffnung auf Rücksiedlung ins Reich im Zuge des Hitler-Stalin-Paktes war schnell verflogen. „Wir glaubten an einen wirklichen sozialen und demokratischen Staat Deutschland“, schrieb sie rückblickend. „Das eigentliche Gesicht des Nationalsozialismus kam uns erst nach Jahren zum Bewußtsein.”[9] Und so gesteht sie freimütig, die deutschen Wehrmachtssoldaten als ihre Erretter aus großer, jahrelanger Bedrohung und Not begrüßt zu haben. „Auch der Gruß Heil Hitler wurde uns bald ganz geläufig.“[10]

---

7 2003 haben die Nachfahren Anna Sudermanns vom kanadischen Roten Kreuz erfahren, dass Jakob Sudermann schon im Oktober 1937 erschossen wurde. Siehe dazu Werner Toews, Sketches From Siberia. The Final Chapter on Sudermann, in: Mennonite Historian 30 (September 2004): http://www.mennonitehistorian.ca/30.3.MHSep04.pdf [Zugriff am 10.1.2017].

8 Anna Sudermann: Traum und Wirklichkeit, in: Mennonite Life, Januar 1953, S. 17-23. Dieser Aufsatz ist auch online einsehbar: https://ml.bethelks.edu/store/ml/files/1953jan.pdf [Zugriff am 10.1.2017].

9 Sudermann (wie Anm. 1), S. 375.

10 Ebd., S. 375.

Richtig froh war Anna Sudermann, wieder als Lehrerin Anerkennung zu bekommen. Man hatte ihr sogar die Schulleitung übertragen. Sie musste zwar mit undisziplinierten Schülern kämpfen, schob dies allerdings auf die schlechte Ernährungssituation und auf den Zerfall des Familienzusammenhalts in den letzten Jahren. Aus dem "Reich" kamen Schulinspektoren, die Umschulungskurse im Sinne des Nationalsozialismus abhielten. Sie lernte auch, die für sie ungewohnten Arbeitspläne zu erstellen. Höhepunkt ihrer Tätigkeit war die von ihr entworfene Ausstellung zur Hundertjahrfeier der mennonitischen Zentralschule, zu der sogar der Reichsminister für die besetzten Ostgebiete, Alfred Rosenberg, angereist kam. Aber erste Skepsis machte sich breit. Die scheinbar wiedergewonnene mennonitische Identität interessierte die nationalsozialistischen Schulinspektoren in keiner Weise. Sie nahm auch eine zunehmende Ideologisierung und Entchristlichung wahr. „Die Tendenz zum Atheismus war unverkennbar, und das enttäuschte."[11] Mit den Schlagwörtern Volkstum oder Rasse hatte sie nie etwas im Sinn gehabt. Mit Befremden musste sie nun aber feststellen, dass die neue Verwaltung den ukrainischen Mitschülern jegliche weiterführende Schulbildung verbot. „Ihre Art die Ukrainer als Minderwertige zu behandeln und sich als Herrenmenschen aufzuspielen, wie das viele (nicht alle) im Laufe der nächsten Jahre taten, war menschenunwürdig."[12] Von den Plänen der nationalsozialistischen Ostpolitik, „durch die Vernichtung der UdSSR als Staat für sich ein riesiges Siedlungsgebiet zu erwerben und kolonial auszubeuten,"[13] hatte Anna Sudermann damals noch keine Ahnung. Sie war froh, die Schulleitung endgültig an einen im Reich geschulten Kollegen abgeben zu können. Die Bildungsreise durch Deutschland im Sommer 1943 (mit Besuch der Bayreuther Wagnerfestspiele) handelt sie in ihren Erinnerungen ganz lapidar ab. In Ludwigsburg traf sie Benjamin H. Unruh,[14] dem sie das entsetzliche Schicksal der Juden in Chortitza anvertraute. Verletzend fand sie den Hochmut, der ihr in den Reihen der Reichsfrauenschaft begegnete. Wenig konnte sie in Deutschland begeistern.

Ein Grund war sicher auch ihr Schock über die schrecklichen Ereignisse, die sie gleich nach Ankunft der Deutschen in Chortitza erleben musste. Vor ihren Augen war eine Gruppe von Juden, etwa 50 Männer, Frauen und Kinder durch die Straßen getrieben worden. Sie wurden außerhalb des Ortes von der Gendarmerie erschossen. „Mit Grauen schreibe ich dies heute"[15] notierte sie in ihren Erinnerungen. Viele Juden hatten es zwar noch geschafft, vor der deutschen Armee zu fliehen. Alteingesessene Juden in Chortitza, die schon immer unter den Mennoniten gelebt hatten, waren geblieben im Vertrauen auf den Schutz ihrer deutsch-mennonitischen Umgebung. Anna Sudermann sieht dies wohl als ihr größtes Versagen an, diesen Mitmenschen ihre Solidarität verweigert zu haben. Etliche der Opfer kannte sie persönlich. Darunter auch die Frau ihres Apothe-

11 Ebd., S. 383.

12 Ebd., S. 373.

13 Blanka Jerabek, Das Schulwesen und die Schulpolitik im Reichskommissariat Ukraine 1941-1944. Im Lichte deutscher Dokumente, München 1991, S. 151.

14 Zu seiner Person siehe den Artikel Unruh, Benjamin Heinrich, in: MennLex, Teil 1 [Zugriff: 28.2.2017].

15 Sudermann (wie Anm. 1), S. 381.

kers. Sie war ihre Mitarbeiterin im Krankenhaus gewesen und hatte ihr sogar zu einer besseren Arbeitsstelle verholfen. Dass sie damals nicht gegen die Morde protestiert hatte und immer noch an Hitler als Symbolfigur eines grundsätzlichen Neubeginns glaubte, verfolgte sie noch nach Jahrzehnten: „Es ist nicht ganz leicht, sich zu dieser Schuld zu bekennen. Ich sehe dieses Bekenntnis in meinen Lebenserinnerungen als eine Art Beichte, wenigstens auf dem Papier, an."[16] Viele Mennoniten wurden Zeugen des nationalsozialistischen Massenmords in diesem Gebiet, einige beteiligten sich als Tathelfer oder gar als Mittäter. Jedoch ist Anna Sudermanns ausführliche Schilderung der Gräuel in Chortitza „als Rarität in der mennonitischen Literatur anzusehen."[17] Auf der Grundlage des heutigen Wissens über die schrecklichen Ereignisse im Großraum Saporoshje konnte vermutet werden, dass Anna Sudermann auch Kenntnis davon hatte, dass tausende jüdische Menschen in ihrer näheren Umgebung hingemordet wurden, auch mit Hilfe junger mennonitischer Männer, die sich der deutschen Sicherheitspolizei angeschlossen hatten.[18] Vermutlich haben auch diese Verbrechen sie bis ins hohe Alter belastet. Zusammen mit vielen anderen ist Anna Sudermann im Oktober 1943 mit dem Zug nach Westpreußen gebracht worden und hat dann 1948 in Kanada ihre neue Heimat gefunden. Schon drei Jahre später begann sie mit der Niederschrift ihrer Lebenserinnerungen, die sie am 19. Februar 1970 abschloss.[19]

Anna Sudermanns „Spätes Bekenntnis"

Anna Sudermann hatte ihre „Lebenserinnerungen" ihren Nichten und Neffen gewidmet. Eine Veröffentlichung lag nicht in ihrem Sinne. Im Juni 1969 trat sie jedoch mit einem Artikel „Die Rußlandmennoniten und der Nationalsozialismus (Ein spätes Bekenntnis)" an die Öffentlichkeit. Inmitten der Hochphase des Kalten Krieges durchbrach die nun 76-Jährige das jahrelange Schweigen über die nationalsozialistische Vergangenheit der Russlandmennoniten. Ihr Text erschien im „Boten", dem deutschsprachigen Wochenblatt der russlanddeutschen Mennoniten. „Der Bote" war 1924 in Kanada als Immigranten-Zeitschrift gegründet worden. Ab 1933 bot er namhaften Autoren ausgiebig Raum, für völkische Ideen und Nazi-Deutschland zu werben. Einer dieser Propagandisten, Walter Quiring, war nach dem Zweiten Weltkrieg von 1955-1963 Schriftleiter des „Boten" gewesen.

Umso erstaunlicher ist es, dass in dieser Zeitschrift wenige Jahre später die früheste Auseinandersetzung zum Thema „Mennoniten und der Nationalsozialis-

16 Ebd., S. 382.

17 Gerhard Rempel: Mennoniten und der Holocaust. Von der Kollaboration zur Beteiligung an Verbrechen, in: MGB 67 (2010), S. 87-133, hier S. 106.

18 Einen Überblick über die schrecklichen Ereignisse gibt Rempel (wie Anm. 17) auf den S. 104-110.

19 Bislang sind die Lebenserinnerungen von Anna Sudermann nicht ausgewertet worden. Mary Cisars Studie über mennonitische Frauenbiografien erwähnt sie zwar kurz, geht aber inhaltlich nicht auf sie ein: Mary Cisar, Mennonite Women's Autobiography: An Interdisciplinary Feminist Approach, in: Journal of Mennonite Studies 14 (1996), S. 142-152. Online: http://jms.uwinnipeg.ca/index.php/article/view/580/560 [Zugriff am 10.1.2017]. Leider liegt bis heute keine Veröffentlichung der Lebenserinnerungen vor. Es ist geplant, dass ich in den Mennonitischen Geschichtsblättern 2018 ausführlicher auf sie eingehen werde.

mus" zu finden ist. Anna Sudermanns „Spätes Bekenntnis" vom Juni 1969 hatte in der Leserschaft eine lebhafte Diskussion ausgelöst. Die schärfste Kritik erfuhr sie von den Eheleuten M. und G. Cornies, die selbst aus Russland stammten.[20] Auf diese Kritik hat Anna Sudermann noch einmal geantwortet und ihre Beweggründe eindrücklich dargelegt.[21]

Anna Sudermann: Die Russlandmennoniten und der Nationalsozialismus (Ein spätes Bekenntnis)[22]

Recht oft erscheinen in letzter Zeit im „Boten" Erzählungen oder Erinnerungen aus vergangenen Zeiten der Mennoniten in Rußland; wie z. B. über das Leben und Wirken des bedeutenden Pädagogen A. Neufeld oder die feingezeichneten plattdeutschen Bilder von Prof. Wiens und andere Artikel. Inzwischen ist ein halbes Jahrhundert mennonitischer Geschichte in Rußland über die Bühne gerollt. Wir haben inzwischen zwei Weltkriege, eine Revolution, zwei Besatzungszeiten und Jahrzehnte eines Sowjetregimes erlebt. Es ist viel gelitten und gestorben worden während dieser 50 Jahre. Die deutschen Kolonien in Südrußland haben aufgehört zu bestehen. In diesen Jahren sind uns auch Fehler und Irrtümer unterlaufen, die man nicht von heute auf morgen vergessen machen kann, wie z. B. unsere Bejahung des Nationalsozialismus.

An diese nächste Vergangenheit erinnern wir uns kaum mehr und möchten sie gern stillschweigend begraben. – Warum wohl? Liegt es daran, daß es nicht so ganz leicht ist, sich in aller Oeffentlichkeit zu seinen Irrtümern, vielleicht zu einer Schuld, zu bekennen? Und doch muß diese Frage einmal gestellt werden, wenn es auch eine gewisse Ueberwindung kostet, sie wahrheitsgetreu zu beantworten. Viele unserer jungen Männer und Frauen, die als Kinder oder Jugendliche die Besatzungszeit von 1941-43 miterlebt haben, oder die hier Geborenen können die Bejahung des Nationalsozialismus seitens der älteren Generation in jenem Abschnitt unseres Lebens nicht verstehen. Man hat mich auch aufgefordert, darüber einmal etwas zu sagen.

Wenn ich heute zu dieser Frage Stellung nehmen möchte, so werden es vielleicht viele als ein verspätetes Unterfangen empfinden. Es ist aber niemals zu spät, sich zu einem Irrtum oder sogar zu einer Schuld zu bekennen. Andererseits muß man aber zu geschichtlichen Begebenheiten einen gewissen Abstand gewinnen, um darüber ruhig und sachlich berichten zu können.

Heute, nachdem der Nationalsozialismus von allen als eine Schreckensherrschaft erkannt worden ist und als eine schwere Schuld in die deutsche Geschichte eingegangen ist, kann man es schwer verstehen, daß wir ihn damals hundertpro-

20 Der Bote 46 (2. Juli 1969), S. 5-6.

21 Zu einer Kritik an dem Artikel „Die Rußlandmennoniten und der Nationalsozialismus, in: Der Bote 46 (17. Juli 1969), S. 3.

22 Der Bote 46 (17. Juni 1969), S. 3.

zentig positiv bewertet haben. Wenn Millionen in Deutschland Hitler zugejubelt haben, die gewiß nicht alle Verbrechernaturen waren, so gab es auch in Rußland eine politische Situation, die eine positive Einstellung zum Nationalsozialismus zeitigen konnte. Diese Vorbedingungen möchte ich heute andeuten, die unsere Einstellung verständlich machen könnten.

Eine Auseinandersetzung mit unserem Verhalten während der deutschen Besatzungszeit hat es bis heute in unseren Zeitungen noch nicht gegeben und man kann nicht voraussehen, wie meine Ausführungen von alt und jung aufgefaßt und beurteilt werden könnten. Junge Menschen lesen den „Boten" übrigens nicht mehr; so wird von dieser Seite auch keine Reaktion kommen.

Zunächst über unsere politische Situation 1941 in Rußland. Ich werde keine Schreckensbilder an die Wand malen, die niemand mehr sehen und hören will, nur solche Tatsachen in Erinnerung bringen, die unsere damaligen Lebensverhältnisse sichtbar machen. Der deutschen Besatzungszeit waren Jahre schwerer Aengste vorausgegangen: Enteignung der begüterten Klasse, mit Begleiterscheinungen wie Mord und Vertreibung von Haus u. Hof; die Machnowschtschina, diese Schreckenszeit, die weite Kreise der deutschen Kolonien und Mennoniten traf; Kollektivierung, begleitet von Verschickung der wohlhabenden Bauern in die Wälder und Sümpfe des Nordens, wo an Hunger und Kälte bald alle Kinder und alten Menschen starben; Schauprozesse, da Menschen ohne Schuld gerichtet und „liquidiert" wurden; die Verhaftungen und das Auslöschen auch unserer mennonitischen Intelligenzschicht wie Prediger, Lehrer, Aerzte, Ingenieure usw. Dann der Höhepunkt aller Aengste – die Massenverhaftungen 1937, als es kaum mehr eine deutsche Familie gab, die nicht um den Vater, die Mutter (oder auch beide), um einen Sohn, Bruder oder eine Schwester trauerte und niemand vor dem Klopfen nachts an der Haustür sicher sein konnte.

Am schwersten zu ertragen war die Rechtlosigkeit, das Gefühl des Ausgeliefertseins an eine brutale Macht, vor deren Übergriffen es für uns keinen Schutz gab. Unsere Isolierung von der ganzen anderen Welt zeitigte ein Gefühl der Verlorenheit und Verlassenheit. Nicht zuletzt entmutigte der Gedanke: Und Gott schweigt!

Dem, was ich weiter sagen möchte, muß ich vorausschicken, daß es sich in erster Linie um meine persönliche Einstellung handelt; ich glaube aber, daß das auch im Namen anderer gesagt werden könnte. Schon 1933, als uns die Kunde von Hitlers Sieg erreichte, und er Reichskanzler wurde, sahen wir im Nationalsozialismus einen Gegner des Kommunismus, und das war für uns ausschlaggebend. Das feindliche Gegeneinander der beiden Systeme wurde dann auch bald eindeutig durch Wutartikel der bolschewistischen Presse bestätigt, ebenso durch die vielen Verhaftungen der Deutschen, denen man unter vielen anderen „Verbrechen" auch das zur Last legte, deutsche Sender abgehört zu haben.

Der Name Nationalsozialismus schreckte uns nicht: National – also deutsch, wir haben uns immer als Deutsche empfunden. Nach allem Erlebten konnten wir kein kapitalistisches System mehr bejahen, dagegen sagte uns ein gerechter Sozialismus zu, natürlich nicht stalinistischer Prägung. Davon, daß der deutsche Nationalsozialismus sich ebenfalls zu einer totalitären Schreckensmacht entfaltet hatte, ahnten wir noch nichts. Als 1939 der Pakt Deutschlands mit der Sowjetunion zustande kam, glaubten wir erleichtert aufatmen zu können, denn jetzt würden ja unsere Verbannten bald nach Hause kommen! Und als dann weiter die Umsiedlung der Deutschen aus Bessarabien und dem Baltikum bekanntwurde, wuchs unsere Begeisterung für Hitler von Tag zu Tag und mit ihr die Hoffnung, daß demnächst auch wir an der Reihe sein würden, ins Reich umgesiedelt zu werden. Eine Massenpsychose ergriff alle Deutschen in Rußland. Es wagten sogar einige, die deutsche Botschaft in Moskau aufzusuchen, um dort Gewißheit zu bekommen. Das Ergebnis – Verhaftungen und eine schwere Ernüchterung.

Dann kam 1941 der Krieg, mit ihm die Angst vor der Zukunft, vor der Gefahr, nach Sibirien deportiert zu werden. Dieses Schicksal ereilte dann auch viele. Ueberraschend schnell drangen dann die deutschen Truppen bis zum Djnepr vor und weiter. Wir blieben vor einer Deportation verschont und viele von uns erlebten die Befreiung vom Bolschewismus zum zweiten Mal. Man muß Jahrzehnte unter dem Sowjetregime gelebt haben, um die große Bedeutung dieses Erlebnisses zu verstehen. Wir sahen in den deutschen Soldaten nicht Nationalsozialisten, sondern sie waren unsere Retter aus großer Not, sie kamen aus dem Deutschland, das wir immer als unsere geistige Heimat angesehen hatten. Das Verhalten der deutschen Soldaten der russischen Bevölkerung gegenüber war ein durchaus gutes und bekräftigte unsere Erwartungen von Deutschland.

Die Zivilverwaltung brachte uns dann viel Enttäuschungen und grauenhaft unbegreiflich war die Art der Lösung des Judenproblems. Wir hatten aber immer nur die Wahl zwischen einem Bolschewismus und einem Nationalsozialismus. Aehnlich Grauenhaftes hatten wir zur Genüge bei den Sowjets erlebt. Dann sagten wir auch zum Trost, angesichts der vielen negativen Erscheinungen: Der „Führer" weiß das nicht.

Unsere Vorstellungen von Gut und Böse waren getrübt: das vielfach erlittene Unrecht hatte auch viele von uns unrecht denken gelehrt. Man konnte sich kein anderes politisches System als ein totalitäres mehr vorstellen, und die Bekämpfung eines solchen durch einen demokratischen Staat schien uns nach der Erfahrung von 1918-20, als der Westen Rußland den Roten überließ, undenkbar. Und zuletzt, als der deutsche Rückzug begann, hat der nationalsozialistische Staat uns nicht dem N.K.W.D. preisgegeben, sondern wir wurden alle ins Reich umgesiedelt. Dafür waren wir dankbar, denn sonst wären wir nicht hier.

Wir haben oft nicht christlich gedacht und gehandelt. Von mir muß ich das wenigstens offen gestehen. Wer in öffentlicher Arbeit gestanden hat, hatte oft Gelegenheit, sowohl beim Kommunismus wie auch beim Nationalsozialismus, schuldig zu werden. Irrtümer und eine Schuld kann man nachträglich nicht ungeschehen machen lassen und es bleibt irgendwo als Schuld verbucht. Man kann sich nur freimütig zu seiner Schuld bekennen.

Meine Ausführungen haben nur den Zweck, unsere Einstellung zum Nationalsozialismus einigermaßen verständlich zu machen, aber nicht, um sie zu entschuldigen.

Anna Sudermann,

Winnipeg

M. und G. Cornies: Spaetes Bekenntnis

So nennt A. Sudermann ihre politische Beichte in ihrem Artikel „Die Rußlandmennoniten und der Nationalsozialismus", „Bote" vom 17. Juni 1969. Schon die Ueberschrift „Die Rußlandmennoniten" sagt, daß sie es im Namen all derer schreibt, die während des Zweiten Weltkrieges mit Hilfe der deutschen Zivilbehörden und der deutschen Wehrmacht Rußland verlassen konnten und in Deutschland Aufnahme fanden. Wir fragen nun: Wann und von wem ist A. Sudermann beauftragt worden, ein kollektives Schuldbekenntnis abzulegen?

Was sind die Kernpunkte in dieser politischen Beichte?

I. Wir, d. h. die Rußlandmennoniten, haben den Nationalsozialismus hundertprozentig positiv bewertet.

II. Unsere Vorstellungen von Gut und Böse waren getrübt; das vielfach erlittene Unrecht hatte auch viele von uns unrecht denken gelehrt.

III. Wir haben oft nicht christlich gedacht und gehandelt. Wer in öffentlicher Arbeit gestanden hat, hatte oft Gelegenheit, sowohl beim Kommunismus wie auch beim Nationalsozialismus, schuldig zu werden.

I. Hierzu kann man sagen: Bedingungslos haben sich wohl nur sehr wenige Rußlandmennoniten zum Nationalsozialismus bekannt. Das wurde von uns auch gar nicht verlangt. Wer von den Rußlandmennoniten hier hundertprozentig zugestimmt hat, der hat es auf freiwilliger Basis getan. Viele sind es nicht gewesen.

Sehr bald lernten wir die guten und schlechten Seiten des Nationalsozialismus unterscheiden. Jawohl, es gab da auch gute Seiten. Selbstverständlich haben wir die deutschen Truppen als unsere Erretter aus Todesnot begrüßt. Höchstwahrscheinlich hätten wir die Chinesen genau so warm empfangen, wenn sie uns vor der Deportation nach Sibirien beschützt hätten. Wir wurden aber nicht nur einmal befreit und dann unserm Schicksal überlassen, wir alle genossen auch weiterhin den Schutz und die Fürsorge des Deutschen Reiches. Dabei wurde niemand gefragt, ob er auch das Regime bejahe. Man hat aber immer wieder beobachten können, wie sowjetische Aktivisten bei den Nationalsozialisten mit akrobatischer Gelenkigkeit sich auf das neue politische System umstellten. Im Volksmund wurden sie „die Hundertfünfzigprozentigen" genannt.

Abgesehen von der Propaganda – für die wir, dank unserer Erfahrungen in Rußland auf politischem Gebiet, sowieso nicht empfänglich waren –, schätzten wir es, daß Literatur, Presse, Filme, Rundfunksendungen usw. gesundes Leben atmeten und frei von sexuellen Entgleisungen waren. Unsere Kinder wurden in die Schulen aufgenommen und konnten, ohne daß nach der Herkunft oder der politischen Einstellung der Eltern gefragt wurde, sich eine gute Schulbildung aneignen. Wir konnten wieder frei und ungehindert die Gottesdienste besuchen.

Die Ausschreitungen des Nationalsozialismus, wie: die Judenmorde (von denen die meisten Deutschen im Altreich nichts wußten), die Behandlung der russischen Kriegsgefangenen in den großen, überfüllten Lagern, die mangelhafte Versorgung der russischen Arbeiter mit Lebensmitteln, die Stellung der Partei zur Kirche, die politischen Verhaftungen des SD (Sicherheitsdienst) (kaum einer der Rußlandmennoniten ist mit dieser Organisation, die so sehr an die GPU erinnerte, in Berührung gekommen), haben die meisten von uns so wenig gutgeheißen wie auch die Gewaltherrschaft der bolschewistischen Partei in Rußland. Wir haben uns davon distanziert. Aendern konnten wir es nicht. Welchen Einfluß auf das politische Geschehen in unserer Zeit und in der jüngsten Vergangenheit hat der gewöhnliche Bürger denn? Was konnten z. B. mennonitische Bürger in den USA und in Canada dazu beitragen, daß die Bombardierung deutscher wehrloser Städte eingestellt wurde; konnten sie den Abwurf der Atombomben auf japanische Städte verhindern? Nein, sie mußten es stillschweigend hinnehmen, was von ihren jeweiligen Regierungen beschlossen wurde.

Es können sich nur ganz wenige mennonitische Männer an den Judenmorden beteiligt haben. Für die Taten Einzelner, meistens sind das sowieso Außenseiter, trägt die Gemeinschaft nicht die Verantwortung. Hier muß auch noch in Betracht gezogen werden, daß es zu der Zeit keine geschlossenen Gemeinden der Rußlandmennoniten in Deutschland gab und daß die Einzelnen über ganz Deutschland verstreut waren.

II. Daß die Menschen in Rußland, die Rußlandmennoniten miteingeschlossen, durch erlittenes Unrecht zu unrechtem Denken und Handeln kamen, stimmt nicht oder doch nur für eine Minderheit. Auch nach jahrzehntelanger Gewaltherrschaft in Rußland konnten wir alle noch Gutes und Böses auseinanderhalten. Selbst die schon früher erwähnten Aktivisten, die so oft lautstark die ungerechten Maßnahmen der Regierung und ihrer Behörden rechtfertigten, wußten im Innern gut Bescheid. Sie ließen sich aus materiellen Gründen oder aus Angst vor Verschickung zu solchem Handeln verleiten. Wenn in Deutschland etliche Rußlandmennoniten für die verbrecherischen Maßnahmen der Partei arbeiteten, so geschah es aus rein materialistischen Gründen.

Nein, Unrecht leiden braucht nicht zu unrechtem Denken führen; wir halten das Gegenteil für richtiger. Not lehrt noch immer von Herzen beten. Leider haben wir feststellen müssen, daß die Grenze zwischen Gut und Böse in aller Welt, Amerika und Canada nicht ausgeschlossen, sehr unsicher verläuft. Ja, wir müssen immer wieder feststellen, daß Religionsfreiheit und volle Kirchen noch keine Garantie für christliches Denken und Handeln sind.

III. In diesem Punkt verallgemeinert A. Sudermann wiederum. Gewiß hatte jeder von uns oft Gelegenheit, an unsern Nebenmenschen schuldig zu werden, und das nicht nur in Rußland und Deutschland, sondern auch hier in Amerika. Und das gilt für alle, Alt- oder Neueingewanderte. Man nützt als anständiger Mensch und Christ solche Gelegenheiten eben nicht, sondern verzichtet auf den materiellen Vorteil. Die meisten der Rußlandmennoniten haben sowohl in Rußland als auch in Deutschland und nach der Auswanderung nach Uebersee sich durch ehrliche schwere Arbeit ihr täglich Brot verdient.

Wir brauchten auch in Rußland nicht alles mitzumachen. Wir persönlich haben die letzten sieben Jahre in einem russischen Dorf gearbeitet. Einfache Bauern und Eltern unserer Schüler sagten zu uns: „Ihr seid die einzigen Lehrer an unserer Schule, die wir achten." Für uns war das ein hohes Lob; es brachte uns aber keine Vorteile ein. Nein, zu keiner Zeit auch nicht in Deutschland brauchten wir das mitzumachen, was unser Gewissen später beschweren würde. Man spricht im Deutschen von der Zivilcourage, das ist der Mut, der im zivilen Leben auf der Arbeitsstelle dem Arbeitgeber gegenüber aufgebracht werden muß, um eine ungerechte Forderung abzulehnen. Ohne Rücksicht auf den eigenen Vorteil. Das sind dann die ungenützten Möglichkeiten, vielleicht zur Erreichung von Macht, einer einflußreichen Stellung und Wohlstand.

Es ist unzulässig, die Schuld Einzelner auf die Allgemeinheit abzuwälzen. Dieses aber wird im besprochenen Artikel getan. Wir verstehen es nicht, warum A. Sudermann, die gewiß von allen „Boten"- Lesern sehr geschätzt wird, sich bereit erklärt hat, für eine Kollektivschuld der Rußlandmennoniten zu plädieren. Wir für uns können mit gutem Gewissen diese Kollektivschuld ablehnen und die Mehrheit der Rußlandmennoniten, die während des Zweiten Weltkrieges Rußland verlassen konnten, wird es wohl auch tun.

M. und G. Cornies

Anna Sudermann: Zu einer Kritik an dem Artikel „Die Rußlandmennoniten und der Nationalsozialismus"

Die scharfe Kritik, um mich gelinde auszudrücken, von M. und G. Cornies („Der Bote", 2. Juli) an meinem Artikel „Die Rußlandmennoniten und der Nationalsozialismus" („Der Bote", 17. Juni) hat mich überrascht; sie spricht von einer Verkennung meiner Absichten, die meinen Ausführungen zugrunde lagen. Es war keine „politische Beichte", sondern ein offenes Bekennen – (ich unterscheide zwischen einer Beichte und einem Bekenntnis, eine Beichte ist mehr) zu einem politischen Irrtum, der zu einer Gewissensfrage wurde und eine moralische Schuld zeitigen konnte. Es ging mir darum, allen, die es immer wieder versucht haben, den Mennoniten in Rußland den Mangel an einer christlichen Haltung vorzuhalten, verständlich zu machen, wie schwer es ist, in Zeiten großer Not und Anfechtung ein wahrer Christ zu sein.

Ganz entschieden weise ich die Anschuldigung zurück, daß ich mich „bereit erklärt“ habe, „für eine Kollektivschuld der Rußlandmennoniten zu plädieren“. Ich wiederhole meine Worte: „Dem, was ich weiter sagen möchte, muß ich vorausschicken, daß es sich in erster Linie um meine persönliche Einstellung handelt; ich glaube aber, daß das auch im Namen anderer gesagt werden könnte“, also nicht aller. Daß ich das sagen durfte, beweisen mir die Zustimmungen, die mir bereits zuteil wurden.

Es kommt mir auch unwesentlich vor, ob die Bejahung 100-, 80- oder 50prozentig war, es bleibt doch eine positive Bewertung des Regimes, was allen nicht vom gleichen Schicksal Betroffenen unverständlich bleibt. Uebrigens habe auch ich von Enttäuschungen über das Vorgehen der Zivilverwaltung geschrieben, also war auch meine Bejahung nicht immer hundertprozentig.

In meinen Ausführungen ging es mir um Schuldfragen, deren Grenzen weit gesteckt waren, wie z.B. um Augenblicke, wo man schwieg, statt zu reden, oder umgekehrt, und um Fehlhandlungen im täglichen Nebeneinander der Menschen, wie es auch M. und G. Cornies zugeben, wenn sie im Abschnitt III sagen: „Gewiß hatte ein jeder von uns Gelegenheit, an unseren Mitmenschen schuldig zu werden.“ Man kann also von Schuldigwerden sprechen, ohne an extreme Fälle zu denken. War ich da nicht berechtigt, „wir“ zu sagen? Und wenn ich dann hinzufüge, „von mir aus muß ich offen gestehen“, d. h. nicht immer christlich gedacht und gehandelt zu haben, so bedeutet das gewiß nicht, daß ich „für eine Kollektivschuld plädieren“ wollte.

Ich habe davon abgesehen, die eigene Schuld gegen die eines anderen abzuwägen. Ein jeder verantwortet nur seine eigene Schuld, unabhängig davon, ob ähnliches andere verschuldet haben oder in derselben Lebenslage sich ebenso verhalten würden. Ich habe auch nicht versucht, das Gute, was der Nationalsozialismus geleistet hat, hervorzuheben, um seine Bejahung meinerseits zu entschuldigen. Angesichts der „Endlösung der Judenfrage“ verlieren seine positiven Leistungen jegliche Ueberzeugungskraft.

Abschließend danke ich an dieser Stelle allen, die mir im „Boten“, in Briefen oder mündlich ihre Zustimmung ausgesprochen haben. Diese Zustimmungen machen es mir möglich, allen eventuellen weiteren Kritiken und Anschuldigungen gelassen entgegenzusehen.

Anna Sudermann,

Winnipeg

Klaas-Dieter Voß

Wilhelmine Siefkes: „aus Gründen der Religion und des Gewissens …“

Als 1979 die „Erinnerungen“ der ostfriesischen Schriftstellerin Wilhelmine Siefkes (1890-1984) erschienen, waren die Reaktionen darauf sehr unterschiedlich. Ihre Memoiren erfuhren Zuspruch, aber auch Ablehnung. Siefkes konfrontierte die Öffentlichkeit mit ihrer Lebensgeschichte, die in der seinerzeit aktuellen Diskussion um Holocaust und Vergangenheitsbewältigung Aufmerksamkeit erregte und den Nerv der Zeit traf. Neben rein biografischen Aspekten und Hinweisen zu ihrem literarischen Schaffen reflektierte sie das zeitgeschichtliche Geschehen und dokumentierte damit zugleich die Zeit des Dritten Reiches aus ihrem Erfahrungshorizont. Ihre „Erinnerungen“ wurden nicht zuletzt deshalb zu einem Politikum.

Hatte sie anschaulich die erlittenen Demütigungen und Anfeindungen in der wohl dunkelsten Zeit deutscher Vergangenheit geschildert, wird ein in der Ostfriesen-Zeitung veröffentlichter Leserbrief bei ihr geradezu zu einer Art Déjà-vu-Erlebnis geführt haben. Nicht nur ihr schriftstellerisches Können und der Wert ihrer Ausbildung wurden darin in Frage gestellt, sondern auch ihre ganz persönliche Leidensgeschichte. In der Ostfriesen-Zeitung war zu lesen: „Getreulich begleitet der Schatten kleinbürgerlicher Welt die Verfasserin durch die Örtlichkeiten der Handlung [...], die kulturhistorisch zu wertenden Schilderungen aus dem alten Leer tragen in Stil und Ausdruck das Gewand der gelernten Lehrerin. Im Mittelstück der „Erinnerungen“ fühlt sich die Verfasserin als Verfolgte des Naziregimes der Jahre 1933 bis 1945 [...]. Linke Leser finden in den „Erinnerungen“ die verdünnte Lokalgeschichte ihres marxistischen Sozialismus, der sich in den Grenzbezirken zum Teil zwischen einigen Idealisten der besitzlosen Handarbeiterschaft und in den Köpfen einiger Lehrer abspielte.“[1]

Ganz entgegen der offensichtlichen Intention des Verfassers entfaltete sein Leserbrief jedoch eine ganz andere Wirkung, von der Wilhelmine Siefkes in einem späteren Schriftwechsel erheitert schreibt: „meine „Erinnerungen“ [haben] dank dem Verriss [...] eine ungeahnte Verbreitung gefunden.“[2] Und in der Tat zog diese Publikation weite Kreise, so dass sich unter den mehr als 200 Briefen und Telegrammen zu ihrem 90. Geburtstag selbst Glückwünsche von Willy Brandt fanden, der durch ihre Autobiografie auf sie aufmerksam geworden war.[3]

Es erschien auch eine Gegendarstellung in der Zeitung mit der Überschrift „Von Herzen gegen Blut und Boden“, in der ihr gesamtes schriftstellerisches Werk als Gegenpol zu der latent vorhandenen neochauvinistischen Sicht in der niederdeutschen Literaturszene herausgestellt wurde.[4]

1 Leserbrief von Helmut Schubert, Ostfriesen-Zeitung vom 20. September 1979.

2 Brief von Wilhelmine Siefkes an Herta, geb. Jung vom 28. März 1980.

3 Vgl. Brief von Wilhelmine Siefkes an Herta, geb. Jung vom 28. März 1980.

4 Vgl. Berndt W. Wessling: Von Herzen gegen Blut und Boden, Ostfriesen-Zeitung 1979.

Wilhelmine Siefkes hatte das Manuskript mit ihren Lebenserinnerungen schon jahrelang im Schreibtisch liegen gehabt, bis der mit ihr befreundete Auricher Oberregierungs- und Landschaftsrat Dr. Harm Wieman darauf aufmerksam wurde und die Verfasserin zu einer Publikation drängte. Er sah in ihren Ausführungen das einzige Zeugnis der nationalsozialistischen Zeit in Ostfriesland und hielt eine Veröffentlichung für unerlässlich.[5] Doch eigentlich wollte die Autorin nach eigenem Bekunden mit ihren Ausführungen nur den nächsten Verwandten Rechenschaft über ihr Leben geben. Sie hatte kein literarisches Werk schaffen wollen, sondern nur Erinnerungen niedergeschrieben mit mehr oder weniger privatem Charakter.[6]

In „Quickborn – Zeitschrift für plattdeutsche Sprache und Dichtung" veröffentlichte Berndt Wessling, ein Mitarbeiter des NDR, eine Rezension, in der er gerade diese Aussage anzweifelte. Die Konsequenz, mit der sie geschrieben habe, entspreche nicht der Betulichkeit und der Beschaulichkeit eines familiären Tagebuchs. Ihr müsse von vornherein klar gewesen sein, dass es eines Tages Zeit sein würde, ihren Bericht in das Licht der Öffentlichkeit zu stellen.[7] Aus der sozial-kritischen bzw. sozialdemokratischen Ecke sei „kaum ein Dokument bekannt, das rechtschaffen und sachlich, geradlinig und unemotional Kunde von niederdeutschem Verhalten im Widerstand"[8] gebe. Mit ihrer Biografie beweise Wilhelmine Siefkes, dass nicht alle auf „Sieg Heil" gesetzt hatten und „manche [es] auf sich nahmen, der Diktatur zu trotzen."[9] Doch war ihr „Widerstand" letzten Endes wirklich politischer Natur? Wollte sie bewusst die niederdeutsche Sprache und Literatur vor Missbrauch bewahren?

Angeregt durch das Vorbild befreundeter Lehrer hatte ihr politisches Engagement in den 20er Jahren Gestalt angenommen. Zu ihnen gehörte der in ihrer Nachbarschaft lebende spätere Reichstagsabgeordnete Hermann Tempel. Er stimmte gegen das Ermächtigungsgesetz vom März 1933 und versuchte zusammen mit anderen zu verhindern, dass der Reichstag mehrheitlich Adolf Hitler die Staatsgewalt übertrug.

Der bitteren Not vieler Menschen, denen Wilhelmine Siefkes in ihrem Alltag begegnete, vor allem aber Kindern aus benachteiligten Familien galten ihre Sorge und Zuwendung. Sie kam zu dem Schluss, dass nur „auf politischem Weg Wandel geschaffen werden konnte."[10] Für sie gab es dabei aber einen engen Zusammenhang mit ihrer religiösen Prägung, die sie aus dem familiären Kontext und von Hause aus mitbrachte.

---

5 Vgl. Brief von Wilhelmine Siefkes an Herta, geb. Jung vom 23. April 1979.

6 Vgl. Harm Wieman: Vorwort, in: Wilhelmine Siefkes: Erinnerungen, Leer 1979, S. 7.

7 Vgl. Berndt W. Wessling: Ein gerechtes Leben. Mit fast 90 Jahren veröffentlicht Wilhelmine Siefkes ihre „Erinnerungen", in: Quickborn 69 (1979), S. 114.

8 Ebd., S.113.

9 Ebd., S. 114.

10 Vgl. Wilhelmine Siefkes: Erinnerungen, Leer 1979, S. 65.

Sie bezeichnete es selbst als paradox, dass gerade ihr religiöses Pflichtgefühl sie denen zuführte, „die man von jeher als gottlos gebrandmarkt hatte."[11] Der Satz Adolf Grimmes „Ein Sozialist kann Christ sein, aber ein Christ muss Sozialist sein!"[12] hinterließ tiefen Eindruck bei ihr. In den frühen 20er Jahren trat sie der Sozialdemokratischen Partei bei.

In jener Zeit lernte sie durch die religionsphilosophischen Vorträge und Predigten des Pastors Abraham Fast auch die Mennonitengemeinde in Leer kennen und schätzen. Schon bald gehörte sie zu einem internen Lesekreis der Gemeinde und schloss dabei Freundschaften fürs Leben, wie z. B. mit Irmgard Jung,[13] die mit ihrer Familie 1919 von Schneidemühl (Westpreußen) aufgrund der dortigen unsicheren politischen Situation nach Emden gekommen war, wo ihr Mann eine Anstellung als Studienrat fand. Der sich zu den Sozialdemokraten zählende Lehrer trat zusammen mit seiner Frau, die Tochter eines evangelischen Pfarrers in Württemberg war, aus der Kirche aus, um sich der freireligiösen bzw. mennonitischen Gemeinde anzuschließen.

Die bekenntnisfreie Mennonitengemeinde öffnete sich seinerzeit den vielen Freireligiösen, die später auch formell beitraten, als freireligiöse Gemeinden in Deutschland durch die Nationalsozialisten verboten wurden. Hintergrund dafür waren Auseinandersetzungen nach dem Ersten Weltkrieg gewesen, bei denen es um Fragen des Religionsunterrichts ging. Luise Fast, geb. Händiges, berichtete später: „Am Ende der Versammlung [kam] einer der sozialdemokratischen Führer, den wir persönlich nicht kannten, auf meinen Mann zu und fragte: ‚Herr Pastor, darf ich meine Kinder zu ihnen in den Religionsunterricht schicken? Wir gehören keiner Kirche an, die Kinder haben keinen Unterricht gehabt. Aber den Unterricht, wie Sie ihn schildern, möchte ich Ihnen gönnen.' Am nächsten Tag kam ein Rechtsanwalt, ein Studienrat, dann ein Baurat ins Amtszimmer mit der gleichen Frage. Ohne jede Werbung kamen in den nächsten Wochen etwa 80 Anmeldungen, alles kirchen- und dogmenentfremdete Familien, die für ihre Kinder eine Unterweisung in Religionsgeschichte und christlichen Glauben in vergegenwärtigter Form haben wollten. So kam es, daß von 1921/22 an etwa achtzig Kinder in vier bis fünf Abteilungen wöchentlich Unterricht erhielten. 1922 schlossen sich die Eltern der Religionsschüler zu einer freien religiösen Gemeinde zusammen und besuchten auch unsere Gottesdienste. [...] Ähnliches geschah übrigens auch in Leer."[14]

Die Eingangsformel in den Gottesdiensten von Abraham Fast war darum auch so gestaltet, dass sie für alle akzeptabel sein konnte. Einer festgelegten Gottesvorstellung, etwa in Form einer Vaterfigur, wurde eine Absage erteilt. Pastor Fast

11 Ebd.

12 Ebd., S. 67.

13 Irmgard Jung war es, die Anfang der 50er Jahre mit ihr eine Reise nach Tirol unternahm. Als diese wenig später erkrankte, schrieb Wilhelmine Siefkes ihr legendäres „Tant' Reemda fahrt na Tirol", um sie mit dieser Geschichte aufzuheitern. Vgl. Ebd, S. 209f; Wilhelmine Siefkes: Tant' Reemda fahrt na Tirol, in: Ostfreesland. Kalender für jedermann, Norden 1956, S. 97-103.

14 Luise Fast: Auf der Suche nach Herkunft und Aufgabe. Erinnerungen aus acht Jahrzehnten, in: Der Mennonit, 5 (1970), S. 75 f., hier S. 76.

eröffnete den Gottesdienst also nicht mit den Worten „Im Namen des Vaters, des Sohnes und des Heiligen Geistes. Amen", sondern in der Regel mit der Formulierung: „Im Namen des Ewigen, das in uns wirkt als Keim zu allem Guten; im Namen des Ewigen, das einheitlich alle Welten durchwaltet; im Namen des Ewigen, das Mensch zu Mensch in reiner Liebe bindet."

Als er 1936 eine Gruppe von Teilnehmern des „Mennonitischen Weltkongresses" in der Emder Gemeinde begrüßte, hatte er als Zugeständnis für die orthodoxen Mennoniten die Wortwahl an einer Stelle abgewandelt, indem er nämlich das Genus des Relativpronomens änderte und vom „Ewigen, der..." sprach. Diese feine Beobachtung machte seinerzeit die 17-jährige Waltraut Jung, die diesen Kompromiss nicht akzeptieren konnte und es mit Unverständnis in ihrem Tagebuch festhielt.[15]

Als Wilhelmine Siefkes am 1. Mai 1933 den von den Nationalsozialisten organisierten Umzug durch die Stadt vom Fenster ihrer Wohnung aus beobachtete, hörte sie eine Schülergruppe singen: „Haut den Juden mit dem Schädel an die Wand ..." und „Wenn das Judenblut vom Messer spritzt ...". Vor dem Haus des befreundeten Kollegen und Sozialdemokraten Hermann Tempel sangen sie: „Dem Hermann Tempel haben wir´s geschworen, dem Hermann Tempel brechen wir's Genick! Vielleicht ist er schon morgen eine Leiche – dann hängen wir ihn an die höchste Eiche...".[16] Als sie unmittelbar dahinter die lutherischen Pastoren ihrer Gemeinde marschieren sah, fasste sie den sicherlich schon länger in ihr gärenden Entschluss, aus der Kirche auszutreten, was sie gleich am nächsten Tag in die Tat umsetzte. Eine neue geistliche Heimat fand sie nun endgültig in der Leeraner Mennonitengemeinde.

Als sie wenig später vom Leiter ihrer Schule aufgefordert wurde, eine Ergebenheitserklärung an Adolf Hitler zu unterschreiben, weigerte sie sich und riskierte so ihre Suspendierung vom Dienst. Man könnte meinen, sie hätte diesen Schritt analog zu dem Beispiel des mit ihr befreundeten Lehrers Tempel getan, der gegen die Ermächtigung Hitlers votierte. Sie begründete diesen Schritt der Behörde gegenüber aber mit den Worten: „aus Gründen der Religion und des Gewissens."[17]

Wilhelmine Siefkes hielt sich zu den Mennoniten und handelte im Sinne der dort praktizierten Eidesverweigerung. Da ihr Handeln nach eigenem Bekennen religiös motiviert war, nahm sie in diesem Moment offensichtlich das Kreuz der Verfolgung auf sich, das schon von den ersten Glaubensbrüdern und -schwestern im 16. Jahrhundert als sichtbares Zeichen der wahren Gemeinde bekannt wurde. Mit Berufung auf die Bergpredigt lehnten die Mennoniten bereits in der Reformationszeit Waffendienst und Eidesleistung ab. Damit nahmen sie eine Haltung ein, die sie im Laufe der Jahrhunderte immer wieder mit der Obrigkeit in Konflikt brachte.

---

15 Vgl. Erinnerungen von Waltraut Balbarischky, geb. Jung, Typoskript vom 8. Mai 2006.

16 Siefkes (wie Anm. 10), S. 97.

17 Ebd., S. 100.

Bereits als Schülerin hatte sie deren Haltung bewundert. Wilhelmine Siefkes schreibt in ihren Erinnerungen: „Mir imponierten die Mennoniten, die sich so konsequent an Christi Forderungen hielten. ‚Eure Rede sei ja, ja – nein, nein, was darüber ist, das ist vom Übel!' hieß es in der Bibel – und sie verweigerten den Eid; ‚Du sollst nicht töten!' - und sie lehnten den Kriegsdienst ab."[18]

Die Gemeinde war ihr schon von Jugend an durch eine mennonitische Schulfreundin vertraut gewesen. Dieser Umstand wird sicherlich einer der Gründe gewesen sein, sich in den 20er Jahren dieser Gemeinde mehr und mehr zuzuwenden. Letztendlich waren es aber die bereits erwähnten Umstände des Maiumzugs von 1933, die eine sicherlich über Jahre gereifte Entscheidung schließlich unwiderruflich machten.

In Zusammenhang mit dem damals neu erlassenen „Gesetz zur Wiederherstellung des Berufsbeamtentums" wurde Wilhelmine Siefkes schließlich aus dem Schuldienst entlassen.[19]

18 Ebd., S. 45.

19 Vgl. ebd., S. 113.

Wilhelmine Siefkes: Hitler regiert[1]

Wilhelmine Siefkes im Alter von 80 Jahren
(Fotoatelier Gesie Wetzig, Leer 1970)

Je näher die Wahl rückte, desto hektischer jagten sich die Versammlungen der Parteien. Es ging nicht mehr ohne Saalschutz, die Nazis rückten mit ihrer SA-Truppe an.

Ich erinnere mich an die letzte Parteiversammlung, die wir im Jugendheim abhielten. Trotz heftigen Regens war der Saal übervoll. Hermann Tempel, gerade aus Berlin gekommen, sprach von den Erlebnissen dort, von Gewalttaten der SA, die sich immer frecher gebärde. Er malte schwarz in schwarz; es gäbe bereits Presseverbote im Reich: „Sie werden aus Deutschland eine große Kaserne, ein großes Zuchthaus machen!" Ich weiß noch, daß ich auf dem Rückweg sagte: „Man muß nicht übertreiben, so den Teufel an die Wand zu malen – das glaubt ja keiner!" Er blieb stehen und widersprach heftig: „Das ist wahr! Das kann man nicht übertreiben, es sind Verbrecher!"

Wir konnten noch nicht glauben, daß er recht hatte.

Dann kam die letzte SPD-Versammlung vor der Wahl mit Hermann Tempel als Redner. Er galt als einer der besten Redner in Nordwestdeutschland; was er sagte, war mitreißend, klar, nie ohne Niveau. Deshalb war er bei den Nazis auch einer der Bestgehaßten; das zeigte sich an diesem Abend in erschreckender Weise. Ein Massenbesuch setzte ein, anderthalbtausend Menschen wollten in den großen Tivolisaal – heute ein Discounthaus an der Jahnstraße –; er mußte vorzeitig polizeilich geschlossen werden, so daß Ungezählte keinen Einlaß bekamen. Ein Lastwagen voller Nazis wollte die Versammlung sprengen, aber auch sie mußten draußen bleiben.

Dafür zogen etwa hundert Rowdies vor Tempels Wohnung, um ihm das Fortgehen unmöglich zu machen, aber Polizei und Reichsbanner waren stärker; unter ihrem Schutz und dem Gejohle der andern wurde er zum Lokal geleitet, ein beispiel- [94] loser Vorgang in Leer! Es wurde eine imposante Versammlung; unter brausendem Beifall konnte der Redner ungestört enden. Die Wahl fand am 5. März statt. Am Abend vorher veranstaltete die SPD einen Fackelzug. Ganz Leer war mobil. Diszipliniert zog die Menge durch die Straßen bis auf den Marktplatz, wo Alfred Mozer in seiner manchmal bissigen, aber immer witzigen und geist-

1 Auszug aus dem Buch „Wilhelmine Siefkes, Erinnerungen", Leer [2]1997. Wir danken dem Schuster-Verlag für die Erlaubnis, diesen Auszug abzudrucken.

vollen Art noch einmal die Massen begeisterte. Der „Volksbote" war bereits Ende Februar verboten worden. Dann kam der 5. März 1933 – er besiegelte Deutschlands Schicksal: Eine Mehrzahl der Deutschen entschied sich für den politischen Umsturz. Ob ahnungslos, ob leichtsinnig – „Es muß einmal anders werden!" – oder ob absichtsvoll: Schuldig wurden sie alle im Augenblick, als sie ihre Stimme dem „Führer" gaben, mögen sie später auch gleich dem törichten Kind, das über die Folgen seiner Tat entsetzt ist, gerufen haben: „Das habe ich nicht gewollt!"

Die Kommunalwahlen vom 12. März bestätigten nur das Ergebnis der vorausgegangenen Reichstagswahlen. Die SPD behauptete sich zwar, und als die erste Sitzung der städtischen Kollegien einberufen wurde, glaubten wir noch, daß die parlamentarische Ordnung nach dem Verhältnis der gewonnenen Sitze gewahrt bleiben könnte. Aber, von SA und SS umgeben, erkannten die Stadtvertreter bald, daß die demokratische Minderheit nichts mehr zu sagen hatte.

Diese stürmische erste Sitzung im großen Rathaussaal sollte für die Unseren die letzte sein. Haßgeschwängert war die Atmosphäre. Man hatte für die richtige Zuhörermenge gesorgt. Sie kargte nicht mit hämischen Rufen, und als die Linke es wagte, beim „Heil Hitler!" sitzen zu bleiben, während alle anderen sich erhoben, nahm die Menge eine drohende Haltung an. Als die Minderheit überhaupt nicht zu Wort kam, stand sie auf und verließ in aller Ruhe geschlossen den Saal, trotz wütender Rufe. Hermann Tempel half noch Frau ter Vehn, dem einzigen weiblichen Mitglied, höflich wie immer in den Mantel. Jeder ging mit dem unheimlichen Gefühl, hinterrücks gepackt zu werden. Damit hatte die Alleinherrschaft der Hakenkreuzler in unserer Stadt begonnen. [95] In der Schule ging trotzdem zunächst alles seinen gewohnten Gang. Wenn auch die meisten Kollegen skeptisch in die Zukunft sahen, so waren sie doch außer Geerdes und mir politisch kaum engagiert; man war nur gespannt, wie es weitergehen würde.

Auf Veränderungen brauchten wir nicht lange zu warten. Zunächst schwirrten Gerüchte durch die Stadt über Entlassungen in Betrieben, die von rechtsradikalen Elementen besetzt waren, aber Genaues wußte keiner.

An einem Sonntag waren verschiedene Freunde bei mir, wir tauschten beim Tee Erlebnisse aus und orakelten, was die Zukunft bringen würde. Da hielt ein Wagen vorm Haus, einer von uns sagte: „Polizei – sie kommen hierher!"

Schon klingelte es, erstaunt öffnete ich.

„Ist Thelemann hier?"

Der hörte wohl seinen Namen und kam heraus: „Was gibt's denn?"

„Sie müssen mitkommen!"

„Was ist denn los?"

Der Beamte zuckte verlegen die Achseln: „Sie sollen verhört werden."

„Verhört?"

„Ja – vielleicht dauert es nicht lange."

Er fuhr mit. Wir waren verstört und konnten uns nicht denken, was da vorliegen könnte.

Stunden vergingen, er kam nicht. Jemand ging zu seiner Wohnung, da war helle Aufregung: „SA und Polizei haben ihn ins Jugendheim gebracht, und da sind sie noch!"

Wir wurden immer unruhiger.

Louis Thelemann erschien endlich gegen Abend. Erregt, aber lachend erzählte er eine Groteske: bei der Polizei erwartete ihn ein Nazijüngling, ein Primaner, der Zeuge gewesen war, als Thelemann in einem bekannten Waffengeschäft Pulver gekauft hatte! Darob große Aufregung: Ein führender Sozi und Pulver! – das war eine hochpolitische Angelegenheit, die polizeiliche Untersuchung forderte. So hatte man ihn einem hochnotpeinlichen Verhör unterzogen. Seine Erklärung, daß das zwar stimme, daß aber nur für ganze siebzig Pfennige Pulver gekauft worden wäre, um zur Kinderbelustigung Lehrer Lämpels Pfeife [96] in die Luft gehen zu lassen, war mit Skepsis aufgenommen worden; weder die Polizei noch die versammelte SA hatten je etwas von Wilhelm Buschs unsterblicher Figur gehört!

Nach langem Geplänkel hin und her kam der Befehl: Auf zum Jugendheim, um an Ort und Stelle nach Beweismaterial zu suchen!

Seit dem Spiel waren Wochen vergangen, und Thelemanns große Sorge war, ob sich noch etwas finden ließe, was seine Erklärung glaubhaft machte. So wurde das Jugendheim durchsucht, und glücklicherweise wurden unter einem Haufen Requisiten noch ein Stück der Tonpfeife und ein kleines Brett gefunden, rauchgeschwärzt und Ausgangspunkt der „Explosion". Damit war der Beweis für die Harmlosigkeit des Falles erbracht, und der Angeklagte wurde entlassen.

Das war ein kleiner Vorgeschmack. Es sollte sehr viel schlimmer kommen.

Thelemann, der als Bauaufseher bei der Stadt angestellt war, wurde entlassen, und ebenso erging es allen, die der SPD angehörten, bis hin zum letzten städtischen Arbeiter und Lehrjungen.

Dann nahte der 1. Mai, der Festtag der Arbeiterbewegung, und wieder holten die Nazis zu einem Schlag aus, der, so harmlos er anmutete, doch geschickt geführt wurde. Man erhob den Tag zum Staatsfeiertag der Arbeit, zum bezahlten Feiertag, an dem jeder Arbeiter sich der „großen Volksgemeinschaft" zugehörig wissen und zeigen sollte. Als äußeres Zeichen dafür wurden im ganzen Reich, in jeder Stadt und in jedem Dorf, große Umzüge arrangiert.

So natürlich auch in Leer; und an diesem Umzug hatte jeder Arbeiter, Angestellte und Beamte auf ausdrückliche Anordnung teilzunehmen. Damit hatte man sich eine vorzügliche Kontrolle geschaffen: Wer nicht teilnahm, war verdächtig! Unser Rektor ordnete an, daß das Kollegium geschlossen teilzunehmen hätte.

In mir bäumte sich alles auf – das konnte ich nicht! Mir war hundeelend zumute. Was tun? Als Ausweg fiel mir plötzlich ein: Geh zu einem Arzt, und laß dich krankschreiben!

Ich wählte den nächsten Arzt, den ich von Jemgum her kannte. [97] Konsultiert hatte ich ihn noch nie, wie er politisch eingestellt sein könnte, wußte ich nicht. Doch ich hatte Glück. Als ich vorbrachte, daß ich mich außerstande fühlte, am Umzug teilzunehmen, sagte er spontan, bevor er mich untersucht hatte: „Nein, das können Sie nicht!"

Mir fiel ein Stein vom Herzen:

Er war ein Nazi-Gegner! Und schon sprudelte er seine ganze Empörung gegen „diese Gesellschaft" hervor, anscheinend froh, sie einmal loszuwerden. Dann stellte er eine Herzinsuffizienz fest, und ich wurde zu einer Woche Bettruhe verpflichtet. Schleunigst schickte ich das Attest meinem Chef, heilfroh, diesem Ärgernis entronnen zu sein.

Aber ich sah ihn, diesen Riesenumzug, der sich mit vielen geschmückten Wagen einzelner Geschäfte und Handwerksbetriebe und mit Musikkapellen aller Art durch die Straßen bewegte, auch durch die Bremer Straße, an der ich damals noch wohnte. Ich sah die verbissenen Gesichter der Arbeiter, die zum erstenmal gezwungen wurden, einen Tag zu „feiern", dem sie früher stolz einen kärglichen Tageslohn geopfert hatten, freiwillig und mit Freuden. Jetzt trieb sie die Angst, ihren Arbeitsplatz zu verlieren. Lustlos trabten sie dahin, bis einer intonierte: „Es geht alles vorüber, es geht alles vorbei ..." Das wurde aufgegriffen, gruppenweise sangen sie es, immer wieder von vorn, und dabei flankierte in Abständen SA den Zug!

Schier endlos war er – wer hätte da zu fehlen gewagt? In geschlossenen Formationen marschierten sie: die Angestellten von Behörden und Firmen, die Beamten, die Kollegien der einzelnen Schulen, ja, eine Gruppe Primaner mit ihren Mützen – ich hörte sie schon von weitem laut und begeistert singen: „Haut den Juden mit dem Schädel an die Wand ..." und „Wenn das Judenblut vom Messer spritzt ..." Vor Tempels Wohnung klang es: „Dem Hermann Tempel haben wir's geschworen, dem Hermann Tempel brechen wir's Genick! Vielleicht ist er schon morgen eine Leiche – dann hängen wir ihn an die höchste Eiche ..." Und direkt dahinter – mir stockte der Herzschlag – da gingen unsere lutherischen Pastoren! Das war zuviel für mich. Für alle andern konnte ich Verständnis aufbringen: für die Urteilslosen, für die um ihre Stellung Bangenden, für die, [98] die Angst um ihre Familie hatten. Aber daß diese vorgeblichen Hüter des Christentums, die ihres Meisters Lehren anderen predigten, nun hinter solchen „Sängern" hermarschierten und nicht den Mut aufbrachten, wegzutreten und sich zu distanzieren – das versetzte mir einen Schlag, und ich sagte mir: In diese Kirche gehörst du nicht mehr! Am nächsten Tag ging ich zum Amtsgericht und erklärte meinen Austritt aus der Kirche. Etwas später bin ich dann bei den Mennoniten eingetreten, und das habe ich nie bereut.

Ich habe mich hinterher manchmal gefragt: War dieser spontane Schritt richtig? Heute weiß ich, wie die „Bekennende Kirche" den Mut zur Opposition aufbrachte, wie tapfere Männer wie Pastor Niemöller sich um ihrer Überzeugung willen ins KZ bringen ließen. Aber damals gab es auch die „Deutschen Christen", die mit vollen Segeln der NSDAP folgten. Da gab es zum Beispiel einen jungen Pastor Meyer in Aurich, der als Agitator überall auftrat. Er hatte mir lange vorher einen diffamierenden Brief geschrieben und mich auch in der Presse angegriffen, weil ich seine Behauptung, es gäbe keine Klassenunterschiede mehr, in einem Artikel widerlegt hatte. So war nun dies Erlebnis vom 1. Mai nur der Tropfen, der den Becher zum Überlaufen brachte. Ich konnte einfach nicht anders handeln.

Wer riskierte noch öffentlich Widerspruch gegen die Machthaber? Wo sich jemand hervorwagte – sofort wurde zugegriffen!

Der 1. Mai hatte gezeigt, wie raffiniert die Nazis vorgingen, jeden Widerstand auszuschalten.

Hinter dem Begriff „Volksgemeinschaft" ließ sich jeder Zwang, jede Gemeinheit verstecken.

Nachdem der große Feiertag vorüber war, setzte am 2. Mai in Leer die „Säuberungsaktion" ein. Zunächst wurde unser „korruptes Rathaus" von allen „Elementen" befreit, die irgendwie SPD-verdächtig schienen. Hand in Hand damit gingen Anschuldigungen gegen die „Systembonzen" wegen Veruntreuungen und Mißwirtschaft. Da sie jeder Grundlage entbehrten, konnten sie aber nirgends nachgewiesen werden. Das hinderte die neuen Machthaber keineswegs daran, eine Reihe führender [99] Persönlichkeiten in „Schutzhaft" zu nehmen, angeblich, weil die „spontane Volkswut" sonst nicht zu bändigen gewesen wäre.

Thelemann wurde in der Stadt aufgegriffen, im Wagen zum Rathaus gebracht und anschließend ins Gefängnis gesperrt. Auch den Bürodirektor der Stadt, den späteren Stadtdirektor Epkes, brachte man dorthin. Der Bürgermeister Dr. vom Bruch durfte seine Wohnung, die sich in den oberen Räumen des Rathauses befand, nicht verlassen; ein bewaffneter SA-Mann stand vor seiner Tür. Aus einem letzten erklärenden Brief, den er an Konsul Brouer als den ältesten Senator der Stadt richtete, geht hervor, wie die Nationalsozialisten diesem klugen, lauteren Mann, der sein großes Können restlos in den Dienst der Stadt gestellt hatte, mit unglaublicher Roheit zugesetzt und ihn gequält haben, bis seine Nerven am Ende waren. Mit Genugtuung wurde schließlich die Nachricht verbreitet, daß er sich das Leben genommen habe. Es waren seine Peiniger, die es ausstreuten – wer wollte sagen, was sich wirklich zugetragen hatte?

Eine Aufregung folgte der andern. Unser Schulleiter sorgte für die nächste. Eines Tages legte er dem Kollegium in einer Pause ein Schriftstück vor, das er für tunlich und notwendig erachtete – es war eine Ergebenheitserklärung an den „Führer", und er bat uns, es namentlich zu unterschreiben. Einer nach dem andern setzte seinen Namen darunter; ich weigerte mich, ebenso Friedrich Geerdes.

Der Rektor war entsetzt; er redete auf mich ein, ich solle bedenken, was für Folgen das haben könnte. Ich erwiderte jedoch, ich könne eine Unterschrift vor meinem

Gewissen nicht verantworten. Geerdes gab er zu verstehen, er solle an Frau und Kind denken. Die kurze Antwort war: „Meine Frau denkt wie ich." Bald darauf erhielt ich die amtliche Mitteilung, daß ich „vorläufig vom Dienst beurlaubt" sei.

Für den 16. Mai wurde ich zum Schulrat beordert. Er sagte, daß verschiedene Anklagen gegen mich vorlägen, unter anderem, daß ich nach wie vor mit führenden SPD-Leuten verkehre, vor allem aber, daß ich meine Unterschrift verweigert hätte. Er versuchte auf alle Weise, mich zur „Umkehr" zu bewegen, und verlangte, ich solle versprechen, jeden Umgang mit meinen [100] Freunden abzubrechen und mich in Zukunft bedingungslos dem "Führer" zu verpflichten. Ich entgegnete ihm, daß mein Umgang meine Privatsache sei und ich Freundschaften nicht einfach aufgeben könne, daß ich noch nie meinen Unterricht mit Politik verquickt hätte und das in Zukunft auch nicht tun würde – ich ahnte ja damals noch nicht, wie politisch man den Unterricht würde gestalten müssen! Aber er ließ nicht ab, mir zu erklären, daß ich nicht umhinkönne, seine Forderungen zu erfüllen.

Meine Nerven drohten mich im Stich zu lassen: „Sie können mich doch nicht zum Gesinnungslumpen machen!" Er zuckte die Achseln: „Wollen Sie riskieren, daß Sie entlassen werden? Dann nehmen Sie meinen Rat an!" „Das kann ich nicht."

„Ja, dann kann ich Ihnen nicht helfen."

Er setzte sich und schrieb. „Ich lese Ihnen das Protokoll vor." – Dann: „Haben Sie dazu noch etwas zu sagen?"

„Ja", sagte ich, „fügen Sie bitte hinzu: aus Gründen der Religion und des Gewissens."

Er tat es, und ich unterschrieb.

„Sie haben mit Ihrer Entlassung zu rechnen. Ob Sie für Ihre Dienstzeit Pension bekommen oder nicht, wird sich erst entscheiden, wenn das neue Gesetz kommt, das jetzt in Arbeit ist."

Damit stand ich draußen. Zu Hause löste sich meine Erregung in einem Weinkrampf. Aber ich wußte, daß ich keinen anderen Weg gehen konnte. Inzwischen hatte Thelemann eine demütigende Untersuchung über sich ergehen lassen müssen. Er wurde von den Nazis beschuldigt, große Summen Gewerkschaftsgelder in die eigene Tasche manövriert zu haben! Er, der alles ehrenamtlich tat!

Aber alles Suchen und Forschen nützte nichts, es war kein Pfennig veruntreut. So blieb ihnen nichts anderes übrig, als ihn nach acht Tagen aus dem Gefängnis zu entlassen. Auch den anderen Inhaftierten war keine Schuld nachzuweisen.

Während jener Woche war Hermann Tempel in Berlin, wo der neue Reichstag zusammentrat, in den er wieder gewählt war. Natürlich hatte man in Leer auch ihm alles mögliche unterstellt: [101] Von vielerlei Kostbarkeiten, die er zu Hause angehäuft haben sollte, wurde vor allem ein vergoldetes Treppengeländer genannt! Wir hatten das für einen Ulk gehalten und gelacht, als wir davon hörten. Aber so grotesk konnte in dieser Zeit gar nichts sein, daß man es nicht geglaubt hätte.

So drangen denn in seiner Abwesenheit SA-Leute in seine Wohnung ein, bedrohten die über achtzigjährige Mutter mit vorgehaltenem Revolver und durchsuchten alle Räume, natürlich mit negativem Erfolg. Aber wegen dauernder Belästigung mußte die alte Frau schließlich ihr Heim verlassen. Ihre Tochter holte sie zu sich nach Aurich, und ihr Sohn pendelte nun zwischen Berlin, Aurich und Leer hin und her.

Eines Vormittags klingelte er an meiner Tür und erzählte, daß er für 11 Uhr eine polizeiliche Vorladung im Rathaus habe – weswegen, wußte er nicht. Er ging pünktlich fort, und ich fragte mich, was das wieder zu bedeuten hätte. Er kam aber gegen Mittag ergebnislos zurück, der zuständige Beamte sei nicht da gewesen, und die anderen hätten nicht Bescheid gewußt. Ich muß hier festhalten, daß die Polizisten durchweg auf unserer Seite standen, wenn auch nur heimlich. Nun – er wollte nachmittags noch einmal hingehen.

Wir aßen zusammen, und er erzählte von den Schikanen, denen alle ausgesetzt waren, die nicht ihre Gesinnung von heute auf morgen wechselten. Er nannte viele, die bereits inhaftiert wären, „Schutzhaft" war an der Tagesordnung. „Wenn man es mit anständigen Gegnern zu tun hätte – aber die übelsten Elemente sind am Werk! Ich möchte nicht in ihre Hände fallen", meinte er. Dann ging er in seine Wohnung, um seinen Schreibtisch durchzusehen: „Ein Wunder, daß sie den nicht aufgebrochen haben, er war abgeschlossen."

Nachmittags, bevor er noch einmal zum Rathaus ging, kam er herein und sagte: „Wie gut, daß ich an den Schreibtisch kam – hier ist eine Liste mit all den Namen unserer Vertrauensmänner auf dem Lande – wenn die ihnen in die Hände gefallen wäre! Man hätte sie ja alle festgenommen."

Er wollte gern noch eine Tasse Tee zur Stärkung trinken und setzte sich ins Zimmer. Aus einem großen Umschlag zog er einen beschriebenen Bogen und reichte ihn mir. [102] Ich lachte: „Sowas hat Louis Thelemann gestern auch mitgebracht, es liegt in dem Buch da auf dem Klavier."

In dem Augenblick klingelte es, ich faltete mechanisch das Papier zusammen, ging zur Tür – und prallte zurück: Vor mir standen zwei Polizeibeamte und zwei SA-Männer.

Der eine Beamte – früher einmal SPD-Mitglied, er hatte sich offenbar schnell umzustellen gewußt – schnarrte mich an: „Wir möchten Haussuchung halten!"

Ich hatte meine linke Hand mit dem Papier in die Tasche meiner Strickjacke gesteckt und sagte kühl: „Bitte!"

„Ihr bleibt an der Tür!" wurde die SA angewiesen, und die zwei Polizisten traten ins Zimmer.

„Ah – Sie finde ich hier!" wurde Hermann Tempel angesprochen; der erklärte, daß er vergebens den Weg zum Rathaus gemacht hätte. „Na, ich kann Sie auch hier vernehmen, warten Sie!" Dann zu mir gewendet: „Führen Sie uns durch die Räume!"

Nun ging es los. Jeder Schrank, jede Lade wurde geöffnet und durchgesehen. Vor allem der Bücherschrank hatte es ihnen angetan: Mit wichtiger Miene griffen sie Bücher heraus, blätterten, legten ab und zu eins auf den Tisch. – Ich staunte: Es waren harmlose, unpolitische Sachen; vielleicht hatte irgendein Wort wie „sozial" oder dergleichen sie verdächtig erscheinen lassen. Dagegen sahen sie andere, wirklich politische Literatur nicht! „Gesegnet sei ihre Unwissenheit", dachte ich.

Schließlich hatten sie einen Stapel Bücher zusammengebracht. Vom Schreibtisch nahmen sie die Schreibmaschine. Ich protestierte: „Wie können Sie mir die nehmen?"

„Was brauchen Sie noch 'ne Maschine!"

Allerhand Geschriebenes, noch einige Bücher ließen sie mitgehen. Da entdeckten sie die Kasperlepuppen. „Her damit!"

Es war immer der einstige SPD-Freund, der kommandierte. Nun forderte er den andern auf: „Sehen Sie die anderen Räume durch, ich nehme mir den da vor."

Ich führte ihn weiter ins Schlafzimmer. Er schaute in und unter die Betten; dann in die Küche, ins Hinterhaus – da war nichts mehr zu finden. [103]

„Haben Sie einen Keller?"

„Ja – bitte!"

Ich machte die Kellertür auf: „Gehen Sie nur hinunter."

Er stieg in die Tiefe, und ich nutzte den Augenblick – mit einem Schritt in die Küche, wo der Kochherd brannte, den Teekessel hoch – und meine schwitzende Linke schleuderte das gefährliche Papier in die Flammen.

Ich stand wieder an der Kellertür, als er heraufkam. Auch unter den Kohlen hatte er nichts entdeckt.

„So – das wär's!"

Er befahl dem einen SA-Mann: „Hol einen Wagen!"

Ich ging wieder mit ihm ins Vorderzimmer, der andere war mit Hermann Tempel nebenan. Auch hier wurden Schränke und Laden geöffnet. Ich dachte mit Angst an das Buch auf dem Klavier, das auch ein Papier barg! Ich stellte mich davor und lehnte den Rücken an das Instrument. Er ging vorbei; ich atmete auf.

Da sah er den großen Umschlag auf dem Tisch liegen – lieber Himmel, sollte noch etwas darin stecken?!

„Was ist das?" fragte er.

Daneben lag eine Illustrierte; die nahm ich und warf sie auf den Umschlag: „Ein Rundfunkheft."

Da warf er einen scheuen Blick ins Nebenzimmer, wandte sich mir zu und raunte: „Wenn Sie noch was haben, verbrennen Sie es!"

Mir wurde warm ums Herz: unter Larven eine fühlende Brust! Ein Wagen fuhr vor, die SA-Männer schleppten hinein, was beschlagnahmt war. Dann zogen sie ab.

Ich sank auf den nächsten Stuhl; so ruhig ich mich gegeben hatte – jetzt zitterten meine Beine.

„Wo ist die Liste?" fragte Hermann Tempel.

„Die heizt den Küchenherd."

„Gott sei Dank!"

Es klingelte wieder, wir schraken zusammen – kamen sie zurück?

Nein, es war Hermann Tempels Schwester Lida aus Aurich, die zufällig gekommen war und die „Wache" vor meiner Tür gesehen hatte. So hatte sie in der Wohnung gegenüber angstvoll [104] gewartet, bis bei mir die Luft rein war. Auch Louis Thelemann kam; er hatte gehört, was bei mir los war. Wie froh war ich, daß ich den Nachmittag nicht allein war!

Hermann Tempel berichtete von seinem „Verhör". Er hatte vor längerer Zeit der Arbeiter-Jugend für ihre Fahrten ein Zelt geschenkt, das hatte man beschlagnahmt. Wahrscheinlich argwöhnte man, daß es gestohlen sei – woher sollten Arbeiterkinder das Geld für solchen Luxus haben! Sie hatten erklärt, es sei ein Geschenk. Das mußte geprüft werden – so wurde er vorgeladen.

Die drei blieben, solange sie konnten. Aber dann war ich allein. Seit dem Tod meiner Mutter war ich allein in der Wohnung, es hatte mir nie etwas ausgemacht. Aber in dieser Nacht hatte ich Angst.

Ich wußte, in meiner nächsten Umgebung wohnten SA-Leute, zum Teil rohe Gesellen, manchmal betrunken und randalierend – ich lag und lauschte nach draußen, wo es dann und wann laut wurde.

Der Vollmond schien durch die Fenster, ich stand auf, ging durch die Zimmer und lugte durch die Scheiben. Dann schalt ich mich selbst albern und legte mich wieder hin.

Alles war still. Ich wollte schon einschlafen, da – da war ein Geräusch – hinter dem Haus!

Ich fuhr hoch – da – da war es wieder – als wenn jemand etwas hinstellte oder verschöbe. Kalt rieselte es mir den Rücken hinunter – ich hörte es deutlich schurren!

Alle Schrecken, von denen ich gelesen und gehört, zogen mir durch den Sinn: Man legte Bomben – konnte das da nicht jemand hinter dem Haus bewerkstelligen? Mein Herz raste. Schließlich raffte ich mich auf, schlich, ohne Licht zu machen, zum Fenster, das auf den Hof ging, schob vorsichtig den Vorhang einen Spalt zur Seite und sah auf den mondhellen Platz – aber da war nichts. Ich schlich in die Küche und schaute vorsichtig durch das Fenster dicht neben der Hintertür – nein, auch hier nichts zu sehen!

Ob man da inzwischen etwas hingelegt hatte? Den Mut, die Tür zu öffnen, draußen nachzusehen, brachte ich nicht auf. An Schlaf war nicht zu denken. Wie sehnte ich den Morgen herbei! [105]

Früh stand ich auf, und mein erster Gang war durch die Hintertür in den Hof. Da fand ich des Rätsels Lösung: Der Deckel vorn Aschkessel stand halb hoch, und, über den Rand hingen und auf der Erde lagen Reste von Fischabfall. Wir hatten mittags Schellfisch gegessen, ein Hund oder eine Katze hatte das wohl gerochen und an dem Blechgefäß herumgezerrt!

Mir fiel ein Stein vorn Herzen, aber lachen konnte ich nicht. Viermal mußte ich mir noch in den folgenden Wochen eine Haussuchung gefallen lassen. Jedesmal argwöhnte man irgendetwas. Entweder hatte man einen Mann mit einer Aktentasche in meine Wohnung gehen sehen und mutmaßte, er habe ein Geheimschreiben oder dergleichen gebracht, wo er doch nur eine harmlose Bestellung ausgerichtet hatte – oder man hatte sonst etwas Verdächtiges wahrzunehmen geglaubt. Weiß der Himmel, was sie alles bei mir vermuteten! Zwar zogen sie jedesmal enttäuscht ab, aber ich hatte wieder den Schrecken gehabt.

Die Angst nistete sich bei mir ein; ich bin sie zwölf Jahre lang nicht losgeworden.

Das Jugendheim wurde beschlagnahmt. Das war für uns alle ein Schlag, dessen Schwere nur der ermessen konnte, der erlebt hatte, wie an unzähligen Feierabendstunden aus einem Seuchenstall dieser Schmuckkasten geschaffen wurde. Nun sollte er plötzlich ein „Schweinestall" sein, der „ausgemistet" werden müßte, wie ein paar Naziweiber es laut über die Straße schrien.

Das war das Deprimierende: Keiner fühlte sich mehr sicher. Kübelweise wurden Verdächtigungen, Verleumdungen ausgeschüttet, und wenn auch nichts bewiesen werden konnte, so blieb doch immer etwas hängen. Sonst ganz unpolitische Menschen entdeckten auf einmal ihr Naziherz, weil sie merkten, daß sie damit am sichersten durch die Zeit kamen. Schon ein unvorsichtiges Wort konnte für den, der es äußerte, zur Katastrophe werden.

Das mußte mein Bruder erleben, der sich nie mit Politik befaßt hatte, weil er ganz in seinen heimatkundlichen Interessen aufging. Trotzdem hatte er seinen Standpunkt, und angesichts der schlimmen Geschehnisse ging die Empörung mit ihm durch, so [106] daß er Bekannten gegenüber bemerkte, was sich dieser Hitler, ein „Butenlanner", doch anmaße! Schon war ein anonymer Denunziant zur Stelle – und die Folge war: mein Bruder wurde fristlos entlassen.

Solche Vorkommnisse schüchterten natürlich die Menschen ein, und da Zivilcourage zu allen Zeiten dünn gesät ist, zog man es vor, den Mund zu halten, um nicht sich und seine Familie unglücklich zu machen.

Eines Tages bekam ich eine Anfrage vom Verlag Karl Mahnke, Verden, ob ich nicht plattdeutsche Märchenspiele schreiben wolle. Mit der Verherrlichung von „Blut und Boden“ im „Dritten Reich“ vertrug sich auch eine Pflege der plattdeutschen Sprache. In den Schulen wurde sie forciert, doch fehlte es nun an geeigneten Stücken, vor allem an Spielen für die Kleinen.

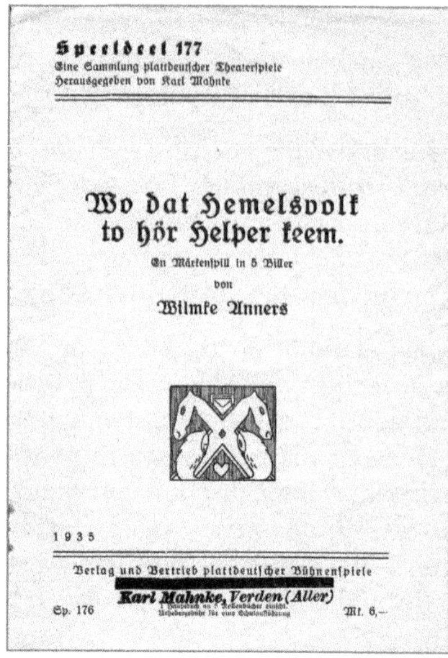
Speeldeel 177
Eine Sammlung plattdeutscher Theaterspiele
Herausgegeben von Karl Mahnke

Wo dat Hemelsvolk to hör Helper keem.

En Märkenspill in 5 Biller

von

Wilmke Anners

1935

Verlag und Vertrieb plattdeutscher Bühnenspiele
[redacted]
Karl Mahnke, Verden (Aller)

Sp. 176 Mk. 6,–

Ich schrieb zurück, daß ich nichts lieber täte, aber leider Schreibverbot hätte. Der alte Herr Mahnke war, wie sich herausstellte, kein Freund der braunen Machthaber. Er machte mir den Vorschlag, ein Pseudonym zu suchen, zu schreiben und das Weitere nur ihm zu überlassen.

Das war ein Hoffnungsstrahl! Hatte ich doch für unsere Kasperlebühne so viele Märchen dramatisiert, daß ich die Spiele nur so aus dem Ärmel schütteln konnte. So entstanden in jenen Jahren „Sneewittje“ und „Rumpelstiltje“ und „De Düvel mit dree gollen Haar“, und wie sie alle hießen. Unter dem Decknamen Wilmke Anners brachte Mahnke sie heraus; es machte ihm diebischen Spaß, daß es klappte.

aus: Wilhelmine Siefkes: Erinnerungen, S. 120 f.

Kurzbiografien der Autorinnen und Autoren

Imanuel Baumann

Wissenschaftlicher Mitarbeiter an der Professur für Zeitgeschichte, Martin-Luther-Universität Halle-Wittenberg; 2004: Dr. phil; Forschungsschwerpunkte und Publikationen zu folgenden Themen: Freikirchen im 20. Jahrhundert, Erinnerungskultur und Gedenkstätte, Geschichte der Polizei und Kriminalwissenschaft.

Ortwin Driedger

Geb. am 15. Oktober 1935 in Gnojau (Freistaat Danzig). Seit Sommer 1948 im Bereich der Mennonitengemeinde Weierhof; vom September 1967 bis Dezember 1998 Lehrer für Mathematik und Physik auf dem Weierhof.

Margrit Foede

Geb. in Graudentz; aufgewachsen in Niedersachsen; Studium des Lehrerberufs und bis zur Pensionierung Tätigkeit als Volksschullehrerin.

Helmut Foth

Pfr. i .R. der Evangelischen Kirche der Pfalz. 34 Jahre Tätigkeit als Religionslehrer; kirchlicher Fachberater für Gymnasien.Veröffentlichungen zu folgenden Themen: Bibelexegese, christlich-jüdischer Dialog; Mitarbeit am Mennonitischen Lexikon Band V (MennLex).

Daniel Geiser-Oppliger

Von 1969 bis 1982 Pastor der Mennonitengemeinden Friedelsheim, Kohlhof, Altleiningen; von 1982 bis 1996 Pastor der Mennonitengemeinde Neuwied; danach in verschiedenen Funktionen tätig für den Ökumenischen Rat, EIRENE, das Mennonite Central Committee und Church & Peace; unter anderem Wahlbeobachter im Kongo und Togo.

Hans-Jürgen Goertz

Dr. theol., Prof. i. R. für Sozial- und Wirtschaftsgeschichte an der Universität Hamburg; Mitschriftleiter der Mennonitischen Geschichtsblätter (seit 1970) und Herausgeber des Mennonitischen Lexikons, Bd. 5 (www.mennlex.de). Forschungsschwerpunkte: Thomas Müntzer, Täufer, Mennoniten und soziale Bewegungen in der Frühen Neuzeit, Geschichtstheorie.

Benjamin W. Goossen

Historiker an der Harvard University; Studium am Swarthmore College, an der Albert-Ludwigs-Universität Freiburg, der Freien Universität Berlin und an der Harvard University. Abschlüsse für Geschichte und Germanistik. Forschungsschwerpunkte: Globalgeschichte, Täufer und Nationalismus. Buch: „Chosen Nation. Mennonites and Germany in a Global Era“ (Princeton University Press, 2017).

Alle G. Hoekema

Emeritierter außerordentlicher Professor des Doopsgezind Seminarium Amsterdam und der Vrije Universiteit Amsterdam; 1994 Ph.D. Universiteit Leiden. Forschungsschwerpunkte: Missiologie, Entwicklungen der christlichen Kirchen in Asien, vor allem Indonesien, und Geschichte der niederländischen Doopsgezinde im 20. Jahrhundert.

Volker Horsch

Ehrenamtl. Prediger in der Ev. Mennonitengemeinde Neuwied. Ausbildung als Landwirt und zum Prediger in St. Chrischona, Schweiz; Theol. Studium in Goshen Biblical Seminary, USA. Prediger in den Mennonitengemeinden Regensburg und München; Sozialsekretär in Ev. Akademie Bad Boll; landw. Verwalter in Österreich; Geschäftsführer der Internationalen Mennonitischen Organisation für Hilfswerk in Deutschland.

Marion Kobelt-Groch

Dr. phil. habil., Privatdozentin am Historischen Seminar der Universität Hamburg. Seit 1992 in der Schriftleitung der Mennonitischen Geschichtsblätter. Forschungsschwerpunkte: Frauen- und Geschlechtergeschichte, Geschichte der Täufer und Mennoniten, Kind und Tod, gedruckte lutherische Leichenpredigten (16. bis 18. Jh.), Leopold von Sacher-Masoch (1836-1895).

Hermann Krehbiel

1920-2004; geb. in Bernloh; 1940 Einberufung zum Kriegsdienst; von 1944 an für vier Jahre in Kriegsgefangenschaft; nach 1948 Bewirtschaftung des elterlichen Hofes.

Diether Götz Lichdi

Kaufmann, veröffentlicht seit 40 Jahren Aufsätze und Bücher zur Geschichte der Täufer und Mennoniten; unter anderem Autor von „Mennoniten in Geschichte und Gegenwart“. Prediger in der Mennoniten-Gemeinde Stuttgart.

Elfriede Lichdi

Volksschullehrerin, Katechetin bei der Ev. Landeskirche Württemberg; Predigerin in einer Mennonitengemeinde; seit 1968 Engagement für den Weltgebetstag der Frauen; Vertreterin der mennonitischen Frauen im Deutschen Weltgebetstagskomitee (1994-1999); Vorsitzende der AG christlicher Frauen für den Weltgebetstag in Württemberg (1999-2002).

Thomas Nauerth

Katholischer Theologe, apl. Prof. für Religionspädagogik am Institut für Katholische Theologie der Universität Osnabrück. Forschungsschwerpunkte und Publikationen zur Friedenserziehung, Friedenstheologie, biographischem Lernen und biblischer Bildung (www.friedenstheologie.de)

Doris Pick

Koordinatorin bei Menndia in Espelkamp; Fachkraft im Seniorenbüro Espelkamp.

Lily Regehr

Aufgewachsen in der Ukraine; 1947 ausgewandert nach Paraguay (Überfahrt auf der „Volendam"(; in Paraguay Ausbildung zur Lehrerin und als Lehrerin gearbeitet; ab 1964 Ausbildung zur Grafikdesignerin in München; Tätigkeit als Grafikdesignerin.

Hedwig Richter

Historikerin am Hamburger Institut für Sozialforschung; 2009 Dr. phil.; 2016 Habilitation; Forschungsschwerpunkte: Europäische und US-amerikanische Geschichte im 19. und 20. Jahrhundert, Wahl- und Demokratieforschung, Migration, Gender, Religion.

Astrid von Schlachta

Dr. phil. habil., Leiterin der Mennonitischen Forschungsstelle Weierhof; Privatdozentin am Institut für Neuere Geschichte der Universität Regensburg. Forschungsschwerpunkte und Publikationen zu folgenden Themen: Täufer in der Frühen Neuzeit, Konfessionalisierung, Pietismus, Stände der Frühen Neuzeit und Parlamentarismus, Regionale Politische Kultur, Gendergeschichte.

Rolf Schowalter

Aufgewachsen auf dem Weierhof, Studium (Germanistik, Geschichte und Sozialkunde) in Mannheim und Erlangen. Als Lehrer mehrere Jahrzehnte am Leibniz-Gymnasium Altdorf, dort auch Seminarlehrer für Grundfragen der staatsbürgerlichen Bildung. Dann noch kurze Lehrtätigkeit an der Waldorf-Schule in Erlangen. Seit 2015 endgültig im Ruhestand.

Daniel Stahl

Wissenschaftlicher Mitarbeiter am Lehrstuhl für Neuere und Neueste Geschichte der Friedrich-Schiller-Universität Jena und Wissenschaftlicher Sekretär des Arbeitskreises Menschenrechte im 20. Jahrhundert; 2012 Dr. phil.; Forschungsschwerpunkte und Publikationen zu folgenden Themen: europäisch-lateinamerikanische Beziehungen, Geschichte des Völkerrechts und der Menschenrechte, Geschichte der Rüstungspolitik.

John D. Thiesen

Archivar und Leiter der „Mennonite Library and Archives", Bethel College, North Newton, Kansas; Forschungsschwerpunkte: Mennoniten in der NS-Zeit und nach 1945; Mennoniten und Native People in Nordamerika.

Arno A. Thimm

Von 1961 bis 1968 Prediger der Mennonitengemeinden Zweibrücken, Saarbrücken, Kühbörncheshof und Kaiserslautern; von 1968 bis 1977 Lehrer bei der Europäisch-Mennonitischen Bibelschule Bienenberg; gleichzeitig Studium der Theologie an der Universität Basel; Prediger in Comb. Zaanstreek-Noord (1977) sowie in Comb. Zaanstreek-Noord-De Rijp-Graftdijk (1980) und in der Mennonitengemeinde Haarlem (1982-1999).

Klaas-Dieter Voß

Wiss. Mitarbeiter der Johannes a Lasco Bibliothek und Lehrbeauftragter der Universität Oldenburg; Forschungsschwerpunkte und Publikationen zu folgenden Themen: Ostfriesische Kirchengeschichte, Konfessionsgeschichte der Frühen Neuzeit, reformierter Protestantismus und Geschichte des norddeutschen bzw. niederländischen Täufertums.

Heinz-Joachim Wiebe

Studium der Gartenbauwissenschaften in Weihenstephan und Hannover; Hochschullehrer für „Gartenbauwissenschaften" an der Universität Hannover.

Abkürzungen

ADS	Algemene Doopsgezinde Sociëteit
AStA	Allgemeiner Studentenausschuss
BArch	Bundesarchiv
BB	Batteriebefehlsstelle
BDC	Berlin Document Center?
BDM	Bund Deutscher Mädel
BHA	Bruderhof Historical Archive
BK	Bibelkreisbewegung
CSVD	Christlich-Sozialer Volksdienst
DAI	Deutsches Ausland-Institut
DCSV	Deutsche Christliche Studentenvereinigung
DM	Deutsche Mark
DRK	Deutsches Rotes Kreuz
EDK	Evangelische Kirche in Deutschland
EMEK	Europäisches Mennonitisches Evangelisationskomitee
FAD	Freiwilliger Arbeitsdienst
GPU	Vereinigte Staatliche Politische Verwaltung (Geheimpolizei der Sowjetunion)
HDEB	Hollandsch Doopsgezind Emigranten Bureau
HJ	Hitlerjugend
IISG	International Instituut voor Sociale Geschiedenis
JMS	Journal of Mennonite Studies
KdF	Kraft durch Freude
KZ	Konzentrationslager
MB	Mennonitische Blätter
MCC	Mennonite Central Comittee
MennLex	Mennonitisches Lexikon, Bd. V, hg. von Hans-Jürgen Goertz (www.mennlex.de)
MFSt	Mennonitische Forschungsstelle Weierhof
MGB; MGBl	Mennonitische Geschichtsblätter
MJW	Mennonitische Jugendwarte
ML	Mennonitisches Lexikon
MQR	The Mennonite Quarterly Review
MWK	Mennonitische Weltkonferenz

NIOD	Instituut voor Oorlogs-, Holocaust- en Genocidestudies
NPEA	Nationalpolitische Erziehungsanstalten
NSB	Nationaal-Socialistische Beweging
NSDAP	Nationalsozialistische Deutsche Arbeiterpartei
NSDStB	Nationalsozialistischer Deutscher Studentenbund
NSV	Nationalsozialistische Volkswohlfahrt
ÖKR	Ökumenischer Rat der Kirchen
RAD	Reichsarbeitsdienst
RB	Rundbriefe
RM	Reichsmark
SA	Sturmabteilung
SD	Sicherheitsdienst des Reichsführers SS
SS	Schutzstaffel
UA	Unitäts-Archiv der Evangelischen Brüder-Unität Herrnhut
UK	Unabkömmlichstellung
UNO	United Nations Organization
VDA	Verein für das Deutschtum im Ausland / Volksbund für das Deutschtum im Ausland (1933)
WHW	Winterhilfswerk